金钱和权力

高盛如何统治世界

MONEY AND POWER

HOW GOLDMAN SACHS CAME TO RULE THE WORLD

MONEY AND POWER

[美] 威廉·D·科汉 著

刘巍 译 陈安安 审校

上海三联书店

目录

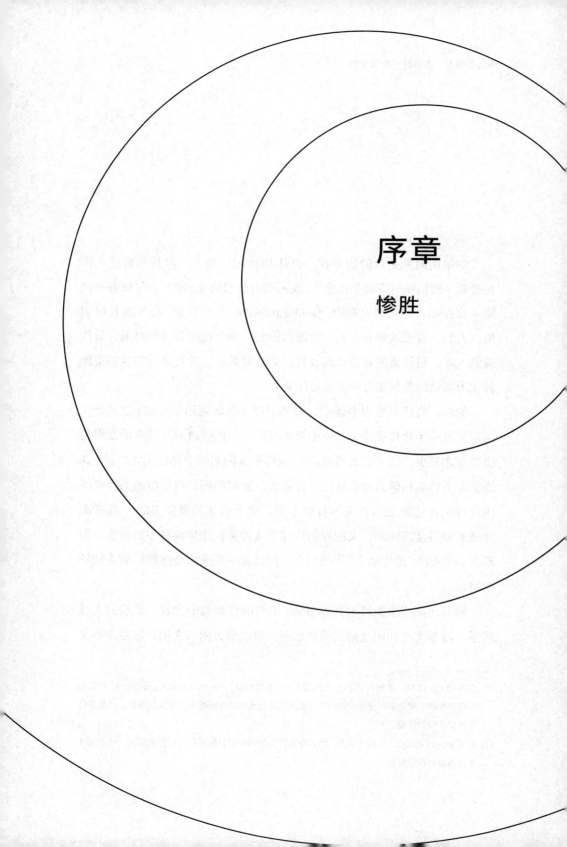

序章

惨胜

华尔街向来是危险的所在。自从18世纪后期，一群投机者在美国曼哈顿一棵梧桐树下聚会以来[1]，就不断有公司成立、破产。尽管各种风险一直存在，但在高盛集团（Goldman Sachs）成立后的142年漫长时间里，人们一方面嫉妒它，另一方面惧怕它，因为这家公司同时拥有最优秀的人才、最优质的客户，以及最好的政府关系，并且能够将这些资源转化为强劲的营利能力和市场运作能力。

的确，高盛有着很多谜团，而其中最主要的谜团之一是：这家公司何以年复一年地日进斗金，不论年头好坏，与此同时对外透露的发财秘诀又少之又少。这是怎么做到的？同样令人困惑的主要谜团之二是：高盛坚定不移地相信自己有这样一种能力，能够处理自身面临的大规模的内外冲突，这种能力在全球首屈一指。这个信念是哪里来的？高盛既能随意赚得盆满钵满，又能控制住许多大冲突，让规模更小的企业自惭形秽；这两种"遗传品系"[2]的组合，使高盛一直成为金融圈里被人嫉妒的对象。

然而，高盛也象征着其他事物：不变的世界性的大权，无双的人脉关系。高盛充分利用这两点满足私利，对此毫无内疚之情，也基本不关

---

[1] 1792年5月17日，美国24名经纪人商订了《梧桐树协议》（Buttonwood Agreement），约定每日在梧桐树下聚会进行证券交易，并订出了交易佣金的最低标准和其他交易条款。这是纽约证券交易所的开端。

[2] 原文genetic strains，生物学术语，指具有特定生物特征而且能够遗传的生物品种。这里用来表示高盛的稳定特色。

心自己的成功会如何影响其他人。人们用尽了一切语言形容高盛，例如"像一只狡猾的猫，无论怎样坠落都能把握平衡，四脚着地"，还有一个如今很有名的说法："像巨大的吸血鱿鱼[1]，盯紧了人性的一切弱点，只要闻到什么东西散发出金钱的气息，就把吸血漏斗无情地扎进去。"这是《滚石》（*Rolling Stone*）杂志作者马特·泰比（Matt Taibbi）的说法。高盛的成功步伐如此不可阻挡，不禁让人们感到疑惑：高盛是果真比其他人更出色，还是每一次都想法子耍阴谋得了胜呢？

然而21世纪初，由于高盛先前巨大成就带来的不良后果，公司看起来愈发脆弱。诚然，高盛在过去的诸多危机中都幸免于难，最终活了下来：先是从20世纪30年代大萧条开始，高盛因自己制造的骗局而失掉了很大一部分资本；到20世纪40年代末，联邦政府又把高盛同另外16家华尔街公司一起告上法庭，指控这17家公司互相勾结；最近40年间，高盛还发生了多起丑闻事件，涉及流氓交易者、客户自杀、内幕交易等有关的控告，在这些丑闻打击之下，高盛屡次接近财务崩溃边缘，这跟它的品牌声誉想要展现的样子可不太相符。

这些先前的威胁，每一种都深刻地改变了高盛，迫使高盛不得不去适应市场或监管者制定的新规。这一次也不例外。然而，这一次高盛却面临一个变局。早在1932年，富兰克林·德拉诺·罗斯福（Franklin Delano Roosevelt）当选美国总统但尚未就职时，高盛的高级合伙人西德尼·温伯格（Sidney Weinberg）作为罗斯福的朋友就可以轻易接触到他。自那以来，高盛在联邦政府一直有高层的人脉；如今，这人脉好像第一次丧失掉了。高盛那些身居高位的伙伴，对高盛所取得的巨大成功至关重要，如今却开始抛弃高盛了。的确，在如今紧张的政治环境中，社会经济已出现两极分化现象，在这种背景下，高盛显得格外被孤立和被妖魔化。

---

[1] 鱿鱼的漏斗只用来喷水，不用来进食。现实中的吸血鱿鱼，学名是"幽灵蛸"，尺寸很小，而且并不吸血，只是因为相貌丑陋，让人产生联想，给了它这个错误的名字。泰比这句话虽然很流行，但也因为有实际错误而遭到了攻击。

高盛现任董事长兼CEO是56岁的劳埃德·布兰克费恩（Lloyd Blankfein）。他虽然最近被邀请与中国国家主席共赴美国国宴[1]，却与美国总统巴拉克·奥巴马（Barack Obama）没有任何交情。《新闻周刊》专栏作家乔纳森·奥特尔（Jonathan Alter）在《承诺》（The Promise）一书中写道：奥巴马执政第一年，"火气最大"，就是因为有一次听见布兰克费恩为2009年高盛发出162亿美元巨额薪酬辩护，说高盛在2007年发生金融危机时"从来没有倒闭的危险"。奥特尔说，奥巴马告诉一个朋友，布兰克费恩的说法是"一派胡言"，还加了一句，"这些资本主义者，唱歌搞假唱，还想拿摇滚明星的报酬！"

对于美国公众，高盛向来不理不睬，从来没有把他们当成过服务对象。如今，高盛做出各种努力，想办法取得公众的理解；然而，高盛的高管、银行家、交易员，不论前任还是现任，有很多与媒体打交道做公关的时候都沉默寡言，这就让高盛的努力受到了很大损害。就连退休的高盛合伙人，在媒体请求采访的时候，也觉得非要事先与高盛规矩森严的管理层商量一致后才会接受。高盛管理层的首脑是约翰·F. W. 罗杰斯（John F. W. Rogers）。罗杰斯曾经在白宫和国务院担任总统竞选顾问詹姆斯·贝克（James Baker）的参谋长。大多数人在离开高盛以前都与公司签了保密协议或者"非贬低协议"。一般情况下，其他公司的银行家、交易员在媒体上露面，都会自我吹嘘，贬低别的同事；高盛系的人却坚定地传达出这样的信息：最重要的是高盛的团队，而不是团队里的任何个人。

一名私募股权经理，既是高盛的竞争对手，也投资高盛。他介绍道："高盛团队极其自律，全世界的人，就数他们最明白，永远保持着一副扑克牌面孔。绝不会有哪个高盛银行家，三杯酒下肚就说：'哎，我跟你说，我那帮同事全是白痴！'别人做事的办法，他们从来不用；不管是想让

---

[1] 本书英文版2011年出版。这里指2011年1月19日胡锦涛主席访美时美国总统奥巴马举行的国宴，布兰克费恩夫妇曾经出席。

自己高盛前员工的身份维持得更久一点，才不打算伤害团队，还是因为一旦发过毒誓就担心会触犯权力……总之，他们就用这种奇怪的方式，成功地维护了这一纪律。"

谁若是忘记了华尔街有多么险恶，那么在2007年初，也必然会实实在在得到提醒。当时，美国住房抵押贷款市场开始出现裂缝，继而崩溃，导致大概一年之后华尔街几家大公司倒闭或濒临倒闭。这些公司有贝尔斯登（Bear Stearns）、雷曼兄弟（Lehman Brothers）、美林（Merrill Lynch）；还有另外一些大型金融机构，花旗（Citigroup）、美国国际集团（AIG）、华盛顿互惠银行（Washington Mutual）、瓦乔维亚银行（Wachovia）[1]。

高盛虽然承销了数十亿美元抵押贷款证券，却避免了危机最坏的结果。这主要是因为，高盛有几个交易员，以丹·斯帕克斯（Dan Sparks）、乔希·伯恩鲍姆（Josh Birnbaum）、迈克尔·斯文森（Michael Swenson）为首，2006年12月开始，投下了一笔规模巨大的自营赌注。这次对赌获得了公司的授权，而且时机选得很准。他们打赌，房贷泡沫一定会破灭，与住房抵押贷款相关的证券价值也会跳水。他们赌对了。

2007年7月，长期担任高盛首席财务官的大卫·维尼亚（David Viniar）给布兰克费恩和其他人写了一封电邮，把这次对赌称作"大空头"。2007年，其他公司从资产负债表上减记抵押贷款相关证券的时候，损失了数十亿美元。与此同时，高盛却因为打赌房地产市场会崩盘而获得约40亿美元的巨额收益，抵销了自己因抵押贷款造成的各种损失。

2007年，高盛净利润高达114亿美元，创了企业自身的纪录；五名最高主管分了3.22亿美元，又创了华尔街的纪录。布兰克费恩的前任是亨利·保尔森（Henry Paulson），保尔森在2006年6月出任美国财政部长。

---

[1] 又译作美联银行。

2007年，布兰克费恩的酬金总额达到了7030万美元。第二年，高盛很多竞争对手都挣扎在生死线上，而且好些挣扎之后还是死了；这一年，高盛却获得了"可观的利润，高达23亿美元"（布兰克费恩2009年4月27日的邮件）。考虑到2008年华尔街企业普遍损失惨重，这种情况下，五名最高主管决定不给自己发奖金。布兰克费恩自己则"忍受"了110万美元的年度酬金。您别担心，他在高盛还有337万股，总价值依然在5.7亿美元左右。

如今，金融领域发生的任何一点事情都不可能毫无动静。毕竟，有价值数万亿美元的证券资产在呈指数级地增长，而这些证券又与其他一些证券的价值密切挂钩，这些证券就是"金融衍生品"；同时还应注意到，全球的金融交易关系网繁杂异常，利益纷争尤其激烈。金融行业的会计准则要求金融机构必须时常与其他企业就名下资产负债表上的证券资产价值进行核查，以确保其证券价值反映得尽可能准确，这就增进了企业之间的相互联系。既然要判断证券价值，尤其是对于一些产品结构更加复杂的证券，交易员之间的价值分歧就很普遍。

高盛为自己是一家"按市值计价"的公司感到得意。这是华尔街的行话，意思是对资产负债表上的证券价值做出极端严格的精确判断，而证券价值也就是所谓的"mark"（估值或定价）。高盛相信，这种精确会提高透明度，让高盛和高盛的投资者做出更好的决定，包括决定对赌抵押贷款市场在2007年会崩盘。布兰克费恩有一次写道："因为我们是一家按市值计价的企业，所以我们相信，我们资产负债表上的资产，能够真实且符合现实地反映账面价值。"打个比方，高盛要是观察到某只证券或者一组类似的证券，需求发生了变化，或者一些外因事件（如房贷泡沫将要破灭）会让高盛住房相关证券的投资组合贬值，那么高盛就会认认真真降低这些证券的估值，承受因此而造成的损失。交易员们谈到新交易、讨论新交易的时候，高盛还会把这些更低的估值通报给整个华尔街。对华尔街公司来说，承受损失从来不是什么乐事，但有了利润的弥补，痛苦也就可以减轻了。2007年，高盛就因其抵押贷款交易团队设立了"大空头"而获取了高额利润。

高盛从"大空头"中获得的利润也给其竞争对手方面施加了巨大压力，包括贝尔斯登、美林、雷曼兄弟，以及至少一家交易对手方——美国国际集团。高盛让他们的问题更加恶化，造成了最后的危机。这是因为只有高盛可以轻易地进行资产减值而又不会受到任何惩罚。华尔街其他的公司都紧张不安，知道抵押贷款相关证券要蒙受严重损失，而自己的利润却远远不够弥补这些损失。

如果把高盛的新估值考虑进去，就会给其他公司带来灾难性的结果。高盛做好了准备，迎接其他公司的强烈反对。2007年5月11日，高盛首席风险官克雷格·布罗德里克（Craig Broderick）写了一封电邮，关于斯帕克斯调低复杂抵押贷款相关证券他是这么说的："斯帕克斯和抵押贷款小组正在考虑，显著调低他们的抵押贷款投资组合的估值，特别是CDO[1]和CDO平方产品。"又说："这一举措可能会给我们以及我们的客户带来巨大的损益影响，因为相关的回购产品、衍生品、其他产品的估值和相关的追加保证金都发生了变化。我们需要对客户进行调查，试着确定哪些客户最容易受损，以及可能导致哪些影响，等等。目前，30楼（指高盛之前位于宽街85号总部的30层，是高管所在的楼层）非常关注这件事。"

布罗德里克这封邮件，可能就会变成金融危机的非正式"第一枪"，使得"枪声响彻全世界"[2]。高盛降低估值产生的冲击波，很快影响到了市场。估值改变的最初两个受害者，是贝尔斯登的两只对冲基金[3]。这两只基金之前投资策略不当，投了大量与抵押贷款相关的奇异证券，其中很多证券都是高盛负责打包、销售的。根据美国证券交易委员会规章，

---

[1] 原文collateralized debt obligation，担保债务凭证的英文缩写。

[2] 这是形容美国独立战争在莱克星顿打响的第一枪，作者借用。

[3] 这两只基金分别是"高级基金"和"强化杠杆基金"。

贝尔斯登的这两只对冲基金必须在高盛估值和其他企业的交易员提供的估值间取平均值。

　　因为两只对冲基金使用了很高的杠杆，所以高盛这些新的调低的估值的影响被严重放大了。2007年5月，布兰克费恩的邮件发出后不久，两只对冲基金向投资者报告了巨大损失。自然，两只对冲基金的投资者们慌了，纷纷退出，想要止损。到2007年7月，两只基金被清算，投资者投进去的总额15亿美元，大部分都亏掉了。2007年6月，贝尔斯登总公司决定成为两只基金的贷方，为两只基金提供短期贷款，担保措施是两只基金里面的抵押贷款证券。这让其他华尔街公司，包括高盛，以1美元合接近100美分的价格（也就是面值）拿回了自己的钱。于是，两只基金崩溃，也使得贝尔斯登走上了一条自我毁灭的道路。

　　7月，两只基金被清算的同时，贝尔斯登把数十亿美元的有毒抵押品划到了自己账上，让自己各个先前的交易对手方避免了这种服毒的命运。充当自己对冲基金贷方，是贝尔斯登送给高盛和其他公司的一份惊人厚礼；然而，九个月后，贝尔斯登自身也几乎崩溃了，债权人只有通过美联储以及贝尔斯登和摩根大通的一份合并协议才保住了命。贝尔斯登的股东们，最后拿到了摩根大通的股票，每股10美元。而就在之前不久，2007年1月，贝尔斯登股票的交易价格还是172.69美元，企业市场价值为200亿美元。高盛的估值也同样对美林产生了灾难性影响，美林差一点申请破产，最后在破产前几天卖给了美国银行（Bank of America）。此外，美国国际集团也深受其害，政府拿出1820亿美元纳税人的钱，赶在破产以前救了它一命。毫无疑问，高盛这两个决定（建立"大空头"，然后减记抵押贷款投资组合），也同样加深了其他企业的痛苦。

　　高盛不愿意说起自身是怎样把其他公司推下悬崖的，这理所当然。它更愿意假装根本没有"大空头"这回事，假装自己的估值并不比其他企业估值低很多，假装2007年因抵押贷款交易活动而产生的盈利不足挂齿（大概5亿美元的级别），哪怕在国会作证的时候也要这么说。后来，布兰克费恩作证说，这笔盈利在高盛看来只是一笔小钱。高盛的高管倒很是乐意说起，2008年高盛抵押贷款业务亏了17亿美元；盈亏相抵，这两年高盛抵押贷款业务亏了12亿美元。诚然，高盛有着超凡的交易技巧，2007年也或许正是这个技巧拯救了自身。华尔街的惯例是，某公司一旦使出这样的绝技，必然要大吹大擂。而高盛最近公开的做法却完全相反，故意搅浑水，声称自己和其他人一样傻。布兰克费恩说起自己的职业："我的时间有98%都是在一个2%可能性的世界度过的。"对高盛而言，这说法大概正好跟直觉背道而驰。不过，在政界和财界，当时金融危机的恶果还在持续，各大企业还在分担责任；高盛的各个选项都不算很好。这种情况下，装傻而不是吹嘘自己如何精明，或许就是不好当中的最好。

2010年4月27日，美国参议院举行听证会。密歇根州民主党参议员卡尔·列文，也是参议院常设调查委员会主席，与布兰克费恩有这么几句对话：

列文：我问的是，你们2007年到底有没有对赌房贷市场会崩盘？你们赌了。

布兰克费恩：没有，我们没赌。

列文：好，那你们做空然后赚了。

布兰克费恩：没有，我们没赚。

与列文针锋相对之前，听证会一开始，布兰克费恩就发言，否认高盛2007年打赌房地产市场会崩盘："关于传闻高盛做空美国住房市场这件事，人们已经讨论了很多。实际情况是，2007—2008年，我们并未持续或大面积地做空市场中与住房抵押贷款相关的产品。我们在房贷相关业务中的表现可以证明这一点。金融危机这两年当中，尽管高盛总体上是盈利的，但也因为在房地产市场中的一些活动而损失了大约12亿美元资金。我们并没有大规模做空房地产市场，当然更没有打赌预测我们的客户要蒙受损失。"

另一次访谈，布兰克费恩说，2006年12月高盛确实决定降低住房市场的风险，但这个决定被公众"夸大"了，其实本来只是一个例行公事的决定。他说："任何人只要管控风险，都会这么做；风险管理有很大一部分就是天天检查损益，看看有什么失常现象，有什么模式突然出现。我们一看见这种事，就会把管事的人叫来问：'这个你能解释吗？'管事的人要是不能解释，我们就会说：'把风险调低！'高盛抵押贷款部门就是这么做的，但那一次开会并不怎么重要。只是后来出了一系列事件，回过头来，才觉得那次会议重要而已。"

实际上，2006年12月左右开始，高盛决定做空房贷市场，这个决定完全不是例行公事。有一位前任高盛抵押贷款交易员，说他完全不知道高盛为什么会这样闪烁其词："他们的惯用做法就是把我们挣的钱说得越少越好。所以只要有什么因素让他们看着好像没挣钱或者赔了钱，就对他们有利，对吧？因为他们不想让别人看见自己在危机当中得了利呀！"

参议员列文也说，书面证据，包括电邮、董事会的展示文件，都充分证明了高盛因对赌而大赚；布兰克费恩却一口否认大赚，这实在让他困惑不解。最近一次采访，列文说："我直到今天都在努力想搞明白高盛为什么不承认直接打赌房地产会崩盘。他们显然不在意自己做过的很多事会让公众产生什么样的印象，但无论如何我还是没明白。高盛显然直接打了赌，然后说假话了。底线就是他们撒谎，在'有没有直接对赌'的问题上撒谎了。"列文还说，他对高盛"恨之入骨"，因为"他们下了天价赌注，赌房地产会崩盘，然后撒谎说没对赌；他们的贪婪水平也让人叹为观止！"

尽管有了"大空头"，高盛和布兰克费恩还是没有逃开金融危机那海啸一般的横扫。2008年9月21日，美银收购美林，雷曼兄弟申请破产保护（破产规模空前）之后一个星期，高盛与摩根士丹利自愿放弃了证券公司的身份。作为证券公司，必须不断从市场上借钱来维持日常运作，而市场变得越来越不稳。两家公司变成了银行控股公司，使得自己能够从美联储获得短期贷款，代价是所受的监管更加严格。高盛和摩根士丹利这么做，实在是迫不得已，只是为了拼死一战，恢复市场对自己的信任，躲开（当初看似绝不可能的）申请破产的悲惨结局。这一招见效了。转型之后没过几天，高盛就从沃伦·巴菲特（Warren Buffett，普遍被认为是全世界最精明的投资者之一）那里筹到了50亿美元，让巴菲特成了高盛最大的个人投资者；又从公众那里筹到了57.5亿美元。

过了几个星期，10月14日，财政部长保尔森把布兰克费恩，还有另外八家幸存下来的华尔街企业CEO叫到首都华盛顿，命令他们把总共1250亿美元的优先股卖给财政部；财政部出的钱，则是来自7000亿美元规模的"问题资产救助计划"（Troubled Asset Relief Program，简称TARP）。这是几周以前国会通过的救市计划。先前还有一次努力，要通过计划，但失败了。保尔森强迫高盛收下了TARP的100亿美元，来进一步恢复投资者对这些企业的信心——这些在美国资本主义的"归零地"（ground zero）[1]周围的企业的信心。保尔森有了一个新的想法：经济形势只有在华尔街尽可能恢复正常运作之后才能好转。另外两位高官也这么想。一位是本·伯南克（Ben Bernanke），美联储董事会主席；另一位是蒂莫西·盖特纳（Timothy Geithner）[2]，时任美联储纽约分行行长，现在接替保尔森担任财政部长。几周后，保尔森发表演讲说："我们正处在重要的转折点上。"他认为，那些接受TARP援助的银行，随着经济形势逐渐好转，会愿意再放贷给企业。

布兰克费恩一直不相信高盛真的需要TARP援助，而且公开高调声

---

[1] 指在2001年9月11日恐怖袭击中倒塌的世贸大楼遗址，也用作比喻意义，表示金融海啸之后被重创的金融界。

[2] 简称蒂姆·盖特纳。

明了。这一点或许不太聪明，惹得奥巴马十分光火。先前，奥巴马指定肯尼斯·芬博格（Kenneth Feinberg）当自己的"薪酬沙皇[1]"，授权芬博格严密监控那些获得TARP援助的企业高管的薪酬，并且在必要的时候出手限制金额。这就让那些获得援助的银行更为担忧。华尔街的银行家和交易员们总认为他们可能获得的薪酬是没有限额的，因此，让芬博格来担任这个职位不太让人满意。2009年7月，高盛（外加摩根士丹利、摩根大通）刚有机会就采取行动，偿还了100亿美元，加上3.18亿美元利息；还另外花了110亿美元买回了保尔森去年10月14日那天从TARP受益者那里吊销的许可证。这些企业是交出许可证才获得了援助的。

　　布兰克费恩4月27日的邮件还说："人们很生气，都在问，他们交的税怎么必须用来援助大型金融机构了？这么问也是情有可原。正因为如此，我们才会坚信，那些能够偿还公众投资的企业，只要它们自身财务状况不受严重负面影响，在资本市场中的作用与责任也不受缩减，那么它们就有义务偿还公众投资。"布兰克费恩却没有提到，政府规定高管工资上限，是一个影响因素，使他做出了偿还TARP资金的决定；也没有提到，TARP资金本应该用于为那些借款公司提供贷款。另一方面，高盛非常喜欢大吹大擂这一件事：在持有TARP资金的九个月期间（高盛还说，不想要也用不着这笔钱），美国纳税人拿到了23.15%的年化回报。

　　讽刺的是，似乎谁也没有一丁点感恩的样子；相反，公众倒是对高盛和高盛表现出的傲慢变得越来越愤怒了。高盛相对平稳地度过了2008年危机，2009年相对恢复（这一年实现利润132亿美元，并支付了162亿美元奖金）；而且，公众对华尔街的憎恨，主要是因为华尔街不得不拯救金融业免遭危机，而这危机主要是华尔街自己造成的。这种情况下，布兰克费恩显然又对负面舆论充耳不闻，就使得高盛必然成为政客们寻

---

[1] 肯尼斯·芬博格，美国律师，擅长解决争议性赔偿问题。总统奥巴马委托给他的工作内容是为接受TARP援助的公司位列前25位的高管确定薪酬水平，同时，为那些位列26到100位的员工确定薪酬结构。

找的"罪魁祸首",成为监管者们拿来证明"政府还能够雷厉风行"的手段了。过去几十年,证券法律方面的执法一直采取不干涉主义,如今终于可以改变了。受了重伤的竞争对手也拼命协助国会的政治家、证券交易委员会的监管者,因为对手们都充满鄙视,怒火中烧。他们不能接受高盛恢复得如此之快,而自己还在生死线上挣扎!

奥巴马和其他一些人都相信,政府在2008年9—10月采取的一系列措施,确实帮助了银行业(以及高盛)恢复。他们指向一张图表,标出了高盛的股价。2008年9月初,高盛股价大约是每股165美元;2008年感恩节[1]之前,高盛股价却跌到空前低迷的每股47.41美元;到2009年10月,高盛股价已经完全涨回,而且还涨到了每股194美元。摩根大通前常务董事约翰·富勒顿(John Fullerton)——后来成立了资本研究所(Capital Institute)——于2009年最后一天致信布兰克费恩:"你个人拥有的高盛股份在2009年涨到了1.4亿美元,你的期权涨到了相当于这个数额的很多倍。你不但没有赔得一塌糊涂,而且还大赚特赚。你必须承认,这样的好运,要直接感谢纳税人的救市!"

詹姆斯·克莱默(James Cramer)之前在高盛理财部门担任股票经纪人,后来自己设立了一只对冲基金,又来到美国全国广播公司财经频道(CNBC)工作。克莱默说,情况很明白,要是没有政府救市,高盛就必然像贝尔斯登、雷曼兄弟、美林一样灰飞烟灭了。克莱默评论高盛对政府援助的理解:"他们当初不明白,现在依然不明白。"然后开始了一段苏格拉底式的自问自答:"高盛股价是怎么从52美元回升到180美元的?是因为高盛拼命努力,改善了业绩? 是因为沃伦·巴菲特给了高盛巨额投资? 还是因为美国政府想尽办法阻止银行体系彻底崩溃,想办法击败了那些努力做空高盛股票的人,能够打赢我叫作Kesselschlacht(这是德语,意思是包围歼灭战)的情况,能够战胜所有那些同高盛作对的银

---

[1] 感恩节是每年公历11月第4个周四。2008年的这一天是11月27日。

行？谁制止了这场冲突？是劳埃德·布兰克费恩吗？是加里·科恩（高盛总裁）吗？不！是美利坚合众国政府！"克莱默又说，当时"高盛表现好于雷曼"是"无关紧要"的；"美联储决定保护高盛；美联储和财政部也昭告天下，谁也不能做空高盛股票，让高盛崩溃；这个阶段已经结束了"，才是"至关重要"的。

2009年，国会与证券交易委员会开始调查高盛在危机之前的商业行为，调查高盛是怎么毫发无损地度过危机的。调查结果发现了很多相当令人反感的（还可能是欺诈性的）举动。2010年4月，国会与证券交易委员会开始公布调查结果，"狂暴的命运矢石交攻"[1]开始了，高盛伤口一个接着一个，布兰克费恩遇到了一系列有如《圣经》人物约伯遇到的严峻考验。这些考验是布兰克费恩从来没有预料到的；纵然他聪明绝顶，这些考验或许最终也会应付不了。

如今，整个公司的沉重历史压到了布兰克费恩肩上。他是一号令人费解的人物，已经开始秃头，特别喜欢眯着眼睛看人；一有事情，就会扬起眉毛，很像演员华莱士·肖恩（Wallace Shawn）在导演路易·马勒（Louis Malle）1981年电影《与安德烈晚餐》（*My Dinner with Andre*）中的扮相。有人说，布兰克费恩的样子"就像一个爽朗的精灵，脑袋大而光亮，脸颊丰满，笑容有无限的魅力"。然而，作为华尔街的巨头，他也惊人地机智、敏感，有自知之明。高盛在曼哈顿下城新建了43层大楼，用玻璃与钢制成，造价21亿美元。最近，布兰克费恩在41层相当简朴的独立办公室里接受采访，说道："我当然肩负重任，必须处理这种对高盛名誉的攻击。这活计当然一点也不轻松。我当然一刻也没有忘掉这件事。这件事当然对我有损害，我觉得对我周围的人也有损害，反过来

---

[1] 这句话选自《哈姆雷特》著名独白里的一句，卞之琳译文。"矢石"原文是slings and arrows，直译"投石和箭"，因这两种武器从远处射来，不像近身兵器那样可以抓住搏斗，暗示无法避免，只能忍受。

又给我造成了更大的损害。"

对布兰克费恩的第一次严峻考验发生在2010年4月16日。这一天，证券交易委员会投票，按照派系投票的结果是3∶2，通过决议，起诉高盛与高盛一名副总裁犯有民事欺诈罪，罪行是在2007年创立、推广一种名为"合成型CDO[1]"的复杂抵押证券；这类证券与美国住房市场的命运紧密相关。高盛创立的这种CDO，成分并非真正的住房抵押贷款，而是一系列赌注，打赌房贷会有怎样的表现。这种交易的结构非常复杂，理念却很简单：领到房贷的人倘若继续还钱，证券就能保值；反过来，如果业主违约，不还贷款，证券就会贬值，因为投资者买下了证券，但无法拿到合同标明的现金收入。

2007年4月下半月，买了CDO的投资者打赌：业主会继续还钱。但华尔街向来有一种傲慢特质（也证明金融科技确实进步了），这种特质又激发了一种奇异现象：既然存在CDO这么一种产品，就说明别的投资者可以下相反的赌注——业主不会还钱。理论上，这种情况很类似参加轮盘赌的其中一个赌徒押10亿美元，赌珠子落在红色数字；而赌桌上还有另一个人，也押注10亿美元，赌珠子落在黑色数字。显然，这两个人肯定一赢一输；这就是赌博的本质，也是21世纪早期的投资的本质。只要有一个买家，则必然有一个卖家；反之亦然。其他很多华尔街公司也在制作、销售同样类型的证券，那就天经地义了。

不过，证券交易委员会在起诉中实际上主张高盛操纵了游戏，在轮盘上动了手脚，使得珠子很难落在红色数字而很容易落在黑色数字。证券交易委员会还认为，庄家（croupier）和押黑色的闲家（player）合谋，反对押红色的闲家。如若属实，这可就不太合乎公平竞争原则了，对吧？

高盛一位副总裁名叫法布里斯·图尔（Fabrice Tourre）。图尔和高盛

---

[1] 又译复合式CDO。

一起花了将近六个月时间将CDO整合在一起。证券交易委员会还特别指控高盛和图尔在一项与次贷有关金融产品的重要事实问题上向机构投资者做出了"重大误导性陈述和遗漏"，故意不公开高盛的客户（指对冲基金经理约翰·鲍尔森，曾向高盛支付1500万美元费用设立这只证券）不仅在押注业主会违约，还强势插手从住房抵押贷款CDO相关的产品里挑选相关证券产品，因为约翰·鲍尔森希望抵押贷款发生违约。此外，证券交易委员会还指控高盛曾经代表ACA管理有限责任公司（ACA Management, LLC）[1]，指控鲍尔森表面上赌CDO会表现出色，实际赌CDO会一败涂地。

还有一个情况进一步证实了证券交易委员会指控高盛欺诈有凭有据：这场交易名为ABACUS 2007-AC1；交易完成之后大约六个月，ABACUS[2]当中各只抵押贷款证券的83%被评级机构调低了等级。这意味着风险上升得实在太快，要违约了。到2008年1月中旬，基础抵押贷款证券99%被降了级。于是，约翰·鲍尔森赌赢了，九个月获利大约10亿美元。

赌输的则是两家大型欧洲商业银行。一家是德国IKB工业银行（IKB Deutsche Industriebank AG），总部位于德国北莱茵-威斯特法伦州杜塞尔多夫市（Düsseldorf），亏了1.5亿美元；另一家是荷兰银行（ABN AMRO），这是荷兰的一家大银行，在此期间被一个财团收购了，财团以苏格兰皇家银行（Royal Bank of Scotland）为首。后来，苏格兰皇家银行自己也陷入困境，如今被英国政府持有84%股份。荷兰银行同意，收取每年大约150万美元费用，为ACA管理公司的关联公司——ACA资本控股有限公司（ACA Capital Holdings）96%的违约风险提供担保。为此，荷兰银行在多头方面投资了9.51亿美元。换句话说，荷兰银行做出担保，承诺ACA资本将会兑现这一担保，前提是ABACUS不会贬值。

---

[1] 一家第三方机构，负责选择CDO包括的各只抵押贷款证券。

[2] CDO的名字。

2008年初, ACA资本倒闭, 荷兰银行(然后是苏格兰皇家银行)不得不履行和ABACUS相关的大多数承诺。2008年8月7日, 苏格兰皇家银行付给高盛8.409亿美元, 这笔钱大部分又由高盛付给了鲍尔森。

高盛自己因这场交易而损失了1亿美元, 还必须为它收取的1500万美元手续费而承担责任; 因为2007年4月, 高盛的一部分ABACUS次贷产品被套, 无法卖给荷兰银行与德国IKB工业银行之外的投资者。尽管如此, 证券交易委员会依然宣称:"高盛和图尔故意地、鲁莽或玩忽职守地在ABACUS 2007-AC1的营销材料中, 称ACA挑选了RMBS参考组合, 却丝毫不提对冲基金'鲍尔森基金'在挑选参考组合中的重要作用, 而且'鲍尔森基金'在交易中的利益与德国IKB工业银行、ACA资本公司、荷兰银行直接冲突。高盛和图尔还故意地、鲁莽或玩忽职守地误导ACA, 使其相信, 鲍尔森基金投资了ABACUS 2007-AC1, 因此在挑选参考组合的过程中, 鲍尔森基金的利益与ACA是高度一致的。而实际上两者的利益却是完全相悖的。"证券交易委员会请求美国纽约南区地方法院判决高盛与图尔违反了联邦证券法, 命令高盛与图尔交出与"上述欺诈行为"相关的"所有非法收入", 并处以民事罚金。

高盛一开始似乎对证券交易委员会的起诉反应很迟缓, 原因之一是高盛几乎完全没料到会被他们起诉; 对于高盛这样的掌握金融界诸多秘密的公司, 被委员会起诉这件事本身就很不正常。2010年4月30日, 布兰克费恩告诉查理·罗斯, 说他已经得到消息, 证券交易委员会的民事诉讼"将在上午十点左右提出", 消息在他的电脑屏幕上出现了。布兰克费恩说:"我看了一遍, 不禁一阵反胃。实在没办法——完全惊呆了。惊呆了, 惊呆了!"

2009年夏天, 高盛接到证券交易委员会一道所谓"威尔斯"(Wells)通知[1]; 9月, 长期为高盛服务的苏利文-克伦威尔律所(Sullivan &

---

[1] 证券交易委员会发起民事诉讼前的预先通知。

Cromwell）已向证券交易委员会提供了多份详细回复，回答证券交易委员会的各种提问，希望能够说服证券交易委员会不要对高盛提起民事诉讼。但是，证券交易委员会之后就不再回复苏利文–克伦威尔律所和高盛。2010年一季度，律所和高盛再次试图联系证券交易委员会，看是否能达成和解。4月16日，证券交易委员会第一次作出回应，而回应就是提起诉讼。碰巧在同一天，证券交易委员会监察长也发表了一份报告，指责证券交易委员会调查伯纳德·麦道夫（Bernard Madoff）庞氏骗局不力。

自然，媒体都来关注证券交易委员会对高盛提起的造假指控，而忽视了证券交易委员会对麦道夫调查不力；高盛在与记者的交流中也提到了这个情况。高盛最终对证券交易委员会诉状做出回应，否认了所有指控。一开始说的是："证券交易委员会各项指控完全没有法律和事实基础，我们将全力应对，捍卫我司利益和声誉。"过了几小时，又发表了更加详细的回应，说自己的信息公开行为充分而适当；投资者选择了适合自己的风险偏好，并自愿进行交易，而且参与者全都是大人物。此外，高盛还说："我司从未向ACA公司表示，鲍尔森会成为长期投资者。"而且，高盛最后亏了钱，没有赚钱，"我司出现了亏损，而且我司并没有制造一种设计出来就是为了亏损的投资组合"。

高盛还提供了有关交易的一些背景信息。高盛解释："2006年，鲍尔森公司（Paulson & Co）表示有意打赌房价会下跌。""鲍尔森公司设计了一只合成型CDO，鲍尔森以此从基础证券下跌中受益。那些交易另一方的公司，IKB和ACA管理公司（ACA是投资组合筛选的代理人）将会从证券上涨中受益。ACA长期负责CDO管理，声名远播；在这一交易之前，有过26次独立交易。高盛在交易中保留了相当大的剩余长期风险仓位。"但是，证券交易委员会的起诉已经导致高盛股票暴跌，高盛的回应也基本于事无补。当日，高盛的市值蒸发了124亿美元。

证券交易委员会对高盛提出指控，绝不是稳操胜券的。比如，ACA

并不是无辜的受害者，2004年曾经转型；从贝尔斯登一只私募股权基金获得1.15亿美元股权注入之后，ACA从市政债券保险商转型为高风险CDO的大宗投资者。贝尔斯登那只私募股权基金也就成了ACA最大的投资者。此外，档案显示，约翰·鲍尔森的合伙人保罗·佩莱格里尼（Paolo Pellegrini），以及ACA常务董事劳拉·施瓦茨（Laura Schwartz）曾多次碰面，其中一次是2007年1月27日在美国怀俄明州杰克逊霍尔镇一处滑雪场的酒吧；两人主要讨论的是，进入ABACUS产品的参考投资组合究竟由什么组成。报道说，保罗·佩莱格里尼直接宣称，他将鲍尔森做空ABACUS生意的企图告知了ACA，而且鲍尔森不是这项业务的股权投资者。[1]有人就此询问佩莱格里尼，他未做回应，相关证词也没有公开。其他档案显示，关于把哪些证券产品包括在ABACUS中，鲍尔森和ACA是讨论之后共同决定的。鲍尔森和ACA似乎还质疑证券交易委员会关于"ACA被误导"的论点。

还有一份证据是2007年3月12日的一封电邮，发件人是IKB副总裁约格·齐默尔曼（Jörg Zimmerman），收件人是伦敦一名高盛银行家，后者正与高盛副总裁法布里斯·图尔在ABACUS项目上合作。电邮显示，IKB也清楚ABACUS涉及了哪些证券。齐默尔曼问："你听说我要求去掉弗里蒙特（Fremont）与新世纪（New Century）公司的已偿付债券了吗？"说的是两家抵押贷款制作公司，当时都面临严重资金困难，之后都申请破产。齐默尔曼要求把这两家公司从ABACUS投资组合上去掉。还说："我想试试，这周拜访一下IKB顾问委员会，需要他们同意。"最终的ABACUS业务没有包括弗里蒙特、新世纪这两家公司制作的抵押贷款。IKB前信贷官员詹姆斯·法尔雷（James Fairrie）告诉《金融时报》（Financial Times）说，有大人物向他们施压，必须从华尔街买入CDO，"我要是耽搁超过24小时，这些CDO就让别人买下了"。可是，另一名

---

[1] 原文equity investor，指长期（至少在一年以上）持有一家公司的股票或长期投资一家公司。这里说明鲍尔森警惕ABACUS，不希望自己投资进去而亏钱。

CDO投资者告诉《金融时报》，IKB向来容易受骗，这已经出了名："IKB有一队博士后，专门研究CDO业务。但华尔街很清楚，IKB完全不懂这些。你只要看见他们出席会议，就肯定有一群银行家跟着他们。"

证券交易委员会起诉高盛案中的法官，给了高盛一段宽限时间，命高盛在7月19日以前提交对证券交易委员会的回应。7月14日，期限之前五天，高盛与证券交易委员会达成和解（当然既不承认也不否认有罪），同意支付一笔空前的巨额赔偿5.5亿美元，代表之前ABACUS业务中高盛所得的1500万美元费用的追缴，外加5.35亿美元民事罚款。高盛最接近承认"我们为自己的所作所为负责"的说法是："高盛承认ABACUS 2007-AC1交易的宣传材料包含不完备信息。具体情况是高盛的宣传材料存在一个错误，声称参考的投资组合由ACA管理有限责任公司'选择'，而并未公开鲍尔森公司在投资组合选择过程中所起的所用，也没有公开鲍尔森的经济利益同CDO投资者相冲突。高盛对宣传材料没有公开这些表示抱歉。"高盛还同意修改企业规章、风险评估及法律步骤，确保ABACUS业务的信息公开混乱局面不再发生。

虽然证券交易委员会起诉高盛的案子和解了，但证券交易委员会仍在继续起诉高盛副总裁图尔。2011年1月，ACA一家分支公司还在纽约州法院起诉高盛，指控高盛"行为极端恶劣"，要求最少赔偿1.2亿美元损失费。这些通常清醒的声音已经开始对高盛及其被指控的行为提出了质疑。评论家们哀叹道，ABACUS交易说明，华尔街企业与客户之间原先那种半神圣的契约已经失掉了。2010年5月4日，美国哥伦比亚大学法学院的法学讲席教授阿道夫·伯利（Adolf A. Berle）与小约翰·C.科菲（John C. Coffee Jr.）在国会作证："证券交易委员会对高盛的诉状，严重质疑了我国资本市场的完善程度。一家投行可以让交易的一方设计交易条款，让这一方待遇高于其他相对不被投行偏爱的客户，而且对这种影响保密；这让很多美国人感到不安……这种做法不仅不公平，而且将损害投资者对投行的信任和信心，因而也将损害我国资本市场的健康和效率……过去，投行很清楚顾客至上的原则，也清楚只能把证券卖给那些给予投行信任和信心的客户。这一模式也很有效率，因为规定客户可以信任经纪人，也不需要对经纪人做尽职调查，更不需要听经纪人的建议有什么弦外之音。可是，现在衍生品和深奥的金融项目越来越多，有些企业可能已经不再遵守先前的商业模式了。"

马里兰大学（University of Maryland）法学院教授迈克尔·格林伯格（Michael Greenberger），也是美国商品期货交易委员会前任主席。他相信，证券交易委员会起诉高盛的那一天，就相当于1942年美国在中途岛战役（Battle of Midway）中的胜利："让人们觉醒的是（高盛）竟然这么想，'看啊，我们只会忠于自己，而不会忠于其他任何人。我们能给赌局两边提供咨询，说这赌局很不错，完全是我们做生意的主流方式'。这种想法，对高盛的损害最大。"他还说，虽然制造这些产品的不止高盛一家，"但高盛如此明目张胆，拒绝承认自己存在问题，就让广大群众擦亮了眼睛；在此之前他们还没有觉醒过来"。

J.P.摩根前任银行家约翰·富乐顿（John Fullerton）发了一篇博客文章："华尔街与高盛的失败，核心问题在于领导层的道德失败，并非法律法规能够全面处理的。高盛与美国政府的冲突是一个引爆点，给社会提供机会，从根本上反思金融的目的究竟是什么。"

高盛遇到的第二次重击于2010年4月24日开始表现出来。这一天是星期六，参议员列文（Levin）宣布，4月27日高盛将要参加他负责的参议院下属常务调查委员会第四次听证会。调查委员会正在研究金融危机的各种原因，也在专门调查高盛在危机中扮演了什么角色。针对高盛的调查属于高度机密，保密了几个月。新闻一出，高盛马上得到了更多的关注。当然，高盛最不想要的就是这种关注。4月24日发布的列文的新闻稿中写道："高盛一类的投行并不只是做市商，而是利己主义的宣传者，宣传一些风险极高、十分复杂的金融项目，这一举动成了触发危机的原因之一。他们把有毒抵押贷款包装成复杂的金融工具，让评级机构评为AAA级别证券，卖给投资人，从而在整个金融体系内放大并传播了风险；此外，他们自己经常对赌卖出的金融工具会失败，损害客户以谋取利益。"实际上，在前一天的评级机构听证会结束的时候，列文公开发言，就说了这些话。过了几小时，高盛就通过美迈斯律师事务所（O'Melveny & Myers）的律师对列文的言论做出了激烈驳斥。

列文还公布了一些"更有料的"内容：四封高盛内部邮件。这是从调查委员会检查的数百万份文档中选出来的，此外，列文计划在听证会上公布的900页文档，也包括这四封邮件。邮件内容似乎反驳了高盛公开表示的"2007年没有因为做空住房市场而赚到很多钱"。实际上，高盛因为对赌而赚了大约40亿美元！

其中一封邮件在2007年7月25日发出，发件人是当时高盛联合首席运营官加里·科恩（Gary Cohn），收件人是布兰克费恩和维尼亚，内容说高盛当天因为做空抵押贷款市场而盈利3.73亿美元，然后又从企业现有的抵押贷款证券资产上减记了3.22亿美元，从而获得单日净利润5100万美元。这种"微积分学"，也就是高盛尽管必须进一步减记抵押贷款投资组合，却还是能挣得几千万美元的情况，使得维尼亚在回复里说到了"大空头"。"这就告诉你，不做大空头的人可能会是什么结果！"[1]另一封邮件是2007年11月18日，发件人告知布兰克费恩，第二天《纽约时报》要发表头版文章，说到高盛"怎样躲过了抵押贷款的灾难"。布兰克费恩一直在仔细阅读那些有关他本人和高盛的文章，为了保护他本人和高盛，布兰克费恩对记者一点都不客气。几小时以后，布兰克费恩回信说："我们当然没有躲过抵押贷款的灾难！我们亏了钱，然后又因为做空（高盛打赌抵押贷款市场会崩盘）而赚了更多的钱。而且事情还没有结束，谁知道最后会怎么样？"

---

[1] 这是他说起一个已经存在的话题，并非首次提到。

前一次，高盛在证券交易委员会提起诉讼之后有些猝不及防，这一次就稳健多了，甚至采取了进攻架势。也是在4月24日星期六这一天，专为反驳列文，高盛发布了26页的文件。文件中有高盛资料库里的很多电邮和档案，都是列文的调查委员会不愿意公布的。其中有四封极为私密的邮件，是法布里斯·图尔写给伦敦女友的（证券交易委员会起诉的头号目标就是图尔）。女友碰巧也是图尔团队中的高盛雇员。高盛还发布了多封图尔写给另一名哥大女博士后的电邮，似乎表示图尔在脚踩两只船。

图尔和这两个女人都是法国人，所以电邮里最劲爆的那些部分是法语。但出于某种原因，高盛在苏利文律所的律师们给媒体附上了英译文。图尔的一名前同事评论电邮："真是疯了！高盛竟然公布这些，不可思议！"这一举动似乎违反了高盛自我标榜的团队协作、团队精神法则。

这时候，在证券交易委员会诉讼解决之前，高盛已经让图尔离开伦敦工作岗位，放了带薪的"行政假期"，而且还包了图尔的律师费。这种情况下，高盛还这么不遗余力地抹黑他，让很多人感到困惑，纷纷猜测这一决定的道德标准是什么。高盛的文化声称："希望我们的员工一切行为都保持高标准道德要求。"但也提到，"企业可能在某些情况下放弃这一准则中的某些条款"。顺便说，高盛否认自己曾经为了公开图尔电邮而发布命令放弃道德准则。

在4月27日的听证会上，一位来自俄克拉何马州的医师、共和党参议员汤姆·科伯恩（Tom Coburn）向图尔询问了这封电子邮件的事情，以及得知高盛公开这些邮件后他的感受如何。图尔没有具体回答参议员科伯恩有关高盛行为的问题，而只是说出了自己的感受："我再重复一遍，科伯恩先生，我为那些电邮而感到十分后悔，它们对公司和我自己都非常不利。而且，我认为……我真希望……怎么说呢？……我当初要是不发这些邮件就好了。"几小时以后，科伯恩又问布兰克费恩，对高盛决定公开图尔的私人电邮有什么看法："这种行为对你的雇员公平吗？你为什么会对自己的雇员这么做？"布兰克费恩还在苦苦思索时，科伯恩又说道："假如我是高盛员工，有人决定让我当替罪羊，让我被吊死、晒干，我就会十分担心，因为其他人的私人电邮可都没有公开！"布兰克费恩终于开口了："我认为我们的目的是……让这些东西公开，这样我们就能处理了。因为目前，我觉得你应该知道，媒体实在是非常……可能甚至媒体……我不知道他们从哪里来……但是，就我所知，我不认为我们让信息进一步公开化了……但我不清楚……我不认为，我们让员工写的这些邮件进一步公开化了，而且我觉得，也应该写下这些邮件。"[1]

列文参议员的听证会持续了 11 小时，有七位高盛的前任或现任高管发言，其中包括布兰克费恩、维尼亚，还有三名创造了"大空头"的交易员：丹·斯帕克斯、乔希·伯恩鲍姆、迈克尔·斯文森。这些人全都被轮番奚落、斥责，不让上厕所。听证会表面的目的是调查各家投行在金融危机的引发中起了什么作用，但实际上基本没有涉及高盛是否加重了危机（手段是调低自身各种抵押贷款相关证券价值，这也很有可能），而全是关于证券交易委员会的起诉核心——合成型 CDO 业务的类型。也有关于内在的利益冲突，很多参议员都相信，这些证券必然带来冲突。（列文说，证券交易委员会的诉讼和他自己的听证会刚好在同一时间，"只是一个巧合"。证券交易委员会监察长专门调查了证券交易委员会提起诉讼的时机，看看有没有政治因素干预，最后的结论是没有。）例如，没有参议员询问高盛首席风险官克雷格·布罗德里克（Craig Broderick）（曾和维尼亚一起被列名在陪审员名单中），关于他在 2007 年 5 月 11 日备忘录提到的，高盛做出的重大决定——调低 CDO 的定价。参议员不问这个问题，无疑是错过了一次良机。

列文开场发言，痛斥高盛。开头为投行说了几句好话："只要行为

---

[1] 此处布兰克费恩说话有些语无伦次，译文适当模仿。

合规，投行能起到重要作用，让我国的财富化为生产能力，带来就业机会，促进经济发展。"接着开始攻击高盛："有证据显示，高盛反复将自身利益和利润置于客户与社会利益之前。高盛滥用各种奇异的、复杂的金融工具，帮助在整个金融体系内传播了有毒抵押贷款。而当金融体系在这些有毒贷款的重压之下崩溃，高盛又从崩溃中盈利。"然后，列文猜测高盛管理层为什么一直否认公司盈利，即使"公司本身档案显示，在推销高风险抵押贷款证券的同时，也下了巨额赌注，打赌美国抵押贷款市场会恶化。尽管证据一边倒显示高盛下过巨额赌注，但高盛依然多次否认"。

列文自问自答："这一点为什么很重要？ 没错，针对盈利本身，并没有法律、伦理的方针，也没有道德禁令。但高盛并不只是盈利，而且是通过利用客户那种合理的想法盈利。客户认为，高盛出售的产品必然是自己想要认可的。客户也认为，高盛与高盛承诺要服务的顾客之间没有利益冲突。客户这么想完全合理，但高盛的行为表明，高盛经常认为客户并不是有价值的顾客，而是为自身谋利的目标。这一点很重要，因为高盛不因客户得利而得利，却因客户亏损而得利。"列文又说："高盛的行为让人们质疑华尔街整个的运行机制。传统上，人们都把华尔街视为经济增长的引擎，华尔街打赌美国成功，而不会打赌美国失败。"

列文特别关注一封电邮，整整一天都把电邮内容当成匕首般的武器挥舞，因为这封电邮在他看来，将高盛卷入很多利益冲突的现实大白于天下了。发件人是当时的高盛合伙人托马斯·蒙塔格（Thomas Montag），收件人是交易员丹·斯帕克斯，说的是另一只高盛合成型CDO，名叫"森林狼"（Timberwolf）[1]。这是一笔10亿美元的业务，2007年3月成形，操作者是高盛与灰狼资本（Greywolf Capital），一些高盛前合伙人组成的集团。CDO发行之后，很快丧失了大部分价值。2007年6月，

---

[1] Timberwolf 是高盛在2007年3月向市场推出的混合担保债务证券（CDO），是一款复杂的证券产品，当时美国楼市正开始崩盘。

蒙塔格发邮件给斯帕克斯说："天啊，森林狼这笔业务真是太恶心了！"之前的3月，贝尔斯登两只对冲基金买了4亿美元森林狼债券，7月这两只基金就被清算了。澳大利亚的一只对冲基金——基础收益阿尔法基金（Basis Yield Alpha Fund）——也以8000万美元买了森林狼1亿美元面值债券，很快就亏了5000万美元。基金很快偿付能力不足，然后对高盛提起诉讼，说高盛给这笔业务"发表了实质性误导声明"。[1]一名高盛交易员后来把森林狼上市的日子，3月27日，说成"永远的耻辱日"。

听证会召开的时候，蒙塔格担任美国银行高管，调查委员会一直没有要求他作证。听证会开始后不久，列文问起斯帕克斯有关蒙塔格电邮的事。斯帕克斯想要解释，这封邮件是"部门主管"（蒙塔格）自己写的，不是"销售团队"写的。列文似乎对这个说法不感兴趣，又重申，这封电邮是高盛高管A写给高管B的，里面的情绪非常明显。斯帕克斯想要提供"背景"，被列文打断："背景？ 我告诉你，背景非常清楚！ 这封邮件是6月22日发送的。里面说：'天啊，森林狼这笔业务真是太恶心了！'这样的产品，你在22日以后向客户卖出了多少？"斯帕克斯回答，他不知道具体金额，但是证券交易的价格一定会反映买卖双方的观点。列文重复问题："但是，你没有告诉那些客户，你觉得这交易很恶心！"一名高盛合伙人认为："在这么多人亏了钱的时候，让高盛高管自己说出这款产品恶心、卑劣，这样一点也不好吧。"据一位知晓蒙塔格的想法的人转述，蒙塔格说他只是在跟斯帕克斯"开玩笑"，后来回想起来时，蒙塔格特别希望自己没有说出"恶心"两个字。这人说："蒙塔格难道会希望，自己当初说了这业务很糟糕吗？ 他当然不会这么希望，但是他的意思也不是说，'天啊，我真希望我从来没说过这笔交易很糟糕！'这笔交易当然很糟糕，（他只是不希望说"恶心"这两个字。）因为它的表现很差；而且政客并不在意答案是什么，他们只是想借机捞一笔。"

---

[1] 到本书（英文版）截稿时，诉讼仍在继续。

澳大利亚基础收益阿尔法对冲基金公司在对高盛的诉讼中提出的法律主张是，高盛如果能够告知客户自己认为森林狼产品很"恶心"，那么我们从一开始就绝不可能买入森林狼证券，哪怕打折也不会买。诉状还写道："高盛故意没有公开企业内部对森林狼非常负面的看法，而是对我们做出虚假陈述，声称森林狼的设计是为了'作出优秀表现'。"高盛反驳说，这起诉讼是这家对冲基金公司"从本质上就是一种不良企图……将自己的投资损失转嫁到高盛头上"。

接着，列文让斯帕克斯看了一组高盛内部邮件，说的是把森林狼证券卖出去如何重要。列文问斯帕克斯：在蒙塔格如此评论森林狼之后，高盛怎么还能强调必须卖出森林狼？斯帕克斯开始解释，证券价格是如何推动需求的，还说证券打折会怎样吸引买家。但列文对此也不太感兴趣："斯帕克斯先生，你要是不能明确回答我这个问题，那我觉得你能够明确回答的问题也不多了！"

当天晚些时候，高盛首席财务官维尼亚开始作证。列文也问起了维尼亚有关蒙塔格电邮的事："你是否认为，高盛应该将这样的CDO产品卖给客户？以及你是什么时候开始决定要押注做空这只产品的？我认为，这是非常明显的利益冲突，我们必须说个明白。"维尼亚还没来得及回答，列文又插了一句："而且，当你听说你的员工写了这些邮件，他们看着这些交易发出感叹：'天啊，这交易多恶心啊！我的天，真是一堆垃圾。'我想知道，当你听见他们这么说，看到了邮件里写的这些话，你有什么感受？"

听证会期间，维尼亚这一次回答，是第一次也可能是唯一一次即兴发挥，没有照台本来："我认为，邮件写了这些，是非常令人遗憾的……我觉得，这样做不太正确。"

列文再次逼问："那样做是一种什么感觉？"

维尼亚岔开话题："我觉得不论谁以什么形式说出这种话都很不幸。"

列文又问："那么，相信证券很好，却卖掉这些证券，又是什么行为？"

维尼亚说："我觉得这也很不幸。"

列文回应："不，你应该从一开始回答我的问题时就这么讲[1]。"

维尼亚说："是的，你说得对。"

这一天大部分时间，布兰克费恩都在苦等出席会议。最后他终于出现了。列文也问了他关于蒙塔格电邮的事："你自己公司员工认为是垃圾的证券，公司还把它卖出去，你有什么看法？对你有什么影响吗？"布兰克费恩似乎有点不解，不确定蒙塔格的话是不是一种假设。列文向布兰克费恩确认：邮件是真的，蒙塔格确实写了"这交易真是太恶心了，太垃圾了"这些内容。布兰克费恩显得措手不及，把快要谢顶的脑袋歪到一边，眯起眼睛。他从小时候开始就有这个习惯，但每次一这样人们就认为他在避重就轻、闪烁其词。布兰克费恩说："与我们有商业往来的投资者，不论是做多的，还是做空的，都很清楚他们想要得到什么。今天有些人做出理性决策，用打折的低价买入证券，因为他们觉得价格会上涨。而这些证券的卖家也愿意拿到这打折的销售款，因为他们觉得价格会下跌。"

布兰克费恩的回答，从理性上自然无可挑剔，因为的确说的是市场规律——有买家就一定会有卖家，反过来也一样，在价格从高到低的范围之间有不同价位的买卖。但即便这样回答，也丝毫没有影响到参议员列文。列文对高盛和布兰克费恩越来越恼火。一天的听证会快要结束时，列文说道："我碰巧是一个相信自由市场理念的人，可是假如市场真的自由，就不能设计成只让一小部分人收割巨大的经济利益，却把风险抛给其他人！自由市场不允许欺诈，不允许利益冲突！自由市场的正常运作需要警察巡逻、监督，华尔街要恢复这种规则和秩序！"听证会结束后不久，列文就联合民主党俄勒冈州参议员杰夫·默克雷（Jeff

---

[1] 绕了半天，维尼亚才承认高盛的这些行为令人感到遗憾，而刚开始他并没有说，是参议员一点点问出来的。

Merkley），对当时的大规模金融改革法案提出一项修正案，禁止所有华尔街公司参与"一切会牵涉或导致公司与任何投资者利益冲突的转账交易"，这里指的是涉及CDO一类资产担保证券的转账交易。2010年7月21日，当时的美国总统奥巴马签署了《多德–弗兰克法案》（Dodd-Frank Act）[1]，其中包括了一个版本的修正案。

参议员们提出了一个很好的问题。高盛一边销售更多的高风险型抵押贷款相关证券（虽然成熟投资者想要购买），一边又几乎是百分百确定并押注房贷抵押贷款市场会崩盘——这是如何做到的？而且，说白了，既然合成型CDO产品充满了利益冲突，为什么还会存在？这些种类的证券，难道是"聪明反被聪明误"？以及，2011年1月，高盛让多位富人客户投资给私营社交网络公司脸书（Facebook），购买脸书的股权，当时脸书总计获得高达15亿美元的融资，估值达到500亿美元。与此同时，高盛又告知这些客户，它随时可能会出售或对冲自己的3.75亿美元股权；但没有告诉他们，高盛自己的私募股权基金经理理查德·A.弗里德曼（Richard A.Friedman）已经拒绝了潜在的投资方，因为这对基金的投资者来说风险太高了。高盛这样做觉得心安吗？

尽管布兰克费恩在听证会上没能准确表达他的看法，但他一回到自己在纽约的新办公室（这间办公室漂亮、简约，正好俯瞰整个纽约港），就为合成型证券做了一次激烈的辩护。他举了一名投资者的例子，这名投资者持有的抵押贷款证券投资组合，严重偏向于某一年或者美国某一地区，于是该投资者想要分散投资组合，或者说分散投资组合里包括的产品风险。布兰克费恩说："合成型证券就跟一切其他金融衍生品没什么区别。只要交易双方都愿意承担风险，就可以用合成型证券让自己的投资组合多样化。所谓'合成'就是'衍生品'的代名词。我们可以进行

---

[1] 全称《多德-弗兰克华尔街改革和消费者保护法》（Dodd-Frank Wall Street Reform and Consumer Protection Act），目的在于通过改善金融体系问责制和透明度，促进美国金融稳定，解决"大而不能倒"问题，保护纳税人和消费者。

分析，增加或者减少你对某个州或者某地区的风险敞口，某只基金成立年份的风险敞口，某种信用的风险敞口。我们可能处于交易双方的一边，做市商的工作就是这样，客户会要求我们这样做；或者从其他人或其他投资组合中获取相关风险信息。我们可能会找出一部分风险，而不是所有的风险，也可以通过投资有形资产来替代这一风险。在我看来，这就像其他任何衍生工具都想达到的目的一样，帮助设计一款投资组合产品，从而为机构提供他们想要增加的或想要减少的风险敞口。"尽管如此，布兰克费恩也并没有无视这种复杂性带来的风险。他又说："可能需要权衡。证券以及证券伴随的风险，如果太难分析，或者流动性太差，或者太这个、太那个，你就可以轻易地做出决定，这些交易不应该做。但是这跟主张衍生品没有社会意义，完全是两码事。"

然而，列文对布兰克费恩的论点依然不感冒。列文认为，高盛在2006年12月决定做空市场之后，就应该停止出售抵押贷款相关证券，例如ABACUS、森林狼，或是其他抵押贷款担保证券，并告知客户高盛越来越担心（金融风险）。列文和布兰克费恩一样也是哈佛法学院毕业的。列文有一次对记者说："我作为律师，职业原则就是一旦接了客户的案子就要对客户负责。我也知道，责任的程度有高有低。但是在我看来，高盛这样做已经违反了基本的原则，非常明显地甩掉了责任。这才是我在听证会上感到最为不安的，因为他们不明白。他们不知道打包证券并企图卖出是大错特错的行为，他们私下里把这些证券称作垃圾，或者什么更难听的，却还想卖给顾客，还打赌做空，还因为做空而大赚了！他们完全不知错。我认为，基本的损害就是这种冲突本身，卖掉你（认为糟糕）的东西，然后在市场上做空。更严重的损害在于，你们内部相信这是垃圾，要摆脱掉，而且邮件里还这么说，很清楚地表明你们认识到这是垃圾。我认为，根本问题就是，你们的表达是否自相矛盾。"

布兰克费恩在开场陈述中告诉调查委员会，4月16日证券交易委员会提起诉讼当天"是我职业生涯最糟糕的日子之一，据我所知，也是高盛全体员工最糟糕的日子之一"。然后说："我们坚信，高盛文化崇尚团队协作，以诚实为基础，我们奖励员工说'是'，也同样奖励员工说'不'，对二者同样重视。我们主张客户至上，已经有140年的历史；我们的客户如果认为我们不值得信任，那高盛一定是没办法存活下来的。"

没有一家公司愿意看到自己的名字和"造假"放在一起，出现在报纸头条，也没有一家公司想看到高管们被公开抨击。高盛已经宣传了很多年自己的"清白名声"，自然也不例外。有句名言，一般认为是美国媒体大亨威尔·罗杰斯（Will Rogers）说的："培养名声需要一生，破坏名声只需一瞬。"如今，从证券交易委员会起诉到参议院听证会的11天中，对布兰克费恩来说，这句名言似乎已经慢慢成为现实了。

布兰克费恩专注细节，而且深深地沉浸在高盛的世界观中。他相信高盛遭到了不公正的诽谤。但他看不见大局，无法明白就在经济危机蔓延的时候，高盛却获得巨额利润，引起了舆论的暴怒。这种无能与华尔街本身的偏狭心理相关，特别是高盛人自以为是精英中的精英，比其他人都更加聪明，更加优秀。的确，高盛的成功与漫长的历史，彰显了政界的真理之一：丑闻不是那些非法的东西，而是那些合法的东西。而且高盛在长期的无数危机中，积累的"走钢丝"的经验也最多。高盛确实成功了，因为不断招进一些聪明能干的人才，大多数是男人，也有少数女人，而且不断给予升迁。高盛也成功地在华尔街的峡谷与政界的庙堂之间建立了前所未有的纽带，号称"高盛政府"（Government Sachs）。如今，纽带终于断了，全球市场在金融深渊的边缘摇摆，这就是我们熟悉的"大衰退"（Great Recession）。

第一章

家族生意

　　高盛的前身最早开业于1869年。创始人名叫马库斯·戈德曼（Marcus Goldman），家乡在德国中部，是欧洲犹太移民，1848年第一次来到美国，从事服装生意。后来也有很多犹太移民从欧洲来到美国，成了银行家，他们与马库斯一样，最早也是靠服装起家的。1848年，拉扎德家族在新奥尔良开业，1844年，雷曼家族在亚拉巴马州蒙哥马利市开业，都经营服装。当时的社会传统认为，犹太移民开店才是正经行当，银行业则专门让非犹太精英负责，所以这种情况算不得稀奇。

　　最早，戈德曼从德国伯格普拉帕赫市[1]移居到纽约市。不过，作家斯蒂芬·伯明翰写了《四海一家》[2]，书中提到："他很快搬到了宾夕法尼亚州的煤矿山区，年轻德国犹太移民都听说那里是小贩的天堂，不管这种说法是对是错。"27岁时他离开德国，去了别的地方。一开始，戈德曼驾着马车走街串巷卖东西。到了1850年，美国人口普查档案显示，戈德曼已经去了费城，在"市场大街"上开了一家服装店，还在"格林街"上租了一所"舒适的独栋宅子"。这时候，他认识了一位女子伯莎·戈德曼（Bertha Goldman，两人只是同姓，并无血缘关系），跟她结了婚。伯莎也是在1848年从德国巴伐利亚州移民到美国，和亲戚们在费城定居下来。据斯蒂芬·伯明翰介绍，伯莎"之前一直给费城的贵妇人刺绣，做针线细工，足够养活自己"。两人结婚的那一年，伯莎19岁。到了1860

---

[1] Burgpreppach，德国巴伐利亚州一城市。

[2] 原书全名是《四海一家：纽约犹太望族》（*Our Crowd: The Great Jewish Families of New York*），是研究美籍欧洲犹太移民历史的重要学术著作。

年，普查档案显示戈德曼成了商人，养了五个孩子：瑞贝卡（Rebecca）、朱利叶斯（Julius）、罗莎（Rosa）、路易莎（Louisa）、亨利（Henry）。他在普查表上给自己的房地产估值是6000美元，他自己的宅子2000美元，家里还雇了两个仆人。

1869年，马库斯·戈德曼一家搬到纽约市。搬家的主要原因之一是伯莎无法忍受费城的生活，催丈夫搬家到北方去。一家人在西十四大街4号安顿下来。这时候，戈德曼已经决定脱离服装业（他的很多犹太同胞也脱离了服装业），尽一切可能往金融业发展。

马库斯在纽约松树街30号开了一家独资经营企业，专门从本地商人手中买卖借据。马库斯意在帮助这些小公司把应收账款换成现金，这些小公司就不用费力跑到上城区找银行办手续了。戈德曼的办公室坐落在楼房地下室，旁边是一条输煤管道。伯明翰写道："他在这些昏暗的房间里，放了一个凳子、一张桌子，还聘了一位满脸皱纹的兼职簿记员，簿记员平时下午在殡仪馆工作。"门上的标签写着："马库斯·戈德曼，银行家，代理人。"

尽管门脸相当寒酸，戈德曼却打扮得像个贵族。伯明翰在《四海一家》中写道："马库斯·戈德曼穿着一身标准银行家的衣服——高顶礼帽和阿尔伯特亲王双排扣长礼服——每天早上拜会'梅登巷'那些珠宝批发商中的朋友、熟人，还会前往'沼泽之地'，那是皮革商人集中的地方，拜会朋友、熟人。"又说："马库斯的生意就装在帽子里。他很清楚商号的老板想要什么——现金。商业银行贷款利率太高，所以纽约的小生意人获取现金的一种方式，就是把自己的本票或商业票据打折卖给马库斯这样的人。"当时的商业票据就是无担保的短期债务。伯明翰把这种事物比作一种远期支票，只有在未来六个月之后才能提现。当时的情况是，金钱有一种"时间价值"，也就是人们认为，今天手上的1美元价值要高于六个月之后自己手上的1美元价值；因为你大概可以将这笔钱用于短期投资而获取回报。根据这种"时间价值"概念，以及当时的市场利率，马库斯就会用现金低价购买借据。他知道，只要一切条件平等，他就会随着时间推移而获得借据的面值。

伯明翰写道，曼哈顿下城这些小公司的商业票据，折扣率大概在8%~9%之间。戈德曼每次买入这些折扣票据的规模在2500~5000美元，然后"为了安全保管，把那些票据中最值钱的塞进帽子的内缘"。工作日的整个上午，戈德曼从这些商人手里买下的票据越来越多，于是"帽子就在前额上垫得越来越高"。如此一来，戈德曼就能面对一干对手表现出色，这些对手也是跟他一样有野心的犹太银行家：所罗门·勒布（Soloman Leob）、雷曼兄弟和塞利格曼家族（the Sligemans）。上午戈德曼的帽子耸得越高，说明生意越好。下午，戈德曼会来到曼哈顿上城区拜访各家商业银行：钱伯斯街的商业银行，沃伦街的进口商和贸易商银行，约翰街的国家公园银行。伯明翰说，在这些地方，戈德曼会见到"一名收银员或是行长，于是恭敬地摘下帽子，双方开始讨价还价"，商量戈德曼帽子里的票据，银行应该花多少钱买下。买入和卖出之间的差价，就是马库斯·戈德曼的利润。这一点和140多年之后戈德曼后代处理抵押贷款担保证券很是相似。伯明翰说，戈德曼当时一年能够买卖500万美元的商业票据。假设投资1美元可以赚5美分，他一年就能赚25万美元，这在1869年可是一大笔钱。

戈德曼一家生活质量飞速提升。一家人搬进了麦迪逊大街649号一栋四层褐砂石邸宅，房子大约宽25英尺（约7.6米），高90英尺（约27.4米）。伯莎买得起一件"奢华装备"，也就是马车，还有"穿制服的仆人"，早上乘着马车前去办事，外加疯狂购物。差不多这段时间的一份护照申请表记载，马库斯·戈德曼身高5英尺3英寸（约1.6米），灰色胡子，白皮肤，鹅蛋脸，前额"很高"。

戈德曼不少同行都招了很多合伙人，大多数是兄弟姐妹或者亲家。但是，戈德曼有大概13年没有招合伙人，其间他的个人财富持续增长，企业资本也继续增长；到了1880年，已经达到了10万美元，全都属于马库斯·戈德曼一个人。到了1882年，戈德曼60岁的时候，每年买卖的商业票据价值已经达到了3000万美元，这一年他决定招一名合伙人进来。按照当时传统，戈德曼也打算招个亲戚；最后选定了最小的女儿路易莎的丈夫、戈德曼的女婿塞缪尔·萨克斯（Samuel Sachs）。之所以选亲戚是因为家庭成员更容易信任也更好控制；此外，当时流行"准包办"式婚姻，戈德曼一家已经决定萨克斯一家最适合。萨克斯家族也是1848年来到美国的移民。

塞缪尔·萨克斯的父亲名叫约瑟夫·萨克斯（Joseph Sachs），是个家庭教师，家境贫寒；约瑟夫的爸爸是德国维尔茨堡（Würzburg）外面来的马鞍工人。维尔茨堡有个巴尔（Baer）家族，族长是一名富裕的金匠。约瑟夫长到十几岁的时候，族长巴尔请约瑟夫来辅导自己的女儿，漂亮姑娘索菲亚·巴尔（Sophia Baer）。当然，违背巴尔家族的意愿，"年轻的穷教书匠与可爱的富商之女产生了童话一般的爱情"。两人决定私奔，搭乘下一班纵帆船去美国。两人究竟从哪儿搞来的路费至今不明。伯明翰猜测，索菲亚·巴尔可能是在出城的路上"敛起了父亲的一些黄金"。

萨克斯夫妇在巴尔的摩、波士顿养育了五个孩子。后来，美国南北战争结束，他们又搬到了纽约市。这段时间，约瑟夫·萨克斯做两份工作，既当教师，又当犹太教的拉比[1]。搬到纽约之后，1871年，约瑟夫开了一家男童学校，名叫萨克斯书院，位于纽约西五十九街。萨克斯夫妇的长子朱利叶斯（Julius Sachs）担任校长，他后来成了受人尊敬的教育家。伯明翰写道："萨克斯博士[2]做事风格严厉，属于欧洲大陆那种老派的校长。学生们穿着制服，是漂亮的黑色西服，硬挺的立领；很少有学生躲过教鞭的惩罚。"朱利叶斯强调纪律和古典主义，熟练掌握九种语言，其中还有梵语。萨克斯书院很快受到青睐，其他有抱负的犹太移民，雷曼家族、库尔曼（Cullman）家族、戈德曼家族、勒伯家族，全都把孩子

---

[1] 相当于基督教的牧师。

[2] 德语：Herr Docktor Sachs，即朱利叶斯·萨克斯。

送到这里。伯明翰写道，书院的理念是让这些男童（当时不招女生）"到了15岁，就能做好上哈佛的准备"。

之前朱利叶斯·萨克斯通过包办婚姻，娶了戈德曼的二女儿罗莎。这场婚姻当时很成功，于是戈德曼夫妇又安排小女儿路易莎嫁给了塞缪尔，当时塞缪尔已经工作了，当簿记员。他15岁的时候父母不幸去世，之后就一直做这份工作。

1882年，塞缪尔·萨克斯31岁这一年，岳父戈德曼邀请他参与自己的家族生意。这份工作让塞缪尔负责零售岳父的纺织品。伯明翰写道，为了这个行当，岳父戈德曼借给塞缪尔15000美元，要求三年之内分三次还清。按照协议，塞缪尔两年内偿还了10000美元。1884年5月28日，萨克斯夫妇第三个儿子沃尔特·萨克斯（Walter Sachs）出生。为了祝贺新的外孙降生，戈德曼免了女婿的第三期也是最后一期的债务。伯明翰写道，岳父戈德曼按照"老派德国作风"，肯定了女婿具备担任合伙人的"热情和能力"，于是免去了最后一部分债务。先前，塞缪尔夫人路易斯·戈德曼·萨克斯一直保留着父亲戈德曼给自己丈夫的信，也保留着免除债务的文件抄本。过了整整72年，沃尔特·萨克斯（1980年去世，享年96岁）有一份口述历史，讲到父亲塞缪尔、外祖父戈德曼的企业，其中说道："由此看来，似乎我来到人世的第一天就为高盛完成了第一笔生意。"

塞缪尔·萨克斯入伙之后，马库斯·戈德曼的业务看起来更像其他的华尔街小型犹太公司的合伙机制了，这些公司都是商人创立的。公司现在名叫M.戈德曼与萨克斯公司（M.Goldman & Sachs）。当然，不是所有事情都能一帆风顺，这家公司的发展史也并不像各种报道中想让人相信的那样。比如，1884年2月，马库斯·戈德曼藏在帽子里带来带去的那些票据，有一张出了问题。有个叫弗雷德里克·E.道格拉斯（Frederick E.Douglas）的，从M.戈德曼与萨克斯公司买了一张1100美元的票据，票据背后的签名是A.克莱默（A. Cramer），背书人（卖家）是卡尔·沃尔夫（Carl Wolff）。[1]戈德曼负责为卡尔·沃尔夫销售这张票据，期限六个月，买家是弗雷德里克·道格拉斯。结果发现，克莱默这个签名竟然是伪造的。沃尔夫逃跑了，票据也就一钱不值了。道格拉斯到上级法院起诉戈德曼公司，指控这家公司"以暗示之方式，承诺该票据为克莱默签署"。于是法律界出现了最早的这样一种审查，要查公司作为金融中介机构在买卖双方交易中是否负责。陪审团会怎样裁决？一种可能是，认为戈氏对欠条要承担责任，担任核保人的角色，这样戈氏就成了证券核保人；20世纪初，戈氏（此时改名高盛）也果真成了这一新兴行业的领军者。另一种可能是，认为戈氏无须负责，根据是所谓"一经出售概不负责"，也就是"买家需谨慎"这么一个经过检验的法律概念。当时的弗里德曼法官（Judge Freedman）指示陪审团，要为道格拉斯判定"他们是否相信被告在票据销售时之身份为代理人"。最后，1886年3月，"陪审团为被告做出裁决"，这家新公司免于承担欺诈责任。如果当年陪审团的裁决不一样，那么非常有可能的情况是，我们今天所知的高盛也许早就变成原告律师的牺牲品了。这种可能性，着实有些迷人。

M.戈德曼与萨克斯公司暂时卸下了可能出现的法律重担，继续按部就班向前走。1885年，戈德曼请儿子亨利，还有女婿路德维希·德雷福斯（Ludwing Dreyfus）入伙，公司更名"戈德曼–萨克斯公司"（Goldman, Sachs & Co.）[2]，还有很短的时间名叫"戈德曼–萨克斯–德雷福斯公司"（Goldman, Sachs & Dreyfus）。这些合伙人住在曼哈顿上城西区的联排住宅，彼此距离很近。马库斯·戈德曼从原先麦迪逊大街的住宅搬了出来，

---

[1] 票据的收款人或持有人在转让票据时，在票据背面签名或书写文句的手续。背书时写明受票人姓名或受票单位名称的，称记名背书；未写明受票人姓名或受票单位名称的，称不记名背书。经过背书转让的票据，背书人负有担保票据签发者到期付款的责任，如果出票人到期不付款，则背书人必须承担偿付责任。经过背书，票据的所有权由背书人转给被背书人。一张票据可以多次背书、多次转让。

[2] 也就是后来一直沿用的名称，中文译作"高盛"，取"G"与"S"两个首字母的谐音，含"高度兴盛"之意。

换到了西七十街。塞缪尔·萨克斯买下了隔壁的房子，他弟弟哈里·萨克斯（Harry Sachs）在西七十四街买了房子。马库斯的儿子亨利·戈德曼在西七十六街买了"一所更大的房子"。

下百老汇街（即百老汇街南部）上有一家男童服装制造商 N. J. 施洛斯公司（N. J. Schloss & Co）。正处于发展中的高盛公司曾借给施洛斯22500美元，占高盛资本的5%。1893年12月施洛斯遭遇了一场危机，高盛险些丢了这笔巨款。原来，施洛斯的簿记员盗用了50000美元，被人揭发；簿记员先前用别人的名义注册了一家旅馆，当被捕时，他跑到旅馆，躺在床上，要开煤气自杀，未遂。高盛因先前曾经贷给施洛斯公司一笔短期贷款，这时候用"对其他债权人的优先权"拿回了这笔钱。

1894年，塞缪尔的弟弟哈里·萨克斯入伙。五名合伙人、十个文员、几个信使开始在交易广场43号二层办公室正式办公。当时，高盛资本58.5万美元，年利润20万美元，股本回报率34.2%，十分惊人；这就早早告诉世人，只要管理得当，这一行有多么赚钱。1896年，高盛加入了纽约证券交易所（New York Stock Exchange）。1898年，公司资本已达160万美元，并且发展迅速。

当时，该公司还决定开设一个外汇交易部门。到1899年6月，通过外汇交易，已有100万美元的金币流通到了欧洲市场。有些交易者认为高盛给这些金币的定价失误，让公司损失了500美元。[1]马库斯·戈德曼却说，这是"常规操作，可以赚钱"，之所以这样是因为"金币的形式比起汇票来得便宜"。之后几年，高盛跻身金银进出口界顶级的企业之一；获得同样地位的还有拉扎德兄弟公司，当时是一家小型合伙金融公司，有一份华尔街的业务。高盛的业务也不全是这样；公司的员工如格雷戈里（Gregory）、汉纳（Hanna）、奥兹（Odz）、基瑟（Keiser）、莫里斯（Morrissey）也参与十柱保龄球比赛，是"银行职员大联盟"球队的主力

---

[1] 此处令人困惑，按说如果专门提到损失金额，不应该只有500美元这么少。译文保持原状。

队员。

马库斯·戈德曼还小规模涉足慈善事业，变得小有名气。当时，来到美国的犹太移民，人称"希伯来人"；马库斯参与的慈善项目大多跟希伯来人有关。1891年，马库斯参与发起一次具有开创性的请愿，申请对纽约市的犹太俄国移民发起总体援助，"不论捐款人的宗教或信仰"；这些移民来到美国时"几乎不名一文"。每个月有大概7500名俄国人来到埃利斯岛。这些人"并不像当初的清教徒那样为了问心无愧而追求自由，逃离迫害；而是被迫前来，别无选择，从祖辈定居千百年的土地上被人无情地驱赶至此"。当时《纽约时报》报道，犹太人"总是一定程度上乐善好施，而且因着扶助希伯来同族的贫者而闻名；如今，这些人自身也面对艰巨的任务，只有得到外力帮助，方可进行"。

高盛各个合伙人在财富增长的同时，很快加入了富有的犹太银行家的聚居区。犹太富商们已经开始集中到新泽西州海滨的各个城镇，包括埃尔伯龙（Elberon）、朗布兰奇（Long Branch）、迪尔（Deal）、希布莱特（Sea Bright），都位于纽约市南部，离纽约市大概90英里（144.9千米）远。今天，华尔街富商青睐的富人休闲区是纽约长岛东面的汉普顿（Hamptons）。而当时，盎格鲁-撒克逊系白人新教徒（WASP, White Anglo-Saxon Protestant）银行家度周末的休闲地则是罗德岛（Rhode Island）的纽波特（Newport）。犹太银行家只是照搬了这个休闲地的风格，让埃尔伯龙和周边地区成了"犹太人的纽波特"。伯明翰写道，纽波特相当于著名的第五大道，埃尔伯龙镇则类似中央公园西大道。除了社区之间排外带来的明显影响以外，它们之间并没有什么实质性的不同。佩姬·古根海姆（Peggy Guggenheim）[1]称埃尔伯龙是"全世界最丑陋的地方；海岸光秃秃，一棵树、一丛灌木也不长"。

塞缪尔·萨克斯在埃尔伯龙的住宅是一座豪华的意大利风格的宫殿，

---

[1] 美国著名收藏艺术家。

有"白色粉饰灰泥，红铺板屋顶，喷泉，大花园"；伯明翰写道，"照搬了法国凡尔赛宫的风格"。勒布家族、希夫家族（Schiffs）、赛利格曼家族也都在埃尔伯龙镇上或是周边买了房子。伯明翰说："显然，埃尔伯龙那些最风光的年月里，纽约的德国犹太金融家及其家人开始将自己视为美国贵族阶级了。因为自身的道德水准、对家庭的重视，他们还觉得自己或许比纽波特那些'追求享乐的奢侈富翁''更好'一点。"据《纽约时报》报道，马库斯·戈德曼"长期"健康状况不佳，最终于1904年7月20日在女儿和女婿位于埃尔伯龙的住宅里消暑的时候去世。几个星期以前，塞缪尔的两个儿子阿瑟和保罗从哈佛大学毕业之后不久，加入了高盛公司。

马库斯·戈德曼遗赠给儿子亨利·戈德曼、女婿塞缪尔·萨克斯的企业，当时运营良好，堪称华尔街首屈一指的商业票据商号。然而，高盛公司的野心却不止交易商业票据和黄金等贵重商品。高盛还想跻身银行业精英之列，为其他美国公司筹集债务和股权资本。筹集资本的业务当时叫作承销，在20世纪初还是新兴行业；后来成了华尔街最重要的业务之一，专门服务那些渴望扩大劳动力规模和厂房的企业客户。这个行业还导致了美国资本主义的诞生，这是美国最重要的出口产品之一。

亨利·戈德曼先前因为视力问题从哈佛退学，没有拿到学位；讽刺的是，他却预见到了高盛会成为最强大的证券承销商。亨利在离开哈佛之后，一直到处旅行，推销产品；然而到了28岁的年纪，他加入了家族企业，并将带领公司转型承销业务。这就意味着短期内公司需要承担适当的风险，买入客户的债权或股权，然后转手迅速卖给投资者，这些投资者身份先前已经过高盛确认，而且非常渴望买下这些证券（假定其定价准确）。这样做，高盛就能因为给客户提供资本而收取费用，又能通过向投资人出售证券而尽快摆脱风险。一般情况下，当市场能够正常运转时，不会发生投资者的恐慌，那么承销业务也就能顺利进行，似乎风险为零，而且允许承销者做出类似魔法或者炼金术一样的事情。然而其他情况下，如果证券定价过低或投资者明显恐慌，那么承销商就可能被迫持有大量证券，却找不到一个买家。当然，这样的误判很少发生（2007年春天的情况和之后的金融危机就是这种现象最严重的一个例子），然而一旦发生，对承销商和投资者而言都是毁灭性打击。

塞缪尔·萨克斯与亨利·戈德曼两亲家，人称是"鲜明对比的典范"。塞缪尔对风险态度保守，穿着也保守，据说哪怕一年最热的时候，也穿着"一件薄薄的羊驼毛正装"。塞缪尔还想根据过去的成功经验来建立伙伴关系，以足够负责任的方式保全自身资本。塞缪尔的儿子保罗·萨克斯（Paul Sachs）有一次说起父亲对一次交易没有发生感到庆幸，那次交易是高盛与一家潜在合伙企业共同参与的，高盛并不算十分了解他们。高盛对这个潜在的合伙企业第一印象一直不好。保罗·萨克斯透露："从最初联系开始，这些人的道德水平就让我们担忧；我不否认业务可能会让人十分满意，但我们看到交易没有发生，还是很庆幸；因为我们每一次开会，最早的负面印象都得到了大幅强化。"戈德曼则与塞缪尔相反，属于另一个极端（非常热心而激进），在公司总是不穿外衣，只穿衬衫。[1]还经常对外甥沃尔特·萨克斯说"钱永远是时髦的东西"，也乐于交易铁路债券和公用事业债券；虽然一般能够赚钱，但还是给他的合伙人资本带来了风险。戈德曼与塞缪尔之间，因为审慎承担风险的问题和资本保值的矛盾问题，关系始终紧张；这关系也就成了企业DNA不可或缺的一部分。

高盛和当时起家的其他华尔街公司一样，重要事项之一也是用高级合伙人真正的DNA让企业永久传承下去。比如，沃尔特·萨克斯就比较早地成了这项准备工作的一部分。1904年，沃尔特从哈佛毕业，然后又在哈佛大学法学院熬了一年。1905年，他入职高盛当了文员，在各个办

---

[1] 这一点既是戈德曼实际的穿着，也代表他的作风是不修边幅的实干家。

公室之间奔走，做一些上司吩咐的杂活。第二年春天，沃尔特陪同父亲（当时是高级合伙人）去了一趟欧洲，给父亲当秘书，发电报，发货，以父亲的名义写信。这年夏天，塞缪尔·萨克斯回到美国，来到了高盛位于闹市区的办公室。沃尔特·萨克斯则留在巴黎，相当于被高盛批准休假，在两家法国银行办公室担任义务实习生，以此多增加一些现实社会的经验。1907年初，沃尔特在柏林继续学习银行业务，1907年底回到纽约。那些想要教育儿子熟悉银行行业的巨头，经常会给儿子安排这一类走马灯似的实习。其间，塞缪尔对沃尔特承诺：一旦这几份工作都完成了，就带他周游世界。不走运的是，天有不测风云，1907年大恐慌降临了，塞缪尔只得给伦敦的儿子沃尔特发电报："儿，速回，上工。"沃尔特在高盛的全职工作开始于1908年1月2日，安排给他的工作是把商业票据卖给纽约、费城、哈特福德市的银行。上班第一天，沃尔特带着没卖出去的票据回家，心想这工作肯定干不成了。

高盛主管们除了鼓励自家孩子参与家族企业，还努力寻求与其他银行结盟，特别是雷曼兄弟公司，这个家族企业位于亚拉巴马州蒙哥马利市，最早是零售和棉花贸易起家。1907年1月，埃曼纽尔·雷曼去世，雷曼由五兄弟接手。五兄弟之一的菲利普·雷曼（Philip Lehman）后来与亨利·戈德曼成了莫逆之交。

两人都在父亲去世以后接管了各自的企业，这时开始讨论怎样扩展业务。菲利普·雷曼建议亨利·戈德曼，两家企业可以认真考虑携手参与承销业务。两人甚至考虑过成立一家新企业"高盛雷曼"（Goldman & Lehman），专门负责承销公司证券。然而，伯明翰写道："当时两人都承受巨大的现实和情感压力，不能够抛弃各自的家族企业；最后决定以兼职方式合作承销业务。两家公司都继续主营业务，雷曼从事商品贸易，高盛从事商业票据；但两人会合伙承销风险项目，收益五五开。"

早在1906年4月，高盛就已经尝试过承销业务。当时，联合雪茄制造公司（United Cigar Manufacturers' Corporation）请高盛通过出售优先股的方式筹集450万美元。5月3日，高盛与另外三家企业为阿拉巴马州政府承销了4%的5年期债券，具体金额不详。在菲利普·雷曼向亨利·戈德曼提出想合伙成立承销合资公司的想法之前，高盛就很清楚，自己打算参与这项业务。

接着，高盛又撞上了一点好运。之前，伊利诺伊州春田市（Springfield，又译斯普林菲尔德）搬来一个游商，名叫塞缪尔·哈默斯劳（Samuel Hammerslough），在这里销售男装。戈德曼和哈默斯劳的一个远亲有姻亲关系，通过哈默斯劳的介绍，认识了哈默斯劳的表亲，朱利叶斯·罗森瓦尔德（Julius Rosenwald）。罗先生有过一家成衣制造公司，生意很好，已经被罗巴克–希尔斯公司（Sears, Roebuck）收购。1906年6月，罗先生见了亨利·戈德曼，亨利既是罗先生的"表亲"，又是当初罗先生住在纽约时的朋友。罗先生问亨利，高盛是否愿意借给希尔斯公司500万美元。当时，希尔斯公司刚刚建起一座新的制造厂，需要现金充当流动资本，让公司的投资物有所值。传说，亨利给罗先生出了更好的主意：罗先生可以通过新的高盛雷曼合资企业，实现承销的股票发行，让希尔斯上市。这样可以让罗先生大赚一笔，而且还能用股权为企业提供资金，不用举债了。股权如果表现良好（事实上很长一段时间它的确表现良好），价值就比债务更高；此外，一旦经济衰退，在短期范围还能让公司风险降低（事实上在1907年金融危机期间的确如此）。但是，首次公开募股（IPO）这种交易，一旦出问题就可能给高盛带来巨大风险。在建议罗先生IPO之前，他先对希尔斯公司的财务状况进行了评估。1904年，希尔斯公司创造了2760万美元的营收和220万美元的净收入。1905年，营收增加到3790万美元，净收入增加到280万美元。而当初在1897年，希尔斯公司的净资产仅有23.7万美元。可见，不到十年，希尔斯就有了指数级别的增长。简而言之，结论是希尔斯非常适合IPO。

这提议在好几个方面都很不寻常。第一，这是高盛、雷曼共同发起的第一场大型IPO。之前几年，IPO确实有过不少；钢厂、铁路公司、石油公司都有先例，但极少出现邮购零售商冒险进入公开市场的先例，可能还是破天荒头一次。第二，当时承销业务都被工业巨头把持着，首脑也都是盎格鲁新教白人领袖，例如安德鲁·卡内基（Andrew Carnegie）、小约翰·D.洛克菲勒（John D. Rockefeller Jr.）。高盛作为犹太企业，之前参与这个市场的竞争并没有多少成功纪录。这是有史以来第一次，这些犹太银行家愿意为犹太人控制的国内知名公司的证券提供承销，而希尔斯的IPO将会把他们联系在一起。亨利·戈德曼在高盛进军承销业务的紧要关头，正好拥有朱利叶斯·罗森瓦尔德这个朋友，确实是亨利的运气。

高盛和雷曼共同承销了3000万美元的希尔斯普通股，以及1000万美元的优先股，股息为7%。高盛把IPO价格定在每股97.50美元。很久之后的1964年，沃尔特·萨克斯说起当时的希尔斯IPO项目："多少算是一场伟大的开拓。我认为，这种业务实在算得上我叔父亨利·戈德曼的天才创举。我们公司一百年历史上，像他那样的天才只出过两三个。"

伯明翰记载，没多久，高盛–雷曼的承销合作团队就变成了"最炙手可热的年轻的承销团队"。高盛还帮助一家英国商业银行克雷沃特父子公司（Kleinwort, Sons & Co.）上市，帮助他们承销这些交易，把证券卖给欧洲投资者。联合团队一共承销了14场大型募股，其中有1910年安德伍德公司（Underwood Corporation）的证券，这家公司1910年6月变更为梅百货公司（May Department Stores），1911年2月斯蒂旁克公司（Studebaker Corporation）的证券，1912年F.W.沃尔沃斯公司（F. W. Woolworth Company）的证券，1912年B.F.古德里奇公司（B. F. Goodrich Company）的证券，1912年钻石橡胶公司（Diamond Rubber Company）的证券，以及1913年大陆罐头公司（Continental Can Company）的证券。此外，也是在1912年，高盛还为B.F.古德里公司收购弗兰克·沃尔沃斯公司（Frank Woolworth）提供资金支持。沃尔特·萨克斯说："希尔斯的IPO给我们在证券界挣得了极佳的声望。"高盛为沃尔沃斯公司筹款后，声望进一步提高了。萨克斯又说:"弗兰克·沃尔沃斯[1]一夜暴富。"弗兰克在曼哈顿建起了沃尔沃斯大楼(Woolworth Building),当时是全球最高的建筑物,设计师是卡斯·吉尔伯特(Cass Gilbert)。大楼启用之后,沃尔沃斯先生举办了一场庆祝宴会。萨克斯回忆:"人人都说,如果吉尔伯特是沃尔沃斯先生的左手,戈德曼就是他的右手。沃尔沃斯先生站起来,也让那两个人站起来,右臂搭在戈德曼身上,左臂搭在吉尔伯特身上,说,就是这两个人,让这宏伟的大厦成为可能。"

---

[1] 沃尔沃斯公司的老板。

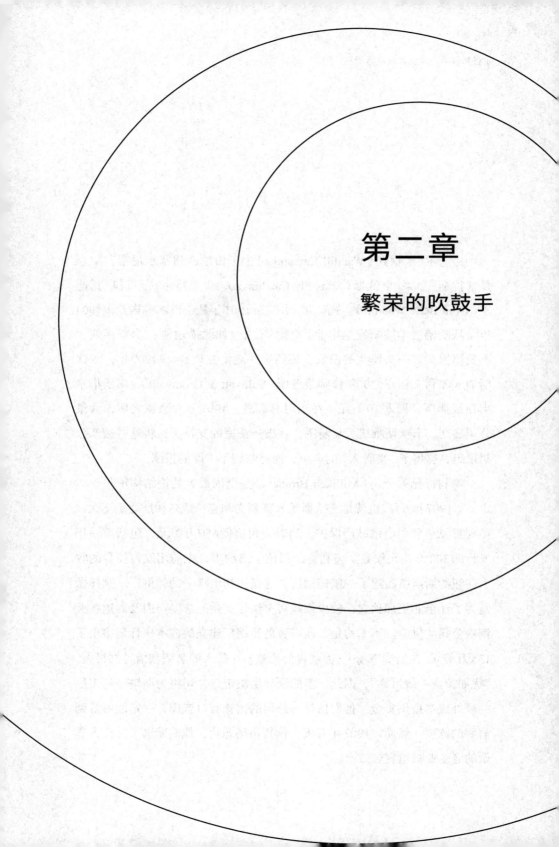

第二章

繁荣的吹鼓手

瓦迪尔·卡钦斯（Waddill Catchings）生于田纳西州塞沃尼市，父亲是塞拉斯·福莱·卡钦斯（Silas Fly Catchings），母亲是诺拉·贝拉·瓦迪尔（Nora Belle Waddill）。瓦迪尔·卡钦斯1901年从哈佛本科毕业，1904年又从哈佛法学院研究生毕业。《纽约时报》如此描述他："身材高瘦，不爱出风头，一头厚实的白发，说话带一点南方口音。"1907年，卡钦斯加入苏利文和克伦威尔律师事务所（Sullivan & Cromwell），属于华尔街顶级律所，周薪10美元，在当时算高薪。1907年大恐慌之后，大量公司破产。卡钦斯乘机大显身手，在破产法庭的支持下，将这些破产公司重组，赢得了"接管人"的名声，而且拿到了丰厚的报酬。

美利肯兄弟公司（Milliken Brothers）是全国最大的钢结构承包公司之一。1907年6月，也就是卡钦斯加入苏利文和克伦威尔律所之后不久，美利肯兄弟公司申请破产保护。当时公司负债650万美元，包括前一年发行的300万美元债券。美利肯总部位于纽约市，先前用发行债券的收入在纽约斯塔滕岛建了一座铸钢厂，这是纽约市唯一的铸钢厂。这样做是为了让企业更加独立，较少依赖宾夕法尼亚州匹兹堡市内及周边各大钢铁公司的供应。不幸的是，斯塔滕岛铸钢厂建立的成本比计划多出了135万美元。在信贷市场上，美利肯公司整整一代人的名望和信誉都很高，"犹如黄金一般可靠"，因此，新的领导层决定，公司将为斯塔滕岛工厂的额外成本提供资金。他们估计，公司的信誉有口皆碑，一定能够筹到需要的款项。然而，1907年春天，信贷市场恶化，他们赌输了。受人尊敬的老企业被迫宣告破产。

破产公司的接管人之一是长岛实业家奥格斯特·赫克歇尔（August Heckscher）。赫克歇尔是卡钦斯的朋友，最终请求卡钦斯负责美利肯兄弟公司的破产事宜。据称，卡钦斯在工作中是一名"积极主动的管理者"。1909年，赫克歇尔与卡钦斯成功制订了重组计划，重整了美利肯债权，让美利肯获得了新生。

1910年2月，赫克歇尔庞大商业帝国中的一家公司——中央铸造公司（Central Foundry Company）申请破产。这是因为赫克歇尔承认，公司"缺乏足够的运营资本，也缺乏其他银行贷给我们的运营资本贷款，从而导致了窘境。我们相信这是暂时的"。卡钦斯被任命为中央铸造公司破产的接管人，他很快向市场保证说，公司将尽可能地继续保持正常运营。"尽管目前手头现金几乎为零，但应收账款依然足够，托收[1]也在很大程度上能够提供继续运营所需的资金。"卡钦斯最后当上了中央铸造公司总裁，还当上了他负责破产事宜的很多公司的董事。

一战期间，卡钦斯的老板是爱德华·斯泰丁纽斯（Edward Stettinius），J.P.摩根的合伙人。当时，斯泰丁纽斯和摩根大通努力为协约国提供一切条件参与国际战争。《时代》杂志叙述："接下来三年时间，斯泰丁纽斯先生执行了全球历史上最宏伟的采购行动。协约国把士兵派到哪里，他就把粮食、衣物、枪炮、炸药运到哪里，而且确保质量足够高、价格足够低、时间足够短，一切都是为了赢得战争。"1917年3月，卡钦斯当上了亚拉巴马州伯明翰市斯罗斯-谢菲尔德钢铁公司（Sloss-Sheffield Steel & Iron Company）总裁。1917年7月，卡钦斯时任商会委员会主席，他催促联邦政府成立一个国防委员会，要求委员会有权与美国各大企业洽谈合同，获取战争所需的物资。

对于经济周期、美国繁荣的前景，卡钦斯越发直言不讳，高调发表自己的意见。他从哈佛毕业之后，发觉美利肯兄弟公司、中央铸造公司

---

[1] 指由接到委托指示的银行处理金融单据或商业单据，以便取得承兑或付款，或凭承兑或付款交出商业单据，或凭其他条件交出单据。

等面临的严峻现实后，就形成了自己的一部分商业哲学观念。卡钦斯哀叹说，那些教过他的哈佛教授"当初曾随口讲到，他们的理论将会长期适用，但人们感兴趣的是短期效果，而不是长期效果。因此我下定决心，一挣到足够的钱，就会采取措施，调和商业的两个阶段——理论和实践"。他与哈佛同学威廉·楚方特·佛斯特（William Trufant Foster）成立了波拉克经济研究基金会（Pollak Foundation for Economic Research），然后开始出版很多图书。这些书倡导的是，只要商业关注"金钱和利润"，并且不惜一切代价努力生产，未来就会一片光明。卡钦斯曾经写道："如果商业想要持续繁荣，那么生产就必须在任何情况下都保持高速……生产一定会导致消费，消费者会找到工作，花钱，这些钱最终会属于生产者。"他还发明了一句话，这句话在20世纪末的美国经济中又回响起来："商业周期已死！"

萨克斯家族在1918年1月1日邀请卡钦斯加入高盛。多年后，沃尔特·萨克斯写道："卡钦斯很有智慧，但我对他总是用这句话评论：'很多人能忍受厄运，但极少有人能忍受成功。'在我看来，卡钦斯算是全公司第二号天才。"仅次于亨利·戈德曼。战争给高盛业务造成了持久的严重影响。沃尔特·萨克斯叙述："一切行动都停滞了，已经无法再用常规方式发行证券，几乎没有什么进展。我们还在坚持，但只是坚持，没有前进。"卡钦斯来到高盛，恰好遇上战争的末尾，公司证券又开始发行。沃尔特·萨克斯说，卡钦斯对重新发行"起到了卓越的建设作用"，但又加了一句，说卡钦斯尽管智慧过人，但"常有这样的事：我们跟一些人合伙的时候对他们并没有充分了解，只是在散伙之后才发现了某些情况"。

一战后的年月，银行业面临很多可能性，业界重新有了一种乐观主义。1920年，高盛各位合伙人决定搬出华尔街60号，在松树街30—32号买下了一栋12层的"防火"办公楼，这栋楼的所在地，正是马库斯·

戈德曼最早创业的地方。

战后几年，高盛业务有了飞速进展。萨克斯说，卡钦斯功不可没，创建了"这些伟大的公司"，如国家奶制品公司（National Dairy Products Corporation），由芝加哥的氢氧食品公司（Hydrox）、纽约的谢菲尔德农场（Sheffield Farms）、匹兹堡的里克·麦克琼金乳制品公司（Rieck McJunkin Dairy Company）合并而成的卡夫食品公司（Kraft Foods）。他还把另外几家企业——博斯特姆谷物公司（Postum Cereal Company）、麦斯威尔咖啡公司（Maxwell House Coffee）、Jell-O公司和其他一些公司合并，参与创建了后来的通用食品公司（General Foods Corporation）。

这些公司，以及卡钦斯参与创办的其他公司，在好几代人的时间里一直是高盛的客户；此外，高盛的各位合伙人轮流担任董事会成员，进一步巩固了持续而密切的关系。

随着卡钦斯在高盛取得巨大成功，他也自然渴望在企业拥有更大权力和控制力。这是华尔街一贯的特色。卡钦斯的朋友、老同学阿瑟·萨克斯负责高盛的欧洲业务，在欧洲时间越来越长，两人逐渐疏远。阿瑟认为，卡钦斯已经变得有点像无赖、假内行，却还要求更多的合伙份额，这是不应该的。但阿瑟·萨克斯远在欧洲，当时通信只能依靠电报，即使是最好的情况下也相当迟缓。美国只留下了沃尔特·萨克斯一人对抗卡钦斯，对抗他的权力欲。萨克斯评论卡钦斯："那些日子……他一表人才，身材瘦削，富于亲和力，拥有极强的人格魅力。然而他事业成功的同时，却变得越来越难以对付了。"

关于怎样对付卡钦斯，沃尔特·萨克斯很是为难。他叙述道："我们的业务有了长足进展，负担很重……对我而言太重了。"最后，沃尔特·萨克斯不得不让步，任凭卡钦斯掌握了企业更大的控制权。萨克斯说："我一开始觉得这个决定很明智，但很快发现错了，但木已成舟，不能挽回。"他评论说，这些控制权问题"包括合伙关系变动，百分比提高，等等；还有合伙关系的支配权。阿瑟对此十分不满，但我认为当时应该这么做。"到1928年，卡钦斯变成了高盛第一大股东，越来越接近绝对权力；而当时，股价在迅速攀升；一定程度的谨慎策略，比起激进策略要合适得多。股价攀升据说是因为"当时流通的股票数量不够，于是便有了所谓的稀缺价值"，这是约翰·肯尼思·加尔布雷思（John Kenneth Galbraith）在具有里程碑意义的《大崩盘》（*The Great Crash*）一书中的分析。这个阶段，在风险控制方面，高盛的合伙体制将不再能表现出极强的能力。

贪婪的投资者进行的赌博式恶意投机如今当然不是新鲜事了。21世纪前十年不新鲜，20世纪20年代后期也同样不新鲜。人类有一种从古至今的狂热幻想，总是想着搭上一列列有着暴富窍门的列车；这幻想很少能有什么好下场，并且总是为金融记者和历史学家提供宝贵素材。我们为什么似乎总是无法从自身鲁莽导致的各种问题中吸取教训呢？这一点实在神秘，无法解释。加尔布雷思说："历史学家带着惊奇，说到当年南海泡沫（South Seas Bubble）时期发生了一个筹资宣传的案例。"西方读者毫无疑问都记得，18世纪的西班牙王位继承战争（War of the Spanish Succession）期间，南海公司（South Sea Company）同意为英国产生的1000万英镑债务提供再融资。1713年，战争结束。英国政府同意赋予南海公司专属贸易权，只让它与所有南美国家交易，条件是南海公司必须同意为政府的战争债务再融资。南海公司的各位投资者会拿到每年6％的利息（由英国政府在向南海公司从南美进口的货物征税之后支付）以及公司股票。其后十年间，各方都重复了几次这一看似无害的交易，最后却产生了灾难后果。加尔布雷思说："（这次融资行动是）为了一次承销业务，这次业务早晚要被揭露（是骗局）。"加尔布雷思这位历史学家有点轻描淡写地说："据说这家公司的股票卖得相当好。"

1928年12月，卡钦斯与高盛（以及很多其他人）设立了信托投资基金。加尔布雷思把这种产品与18世纪早期南海公司为投资者提供的"机遇"相提并论。他说:"根据档案显示,以投资信托名义进行募资宣传,看起来更好。这些都只是任务,而内情永远都不会被公布出来,股票也卖得相当好。"华尔街有一系列无比聪明的创新产品,为了把投资者和他们的资金分开;投资信托只不过是这些创新产品里新出的一类。基本做法是:成立一家空壳公司,也叫控股公司,向公众出售债券和股权,然后把所得的钱(当然管理费用要更低)投资到其他上市公司的股票中。理念是,职业经理人对于市场变化有着独特的洞察力,可以挑选出那些绩优股。信托投资基金类似于公开交易的个人投资者共同基金的形态,如果后者也依靠杠杆作用将潜在收益最大化(潜在损失也被放大)。简而言之,这些投资产品很像今天的对冲基金,只是没那么多复杂的投资策略。最好的现代类比(虽然不够完美)可能是那些极少数公开交易的对冲基金,比如堡垒投资集团(Fortress Investment Group)和奥奇管理集团(Och-Ziff Management Group),这两家集团的老板都是高盛的前合伙人。这些公开交易的对冲基金似乎是为投资者提供了授权机会,让这些自称金融天才的经理人代其投资;这些天才已经找出了实现"无米之炊"的方法[1]。

还有另一个类比,就是现在通称的SPAC,英语全名special purpose acquisition corporations,即"特殊目的并购公司",几年前十分火爆。投资者会把钱给那些他们认为的专家,负责采用杠杆收购法收购某些公司(基本就是用借来的钱买公司),然后通过金融界的"炼金法术"把这些全都变成黄金。出于种种原因,人们似乎总是有一种迷恋,愿意把辛辛苦苦挣来的钱交给别人打理,相信别人投资的技巧比自己来得高超。在市场过热的非理性时期,例如美国的20世纪20年代、20世纪80年代、20世纪90年代、21世纪前十年的中期,这些机遇似乎在投资者看来完全合理,毫无瑕疵。另外,这些控股公司、空壳公司IPO之后,在市场

---

[1] 原文to make a silk purse from a sow's ear,直译"用母猪耳朵做成丝绸提包",比喻不可能在没有条件的情况下完成某一特定任务。

上的交易表现，又进一步强化了这种非理性观念，毫无任何明显的原因，公司市值就能飞速增长。当然，最后这些计谋一定都会垮台，成为故事的必然结局。回过头来看，这种下场可谓再明显不过了。

平心而论，高盛加入这场特殊的聚会，还算来得晚了。自19世纪80年代的英格兰、苏格兰开始，投资信托就一直存在于资本主义社会，一些小投资者会把微薄积蓄投给这些信托投资基金，投资信托承诺把这些钱多元化投资到其他公司。加尔布雷思说："英国资金通常注入新加坡、马德拉斯、开普敦、阿根廷等地。当时一般都认为，信托管理人对这些地方公司和前景的了解，远远超过那些有点小钱，想要投资的张三李四。[1]信托管理人能够降低风险，提供更可靠的信息，因此有充分理由获得一点报酬。"很快，这种做法就输出到了美国，一般是伪装成一种金融创新，值得仿效，好让华尔街在智囊团建设方面不至于被人觉得落后于伦敦。

一开始，这种投资信托朝新大陆渗透的速度还很慢。1921年，美国证券交易委员会有一份关于投资信托的报告，称当时有"大约40家"。1927年初，证券交易委员会同样的投资信托报告却指出，投资信托已经增长到160家，1927年全年又新成立了140家。1928年，大约又成立了186家。1929年的前几个月，基本上平均每天成立一家，全年成立了265家。历史上，金融界只要出现那种很多销售员大声叫卖创新产品的"疯狂时期"（例如垃圾债券、互联网IPO、抵押贷款证券等等），这些销售员就一定良莠不齐。有些诚实可信，比如J.P.摩根；有些则不然。不过，只要创新市场貌似处于最公平的阶段，投资者乐意支付的金额又只增不减，这时候想要辨别假行家和真行家，就会越来越困难了。更糟糕的是，这种时刻，区分真假行家可能根本没有意义。传奇式的投资者沃伦·巴菲特擅长用朴实的言语总结市场和人类行为。他曾经充满预见性地总结

---

[1] 原文 the widow in Bristol or the doctor in Glasgow，直译"布里斯托尔的寡妇或者格拉斯哥的医生"，不是固定习语，是作者随便举的例子，为了强调这些人来自各地，从事各行各业，社会地位有高有低。译文按照实际情况作明确和本地化处理。

说："退潮后才知道谁在裸泳。"

哈佛大学有一名财务主管叫保罗·C.卡博特（Paul C. Cabot），也是道富投资集团（State Street Investment Corporation）创始人之一，在金融界是一位享有盛誉的观察员。1929年3月，在《大西洋月刊》（*The Atlantic Monthly*）上发表文章，相当于强有力的号召，呼吁投资界要警惕投资信托内部潜藏的危险。他比较详细地叙述了这种信托投资基金在英国遇到的一些麻烦，"因为我坚信，除非我们能够避免这些麻烦，以及另外的各种错误和虚假准则，否则我们就必然会经历一个类似的阶段，遇到灾难，蒙受耻辱"。然后，卡博特又说，写这篇文章前的几个月，他曾在纽约证券交易委员会作证，这个委员会专门调查信托投资基金的效果，委员会想知道卡博特对这一现象的看法。卡博特说："我的回答有三点：1.欺诈无良；2.疏忽无能；3.贪得无厌。"

的确，卡博特对于投资信托的主要批评在于"所有利润全都归于推销员和经理人"。这个意见和舆论批评2008年金融危机的意见出奇相似，甚至包括对用来放大预期收益的杠杆的批评。卡博特指出，信托投资基金经理人只有先偿付了产品结构中最高级别的证券[1]，才可以拿到薪酬。他说："报酬多少，取决于这家企业有多么成功；然而困难在于，管理层或是推销员仅仅占全部资金的很小一部分。如果企业经营完全失败，他们几乎没有什么可以损失的。因此他们应当采取一种态度：'要么大赚一笔，要么两手空空。'想达到这个目的，就要采用一种非常明显的金

---

[1] 证券级别是指有关的证券统计机构用某种标志来表示所拟发行证券的质量等次。证券的级别一般分为三种：A级表示最高级别，B级表示中等级别，C级和E)级分别表示低级和投机。证券的级别评判制度最早起源于美国。

字塔操作（连续投机行为）[1]。某人自己只不过拥有100美元股权，却会主动借入价值达到800~1000美元的证券，还把这种事当成一种常规操作——我不相信会有很多人这么做，但如今很多投资信托确实在做着这样的事情！"

自然，高盛高级合伙人瓦迪尔·卡钦斯在组建和宣传高盛交易公司（Goldman Sachs Trading Corporation，简称GTC）时正是这么做的。高盛的投资信托业务开始于1928年12月4日，已经是相对较晚的，然而高盛对开展业务却有着巨大热情。加尔布雷思说："GTC及其子公司在之后几个月的发展速度，即便不是前所未有，也是很少见的。"公司的理念是，不要长期持有各家公司的股权，而是要通过买卖股权，为股东挣钱。

一开始的发展还很谨慎。高盛用典型的承销方式，以每股100美元的价格购买了GTC所持有的100万股，于是筹到了1亿美元；转手又把GTC股票的90%以每股104美元的价格卖掉了，产生了9360万美元收入，在此过程中获得了400万美元的高额利润——有些是票据，有些是现金。过了两个月，GTC又公开卖掉了另外12.5万股，每股大约126美元；于是又筹到了1575万美元。当然，高盛余下的10万股，其交易价格也更高。高盛一直在控制GTC的管理（高盛目前拥有的投资信托公司股票已经不到10%），手段包括直接管理和投资合同。的确，高盛所有合伙人也都是GTC的董事，而且GTC任何一名董事都必须通过高盛总部的任命。

到1929年2月2日，GTC的股票已经上涨到每股136.50美元；2月7日，交易价格又攀升到222.50美元，大约是投资信托当初用原始的1亿

---

[1] 金字塔是一种增加头寸大小的方法，通过利用成功交易的未实现利润来增加利润。金字塔涉及利用杠杆来增加未实现价值，从而增加一个人的资产。"金字塔加码"，指的是在交易股票、外汇、或其他金融类产品时使用的一种方法或策略。其具体含义为：当你的头寸已经获得一定利润时，你判断当前趋势强劲，且还会持续下去，则可选择在此时增加你的头寸，以博取更大的利润。不过随着价格的上涨，你每次增加的头寸都少于上一次的头寸，目的是防止回撤带来的风险。

美元投资者收益买下的那些标的证券价值的两倍。加尔布雷思不动声色地说："公众对高盛理财的天赋，长期满怀热情，而实现这样高的溢价并不纯粹是因为这种热情。"

原来，高盛一直在公开市场上买入股票，进一步抬高股价，让高盛公司和其他股东得利。1932年发表的一份冗长的国会报告列举了引发1929年大崩盘的各种因素。高盛为了让GTC和另一家名叫"金融和工业证券公司"（Financial and Industrial Securities Corporation，简称FIS）的信托公司合并，千方百计拉高GTC的股价。若是这份国会报告可信，就只能定义为历史上有据可查的最早的内幕交易实例之一。1929年初，高盛交易"重大非公开信息" [1] 的行为，当时可能还不算是犯罪。美国直到1934年才禁止这一行为，几十年后才规定为犯罪。然而，高盛高级合伙人瓦迪尔·卡钦斯和他当时的同事西德尼·温伯格（Sidney Weinberg）操纵GTC股票的种种行为也算不上多么道德。

1925年圣诞节的前一天，一位叫拉尔夫·乔纳斯（Ralph Jonas）的银行家及其合伙人成立了金融和工业证券公司，用于持有他们在几家大银行和保险公司中积累的股份。当时，这些股份中最大的一笔是纽约商业银行——制造业信托公司（Manufacturers Trust Company，简称MT）的股份，占股32%。乔纳斯拥有FIS "45%的流通股"。拉尔夫·乔纳斯的兄弟内森·乔纳斯（Nathan Jonas），是制造业信托公司总裁。1928年9月，西德尼·温伯格告诉内森·乔纳斯，高盛 "有意投资" MT。当时美国国会还没有通过《格拉斯-斯蒂格尔法案》（Glass-Steagall Act），还没有法律禁止商业银行与投资银行混业经营。内森把西德尼·温伯格介绍给了自己的兄弟拉尔夫，拉尔夫又建议西德尼·温伯格：高盛最好改变主意，投资FIS，因为FIS持有MT的32%股份；国会报告说，这个比例 "足够

---

[1] 原文为material nonpublic inside information，又译作"实质性内幕信息"。

实现有效控制"。但是温伯格不打算采纳乔纳斯兄弟的建议，决定不投资FIS，"理由是高盛更偏好成立自己的投资公司"。

于是过了大概两个月，1928年12月4日，高盛创建了GTC，还规定高盛公司与其合伙人在十年内享有GTC的独家经营权。按照公司招股说明书的说法，这家信托公司的目的十分模糊不清：进行"买卖、交易或持有一切种类的股票和证券"。高盛总部与投资信托的承销者之间，与纽约证交所之间，后来都有一系列通信，明确记载GTC的目的是"交易证券"。卡钦斯后来作证说，GTC的目的是"为高盛的客户和顾客提供同等的赚钱机会，就如同先前数年高盛所做的一样"。又补充，"其他银行已经建立了自身的投资与交易公司，还有越来越多的银行加入进来。我们也认为，高盛作为一家企业，也如其他银行一般，创造条件为客户提供相等的投资机遇和服务，乃是明智之举"。另外，卡钦斯也完全不避讳谈论高盛总部的非凡技能："业务进进出出、起起落落的整段时间，高盛公司一直在严格筛选公开发行的证券，总的来说，投资结果很令人满意。公司认为，如果成立一家投资和交易公司，参与某种相同的投资政策，使大量个人投资者与高盛发行的证券建立联系，这将是一件益事。"

GTC上市之后，总部拥有GTC股票10万股。总部为此付出了100万美元，相当于每股10美元。因为公众在IPO中购买的股价高达每股104美元，所以高盛总部马上挣得了巨额利润。此外，金融和工业公司（FIC）还购买了GTC49000股，每股102美元，总售价将近500万美元。这是FIC计划的一部分，为了以优惠价格提供GTC的股份给那些参与"上市集团"（IPO syndicate）的华尔街交易者们。

尽管多份声明都说GTC成立的目的是交易证券，然而在上市一个月之后，卡钦斯又找到拉尔夫·乔纳斯，想要谈判两家投资信托合并的事。后来卡钦斯作证说，合并的目的是想让高盛总部获得乔纳斯先前在自己投资信托公司里获得的大宗股权，并通过"交易""把股权建设起来"，继而"在GTC与高盛总部采取各种努力提高各家公司收入之后，将这些股票的一大部分以更高的价钱重新卖出"。

警方却怀疑，卡钦斯想要同FIS合并的动机不光有这一个。警方认为，高盛总部之所以垂涎FIS客户里的各家银行与保险公司的控股权，是因为这些公司大宗买进债券和股权，而高盛总部恰恰拥有这些证券的承销、出售业务。这样推理下去，自然得出结论：高盛制造的产品，这些公司买入很多，那为什么不把这些公司抓在手里呢？卡钦斯后来作证，的确不得不承认，MT "可能之前偶尔买入大量证券"，也承认了那些保险公司"可以称为证券的大宗买家"，但他还是不承认自己1929年1月第二次找到乔纳斯是为了设法控制这些公司。卡钦斯作证说，他和他的各位合伙人"一丁点都没有想到"这个主意。不走运的是，各方面事实并不支持卡钦斯的论点。1929年，高盛总部确实控制了FIS。FIS客户名单里的几家公司包括：MT、国家自由保险公司（National Liberty Insurance Company）、巴尔的摩美国保险公司（Baltimore American Insurance Company）、人民国家火险公司（People's National Fire Insurance Company）。这一年，高盛总部出售的证券，果然被这几家公司大量买入了，总金额2000万美元左右。1929年初，国家自由保险公司、巴尔的摩美国保险公司的投资组合主要是MT的股票。到了1929年底，这两家保险公司却已经从24家公司买入了证券，而这24家公司全都是高盛总部的金融客户。

1929年1月，卡钦斯和乔纳斯的谈判再次因为价钱差距过大而失败；合并谈判往往是这样。FIS公开上市三年多，其间收入高达6000万美元，十分可观；这时候的股价，超过投资组合中股票标的价值的倍数，要大于高盛的投资信托公司股价超过标的价值的倍数。这一点是理所当然的。高盛的信托公司开业总共只有两个月，还没有发表财报。此外还有一个疑问：控股公司的资产是其他公司的股份，这部分资产的交易价格，比起标的股份更高，存在一个溢价，这是为什么？这个谜团一直不太好解开，却自有答案。卡钦斯的行动已经解释了一部分：他们给出了一个机会，让投资者跟随其他貌似更加聪明的投资者；很类似今天人们借由投资伯克希尔·哈撒韦（Berkshire Hathaway），来接近公司创始人沃伦·巴菲特一样。

1929年1月，高盛交易公司的股价约为每股136美元（高于上市时的104美元），标的资产价值约为每股108美元，股价是标的资产价值的1.26倍。另一方面，FIS的交易价格约为每股143美元，资产价值为每股80美元左右，市场交易价格是资产价值的1.78倍。在FIS股票存在对高盛股票溢价的情况下，如果按照一般方法，实施换股并购，那么将对乔纳斯一方有利。卡钦斯完全不想这么做，而是坚持要求，合并谈判（主要焦点，一是新公司里谁有控制权，二是新公司各位股东持股比例多少）必须"基于资产价值"而非市场价值；这种方法，对高盛比对乔纳斯更有利。

于是，因为这一关键分歧"公司价值应该基于市场交易价值还是标的资产价值"，双方又谈崩了。然而到1929年1月底，乔纳斯让步了。他说："我和同事们讨论之后，都感觉，哪怕是基于资产情况而合并（两家公司的）利益，对我们也是有好处的。"乔纳斯之所以同意高盛总部开出的条件，第一个原因在于乔纳斯坚信高盛总部会为MT和国家自由这两家保险公司的"成长和利润带来实质性帮助"。如果真能做到这一点，当然会让FIS的各位股东受益，而FIS目前最大的个人股东正是乔纳斯。结果，乔纳斯大错特错。第二个原因是，乔纳斯对继续管理业务已经不那么热心了，想要选定一支新的管理团队为自己代劳。第三个原因是，乔纳斯原本的管理团队人数很少，操劳过度，似乎身体健康普遍不好。1929年2月，乔纳斯写信给各位股东，说明自己决定把公司卖给高盛总部。他说："我的两位同事已经不胜压力而崩溃了。如今，管理人员已有三分之一病倒，我自己也整整两年半没有休假一天。而在新同事承受考验之前，不应该莽撞地给他们托付重任。这种情况下，我们同现有的一个有信誉、久经考验、能力与成就都很切实的团队合并，似乎是更加容易的途径。"然而，这时候GTC刚刚成立三个月，管理层也"没有经过考验"——1929年大崩盘之后的报告就是这么说的。

谈了不到一个星期，1929年2月3日，乔纳斯与高盛达成了一个"初步口头协议"，合并两个信托机构。根据2月3日达成的计划，高盛总部拥有公司4.4%的股份，第一大股东乔纳斯拥有新公司16.6%的股份。尽管有这种明显差异，但主导权还在高盛。新公司在十年内由高盛负责管理，新公司的七位董事中有六位是高盛合伙人，包括卡钦斯和温伯格，另一位董事则是乔纳斯。因为乔纳斯已经同意将其公司出售给GTC，所以乔纳斯的股东将来也不得不投票赞成交易。

卡钦斯承认，他本人，以及他在高盛的合伙人，都要因此跨入新领域。尽管卡钦斯说高盛"已完成大量业务"，这种业务"十分类似商业银行业务"，但也承认，除了"钢铁业"和"其他少数行业"，卡钦斯本人其实"从来没有涉足任何其他行业，但我多年来一直在对抗你们向我展示的观点，而且我已经发现，鞋类、钢铁、杂货店这些行业的执行问题几乎是一样的"。乔纳斯这边则叙述他对高盛的业务不太了解，而是依赖卡钦斯的判断，认为高盛"是有声望的企业，已经存在50年而不倒……至少能够匹敌或者补足我们对FIS的善意"。

但乔纳斯与自己的股东之间还存在问题。根据2月3日的协议，他们自己的FIS股份换成拿到的GTC股份，每股约为68美元（相当于一股分成两股），而当时FIS每股145美元。一旦交易公布，这样的价格一定很难卖出。

与此同时，为了确保GTC余下的非高盛股东尽量投票赞成合并，在与乔纳斯达成协议之后的几天当中，还没有公开消息之前，高盛通过自己控制的新的合伙关系，迅速而系统地买入了GTC股票，有效拉高了股价，让现有的GTC股东只要按兵不动就能获得收益。另外，GTC股价上升这一情况，可能还会在消息公开之后让FIS股东更容易接受GTC

与FIS的对等合并，只要GTC股价不低于FIS股价。高盛与乔纳斯很快得出结论：GTC股价上升，会大大增加双方股东赞成合并的概率。

2月3日的协议有一部分在2月4日成文，当时依然没有公开消息。这部分规定，要创建一个账户，交易GTC和FIS的股票。账户的所有者是两家公司，一家是GTC（由高盛总部控制），一家是德尔马资本公司（Delmar Capital Corporation），由拉尔夫·乔纳斯控制。两家公司的协议规定："与GTC提议的对FIS资产的收购相关，本协议目的在于证明我们已达成共识，认为适合对这两家公司股票进行套利。"账户要开设30天，接受GTC在此期间产生的所有损益。如果30天后交易没有关闭，那么账户就会继续接受两家公司平摊的损益。高盛负责管理账户，"并且拥有不受限制的自由裁量权"买卖、交易两只股票。现实中的结果是，交易在30天之内结束，账上的所有股票都归了高盛。

实际上，在账户关闭之前的几个星期，并没有股票套利发生。所谓套利也就是买入一只股票，卖掉另一只股票，从而锁定二者之间的差价。只发生了一种情况，那就是高盛总部买入了GTC股票，从而把股价抬得越来越高，为了让合并交易更吸引两家公司的股东。高盛总部几乎一点也没有遮掩这个意图。总部在联合账户内部进行的这种交易，大部分都在公开发布合并消息之前完成了。1929年2月2日，GTC股票收盘价为136.50美元。第二天，两家公司就建立了联合交易账户。2月4日，有个匿名来源"走漏"了两家公司合并的消息，在市场引发"轩然大波"。

GTC股票在上午11点才开盘，各种迹象表明每股开盘价为175美元，比前一交易日收盘价上涨近40个点，幅度很大。高盛总部代表联合账户行动（账户的受益人正是高盛总部自身），没有以这些价格抛出，而是买入了53000股自身股票，占当日总交易量的54%，当天收盘时GTC每股报价178美元。第二天，高盛又购买了42300股，占总成交量的76%，股票以179.625美元收盘。当天，高盛没有卖出GTC股票。接下来几天一直是这种情况，直到GTC收盘价上涨到221美元——从136.50

美元涨到这个水平只花了不到一个星期。高盛买入 GTC 股票一共花了 33 325 000 美元，占了这四天总体交易量的 64%；最后把股价抬升到标的资产价值两倍，与 GTC 股票发生的溢价持平。现在，GTC 股价已经发生了异乎寻常的上涨，因此 2 月 3 日卡钦斯和乔纳斯制订的计划就放弃了（这时候还没有公开）；因为原本的换股比率已经不适用了。现实中，股票交易的基础，一是平等市场价值，二是平等资产价值。这是在 GTC 股东获得了 450 万美元红利之后，因此每家公司的资产应该是 1.175 亿美元。

2 月 7 日，卡钦斯和乔纳斯重启了交易，四天后的 2 月 11 日发布了消息。GTC 同意向 FIS 股东发行 112.5 万新股，并定于 2 月 21 日召开股东大会，对交易进行表决。在高盛股东看来，这次表决是批准新股的发行；在 FIS 股东看来，这次表决是把公司卖给高盛。多亏了高盛通过秘密账户大量买入 GTC 股票，在一个星期之内大大拉高了股价，这场经过修改的交易才得以实现。后来，大崩盘调查报告写道："两家公司合并的最终计划规定，在两家公司股票换股比率基础上，按照 FIS 股票市场价值而确立和保持 GTC 股票的市场价值。GTC 对于自身股票的所作所为，是这种确立和保持得以实现的关键因素。然而，两家公司关于合并事宜的所有公开声明中都没有提到联合账户的存在，也没有提到联合账户进行的两家公司股票的交易活动。"

大崩盘报告还接着批评了乔纳斯，说他在写给自己各位股东（其中少数人强烈反对与 GTC 合并）的一封信中故意隐瞒了这么一个情况：按照联合账户协议条款，乔纳斯首要目的是确保自己的股东在 2 月 21 日的股东大会上投票支持合并。到了这个时候，联合账户已经花了将近 5000 万美元（当时是一笔巨款）购买了两家合并公司的股票；股东如果否决，乔纳斯就只能获得买入股票成本的一半，也就是 2500 万美元。报告说："乔纳斯先生促进交易，是因为将会拥有特殊的金钱利益。乔纳斯写给股东的那封信中明确宣称：'我从来没有持有过 GTC 任何股份，也没有让别人替我持有。'"然而，这个说法是假的。后来的"讯问"当中，乔纳斯为自己明显有误导性的发言辩解，说他只有在合并被否决的情况下才负有义务："我从来不认为我们有承诺，除非在合并没有实现的情况下才会有承诺。"

2月21日，两家股东都同意合并。GTC向FIS股东发行了225万股，价值2.35亿美元。FIS当时资产1.755亿美元。高盛总部用自己的股票支付了这笔溢价，股价在过去几周，通过强劲的购买而大幅上涨。后来的报告总结道："高盛股票的市场价值……几乎完全是GTC自己创造的。"后来有人问起温伯格有关这次操纵的事，温伯格承认"买进实际上改善了市场，我们知道这一点"，但除此之外几乎什么也没说。

至于卡钦斯，他比温伯格还不诚实。

卡钦斯作证："我十分肯定地告诉你们，建立那个账户的目的不是抬高股价，也不是操纵市场，而是在此期间在市场上保持活跃，直到股价达到自然水平为止。"所谓的自然水平，就是"纯粹因为两家公司同意合并"而达到的水平。卡钦斯认为，股价就应该是220美元。[1]

加尔布雷思带着讽刺的笔调，评论了高盛这一切活动："从春天到初夏，高盛总部相对风平浪静，只是在暗中酝酿。"FIS交易结束之后，1929年4月，卡钦斯和编辑助理威廉·特鲁凡特·福斯特（William Trufant Foster）在《纽约时报》上发表声明，猛烈抨击联邦储备委员会，说委员会一心想要监管流入股市的信贷，"已经超出了合法职能范围"。声明说，委员会并没有为金融业务提供便利，而是让金融业务处在"越发不确定、越发令人担忧的状态"。两人警告委员会，不要试图破坏"对美国商业稳健的信心"，这信心乃是"有各种事实作为支撑的"。某个华尔街人物，本人有胡乱猜测、内幕交易之嫌，却还攻击政府（甚至攻击当时较为软弱的政府）进行的保护公众的措施，这种事情已经不是第一次了。

---

[1] 原文如此，前文说GTC股价抬升到了221美元，怀疑卡钦斯在这里说错了，或者当时的实际价格介于220和221美元之间。

7月26日，卡钦斯决定进一步加大高盛对自身投资信托股票的敞口；这些股票先前已经处在高涨的状态了。高盛与另一名赞助者合作向公众出售了1.025亿美元证券，成立了谢南多厄公司（Shenandoah Corporation）[1]。据说，这次交易的超额认购足有七倍之多，还包括多层嵌套，层层叠加杠杆，是原先的GTC不具备的。谢南多厄公司发行了500万股，GTC买入了其中200万股，而谢南多厄公司的各位董事就是高盛各位合伙人。高盛通过公开募股，以17.50美元卖出了谢南多厄股票，首个交易日当天收于36美元，涨幅超100%。大概25天之后，卡钦斯再次行动，这一次卖掉了价值1.42亿美元的股票，成立了另一家投资信托公司——蓝岭公司（Blue Ridge Corporation）；蓝岭公司董事会成员与谢南多厄公司完全相同。蓝岭公开发行的725万股当中，谢南多厄公司买下了100万股。加尔布雷思评论道："现在高盛运用杠杆达到了疯狂的水平。"

何乐不为？《纽约时报》报道，蓝岭发新股的时候，GTC价值是5亿美元，才九个月就上涨了五倍。谢南多厄公司价值在一个月之内也翻了一番。蓝岭还有一个附加的金融创新措施，允许投资者跟纽约证交所上市的另外21只蓝筹股交换股票，其中就有著名的AT&T（美国电话电报公司）和通用电气公司（General Electric，简称GE）；换股价格固定。当然，为什么有人竟然会这么做，公司并没有说明；尤其还存在一种更加不可思议的条件，比如说：蓝岭开出的把蓝岭股票换成通用电气股票的固定价格，竟然低于通用电气本身在市场上的交易价格。华尔街的鬼把戏，往往并不显而易见，到现在也是如此。蓝岭公司成立之后，高盛在九个月之内创造的市值远远超过10亿美元，已高达17亿美元；历史上从来没有过这种水平的"金融炼金术"。加尔布雷思说："谢南多厄公

---

[1] 又译作谢纳德阿公司、雪兰公司。

司和蓝岭公司几乎同时成立，相当于金融新纪元的巅峰；这种大规模的癫狂，内里蕴含的想象力，实在不得不令人惊叹。即使这是疯狂，也可以说，是英雄主义的疯狂了。"

卡钦斯成立蓝岭公司，将其出售的那个夏天，萨克斯家族的人——沃尔特·阿瑟正在欧洲，虽然这算不得什么借口。沃尔特·萨克斯和妻子在意大利北部的梅拉诺镇（Merano），突然收到一封电报，才得知了蓝岭公司的事。沃尔特对妻子说："这绝对是发疯了！"然后他一整晚没睡，担心这次交易会有什么后果。9月，萨克斯终于回到纽约，直奔广场饭店卡钦斯的寓所，告诉他，自己认为"这事情实在疯狂"，"我不同意这么做"。萨克斯后来一直记得卡钦斯回答的原话："沃尔特，你的问题就在于你没有一点想象力！"

最后，公司彻底垮台，高盛投进去的一千万差不多亏损殆尽，还损失了另外300万美元GTC的相关债务；那个年代，这一笔资产对任何人都有重要意义，高盛也不例外。其他股东已经损失了几亿美元。

后来，西德尼·温伯格对作家斯塔兹·特克尔（Studs Terkel）说起大崩盘："我亲身经历了那一天。我在办公室里待了一个星期没有回家。股价磁带机一直在转动。我忘了那个晚上有多长。肯定是到了晚上十点、十一点才拿到最终报告，就像晴天霹雳，所有人都傻了，谁也不知道究竟怎么了。整条华尔街一片混乱，那些人也不比平民百姓更明白，只是觉得应该会有人发布什么消息。"温伯格说，他还记得金融巨头小约翰·D.洛克菲勒站在华尔街J.P.摩根大楼台阶上，宣布他和他的儿子们正在买进股票；"市场马上又下跌了。一些资金池联合起来想要救市，却毫无效果。公众一片恐慌，纷纷抛售。那段时间对我是极大的考验。"温伯格认为大崩盘是因为"过度投机"和"严重无视经济规律"。他说，有些人宣称在市场崩盘之前撤出了资金，他对此十分怀疑；他还看见很多人因这场崩盘而产生了心理障碍。他说："我认识的人里面，并没有从窗户跳楼的；但我认识很多声称要跳楼的人，最后进了康复中心、疯人院一类的地方。有些人当时在市场、在银行里交易，不仅在财务方面崩溃了，身体也崩溃了。"

1929年大崩盘之后几个月，卡钦斯往西走了，前往内华达州雷诺市（Reno），为了"与发妻办离婚手续"。沃尔特·萨克斯说，市场在"1930年有了些好转的迹象"。这期间，卡钦斯住在美国西海岸地区。有一天，卡钦斯从旧金山给合伙人西德尼·温伯格打电话说："我们欠银行2000万美元，还有些其他债务，加起来一共1000万美元。我们应该为这笔债务提供资金，变成两年期的可转换票据。我们应该卖掉5000万美元这种可转换票据。"卡钦斯接着说，他们计划拿走收入的余额大约2000万美元，交给一名有业务关联的投资经理弗兰克·泰勒（Frank Taylor）投资。卡钦斯还告诉温伯格，"弗兰克·泰勒能赚无数的钱！"

沃尔特·萨克斯和西德尼·温伯格认为，卡钦斯大概是精神失常了。美国历史上最惨重的金融危机刚刚过去三个月，卡钦斯怎么认为高盛还能发行5000万美元新的高风险证券？萨克斯回忆："温伯格跟我商议过，我们差不多谈了一整夜。他一开始说：我们不能卖出这样的可转换票据。"接着萨克斯对温伯格说："我看，不是你我发神经了，就是卡钦斯这家伙发神经了，当然也肯定做不成的。"

第二天早上，沃尔特·萨克斯硬着头皮进了办公室。他后来说："去办公室可着实不容易啊。"一进屋他就发现兄弟阿瑟也在。沃尔特对阿瑟承认，阿瑟关于卡钦斯的意见一直是正确的："阿瑟，关于这个卡钦斯，你一直都是对的，我一直都是错的。"又说："要尽快把篱笆修好！"之后没多久，沃尔特·萨克斯负责安排跟卡钦斯在芝加哥见面。萨克斯回忆："那年月还没有多少飞机航班，我坐了世纪号[1]，下午出发，第二天早上到。"整个上午，萨克斯和卡钦斯都在芝加哥俱乐部（Chicago Club）的"密室"里商议，讨论公司最近的一系列事件。一开始，萨克斯

---

[1] 原文为"the Century"，一班横跨美国的高级列车。

告诉卡钦斯,他认为5000万美元融资的事情不能做,毫无道理。他还说,公司要回到"老路上,遵守所有合伙人的协议。只要还打算行动,就必须这么做!"大约26年后,萨克斯回忆那次碰头会,说他"采取的立场是剪除卡钦斯这只飞禽的飞羽,他也真这么做了"。卡钦斯改悔了,领会了萨克斯传递的信息:"沃尔特,没有你的同意我再也不会擅自行动了。"然后,卡钦斯回了雷诺市,萨克斯回了纽约市。

然而,高盛已经深陷财务危机,要把公司捞出来,还要处理不少麻烦。萨克斯兄弟发现,要想挽回GTC的惨败,只能设法尽快卖掉尽可能多的GTC资产,也就是说其他公司的股份;特别是自从1930年春天市场开始复苏之后。萨克斯说:"那些日子我每天都加班,一直干到晚上九点、十点左右。然后回家倒在床上,睡到第二天凌晨四点醒过来,强迫自己带着微笑面对世界。"当初,GTC股价最高曾经达到326美元;大崩盘之后,暴跌至32美元,之后持续下跌,1931年跌到最低点——1.75美元。1932年1月1日,高盛宣布跟一家投资问题证券的阿特拉斯公司(Atlas Corporation)达成交易:阿特拉斯成为GTC最大股东,然后彻底买下GTC,负责运营。1932年4月阿特拉斯完成了收购。最后,阿特拉斯以微薄利润卖掉了GTC的剩余部分。沃尔特·萨克斯回忆说:"我们现在可以问心无愧了,因为我们在最终与阿特拉斯合并之前并没有卖掉一股股票。"然而高盛让投资者损失了数以亿计的美元,这种情况下,萨克斯是怎么感觉清白的,他没有解释。沃尔特又说:"然后,我们交出了管理权,就我而言,将来再也不会运营投资信托公司了。"

在当时,毫无悬念地,萨克斯兄弟决定让卡钦斯走人。沃尔特说,1929年的卡钦斯"神经彻底错乱了",他不情愿地承认,自己和兄弟阿瑟没有采取任何措施阻止卡钦斯:"或许是我们不够聪明,又或者我们太过贪婪;但无论如何我们没有及时制止那种胡闹。"到1930年初夏,"我们看局面越来越清楚,就下定决心,与卡钦斯的合作到此为止"。合作伙伴关系合同在1930年底到期,但萨克斯兄弟决定不等到那个时候。

沃尔特回忆："我们已经拿定主意，让卡钦斯退休。因为我们看得很清楚，我们的理念完全不符；他差点毁掉了公司的名誉和声望。"

卡钦斯刚刚离婚，从雷诺返回纽约，萨克斯兄弟就决定：les jeux sont faits.[1]尽管卡钦斯先前在芝加哥表示悔改，以后没有沃尔特·萨克斯的同意不会擅作决定，但高盛绝不可能给他第二次机会。沃尔特·萨克斯评论卡钦斯在芝加哥的 mea culpa[2]，说道："这态度诚然不错，但已经太迟了。"几个月前，尽管总计损失了1300万美元，合伙人还是决定付给卡钦斯25万美元，提前7个月终止合同。萨克斯兄弟决定指派西德尼·温伯格为高级合伙人。大概37年后，温伯格笑着回忆："我太过自负，无法拒绝这个请求。"当时，他的年薪是公司利润的三分之一。尽管在GTC大失败中他也有责任，但似乎并没有妨碍他在高盛平步青云。

不走运的是，卡钦斯虽然离开了高盛，却没有阻止很多人起诉高盛，指控高盛发起、承销、管理那些崩盘的投资信托。沃尔特·萨克斯承认："股东们对我们提出了各种各样的诉讼。华尔街这些公司全都被起诉了。我们有一个大麻烦，就是出于老实心态，把我们的投资信托用'高盛'冠名，而其他公司都把各自的投资信托叫作联合公司这一类模糊的名字。J.P.摩根就是这么做的。于是，我们的污点就甩不掉了。"萨克斯说，亏了钱的投资者指控高盛"玩忽职守、造假"。高盛在苏利文与克伦威尔律所的帮助下，通过妥协、调解而解决了绝大部分指控。最后一桩和解的官司拖到了1968年。

有一起诉讼涉及了喜剧演员、电影明星埃迪·坎特（Eddie Cantor），对公司合伙人的影响尤其严重。原因之一是坎特要求一大笔赔偿款，金额高达1亿美元；原因之二是坎特在定期脱口秀表演中把高盛变成了一个著名段子。就像2009年11月美国综艺节目《周六夜现场》（*Saturday Night Live*）讽刺高盛时的那样，在更需要接种甲流疫苗的人之前抢先接

[1] 法语，意为：赌注已下，听天由命。

[2] 法语，意为：认罪。

71

种疫苗。2011年1月，IT名人乔恩·斯图尔特（Jon Stewart）也讽刺高盛，当时高盛刚刚投资了Facebook，有些人说高盛协助Facebook规避了证券交易委员会一条规定：股东在五百人以上的公司必须上市接受监督。斯图尔特质问道："高盛啊，还有什么法规是你绕不过去的？"同样，当年埃迪·坎特的演出是跟一个助手同台表演的，那个助手想用一个干瘪的柠檬榨汁。

坎特问助手："你是谁？"

助手马上回答："高盛的保证金业务员[1]！"

---

[1] 保证金业务员负责监视客户的保证金账户（客户在经纪公司设立的现金预付款/信贷账户），并确保客户付款。

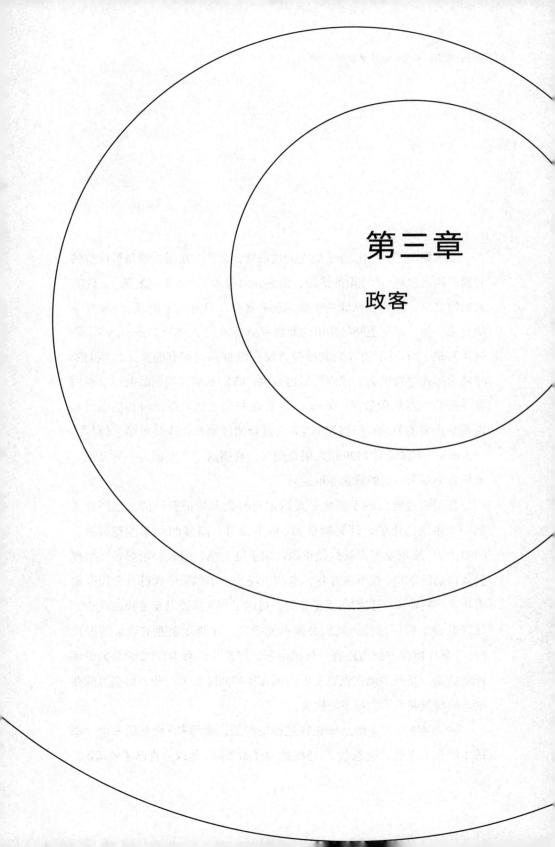

第三章

政客

卡钦斯走了，GTC进了历史的垃圾堆，而此时正是大萧条最严重的时候。用沃尔特·萨克斯的话说，高盛此时进入了"重要恢复期"。GTC大失败之后，高盛竟然成功留住了所有客户，只有两家离开：一家是华纳兄弟，另一家是圣路易斯市的宠物牛奶公司（Pet Milk Company）。萨克斯写道："千万不要以为其他银行没有觊觎我们拥有的关系，他们随时随地都在寻找机会。或许可以这么说，我们和国家奶制品公司、通用食品公司、西尔斯公司（Sears），所有这些公司的关系，对其他银行来说都是重要的机会。"这段时间对高盛合伙体制来说很是艰难。《财富》（Fortune）杂志说："1929年大崩盘期间，高盛这个名字成为一种象征，象征着华尔街一切的邪恶与厄运。"

公司渡过难关的手段之一是减记自身拥有的证券价值，把证券卖到一个萧条的市场，筹集现金；2006年12月，高盛CEO布兰克费恩、CFO大卫·维尼亚等人就故伎重演，用了这一招，缩减公司对各个抵押贷款市场的敞口；接下来几年，这些市场会让华尔街一大部分公司分崩离析。萨克斯说："我们接受了惩罚，付出了利润降低乃至亏损的代价，尽快获得了稳固地位。我们必须承受损失，才能让企业的现金情况良好。"萨克斯说，公司还有一处很走运，那就是没有为GTC股票提供保证金贷款。高盛因此在迅速发展的那几年利润降低了一些，但很可能在崩盘的时候避免了大得多的损失。

1935年3月，金融危机正在进行的时候，塞缪尔·萨克斯去世。塞缪尔的儿子说道："爸爸老了,思维能力开始下降。他以为自己了解情况，一直对我说：'只要公司名誉不受损害就好。' 可怜的人，他不知道，也多亏他没发现，1932年、1933年，再往下，公司名誉一直受着损害。"

为了生存，高盛求助了自己在国家城市银行（National City Bank）、担保银行（Guaranty Bank）、银行信托公司（Bankers Trust Company）的银行家，提供不间断的短期贷款，好让高盛保持运营。这时候，美国政府还没有作为最后贷款人的[1]角色，成为华尔街最后一根救命稻草，于是高盛只能自力更生。沃尔特·萨克斯说："我对他们完全开诚布公，把形势跟他们说了，把情况给他们看了，他们知道我没有说谎，知道公司的名声怎样，知道地位怎样，最后把我们救活了。"整整五个年头，一片肃杀景象；企业资本持续缩减，一是因为亏损，二是因为业务极度缺乏，直到1935年才有了起色。萨克斯接着说："我们亏了几年，但我们也知道，我们还能够维持委托关系，我们清楚，拐点一到就会杀回来的。还有很多别的人也是这样的处境。所谓大萧条，就是这个意思。"

高盛之所以能留住大部分客户，完全是因为两点：第一，萨克斯说："人们开始意识到，我们可能判断出了错，但我们也坚守立场，没有出卖客户。"第二点更加重要，当初那个不起眼的西德尼·温伯格，1907年进了公司当文员，迅速成长为一棵参天大树，成了华尔街的巨人。

《纽约客》（*The New Yorker*）杂志著名撰稿人，E. J. 小卡恩（E. J. Kahn Jr.）把西德尼·温伯格比作一个"丘比娃娃"，说他"身高5英尺4英寸（1米62），双腿只有26英寸（约66厘米）长"，而且似乎"坐在老板椅中，就总是有被吞掉的危险"。小卡恩在1956年9月的《纽约客》上发表了一篇侧记，专门写这位高盛合伙人，文章很长，分了上下两期。这位近视眼的温伯格，还被卡恩描述成"行为古怪，无法掩饰；心直口快，不怕张扬。而且假装出一种极端的冒失无礼，他很多古板的熟人都

---

[1] 银行金融体系中，通常认为，央行是最后贷款人，lender of last resort，某些情况下其他公共部门也能承担这一功能。

似乎觉得这态度十分新鲜"。小卡恩又把温伯格比作华尔街著名金融家、政治家伯纳德·巴鲁克（Bernard Baruch）。"尽管除了华尔街，哪一条街上都基本没有人认识他"，但温伯格"却是全国最有影响力的公民之一。他扮演着王位后面的操纵者，或许已经足够接近伯纳德·巴鲁克，且将巴鲁克在大众心目中的形象具体化了。

《纽约时报》记载，西德尼·詹姆斯·温伯格1891年10月12日生于纽约州布鲁克林市[1]红钩区，"从贫民窟的出身，一路拼命奋斗，爬上了高位"。父亲平卡斯·温伯格（Pincus Weinberg）是波兰移民，烈酒批发商，私酒贩子，后来当了一名不起眼的股票经纪人。父母生了11个孩子，西德尼排行老三。有一次西德尼写道，祖父活了90岁，"每天都喝掉半品脱[2]威士忌"。一开始，这家人的光景很不好，孩子们"曾三个人睡一张床"；西德尼"从文法学校[3]毕业之后，立即被迫自力更生"。西德尼不到10岁，就开始在曼哈顿－布鲁克林摆渡船的汉密尔顿大街码头卖晚报度日。他后背有好几处刀伤，就是在这个时候打架留下的。西德尼还给一名当地鱼贩子剥牡蛎。他很痴迷两个人：一个是作家霍雷肖·阿尔杰（Horatio Alger），西德尼非常爱看阿尔杰的书；另一个是前总统亚伯拉罕·林肯。

1905年夏天，西德尼当上了一家经纪公司——约翰·H.杰奎琳公司（John H. Jacqueline）的跑腿，"发现这差事不累人"；后来又到了查尔斯·M.肖特公司（Charles M. Schott）、德·考贝特与多睿公司（De Coppet & Doremus）做同样的工作。一切顺利，最后有个银行职员发现西德尼的社交关系繁多而且互相冲突，违反了股票交易规则，这也情有可原。小卡恩记载："一名银行出纳发现他'脚踏两只船甚至三只船'，于是三份工作全丢了。"后来有关温伯格的介绍中，这次判断失误被彻底删除。

---

[1] 布鲁克林1898年并入纽约市，1891年是独立的市。

[2] 约为240毫升，每天喝这么多的烈酒是相当大的量。

[3] 美国的文法学校 grammar school 相当于小学。

1906年6月，西德尼·温伯格在第13公立学校（Public School 13）上完了八年级；他的求学生涯到此基本结束，然后就到社会上独立谋生，寻求作家霍雷肖·阿尔杰笔下年轻人的那种发迹了。这时，他最后一位老师珍妮·C.库克（Jennie C. Cooke）给他写了一封简明扼要的推荐信，写给"相关人士"，说："我很高兴证明持有人西德尼·温伯格的商业能力。他因忙碌而愉悦，而且总是做好准备，甘愿承担义务。我们相信，如有人需要他服务，他必能使主顾满意。"多年后，1953年10月号《财富》杂志发表文章介绍温伯格，此时温伯格在30多年中已经取得很多成绩，达到了传奇的水平。文章作者罗伯特·希恩（Robert Sheehan）认为，珍妮·库克那一篇"简介"几乎代表了同类介绍的最高水平，因为"准确、简洁，对温伯格有着预言家一般的理解"。从很多方面来说，对温伯格从大萧条废墟上一手重建的企业，这样的评价也很适当。高盛让很多不如意的、有抱负的优等生体验到了家的温暖，而且高盛也"总是做好准备，甘愿承担义务"；高盛不光满足了客户那好像永无休止的赚钱欲望，还满足了合伙人、员工的这种欲望。

尽管声名远播，但温伯格总是没有忘记他在布鲁克林求学的日子，偶尔还会提醒公众说："我只是第13公立学校出来的傻小子。"前文提到的道富银行老板兼哈佛财务主管保罗·卡博特曾在《大西洋月刊》上发表文章呼吁警惕投资信托；之后，卡博特与温伯格成了朋友。一次，卡博特邀请温伯格共进晚餐。温伯格[他喜欢把自己名字念成"温伯伊格"（Wein-boig）]告诉卡博特，自己"已经约好要度过一个学术的夜晚"，因为他之前已经同意回到第13公立学校，去看一个25年没见的老同学。卡博特追问那人是谁，温伯格回答"那人在新新（Sing Sing）里面"，说的是纽约州北部的著名监狱。温伯格说："他因为我们的老师给他打低分，开枪把老师打死了。"温伯格对这所小学十分崇敬，1954年，温伯格一些位高权重的朋友，包括他当过董事的一些公司的高管，还有一位二战将军，专门安排第13公立学校的校长给温伯格颁发了名誉研究生学位证书。这是学校唯一一次颁发这样的学位。当时这些朋友给他在纽约西五十二大街的21俱乐部组织了一场聚会，给他一个惊喜。多年来，21俱乐部一直都是高盛高管出没的所在。温伯格一位"贵族出身"的华尔街竞争对手说道："有时候我们完全不知道，对面谈话的人究竟是街头流浪儿、笑星，还是银行家。"

1907年，温伯格找到一份工作，周薪2美元；这工作叫"羽毛小马驹"，他曾经专门说明，就是"送旧式女帽的小孩子"[1]。温伯格为了省力，曾经在一辆货运马车上跟另一个朋友一起搭便车，条件是在马车清晨运货的时候负责照看马匹跟货物。他的朋友是股票经纪公司 J. S. 贝奇（J. S. Bache & Co.）的小听差。1907年的一天，那个朋友告诉温伯格，华尔街发生了"大恐慌"。温伯格不明白："大恐慌是什么东西？"朋友解释了，温伯格听不太懂，只牢牢记住了一件事：人们吓得要死，想把钱从银行提出来。当时，美国信托公司（Trust Company of America）这家银行外面排起了提款的长队，温伯格发现可以自己挣到一点钱；他会站在美国信托公司门外的队伍当中，花上几小时排到前面，再把这个别人求之不得的位置卖给一个心急火燎的储户，卖一次位置5美元，后来涨到了10美元。他做生意的第一天，大约是10月23日，正是大恐慌的高峰期；他卖掉了两次位置。第二天卖掉了一次。第三天，恐慌已经退潮了，但他也"决定全心全意融入华尔街"。至少关于他的传奇是这么说的。这一天，他没有去美国信托公司门口排队，而是坐电梯到了交易广场43号大楼顶层，这里是金融区的中心，共有25层楼，当时是曼哈顿最高的。温伯格一个接着一个敲响了那些小办公室的门，问他们："你们需要小男孩干活吗？"

他往下走到三楼，来到了高盛办公室，也问了同样的问题。高盛的人回答："不需要，但我们需要人手帮助一下黑人门房贾维斯（Jarvis）。"

---

[1] 西方旧式女帽一般有羽毛作为装饰。

温伯格马上说："我来干！"于是就当上了高盛看门人贾维斯的助手，周薪3美元。（温伯格后来的介绍文章经常避而不谈贾维斯的种族。）温伯格接到的第一份任务是打磨一个黄铜制的痰盂，后来他一直在办公室里放着这个痰盂，作为这份工作的纪念。除了清理各位合伙人的痰盂，温伯格还清洁丝绸帽子，擦橡胶套鞋。小卡恩说："在高盛这架运转越来越快的机器当中，温伯格一直是个可有可无的小齿轮。"小卡恩还说，温伯格经常恶作剧。他不光把大头钉放在高盛文员的椅子上，有一次还在一份本地报纸中夹了一份广告，声称（谎称）塞缪尔·萨克斯在招聘合唱团女郎，要参加百老汇演出。广告说：有意者请来交易广场43号面试。下一个星期，果然来了不少应征的人。

　　两年之后，温伯格才迎来"重大突破"。合伙人保罗·萨克斯在离开高盛入职哈佛之前，让长得小小的温伯格把一根旗杆搬运到曼哈顿区138号大街的萨克斯宅邸。多年之后，他有些夸张地自问自答："你们曾经把旗杆搬到有轨电车上吗？那可是不得了的差事！"但他成功了，而且还进一步把旗杆在萨克斯家指定的地方组装了起来，在上面升起了美国国旗。温伯格努力干活的时候，合伙人与小职员就聊起了天，萨克斯告诉温伯格，他在高盛前途会很光明，因此应该上夜校，进一步深造。到这时候，温伯格已经在纽约市布鲁克林区布朗商业学院（Browne Business College）会计班进修，学费50美元（这故事还有另一个版本，说温伯格上的是速记班）。然而，在萨克斯的竭力主张下，另外也考虑到萨克斯愿意支付25美元的账单，温伯格又去了纽约大学（New York University）上夜校。萨克斯并没有指定男孩要学什么课程。温伯格后来回忆："他们开的其中一门课是投资银行学。我知道高盛有投资银行业务，所以就报了这门课。"温伯格还短暂地参加了哥伦比亚大学外国交换项目的某些课程。他告诉小卡恩："保罗·萨克斯是第一个真正给了我第二次机会的合伙人。我先前一直是个底层的小孩，强横粗野，直到萨克斯拉住我的手。"那些日子，温伯格在高盛负责筹集新的商业票据账户，一星期挣得28美元；这个小人物就这样取得了进步。

一战期间，温伯格加入了海军，说服了招募官让自己担任助理炊事员，尽管他视力不太好，做饭也不太行。他服役的军舰原先是一艘民船，船主是小亨利·戈德曼。这艘船已经改装成了一艘猎潜艇[1]，用于作战。服役期间，他营养不良，变瘦了。他十分想要换个地方服役，努力升到军官，于是参加了军官考试，而这场考试原本针对的是大学毕业生。温伯格文化水平太低，得了零分。但他可以安排各种事情，而且似乎喜欢"认识所有人"。这两种技巧合在一起，终于引起了上司的注意，上司决定把他调到弗吉尼亚州诺福克港的海军情报局，负责检查使用码头的所有船只运载的货物。小卡恩说道："那以后，温伯格对自己入伍的骄傲，就差不多赶上了曾就读第13公立学校的骄傲。"

一战结束，温伯格返回高盛。各位合伙人看见他很高兴，但没有事情让他做。他们说："除非你能创造一个工作岗位。"温伯格接受了新的挑战，说服了各位合伙人，让他在企业刚刚起步的债券部门当了交易员，周薪还是28美元，跟参军之前一样。《纽约时报》后来报道："几个月期间，温伯格就完成了一个接一个企业融资类型的工作。他对定价建议十分精明，后来拿到了企业利润的分红，相当于1%利润的八分之一。"1920年，温伯格娶了海伦·利文斯顿（Helen Livingston），天才的业余钢琴家，父亲是女装制造商。夫妻俩在长岛伍德梅尔（Woodmere）租了一栋比较小的宅子，1923又买下了纽约市郊区斯卡斯代尔（Scarsdale）一栋比较大的宅子，余生一直没有搬过家。这时候，温伯格每年挣得五千美元左右。夫妻俩生了两个儿子，约翰·L（John L.）和小西德尼（Sidney Jr.），两人都上了迪尔菲尔德学院（Deerfield）、普林斯顿大学（Princeton），接着又去了哈佛商学院（Harvard Business School），呈现了辛勤劳动和远大抱负能够在一代人的时间里，为布鲁克林一个贫苦家庭的生活带来

---

[1] 用来搜索潜艇的小型水面舰艇。

怎样的巨变。

差不多在这个时候，高盛退出纽交所（此前亨利·萨克斯把自己的席位卖给了别人），成立了一家合股公司（joint stock association）[1]。然后，温伯格也买下了纽交所自己的席位，建立了自己的一家新公司。1925年4月，温伯格在纽交所花费10.4万美元买下纽交所席位之后，他提议建立温伯格公司（Weinberg & Co.），作为纽交所的一部分。温伯格公司的合伙人包括温伯格本人、卡钦斯、萨克斯家族的五人、亨利·鲍尔斯、克拉伦斯·多菲诺特（Clarence Dauphinot）。但公司最终没有建立。1926年12月，温伯格以合伙人的身份重新加入高盛，高盛也利用他买到的席位，在离开四年之后重新加入纽交所。《纽约时报》评论道："他（温伯格）会成为华尔街地区跨国银行企业最年轻的企业主。"他投资的10万美元出资额完全是自己付的。他说："这是我自己的钱，是我自己挣的。"这个时期他非常走运，1928年5月曾经在华尔街债券俱乐部年度晚宴上一夜赢得五辆汽车，轰动一时。

当然，尽管温伯格当了合伙人，在企业里的地位也越来越高，却完全没有采取措施阻止曾经的上司卡钦斯成立并推动GTC业务。但温伯格还会以此开玩笑。有一次，《财富》杂志采访他，问他在扩大GTC泡沫期间起到了什么作用，温伯格回答："我当时只是不太聪明，就放任他们那样做了。"有一天，温伯格在西弗吉尼亚州白硫泉镇的绿蔷薇度假区打高尔夫球，看见球童[2]的相貌似乎饱经风霜，便问他多大了。球童回答，只有36岁。温伯格说："我估计你肯定运营过投资信托。"

虽然温伯格开始在高盛交易债券，但从来没有自认为是交易员，而是骄傲地自称"投资银行家"。当然，在那种时代背景下，投资银行业是为成长中的美国企业提供融资和咨询服务，交易证券则是在不成熟的市场中应对资本不足的对手方。因此他愿意自称投资银行家，意义也就

---

[1] 指一种非法人企业，所有者权采取股份的形式。

[2] 指的是给高尔夫球员背球具的助手，球童只是一般称呼，并非如字面意义是小孩。

很重大了。他和纽约市一切有抱负的年轻人一样，也想参与真正的大事业。1967年，他说："我是投资银行家，我不扔骰子。如果我是投机者，那么利用我掌握的信息牟利，我的财富肯定是现在的五倍！"尽管没有采取任何措施阻碍卡钦斯，但温伯格在高盛的事业却直接得益于卡钦斯的自我毁灭。他不光在卡钦斯被开除之后很快当上了高级合伙人，还继承了卡钦斯掌握的18个董事会席位的9席，然后用这个"内部人士"的地位，自然而然地为高盛拉来了投资银行业务。

华尔街曾经有一个时期，投资银行家们都渴望接到邀约，成为上市企业董事会的一员。担任董事有一些潜在的风险，当然，如果上市公司做错了事，引发舆论不满，董事就可能遭到起诉。然而，董事本人会遭遇败诉的可能性实在太小，潜在的好处远远大于潜在的风险。董事参加董事会组织的会议，当然也会获得报酬。1933年，美国宣布脱离金本位制；在此之前，董事的报酬经常用20美元面值金币支付。从1933年开始，报酬改成了现金或者股票，金额达到每年数十万美元。但是真正的回报（不论当时还是今天）在于企业是这些投资银行家取之不尽的经费来源（要么是举债，要么是股权资本），用这些经费给其他公司的并购提供咨询，或是管理养老金资产。董事会成员能了解一家企业各种内部阴谋，了解它是否需要筹资，什么时候筹资，以及是否寻求合并，是否有意出售一家分支机构或其他资产。如果董事会成员同时也是一位投资银行家的话，就可以年复一年最有效地抓住绝大部分这种业务，因此很多人非常觊觎这种角色。这种情况一直继续，直到2002年萨班斯－奥克斯利法案（Sarbanes-Oxley Act of 2002）[1]通过，该法案承认这种角色存在各种内在矛盾。

西德尼·温伯格在华尔街工作了62年之久，其间他在企业管理方面

---

[1] 又称《2002年上市公司会计改革与投资者保护法案》（Law on the Accounting Reform of Public Companies and Protection of Investors），安然公司倒闭之后，美国通过了该法案，为的是对公司进行更严厉的监管。

的口碑超过了其他所有投资银行家：鲍比·雷曼（Bobbie Lehman）、安德烈·迈耶（André Meyer）、菲利克斯·罗哈廷（Felix Rohatyn）、鲍勃·格林希尔（Bob Greenhill）。很快，温伯格有了一个外号"华尔街先生"。在成绩最突出的时候，他竟然同时在31家公司的董事会任职，这实在不可思议。整个职业生涯中，他加入董事会的不同企业大概有35家。高盛合伙人，还有很多企业高管、政府高官，都有一句口头禅："咱们问西德尼·温伯格去！"于是，高盛公司与各位合伙人都财源滚滚。温伯格不光是高级合伙人，还是最大的受益者，主要原因就在于此。他得到了公司年利润的三分之一。

没多久，温伯格就对他担任董事的各家公司产生了影响。比如，俄亥俄州阿克伦市有一家轮胎制造商B.F.古德里奇公司，原先是卡钦斯担任董事，后来由温伯格接任。1931年，温伯格到古德里奇公司开会，听说阿克伦市各家本地银行出现挤兑。这些银行万一倒闭了，对阿克伦市本身，对古德里奇公司，对公司几千名员工都不是好事。温伯格学习摩根大通的做法，决定秘密留在阿克伦市，花了十天研究各家银行的账目，然后制订了救援银行的融资计划。他经常给纽约打电话，而且"一个人拍板决定"，其后，一群关系不错的金融家安排给阿克伦市提供了维持银行开业必需的资金。小卡恩说："古德里奇及其员工的资金都没有损失，温伯格回了纽约。这又是一项不同寻常的小成就。"

温伯格不仅仅在各大公司董事会中无处不在。他在首都华盛顿有可观的政界人脉，帮助了高盛的重建；政界的影响刻进了高盛的DNA里，成为又一种内在特征。《财富》杂志说，温伯格从他小时候在布鲁克林开始，就是一个"俱乐部民主党人"；而且有一种预知能力（或者只是常识特别优秀），认识了纽约州州长富兰克林·德拉诺·罗斯福（Franklin Delano Roosevelt），当时罗斯福正在任期之内。[1]1932年罗斯福竞选总

---

[1] 罗斯福是民主党人，1929—1932年任纽约州州长。

统期间，只雇用了"极少的华尔街人士"协助自己参加竞选，温伯格是其中之一，当时被评价为"务实的自由主义者"。温伯格告诉作家斯塔兹·特克尔："华尔街反对罗斯福，我知道的在1932年支持罗斯福的人，只有我和乔·肯尼迪（Joe Kennedy）。"温伯格加入了民主党全国竞选活动财务执行委员会，具体职务是财务副主管。1932年11月，选举之后第二天，温伯格在纽约州奥尔巴尼市（Albany）给总统当选人罗斯福写信："昨天您获得压倒性的胜利，我无法告诉您，我有多么高兴，赶忙向您发来最真诚的祝贺。"又写道："很荣幸能为您的选举事业尽我的绵薄之力。"这封信用的是高盛的信笺，签名写道："真诚地祝福您，相信我！"

1933年1月12日，罗斯福给温伯格回信。这位总统当选人写道："我亲爱的温伯格先生：耽搁日久，未能及时回复你的衷心祝贺与对未来的祝愿。但正因这一耽搁而让我得到机会，在这封感谢信中加上我最衷心的新年问候。"大约过了一个星期，在就职典礼之前，温伯格发给罗斯福一张加洗的照片，说"你或许希望拥有"。这张照片是最近一次晚宴上拍摄的，是罗斯福竞选的三名主要助手的合影。其中有著名政治家路易斯·豪（Louis Howe），后来成了罗斯福手下掌握大权的幕僚长。一个多月后，温伯格收到回信，正是路易斯·豪写来的。路易斯·豪代替总统写道："总统收到照片，很高兴。"温伯格先前已经与路易斯·豪通过信，讨论是否可以把豪介绍给温伯格的一位"密友"，"也是真诚的民主党人"查尔斯·麦凯恩（Charles McCain）。麦凯恩正巧也是大通国家银行（Chase National Bank）董事长。温伯格给豪写信说道："他刚好提到，还未能有幸见到你，很想见一见。不知你将来能否赏光来此（松树街30号的高盛办公室），和我一起吃午餐，并与他会晤？"

除了与政界的交往，温伯格还总结了一套规则，他认为公司董事应当在董事会任期之内坚持学习、遵守这套规则。他认为担任公司董事，类似公共服务的角色；而且，温伯格与几乎所有董事都不一样，他似乎决心要把工作做到专业化。《圣经》记载先知摩西带着上帝的"十诫"下了西奈山，温伯格也在1933年6月带着"十一诚"下了山。这些原则写道："企业应该研究，要定期向各位董事提供多么详细的信息，提供多少，并以令人喜闻乐见的方式提供，从而使各位董事在承担义务时能够以审慎风格执行合理措施。"温伯格的方案涉及的范围很广，有一些规定相当乏味，例如董事会每年应该开会多少次，每次开会应该有什么日程；有一些就比较关键，例如董事应该掌握多少信息（温伯格认为越多越好）；还有一些十分敏感的事务，例如企业是否应该向董事或高管提供贷款（温伯格认为不应该），以及管理人员拿奖金的数额应该是多少。温伯格说："奖金和利润分红的问题应该由董事会讨论并批准，只有董事可以投票决定，谁不参与奖金和利润分红。"

温伯格偶尔也会违反自己定的规则，自食其果。比如，温伯格担任董事的公司，有一家名叫麦克森·罗宾斯公司（McKesson & Robbins Corporation）。温伯格担任董事的几年之间，只知道公司主管叫F.唐纳德·科斯特（F. Donald Coster），是医学临床博士兼医学科研博士。但这个科斯特真名是菲利普·穆西卡（Philip Musica），是个十分狡猾的骗子，30岁不到就两次被判伪造罪。1919年，穆西卡成立了阿德尔菲亚制药公司（Adelphia Pharmaceutical Manufacturing Company），生产酒精含量很高的液体美发和美容产品。当时正是美国历史上的禁酒时期，生产这些是专门为了卖给私酒贩子。他们缺乏货源，买到之后从美发的液体中提取酒精，再转手卖给别人。

美国里士满大学（University of Richmond）有位教授叫保罗·克里克曼（Paul Clikeman），专门研究骗子。根据克里克曼的记载1925年，化名为科斯特的穆西卡用阿德尔菲亚制药公司的利润收购了麦克森与罗宾斯公司，这是一家公开上市的药物销售公司，口碑很好，主要商品包括镁乳剂（一种泻药）、止咳糖浆、奎宁。穆西卡的这一次骗局是通过伪造发票、订单、装运通知，看起来好像有一家新成立的虚设公司——W. W. 史密斯公司（W. W. Smith & Co）在从麦克森购买各种产品，从而增大麦克森·罗宾斯公司的资产泡沫。为了让骗局得以成功，穆西卡发动了三个兄弟帮忙，从所有交易中收取了0.75%佣金，一共价值2100万美元，这在当时是一笔巨款。这些钱都让史密斯公司吞掉了；他们用虚假营收抬高了麦克森公司的股价，自己也大捞一票。这场骗局运营了13年。在"科斯特"游艇的登记簿上，温伯格写了一句留言："我是为了麦克森与罗宾斯公司，还有科斯特，仅此而已。"麦克森公司的各位董事、审计员完全没有察觉到这是一个骗局。

直到1938年，骗局才开始浮出水面，因为麦克森公司的财务主管朱利安·汤普森起了疑心。他很奇怪，麦克森公司为什么定期向W.W.史密斯公司支付巨款呢？穆西卡兄弟为了应付审计员，让他们相信史密斯公司真实可靠，编造了一系列审计报告，假托是著名征信调查公司邓白氏集团（Dun & Bradstreet）出具的。汤普森把这些假报告拿给邓白氏集团的一个代表看。代表回答，他不知道这些报告是从哪儿来的，但肯定不是邓白氏集团写的。1938年12月6日，美国证券交易委员会开始调查麦克森公司与史密斯公司的关系，勒令麦克森股票停牌。过了一周，"科斯特"被捕，采集了指纹后被保释。联邦调查局比对指纹，发现"科斯特"其实就是穆西卡，曾经被判有罪的犯人。警方再次下令逮捕穆西卡，但人还没抓到，穆西卡就吞枪自尽了。同一天，麦克森公司董事会开会要解雇"科斯特"，会上接到了穆西卡自杀的消息。众人"悚然，沉默了片刻"，温伯格勉强说话："先生们，咱们继续吧，无论如何，要解雇他罪恶的灵魂！"

董事们显然玩忽职守了，他们可能会被告上法庭，代价十分高昂。众人于是决定凑了大概60万美元，放入麦克森公司金库，以备不测。其中温伯格一人出了7.5万美元。丑闻之后，他还在麦克森公司董事会待了一些年头。美国证券交易委员会调查期间，温伯格出庭作证。他一方面与"科斯特"（也就是穆西卡）过从甚密，一方面又发过文章，严厉抨击企业董事、高管不负责任，这一矛盾行为"让西德尼在证人席上有些时候相当难堪"(《财富》杂志报道)。证券交易委员会代理人问：温伯格为什么没有做到言行一致？ 温伯格"提醒他，《圣经》里的先知摩西从西奈山上带来了上帝的十诫。我们都信十诫，却没几个真正遵守了所有的十诫"。

然而大多数情况下，温伯格还是商界的一条巨鳄，为高盛也为他自己带来了极大的好处。1956年，沃尔特·萨克斯说："我的搭档西德尼·温伯格应该是全国最优秀的职业董事。"这一说法带着相当程度的怨恨，因为萨克斯必须天天负责公司的日常运营，所以感到蒙受了损失。"他花在职业董事岗位上的时间比我还多。他的理念跟我有些不同，这倒无所谓，我不反对。他想要进执行委员会，想插手每一个问题。毫无疑问，作为很多公司的董事，他对公司价值都很大。"萨克斯很轻松地回避了温伯格在麦克森丑闻中的不作为，又说："我敢说，他90%的活动都用来经营董事人脉了。这对高盛而言，价值也非常大，带来了很多业务，他是有意识地做了很多事情(指专门拿出大量时间经营董事人脉)；他的贡献比我更大，这个差距是有意识的；因为我不得不负责企业的管理。"

先不管这种偶尔出现的指摘，大家似乎公认的是，温伯格的天才是高盛重整旗鼓的关键。《财富》杂志作者罗伯特·希恩说："西德尼·温伯格有一种炼金术；实在找不出什么其他的词形容了。他能把常规的商务联系变成切实而持久的友谊。表面看来，他似乎只是个受人欢迎的交易员，但其实他爱交际，说话清楚，开朗友善，并且十分了解商界和商界高层人物；他一生最大的乐趣在于把这些知识送给别人使用。当然，正如《圣经》中耶稣掰饼的典故，这一切付出，给温伯格带来了多种多样的回报。[1]温伯格堪称一流的承销技术人才，但或许不比华尔街其他几十位银行家更为突出；不过，却为高盛带来了巨量的业务，这几乎是人们对西德尼一种自发送出的善意了。"

---

[1]《新约圣经》的福音书曾多次记载耶稣掰饼，用几个饼喂饱了几千人，是耶稣最著名的神迹之一。这里比喻温伯格的付出带来了巨大回报。

　　温伯格哪怕只是在每家公司董事会现身，讲个笑话（据大家所说，他的幽默感很强），他每周的工作量也不可想象。但温伯格对担任各家公司的董事极为上心，也很投入；原因之一是他自己公开强调的企业董事的各种责任，原因之二是这极为有利于高盛业务，原因之三是他自己对这种服务抱有巨大热情，正如当初第13公立学校八年级老师对他的评论："他因忙碌而愉悦。"简而言之，温伯格对各大公司董事会的投入，尽管耗费了很多时间，但在GTC灾难之后，在演员埃迪·坎特取笑高盛之后，却是重建高盛公众形象的关键。1953年10月，《财富》报道："然而一旦开始这样的行动，他做出的成绩，就是前人几乎没有尝试过的。在每家公司他都提前索要董事会议的日程，还有将要讨论的各项问题的全套数据。他让高盛的手下分析这些数据，在斯卡斯代尔邸宅顶楼开了一个办公室，一到周末就准备董事会开会日程。这些勤勉的努力，被人传了出去，于是很多公司都把让温伯格出席董事会看作一种骄傲。"

　　温伯格数十年参与国家政治事务，而且多年担任政府公职（温伯格在二战期间先后两次离开高盛去政府任职，后来朝鲜战争开始以后又第三次任职）；毫无疑问，他本人和高盛都因此得到了无限的好处，赢得了大量主顾。而且这几十年，他和一些政界、商界的要人也缔结了终身的友谊。一个朋友描述他："西德尼对一切爱国的事都狂热得很。"不少作家描述温伯格，或说他"就好像贪食鬼一般扑在公共服务上"或说他是"金融家与政治人物之间的大使"。

　　华尔街似乎有一种典型的办事风格，特别在那个年代。卡钦斯因无法无天遭到惨败之后，温伯格在高盛（也包括对高盛）的重要性增加了。与此同时，温伯格与政界的交往增加了，特别是与首都华盛顿的政界。1932、1936年总统竞选期间，他是民主党全国委员会的财务副主管，还是委员会最有能力的筹资者当中的一员。1933年4月，温伯格致信罗斯福，请他发表全国广播讲话，谈论征用民间所有黄金；还对罗斯福讲述了自己对当时提出的联邦《证券法案》（Securities Act）的意见。1935年

7月，罗斯福邀请温伯格和十几位其他商界领袖，在切萨皮克湾杰斐逊群岛俱乐部参加周末聚会；与会的有副总统、白宫发言人、众议院议长、五名内阁成员和八名参议员。前一年也即1934年，俱乐部为罗斯福修建了一座专门住宅，用于钓鱼、狩猎，还有"发展特殊的社交关系"。1935年7月的周末聚会本来是为了钓鱼，但《纽约时报》报道："这里的观察家们认为，很难相信，四十位民主党领袖聚到一起，却没有就国会剩余会议期间将要采取的计划和战略进行大量讨论。"

民主党全国竞选委员会一位前财务主管W.福布斯·摩根（W. Forbes Morgan），1937年去世，4月在阿灵顿国家公墓举行了葬礼，温伯格出席了。摩根与总统夫人埃莉诺·罗斯福（Eleanor Roosevelt）是亲家。当时正在实行罗斯福新政，高官中的所有新政制定者也都参加了葬礼。第二天公开了一张照片，上面有罗斯福的几位重要顾问，其中有国务卿科德尔·赫尔（Cordell Hull），总统行政助理、总统长子詹姆斯·罗斯福（James Roosevelt），纽约州州务卿爱德华·J.弗林（Edward J. Flynn），参议院多数党领袖约瑟夫·T.罗宾逊（Joseph T. Robinson），即将成为参议院多数党领袖的阿尔本·巴克利（Alben Barkley，后来在杜鲁门时期担任副总统），西德尼·温伯格就位于这一行人的最中间。罗斯福总统自己是最杰出的政治家，然而他却管温伯格叫"政治家"！诚然，"很多非常顽固的商界人士"在当时都"完全相信，能够拯救资本主义体系免遭灭亡的，只有温伯格对罗斯福政府的温和建议，再无其他"。

为了获得这个建议，罗斯福不仅让温伯格能够见到他（当然是正式安排好的日程），还让温伯格在自己的政府担任了多个职务。1934年6月，有传言称，温伯格要当上美国证券交易委员会第一任董事会的成员，其他成员还有希尔斯公司和IBM公司各自的首席执行官。

据报道，还有人要给温伯格一个内阁职位、几个副部长职位。后来到了1938年夏，罗斯福又给了温伯格一个机会，接替罗斯福朋友约瑟夫·戴维斯（Joseph Davies）出任美国驻苏联大使。戴维斯之前已经向温伯格提议把这个位子让给他，而且苏联已经同意了这个人选；可以说木已成舟，只是美国参议院还没有表决批准这次任命。问题是，温伯格不愿意当这个大使。原因之一，1938年，高盛没有一个具备像他这样地位和商业实力的人能够接手他的事业；原因之二，温伯格作为高盛最大的股东，全部资产净值都在于高盛公司本身，他基本不可能愿意被迫出售股份，去担任大使，也不可能想要一走了之，让别人管理公司以及他的财富。另外还有一件小事：温伯格的两个儿子都在上中学，要是转学到苏联，或者跟他们分开千里万里，都不算什么吸引人的前景。另外，当时欧洲和苏联的反犹主义倾向正在愈演愈烈，而温伯格是犹太人，这也是一个问题。温伯格给罗斯福的新闻秘书斯蒂芬·厄尔利（Stephen Early）写信说，他之所以不接受这个职位。是出于"完全个人的"各种理由。温伯格对外界只是说了一句："该死，我不会说俄语。我去了那儿到底能跟谁说话？"

　　1938年7月5日，温伯格写信给罗斯福："自从约瑟夫·戴维斯代表您推荐我担任驻苏联大使之后，我一直想要感谢您给我的这份荣誉，并告知您，我对您的信任是多么感激；您考虑让我担任这一要职，就证明了这一点。"又说："我的确想让您知道，我多么感激您能给我这一荣誉，以及过去几年中您对我表现出的友好情谊的诸多见证。"总统给温伯格回信说："我完全明白。"还说希望在"自己乘船度假回来之后"尽快与温伯格再次会晤。

　　到这个时候为止，华尔街银行家并不怎么喜欢罗斯福总统，也不太愿意资助他。到1936年底，罗斯福第二次竞选总统的时候，经常谈到"商业和金融垄断、投机、不计后果的银行业"，让华尔街许多人憎恶了他很久。罗斯福很清楚，他把华尔街激怒了，却说："我欢迎他们恨我。"1936年大选，温伯格一直站在罗斯福一边，继续为他筹集大量资金。温伯格有一次承认，罗斯福通过两种途径——凯恩斯主义（Keynesian）财政政策，还有一系列针对华尔街行为的新监管措施，开始修复饱受摧残的经济。温伯格说："罗斯福拯救了资本主义体系。本来可能出现叛乱或者内战。"

1939年9月1日，德军开进波兰，第二次世界大战爆发。温伯格当时正在麻省楠塔克特岛与家人度假，给罗斯福拍了电报："这些关键时刻我愿为您倾尽全力。"同一天，总统秘书埃德温·沃特森（Edwin Watson）回信："总统命我告诉您电报收悉……并为您热心自荐而表示非常感激。"

一开始，双方这些书信往来似乎并没有必要：第一是因为罗斯福很可能不确定温伯格能担任什么职责，也不知道他需要温伯格担任什么职责；第二是因为温伯格已经开始动摇，在考虑自己是否继续支持罗斯福竞选第三任期总统，这种竞选第三任期的事在美国历史上还没有先例。最后，温伯格认定，第三任期将会"不够稳固"，撤回了对罗斯福的支持，把自己筹资的手腕用于支持另一位候选人，律师温德尔·威尔基（Wendell Willkie）——他原先是印第安纳州民主党人，后来转为共和党人。温伯格回忆道："我在头两期之后就不再支持罗斯福了。我跟他发生了很大的争执。我认为谁也不应该任满两期以上，而且我对他搞的那些新政也有些厌倦了。"民主党为支持威尔基而成立了竞选组织，成员们支持威尔基是因为惧怕罗斯福当选第三任期开一个危险的先例，导致独裁化。这个组织很短命，温伯格加入了。尽管威尔基获得的普选票数超过了历史上所有共和党候选人，达到2200万张，但罗斯福还是在选举中大获全胜，获得了2700万普选票和选举团531票中的449票。

温伯格迅速转变做法，重新支持战时的罗斯福。1941年4月20日，温伯格加入一个银行家委员会，雷曼兄弟公司的罗伯特·雷曼（Robert Lehman）担任主席，以给美利坚合众国皇家空军慈善基金[1]筹资。才

---

[1] 这是当时美国境内负责给英国皇家空军筹资的机构。1940年7月—1941年5月，英德发生不列颠之战，英国空军奋力抗击德国，取得胜利。

过了九天，4月29日，罗斯福又任命温伯格为生产管理局（Office of Production Management，简称OPM）采购部特别顾问。该生产管理局成立于1941年1月，目的是"通过调动国家的物质资源和工业设施来增加国防生产"。

当天，罗斯福任命温伯格与另外八人上任，工资是每年1美元，加上生活费。这九个人因此得名"年薪1美元人"。2008年金融危机的时候，这个传统又恢复了。很多每年拿到1美元的人，碰巧（或者不那么碰巧）都是高盛的前任合伙人。

5月5日，生产管理局采购主任兼希尔斯公司前副总裁唐纳德·尼尔森（Donald Nelson）宣布，温伯格已被任命为"各类产业问题顾问"（温伯格曾经任职希尔斯董事会，所以从制度上来看曾经是尼尔森的老板），5月15日"将汇报工作"。这当然意味着温伯格必须从高盛请事假，而且暂时离开12家公司董事会，包括希尔斯公司董事会。温伯格请了假之后，沃尔特·萨克斯负责高盛日常运营。萨克斯说，这个岗位他反正也"干了好多好多年"。

萨克斯这一边，他从哈佛大学时就认识罗斯福，两人曾一起编辑过哈佛校报《深红报》（Crimson）。萨克斯认为罗斯福"具有很大魅力，毫无疑问"，但两人之间的社会交往和政治联系都很少。萨克斯是个很严格的人，他父亲还要更加严格。萨克斯当初在哈佛广场[1]住在较为简朴的学生公寓，房间没有自来水，要淋浴得去地下室。萨克斯回忆："那地方可真是冷得够呛，也没有自来水；早上，大水壶的水都结了冰，必须化开才能洗脸。"而罗斯福住在剑桥市[2]的"黄金海岸"，也就是奥本山大街的克莱弗利公馆宿舍楼。"有些私人宿舍，住客的家人都比较有钱，爱社交也更有品位。罗斯福就在其中一间。"

1932年罗斯福当选之后，萨克斯和温伯格一样，也给罗斯福写了一

[1] 哈佛大学中的一块草地，是大学最古老的地区。

[2] 哈佛大学所在的麻省城市。

封信。萨克斯回忆说，罗斯福回信"感谢了我，说他想要听取一切可以得到的朋友意见"。罗斯福执政早期，关闭了一些银行，萨克斯劝罗斯福要谨慎。后来萨克斯回忆："我记得当时告诉一些人，我对罗斯福可能看错了，要给罗斯福一个机会。"但萨克斯很快与这位哈佛校友分道扬镳，他非常讨厌新政。萨克斯写道："我感觉他犯了很多非常非常严重的错误，我很可能因此大为恼火。我们就分析了一下心理层面的问题。当有人提出'把这些人赶出圣殿'[1]时，我就不禁想到，富兰克林·罗斯福认识亚瑟·巴兰特（Arthur Ballantine）[杜威·巴兰特（Dewey Ballantine）律所创始人]，我，还有尤金·塞耶（Eugene Thayer）（大通银行总裁），还有其他像我们一样的人，他就把我们归为一类人了。当时有一种针对资本家的憎恨，而我反对罗斯福。"

萨克斯承认自己是"彻头彻尾的共和党人"（因此反对民主党的罗斯福），另外也"憎恨"罗斯福在1929年对银行家与华尔街的"态度"。萨克斯说"并不是我对人们做的失误判断和错事发现得比别人少"，而是罗斯福认识华尔街上"足够多的人"，"因此我认为他对金融界总体发动猛烈打击是完全不公平的"。萨克斯说罗斯福"一定在心底完全明白"华尔街上的人（罗斯福从很多人上学以及工作的时候就认识他们）"可能会出现判断失误，或者被投机时代的大潮卷走；但他一定知道我们的意图是好的。因为这些，我一直没办法真正原谅他"。

然而，萨克斯回顾的时候还是承认"也许有一部分是我自己的错"，又说"也许我应该像合伙人温伯格那样去找他，温伯格当过一阵子民主党人"。做出这些决定之后，温伯格就去了首都华盛顿，帮助罗斯福进行战争规划；萨克斯留在纽约，坐镇指挥，运营高盛，虽然美国参加二战期间以及参战的前一年并没有多少生意可做。

---

[1]《新约圣经·约翰福音》记载，耶稣在逾越节发现耶路撒冷的圣殿有很多兑换银钱的人在做生意，认为这是亵渎神灵，大为不满，用鞭子把他们赶了出去。这里用宗教典故代指罗斯福反对金融家。

没过多久，温伯格就在生产管理局承担了越来越多的责任，当上了办公室下属的产业顾问委员会主管，负责协调战时制造业的生产流程。但他也因为一些偏袒行为，而与另外一些人一起受到了批评。《时代》杂志批评温伯格"狭隘"，"爱传闲话"，说他是"华尔街的沃尔特·温切尔（Walter Winchell）[1]"。1942 年 2 月，《纽约时报》发表温伯格的人物侧记，这一篇的笔法更加褒扬一些，说他当初被选为唐纳德·尼尔森的副手是"无异于做出担保，只要金融界和产业界真的要着手工作，就会得到公平待遇"。《纽约时报》记述了温伯格在高盛怎样实现了霍雷肖·阿尔杰笔下那种神奇的名利双收，还说他收藏的亚伯拉罕·林肯的信件、文件、照片，属于"最大的一批私人藏品之一"，保存在"高盛的保险库当中"，这批藏品"让他在空闲时间"忙碌得很，"如果他真有空闲时间的话"。此外，温伯格还有一批罗斯福的竞选徽章，后来给了总统本人。《纽约时报》叙述温伯格如今"为了战时生产委员会（War Production Board，简称 WPB）而奔波，就像他在私人生活中，为自己的团体所做的那样"。

温伯格在首都华盛顿的大部分时间，在生产管理局和其后续组织——战时生产委员会的责任究竟怎样，是很不清楚的。据温伯格的朋友卢修斯·D.克莱（Lucius D. Clay）将军所说："我每次和尼尔森会面，（温伯格）这伙计都在。他没有确定的职责，我一直想知道尼尔森为什么把他留在身边。然后我发现，他的角色相当于顾问、谋士；可以说，就好像一个不管部部长[2]。在一间窄小的后勤办公室里当别人的助手，这就是西德尼·温伯格喜欢的做事风格。"

尽管温伯格努力留在幕后，但有一小段时间，他还是不幸得到了密苏里州民主党参议员哈里·S.杜鲁门（Harry S. Truman）的关注。杜鲁门指控温伯格在采购和生产过程中偏袒各家大企业（温伯格担任董事的企业），打压中小企业。温伯格告诉罗斯福，他对杜鲁门的指控"相当憎

---

[1] 著名闲话专栏的创始人。

[2] 政府中不专管某一部事务的部长级官员。

恶"，"指责了杜鲁门动机不纯"，还"想要辞职"。但是罗斯福说服了温伯格："（你说要辞职）太荒唐了。你看看他们每天怎么说我的，我是不会辞职的！"

心高气傲的温伯格从"炸毛"的状态冷静下来，重新拥有了热情，回到了战时生产委员会原来的岗位上。人们发现，他在政府里最重要的角色是招募其他商人（一般不会主动响应罗斯福的号召）来到华盛顿，协助政府的战争计划。他得了个外号"盗尸者"[1]。不出所料，因为温伯格特别有韧性，他说服了很多公司高管放弃自己舒适的位置，加入战时生产委员会。他专门安排用白宫的电话总机打出一个个电话，让这些高管觉得自己受到了重视。对于那些想要避开温伯格的电话或者不愿担任政府公职的高管，他会在商界活动的时候背地里说高管的坏话。因为商界高管通常十分尊敬温伯格，也亲近他，所以这种恶意产生了预期的效果，而且产生得相当快：那些顽固的高管赶紧回了温伯格电话，加入了战时生产委员会。

很多人认为温伯格最重要的猎头行动是挖到了查尔斯·威尔逊，外号"电气查理"（Charles Wilson, "Electric Charlie"）。威尔逊原本是通用电气总裁，1942年离开岗位，加入了战时生产委员会。威尔逊基本不认识温伯格，这时候担任通用电气总裁只有两年。威尔逊不愿意辞职搬到华盛顿。他还认为，通用电气已经全力投入战时生产，自己在战时最大的用处（也是最好的用处）就是留在原地不动，监督公司的生产。但是，通用电气董事会前任主席欧文·扬（Owen Young）去华盛顿与战争部部长、海军部部长开了一个会，回来告诉威尔逊："有人举荐了你。"威尔逊表示想留在通用电气。欧文·扬又向华盛顿转达了威尔逊的意愿。华盛顿方面回信说，罗斯福要在白宫亲自接见威尔逊。这一招果然管用，

---

[1] 欧美解剖学发展以后，医学用的尸体一度紧缺，因此很多人去坟墓偷盗尸体，死者家属采取种种应对措施防盗，反而使得盗尸者更加顽强，挖空心思继续偷盗。这里是用戏谑手法形容温伯格很有毅力。

威尔逊签字加入了委员会。他后来说："只要有我参加的谈判，西德尼·温伯格一直没有出席。但我看得出来，（有人）已经在背后施压了。后来我跟罗斯福还有一些内阁成员谈过话，知道温伯格在背后起了巨大作用。我到了华盛顿不久，就发现还有很多人也是因为西德尼·温伯格而到这里来的。"

1943年美国独立日过后，温伯格向尼尔森提交了辞呈，8月1日生效。尼尔森简略地告诉《纽约时报》记者，温伯格辞职"是因为医生建议；医生命令他休息，接受治疗"。温伯格回到纽约，在高盛官复原职。

迄今为止，我们依然不知道，温伯格是真的患了病，还是用这个当作掩护，完成他在美国政府里的下一份工作。1943年11月5日，应纽约律师兼美国战略情报局局长威廉·J.多诺万（William J. Donovan）的请求，罗斯福批准任命温伯格赴苏联"名义上担任美国航天科学局（OSS）代表"，前提是"可以说服温伯格先生前往"。罗斯福草签了批示"同意。罗斯福，1943年11月5日"，然后把备忘录还给了多诺万。尽管温伯格是犹太人，不会说俄语（至少他以前说过自己不会俄语），他这一次还是接受了任务。他在苏联为美国政府做了什么事，在苏联待了多久，目前依然保密。航天科学局是中情局CIA的前身。按照美国的《信息自由法案》（Freedom of Information Act），公民有权获得政府掌握的信息；但CIA接到一份要求公开温伯格任务资料的请求信之后，并没有作出回应。[1] 温伯格的孙子之一，前高盛合伙人彼得·温伯格（Peter Weinberg），是专业投资银行佩雷拉·温伯格银行（Perella Weinberg）的创始人。他也不知道祖父战时在苏联做了什么，甚至不知道祖父究竟是否去过苏联。

不论温伯格是否接受了秘密任务，具体做了什么事，1944年6月，温伯格显然应罗斯福的邀请，又回到了战时生产委员会；这一次担任委

---

[1] 本书作者在少数地方会提到疑似他自己作出的行动，但极少写下"我怎样怎样"的句式。这里保留原文句式，其他地方酌情处理。

员会副主席，距离他疑似因健康问题辞职之后过了11个月。他这一次的工作是为尼尔森处理"各类特殊问题"，而且又一次担任"盗尸者"，为战时生产委员会招募高管。但他真正的任务则是设法调停两位前任客户的矛盾，一位是"电气查理"威尔逊，另一位是唐纳德·尼尔森。两人的公开矛盾源自一场争论，关于什么时候应该把美国的工业生产从供给战时消费重新调整为供给民用消费。尼尔森认为，美国差不多快要打赢了，想要把制造业恢复成为平民消费者生产的状态。威尔逊则引用参谋长联席会议的决定，说很快要发生弹药短缺了，想要继续让美国的工业生产为战争服务。

两人都是温伯格的朋友，但温伯格还是选择支持威尔逊，反对尼尔森。然后《财富》杂志报道说，有人批评他"在老朋友唐纳德·尼尔森背后捅刀子"。杂志还说："温伯格说，情况不是这样的。他把自己对尼尔森在这件事上做法的评论，当面用一种痛苦而单调的布鲁克林口音告诉了尼尔森。"到8月31日，温伯格的最新任务结束了。罗斯福致信温伯格："获悉你从战时生产委员会辞职，我深感遗憾。看到你离开，我十分难过，想用这封私人短简告诉你，你在这些艰难的日子里做出很多牺牲，为政府贡献良多；我因此而深表感谢。你完成了伟大的任务，我感激不尽。"后来，温伯格避而不谈他和尼尔森的争端，并且把他辞职的原因粉饰成"厌倦"。他说："需要我做的真正的工作越来越少了。（前年）冬天，那些重要的公文，我要看到晚上八点。去年春天，下午三点就看完了。后来等到上午十点就看完的时候，我知道应该辞职离开华盛顿，返回纽约了。"过了两年多一点，1946年9月，新总统哈里·杜鲁门因温伯格在战时生产委员会的"卓越服务"而授予他荣誉勋章[1]。

---

[1] 1945年4月12日，罗斯福病逝，杜鲁门接任总统。

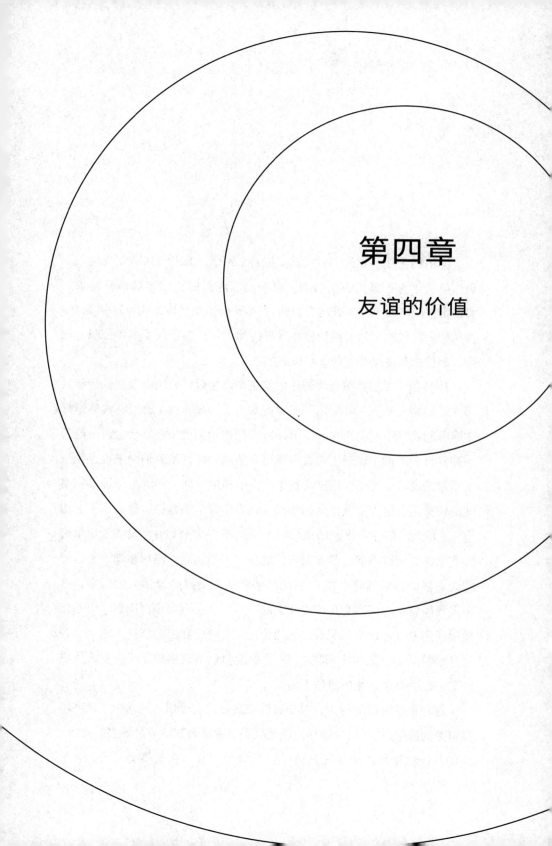

第四章

友谊的价值

温伯格在战争年代一直在高盛播种；如今，他想回到高盛收割了。美国巨大的生产能力再次转向，以满足国内积累了15年的消费需求。温伯格在此之前已经准确地意识到，高盛正合适提供资本满足这些需求，并从中获得巨额利润。温伯格在政界活动多年，也担任了多年公职。如今，温伯格与高盛赚大钱的时机到了。

1945年，温伯格被选为通用电气董事。之后，通用电气在曼哈顿公园大道的华尔道夫–阿斯托利亚酒店举办了一场宴会；通用电气董事会主席菲利普·D.里德（Philip D. Reed）专门邀请温伯格在宴会上对一群公司高管发表演讲。这对于布鲁克林出身的犹太银行家温伯格来说，是个了不起的成就。里德介绍这位新董事温伯格的时候，向大家保证温伯格的演讲肯定会给人启发。里德猜想，温伯格肯定跟自己一样，认为通用电气"是全球最伟大国家的最伟大产业的最伟大公司"。大多数华尔街银行家都会借坡下驴，恭维老板，说自己当然认同。温伯格却不是这样的人。温伯格对高管们说："你们的主席认为美国是最伟大的国家，这一点我同意。电气产业是相当伟大的产业，这一点我也算同意。可是，要说通用电气是这个领域最伟大的公司，哎呀，我要是能这么承诺，我就是个笑话了，除非我亲眼看见！"然后温伯格突然坐下了。众人大吃一惊，热烈鼓掌，让他很是受用。

这种古怪滑稽的行为，对于温伯格来说司空见惯。然而出于某些不很清楚的原因，这样的举动却使得他赢得了董事会其他成员更多的好感。比如，1953年是通用电气公司成立75周年，有一次董事会开会，会上有人提议，公司的女员工或者男员工的妻子如果在这一年中生了孩子，就应该奖励她五股公司股票。一份会议档案说，温伯格"嘴唇突了出来，很符合他的性格"。温伯格在考虑这个提议之后，等了一阵子，然后提议其他董事（这些人都不年轻了），如果再次当上爸爸，就可以拿到100股公司股票。档案说："其他人迫不及待想走出房间，把这个无比滑稽的提议告诉自己的朋友们。"

毫无疑问，董事们十分欣赏温伯格这种轻率的举止，因为他对手头的业务也足够认真。沃尔特·萨克斯叙述，温伯格非常愿意加入各个董事会的委员会，比如执行委员会、薪酬委员会或审计委员会，这些委员会担负的都是企业的实际工作。多亏他在斯卡斯代尔邸宅每周末的日程，温伯格始终有着充分准备（尽管有当年麦克森与罗宾斯公司的大失败）；因此，只要最高领导想要沿着某一条路发展，而温伯格又赞同，温伯格就必然能起到极大作用。比如，二战之后，通用电气的高管们认为，美国人对通用电气产品的需求即将猛增（预测正确），于是想要花上几亿美元，进行大规模激进式的项目扩张。但是，这次扩张需要的资本可不是小数目，通用电气总裁查尔斯·威尔逊不确定董事会能否批准这个计划。过了几年，查尔斯·威尔逊回忆："西德尼已经做好了充分准备。我只需要这一点。他用独一无二的、有说服力的方式推荐了我的各项提议，之后就一切顺利，再也没有麻烦了。他是公司董事会的重要人才。"

直到1956年，也就是温伯格被任命为通用电气董事的11年后，高盛才与摩根士丹利一起，成为通用电气发行的3亿美元债券的主要承销者。沃尔特·萨克斯回忆："鲍比·雷曼非常明智地评价说，这是高盛获得的伟大胜利。他从医院给我打电话，我告诉他，我认为这是西德尼·温伯格的伟大胜利。现在依然可以这么说。"正如萨克斯所说，"摩根家族一直是通用电气的投资银行家。正是因为西德尼和查尔斯·威尔逊的关系，以及二战期间在战时生产委员会工作这段经历，两人才成为朋友。"

就算温伯格不再任职于某家公司董事会，他也依然能够通过自己的关系为高盛寻找获利的途径。1949年，温伯格的儿子吉米到欧文斯－康宁玻璃纤维公司（Owens-Corning Fiberglas）上班。这是一家合资企业，由三方组成：欧文斯－伊利诺伊玻璃公司（Owens-Illinois Glass Company）、康宁玻璃厂（Corning Glass Works），以及纽约州康宁市的霍顿（Houghton）家族———一个盎格鲁－撒克逊系白人新教徒的显赫家族。两年后，吉米·温伯格同霍顿家族的女儿伊丽莎白·霍顿（Elizabeth Houghton）结婚，算得上是一场小规模的夺权，但与后来温伯格为欧文斯－康宁玻璃纤维公司安排的再融资计划相比，就不算什么了。就在吉米·温伯格与霍顿家族联姻的同一个月，欧氏公司CEO哈罗德·博施坦（Harold Boeschenstein）联系温伯格，商议公司怎样筹集额外资本。两家母公司加起来拥有欧氏84%的股份。而美国司法部禁止两家母公司拥有的股份进一步增加，因此母公司无法进行额外投资。

当然，欧氏要解决这个问题有很多可能的方案，例如：取得银行贷款，卖出企业债券，或者在IPO中第一次公开发行股权。三个选项中，从费用角度说，让高盛赚钱最多的是IPO选项，但这个选项风险也最大。尽管温伯格这时候在纽约长老会医院动手术，"只能仰面躺着"，但他还是就欧氏如何筹到所需资本的问题给出了一些慎重的意见。当然不止有温伯格一个人在考虑这个问题，因为当时的华尔街最期待的赚钱方式之一就是这种融资。温伯格当时没有加入欧氏董事会，一开始，这一点似乎让高盛和温伯格处在不利状态；尽管有了"皇家联姻"，但还是比较不利。温伯格动完手术，正在医院里恢复的时候，给欧氏CEO哈罗德·博施坦写了一份备忘录，建议欧氏通过IPO筹集所需资本。

《财富》杂志在温伯格人物侧记中反复强调，温伯格没有加入欧氏董事会，而且高盛之前从来没有跟欧氏做过生意。但这篇文章也明确表示，温伯格与欧氏董事会成员有密切联系。《财富》虽然没有提到至关重要的家族关系，但还是报道说，康宁玻璃董事长艾默里·霍顿（Amory Houghton）和欧文斯－伊利诺伊玻璃公司执委会主席威廉·李维斯（William Levis）曾与温伯格一道就职战时生产委员会，从那时候起，两人就都是温伯格"极好的朋友"。《财富》还说，欧氏CEO哈罗德·博施坦也从战时生产委员会的时候起就认识温伯格；还说纽约证交所主席基思·富斯顿（Keith Funston），是欧氏董事之一，也在战时生产委员会认识了温伯格；时任陆军部部长罗伯特·史蒂文斯（Robert Stevens）也是温伯格的"好朋友"。还有一点：基思·富斯顿、罗伯特·史蒂文斯和温伯格三人都曾经担任通用食品公司董事。这一点机缘巧合，后来派上了大用场。高盛和温伯格曾经为通用食品公司执行一项据说很高明的融资计划，富斯顿和史蒂文斯把这个计划的一些细节透露给了欧氏CEO博施坦。博施坦听完富斯顿和史蒂文斯的讲述，就决定"向西德尼问问这件事"，于是请温伯格来提供咨询服务。博施坦问这位高盛高级合伙人：你觉得我的公司股票价值多少？按照公开报道，温伯格"即兴给了他一个数字，这个数字实际上就是最终股票发行的价格"。这样的洞察力，加上温伯格与各位决策者有着广泛的个人关系，最终让高盛当上了这次IPO的主要承销商。《财富》评论道："这就是我们熟悉的模式——温伯格的这三条生命线交织在一起，形成了一幅美丽的商业图景。"

欧氏的解决方案不论是什么，都因为纽交所的规章而变得更复杂了。规章要求，纽交所上市公司股票必须广泛持有，这就意味着，上市之后，该公司50%以上的股票必须为公众持有。这可能给欧氏造成麻烦，因为两家合伙公司，欧文斯－伊利诺伊玻璃公司和康宁玻璃厂共同拥有84%股份，很不愿意把自己的持股卖到50%的阈值以下。这时候，温伯格作为银行家和外交家的才能就派上了大用场。温伯格不仅说服了纽交所主席（何其方便！）基思·富斯顿放松了规章，把公开持有的规模从50%减到20%（至少在欧氏上市的案例中是这样），还说服了欧文斯－伊利诺伊玻璃公司和康宁玻璃厂卖出了比原计划更多的股票，于是在IPO之后，公众持有的股票达到了富斯顿同意的新标准——20%。这些妥协导致IPO规模更大，最终募资金额达到了2250万美元，其中1550万美元归欧氏自己；而以高盛为首的各家承销商则收取了更多费用，高达86.6万美元。温伯格成功完成上市交易后，一位他的令人钦佩的竞争对手谈到："西德尼是调解不同群体不同目标的奇才。如同许多其他交易一样，在欧文斯–康宁交易中，他平衡了所有竞争对手方的利益，让他们以为自己更占上风。"

1953年10月，华尔街所有投资银行家都探测到了一个天赐良机——福特汽车公司（Ford Motor Company）要进行IPO，谁能承销这笔大生意呢？而这时候，温伯格与高盛早已获得所有条件，成为有史以来最负盛名也最重要的融资活动的主要承销商。当时，福特基金会下属的财务委员会主席是著名的"电气查理"威尔逊，他是福特两大股东之一，另一个股东当然是福特家族了。两大股东都希望出售股票。温伯格不仅和威尔逊关系密切，还跟福特家族的族长埃塞尔·福特（Edsel Ford）夫人有很长时间的私交。[1]埃塞尔·福特夫人的儿子亨利·福特二世（Henry Ford II），1945年当上了福特总裁。温伯格于1947年加入美国商务部商务咨询委员会，同年认识了亨利·福特二世。

早在1933年，温伯格参与成立了商务咨询委员会，以便加强美国商务部和工商界的沟通，并以悠久的传统方式强化商业巨头对政府官员的影响。商务咨询委员会每年要与商务部部长会晤几次，有时候地点在首都华盛顿，有时候在度假胜地，例如西弗吉尼亚州的格林布赖尔、乔治亚州的"海岛"、爱达荷州的太阳谷等等。（1955年7月，在布鲁克林

---

[1] 20世纪早期，美国有一种习惯，妇女用丈夫的全名称呼，前面加上"Mrs"（夫人）。埃塞尔·福特在这里是她丈夫的名字，而不是她自己的名字。因此下文才说"老人的儿子埃塞尔·福特"。

国会议员伊曼纽尔·塞勒（Emanuel Celler）的领导下，商人与政府官员之间的亲密程度成为国会调查的主题。）

温伯格在其他个人关系、职业关系上大都很成功，但他与亨利·福特二世建立人脉的过程却不那么一帆风顺。问题的根源之一可能是亨利·福特二世的祖父，老族长亨利·福特强烈反对犹太人，激烈程度令人惊讶，也让他名声很坏。亨利·福特有一份报纸《迪尔伯恩独立报》（Dearborn Independent），发行量一度超过70万份。一战之后，1920年5月，报纸开始攻击犹太人，持续了很多年。糟糕的是，这些反犹文章还结集出版成了一本书：《国际犹太人：世界首要问题》（*The International Jew: The World's Foremost Problem*）。福特的一小部分思想，足以表达他有多么无知了。福特的御用作家在《迪尔伯恩独立报》上写道："犹太人是一个全球谜团。他们总体上贫穷得很，却控制了全球的金融体系。他们分散在世界各地，没有国家或政府，却表现出一种其他民族没有达到的种族连续性的统一。[1]几乎在所有国家，他们都靠着法律的漏洞生存，成为很多王座背后的操纵者。有多种古老的预言说，犹太人会返回故土，从这个统治中心控制全世界，但只是在犹太人熬过人类各国对他们发起的联合进攻之后。犹太人有一种特质，能够最为有效地区分他们和其他一切人种：他们会做生意——可能只是简单收集一些破布头卖出去，但这也是生意。从销售旧衣服到控制国际贸易和金融，犹太人都是最有才能的商人。"

1943年，老人的儿子埃塞尔·福特去世后，老亨利·福特非常悲痛，收回了公司的控制权有两年之久，然后才提拔了孙子亨利·福特二世管理公司。1947年，老亨利·福特故去。同年，温伯格第一次见到亨利·福特二世。此后不久，华尔街就开始有传言称，福特汽车公司将考虑上市，作为家族继承人分散持股的一种方式。

---

[1] 以色列人曾经在两千年时间里流亡全球各地，1947年才成立了以色列国。

　　还有一种说法是，老亨利·福特对犹太人和犹太银行家的仇恨，让他反对与华尔街做生意，其中也包括前往华尔街讨论上市问题。但老人的孙子并没有这种不情愿。于是，1953年10月，"电气查理"威尔逊告诉亨利·福特二世，福特基金会想要聘请温伯格与高盛当顾问，为上市提供咨询服务。亨利·福特二世表示同意。亨利·福特二世甚至提出了进一步要求，告诉威尔逊："温伯格不能去福特基金会，我们要让他给福特家族当顾问。"不出所料，福特家族（而不是福特基金会）聘了温伯格当顾问，基金会不得不另外聘了三个顾问，才勉强应付了温伯格一个人就能解决的工作。温伯格问福特：这个任务持续多久？福特回答，他也不知道。温伯格对这个回答已经足够满意，欣然接受了聘请（就像任何一位称职的投资银行家一样），接下来两年时间差不多有一半都花在了这个任务上，努力完成上市。而大部分工作内容保密。

　　福特IPO很多方面都是欧氏IPO的翻版。福特基金会持有福特公司88%的股份，其他外部董事和一些高管合计持有2%股份，余下的10%为福特家族持有。但更加重要的是，他们拥有的一切事务的投票权，使得公司运营方式、上市时间、其他重要管理决策的决定权都在他们那里。小卡恩在《纽约客》文章中写道："最大问题是：福特公司把一部分投票权转让成为基金会想要卖出的股份，福特公司因此应该拿到多少钱？这个问题，所有人必须达成一致。"这种穿梭式外交任务，以及"变魔法"一样的任务，落到了温伯格肩上。温伯格必须找到这样的解决方案：1.让纽交所满意，这需要基金会卖出的股份含有投票权；2.让福特家族满意，这需要家族出让投票权而换来的资金不能被课税；3.让福特基金会满意，这需要基金会不能失去免税地位；4.让美国国家税务局（IRS）满意，从而让这笔交易成为免税交易。

　　温伯格秘密提出了50多项不同的建议，涉及怎样对福特公司和福特基金会进行财务重组，以满足所有方面的需要。筹备期间，有一次，亨利·福特正在欧洲旅行，温伯格想用有线电报跟福特联系，但又不想泄露机密细节，于是发明了一种假名系统掩盖行踪，包括一些很有魅力的假名，比如用爱丽丝（Alice）代表亨利·福特，用安（Ann）、奥黛丽（Audrey）代表福特的两个兄弟。假名系统规定，福特公司是阿格尼丝（Agnes），也有时候简称"X"。一份档案说："国内外的电报公司很快发现，他们处理的电报像是路易莎·梅·奥尔科特（Louisa May Alcott）[1]作品的选段。"（后来，华尔街各大公司很快启用了假名系统作为标配。）温伯格灵机一动想到的解决方案，对交易各方都有好处，其中包括：福特家族在公司股权提高了1.74%；IPO之后，这一点股权对福特家族价值约为6000万美元。因为温伯格的建议，高盛收到的服务费据说有"一百万美元之多"，在20世纪50年代早期属于里程碑一般的成就。高盛还作为承销商参与了福特基金会的大型募股，为高盛的金库增加了数百万美元。尽管这可能会引起利益冲突，但高盛合伙人用某种办法克服了这种风险。

直到1955年3月，公众才稍微看到一点福特IPO的迹象。3月的一天，亨利·福特二世与温伯格工作了一整天之后，决定参加佛罗里达州棕榈滩一场慈善活动，这场活动有温莎公爵夫妇（Duke and Duchess of Windsor）出席，福特把温伯格介绍给了温莎公爵夫妇。这个场面刚好被一个报纸社会专栏作者看见。温伯格原本是秘密参加，现在身份暴露，有些不高兴。后来他（也表示理解，）评论道："这种环境下，不论什么事情，怎么可能保密呢？"确实，就在同一年，温伯格差点又自己暴露了一次身份。他乘坐私人飞机去底特律，密会福特夫人与孩子，结果在机场一个报摊上丢下了福特公司一份机密财报的副本，而当时福特家族之外的机密财报副本，只有这么一份。当时温伯格是跟同事约翰·怀特黑德（John Whitehead）一起去的底特律。后来，福特派了一辆豪华轿车接他们离开机场。温伯格这才发现，带着多份机密文件的真皮公文包不见了。温伯格气得差点发疯。他质问："约翰！约翰！你究竟把我的公

---

[1] 1832—1888年，美国女作家，代表作《小妇人》，主角是几个女孩子。

文包放哪儿去了？"温伯格命令司机调头，回到报摊前面。算是温伯格走运，当然也算约翰·怀特黑德走运，那个公文包稳稳放在温伯格丢下的地方。报摊的摊主对两人说："你俩要是再不回来拿文件，我就把这些玩意儿扔了。"

1955年11月9日，福特基金会宣布，已经聘请以布莱斯公司（Blyth & Co.）为首的七家银行，负责销售公司接近1020万股的股份，相当于公司全部股份的22%；这是当时历史上空前规模的IPO。高盛是被选中的七家主要承销商之一，但公告没有提及温伯格与高盛为福特家族提供咨询的独特角色。当时，媒体报道称高盛的资本为920万美元，并叙述高盛在1954年带头管理了价值2700万美元的证券。福特IPO的股价定在了64.50美元；1956年1月17日，产生了6.426亿美元收益，余额1530万美元归承销商所有。整个承销团共包括722家投资公司。之所以这么多，很大程度是因为股票卖给散户投资者的形式是不超过每次100股。有一次，很多承销者开会。会上，亨利·福特二世想要把人们对交易高涨的热情压低一点。亨利·福特二世说："我觉得有些人太过一厢情愿，觉得可以很快赚大钱。"福特的股票在纽交所开盘首日收于70.50美元，上涨了9.3%，相当可观。

亨利·福特二世不仅向温伯格支付了给高盛的巨额咨询费，还专门手写了一封信。温伯格把信装进相框，放在了公司自己的办公室里。信上有一句话说："缺少了你，这事业就不可能达成！"温伯格曾经对来访的客人说，这封信是"我所关注的最重要的回报"。这笔交易对温伯格和高盛都是一次巨大成功。

1956年8月，福特邀请温伯格担任福特汽车公司董事。这是他服务的第一家也是唯一一家汽车公司的董事会。先前，温伯格有一辆凯迪拉克（Cadillac），还有一辆奥兹莫比尔（Oldsmobile）。这两辆车都是通用汽车公司的产品，而通用汽车公司很多高管都是他的朋友。温伯格自己的通用车只用两个牌子的轮胎，一是古德里奇，二是西尔斯。他也是这两家公司的董事，只是在1953年，联邦法官判他必须辞掉一家公司的董事，他就从西尔斯公司退出了。但是，温伯格一接到福特请他当董事的电话，凯迪拉克与奥兹莫比尔这两辆车就被淘汰了，分别换成了崭新的林肯（Lincoln）和崭新的水星（Mercury）——都是福特汽车公司生产的。

辞去了西尔斯董事，似乎并没有妨碍温伯格为西尔斯创造财富。相反，策划福特上市之后大约过了两年（福特IPO是有史以来全球规模空前的股权交易），温伯格与高盛还为西尔斯设计、出售了价值3.5亿美元的债务交易。自从西尔斯1921年上市以来，这是首次进行这样的业务；也是当时全球规模空前的公共债务交易。因此，《纽约时报》把温伯格称为"金融界的亚历山大大帝"（Alexander the Great），意思是温伯格"几乎没有任何新的证券世界可供征服"。《纽约时报》记者问他：你和高盛是否能在未来更上一层楼？温伯格回答："可能美国政府会请我们帮他们出售债券。"这只是随口开的一个玩笑，因为当时美国政府并不要求承销商帮自己出售证券。他说，华尔街的一些竞争对手曾"开玩笑地建议"，高盛"也许可以帮帮财政部"。据说，温伯格对此打趣道："我们会考虑收费办事。"

此时，松树街30号已经容纳不下高盛总部，总部搬进了位于宽街20号的一栋新的"超现代"大楼，这栋楼距离纽交所只有几步之遥。《纽约时报》报道，新大楼最引人注目的创新是在每个交易柜台上安装了16个塔式垂直电话亭，这使得高盛随时都有1920台私人接驳线分配给交易员使用。纽约电话公司（New York Telephone Company）专门为高盛及其交易员设计了新的电话系统，让它能更加顺畅地处理更多的客户电话。另外一个值得一提的创新是"垂直文件归档系统"，在地板轨道上滑行，占地1000平方英尺（约93平方米），相当于松树街三分之一的办公空间都被用于商业文件存放。

　　高盛在债务和权益证券承销方面的实力与日俱增，固定客户也越来越多，主要是因为温伯格的人脉和在各大公司董事会的职务。因此，1947年10月，高盛卷入了美国政府对华尔街权势最大的17家公司提起的大规模反垄断诉讼，也就算顺理成章了。政府在诉状里指控，1915—1947年，这17家公司创造了"一个综合而全面的阴谋集团"，始于1915年，"而且之后持续运作，以此……开发了一个体系，专用于消除竞争，垄断投行业利润最高的业务"。

　　当时高盛远不是这17家证券公司里面最大的，也不是最成功的；最大最成功的很可能是摩根士丹利，列在被告第一位。高盛合伙人也矢口否认政府指控。然而，高盛发现自己被视为华尔街最强大的企业之一，还是很受用的。还有些大公司没有被政府看上眼专门控告，比如这名单里就不包括美林公司（Merrill Lynch & Co.）、拉扎德公司（Lazard Frères & Co.）、哈尔西·斯图尔特公司（Halsey Stuart & Co.），哈尔西还是当时最大的债券承销商。被政府忽视了，反而会更糟糕；至少，高盛内部普遍存在的这种费解的逻辑，是这么认为的。政府提出的主要指控是：这17家公司合谋对抗投行业的其他公司及其客户，为了控制那些通过承销客户的债务和权益证券而获得的费用和其他经济利益。另外一个情况是，这些证券发行企业的高管，能够单独决定聘用、解聘哪些银行，单独决定什么时候采取行动。诉状指控："为了保护并增强他们（银行）对证券销售业务的控制权……这些银行一直在控制证券发行公司的财务和业务状况，途径有：为发行公司提供免费财务咨询，渗透入发行公司的董事会，选择那些对银行友好的发行官员，并且对那些与发行公司有业务往来的商业银行施加影响。"

　　说到最后一点，就不得不提到1933年的《格拉斯–斯蒂格尔法案》，要求商业银行与投资银行在1934年6月16日之前分离。这一天，大多数投资银行公司（如高盛）选择继续从事投行业务。他们要么几乎没有客户存款（即使有，也很快摆脱掉了），要么对商业银行业务不感兴趣。

那些明显更完善因而更有实力的银行，例如J.P.摩根，则被迫二选一。J.P.摩根选择继续从事商业银行业务，保持存款机构的地位。

政府另一个尖锐的指控是，这17家公司派了代表，加入客户公司董事会，利用这些席位来赢得并控制投行业务。这个指控对高盛和温伯格影响特别严重，毕竟华尔街上就数温伯格加入的董事会最多。

诉状指控，"这17家投行中的一名银行家，若成为发行公司的董事，则其余公司均把这一举动视为举起红旗，并警告其他公司远离。"美国巡回法院法官哈罗德·R.麦迪纳（Harold R. Medina）在1954年2月的裁决中写道，据说，这些做法"已经延续将近40年"。但法官十分怀疑指控的真实性，他说："两次世界大战期间，有过大量的国会调查，毫无结果；而且在证券交易委员会与州际商业委员会的严密监管之下，这些做法没有留下任何直接的书面证据或证词，证明这样的集团和阴谋存在或延续。"似乎这种明显的怀疑态度还不能使他的司法倾向情绪明了（在那多达417页的裁决书中仅有9页表达这种怀疑），紧接着他又断然补充说："政府的指控完全取决于间接证据（而没有任何直接证据）。"

1953年9月22日，麦迪纳法官做出了"根据案情实质，影响实体权利的[1]判决"，驳回了所有指控，有效阻止了政府对这17家证券公司提起进一步的诉讼。麦迪纳只是听取了政府方面的意见，就将诉讼驳回，而当时辩方已向他提出了简易判决动议[2]。过了几个星期，10月14日，法官发表完整裁决文件。这份文件相当重要，但很少有人看过。这相当于一整段美国投行业务的浓缩历史，从起源开始，贯穿20世纪上半叶。投行历史就像琥珀里的化石一样，由这份文件完好地保存了下来。之后，

---

[1] 原文为"with prejudice"，法律术语，禁止当事人就同一个争议再次提起上诉。

[2] 简易判决原文为summary judgment，又译为"即决判决"，指不必经过充分的开庭审理或不开庭审理即可做出的终局判决。动议原文motion，指当事人为请求法院发布一项命令而提出的申请。

沃尔特·萨克斯评论："我所知的，对这个行业最好的描述，就是麦迪纳法官的意见书。这份文件真是了不起，只要是研究投行历史的人，都应该认真学习。"

麦迪纳法官这份正式意见书，的确相当了不起。文件用大量的细节展示了投行获得业务的方式。麦迪纳裁定，这些投行没有违法。但他冗长的分析引发了一个问题：华尔街当时的做法是否推进了其所称的使命：帮助公司筹集增长所需资金，或者，银行的大部分活动是否为了增加其高级合伙人的银行账户？ 商业活动可能是合法的，但这是否公平合理？

尽管高盛不是主要被告，但本案还是暴露了高盛是如何利用人脉达成交易的。政府指控这些公司派出合伙人加入客户的董事会，以确保控制它们未来的投行业务。这一点，高盛尤其脱不了干系。为了弄清这些银行家兼董事有没有影响客户们决定投行业务导向何处，麦迪纳法官研究了1935年到1949年间所有的1117起承销证券的发行。法官首先发现：在此期间，仅有140次发行（占12.5%）的公司董事会中有一名投行的合伙人。他进一步发现，这140次发行大多数由高盛、雷曼和库恩–勒布公司承销，"历史较长的公司，在之前的年月，或多或少都习惯于在发行公司董事会中放一名合伙人，因为他们为发行提供了赞助，同时也是对购买证券的投资者的保护措施。"

麦迪纳的图表确实显示，在这15年间，高盛为其客户承销的50笔债券中，约有27笔（55%）有一名高盛合伙人担任发行公司董事。这是迄今为止17名被告中最多的。但是法官仍然既不相信政府的书面证据，也不相信这些数字可能藏着阴谋。

作为证据，法官引用了一个案例，案例延续的时间超乎寻常：高盛和一家小型地区投行，位于明尼阿波利斯市（Minneapolis）的派珀–加弗里–霍普伍德银行（Piper, Jaffray & Hopwood）联合，排挤一家竞争者怀特–威尔德公司（White, Weld & Co.），不让它参与一场融资。为这次融资服务的是明尼阿波利斯的食品公司——皮尔斯伯里公司（Pillsbury）。这场斗争竟然持续了将近十年。派珀与高盛都有一名合伙人在皮尔斯伯里公司担任董事，高盛这位合伙人就是亨利·鲍尔斯。法官说，高盛和派珀从1927年开始就一直"与皮尔斯伯里保持着默契关系"，当时两家公司开始合作，为皮尔斯伯里融资。七年后的1934年，皮尔斯伯里考虑用6%的首次抵押贷款债券再融资600万美元，而高盛和派珀很自然地期待获得授权，并于1935年初开始提出一些构想。

但有一个干扰因素：皮尔斯伯里公司董事长兼最大股东是约翰·S.皮尔斯伯里（John S. Pillsbury）；而怀特–威尔德公司高级合伙人哈罗德·B.克拉克（Harold B. Clark），外号"本"的，之前已经成了皮尔斯伯里先生的"密友"。先前，皮先生请克拉克担任自己孩子们的信托基金的受托人，咨询克拉克，孩子们应该到哪里去上学；把自己的很大一笔资金放入怀特–威尔德公司一个账户，而且是"非常有价值的"账户；还就一大堆其他财务问题咨询克拉克。

这对高盛业务是个巨大威胁，高盛进行了激烈反抗。高盛凭借鲍尔斯担任皮尔斯伯里公司董事之便，对怀特–威尔德公司发出了好几次露骨的警告。

有一次，鲍尔斯打电话给怀特–威尔德公司一位合伙人法里斯·罗素（Faris Russell）。法官说："接下来是一场干净利落的对打。"然后引用鲍尔斯当天写给派珀银行的一封信里的记述。鲍尔斯写道："他（罗素）与克拉克都是约翰（皮尔斯伯里）的朋友。我告诉罗素，约翰（皮尔斯伯里）会跟他谈，把他跟大家一视同仁；但我完全相信，我们高盛可以接这笔业务；而怀特–威尔德公司做的一切都只会干扰我们，强迫我们按照亲疏远近而不是公平原则来做这笔业务。我还说，怀特–威尔德公司不是说自己很高尚吗？他们对付的都是兄弟公司，而且这些兄弟公司还有人担任皮尔斯伯里董事。这种情况下，要是怀特–威尔德公司竟然还觉得这么做完全正当，我就会大吃一惊！我想让他稍微有一点羞耻感，让他感觉，必须遵从良心的引导。"直到现在，都极少有人能清楚地知道，这种事情在一家投行内部是怎么完成的；1935年知道的人就更少了。但是，我们有必要回忆一下：当时正好在大萧条期间，前几年高盛又因为其交易公司（GTC）崩溃的丑闻，形象受到了极大的损害。这种情况下，高盛因为想获得重要的新生意，也就必然急眼了。

血战还在继续。两年多以后，交易还是没有谈成；高盛与派珀银行还在拼命抢夺机会，不让怀特–威尔德公司参与。1938年6月8日，鲍尔斯写信给派珀公司，说他已经和皮尔斯伯里谈过，知道这么一个情况：本·克拉克已经把皮尔斯伯里介绍给公平人寿保险协会（Equitable Life Assurance Society）总裁托马斯·帕金森（Thomas Parkinson），公平人寿希望给皮尔斯伯里提供为抵押贷款证券再融资的所需资本。这对高盛和派珀都是严重的威胁，因为皮尔斯伯里一旦决定跟公平人寿做生意，而本·克拉克又给皮先生介绍了公平人寿，高盛和派珀就很难要求收费了。鲍尔斯对派珀银行说明情况："（皮尔斯伯里）继续……宣称，他认为他唯一会做的事情，就是为公平人寿总裁解释你和我在董事会担任的职务，其他什么也不会做。如果他们跟一家保险公司做什么，或者能够做什么，我们就应该为公平人寿安排这件事。他（皮尔斯伯里）直截了当地问我：怎么能够实现这么一个两全其美的情况——既能为一家或者多家保险公司安排再融资，又能保护你我二人不受伤害呢？"

最终，皮尔斯伯里会见了公平人寿总裁帕金森，而公平人寿也负责为皮尔斯伯里的抵押债券再融资了。不幸的是，这也让克拉克"感到非常惊讶和失望"—— 怀特–威尔德公司的努力一无所获，而高盛和派珀则分别拿走了皮尔斯伯里与公平人寿之间定向增发的费用。这也让怀特公司老总克拉克"感到非常惊讶和失望"。1939年10月，鲍尔斯曾经给派珀写过一封信。这封信里，我们可以清楚地看到，高盛和派珀在皮尔斯伯里董事会拥有怎样巨大的权力。鲍尔斯在信里哀叹，当时人们正在商议，可能会把派珀或鲍尔斯（或两者同时）赶出皮尔斯伯里董事会。

鲍尔斯表示，他想要留在皮尔斯伯里董事会，"不管是从我个人观点，还是从高盛利益最大化的角度"；还说，如果他和派珀都留下，"我们就能做出更多有建设性的工作"。麦迪纳法官认为，这一结果既合法又公正。

这件事情还有一段后续。1944年8月，皮尔斯伯里正在考虑出售股份。怀特–威尔德公司再次想要参与行动，而高盛的亨利·鲍尔斯又想要防住怀特–威尔德公司。

这一次，怀特–威尔德公司确实获得了总共7.5万股发行股票的一部分，仅2000股，相当于2.7%，只是个零头。怀特–威尔德公司是美国中西部的一家公司，从这段延续了十年的公司传奇当中，法官得出结论：这种情况完全正常，显示出华尔街的竞争多么激烈。法官写道："这是赤裸裸的竞争，属于最残酷无情的一类。"

还有一个情况，法官分析、辩护起来就更加复杂了，因为这个情况一度确实非常像是典型的串通阴谋；那就是高盛与雷曼达成的那个承销股权融资的协议，为期18年。尽管这种明确的安排在20世纪20年代就结束了，但1926年1月，高盛和雷曼又达成了一项"友好"协议，规定两家企业未来如何分配费用与客户。

这份文档能够存在，本身就不可思议。从20世纪下半叶到21世纪前八年，高盛和雷曼兄弟一直都是激烈的竞争对手，彼此是死对头。这两个死对头竟然能够建立一家承销合资企业，持续这么多年！这有力地证明了当时两家以犹太人为主的企业想打入华尔街的既定圈子有多么困难。

1926年1月底，卡钦斯代表高盛，菲利普·雷曼代表雷曼兄弟，曾经短暂地相互通过几封信，稍微调整了一下协议的措辞，关于协议不涉及两家公司的交易账户；协议改动只有这么一次。而后，这个经过重新配置的项目又持续了十年，直到最后突然爆炸，灰飞烟灭。1951年7月，沃尔特·萨克斯作证说，两家公司进行这些"激烈的讨论"，大致原因是一次承销之后两家公司"就管理费用分配问题出现了分歧"。1933年《证券法》通过之后，管理费在当时的承销商当中还是个比较新的现象，目的是补偿承销商为遵守证券交易委员会规章而做的额外工作。

1936年2月6日，雷曼兄弟合伙人约翰·汉考克（John Hancock）给"高盛诸君"写了一封信，明确表示，他相信高盛违反了他们修订后的协议。约翰·汉考克首先提到了20世纪20年代的各项书面协议，然后断言："我们相信，我们一直完全按照这些备忘录及其精神进行工作。"汉考克引用最近高盛为布朗鞋业公司（Brown Shoe）、国家奶制品公司、恩迪科特-约翰逊公司（Endicott-Johnson）的融资服务，然后写道，这些服务"清楚地表明，你们并不觉得双方达成的各项协议具有约束力，尽管事实上我们还没有得到任何通知，要求我们终止双方参与的这一安排。鉴于这种情况，我们别无选择，只能通知你们：由于这一安排始终没有约束你们，所以我们也不能再接受各项书面协议中我们认为对我们有约束的固有条款，不再履行这些义务。我们认为，我们已经尽心竭力，按照我们双方先前决定继续履行的协议行事。但我们也认为，你们的所作所为，已经使得双方继续履行协议变得不可能。"

第二天，高盛做出了书面回应。西德尼·温伯格代表诸位高盛合伙人写道："我们不能同意你们信中对事实的陈述。但我们认为，这些问题显然争议很大，参与讨论没有任何益处。因此，我们决定表示，虽然我们无法接受你们声称的你们行动的前提，但我们接受你们的结论，即我们双方之间的协议业已终止。"

两家公司的针锋相对，在1936年2月18日到了顶峰。这一天，雷曼兄弟合伙人赫伯特·雷曼（Herbert Lehman）致信国家奶制品公司CEO托马斯·H.麦金尼（Thomas H. McInnerney），提出辞去公司董事一职，然后痛斥麦金尼与高盛合作，让高盛牵头为公司进行不久之后的融资（最后高盛成功进行了融资服务）。第二年，雷曼与高盛又因为克伦特-皮博迪公司（Cluett, Peabody）一项业务发生类似纠纷，最后又是高盛赢了。

1951年7月反托拉斯诉讼期间，萨克斯作证，还讲述了这样一件事：与通用食品公司讨论一个融资项目的时候，雷曼与高盛又因为分工和管理费的分配问题吵得不可开交。萨克斯说："这次争执让发行公司（通用食品公司）的高管们很不高兴，威胁说，要是高盛、雷曼再不能达成一致，就要找别的服务商；通用食品甚至可能已经与其他银行家进行了初步商议。"当时，西德尼·温伯格还担任通用食品公司董事。萨克斯又说："为了和解带来的利益，最后，高盛和雷曼共同负责了通用食品公司的融资。"

为了遏制高盛与雷曼之间日益增长的敌意，萨克斯找到了雷曼合伙人威廉·哈默斯洛夫（William Hammerslough），商议将来怎样才能避免这种野兽夺食一般的公开争抢。1938年6月30日，一份新备忘录签署，把两家公司42家客户名单进行了划分，并详细规定，未来一旦获得这些公司的融资业务，费用应该怎么分配。这份备忘录是为了避免将来再次发生国家奶制品公司那样的纠纷。备忘录规定："某项具体业务中，是否有第二家服务商（按客户不同，这第二家服务商可能是高盛，也可能是雷曼）参与，以及如果参与，第二家服务商作用如何，均取决于客户公司一方的默许，也取决于第一家服务商预先保有的各项权利。"又说："两家服务商均应当竭尽全力，使得'共同参与'的基础能够按照（备忘录的）上文规定而实现。"新合作机制的条款，规定有效期仅仅6个月，1939年1月1日到期，除非双方同意延长。这份协议基本上得到了遵守，只有一个情况例外：1945年，高盛和迪伦－里德公司（Dillon, Read）承销了轮胎制造商"B.F.古德里奇公司"的融资，雷曼没有参与。

尽管高盛和雷曼在32年间达成了所有这些口头和书面协议，麦迪纳法官还是认为"这些协议中没有任何内容，可以支持政府关于全面、综合的阴谋和勾结的指控。因为没有证据表明，其他被告企业是雷曼兄弟和高盛之间计划的当事方，或者他们知道存在这些备忘录"。

虽然麦迪纳对这一计划得出了结论，但高盛的沃尔特·萨克斯和雷曼的约翰·汉考克发现，他们还是不得不公开为这一计划辩护，并向持有怀疑态度的公众解释，他们为什么并没有合谋伤害那些寻求融资的企业。

诉讼期间，司法部部长特别助理亨利·V.斯特宾斯（Henry V. Stebbins），在弗利广场的联邦法院1505号房间向麦迪纳法官做开庭陈述。斯特宾斯表示，这些银行家自己下场踢球，损害的是他们客户的利益。"他们坐在桌子的一头，告诉客户应该卖掉什么，以什么样的价格卖掉，然后又坐到桌子的另一头，买下这些资产。"诡异的是，这些话，和50年后参议员卡尔·列文（Carl Levin）说的话极为相似。

斯特宾斯的开庭陈述花了整整四天半。然后，苏利文与克伦威尔律所合伙人亚瑟·迪恩（Arthur Dean）代表17家被告公司中的5家（包括高盛）上台发言。不出所料，亚瑟·迪恩马上开始质疑政府的指控。亚瑟·迪恩说，这次开庭来得正好，因为美国国会多年来一直在竭力丑化银行家，而银行家却一直没能拥有像法庭这样的场合，从自己的角度进行陈述。

于是，亚瑟·迪恩终于有机会强烈主张法庭应当驳回对高盛的指控，而且抓住每一次机会维护高盛的荣誉。亚瑟·迪恩说："20世纪初的时候，出现了汽车、橡胶轮胎，以及没有辐条的新式车轮。妇女虽然直到1920年才拥有选举权，但当时已经走入政界、商界，不再有那么多的时间编织自己的衣服、烤面包、做蜜饯（忙于各种家务）。各种食物、肉类都必须用新的方式进行处理、装入罐头，销售到各地。成衣，包括鞋子、袜子都是机器生产的……我们的社会在变化，而高盛为这种变化提供了资金。"

高盛的风头基本都被西德尼·温伯格占了，沃尔特·萨克斯长期在高盛幕后工作。萨克斯这名合伙人的任务，就是确保高盛在反托拉斯诉讼当中不至于被定罪。1948年12月，案子处在预审阶段。在四天的时间里，萨克斯向检察官提供了很长的陈述，书面材料约有400页。

关于1948年左右高盛对于投资银行家这种工作的看法，在证词开头，萨克斯就提供了富于启发性的陈述。萨克斯说："我认为，投资银行家应该是这样一种人，通过自己的训练和知识、经验，负责为公司、发行人就纷繁的财务问题给出可靠的建议。"又说："投资银行家应当拥有这些品质，为机构或个人投资者给出可靠的投资建议。"萨克斯认为，业务的"专业性"导致投资银行家担任客户公司董事，并寻找"在这样的专业机构接受培训的人"，例如哈佛商学院。萨克斯又评论工业企业："各种问题非常现实：商品销售的问题，市场的问题。这些现实问题一直在不断产生。我认为，对于公司面临的各种问题，一个人只有在一定时期内作为董事与他们保持联系，才能掌握更全面的知识，做出更好的判断。我认为从公司的角度和公众投资者的角度来看，这都是明智的选择。"

萨克斯表示，高盛创造的是新的商业机制。"我不想开玩笑，"他在证词中表示，"但我要说的是，我们组织中的成员几乎是全身心地投入其中，发掘、发展新业务机会。当然，我也要说，我们的合作伙伴，或者很多的合作伙伴，他们的主要活动就是发起或寻找新业务，曾经我们都是这么做的。"这一点看来似乎天经地义。化用美国剧作家大卫·马梅（David Mamet）编剧的电影《大亨游戏》（*Glengarry Glenn Ross*）[1]的台词则是："销售员肯定永远在推销。"[2]然而，当时华尔街很多公司青睐的开拓新业务的模式却不是主动推销，可以总结成"等着电话响铃"，也就是让生意"不请自到"。高盛的策略可不是这样。高盛利用纽约之外的多家分支机构（芝加哥、波士顿、圣路易斯、费城），以及另一些城市的销售代理（底特律、奥尔巴尼、布法罗），与国内各大商业巨头定期联系。

不用说，当时各大投行为了抢夺业务在激烈竞争，尽管有政府在反

---

[1] 又译为《拜金一族》。

[2] 原文为"Salesmen must always be selling."电影中有一句角色反复念诵的台词"Always be closing"，大意为"永远做个成功者"。此处是作者模仿台词表达自己的观点。

托拉斯案中的指控，也不能改变这一现实局面。而且，高盛尽管人脉越来越广，市场份额却被同行抢走了不少。确实，为了向麦迪纳法官证明，高盛不可能与其他被告串通以限制交易，在萨克斯参与的质证环节[1]，高盛聘请的苏利文律所律师亚瑟·迪恩向萨克斯提了很多问题，关于高盛一次次失败的承销业务。还记得1948年10月发行的7500万美元密歇根贝尔电话公司（Michigan Bell Telephone）的债券吗？[2]萨克斯说："公开发售之后，价格大幅下跌。发生了一起非常不幸的事件。"当时情况是这样：大约同一时间，AT&T也宣布了一项价值1.5亿美元的债券交易，高盛获此消息，决定立即推广、出售这些债券。一时间，债券市场严重供大于求。萨克斯说，很多投资者"低价卖出，损失惨重"。1937年8月，纯油公司（Pure Oil）曾发行过一次优先股，结果也是一场灾难；伯利恒钢铁公司（Bethlehem Steel）发行的价值4800万美元的债券，"很不成功"。雷诺烟草公司（Reynolds Tobacco Company）在1948年9月发行的优先股也以失败告终。

然而，总体上来说，高盛还是通过不断试错，通过多年以来不断锤炼的友谊，证实了自己堪称利用企业人脉的典范，而且能够为自身合伙人连续多年带来滚滚利润。例如，高盛曾经长期与德国大型制药公司默克集团（Merck KGaA）合作。高盛与默克集团的关系始于第一次世界大战后的1919年左右。当时，美国的外侨财产管理局（Alien Property Custodian's office）没收了德国默克家族在默克集团的股份，并且"正在制订计划，为了美国利益而处理这些股份"。当时，苏利文律所高级合伙人阿尔弗雷德·贾雷茨基（Alfred Jaretzki）建议，默克集团创始人乔治·默克（George Merck）应该制订计划，公开发行股票以剥离自己的股份

---

[1] 指由一方当事人或其律师在法庭上对另一方证人进行的盘诘性询问。《布莱克法律词典》的解释是："在审判或听证中，由与传唤证人出庭作证的一方相对立的一方，对该证人进行的讯问。"

[2] 本书前文并未提到这件事。推测这里作者是模仿律师询问萨克斯的口气。

（这样就不会被美国政府处理掉了）。乔治·默克照办了。这一措施也使得在美国的默克家族分支成员更多地控制了默克集团。贾雷茨基把这笔业务带给了苏利文律所最好的客户——高盛。1920年，高盛成功承销了优先股，让默克集团上市。当时，前文提到的沃迪尔·卡钦斯加入默克公司的董事会，后来在1930年被萨克斯取代。默克仍然是高盛的忠实客户，而且随着默克的发展，为高盛带来的利润也相当丰厚。

高盛与梅百货公司的关系也是漫长而富有成果的。1919年，萨克斯加入梅百货公司董事会。担任了这个职务以后，萨克斯每年去两三趟密苏里州圣路易斯市（梅百货公司总部所在地），给这家公司和其他当地大公司寻找商机。萨克斯与梅百货的高管们自然很熟悉，也跟考夫曼百货公司（Kaufmann Stores）的高管们打成一片。考夫曼公司是宾州匹兹堡市一家类似的高级连锁百货店，总经理是埃德加·考夫曼（Edgar Kaufmann）。萨克斯证词中说："我的印象中，考夫曼百货店……与梅百货店类型非常相似，而且地理情况也让我觉得，应当把两家介绍到一起，这是很自然的。"萨克斯跟考夫曼讨论了大概十年之久，一直想让梅百货与考夫曼百货合并。先前，萨克斯征求了梅百货的意见；得到同意之后，再去找考夫曼商议。萨克斯知道，要是能说动考夫曼，梅百货一定会有兴趣合并。但是考夫曼有一个儿子小埃德加（Edgar Jr.），希望子承父业，而且保持独立；于是萨克斯的想法，很长一段时间没有实现。老考夫曼告诉萨克斯："我相信梅百货能付给我的钱太少，我肯定不愿意合并。"

过了一阵，萨克斯听说小埃德加被任命为纽约的现代艺术博物馆（Museum of Modern Art）的助理馆长，就认为，这个小伙子的兴趣已经转移到了别的方面。当天上午，萨克斯来到高盛办公室，告诉同事们："我一直做梦都想着这笔生意，现在机会终于来了。因为他（小埃德加）再也不会有这样的野心（继承公司）了。"萨克斯选的时机非常完美。大家普遍认为，如果制订出相对合理的计划，双方都会对合并感兴趣。

然后，进行了很长时间的谈判。萨克斯回忆："最后，双方终于给出了各自的金额，衡量了这些金额，与我们一起又进行了多次长时间的讨论，再三权衡，两家公司的两名代表……尽力分析之后，终于达成了一致。"然后，初步共识又拿给两家公司董事会讨论。当然，因为萨克斯也担任梅百货董事，而且高盛因为给组织、谈判合并事宜提供咨询而收到了咨询费，所以萨克斯不参与梅百货董事会投票。萨克斯只参加了董事会会议的第一阶段，他回忆："这个阶段，我表达了自己的想法，认为这次交易具有建设性。"后来，双方董事会都批准了合并，"紧接着，我们（高盛）的工作就来了，我们要确保这些流程都能够正确执行"。高盛继续给梅百货提供其他收购措施的咨询服务，也提供其他的融资服务。不过，萨克斯作证说，高盛与这两家企业都保持联系很久，却只在考夫曼被并购而且收到费用之后，高盛的这个老主顾才真正为高盛带来收益。

事实证明，这一类事件居然是典型而常见的。这个情况，政府律师很难理解。萨克斯说明，他与各位合伙人经常会顺便向很多公司高管提供免费咨询，因为他们预计，将来会获得并购业务或者承销业务。这种即兴谈话经常发生，特别是处于话题中心的那名高盛合伙人同时加入多家公司董事会的时候。西德尼·温伯格、亨利·鲍尔斯也是一样。当时，董事年薪大概50美元。对这些说明，政府律师的回应是进一步提问：既然高盛提供咨询服务而又不收费，那它是怎样持续经营的？萨克斯回答："有时候这些（准客户）公司也确实会有融资发生。我们尽一切努力保持现有的关系，给这些客户提供优质建议，成为客户的可靠顾问。然后，到了发行证券的时候，还用说吗？我们当然希望在这个问题上受到客户青睐了。"

然后，萨克斯显然是为了争得听众支持（这毕竟是一篇证词，他预料会有一场严重的反托拉斯诉讼），说道："有一个情况我可能怎么强调也不为过，那就是在高盛历史上，从来没有过任何一份协议规定，表示高盛在将来可能会有权获得一笔融资款，从来没有这种协议！"

萨克斯强调，除非服务商与客户的关系出现了"盔甲上的裂缝"，否则试图挖走别家服务商的客户往往没什么意义。他还特别说明，这并不意味着银行家之间对这种事情有任何心照不宣的潜规则；而是说，银行家和公司之间现有的关系发展了很多年，而且经常涉及密切的个人往来。所以如果没有充分理由去试图挖走潜在的客户，通常就不值得花费宝贵的时间专门挖客户。

当然，也经常有其他公司试图挖走高盛的客户，结果高盛的合伙人竭尽全力阻止，这也是天经地义的。比如，1930年，萨克斯全力阻止迪伦-里德金融公司入侵高盛的市场，接洽梅百货（尽管当时显然还无利可图）。迪伦-里德金融公司之前给商业投资信托公司（Commercial Investment Trust，简称CIT）——一家大型消费贷款企业提供融资。迪伦-里德与CIT的CEO亨利·伊特森（Henry Ittelson）关系密切。（这就是那家亨利·戈德曼退休之后投资的同一家CIT。）[1]伊特森在1930年5月成立了CIT，而主要投资者之一就是梅家族，当时梅家族也住在圣路易斯。

五年后，1935年，萨克斯不得不再次为高盛的一次"后卫战"辩护。当时一家竞争对手又想挖走高盛的客户——位于圣路易斯的布朗鞋业公司。萨克斯时任布朗鞋业的董事，而这家竞争对手是斯蒂菲尔-尼克劳斯公司（Stifel, Nicolaus & Co.）。布朗鞋业正考虑进行融资，并已与其他几家承销商接洽，了解他们是否有兴趣为该公司发起这样一笔交易。萨克斯说："应该就是这个时候，我赶紧坐火车去了圣路易斯，而且尽一切努力说服布朗鞋业把业务交给我们（高盛），不给其他任何人。我可以进一步说明这一点，当时大萧条很严重，他们（布朗鞋业）是我们

---

[1] 亨利·戈德曼支持德国，一战开始后拒绝支持英法，与高盛立场发生冲突而辞职，之后高盛顶层人物中不再有戈德曼家族的人。亨利晚年发现纳粹的残忍，转而支持犹太人移民逃离纳粹德国，1937年在美国去世。本书前文并未提到亨利退休之后加入CIT，怀疑是作者笔误，没有做好前后照应。

非常关切的问题之一，因为我们双方的关系非常不稳定。我当时认为，后来也认为，我已经尽了一切努力来维持他们运转。"最后高盛和雷曼单独负责了400万美元债券承销，没有让斯蒂菲尔–尼克劳斯公司插手。

1951年5月，在政府将他的大量证词输入法庭记录后，萨克斯出庭作证。萨克斯认为自己"以一种颇为自负的方式"成为高盛的证人。他喜欢近距离地观察麦迪纳法官，认为法官"非常聪明"。实际上萨克斯认为华尔街可以和法官这样的人做生意，因此值得打赌法官会做正确的事，并从中得到好处。萨克斯说："我自己的立场，西德尼·温伯格的立场，我们公司的立场从一开始就非常坚定。任何关于和解协议的问题，我向来不愿听……我的立场是，银行与其客户之间的关系属于半专业性质。我说过，我永远不会听别人问我们是否愿意妥协。"他说，他和温伯格曾通知高盛的合作伙伴，还有其他公司的银行家："我们永远不会屈服于这样的指控。"但如果法官裁决对金融业不利，那么高盛就准备继续对抗政府。萨克斯表示，高盛不仅会上诉，而且还已经请求各家客户为自己作证，那些客户也同意了。

针对华尔街的反垄断诉讼持续了三年，开庭审理日超过309天；审判笔录近24000页，近600万英语单词[1]；与案件有关的打字文件大约有108000页。为了给自己辩护，17家公司花费了数百万美元，《纽约时报》猜测是600万美元。据报道，政府花费了大约300万美元。第一波士顿银行（First Boston）这一家银行，就花了100万美元律师费。萨克斯说，高盛支付了苏利文律所70万美元，而当时高盛的总资产大约是600万美元，这个比例确实很高。高盛从来没有考虑过与政府和解，也没有讨论过是否可能签署和解协议。萨克斯说："高盛立场很坚定,因为我们相信，和解是一个错误。我们完全相信，有了这样一位睿智的法官，审理过程中就会用适当而清楚的方式呈现问题，他也会理解这一问题，而结果也

---

[1] 约合汉字1000万—1200万。

将会是我们现实中所见的那样。"

高盛赌赢了。麦迪纳法官最终在一次程序听证会（procedural hearing）上宣布了决定（而没有等到审理结束），因为他担心他的书面意见（当时已经写了将近80%）会泄露。[1]在听证会上，他拿出了一个黄色的标准拍纸簿，一支钢笔，草草写出了决定。当时法庭上大概有40人，全都大吃一惊。法官在拍纸簿上写下了驳回上诉的判决："我已经得出十分肯定的结论。我发现，这些被告，或者被告中的任何成员，从来没有完成、研讨、设想、建构、继续或参与诉状所指控的这种集团、共谋、协议，或这些行为的任何部分。因为没有阴谋集团，所以原告提出的各项垄断指控不攻自破。"

麦迪纳法官判华尔街赢了官司。不用说，华尔街集体松了一口气。尽管有这么多年的头条新闻和大量的文件，其中一些新闻和文件对投行颇有微词，然而战后迅速发展的美国工业获取投行融资的方式却一点都没有变化。至于高盛，麦迪纳法官发现："高盛采取这样一种竞争策略，各方面都可称之为激进。"又明确表示：高盛绝没有作为一方而参与任何计谋或计划，听从其他任何一家投行的指令，或因一家发行公司与被告列表中的企业（或作为被指控的共谋者的任何其他具名或不具名的企业）之间的"令人满意的关系"而不采取行动（拉业务）……相反，有多种迹象表明，高盛甚至在行动中超越了合理的竞争措施范围，用尽一切人手和其他资源，争取能够争取的所有业务。"

萨克斯相信，这次审判证明了投行业的正当性，投行业的未来一片光明，会继续吸引全国顶尖商学院中最优秀、最聪明的人。他说："我认为，人们意识到……投行业——这类职业——在美国工业中发挥了巨大作用。"

---

[1] 程序听证会是正式审判之前讨论程序问题的听证。法官一般不在这个环节针对起诉的事项进行宣判，但有可能驳回原告请求。

更重要的是，萨克斯还提出了一个现代人比较熟悉的主张："今天的行业，拿到的每一块钱，都应该收入囊中。"他说，提出这个论点"不怕别人反驳"。又说："你（企业主）一年到头，必须维持一支训练有素的专家团队；你必须向销售团队支付销售佣金。"萨克斯说，媒体大肆宣传这些投行家因承销服务拿到的交易费用，"大约四五十万美元"。这些费用似乎很高，但媒体完全忽视了，投行家"已经支付了销售佣金，支付了印刷费用，支付了电报电话费用，支付了这些精良的专业人士的工资；他们从哈佛商学院毕业，我相信他们也从哥伦比亚商学院、沃顿商学院毕业，这些人都是专业人士，收入也很高"。

萨克斯指出，大萧条之后，哈佛商学院的毕业生"转身离开华尔街"，在美国别的大公司求职。"如今，生意活跃的这些年，他们回来了。我们已经从哈佛商学院找到了许多最有能力的人，每年都有前三名的学校毕业生来求职，他们中许多人都留了下来，要成为合伙人。"也有一部分人在高盛待了很多年，然后进入其他公司，在新公司经常表现出对高盛的忠心，从而为高盛创造了新的业务。"不用说，他们对高盛有感情，因为他们是在高盛接受的培训。"

萨克斯认为高盛将继续吸引最优秀和最聪明的人。他说："对年轻人来说，这是一个极好的领域，就像我认为化学也是极好的领域，许多其他的事业是极好的领域一样。他[1]跟这些年轻人说了一句我叔叔亨利·戈德曼说过的话，很朴实：'钱总是个时髦的东西。'还有一句话：'你必须做时髦的事。'这意思是说，你必须调整融资机制，用于当下最新鲜的事物。"这样，业务就会繁荣起来。未来十年，"投行业将会十分活跃；原因显而易见。人们一看日报就会发现，修建工厂、发展事业的资金缺口多么大"。（以上引自1956年4月萨克斯的发言）但是，繁荣不会永远持续。萨克斯接着说："我们肯定会有这样的时期（经济放缓）。我觉得

---

[1] 原文"他"指代不详，可能是温伯格。

1929、1930年那样的大崩盘或者大萧条应该不会有了，当然我说得不一定对。但是，商业最后还是会复兴，这是一定的。最大的因素是人口的持续增长，人口增长就需要更多消费品，如果需要更多消费品，就必须建工厂生产出来。在我看来，就这么简单。"萨克斯说："1929年大萧条的原因显而易见，是因为货币贬值，这从税收的角度来看，人们可以通过创造债务而大赚一笔。现在，你沿这条路走了一段距离，但这条路有自己的运行机制，因为如果你的债务过高，相比于你的资产而言，你就不得不走上另一条路。[1]" 二战末期，高盛拥有650万美元主权资本[2]，几乎超过了其他所有投资银行，只有五家除外。[3] 美林拥有最多，为1140万美元；其次是韦特海姆公司（Wertheim & Co.），为1060万美元；勒布-罗德斯（Loeb, Rhoades）为1030万美元；雷曼兄弟990万美元；贝尔斯登690万美元，刚好超过高盛。位于高盛之后的是拉扎德（Lazard Frères & Co.），为644.7万美元。摩根士丹利位于第26位，合伙人资本为290万美元。关于高盛如何分到更大的蛋糕，萨克斯也有一个看法，萨克斯主要的目标是：找到这样一些客户公司，趁它们的服务商——高盛的竞争对手们还立足不稳，给这些客户提供最优质的服务，确保高盛最可能赢得业务，然后把客户变成回头客。萨克斯说："实业家聘请一家银行，体验很好，自然会成为回头客。你如果聘了某个律师、某个医生，服务特别好，就不会费心思到处找别的服务商，让他们互相竞争了。你差不多肯定会去找同一个律师，去找同一个医生。同样，也肯定会去找同一个银行家。"萨克斯还说，高盛一边"努力建筑自己的城墙，不让别人入侵"，一边努力寻找其他公司的薄弱之处。"我们一直密切注意别人的

---

[1] 货币贬值后，利率低，人们会从银行大量借贷，导致债务增加、出现资产泡沫，然后就是金融危机。

[2] 原文equity capital，又称权益资金、权益资本、股本权益，是企业依法筹集并长期拥有，自主支配的资本。

[3] 原文是"七家"。下文确实提到了七家，但只有前五家主权资本超过高盛，怀疑是作者笔误。这里按照实际情况改正。

弱点。"

　　萨克斯于1956年发表了多次论述，讨论投行要怎样争取业务，赢得未来。这些讨论当中，第一次出现了一种做生意的新办法，萨克斯称之为"长期的贪婪"。这一概念成了未来50年高盛合作关系的基础，哪怕高盛发展成了连西德尼·温伯格与沃尔特·萨克斯都想象不出来的全球性的庞然大物，这个基础还是没有变。

第五章

内幕交易是
什么东西？

1957年4月1日，高盛搬到宽街20号。《纽约时报》登了一张大幅照片，拍的是高盛采用的最新技术：纽约电话公司专门为高盛设计的电话交换台。这个发明，基本就是一系列垂直旋转的电话机，有120条不同的接入线；只要按下一个按钮，就能够同当班的任何一个交易员通话。"这是为了使业务经营更加灵活。"这一发明在当时具有重要的实际意义。照片中，可以看到13名高盛交易员坐在"炮塔"前，每个人都西装革履。47岁的古斯塔夫·莱曼·利维（Gustave Lehmann Levy）穿着一套西装，上衣口袋里是一块小方巾，领带夹好，一头黑发向后梳，站在其中一位交易员的后面。这位合伙人负责公司刚刚起步的交易工作。利维是一名运动健将，身高近6英尺（约1.83米），那天看起来特别有贵族风范。虽然他绝不是贵族，但毫无疑问，他对于高盛举足轻重。一年前，沃尔特·萨克斯"深情回忆"银行业生涯，曾经说利维"是新近崛起的天才"，"在公司证券业务上有着极高的天分"，还说利维是"高盛第四位天才"。利维尽管在这张摆拍的照片里显得很光鲜，但他的童年却一点也不光鲜。利维于1910年5月出生于路易斯安那州新奥尔良市，是家中唯一的男孩。父亲西格蒙德·利维（Sigmund Levy）是一位盒子制造商，母亲是贝拉·莱曼·利维（Bella Lehmann Levy）。但不知何故，随着时间推移，关于利维父亲的职业，产生了别的说法。高盛有一位利维的老下属，叫L.杰伊·特南鲍姆（L. Jay Tenenbaum），记得有人告诉他："利维的父亲是个医生，属于中产阶级。"1924年6月，西格蒙德·利维逝世，享年47岁。家人们在他身后获得了一些保险金，利维母亲贝拉将全家搬到了巴黎，利维在巴黎上了一家美国人开的学校。有人问特南鲍姆，这家人为什么搬到巴黎，特南鲍姆回答："贝拉想让新奥尔良的人知道，利维家族是有头有脸的大家族。"特南鲍姆还说，贝拉想把其中一个女儿嫁给欧洲皇室，但并不顺利。特南鲍姆说："平心而论，这女儿长得很难看……古斯塔夫·利维整整半年都在酒吧逍遥，什么都不做。"家人很快决定，不能再让小利维这么下去了。1989年，朱迪斯·拉姆齐·埃利希（Judith Ramsey Ehrlich）与巴里·雷费尔德（Barry Rehfeld）合写了一本书《新的人群：华尔街上犹太守卫的改变》（*The New Crowd: The Changing of the Jewish Guard on Wall Street*），记述了华尔街的一些犹太银行家。书中提到利维："他没有人管，没有纪律约束。他不喜欢上学，而是喜欢逃课，溜到赛马场去玩。"1927年，他们一家搬回了新奥尔良，原因之一是利维可以上杜兰大学（Tulane University）[1]。在学校期间，利维试图加入橄榄球队。但利维并不是好学生，母亲贝拉也付不起学费。利维的女儿贝蒂·利维·赫斯（Betty Levy Hess）说："他母亲相当古怪，不可靠，他不得不找一份工作养家。当时他父亲已经去世……母亲带孩子们去欧洲，把所有的钱都花光了。"三个月后，利维离开杜兰大学，于1928年前往纽约市找工作。母亲开始做裁缝，住在布朗克斯区。利维住在第九十二街与莱克星顿大道路口的希伯来青年会（Young Men's Hebrew Association），当时他一文不名，有一阵口袋里甚至只有2美元，靠这点钱赖在青年会，坚持不走。特南鲍姆记得利维总是告诉他，"我口袋里有两美元。这就是我仅有的两美元，我就靠着两美元住在青年会"。他在纽约的第一份工作是1928年11月在华尔街跑腿。1961年利维接受《纽约时报》采访，回答："在那个时代，做这份工作其实无可厚非。"记者在报道里加上了这样一段话，显然是利维的想法："他（利维）决定在华尔街开始职业生涯，这一点很自然，因为他和雷曼家族是远亲。"（利维的母亲其实和

---

[1] 美国著名私立大学，金融专业优秀。

雷曼兄弟的家族没有关系。）利维最早在一家百老汇街上的小型经纪公司——纽伯格公司（Newborg & Company）跑腿，但很快升到了纽伯格公司套利部的助理，也当上了交易员。晚上，利维又去纽约大学上夜校，但从来没有毕业，也没有拿到任何一所大学的文凭。他后来告诉《纽约时报》记者，1929年的大萧条，他是极少的没有赔钱的人之一。他说："我没有钱，所以赔不了。"1930年的人口普查显示，贝拉、利维、利维的姐姐露丝（Rose）住在曼哈顿，20岁的利维的职业是"艺术品"和"青铜雕塑"的"经纪人"，但没有任何进一步说明。1931年，大萧条之后，纽伯格公司的交易部门倒闭，利维离职，加入普林格尔公司（Pringle & Company），这是一家"华尔街二人店"，他在这里做了一年左右的证券交易员。利维告诉记者，那个时候他还在青年会租房子住。利维说："也许这么说太感性，但是我要说，青年会给我的不仅仅是一个房间。在我急需的时候，青年会给了我友谊和自信。"1933年，利维听说高盛（当时还在为GTC丑闻而苦恼）要招一位年轻交易员，周薪27.5美元，每年1400美元。《纽约时报》报道说，利维"在一位朋友的帮助下……来到了高盛"。他从高盛的外国债券部门开始，然后转到套利部门，为伯纳德·巴鲁克的表兄弟埃德加·巴鲁克（Edgar Baruc）（埃德加也是沃尔特·萨克斯的下属）工作，贡献了"丰富的想法"，并且"在原本非常拮据的年份，为公司增加了可观的利润"。利维的工作是买卖外国证券。他回忆说："我因为外国套利业务而出了名。"次年，利维与珍妮特·沃尔夫（Janet Wolf）结婚。珍妮特在合唱团工作，父亲是亚历克·沃尔夫（Alec Wolf）。从1935年到1945年，亚历克·沃尔夫在高盛担任有限责任合伙人。他们生了两个孩子，儿子彼得（Peter）、女儿贝蒂（Betty）。沃尔特·萨克斯让利维负责维护高盛与纽交所的关系，还有套利业务。

1969年，拉扎德著名的并购银行家菲利克斯·罗哈廷向国会介绍，套利业务"概念和做法都非常古老，主要指那些对冲过的短期投资基金，此类基金风险很高，但回报也很高。"

《新的人群》记载："作为一种交易形式，套利有着悠久的历史，可追溯到中世纪。当时威尼斯商人用可兑换的不同货币换取利润，从价格差异中获利。"埃利希和拉斐尔写道，利维"引领了从传统套利到风险套利的道路"，在这种情况下，"套利商人们"购买了"被重组或兼并到其他公司的股票，他们预期，如果交易完成，持有的新股票价值将大大超过投资额。这是一场勇敢者的游戏，风险很大，但也可能带来巨额回报"。罗哈廷在国会作证，描述了这种博弈是如何进行的："风险套利的一个典型例子是，在交换价值公布后，两家上市公司合并的套利交易。理论上讲，由于一种证券将很快按照其他证券的特定比率进行交换，这两种证券价值应该相同，但出于我下面要列举的一些原因，两种证券价值并不一致。"罗哈廷介绍，这些原因主要包括：证券和货币市场的突然变化、合并协议中的各种担保和其他衡量指标、政府的反对意见、股东的反对意见。他接着说："套利者愿意承担交易风险，并从当前市场和最终实现价值之间的差额中获利。"

查尔斯·埃利斯（Charles Ellis）[1]关于高盛的书中记载，20世纪30年代末，利维就已经赚到了第一个100万美元。埃利斯写道："尽管利维说话拖长音，而且口齿不清，让说话问题更加复杂，但他的数学能力、非凡记忆力、建立许多人脉的能力，还有长时间高度集中精神工作的能力使公司在GTC丑闻后的几年里再次取得了成功。"《纽约时报》写道："随着二战在西欧蔓延，外国债券的套利机会减少，利维先生开始积极从事铁路重组证券及可转换债券的套利工作。"利维把重点放在风险较高的铁路和公用事业债券的交易上，虽然这项业务大有可为，但西德尼·温伯格与高盛对此并不熟悉，也不太感兴趣。高盛前合伙人罗伊·史密斯（Roy Smith）说，利维"聚集了一批当时混得一团糟的企业家客户，也就是温伯格眼中的一群乌合之众"。利维下的赌注还需要资本，而且

---

[1] 1937年生，美国当代投资顾问，作家，下文提及的书指《高盛帝国》（*The Partnership*）。

可能需要让资本套牢很久。与之相反，股票承销或债券承销，对资本的使用非常保守（只有一个短暂时期会使用资本，从购买发行人的证券开始，到向投资者出售证券为止），或者完全不使用资本，只是为兼并或收购提供咨询。高盛当时的资本规模并不大，20世纪50年代初约为900万美元，而且资本来自合伙人的钱包，因此，高盛对使用资本的时间、方式、目的，必然都十分谨慎。这自然导致温伯格与年轻的利维关系十分紧张。温伯格是顶尖的投资银行家，利维则是交易员、套利者，与温伯格一样雄心勃勃，工作勤奋。例如，温伯格1967年接受采访时强调，1927年初，自己当上高盛合伙人的时候，投资了10万美元资本，这些钱是他作为银行家挣来的。温伯格说："这些钱都不是来自交易，我从不交易。"然后自豪地重申，他是"投资银行家"。桑迪·刘易斯（Sandy Lewis）曾在华尔街从事套利工作，也是贝尔斯登高级合伙人萨利姆·L."赛伊"·刘易斯（Salim L. "Cy" Lewis）[1]的儿子。桑迪小时候住在公园大道，和利维在儿时便相识了。利维和赛伊·刘易斯关系很密切，很大程度上是因为他们有许多共同兴趣：高尔夫、桥牌、在纽约一带支持犹太人的慈善业，还有通过套利赚钱。日本偷袭珍珠港导致美国决定参加二战以后，赛伊·刘易斯在贝尔斯登的大发展才到来。桑迪·刘易斯说："打仗了，罗斯福总统需要武装全国，把一切必需的原料送进工厂，把产品运到港口，再从港口运出去。他拼命想要生产飞机、坦克、卡车，成千上万的东西。他们必须控制铁路，不让别人用铁路，确保只有政府才能用铁路运输。这是打仗，一旦需要物资，就必须确保能得到物资。他们打乱了铁路运输系统，采取了信贷控制的措施，人们不能借钱了。"赛伊·刘易斯注意到，就在罗斯福为军事目的而征用铁路之前，铁路债券是以票面价值交易的，因为当时还在产生利息。桑迪说："可是忽然间，他们就不付利息了，开始使用净价交易方式。人们可以随意买卖铁

---

[1] 简称赛伊·刘易斯。

路债券，但是政府却不支付积累的债券的利息，也就是说这债券相当于'死了'。购买这种债券，可以认为是在购买了一种期货，将来可能会有价值。"铁路债券不再付息后，原先1美元的债券，流通价格跌到了5美分。赛伊·刘易斯开始思考：是否应该把这些折价严重（市场价格远低于票面价格）的债券买下来呢？ 他觉得，要么世界末日就要到了，这种情况下一切都无所谓了；要么是美国会赢得战争，整个国家都拼命想把铁路要回来，用于重建，用于向战胜国进行物资援助。如果是后一种情况，那么在战时用极低折扣买入的铁路债券就会非常值钱。赛伊·刘易斯对利维影响很大。刘易斯鼓励利维，要参与陷入困境的铁路债券和其他形式的套利交易，其中包括所谓的大宗交易（即买卖大宗股票，理想情况下可以赚钱）；还有一种套利交易是所谓的"合并套利交易"（merger arbitrage），即罗哈廷说的交易那些"参与企业合并的公司"的股票，一般在合并消息已经宣布以后进行。许多拥有参与并购的公司股份的法人股东通常会选择将这些股份出售给市场（在宣布合并后，股票的交易价格会接近发行价）；因为如果继续持有，就往往要等上很多个月，合并才能完成，这时，持有者才能获得更多的现金或股票。而这需要的时间太长，承担的风险也太大，一般会让法人股东得不偿失。合并套利交易者愿意购买正在出售的股票，只是因为他们希望能拿到足够高的回报。他们愿意冒险打赌，交易可能不会完成，或者财务形势可能恶化，希望通过这样打赌来赚钱。毫无疑问，这样的行为确实存在风险——如果他们购买了一家被接管的公司的股票，结果交易失败，这样的错误可能带来毁灭性打击。但这种事故并不多见，并购套利专家会尽力避免这种情况。

尽管利维也是刘易斯的朋友，但两人毕竟是竞争对手。刘易斯为什么会把一个个有价值的交易想法泄露给一个竞争对手呢？ 这个问题可能永远无法得到解答。也许只是因为两人有交情，也许这样可以给刘易斯销售的产品创造市场。1941年，美国即将参与二战，利维急于看到美国采取行动。他没有参战的义务，因为那时他已经有了两个孩子，但他决心入伍。据说他告诉妻子"我要当兵去了"，然后申请加入民航巡逻队，成为"任务观察员"。利维当过民航飞行员，开的是自己的"斯丁森航行者"单引擎飞机。他希望这次经历能使他在战争期间有机会驾驶战斗机。但这点经历还不够。利维曾经告诉《纽约时报》："我没有足够的经验当上合格的飞行员。我已经32岁了，年纪太大，不适合训练。我最后成了驻欧洲空军地勤的一名中校。"利维前后参战26个月。利维因参战而离开了高盛，但是他的套利部门同事埃德加·巴鲁克仍然在高盛工作，继续维持公司那些微薄的兼并业务。战争结束了。1945年11月，利维回到高盛，和巴鲁克一起在套利部门重新开始工作。沃尔特·萨克斯说："利维建立了华尔街最活跃的场外交易部门[1]之一。"1946年1月1日，利维成为高盛合伙人。1933年7月入职高盛的办公室杂役阿尔·费尔德（Al Feld）还能回忆起当时利维在铁路和公共事业债券交易业务中发挥的才能。他说："利维非常聪明，而且有新点子。他的业务成绩非常优秀，因为他认识到了40年代大型铁路和公用事业融资中出现的预发行债券（when-issued paper）[2]的好机会。他开创了良好的投资交易市场，并做大规模，因此名声大噪。如果必须承受损失，他也可以接受。"利维战后返回高盛，当时他最重要的客户之一是得克萨斯州达拉斯市的默奇森兄弟（Murchison）——约翰·D.默奇森（John D. Murchisons）和小克林特·W.默奇森（Clint W. Murchison Jr.），两兄弟继承了父亲老克林特·W.默奇森（Clint W. Murchison Sr.）开采得克萨斯州石油获得的一大笔财富。利维和高盛与默奇森兄弟的关系开始于1933年3月密苏里太平洋铁路公司（Missouri Pacific Railroad）的破产申请。密苏里太平洋铁路公司破产案持续了23年，成为有史以来持续时间最长的破产案之一。在此期间，投资者可以买入又卖出债券，或者买入并持有债券；持有的目的是在铁路公司从破产中走出来的时候，从前任债权人手中获得公司控制权。战

---

[1] 指不通过交易所，买卖双方直接进行交易的场所。

[2] 指的是财政部尚未发行却已经被宣布拍卖的债券。

争结束后的某个时候，默奇森兄弟成了铁路公司一般抵押债券（general mortgage bonds）的主要所有者。有人把兄弟俩推荐给利维和高盛。《纽约时报》报道，因为他们"寻求华尔街套利者的帮助……而利维先生……被大家认为是该领域的佼佼者"。文章接着介绍，"套利者是指交易货币、证券等一类等价物的人。套利者站在交易双方之间，在涉及等价物交易中，猜测（"猜测"这个词很值得注意）双方对'对方想要什么'的看法会是怎样不同。如果套利者猜对了，就能挣很多钱。如果套利者猜错了，他就不能再长期从事套利业务，因为套利交易涉及的金额一般都太大，套利者损失不起"。《纽约时报》指出，利维自1933年加入高盛以来一直从事套利，"通过作出准确的猜测，他赚了很多钱"。《纽约时报》指出，在密苏里太平洋铁路公司破产一案尘埃落定之前这一段很长的时间里，由于铁路公司的债券"将可兑换成未来重组公司的其他证券"，所以"有大量的机会在证券上进行套利交易"。报纸继续说："由于不确定重组是否会按照提议进行，破产铁路公司的债券价格一般会不同于参与破产程序的金融专家预测的价值。"可想而知，如果公司从破产中走出来，这时候，债券的价值可能有多大。"多年来，默奇森兄弟和其他投资者一直在迅速利用价格差异获利……只要价格对他们有利就可以。"利维帮助默奇森兄弟进行买卖，并对铁路债券的价值进行了分析，也就是猜测。默奇森兄弟的表现，正是优秀客户的表现：成功交易密苏里太平洋铁路公司的债券之后，默奇森兄弟与利维和高盛依然保持联系。不久，他们再次合作，希望干一票更大的单子：默奇森兄弟想要控制阿勒格尼公司（Allegheny Corporation），希望利维帮助他们实现这一目标。默奇森兄弟为控制阿勒格尼而发起的代理权争夺战极为残酷，而利维和高盛就处在战斗的风口浪尖。大约10年后，20世纪70年代初，高盛经常宣称，永远不会卷入恶意收购。利维在1973年11月告诉《机构投资者》（Institutional Investor）杂志："我们的准则之一就是不参与恶意收购，无论是作为经理还是作为顾问。"说得好像阿勒格尼之战从来没有发生过。另外还有一件事：利维在1963年8月被选入亨特食品公司（Hunt Foods）董事会。第二年，也即1964年，亨特公司董事长诺顿·西蒙（Norton Simon）首先买了ABC电视公司10万股股票，然后想让利维加入ABC董事会。这个不友好的举动，正是利维建议西蒙做出的。这件事，利维也完全闭口不谈。阿勒格尼公司的所有者是两位金融家，一位是罗伯特·R.杨（Robert R. Young），一位是阿兰·P.科尔比（Allan P. Kirby）。1942年，两人从波尔（Ball）家族手中抢来了阿勒格尼公司的控制权。《纽约时报》说阿勒格尼公司是"一堆垃圾，藏着一两颗宝石"。先前，杨和科尔比两人利用出售资产的收益，使得阿勒格尼的资产多样化。这些收益用来购买了多家公司的控制权，例如，美国第二大铁路公司——纽约中央铁路公司（New York Central Railroad）的控制权，以及多元投资者服务公司（Investors Diversified Services, Inc., 简称IDS）的控制权。IDS是明尼阿波利斯市的一家共同基金（mutual fund business）[1]。阿勒格尼还拥有密苏里太平洋公司B级股票[2]51%的股份，并对房地产公司韦伯–纳普（Webb & Knapp, Inc.）投了2000万美元。《纽约时报》指出，1954年，科尔比兄弟与范德比尔特家族（Vanderbilt family）争夺纽约中央铁路公司的控制权，"因为有着巨大共同利益，默奇森兄弟与科尔比开始建立了关系"。杨和科尔比请兄弟俩的父亲老克林特·默奇森及其长期合伙人西德·理查森（Sid Richardson）购买80万股纽约中央铁路公司股票，还请两位老人投票支持杨和科尔比的收购。父亲和西德·理查森照办了。作为对他们支持的回报（或者至少表面上像是回报），1955年，默奇森兄弟通过杨和科尔比设计的阿勒格尼公司的股票交易"获得了IDS的控制权"。然而，1958年1月，"爱炫耀的"杨在棕榈滩海滨自己的海景房

---

[1] 又称股份不定投资公司，一种投资信托基金组织，为小额财产所有者提供投资，经销的股票可随时兑换成现金。

[2] 美国普通股分为A级和B级。A级普通股对公众发行，公众可参与利润分红，但没有投票权或只有部分投票权；B级普通股由公司创办人持有，具有完全投票权。

里，用一支2.0口径的霰弹枪自杀了。这栋豪宅有25个房间，杨是在弹子房里自杀的。他时年60岁，据说正遭受1957年经济衰退所带来的"沮丧和抑郁"，那次衰退损害了阿勒格尼的业务。那天他一如往常吃了早饭。过了两小时，上午10点左右，他用双膝夹着双筒霰弹枪，朝自己头部开了枪。豪宅的工作人员当时没有听到开枪的声音，后来听说杨没有出席一个约会，才开始担心杨的行踪。五天后，科尔比获得了阿勒格尼的控制权。1959年，阿勒格尼的公众投资者们发起诉讼，称IDS的控制权是"为了他们（默奇森兄弟）的父亲给杨先生与科尔比先生带来的好处"而交给了默奇森兄弟。为了和解，默奇森兄弟同意将控制权（IDS的47.5%股份）转交给阿勒格尼公司，默奇森兄弟自己保留了IDS的17%股份。默奇森兄弟、科尔比和杨的遗产管理人共同向阿勒格尼支付了300万美元。但和解之后，默奇森兄弟发现自己在IDS的权限突然被"冻结"，很不高兴。为了强化谈判筹码，默奇森兄弟向杨的遗孀支付了1020万美元，买下了杨的遗产在阿勒格尼的股份。默奇森兄弟认为拥有的阿勒格尼股份增加，会使他们对IDS产生更大影响力。但是科尔比非常憎恨默奇森兄弟的敌对行为，开始调查他们管理IDS的方式，还要求他们配合调查。默奇森兄弟拒绝配合，科尔比就把兄弟俩踢出了IDS董事会。默奇森兄弟大为光火，1960年9月，他们在利维帮助下发动了一场公开的代理权战争，要从科尔比手中抢回阿勒格尼的控制权。《纽约时报》刊文叙述了这场为期九个月的代理权之争，说利维是默奇森兄弟的"主要银行家顾问"，在这场斗争中扮演了"低调而重要的角色"。最后，尽管默奇森兄弟只拥有980万股阿勒格尼公司股票中的200万股，而科尔比拥有300万股，但默奇森兄弟还是争取到了其他股东（当然包括高盛）投票支持自己，并以85.5万票领先。1961年5月，默奇森兄弟最终以股东选票比例五比四的成绩，从科尔比及其支持者手中夺回了阿勒格尼公司的控制权。这场战斗被认为是当时发生的规模最大、争议也最大的战斗之一。控制了阿勒格尼之后，默奇森兄弟解除了科尔比董事长兼首席执行官的职务。科尔比带着大约3亿美元离职了。这笔财富使得科尔比成为美国顶级富豪之一。科尔比时年69岁，可以在退休之后直接回到他在新泽西州哈丁镇（Harding Township）的27个房间的豪宅，或者宾夕法尼亚州伊斯顿市（Easton）的"城堡"或"他的另外三处居所之一"。但他还是想重新控制阿勒格尼，毕竟，他仍然拥有公司31%的股份。科尔比用了两年时间，又花费了1050万美元用于购买更多的阿勒格尼公司股票，并在处于优势的盟友的帮助下，最终从默奇森兄弟那里夺回了公司的控制权。在当时670万股阿勒格尼的已发行股票中，科尔比在另一场争夺代理权的战争获胜后持有了590万股。《纽约时报》问科尔比：为何要如此大费周章？ 科尔比回答："因为尊严，我的家族尊严。在1961年与默奇森兄弟发生代理权之争以前，我记得我从没有被人打得一败涂地。我很生气。"

埃德加·巴鲁克，利维在高盛套利部门的第一个导师，1952年突然去世，留下利维独立负责整个部门。不过，那时利维已经大大超越了巴鲁克，带来了大量营收，对高盛的诸位合伙人也很重要。巴鲁克在生前，就已经逐渐成了利维的助手。巴鲁克去世后，利维很快认定需要新的帮助，开始从外面招人。有一次，利维和朋友哈里·特南鲍姆（Harry Tenenbaum）[1]在佛罗里达州的博卡拉顿市（Boca Raton）打高尔夫球，利维告诉特南鲍姆，他需要一名助手。哈里·特南鲍姆和保罗·佩尔塔森（Paul Peltason）一起在圣路易斯创办了一家小型经纪公司，名叫佩尔塔森-特南鲍姆公司（Peltason Tenenbaum Company）。利维告诉特南鲍姆："我想要把这份工作交给西德尼的儿子约翰·温伯格（John Weinberg），但他拒绝了。他想留在父亲公司工作，参加投资银行业。"特南鲍姆问利维，是否愿意把他的儿子L.杰伊·特南鲍姆招进来？ 利维："你不想要他为你工作吗？"特南鲍姆："他要是能去你那边，我就不想了。"利维又说：

---

[1] 上文提及的利维助手L.杰伊·特南鲍姆的父亲。

"那就让他来吧。" L.杰伊·特南鲍姆当初在范德比尔特大学（Vanderbilt University）[1]学习机械工程，1943年应征入伍，参加了步兵学校的训练。他被授予少尉军衔，立即派往海外，并在第十山地师（Tenth Mountain Division）服役，这个师的军人都擅长滑雪和冬季野外生存。特南鲍姆当上了军官，手下最多的时候管着40个人。那年他21岁。1945年初，他终于上了前线，但战争很快就结束了。他说："我在前线待了六七个月，结果我得了两个紫心勋章，一个铜星、一个银星奖章。"杰伊·特南鲍姆退伍了，回到加利福尼亚州的奥德堡（Fort Ord），住在蒙特雷半岛（Monterey Peninsula）。当时，奥德堡有一座风景优美的十八洞高尔夫球场，特南鲍姆还是个高尔夫零差点球手[2]，他还参加了附近卵石滩球场的训练课。当时是圣诞节前后，父母正在探望他。在一场近乎完美的比赛之后，特南鲍姆告诉他的父亲他想参加职业高尔夫球巡回赛。"他说：'你这个白痴！你打不赢那些专业选手的，任何人你都打不过，斯奈德（Snead），德米尔特（Demeret），尼尔森（Nelson），霍根（Hogan）[3]……你给我上班去吧！'"特南鲍姆来了高盛，不知道该做什么。利维既没有耐心，也没有兴趣建议他做什么，更不用说教他以高盛风格做套利。特南鲍姆说："1953年4月1日，我加入了高盛。我发现我要做他（利维）的助手。我会问：'古斯，我能为你做些什么？'他说：'杰伊，别管我，我很忙。'然后我就不知道该怎么办了。"早些时候，有一回，特南鲍姆曾问利维，用不用帮利维写封信，利维建议特南鲍姆让他的秘书夏洛特·坎普（Charlotte Kamp）"收一封信"——这是当时的一句老话。特南鲍姆听了利维的建议，问夏洛特："'夏洛特，你能帮我收一封信（take

---

[1] 又称范德堡大学，美国著名私立大学，位于田纳西州纳什维尔市。

[2] 高尔夫球员根据设计应当完成的杆数，称为标准杆。球员打球的水平与标准杆之间的差距，称为差点。零差点球手意味着很高的水平。

[3] 都是当时著名高尔夫运动员。

a letter）吗？'她说：'我能让你滚一个蛋（take a walk）吗？'"[1] 特南鲍姆第一次获得工作的转机，是在纽约的帕克-伯纳特画廊（Parke-Bernet Gallery）遇到了他父母的一位朋友。那位朋友来自佛罗里达州棕榈滩。谈了一会儿，特南鲍姆提到自己在高盛的套利部门工作。后来又见过几次面，父母的朋友同意给特南鲍姆300万美元投资。朋友还把特南鲍姆介绍给其他富裕的犹太难民，他们正在寻找一个安全的地方存钱。特南鲍姆说："我不再当古斯塔夫·利维的手下，而是当了一名推销员，因为我在利维那无事可做。原因是利维完全没有所谓的'管理经验'。他自己能做事情，并且做得很好，但没有管理经验。"特南鲍姆成为继杰瑞·麦克纳马拉（Jerry McNamara）之后高盛第二优秀的销售员，而杰瑞的客户都来自纽约天主教的大主教教区。"虽然我的犹太客户也很多，但我的业绩还是不如他（杰瑞·麦克纳马拉）。"他回忆说，"但是，我也做得很好。我每年要挣得25万美元或30万美元。我在套利部门拥有不少股份。"1959年，西德尼·温伯格单方面决定让一些先前的助手成为合伙人，包括特南鲍姆。其他公司并没有在挖他们，他们也没有创造大量的营收。前一天他们还是助手，第二天就成了合伙人。特南鲍姆说："这是温伯格的决定，我想是因为他就是拍板的人。不是古斯塔夫·利维……从来没有人告诉我，'杰伊，这是你应得的'。我成为合伙人做的那类工作，也不是我之前的工作。我之前是销售员。"这时，特南鲍姆住在公园大街983号，加入了世纪乡村俱乐部（Century Country Club）。俱乐部位于纽约州的哈里森镇帕奇斯村，是利维和温伯格的最爱。虽然特南鲍姆不再是零差点高尔夫球员，而且说"之前并没有达到零差点的水平，本来就不厉害"，但他水平依然很高。"我赢得过几次俱乐部冠军，还有四五

---

[1] 母语顾问猜测，利维很烦特南鲍姆，因此听到特南鲍姆要帮自己写信就讽刺他。英语俚语 French letter 指安全套，因此"去封信"（give a letter）隐含要跟女秘书上床。但特南鲍姆不明就里，当成字面意思问了女秘书，秘书光火，以为特南鲍姆要骚扰自己，也用特南鲍姆的句式回击他，让他滚。此处直译并尽可能照顾原文语言风格。

次杀入决赛。"当时，华尔街合伙企业的典型做法是尽可能降低成本。考虑到经济学的因素，温伯格让这些人成为合伙人是公司的明智决定，因为高盛给他们开的工资可以降低。制度规定，合伙人分走一部分利润，而非合伙人从创造的公司营收中分走一部分绩效。特南鲍姆解释："现在我成了合伙人，这个变化是什么呢？我的年薪是4万美元。我得到了高盛最低利润的1.5%。如果公司一年赚1000万美元，1.5%就是15万美元（这笔钱还必须存在公司的资本账户）。外加那4万美元的收入，一并作为我的生活费。可是我当推销员的薪水是25万到30万美元。这算什么交易呢？"利维曾经解释过高盛的合伙经济学："我们有严格的规定。我们支付工资——以今天的工资水平来衡量是不起眼的。除此之外，我们对他们持有的资本支付6%的利息。根据年底的利润，我们支付合伙人的税款。而余额就留在公司。这向来是公司的成功秘诀，使我们继续运营而可以不必担心资金紧缺，甚至在萨克斯家族所有人离开或去世以后，我们也不用担心。"有人问利维，华尔街应有的魅力和"不起眼"的薪水之间有明显不符，以及怎样看待人们认为在华尔街（相对来说）都能暴富。利维说："但你们不要忘记，合伙人在公司是有资本的，他们可以凭着资本分红。所以我们假设一个人有4万美元的薪水，有50万美元的股份，这样就可以获得3万美元的股息。公司还帮他们交税……也就是说这些钱属于净收入。"利维表示，高盛合伙人不得将保证金用于交易证券或签署贷款，也不得借钱，除非得到公司管理委员会的明确许可；即使许可了，这笔钱也只能买房子或者保险。他说："合伙人不能借钱买股票或用于任何其他目的。"特南鲍姆是五个年轻人中的一员，其他人有吉姆·罗伯特森（Jim Robertson）、查克·格兰宁（Chuck Grannin）、吉姆·考拉汉（Jim Callahan）和亚瑟·阿特休尔（Arthur Altschul），他们似乎在一夜之间跃升成为合伙人，但是他们的酬金却减少了。特南鲍姆说："我靠4万美元生活，在983公园[1]借钱，从我父亲那里借钱过日子。这个情况持续了两年，因为两年后他们提高了我们在合伙关系中酬劳的百分比。"两年后，温伯格将特南鲍姆叫进办公室。特南鲍姆说："西德尼·温伯格简直无所不在。"特南鲍姆走进办公室，温伯格戴上夹鼻眼镜，隔着眼镜看特南鲍姆，告诉他，（温伯格决定）将特南鲍姆和他所在"五人帮"的合伙百分比，集体从1.5%提高到2%，增长了33%。温伯格问特南鲍姆："你觉得怎么样？"特南鲍姆告诉他："温伯格先生，我不愿意这样。温伯格先生，我和他们不一样。我要么比那四个人更好，要么就不如那四个人好。但是我从不觉得和其他什么人在同一个层级。我不愿意。"可以想见，温伯格有多么吃惊，从来没有人那样跟他说话。但是，值得赞扬的是，温伯格没有当场解雇特南鲍姆。特南鲍姆回忆："温伯格对我说：'你专心地再干两年，再为高盛干出些成绩来，到那时候我们再说。'结果在两年内，我超过了另外四个合伙人。"特南鲍姆是一个很主动的人，而且可以随机应变；这是他在竞争中脱颖而出的原因之一。利维深知这一点，所以他不打算给特南鲍姆任何系统化的指示，只是偶尔点拨他一下。让特南鲍姆采取机会主义的方式，赢得自己的客户，建立业务。虽然从制度上说，他只是利维在套利部门的小跟班。利维偶尔会对他厉声发号施令。特南鲍姆回忆："一天利维对我说：'我们需要一个保险股票交易员。'我说：'我们需要吗？'他说：'需要。你要怎么做？'我说：'利维，我应该做事吗？'他说：'我给你小子发工资是为了什么？'于是我出去雇了鲁迪·鲁索（Rudy Russo），一个保险股票交易员。"还有一天，利维突然问特南鲍姆，某两家公司同意合并，他是否看到了消息。利维想知道特南鲍姆是否已经想出了一个做这笔套利交易赚钱的方式，这是特南鲍姆从来没有接触过的领域，尽管他在套利部门利维手下工作。特南鲍姆告诉利维："这件事，通常是你做啊。"利维大喊："你看不出我

---

[1] 这里应该指的是某家贷款机构。

忙吗？还有一堆事情等着我做呢！"特南鲍姆问："你要我做这笔套利吗？"利维回答："那是必须的。"特南鲍姆说："所以现在我终于成了一个套利者。"

不论特南鲍姆能否看见大格局，50年代末60年代初，高盛显然出现了一件大事，那就是温伯格慢慢对自己的衰老妥协了；虽然始终没有完全认输。高盛需要新一代领导人了。温伯格很不愿意让利维把公司宝贵的资本用于套利业务，也不愿用于客户交易，或者公司自有账户交易[1]；但温伯格越来越无力阻止利维开展这些业务，也无力阻止利维主管高盛。实际情况是，利维通过一次又一次"猜对"，给公司带来了滚滚财源；而温伯格的投行客户为公司挣的钱，也不像当初那么多了。温伯格越来越难以拒绝利维，虽然他承认，这个现实很痛苦，承认这个现实也很痛苦。同样的戏码在华尔街各地都在上演，特别是二战结束之后，各大公司赚钱越来越多；而执掌公司的一代人，让公司熬过了大萧条和二战，如今都在考虑退休。显然，如果温伯格离开之后，利维要当高级合伙人，就必须让一群年轻人负责企业每天的业务。于是就出现了突如其来的提升，"五人帮"成了高盛合伙人。

利维是一股不可阻挡的力量。前合伙人罗伊·史密斯说："利维聪明、果断，而且直觉力非常强大。他是我见过的最最热心的人。"史密斯特别强调，利维坐不住，站不住，听不进别人的话。人们一听见利维口袋里的硬币响起，就知道他要来办公室了；基本没有人欢迎他到来。史密斯还说："利维对下属非常严厉，有两三个人当上合伙人之后不久辞职，因为他们觉得一直被利维盯着，压力太大了。"利维总是想知道所有人的工作情况，而且别人的回答一旦耗时太久，超出了他能够集中注意力的一小段时间，他就会非常不耐烦。史密斯又说："我们曾经把要对他

---

[1] 原文晦涩。母语顾问猜测，可能是说用稳妥的投资方式增长企业资本。

说的话，尽可能简单地写下来，没有一个字多余，然后对利维大声念出来。他总是能立刻领会全部意思，哪怕那些复杂的地方他也明白。所有领导当中，没有一个像他那样威胁、恐吓我们。"利维在办公室的工作节奏极快，"他在交易室中央有一个狭窄的玻璃办公室，他在里面走来走去，一般都在听电话；办公室有设备，可以让他阅读磁带机上的股价信息，对员工大吼，说他们错过了什么交易，与此同时还继续打电话。"利维两个秘书能一边接客户电话，一边给别人打外线电话，几乎完全不浪费时间。史密斯回忆："要是有人有事找他，只需要走到办公室周围，让他注意到你就行，然后向他汇报十秒钟，然后发现他已经不注意你了，你就可以走了。"

利维上位看来已经不可避免，同时他在纽约市的影响也越来越大，这主要归功于他的朋友赛伊·刘易斯。二战时，刘易斯不光给利维管钱，让利维的财富进一步增加，而且还把利维介绍给一些重要的纽约慈善机构，这是华尔街犹太公司打扮修饰、支持正义事业的地方。比如，1954、1955年，利维就当了纽约犹太慈善团体联合会（Federation of Jewish Philanthropies of New York）年会主席，还是联合会副主任，刘易斯则是主任。

1955年，利维作为嘉宾出席广场饭店一次公益晚会。联合会宣布，本年打算筹集1810万美元，其中晚会当天要筹到250万美元。这种晚会按照惯例，一般都要筹到一大笔钱。纽约名流同意参加这种晚会当嘉宾，有一种古怪的条件。按照条件，联合会送给利维一只银质的古董啤酒杯，还有一本名人感言，其中有一篇作者是雷曼兄弟合伙人之一赫伯特·雷曼，前任州长，现任纽约州参议员，也是高盛合伙人阿瑟·阿特休尔（"五人帮"之一）的叔叔。《纽约时报》报道：礼物是为了"表彰利维先生对联合会、本地宗教事业、非宗派事业的服务"。刘易斯提到了一个情况："我们的邻居当中，有太多人在申请慈善援助之后，不得不等待很久；最后，他们申请的援助和治疗才开始，而这时候已经晚了。"题外话,利维和刘易斯不光只会做生意,1956年6月,在沉睡谷乡村俱乐部(Sleepy Hollow Country Club)举行的,纽约债券俱乐部(Bond Club of New York)的年度运动会上,两人还赢得了低净杆高尔夫锦标赛的坎迪杯。

1957年4月,利维接替刘易斯出任犹太慈善团体联合会主任,任期三年。有趣的是,利维自己完全不信教,是个疑神论者。利维的妻子珍妮特是无神论者。儿子彼得·利维说:"我妈妈(珍妮特)从来没有让我参加任何宗教活动,爸爸也没有。妈妈从来不过宗教节日,没有圣诞节,没有犹太教的光明节(Hanukkah),什么都没有。没有逾越节(Passover),没有上帝,没有犹太男孩受诫礼(bar mitzvah),真是什么都没有。"

利维可能不信教,但筹款水平一流。他利用人们在公开场合要面子的心理,采用特殊的技巧筹款,行话是"叫牌"。这个主意是刘易斯最早提出来的,刘易斯认定,让其他的犹太银行家出钱,最好的方式就是举办晚宴,按顺序大声叫名字,让他们拿出比上一年更多的钱。问题在于,刘易斯不想亲自进行这种表演,于是让利维出马。利维就会站起来,手里拿着一些5英寸长、3英寸宽的卡片:"哎,你!乔!你去年捐了五千,今年你生意非常好,因为我跟你的合伙人谈过了,知道你表现好极了。我们能指望你今年捐多少?"这一过程会持续几小时,娱乐效果和筹款效果都很突出。

利维虽然是交易员,不是投行家,但他也被选为很多公司董事,其中有银行保险库制造商迪堡公司(Diebold, Inc.),位于加利福尼亚州比弗利山庄(Beverly Hills)的太平洋铀矿公司(Pacific Uranium Mine Company),威科化学公司(Witco Chemical Corporation, Inc.),还有纽约电话公司。利维担任这么多公司董事,符合高盛的理念,也就是西德尼·温伯格开创的理念:寻求各大公司董事会的职位,从而为高盛拉到更多的银行业、交易界的业务。

1960年,高盛五名合伙人,包括温伯格、利维,写了一组文章,发表在《基督教科学箴言报》(*Christian Science Monitor*)，写的是高盛各个方面的业务。这一组文章相当于免费广告，很不寻常，原因之一是《箴言报》竟然不加批评地照登，原因之二是高盛会主动宣传，暴露了业务的一些核心内容。温伯格在第一篇文章中写道："1869年，马库斯·戈德曼从费城来到纽约，买卖商人的应收票据的时候，绝不会想象到，1960年，他的投行规模会这样庞大，业务会这样复杂，行业地位会这样显赫。"温伯格说，高盛到1960年已经有500多名员工，九处办公地点（其中包括纽约州奥尔巴尼市和布法罗市）；而且高盛在1959年买卖的商业票据超过20亿美元，使得高盛成为全国"业务领先的公司"。他还夸耀了1958年为西尔斯负责的3.5亿美元债券业务，1956年为福特公司负责的6.37亿美元IPO。

利维的文章写的是高盛的场外交易和套利部。这篇文章透露的信息最多，因为是利维自己写的（至少人们这么感觉）。显然他对成立三年的交易柜台很是骄傲，柜台有接近2000条私人电话线，供交易员使用。但他也高调宣传公司的套利部，说"迄今为止是全国最为活跃的套利部"。利维先是简单描述了一下套利的概念，然后举了两个例子，都是最近的有利润的套利机会。例一是AT&T的证券，例二是史蒂倍克－帕卡德公司（Studebaker-Packard Company）的可转换优先股。

其中，史蒂倍克交易更为复杂。利维说，高盛和另外三家公司组成辛迪加，买下了史蒂倍克30165股可转换优先股，花费1100万美元；在此过程中，获得了100万股左右的股权，可以11美元买下史蒂倍克的预发行普通股。然后，高盛辛迪加卖空60万股预发行股票，每股售价12.75美元；还以更高价格卖空余下的40万股；因而每股利润2美元，一共200万美元。利维说："这次套利将在1961年1月完成，辛迪加会转换优先股，并在收到空头头寸之后交付普通股。"《基督教科学箴言报》的一般读者基本上不可能明白利维的交易，别说思考高盛对票据的处理措施了[1]；但是，高盛只凭一笔交易，不到一年就赚了200万美元，清楚地显示，利维对高盛有怎样的重大意义。温伯格处理福特IPO，忙了好几年才为高盛赚到100万美元；利维赚了两倍，速度还要快得多。

60年代早期，利维广泛参与社会活动。1961年8月，圣约之子会（B'nai B'rith Foundation）[2]任命利维当了1961年活动筹款主席。过了几周，利维好友，纽约州州长纳尔逊·洛克菲勒（Nelson Rockefeller）又请利维加入一个特别调查委员会，研究纽约州的公共福利事业。利维还加入了著名私立大学杜兰大学的监事会，当了纽约林肯表演艺术中心（Lincoln Center for the Performing Arts）的财务主管。

1961年10月，美国证券交易所（American Stock Exchange）[3]任命利维当了一个委员会主席。之前，美交所有两个成员是父子俩，因为"故意违反"证券法律，导致"不知情的投资者损失数百万美元"，被开除出美交所和证券业。利维就负责研究、调查这两人被开除之后美交所需要做出什么改革。很快，证券交易委员会发现美交所允许其成员对交易规则进行"多样而长期的滥用"。所谓的"利维委员会"是由利维领导的一群华尔街公司高管组成的。这件事一出来，委员会又承担了额外的责任。到1962年2月，委员会在这五个月期间，发表了三份各自独立的报告，讲述美交所需要如何修改规则。1962年4月，美交所实施了大部分建议。

同一个月，利维刚在纽约犹太慈善团体联合会任满三年的任期，又被任命为西奈山医院[4]第16任院长。利维的余生一直在西奈山医院担任领导，还监督了西奈山医学院（Mount Sinai School of Medicine）的建立，监督一个大学联谊会体制的形成，为医学院建筑和保险事业筹集了1.54

[1] 该报是相对严肃的综合性报纸，不是专门的金融报纸。

[2] 又译圣约信徒会，犹太国际服务组织，1843年在纽约成立。

[3] 规模仅次于纽交所，总部也在纽约市。

[4] 始建于1852年，位于曼哈顿上东区，是美国历史最悠久和最大的教学医院之一。

亿美元，还策划修建了安纳伯格大厦，位于纽约市古斯塔夫·L.利维广场1号，大厦里有一家古斯塔夫·L与珍妮特·W.利维图书馆。

1963年5月，利维被选为纽交所理事会理事，先前，1950年，温伯格在纽交所的席位转让给了利维。两年之后，1965年，利维又被选为纽交所副主席，成为25年来第一次走上领导岗位的场外理事。舆论马上猜想，他很快就要成为"华尔街政策最高制定者33人团体"的主席了。还有人担心，利维是所谓的"办公室合伙人"，并不在交易所大厅办公，所以只要选他进来，就开始了权力转移，从多年管理交易所的大厅人员转移到别人手里。不过，一名大厅交易员就利维的上任对《纽约时报》说："开诚布公地说，这一行最优秀的管理人才，不在大厅而在办公室。来自经纪行的办公室合伙人，才是组织能力最强的人。"

1967年4月，利维被提名为纽交所主席。纽交所前任主席沃尔特·弗兰克（Walter Frank）评论："利维特别热心，特别勤奋，是优秀的领导。大家尊敬他，是因为他能力过人，而不是他有那些校友关系或者俱乐部的人脉。"整整一代人当中，利维不光是第一位当上纽交所主席的办公室合伙人，还是第一位犹太主席。利维的朋友塔比·伯汉姆（Tubby Burnham）告诉《高盛帝国》的作者埃利斯："古斯（利维）为当上第一位犹太主席而感到非常骄傲。"但伯汉姆也说，他觉得利维的领导力并不出色："他的思想无法同高盛的利益分开，总是偏袒高盛。"不过，利维1973年接受采访时，否认他曾经把高盛的利益放在纽交所利益前面："我只要担任纽交所理事，就必须以纽交所理事的身份说话。我既然担任了这个职位，一切立场就必须符合理事会的立场。但我要是作为高盛合伙人发言，那就是另一回事。"确实，利维表示他的立场和纽交所的立场一致："目前看来，纽交所一切立场都不会损害高盛，也不会损害业界，否则我可能就必须辞职了。"华尔街经常重复这么一种情况：某人走上某一岗位，是为了在利益冲突中受益；而他却断言，不可能被不道德行为诱惑，因为他自身道德完美无缺。

利维喜欢到处乱走，类似古希腊的逍遥学派。他每天凌晨5：30起床，慢跑15分钟，梳洗，穿衣服。他有一次告诉记者："我会做祷告，每天都做祷告。"虽然他儿子坚持说他是疑神论者，利维还是这么说。利维做祷告从来不请求神赐予他什么东西，"只是念诵《每日言语》(Daily Word)[1]"。早饭一般是水果，或者一杯果汁，有时候也吃剩饭。一次他说："今天早上吃了螃蟹。"然后看一阵《纽约时报》《华尔街日报》，就"前往下城"，7：50到达高盛办公室。到了公司，"我看看交易表单、转账表单，有没有前一天没处理的邮件，再看完我公文包里余下的东西。然后开始打电话，一般8：30开始，或者一有人进来就开始"。

利维说，他有一些所谓的"早起的鸟儿一般的客户"，他经常从家里打电话联系。他说："他们如今已经习惯了。然后，8：45左右，孩子们开始运球突破。"这说的是每周两次，周二、周四，手下的团队来到办公室开会，商议"债券市场或股市动向"，每周一早上管委会开会。《高盛帝国》的作者埃利斯说："这些会议都很短，一般只有15分钟；讨论压缩到最少，没有议程，没有记录，没有椅子。利维经常在会议期间打电话，显示他真正给予委员会的重视非常少。"利维还常常装上一口袋硬币，带着用于安神的念珠，总是捻着。利维在交易楼层走来走去，寻找答案，硬币的声音会告知别人他来了，交易员们就会纷纷做好准备，等着被利维痛骂。

利维要是认为公司错失了某次套利机会，或是丢掉了某一笔大宗交易，也会大发雷霆。大宗交易是赛伊·刘易斯和利维最早从事的，高盛或贝尔斯登会从出售股票的机构买入一笔笔大额股票，作为本金；目的是把这些股票拆成小块，卖给市场中其他的投资者。大宗交易对高盛客户的好处自然很大，客户因此能够一下子卖掉很多股票，但高盛就会承

---

[1] 基督教合一教会(Unity School of Christianity)于1924年出版的小册子，今天仍在继续出版。内容并不是很严格的宗教内容，更加贴近灵修。

担更大的主要风险，虽然这样一来，高盛的利润一般也会上升。这种客观情况，加上利维内心的竞争意识很强，就使得利维如果觉得错失了大宗交易的机会，或是丢了一笔生意，就很难恢复过来。高盛股权交易员鲍勃·门舍尔（Bob Menschel）评论："古斯是个百分百投入的人。这种投入可以让人非常不安，或者也能让人发挥全部潜力。他实在是太热情，所有业务都不放过。要是感觉我们错过了一笔业务，他就可能患上紧张症。古斯会一边走一边骂，简直像哭丧：'我们赔光了！我们被赶出市场了！我们完了！我们没有竞争力了！'为了业务，我们必须想尽各种办法，让古斯保持冷静，或者最起码不至于失控。发起一项交易就好像钓鱼的'飞蝇钓'，都需要耐心，还需要安静的毅力，才能钓上大鱼。"

利维一般在办公桌上吃午饭。吃完饭，下午就是同慈善组织或者市民组织"开会，开会，开会"。他说："我一般晚上7点左右到家，喜欢喝上三四杯，不过白天从来不喝酒，所以我绝对不是酒鬼。"但是利维一喝酒，口齿不清的问题，还有南方口音就更明显了，而且会做出一些傻事。利维还说："基本上每天晚上都有商业会议，从9月到第二年5月，每天晚上都有业务，不是这一种，就是那一种。要么是带哪个客户出去吃饭，一般是去21俱乐部（位于西五十二大街），要么就是去哪个该死的颁奖宴会，大多数都是慈善机构，表彰某个人，或者哪个银行给什么荣誉公民组织晚宴。我妻子非常善解人意，我出去，她也理解。"

利维的女儿贝蒂·利维说起父亲："我觉得，我从来没有真正了解过他。跟他相处的时间也不多。他想要当个好父亲，但不知道怎么当。"贝蒂说，利维要么在忙工作，要么就去打高尔夫球，没什么时间陪孩子。她和彼得以前都希望，要是跟爸爸有更多共同语言就好了，"但是我们跟他没什么可说的。跟他说起话来很困难"。每年，利维都和赛伊·刘易斯还有另外两个朋友一起到苏格兰和世界各地打高尔夫球，度假。朋友之一是雷·克拉维斯（Ray Kravis），俄克拉何马州塔尔萨市出身，是

油气顾问 [1]，非常有名；朋友之二是乔治·布坎南（George Buchanan），也是石油公司高管，怀俄明州科迪市出身。

利维想让高盛的员工们对公司也像他这么热情。有人问利维，公司很多人觉得利维给他们压力太大了。利维回答："我们确实要求员工全天都必须投入。但我们的员工流动率应该在华尔街最低了，至少关键人员的流动率最低。我们认为业务的秘密不在于聪明，而在于持久。持久只有一个办法，就是坚持打电话，干活，总是前去拜访现在、未来的客户。不过，我认为高盛还是很快乐的公司，从来没有听说有人抱怨太辛苦。"那人又问，高盛员工离婚率那么高，是怎么回事？利维回答："这个情况我不知道，不过高盛员工的配偶，除了妻子，还有高盛，这是真的。我们有真正的企业精神，热爱自己的业务，从业务中得到乐趣，业务也确实很有乐趣。我们当然不愿意剥夺任何人的家庭生活，还有家庭，但我们确实想让高盛成为员工妻子和家庭之后第二重要的事物，而且距离妻子和家庭很近。"

特南鲍姆似乎也响应这种感情，只是没多久，他才50岁出头，就精疲力竭，辞职了。后来他跟别人解释为什么辞职："古斯·利维搞砸了我第一次婚姻，我不会再让他搞砸第二次。"不过辞职以前，他说起高盛倒是像家人一样亲切："高盛独特之处就在于，它不只是一个同其他人一起上班的地方。同事会变成我们一辈子的朋友，这地方比起职场，更像一个社会。一般人会进工厂，进办公室，另外也有自己的生活。但是高盛不是这样，我们上班下班都非常亲近。"

利维花在总体管理高盛以及业余活动上的时间越来越多。与此同时，特南鲍姆开始承担高盛套利业务的更大责任，也变得更加主动。

套利业务变得越来越复杂，有多种原因。其中一个是，60年代，并

---

[1] 此人全名 Raymond Kravis，矿业工程师出身。他的咨询业务包括技术方面，也包括油气公司的并购、资产评估等方面。

购业务开始加速发展，高盛可以通过买卖并购各方公司股票而对交易进行套利，一般是并购消息公开之后。套利者把这种并购套利称为"事件驱动"套利。这样的业界中，信息就是力量，意味着大赚和巨亏的分别。当然，那些掌握并购生意信息的人，首先是那些促成并购生意的人本身，例如企业高管、投行家、律师。套利者的办法就是"打电话"给内部人士，尽可能收集碎片信息，让自己占据交易的优势。套利者觉得打这种电话是很寻常的事，想都不想就直接做了。一次并购生意从发布消息到最终完成，常常要花几个月；因为需要监管部门批准，如司法部，或者联邦贸易委员会（Federal Trade Commission），或者证券交易委员会；还需要发布代理权公告（proxy statements），让股东投票批准。这段不确定的时间内，相关的公司股票会继续交易。套利者会因这段时间内一些微妙或者明显的变化而大赚或巨亏。比如，某套利者获悉：司法部要根据反托拉斯的理由，在某次合并发布消息之前将其阻止，那么套利者就会拥有优势，用市场中其他人不知道的信息来挣钱。这样，在事件驱动套利市场中，普遍思潮就是，必须打电话得到独家信息。顺便说，60年代，关于内幕交易的规则还只是刚刚开始制定，不像今天的规则那么黑白分明。然而，即使法规还有这样的空子，在某项合并公开之前，根据"重大非公开信息"而交易相关公司股票的行为也十分不正常，很可能会引来监管部门审查。

再举一例：某次合并消息发布之后，特南鲍姆曾介绍说，他需要判断这次合并将由司法部审查还是联邦贸易委员会审查。司法部有根据反托拉斯立场而阻止某次合并，而联贸委没有权限阻止合并。某套利者如果发现这次合并是联贸委审查的，就马上知道，交易不会被阻止，他就可以获利；公司的卖价与公司合并后在市场上交易的价格（一般比卖价高）之间的差额，就是套利者的利润。相反，套利者如果发现这次合并是司法部审查的，合并就更有可能因为反托拉斯立场而被叫停，这样他就会换一种方式交易股票。"套利者如果发现联贸委审查合并，"特南鲍姆说到这儿拍了一下手，"市场就要出现一笔非常可观的差额！"

为了得到质量更高的信息，特南鲍姆决定聘请华盛顿律所雅各布斯与罗利（Jacobs & Rowley）。律所有两名律师，希思·雅各布斯（Heath Jacobs）与沃思·罗利（Worth Rowley），两人之前曾在司法部反托拉斯部门工作。特南鲍姆说："我也不知道我是怎么找到他们的，但就是找到了。两人都当过司法部的特工；司法部的人，他们都认识。他们去过一些很重要的鸡尾酒会。"某次合并公开之后，特南鲍姆就给律所打电话，问他们："伙计们，这次是联贸委还是司法部？"很快，两位律师就会给他回电话，把意见告诉他："我们觉得应该是联贸委。"然后解释为什么得出这个结论。特南鲍姆就说："好，我要开始干活了。"这算是内部信息吗？特南鲍姆回答："这个，叫它内部信息也行，你们爱叫什么叫什么！"但他一定要获得必要信息，让交易为高盛带来更多利润。

税务问题始终是并购业务重头戏。特南鲍姆也聘了一组税务律师，这些律师之前也在司法部待过。特南鲍姆说："如果有税务问题，我就要知道严不严重。我没有用高盛固定聘请的苏利文律所，因为他们从来不觉得反托拉斯措施应该存在，他们太偏右翼[1]了。我需要那些了解参与者的人、那些线人。我有一些很优秀的税务律师，很优秀的反托拉斯律师。我也非常清楚怎样联系公司管理层、财务主管。"

给公司高管打电话，就一项公开合并提出连珠炮似的问题——这种事，特南鲍姆完全不在乎。他会直接问："你们觉得什么时候签协议？"高管回答："这个，大概一个月吧。"特南鲍姆算准了时间，一个月之内再次打电话。特南鲍姆说，高管们并不介意他打电话："我就会说，所有董事都批准了吗？一致通过了吗？他们很愿意回答。我没有一点困难。"不过，特南鲍姆也会掌握分寸，如果打电话发现第二天就要签并

---

[1] 美国右翼倡导自由竞争和贸易，不赞成反托拉斯。

购协议了，就不会执行交易："我什么也没有买。这就像瓮中捉鳖一样。"[1]
我设计的方法从来不是瓮中捉鳖。"

因为，特南鲍姆相信，这就算是内部信息了，是违规的。然而他却
不认为，请华盛顿律师提供某次合并的非公开信息，也算是内部信息。
特南鲍姆自问自答："问题在于，什么才叫内部信息？怎么定义？内部
信息就是某种特殊信息，以后会公开发布的信息。某人要是说'我们要
在一个月之内签署合并协议'，这就不算内部信息。因为实际情况可能
是一个月，可能是一个半月，可能根本不会发生。"但是，律师提供的
信息，特南鲍姆都会格外重视。如果某人告诉他，几周内要发布某个合
并消息，他就会进行回访，问这次合并怎么样了。他说，这种电话不是
在利维建议之下打的，而是"自己的本能"。

为了发展套利业务，特南鲍姆还聘了更多分析师、交易员。利维也
支持他这么做。高盛聘了一些比较不寻常的人，罗伯特·伦兹纳（Robert
Lenzner）就是其中之一。利维把他招进来的方式也不寻常。伦兹纳的父
亲是利维在纽约的牙科保健员[2]。有一天，父亲直接问利维，能不能给他
儿子找份工作。罗伯特·伦兹纳学历过硬，但他和特南鲍姆不一样，没
有在华尔街的相关经验，更别说套利经验。1953年，伦兹纳从埃克塞特
大学（Exeter University）毕业，1957年从哈佛研究生院毕业，之后又上
了一年牛津，在哈佛的最后一年，伦兹纳担任哈佛校报《深红报》的业
务经理。1961年从哥伦比亚大学商学院研究生毕业。

1962年，利维聘伦兹纳当了助理。特南鲍姆说："古斯把他招进来，
就好像古斯为了我爸爸而把我招进来一样。伦兹纳进了古斯（利维）办
公室六个月，古斯说：'把这家伙给我弄走！'"另一种说法是，利维在

---

[1] 原文 shooting fish in a barrel，直译为"在桶里开枪打鱼"，比喻非常容易做的事。此处做本地
化处理。

[2] 原文 dentist，等级相比口腔科外科医生（dental surgeon）要低，不具备行医执照。译文尽量
做准确、明确处理。

某一天之后，命令特南鲍姆赶走伦兹纳。利维专横傲慢，伦兹纳十分紧张，两人合不来，利维要把他赶走。特南鲍姆为了安抚利维，又让伦兹纳做了自己的助理。特南鲍姆、伦兹纳二人参与的最早生意是1963年辛克莱石油公司（Sinclair Oil）2.52亿美元收购得克萨斯州海湾生产公司（Texas Gulf Producing Company）。得克萨斯州海湾在得克萨斯州、路易斯安那州拥有一些油田和气田，在利比亚、秘鲁也参与开采。1962年4月，得克萨斯州海湾宣布要出售。1964年5月，得克萨斯州海湾股东批准出售给辛克莱，可是必须等利比亚政府同意把它国内的得克萨斯州海湾工厂转让给辛克莱，收购才可以完成。利比亚政府的态度对收购造成了越来越大的威胁，高盛套利部门也越来越关切。高盛下了巨额赌注，打赌这次收购可以完成，但实际上收购必须要利比亚政府同意。宽街的高盛总部，人人都心烦意乱。

按照流行的做法，特南鲍姆一直与辛克莱财务主管乔·道勒（Joe Dowler）定期联系。有一天，伦兹纳请求协助特南鲍姆："杰（特南鲍姆），我知道你在跟道勒合作，不过这件事让我负责吧。《纽约时报》在利比亚所有的特约记者[1]我都认识，我能搞来很多情报，因为伊斯兰斋月（Ramadan）要有一场宴会，会上大家什么都不做；我知道他们在斋月期间做什么。"斋月是伊斯兰教历的第九个月，一般在夏末。伦兹纳联系了《纽约时报》在利比亚的特约记者，拿到了"绝妙的情报"（特南鲍姆语）。然后特南鲍姆就透露给了道勒："我跟道勒说了，道勒非常感谢。这就是我们做的事。我们对他们有价值，所以跟他们成了朋友，从他们那里得到回报。我会问：乔（道勒），这次合并一切顺利吗？他会说：没问题。"

高盛在悬而未决的生意上，获取信息的途径，除了银行家、律师、企业高管，还有一个，那就是其他华尔街公司的套利者；其中最重要的

---

[1] 指一家新闻机构的兼职记者，负责某个特别领域的报道。

是老牌精英公司L.F.罗斯柴尔德公司（L.F. Rothschild）[1]的两人，哈罗德·科恩（Harold Cohen）、迪基·贝尔（Dicky Bear），以及威尔特海姆公司（Wertheim & Company）的两人，乔治·索罗斯（George Soros）和阿瑟·克林根施泰因（Arthur Klingenstein）。一段时间，高盛与这两家公司有联合账户，原因有多个，其中一个是高盛可以确定拿到重要情报，其他原因不详。有联合账户，意味着这些公司也会联合对某些并购进行套利，按比例分配盈亏。比如，高盛与L.F.罗斯柴尔德公司在得克萨斯州海湾的收购案上就有联合账户。

伦兹纳在利比亚获得的情报给了高盛、L.F.罗斯柴尔德公司、辛克莱，派上了大用场。特南鲍姆说："伦兹纳搞情报立了大功。有一天，他来找我，十分激动地说：'杰！杰！我们在利比亚有问题了。我刚听说，利比亚可能有暴动，内战，出事了。太可怕了！'我说：'啊，老天爷！'"原来是利比亚上校穆阿迈尔·卡扎菲（Muammar al-Gaddafi）的早期叛乱。[2]特南鲍姆建议伦兹纳，让他给利比亚驻美国大使打电话，"证实一下，看情况怎么样"。伦兹纳同意了。特南鲍姆继续回忆："于是伦兹纳就走了，一小时以后回来，跟我说：'天哪，我们有麻烦了！我们有麻烦了！'我说：'鲍勃[3]，怎么了？怎么了？'他说：'高盛话务员给我接通的是利比里亚（Liberia）大使，不是利比亚（Libya）大使！'"[4]原来，伦兹纳告诉利比里亚驻美国大使："你们国家爆发革命了！"大使回答："你说什么？"伦兹纳说："这个，我听说了消息。"大使说："天哪，你是说利比里亚国内发生革命了？"伦兹纳十分惊慌："不，是利比亚！

---

[1] 属于古根海姆（Guggenheim）家族，与欧洲的罗斯柴尔德家族没有关系。

[2] 20世纪60年代，卡扎菲对亲西方的国王不满，积极筹划叛乱。1969年8月底至9月初，利比亚王国被推翻，阿拉伯利比亚共和国成立，卡扎菲成为最高领导人，执政42年。2011年，利比亚爆发内战，卡扎菲被枪击身亡。本文所说的可能是1969年之前（大约在1963—1964年）的某次叛乱。

[3] 罗伯特的昵称。

[4] 利比里亚是西非国家，与埃及附近的利比亚相距很远。

我不知道应该……啊，老天！"他丢开电话，去跟特南鲍姆汇报。很快他就发现自己搞砸了。

特南鲍姆给L.F.罗斯柴尔德公司的迪基·贝尔打电话。特南鲍姆回忆："我说：你知道我的小疯子干出什么事来了？我就把情况告诉了贝尔。"

贝尔打完电话，决定戏耍一下伦兹纳。贝尔等了30分钟，回到办公室，用私人电话打给伦兹纳，打着官腔说："伦兹纳先生，我是美国国务院的约翰·K.史密斯（John K. Smith）。我们刚刚听说，利比里亚民众控告你在传播谣言，说他们国家发生革命了。"

特南鲍姆回忆："伦兹纳彻底疯了，赶紧跑回来跟我说。"

特南鲍姆告诉伦兹纳，那个电话其实是L.F.罗斯柴尔德公司的迪基·贝尔打的，想要拿他寻开心。特南鲍姆回忆："伦兹纳把自己桌上的东西都抓起来，一股脑儿丢到了地上，说了一句'真是混蛋！'就从办公室里跑出去了，三天没来上班。"最后，1964年4月，利比亚政府批准了得克萨斯州海湾收购。过了三个星期，收购完成，高盛大赚一笔。

还有一次，苏利文律所有一位典型WASP风格的著名合伙人，名叫大卫·汉高（David Henkel），来到高盛见利维和伦兹纳，讨论一次套利业务的一个法律概念。三人进了一间小会议室。利维听汉高说话，三分钟就受不了了。伦兹纳回忆："古斯突然发火，用特有的新奥尔良口音大吼：'我不要叮（听）我不能做什么，我要叮（听）我能做什么！'然后冲出房间，留我一个人收拾残局。我在古斯·利维手下干了六年，学到的就是这么一句话：我不要叮我不能做什么，我要叮我能做什么！"

大约就是这个时候，高盛一名重要的套利交易员阿尔伯特·费尔德曼（Albert Feldman）辞职，因为罗伯特·穆钦（Robert Mnuchin）当上了合伙人，而他没有。当时华尔街一家小公司有个套利者，名叫布鲁斯·梅耶斯（Bruce Mayers），与穆钦做过一些交易；费尔德曼辞职以后，穆钦给梅耶斯打电话，问他是否有意填补费尔德曼留下的空缺。梅耶斯从纽约市布鲁克林区伊拉斯谟中学和费城沃顿商学院毕业，之前在小型经纪商格雷戈里父子公司（Gregory & Sons），经手的业务规模很小，年薪3万美元就满足了。梅耶斯回忆："那年头，这笔钱真的不少了。"梅耶斯在格雷戈里公司表现不错，在之前一家公司表现也不错，到处都能赚到一点小钱，方法是利用各类证券定价的不同。梅耶斯说："我也做了一些大生意，挣了一点名声；可是这些事情唯一的意义，就是让我开始关注那些更大的套利公司没有关注的领域，比如高盛、L.F.罗斯柴尔德公司、所罗门这些大公司。"

梅耶斯确实想来高盛，但又觉得有义务留在格雷戈里父子公司，因为他来公司还没多久。不过，费尔德曼辞职以后，特南鲍姆、穆钦两人越来越担忧，拼命想找到一个交易员顶替费尔德曼。梅耶斯回忆："杰（特南鲍姆）有一天晚上跟我挑明了：'你是多少钱也收买不了吗？'哎呀，天，我从来没听说过这种话。"高盛继续利诱梅耶斯，高盛的人对梅耶斯说："你觉得一年10万美元怎么样？"梅耶斯说："上帝啊，那绝对能让我傻掉。我说：'不是钱的问题，而是我有义务，道德义务。你们非要说是法律义务，也可以说法律，但是没有白纸黑字。我有义务在格雷戈里公司待一年。'"特南鲍姆告诉梅耶斯，高盛不能再等了。如果还想来高盛，就要尽早决定。梅耶斯去见了汉密尔顿·W.格雷戈里三世（Hamilton W. Gregory Ⅲ），说高盛请他跳槽。格雷戈里回答："天哪，他们可是华尔街的扬基队[1]！"最后商定，格雷戈里要是能找到人顶替梅耶斯（很快找到了），梅就不必承担道德义务，可以跳槽去高盛。

1966年情人节，梅耶斯入职高盛。这一年余下的时间，他按照工作时间的比例收到了10万美元余下的部分：87500美元。梅耶斯确实喜欢高盛的工作，但也从一开始就发现公司有些问题让人头疼：第一，有些大宗交易，利润不算太高，但利维还是要求梅耶斯必须完成。梅耶斯回忆：

---

[1] 美国棒球的明星队伍。

"他要发表意见。他说：'我看见摩根士丹利要买入这批股票。你当时有机会投标吗？'我说：'对，我接到电话了，是从某某基金打来的，但我觉得价钱不对。他们想要每股32美元，这价钱太高了，不值得。他就说（他说话有口音）：'布鲁诗（斯），这是高盛的客户。你得露个面，把他们想要的送过去。'"（梅耶斯说他学会了稍微露一面。）梅耶斯又说："我最感兴趣的其实不是当交易员，但是长远看来，持久做好这一件事，给高盛带来的好处最大。我明白这一点，但我还是有着个人的动力。我是说，我显然有动力为高盛做事，但我会想：妈呀，一到年头，怎么是我负责亏损？他们还跟我说，你这笔业务亏了多少，那笔业务亏了多少。但我已经学会习惯了，这就是大宗交易的基础所在。大宗交易从来不是摇钱树。"

利维对罗斯柴尔德公司、威尔特海姆公司的安排，梅耶斯也有意见。梅耶斯说："有一件事让我觉得高盛真的做错了，那就是我们用跟罗斯柴尔德公司的联合账户做了很多业务。所以，利维与哈罗德·科恩的关系很密切。"梅耶斯说，他从第一天就反对这么做，但很快确定，反对也没有意义；因为利维是主管，利维对这段关系的现状表示满意，无意做出改变。梅耶斯还记得，1970年他做过一笔AT&T公司债券的套利，这次业务，利维对联合账户（这一次是同威尔特海姆公司）的狂热达到了顶点。他开始交易的时候发现，高盛只要一做AT&T套利，总是用跟威尔特海姆公司的联合账户。这次交易的债券，之前由AT&T负责发行，带有五年期的权证。梅耶斯管这笔交易叫"有斑点的斑马"，因为这是"把两种非常不一样的东西联合起来"贷出去，造成"极好的交易机会"。第一天，梅耶斯就挣了20万美元，立刻引起了利维的注意。

但是，过了几个星期，梅耶斯发现，威尔特海姆公司完全没有购买这些债券，却还是分走了高盛一半的利润。梅耶斯愤怒地告诉利维："真是太棒了！我是套利者，我不得不跟威尔特海姆公司做生意，他们整整三个星期一笔交易都没做，什么都没做！"在梅耶斯催促下，高盛停止了与威尔特海姆公司的协议。梅耶斯回忆："我表示，我们既然这么做了，为什么不评估一下跟罗斯柴尔德公司的关系？后来我们评估了，和平分手。"梅耶斯因为年度最佳套利交易，得到一块纪念牌匾，高盛还专门给他举行了庆功宴。

但是，获得这次小荣誉之前，梅耶斯和利维大吵了一架，因为他先前做的一笔AT&T债券的交易。他将400万美元债券，外加附上的权证，卖给了高盛一个很大的交易账户。梅耶斯说："我不想透露名字，总之是最大的账户之一。"梅耶斯买卖的价格是九十四又八分之七美元到95美元，价差已经很接近了。但客户又回来，说还想以更近的价差买下，是九十四又十六分之十五美元。听到客户把价差报得这么近，梅耶斯有些忧虑，但还是同意了，交易结束。过了三小时，有个中介打来电话说，客户要取消这笔交易，原来这几小时工夫，价格已经跌到九十四又二分之一美元，客户想解套。梅耶斯说："这理由太白痴了。"他告诉中介，没有反悔一说，不能取消，挂了。别人告知梅耶斯，客户想取消交易的表面原因是客户"有义务同摩根士丹利交易"。梅耶斯当然知道，高盛开的价比摩根士丹利更合适："我不可能取消交易然后我又挂了。"

利维的玻璃办公室就在梅耶斯身后20英尺（约6米）远处。过了10分钟，梅耶斯听见利维敲玻璃："布鲁诗！布鲁诗！你跟某某公司的乔·琼斯（Joe Jones）有矛盾了？"

梅耶斯回答，他跟客户做了一次交易，"没有任何问题"。利维却命令他，必须把交易取消。"我说：古斯，不行，我不能取消。交易就是交易。我这次套利要赚400万美元，这数字很大，不是小生意！他说——我这里长话短说——古斯说：'他们要给福特债券加仓，福特债券下周发行，必须取消这笔交易。'我说：'古斯，你是老板，你想怎么做就怎么做，但是一旦取消了交易，就没有诚信了，没有布鲁斯了，没有套利了，等等等等，我也就辞职了。'他说：'我必须把交易取消。'我说：'祝你好运吧。'我就走出去了，辞职了。我就这么消失了，离开了我的仓位。

我的东西，我还得回来收拾，看能不能再找一份工作。我整个生活都混乱了，就是因为这个道德问题、这个诚信问题。"

周末，穆钦给梅耶斯家里打电话。两人聊了两小时，梅耶斯决定周一回到高盛。梅耶斯说："可是交易已经取消了。你们不要误会，我输了。古斯是老板，他说了算。诚信对我来说很重要。我从来没有做过任何一笔不诚实或者不道德的交易。我离开上一家合伙公司，就是因为他们有一次做了一笔交易，很没意义，因为他们根据的公开信息非常模糊；我看出来了，另一个合伙人没看出来。我们——这个我们说的是公司，我自己没参与——利用了这一点，1000 股赚了 0.5 个点，总之是很荒唐的一件事。"

梅耶斯说，尽管这样，他对利维的看法依然不变："利维掌管着一家公司，我始终认为，他的水平是最高的。他自己就是一个超过所有人的最高等级。我想，他必须做一些自己难以接受，但是从业务角度又不能不做的事。所以我不管了，这件事就此告终。"梅认为，自己在高盛的名望还可能因为这件事而提高："肯定会有帮助，因为大家都知道我在全公司抱怨，我喜欢这么做。我到处乱走，一边走一边说：'该死，他们怎么能这么干？我们是高盛，谁在意另外一家混蛋企业？'"梅耶斯在高盛 30 年，但一直没有当上合伙人。将要在高盛呼风唤雨的罗伯特·鲁宾（Robert E. Rubin）曾经说过，"在公平的世界里"梅耶斯应该当上合伙人。但他没有。1995 年，梅耶斯退休，目前住在长岛的一个居民小区里，过着简朴的日子。

第六章

大宗师

高盛的套利部门如同一条鲨鱼，只能前进不能后退。特南鲍姆需要一个新助手。基金经理马丁·惠特曼（Martin Whitman）知道了这件事，就给特南鲍姆打电话，建议他考虑招聘罗伯特·鲁宾[1]。鲍勃·鲁宾是惠特曼在纽约认识的律师亚历山大·鲁宾（Alexander Rubin）的儿子。鲍勃·鲁宾当时在纽约的佳利律师事务所（Cleary Gottlieb）工作，但正在考虑跳槽到华尔街。鲍勃·鲁宾之前的老板是福勒·汉密尔顿（Fowler Hamilton），佳利律师事务所挂名合伙人之一，也是司法部一位前任反托拉斯律师。特南鲍姆认为，鲁宾很清楚怎么规避那些与企业合并相关的反托拉斯程序，在高盛蓬勃发展的套利部门，这项技能极为重要。

惠特曼告诉特南鲍姆："只有一个问题，我觉得他想去拉扎德，给菲利克斯·罗哈廷干活。"于是特南鲍姆打电话给鲁宾。后来，特南鲍姆回忆，他对鲁宾是这么说的："马丁·惠特曼打电话给我，他是你爸爸的好朋友。我知道你想来华尔街上班。给我一个机会，一起吃午饭吧。"于是鲁宾同意与特南鲍姆在华尔街附近的一家餐馆共进午餐。

特南鲍姆向鲁宾描述了给菲利克斯·罗哈廷工作的不良前景，想借此把这位青年才俊拉过来。特南鲍姆告诉鲁宾："我听说你可以为菲利克斯·罗哈廷工作。我已经认识菲利克斯很长时间了，他非常能干，确实是一个能人。事实上，他加入了四家大公司的董事会。你未来的老板确实是非常重要的人。他只要开会，你就负责把他的公文包带过去。这就

---

[1] Robert简称Bob，本书中译文以下一律称为鲍勃·鲁宾。

是你将要做的，但是他对你的需要也就到此为止了。"特南鲍姆希望鲁宾听进去了。特南鲍姆继续说："但在我这边，我已经失去了一个助手（指伦兹纳，当时已经跳槽）。去年，我调查了428笔交易，我需要有人帮我分担其中一半。你来我手下，就能保持独立自主。你要去调查交易，自己又是做法律工作的，正好对口。我想，你会得到很多乐趣。你的上司是古斯·利维。他也是一个能人，像菲利克斯一样的能人。这比大人物的助理更像是一份正式工作。"

多年之后，鲁宾在回忆录《不确定的世界》（*In an Uncertain World*）中回忆了这一个瞬间："我28岁这一年，高盛聘了我，进入高盛著名的套利部门。他们选了我，这个选择很奇怪。我的举止和经验，都不能说明我可能擅长这份工作。"关于鲍勃·鲁宾，有一件事确定无疑：他塑造的个人形象谦虚低调，而且十分完美。他穿着保守甚至有点过时。他宣称希望达成共识，而不希望别人觉得他擅自行动。他喜欢给记者打出一些看似随意的电话，征求记者的意见。这些特点，都体现了高盛在银行业实施的做法："以团队为出发点"。接下来，鲍勃·鲁宾的一个个故事也逐渐创造了他的人设：谦逊的超级实干家。他自认不适合高盛，这一点也完全符合这个形象。鲁宾接着说："那些年，人们提起套利者，有一种刻板印象，觉得他们总是很强势，爱对抗。我那时和现在一样，是个低调的人，没有明显的侵略性。至于我的资历，我想，在我开始求职，最后入职高盛以前，我从来没有听说过'风险套利'这四个字。"

鲁宾的祖父莫里斯·鲁宾（Morris Rubin）1882年出生于俄罗斯的明斯克。为了逃脱沙皇的征兵令，1897年来到埃利斯岛[1]。鲁宾这样介绍祖父："作为年轻犹太人，他认为参加俄军并不是极好的职业选择。"1906年，莫里斯同波兰移民罗斯·克雷布斯（Rose Krebs）结婚。他们定居在下东区的一个公寓里，莫里斯当时还是个送奶工。1907年，两人第一个

---

[1] 美国纽约市附近的小岛，1892年至1943年是美国的移民检查站。

孩子亚历山大·鲁宾诞生后不久，全家搬到了布鲁克林的弗拉特布什大道，鲁宾形容，他们的生活水平"上了一个台阶"。鲁宾一家的命运在布鲁克林得到了改善，然而好景不长。20世纪20年代，莫里斯动手术切除扁桃体，发生感染，病情严重恶化。

医生建议，去温暖、阳光充足的地方疗养，最可能康复。鲁宾一家离开布鲁克林前往迈阿密。气候变化果然起了作用，而莫里斯的健康状况也奇迹般地好转了；随后，他个人的财务问题也（暂时）解决了。20世纪20年代，莫里斯·鲁宾抵达迈阿密，刚好赶上美国人前往南方的移民潮和土地投机潮。莫里斯作为商人，也很难抵挡这巨大的诱惑。孙子鲁宾写道："他很快就利用高杠杆在房地产进行了大量的投机买卖。20世纪20年代有一段很短的时间，莫里斯·鲁宾成了有钱人。"但后来，作为1929年大崩盘的前奏，佛罗里达州的土地泡沫破裂，带走了莫里斯·鲁宾的财富。之后几年，莫里斯·鲁宾似乎有点精神错乱，最后恢复了健康。

鲁宾出生的时候，也是在迈阿密，离祖父家只有一英里（约1.61千米）。这时候，莫里斯已经痊愈，学会了用攒下来的钱过日子。但他的余生再也没有富起来。

鲁宾的外祖父塞缪尔·塞德曼（Samuel Seiderman）来自布鲁克林一个很有权势的家族，好几代人都住在布鲁克林区。鲁宾说，塞德曼是"律师、房地产投资者、政治活动家、布鲁克林社会的重要人物"。同时塞缪尔也是布鲁克林民主党机构的要人。鲁宾写道："家族里面传说，我外祖父和同事们坐在布鲁克林东公园路750号大房子地下室里，决定一些法官的人选。"鲁宾的外祖父于1958年去世，当时鲁宾还在哈佛大学上大二，但"他的影响一直伴随着我"。

1933年，鲁宾的父母在华尔道夫酒店的慈善晚宴上相遇。父亲亚历山大·鲁宾毕业于哥伦比亚大学法学院，当时是财产税律师。他的一位客户向一家医院捐了一大笔钱，在慈善晚宴上接受表彰。客户顺便把他也带了过来。宴会上，客户悲叹说自己一直没有结婚，敦促亚历山大·鲁宾不要重蹈覆辙，马上讨老婆。他建议亚历山大·鲁宾和坐在附近的一位女士跳舞。亚历山大·鲁宾扫了一眼女士，说他不想跳舞，但他觉得阳台上看见的另一个女人更像他喜欢的类型。亚历山大未来的岳父塞缪尔·赛德曼碰巧听到了鲁宾的评论。他说："你想和那位小姐跳舞吗？那是我女儿。"后来两人的婚姻延续将近70年。

鲁宾一家住在皇后区的尼邦塞特地区。鲍勃·鲁宾生于1938年。他三岁那年，一家人从皇后区搬到曼哈顿西八十一街一套公寓里，住在美国自然历史博物馆对面。他去了瓦尔登学校，就在中央公园西街的拐角处。二战期间，父亲亚历山大·鲁宾提出要把家族正在亏钱的云母矿捐给美国政府用作军事用途（云母曾用作飞机电线的绝缘材料），这处云母矿是祖父莫里斯·鲁宾商业帝国的残余。政府接受了，但随后要求亚历山大管理这个矿场。因而鲁宾一家人很快就搬到了北卡罗来纳州大烟山地区的席尔瓦镇，不过他们在这里没有住得太久。鲁宾回忆："镇上的人叫我父亲'犹太佬''犹太先生'。对我母亲来说，这有点过分，她感觉好像是穿越到了一个错乱的年代。"鲍勃、妹妹简和母亲搬回了纽约，亚历山大则留在席尔瓦镇，每隔几周就乘火车去看望他们。

鲍勃·鲁宾9岁那年，一家人搬到了迈阿密海滩[1]，这是为了跟祖父更加亲近，也让父亲"日子更安稳，更开心"。亚历山大·鲁宾建了一个购物中心，继续做一些法律工作，打高尔夫球。妻子也是一位高尔夫好手，有一个架子，"放满了当地俱乐部的奖杯"。鲍勃·鲁宾在北滩小学（North Beach Elementary）上四年级的第一天，老师宣布："鲍勃·鲁宾之前上的是纽约一所私立学校，还没有学过连笔字母，所以同学们一定要

---

[1] 佛罗里达州风景。

好好照顾他。"[1]就在当天，尽管他不太愿意，但同学们还是选了他当班长。他写道："我不是当班长的料，但有趣的是，人们一直坚持这么安排。虽然我从没有真正领导全班，但在上学的几年里，我断断续续负责过班里的事务。"

鲁宾的自传为我们展现了二战后美国典型的田园诗般的少年生活图景。他每天骑自行车上学；沿着固定路线送报纸；读《哈迪男孩》（*Hardy Boys*）系列侦探小说；喜欢钓鱼，这个爱好坚持了一辈子；并且努力不受当地犹太会堂里的拉比（犹太教牧师）莱昂·克朗尼（Leon Kronish）很大影响。鲁宾的父母有很多朋友，定期打高尔夫球，打扑克，并在罗尼大酒店的小屋俱乐部聚会。但是，鲁宾之前在北卡罗来纳州短短住了一阵，已经亲眼看到了种族偏见；在迈阿密海滩又一次目睹了。他和妹妹简·鲁宾上的是种族隔离学校，当地伍尔沃斯分别有两种喷泉式饮水机，一种给白人，一种给"有色人种"。简·鲁宾从"有色人种"饮水机里接水喝，坐在公共汽车后面[2]。这就很说明问题。鲍勃在这种令人不安的环境中健康成长起来，有一部分原因是他经常跟周围的人玩扑克牌，他承认他"很擅长"这种游戏。

鲁宾说，他能进入哈佛不仅是幸运使然，他高中最后一年被选为班长也有很大作用。[3]他说："我的成绩还好，但并不突出，我来自普通的公立高中。"但他还是坚持说，自己的发迹，主要靠偶然的一次机会。

---

[1] "连笔字母"原文 script. 英语书写分为印刷体字母和连笔字母，分别类似中国的楷书和行书。连笔字母的读写需要专门学习，因此一些人只认识印刷体字母。私立学校可以自行制定教学计划，所以这位老师说的可能是实情，也可能是鲁宾随便说了一个不会写连笔字的理由。另外，script 也可能指拼读法（phonics），即先学字母读音，再学字母拼在一起的读音。这里按照最可能的情况翻译。

[2] 当时的美国种族隔离政策规定，黑人只能坐在公共汽车后面几排，引发了很多抗议运动。鲁宾一家是犹太人，可能也遭遇了当时的某些歧视。

[3] 按照语境，鲁宾应该是在小学四年级被选为班长，高中最后一年又被选为班长，是两个不同时间段。

在一次哈佛合唱团音乐会上，鲁宾的父亲看到一位认识的律师，而律师的朋友是哈佛学院的招生主任，当时主任外出办事，碰巧经过迈阿密。后来就顺理成章，鲍勃·鲁宾和主任进行了一次"偶然"的面谈。

鲁宾成了哈佛1960届学生的一员，却感到力不从心。尽管他在高中学了四年的法语，却没能通过哈佛初级课程的毕业考试。他甚至不能上初级数学课，因为高中没有上过微积分。1956年秋季，新生入学的第一天，鲁宾听系主任说，2%的学生会退学，感到十分忧虑。"我环顾四周，认为其他人都很幸运，"他后来写道，"因为那2%的人只有一个，就是我自己。"

不过，第一学年结束的时候，鲁宾就表现得很好了。他的最终目标似乎是法学院，于是进入了行政专业。但他随后又转向了经济学，而经济学在当时，基本作为概念性的课程，不像随后几十年用严谨的数学教授。他说："我发现这很困难，但很引人入胜。"他与后来的诺贝尔经济学奖得主托马斯·谢林（Thomas Schelling）[1]一起完成了一篇长达125页的优秀毕业论文《通货膨胀及其与巴西经济发展的关系》（*Inflation and Its Relationship to Economic Development in Brazil*），基本没人看得懂。托马斯·谢林刚刚从耶鲁转到哈佛，鲁宾是他带的唯一的学生。鲁宾后来写道，课程引起了他的兴趣，因为"这似乎是一个与创业有关的有潜在收获的领域"。不论别人怎么理解这句话，他就是这么说的。

鲁宾在大三和大四之间度过了一个不寻常的夏天，徘徊在剑桥市周围，"没有工作，睡在合租公寓起居室的破沙发上，准备论文开题"。"每天在威德纳图书馆[2]书库里做研究，写论文。"这是他对哈佛最珍贵的回忆之一。另一段珍贵的回忆是，他偶尔也会在哈佛广场的咖啡馆里闲逛，思考存在主义和人生的意义。

鲁宾直到大四才在哈佛找到"归属感"。他承认，早早担心是否应

---

[1] 于2005年获奖。

[2] 哈佛大学的一所图书馆。

该上学并没有必要；但又总结说，这种担心也刺激了他，成了"强大的驱动力"。他后来写道，"虽然我以为自己不能顺利毕业"，然而他还是成功毕了业，并获得了美国大学优等生联谊会的"最优等荣誉"[1]，他关于巴西的那篇论文也获得了"次优等荣誉"[2]。他申请了哈佛法学院和哈佛经济学的博士课程，都成功了。有一个笑话很出名：四年前，普林斯顿曾拒绝了鲁宾。哈佛毕业后，鲁宾给普林斯顿招生办主任写了一封信："我猜你会追踪那些从你那里毕业的人，我觉得你可能想知道你拒绝的一个人后来怎么样了。我只想告诉你，我以优异的成绩从哈佛毕业，并获得美国大学优等生联谊会的最优等荣誉。"鲁宾收到了回信，主任写道："感谢你的来信。每年，我们普林斯顿都觉得有义务拒绝一定数量的高素质人才，以便哈佛也能有一些优秀生。"

1960年秋天，鲁宾再次出现在麻省剑桥市，但已经不想重新接受法学院的严格管理了。三天后，他去见副院长，说要退学。副院长并没有挽留的意思，他对鲁宾说："你已经占了本该属于别人的位置。"

鲁宾回忆："我告诉他，我反正要退学了。"系主任告诉鲁宾，除非有"情有可原的情况"，否则鲁宾将不再被哈佛法学院录取。他们继续聊了一会儿。系主任说，如果鲁宾去看精神科医生，接受检查，而且医生认为鲁宾退学的决定是合乎情理的，就可以在第二年重新入学。（鲁宾去看了医生。）精神科医生告诉鲁宾，医生自己开始医学院深造之前，也申请了一年的休假。医生告诉鲁宾，鲁宾没有问题，但是"院长要是发现我（鲁宾）想做的事情这么令人困扰，就该来看医生了"。这下子，鲁宾有了第二年自由加入哈佛法学院的选项，就寻思：这下子我这一年该怎么办呢？

鲁宾打算去英国上学，却发现时间已经太晚，不能申请剑桥和牛津大学的学术项目了。他最后用电报申请了伦敦经济学院（London School

[1] 原文为拉丁语 summa cum laude。

[2] 原文为拉丁语 summa minus。

of Economics），"申请时强调了哈佛学历"。学校回电，表示接受。这时，鲁宾才告诉父母，他不去哈佛法学院了，要转到伦敦经济学院。然而，去伦敦之前，鲁宾必须回到迈阿密，并且得到当地征兵局的批准，在研究生留学期间延期应征，才能出国留学。批准的条件是学校资质必须得到官方认可。然而，迈阿密征兵局的代表从来没有听说过伦敦经济学院。他对鲁宾说："你们这个种族的男孩的问题，就是不想打仗！"为了获得征兵局的批准，鲁宾请哈佛经济学系的主席亚瑟·史密斯（Arthur Smithies）写了一封信，证明申请伦敦经济学院属于正式项目。终于，他成功了。

鲁宾先前只出过两次国：一次修学旅行，去古巴（当时美国人还可以去古巴）[1]；一次家庭旅行，去墨西哥。据鲁宾所说，去伦敦的这一年他似乎特别放纵。他只是"偶尔上上课"，"努力获得文凭，而不是真正的学位"。这就让他能够想干什么干什么，现实中也基本就是这么做的。"我大部分时间都在跟人聊天。这种自由的感觉真是太棒了。在伯爵大街的寓所里，只要我愿意，我可以在午夜做饭，很晚才睡；醒过来，看书看一整天。"

鲁宾和旅伴大卫·斯科特（David Scott）一起走过很多地方。在英国，鲁宾穿着西服，举着一块三合板，写着"两个哈佛生要搭车"几个手写大字，到处搭便车旅行。他在奥地利第一次滑雪，又趁着圣诞节假期在巴黎待了六个星期，住在左岸的一家便宜旅馆里，看杰克·凯鲁亚克（Jack Kerouac）[2]和亚瑟·米勒（Arthur Miller）[3]的书。他在意大利度过了复活节，那个夏天与斯科特开车环游了丹麦、挪威、瑞典。

当时鲁宾已经可以在哈佛法学院或耶鲁大学法学院之间二选一。在此期间，他申请了耶鲁，被录取。他说："我不一定要当律师，不过，

[1] 美国与古巴1961年1月断交，2015年7月复交。本书英文版出版在两国断交期间。

[2] 1922—1969年，美国小说家，代表作《在路上》（*On the Road*）。

[3] 1915—2005年，美国剧作家，代表作《推销员之死》（*Death of a Salesman*）。

上了法学院,将来的选择好像会多一些。"他后来回顾这个选择,评论道：
"在哈佛,坐下来讨论的是条款；而在耶鲁,坐下来讨论的是善与恶的
意义。"显然,鲁宾也花时间辩论生命的意义,一开始被迈阿密的拉比
莱昂·克罗尼什(Leon Kronish)鼓励,后来在哈佛又被哲学教授拉斐尔·
德莫斯(Raphael Demos)鼓励,鲁宾由此培养了一种怀疑论。德莫斯教
授"让鲁宾明白了挑战假设和信仰的必要性,而且铭刻肺腑。"

　　就读伦敦经济学院的时候,鲁宾遇到了朱迪·奥克森伯格(Judy
Oxenberg)——鲁宾曾在哈佛约会过的一个女生的朋友,她在韦尔斯利
学院(Wellesley College)[1]上大三。朱迪和鲁宾前女友途经伦敦,准备去
法国玩一个夏天。鲁宾记得当晚一见朱迪,就被姑娘的美貌震撼了。后
来,鲁宾在耶鲁法学院上大二的时候,朱迪也来耶鲁上研究生法语课,
两人开始约会。朱迪也喜欢古典音乐、戏剧和舞蹈。鲁宾写道："对我
们周围的一切,从我们认识的人到国际形势,再到对方看过的书,我们
俩都有同样的好奇心。"鲁宾在法学院最后一年的11月份,这对情侣订
婚,第二年3月在耶鲁的布兰福德礼拜堂结婚。

　　鲁宾有点想回迈阿密,加入父亲的房地产公司。然而,说到底,一
个人在耶鲁法学院学习了三年,肯定是打算当律师的,哪怕当律师的时
间很短。从耶鲁法学院毕业后,鲁宾来到纽约市一些著名律所求职,最
后选择了佳利律师事务所(Cleary Gottlieb),因为"环境更舒适"；虽然
规模相对小一些,但名望"毫不逊色"。他和朱迪住在布鲁克林高地亨
利街的地下室,租金由父母提供补贴。两口子坐地铁去曼哈顿,鲁宾去
曼哈顿岛最南端的办公室,朱迪偶尔在百老汇各大剧院(或周围)接一
些演出的活儿。

　　鲁宾喜欢佳利的"声望"和"地位稳固"；然而,他主要的业务是重

---

[1] 目前全美排名第一的女子学院,宋美龄、冰心等中国名人都是该校的校友。

大诉讼研究、公司事务研究、个人财产税务分析，这类工作并不适合他。像许多在华尔街工作的律师一样，鲁宾惊讶地发现，投资银行家似乎在做出一些有趣的商业决策，获得了大笔收益；而律师尽职尽责地记录了每一次诉讼过程，按照小时收费，收入也十分可观。鲁宾想："我40岁的时候，想做那些家伙的工作，而不是我现在的工作。"

但鲁宾完全不想等到40岁才换工作。在佳利干了几年之后，他向华尔街公司发了一堆简历，希望能够进入交易行业。他说："巧合的是，同时有两家公司（高盛、拉扎德）为我提供了一些我从未听说过的岗位。"最后他选择高盛而不是拉扎德，因为他觉得高盛是"套利领域第一名"，这要归功于利维的技能和谋略，还因为"薪水也稍微高一点"。1966年10月，鲁宾加入高盛。然而，他担心无法完美履行套利者的义务——"拿起话筒，采访各大公司的高管，询问交易"，也就是打电话。"我不能确定我会如此胆大妄为。"他的年薪从13000美元增加到14400美元。先前，他从各种各样的人那里听说，从佳利跳到高盛，"代表你的社会阶层下了一个台阶"。

鲁宾最早的单子之一，是1967年9月，医疗设备制造商碧迪公司（Becton, Dickinson）宣布以3500万美元买下眼镜制造商优力威眼镜有限公司（Univis Lens Co.）股票的交易。鲁宾开始安排打电话。"这一行，首先要快速、深入地研究。"鲁宾说，"能找到的一切公开信息，我都必须审查。我要找代理律师和反垄断律师谈。然后我要找两家公司高管谈，就像证券分析师做的那样。我想要的所有信息，几乎从来没有完整得到过。我不管思考什么问题，时间都不够用。"不幸的是，这场合并失败了。

到1968年1月底，新财年的第一个月，鲁宾的赌注已经花费了公司67.5万美元。鲁宾写道："当时那是一大笔钱，金额超过了我们那一年任何一笔套利交易，严重削减了公司年度利润。"鲁宾认为利维对交易"事后回顾，有极好的洞察力"，说利维那一回"大怒"，"在交易室里走来走去，喃喃自语，说我们不应该以为那种合并会发生……不管是谁，当初都能看到结果！"

虽然亏损已经相当大，但利维和特南鲍姆也知道，高盛既然为合并套利下了赌注，就难免会这样。偶尔有交易崩溃，打赌出错，但至少高盛计算的可能性通常都对公司有利。毕竟，大多数公开宣布的交易都会以某种形式最后完成。而且有了鲁宾、特南鲍姆、布鲁斯·梅耶斯获取市场情报的广度，高盛往往赢多输少。鲁宾说："让利维不断举出各种理由说明你是个白痴，这样开始新的一天，的确不太好受；但我不仅能忍受这种风险，不会精神崩溃，而且，勇敢地承担风险，其实非常符合我的世界观。"尽管之前的情况并不十分清楚，鲁宾说他"很自然地在权衡概率时进行了严格的分析"，而且"像脑子里有便笺一样，记得清清楚楚。风险套利有时需要承受巨大损失，但如果正确分析，而且不被从众心理左右，就可能会成功"。"套利存在波动和不确定性，所以对一些人来说非常紧张。不管怎样，我都能够合理对待，稳步前进。"

即使鲁宾倾向于将压力最小化，即使高盛的市场地位给了套利业务一些优势，"一定要下对赌注"的压力依然很大。

1968年5月，利维上了《财经》（*Finance*）杂志封面，《财经》当时被人称为"钱志"（magazine of money）。文章的标题是《大宗师》（"The Biggest Man on the Block"）[1]。说的是利维（和高盛）在大宗交易（block trading）中的支配地位。尽管高盛当时的创新措施并不出名，不过大宗交易却是高盛的重要创新之一。当时人们认为，随着机构投资者，例如共同基金、养老基金等崛起，谁愿意从客户手中一下子购买大量股票，谁就提供了一项有价值的服务。以前，客户想出售大宗股票，就必须分成多个小块；市场可以吸收这些小块，而不必大幅调整股票价格（通常

---

[1] 直译为"街区上最大的人"。其中原文"block"一语双关，既指"街区"，又指"大额、大宗"，中文用《庄子》文章标题对应，保持双关。"大宗师"原意为最受景仰的导师，这里前两个字"大宗"又恰好能指"大宗交易"。

是下调，因为供大于求）。这一般需要很长时间，进而对股票价格产生不利影响，使客户多花钱。高盛同意立即从客户手中购买那批股票，就冒了风险——利用自己的资本买下，并打赌以后能够高价卖出。高盛还会因为买入和卖出而向客户收费。所有的风险都在于购买，因此利维说了这么一句话："买得好的东西不愁销。"

例如，1968年，纽交所的交易量几乎有一半来自机构投资者。利维在1968年5月说："我们当然知道所有'大宗'都在哪里。"利维是IDS最大的大宗交易者，IDS又是当时美国最大的共同基金公司，所有者是利维的宿敌艾伦·P.科尔比——之前默奇森兄弟抢夺IDS控制权，利维帮助默奇森，从而与科尔比结怨。那时，高盛喜欢被称为"华尔街股票最大的推动者"。有足够的证据支持这个说法，例如，1967年10月31日，利维开始了"两面交差"的工作，也就是既为买方又为卖方做事，并收取所有相关费用。他负责交易115.07万股加拿大铝业（Alcan）的股份，每股价格23美元，这是有史以来最大的单笔交易。利维对这次交易"非常感兴趣"，以至于《财经》杂志报道说，利维亲自到交易所的楼层与负责的专家一起工作，因为这笔交易"跨越了隔离带"。

《财经》杂志评论，利维即将迎来58岁生日的时候，正在从一个"专注用股价差异盈利的坚强交易者" [1]，迅速"演变"为金融界的政治家。利维一个朋友说"他想成为华尔街的代言人"，就像西德尼·温伯格一样。利维自己说，有一个周六早晨，他在萨顿广场的公寓里醒来，身边堆满了文件，多线电话时不时响起。利维说他"工作太辛苦"，但明显乐在其中。他透露说自己的长期目标也许是"某个政府职务，被人任命，而不是被选上的"，尽管这样的职位是"未来的事。我还没准备好"。

利维非常专注于巩固他在高盛不断增长的权力。他在20世纪60年代后期的交易业务成了公司的利润之源。约翰·怀特黑德说："在利维的

---

[1] "专注用股价差异盈利" 原文 point-spread orientation，含义晦涩，根据母语顾问意见翻译。

领导时期，高盛的发展比西德尼当领导的时候还大。西德尼确保公司生存下来，并使公司声誉达到很高水平，但利维确保公司在这一时期保持了前进的动力。"

温伯格当时已经70多岁，仍然对高盛有着巨大影响。但公司的赚钱机器是利维和他的三名属下：特南鲍姆、鲁宾、罗伯特·伦兹纳。鲍勃·鲁宾回忆刚入职高盛的情形，说道："高盛是华尔街上唯一一家身兼二职的企业，既是交易公司又是投资银行。"鲁宾见了西德尼·温伯格，当时所有人都称他"温伯格先生"。两人只见过一面，起因是鲁宾应利维的要求为温伯格写一份备忘录。那次见面，讨论的是一个业务问题，福特家族有意向行使部分股权期权。

鲁宾和温伯格通了电话，接到了他关于备忘录内容的指示。鲁宾继续回忆："过了一段时间，利维告诉我，温伯格先生说我做得很好。然后有一天，我坐在交易室里，突然，L.杰伊·特南鲍姆站了起来。我很疑惑，他为什么要站起来？突然，有个小个子穿着坎肩走了进来，那就是西德尼·温伯格，这时我才见到他。那是我唯一一次见到他。"鲁宾只见过温伯格一次的原因是，由于利维的缘故，温伯格的办公室已不在宽街55号。20世纪60年代中期，利维把温伯格派到位于公园大道375号西格拉姆大厦（Seagram Building）住宅区的高盛办公室。到最后，温伯格和利维已经有些不和。怀特黑德说："西德尼看不起利维。但我敢肯定，西德尼自己也承认，没有其他选择，只能让利维接替他。"《纽约时报》在1971年评论说："他在65岁时鼓吹强制退休，但从未真正实践过。"《纽约时报》还说，温伯格的"退而不休"让高盛从"独角戏"转变为集体运营了。公司的高级合伙人被真正赶出办公室，这种事很不寻常；然而，温伯格只要不在宽街55号，利维就有更大的自由度，能够自行管理公司。

利维怎么想办法赶走了温伯格，仍然是高盛传奇中最难以捉摸的一个故事。前两本关于高盛的书[1]里都没有提到利维和温伯格之间的纠纷，正是纠纷导致温伯格搬到了西格拉姆大厦。但是有一件事确定无疑：利维想自己运营公司，不再受温伯格保守、专断的风格限制。合伙人乔治·多蒂（George Doty）评论："我估计，西德尼有点嫉妒他（利维）的优先权。西德尼只要觉得利维权势太大，就会踩利维一脚。但利维是公司的主要财源之一。所以这是一种爱恨交织的关系。"

利维认为，套利、大宗交易、期权、商品交易，都存在巨大的商机。然而温伯格是从拮据中走出来、经历过大萧条的投资银行家，对风险非常厌恶，尤其是厌恶使用高盛贫乏的资本（毕竟只不过是合伙人的钱）作为交易赌注。利维在高盛团队中释放了一股激发创造力的浪潮。高盛前合伙人艾伦·斯坦（Alan Stein）回忆："利维对新业务的兴趣要大得多，他也给了员工更多权限自己做事，而西德尼从来都不喜欢这样做。西德尼有很强的控制欲。"合伙人乔治·多蒂就是从一家会计师事务所请来的，试图阻止利维的冒险倾向。多蒂说："西德尼和沃尔特·萨克斯过去常常害怕利维带着他们跳下悬崖，因为利维在市场上的冒险精神是他们不能容忍的。我被请进来，原因之一是制衡利维，防止我们暴露在危险中。"

桑迪·刘易斯也不知道利维怎么让温伯格搬到上城的，但他深知此举对利维是多么重要。桑迪·刘易斯说："爸爸（赛伊·刘易斯）和利维因此而大大庆祝了一番，我记得他们从来没有这么高兴过。他们很高兴把温伯格从办公室里弄出来。不是他们不尊重温伯格，相反，他们很尊重。但温伯格在压制我们的做市商交易业务，只希望发展代理商业务。温伯格不希望交易成为高盛利润的大头。温伯格讨厌交易业务，担心对公司的影响。他见过1929年大崩盘。"

然而，利维在高盛和华尔街的权势越来越大，人称"华尔街先生"。

---

[1] 按照作者在本书其他地方提到的说法，这两本应当指查尔斯·埃利斯的《高盛帝国》与丽莎·埃利希的《高盛集团：成功的文化》。

这时候，利维就认为温伯格必须下台了。利维继承温伯格的情况，其实更类似温伯格和瓦迪尔·卡钦斯之间那样突兀，而不是像企业公关部门希望呈现的那样，循序渐进，被人们广泛认可。西德尼·温伯格的孙子彼得·温伯格（Peter Weinberg）介绍："西德尼·温伯格就像许多强势领导人一样，在古斯塔夫·利维成为高级合伙人的那晚，并没有'温和地走进良夜'[1]。事实上，我一直听说，把他从公园大道375号里弄出来，难比登天。我相信，西德尼·温伯格觉得他一直到死都在管理高盛。"对此，鲁宾也做了补充，语气是他一贯的轻描淡写："温伯格先生把大权移交给利维，我就感觉气氛忽然有些紧张。"他说："吉米（Jimmy）[2]有一次对我说，温伯格先生发现很难从主管岗位上退下来。"尽管温伯格本人并不在高盛位于宽街的办公室，但他仍然保留权力，为合伙人设定半年盈利分红比例；这意味着决定合伙人薪酬的人依然不是利维，而是温伯格。在华尔街，这一点才是最重要的。合伙人乔治·多蒂说："西德尼，直到他死的那一天……他都是我的老板。他是资深合伙人。我觉得利维对此很不满意。利维在公众眼中已经大有长进。他成为非常出色的投资银行家，当上了纽交所主席。但是，西德尼从未让任何人怀疑，谁才是公司的高级合伙人。"

高盛一年一度的合伙人晚宴，经常在21俱乐部举办。1969年，晚宴接近尾声的时候，利维站起来向温伯格敬酒。利维说："温伯格先生，即使你的办公室现在是在上城区，而我们在下城区，不会再见到你来办公室，但是我们还是想让你知道，你一直是我们的念想，永远在我们心里。我们很高兴，你身体健康，依然活跃。我们只想让你知道，我们没有一天不想念你，我们是多么尊敬你。无论你在哪里，去到哪里，高盛永远和你同在，你也永远和高盛同在。"其他合伙人为利维这一番献词

---

[1] 化用英国诗人狄兰·托马斯（Dylan Thomas）的著名作品《不要温和地走进那良夜》（*Do Not Go Gentle into That Good Night*）的名句，形容温伯格没有默默离开。

[2] 温伯格的两个儿子之一。

热烈鼓掌。

但是77岁的温伯格还没有准备好就这么黯然离开。温伯格回答："这些想法都很好，利维，我很高兴你有这样的感受。可你永远不要忘记这一点：无论我身在何处，我都是高盛的高级合伙人，高盛归我管理！"直到最后，温伯格依然是利维的眼中钉。一位前合伙人评论："西德尼活着的时候，对利维的业务压制得很厉害；因为他常说利维的一些生意太——'打擦边球'这个词用得不对，我不想得罪别人。但他认为利维的一些业务可能'太过犹太化了'，这是他可能用过的一种说法。所以，利维摆脱了西德尼之后，不管觉得什么生意对公司有好处，都可以去放手开展了。与此同时，利维自己的标准也得到了发展。他更加谨慎地维护公司形象，不太可能去追求那些微不足道的生意。"

1969年7月24日，在患病后不久，温伯格在哥伦比亚–普雷斯拜特医学中心去世。《纽约时报》头版登了长篇讣告，除了叙述他在布鲁克林艰难的成长经历，以及他在投资银行方面的能力，还叙述了他作为总统顾问的不为人知的经历。他不仅公开与罗斯福总统合作，当总统助手，还在杜鲁门、艾森豪威尔、肯尼迪、约翰逊的幕后提供建议。尽管他投民主党的票，但不愿过于冒险。《纽约时报》说，他在艾森豪威尔两届政府中影响力"巨大"。

肯尼迪总统请温伯格协助参与多份税收提案，并协助创建通信卫星公司（Communications Satellite Corporation，简称COMSAT）。鲍勃·鲁宾以律师身份参与过通信卫星公司的IPO。1964年，温伯格帮助组建了约翰逊的选举团队，最终约翰逊也在同一年成功当选。温伯格向约翰逊推荐了约翰·T.康纳（John T. Connor）与亨利·福勒（Henry Fowler），两人都被选为内阁成员，康纳担任商务部长，福勒担任财政部长。福勒后来还加入高盛，成了第一位以合伙人身份加入高盛的前政府官员。温伯格还支持明尼苏达州参议员休伯特·汉弗莱（Hubert Humphrey）竞选总统，最后失败。温伯格支持竞选的人当中，只有汉弗莱一个人没有成功。温伯格去世的时候，还在三家公司董事会任职：福特汽车公司、通用雪茄公司（General Cigar Company）、科林斯广播公司（Corinthian Broadcasting Company）。

但在温伯格去世的时候，形势正在变化，关于"投资银行家是否应该继续担任公司董事"这个问题也是如此。证券交易委员会和司法系统重新解释了与内幕交易有关的各项证券法律，从法律角度来看，投资银行家继续担任委托人董事，变得越来越不可取。1968年8月，上诉法院裁定，得克萨斯州海湾硫黄公司（Texas Gulf Sulphur Company）高管违法，因为这些高管交易公司的股票，却隐瞒了一个关键信息：他们知道公司在加拿大发现了大型矿产。不久之后，证券交易委员会又对美林证券提起行政诉讼，指控美林证券14名高管向14家其他投资公司散播了有关道格拉斯飞机公司（Douglas Aircraft Company）预期收益下降的内幕消息。最后，多家公司接受处罚，案子和解。

后来，宾州中央铁路公司（Penn Central Transportation Company，当时美国最大的铁路公司）一名小投资者起诉费城投资银行家霍华德·布彻三世（Howard Butcher Ⅲ）。布彻担任宾州中铁和其他29家公司董事，声称自己掌握有关铁路财务业绩的"秘密信息"，敦促自己的公司客户抛售宾州中铁的股票，从而不公平地压低了股价。布彻立即退出了他所在的30家公司的董事会。这场诉讼引发了一场全国性的辩论：投资银行家是否非法利用了担任董事期间掌握的信息？对于布彻来说，"他对投行家在公司董事会中扮演的角色，态度发生了变化，他不再支持这么做"。但勒布－罗德斯公司（Loeb, Rhoades & Co.）高级合伙人约翰·勒布（John Loeb）不同意。1968年12月，约翰·勒布接受《纽约时报》采访，说："对生活采取道德的态度，通常就会走在规矩前面。"毫不奇怪，温伯格也力挺这种做法："我在董事会工作了40年，让投资银行家进入董事会没有什么不对的。基本上，你必须诚实。"在涉及潜在利益冲突的问题上，这很像一句华尔街经常说的老话。

温伯格离世后，高盛毫无疑问地成了利维的公司。一次，利维出庭作证，被问到什么时候当上的高级合伙人，利维回答："自从西德尼·温伯格先生于1969年7月去世。"利维最初的事务之一就是庆祝公司成立100周年。1969年12月15日，在纽约银行（Bank of New York）办公大楼（为什么选择这里，原因不明）特别低调地举行了庆祝仪式，没有任何宣传。除了演讲外，诸位合伙人吃了一顿便席，有鸡尾酒虾、薄脆饼干拼盘、公爵夫人土豆[1]、酒店领班送来的烤德尔莫尼科牛排。甜食有柠檬牛奶冻、库拉索利口酒、黄油饼干。

温伯格留给利维的除了一家百年老店，还有商业票据业务中一大堆突如其来的问题，就是当年马库斯·戈德曼在曼哈顿下城开始创业时依靠的无抵押短期贷款。1969年，高盛已经是华尔街最大的商业票据交易商，并且证明了自己在收取客户与机构投资者（其中许多是银行和保险公司）的费用上有多么精明。这个业务利润不高但很稳定，自大萧条以来，从没有给高盛造成问题，因为没有哪家公司在商业票据义务上违约。守约的原因之一是，一般说来，到了20世纪60年代后期，如果债务是高级无担保低息债务，那么就只有最大的、信用评级最好的公司可以进入市场。

突然间，这种安全、无聊的业务变得可怕起来。12月27日晚，有人透露消息：被称为财务公司中的"蒂芙尼"（Tiffany）、拥有凯迪拉克般体量的米尔因素公司（Mill Factors Corporation），正因贷款组合意外出现巨大损失而陷入严重的财务困难，并可能申请破产保护。米尔因素在麦迪逊大道的纽约人寿大厦拥有一组豪华的办公室。米尔因素表示，其贷款组合的亏损将超过本年度利润。债权人都十分慌张，连忙计算自

---

[1] 一种法式土豆泥。

已损失的规模。其他金融公司已经开始包围米尔因素，看看是否能廉价收购其资产。

高盛一直是米尔因素的首席商业票据承销商。事实上，就在爆料之前的三个月，高盛已经把米尔因素100万美元的商业票据卖给了纽约人寿。高盛不仅是米尔因素最大的债权人（米尔因素欠了高盛840万美元），也是它的房东（每年收租将近10万美元）。多年来，高盛向大约500个不同的投资者发行了约700万美元的米尔因素商业票据。当时大部分票据都是违约状态，这意味着米尔因素为了保住现金，已经停止向债主支付利息。原来，米尔因素的贷款组合有4500万美元，其中3500万美元是可疑的，不太可能偿还给米尔因素。这场灾难反过来，又使米尔因素几乎不可能偿还本身超过8000万美元的短期和长期债务。米尔因素特邀外部顾问查尔斯·塞尔格森（Charles Seligson）说："不可否认，公司存在管理不善。除非有人管理信贷发放十分糟糕，否则你不会从4500万美元的投资组合中得到来自可疑账户的3500万美元的投资组合。"

米尔因素的一些债权人认为，高盛应该在出售米尔因素商业票据之前了解其问题。其中包括马萨诸塞州伍斯特市的伍斯特县国家银行（Worcester County National Bank），该银行代表其管理的多个慈善账户，在米尔因素购买了130万美元商业票据；还包括夏威夷的多元化小型企业集团亚历山大－鲍德温公司（Alexander & Baldwin），通过高盛，购买了100万美元米尔因素商业票据。伍斯特银行对高盛极为愤怒，竟然作为单独的债权人，坚持提出一项计划，让米尔因素免于破产并出售给另一家财务公司。这项计划要执行，必须所有债权人一致同意。伍斯特银行高级副总裁约翰·亨特（John Hunt）告诉《纽约时报》："我们的立场是：高盛公司向我们推荐米尔因素票据，属于严重的玩忽职守，应当补偿我们的全部损失。"高盛公司拒绝补偿损失（损失数目估计是原来投资的60%），担心会成为先例，这样，其他因债务人破产而受损的商业票据债权人就会纷纷效仿。最后，其他有牵连的各方，为了和解而纷纷砸钱，例如米尔因素的会计师事务所莱布兰德－罗斯兄弟与蒙哥马利事务所（Lybrand, Ross Brothers & Montgomery）就支付了将近500万美元。而高盛只支付了5万美元，但否认"全部责任"，并表示自己同意和解，只是为了"避免（官司打得太久）耗费太多时间与费用"。

高盛担心开创先例，可谓十分明智。米尔因素的崩溃仅仅是1970年6月美国最大的宾州中铁运输公司崩溃的一个前奏。宾州中铁破产案是美国历史上空前的破产案，而财务困境的中心正是高盛的商业票据业务。高盛再次面临生死关头。多蒂说："所有人都躲进了避难所。接下来几年过得十分艰难。"

第七章

买者自负

1968年2月，宾夕法尼亚铁路公司（Pennsylvania Railroads）和纽约中央铁路公司（New York Central Railroads）合并，成立了宾州中铁（Penn Central，宾州中央铁路公司的简称，本书以下也简称为宾州中铁），成了美国最大的铁路公司，也成了美国最大的公司之一。两家公司未偿债务共有大约12亿美元，分散在50多种不同的债券。合并后，高管们试图再融资，并整合这些债务。1968年7月29日，宾州中铁的监管机构州际商务委员会批准了宾州中铁首次发行商业票据的请求。8月6日，高盛卖出了宾州中铁3500万美元的商业票据，预计年底前还会再卖出6500万美元。高盛表示，此次发行"非常受欢迎"。

不到两年，宾州中铁申请破产保护（允许它作为持续经营企业进行重组，而不是被清算）。部分原因是，1970年6月底之前，公司必须给未清偿的商业票据中至少7500万美元的债务进行再融资，但公司最后没有完成。宾州中铁一直在与美国政府进行谈判，让政府为自己提供贷款担保，但没有取得成果。公司在16个州和2个加拿大省份运营着20530英里（约33053千米）的轨道，承担了美国铁路客运35%的服务。公司还拥有大量的房地产，包括纽约的中央大酒店以及位于中央车站和华尔道夫–阿斯托里亚酒店之间的公园大道上大部分土地。尽管如此，公司最终还是有8700万美元短期商业票据的违约。利维察觉到法律上的麻烦，派西德尼的儿子约翰·温伯格去和宾州中铁商业票据的各个持有者谈判。约翰·温伯格提议，高盛将以1美元折合50美分的价格回购票据。持有者们拒绝了，高盛不久就深陷困境。

这个时候，利维还在负责关于公共事务的幕后工作。1970年5月，纽约州州长纳尔逊·洛克菲勒任命利维当了纽约州港务局[1]董事，负责管理进出城市的桥梁、隧道、机场。很快，利维开始让华尔街好友们给洛克菲勒州长的继任者马尔科姆·威尔逊（Malcolm Wilson）州长施压，不让威尔逊州长再让政府拨款建设公共交通设施。这一举动惹恼了一个人，就是刘易斯·卡登（Lewis Kaden），当时新泽西州州长布伦丹·伯恩（Brendan Byrne）的顾问。卡登非常想用这笔钱，他告诉《纽约》杂志记者："钱在哪儿，利维就在哪儿。"

与此同时，鲍勃·鲁宾仍然在高盛套利部门为特南鲍姆工作，但开始考虑跳槽。桑迪·刘易斯当时担任怀特－威尔德公司套利部门主管，他说，鲁宾曾经给他打电话，问有没有可能去他的公司。鲁宾说这番话时才在高盛待了三年，但显然已经不能忍下去了。

据刘易斯说，鲁宾在1969年开始跟自己联系，"鲍勃·鲁宾想脱离高盛"。鲁宾已经对高盛幻灭，不愿在高盛努力了。刘易斯转述鲁宾对他说过的话："这个不诚实的环境已经逼迫诚实的人变得不诚实。"刘易斯还说，鲁宾抱怨"打电话"的日常工作，以及天天目睹的怪异行为。他继续转述鲁宾的话："人们把书和椅子到处乱扔，经常有人突然爆发。但是，他们所做的都是在掩盖他们真正必须做的，让他们蒙羞的事情。"后来，1989年，桑迪·刘易斯被联邦法院判处操纵股市罪，终身禁止交易；2001年被克林顿总统赦免；2006年被证券交易委员会取消禁令。[2]

鲁宾自己的书里则给出了另一个想去怀特－威尔德公司的理由。他写道，法学院的一位朋友艾利·雅各布斯（Eli Jacobs）曾在怀特公司工作，后来"负责公司套利部门的那伙计离职了"（就是桑迪·刘易斯，1969年12月被解雇），于是雅各布斯打电话给他，问他有没有兴趣。怀特公司

---

[1] 全称纽约与新泽西港口事务管理局，又简称纽新航港局，是纽约与新泽西两座港口的联合管理机构，因此下文提到新泽西州的事。

[2] 桑迪·刘易斯之后退出金融业，参与了多项社会事业，目前在纽约州埃塞克斯经营农场。

高级合伙人保罗·哈林贝（Paul Hallingby）提出让鲁宾当合伙人，当时鲁宾只有32岁。鲁宾准备接受怀特–威尔德公司的邀请："我去看了，非常满意。"他认为自己永远不会成为高盛合伙人，那么怀特–威尔德公司是个不错的选择，而且也是必然的选择。鲁宾说："我做梦也没想到他们（高盛）会提出让我当合伙人。"鲁宾见了特南鲍姆，说自己要离开高盛，转投怀特–威尔德。特南鲍姆去见利维。鲁宾后来叙述："他（利维）不得不处理这个问题，很不高兴。"特南鲍姆对利维说："利维，哈林贝提议鲁宾去怀特公司当合伙人，但我认为鲁宾对我们真的很有价值。这小伙子非常厉害。你很清楚，也知道他是什么样的人。"利维告诉特南鲍姆："好吧，叫他安分一点，不要惹麻烦，年底我们就让他当合伙人。"特南鲍姆回忆说，特南鲍姆和利维看重鲁宾的优点，主要是"他的法学出身、最优等成绩、法学学位，还有整体的为人。他这孩子真是既聪明又细心"。特南鲍姆还说，他虽然没有跟利维提过，但他也非常佩服鲁宾的妻子朱迪。朱迪后来当上了纽约市礼宾事务专员。

有了特南鲍姆在合伙人问题上的交涉，鲁宾告诉哈林贝，自己不会离开高盛了。利维履行了诺言，在1970年底让鲁宾当了合伙人。12月30日，鲁宾成为九名新任普通合伙人[1]中的一员，同时成为合伙人的还有H.柯本·戴伊（H. Corbin Day）、小尤金·莫西（Eugene Mercy Jr.）、埃里克·希因伯格（Eric Sheinberg）。"至少可以说，我当时很惊讶。"鲁宾说。但是，前一年利维已经告诉鲁宾，他可以当合伙人。这时候鲁宾第二次听说消息，为什么又会惊讶，鲁宾没有解释。[2]但他并没有忘掉，关于他当上高盛合伙人，正是在宾州中铁垮台期间："我当时想：坏了，这下可没有企业让我当合伙人了！"

鲁宾正在忙。到11月份，宾州中铁的四个投资方在曼哈顿联邦法院

---

[1] 合伙人主要分为两类：一是普通合伙人，对企业债务承担无限连带责任；二是有限合伙人，承担债务，以出资为限。

[2] 前文说利维决定让鲁宾当合伙人是在1970年，推测鲁宾这段回忆发生在1971年。

起诉宾州中铁，案值超过2300万美元，相当于公司将近一半的资本。《纽约时报》报道："基本问题在于，那些发行了130亿美元商业票据未清偿余额（商业票据未清偿总额约为340亿美元）的票据交易者，在它们为之承销票据的一家公司陷入资金困境时，应该负多大责任？"对于1970年的高盛，这不仅是一个理论问题，而且是现实的关键问题，会决定高盛还有没有偿付能力。当时，高盛资本约5000万美元，全部来自合伙人。不用说，如果宾州中铁全部8700万美元票据的一切持有者全都紧咬着高盛不放，结果可能是毁灭性的，尤其是这时候米尔因素事件的阴影还没有消散。

对高盛提起诉讼的原告是由四家公司组成的集团，它们分别是：基础投资者公司（Fundamental Investors），它是一家共同基金，价值10亿美元，在1969年底的十天内购买了宾州中铁2000万美元的商业票据；C.R.安东尼公司（C. R. Anthony），俄克拉荷马市零售商，买了150万美元票据；纽约韦斯特菲尔德镇的韦尔奇食品公司（Welch Foods, Inc.），也就是韦尔奇葡萄汁的生产商，买了100万美元票据；以及扬克斯公司（Younkers），总部位于艾奥瓦州德梅因市的零售商，买了50万美元票据。债权人写了长达15页的诉状，指控高盛向它们出售商业票据时的行为是"造假、欺骗、隐瞒、压制、虚假宣传"。原告声称，高盛"对宾州中铁的未来作出的承诺和描述，超出了合理预期，也无法被现有情况证实"，并进行了"虚假描述和声明"，称高盛说宾州中铁"品质最为优秀"，而高盛先前已经"对宾州中铁财务状况进行了充分调查，并持续评估"。原告还声称，高盛已同意回购商业票据。原告律师丹尼尔·波拉克（Daniel Pollack）评论宾州中铁违约事件："对于商业票据持有者来说，这一事件极其重大。例如，对于韦尔奇公司的农场主来说，这就是他们所有的钱。一次坏收成[1]和现金等价物的潜在损失，对他们来说是一场潜在的

---

[1] 这里是比喻，指商业票据购买不当，并非农业收成。

大祸。"

宾州中铁一直是利维的客户，但在华尔街有一个"光荣传统"，也就是"成功有许多父亲，失败却是孤儿"。[1]因此公司在媒体上的辩护任务留给了负责票据业务的合伙人罗伯特·G.威尔逊（Robert G. Wilson）。罗伯特·威尔逊告诉《纽约时报》："对高盛的各项指控，完全没有根据。由于不可预见的情况，不论是谁面临潜在的财务损失，我们都感到遗憾。但针对高盛的诉讼没有事实基础，我们会全力应对！"罗伯特·威尔逊又补充说，在高盛出售宾州中铁票据期间，"我们相信这家运输公司（宾州中铁）值得信赖"，而且"至少能获得足够信贷支付当前债务，并偿还到期的商业贷款"。他说，即使是在1970年5月下旬（破产的前几周），他也"完全有理由"希望宾州中铁公司能够得到政府担保的贷款。现实中，宾州中铁虽然最后多次央求了国会与尼克松总统，贷款却还是没有来。

基础投资者公司起诉高盛之后，第二天，美国运通（American Express）一家子公司也起诉了高盛。尽管高盛也交易美国运通商业票据，但还是被起诉了。运通子公司一开始索赔200万美元，后来上升到400万美元。接着，1971年2月，华特·迪士尼公司（Walt Disney Company）起诉高盛，索赔150万美元。因为迪士尼购买了价值150万美元的票据之后，宾州中铁倒闭了。一个月后，马林克罗特化工厂（Mallinckrodt Chemical Works）又因为宾州中铁票据亏损而起诉高盛。最后针对高盛的诉讼大约有40起。

这是华尔街又一个岌岌可危的时候。华尔街历史学家把这场危机称为"后台危机"（back-office crisis）。问题的关键在于：1967年主要交易所的交易量激增，而华尔街私人合伙制度资本化很糟糕，机制也不完善；交易量"突如其来的剧增"引发了大量文书工作，私人合伙制度无法及

---

[1] 大意是说，人人都想办法让自己跟好事沾边，而远离一切坏事。

时处理。新工作需要大量文员处理，但公司招新的速度太慢。而且在匆匆忙忙招进来人以后，这些人的表现又糟糕透顶。一些公司淹没在了文书当中，文书没人处理，或是交给了不对口的部门处理。但是到了1969年底，纽约证券交易所的一位高管李·阿尔宁（Lee Arning）表示，"最糟糕的文书工作问题已经解决了"。

可实际上，这场危机才刚刚开始，因为许多经纪公司刚刚增加了人手来处理堆积如山的票据，业务量就突然大幅下降了。有人认为，1970年是资本主义自1929年以来最严重的一次考验。但这并不是高盛的困境，高盛几乎没有零售客户，也没有零售经纪人遇到的那种后台危机。相反，1970年，高盛利润竟然"超过了2000万美元"。利维告诉《华尔街日报》，这是101年历史上的第三高。高盛负责64家公司的债券和股票发行，结果"喜人"，筹集了超过35亿美元的资金，大宗交易量增加了80%。高盛资本从4600万美元增加到4900万美元；杠杆比率，也就是债务总额与净资本的比率为6.5，远低于交易所的限度20∶1。但是由于宾州中铁破产，高盛的问题与华尔街各家兄弟公司的问题一样严重，只是大多数人一点儿也不知道。例如，1971年7月，尽管高盛持续面临生存危机，但也似乎得到了《纽约时报》华尔街记者约翰·H.艾伦（John H. Allan）的充分合作。报纸为高盛发了长篇专题，讨论了高盛的方方面面，单单没有说到岌岌可危的法律和财务前景。艾伦说，高盛一切都好。

这次报道，小伙子爱德华·诺沃特尼（Edward Novotny）功不可没。诺沃特尼当过记者，后来成为公关大师。1970年，诺沃特尼悄悄入职高盛，直到2004年去世。诺沃特尼住在曼哈顿东侧都铎大厦的商住两用房。高盛给他一年20多万美元，让他在家办公，给高盛做公关。高盛四面出击的公关行动，也成了高盛传说的一部分。一位高盛前高管说："诺沃特尼是个隐身人，谁在高盛拨他的电话分机，都铎大厦的商住两用房就会响铃。他在那儿有个秘书守着，他能够影响一些隐藏极深的权力。"高管还说，诺沃特尼"唯一的特征"就是"极端疑神疑鬼"，使得"企业永远不会被人记录下来"。高管还说，诺沃特尼只要向记者透露什么，都是"极深、极深、极深、极深、极深（连用了五个极深）的内幕消息"。又说："每一次，诺沃特尼跟我说起一名记者，都会说'这人非常非常非常危险'，甚至连著名的街拍记者比尔·坎宁汉（Bill Cunningham）[1]也是'非常非常非常危险，要当心！'"

《纽约时报》的文章基调是，高盛在华尔街的表现非同寻常，因为它的投资银行业务和交易业务处在同一屋檐下，同样受尊重，同样高利润。这种情况下，在宽街55号四层，高盛的交易"十分活跃繁忙"，而在上面一层的银行部门，"气氛安静，类似常春藤学校的气氛，难以看到什么行动"。但是，《纽约时报》又说，高盛"似乎很轻易地将这两个部门安排在同一屋檐下，而且一直在寻找更多业务"。报道说，高盛下一步举措是增加面向各家公司和各个市政当局双方面的债券承销和交易。高盛当时正在考虑交易政府债券，并进军房地产融资市场、租赁融资市场、国际市场。高盛1970年盈利2000万美元，还打算进一步提高。高盛4900万美元资本的回报率接近50%，令人咋舌。那时，高盛已在伦敦开设了第一家外事办公室；利维介绍，这是"一项重大国际业务"的一部分。这与高盛同克莱沃特－本森银行（Kleinwort Benson）[2]曾经建立的联盟是各自独立的。

《纽约时报》不仅赞美利维，还向外界展示了公司新一代领导人——约翰·怀特黑德，"49岁，和蔼可亲的投资银行家"，毕业于哈弗福德学院（Haverford College）和哈佛商学院，负责投行业务的"新业务集团"。怀特黑德对自己的新角色十分享受，不仅确定了每年至少盈利100万美元的4000家美国公司，还确定了高盛哪些银行家会联系他们，说服他们与高盛合作。

怀特黑德考虑建立一种体系，能够系统化、更积极地寻找业务。

---

[1] 比尔·坎宁汉是时尚摄影记者，并非深挖内幕的记者。这说明诺沃特尼非常多疑，谁都不相信。

[2] 英国著名投资银行，20世纪初曾经与高盛、雷曼兄弟合伙经营承销业务。

这是因为西德尼·温伯格年纪越来越大，怀特黑德意识到，整个公司好像只有温伯格一个人有能力拉到各种投行业务，比如债券承销、股票承销或并购交易。怀特黑德在2003年5月演讲中说："每一笔投资银行业务……在至少十年时间里，都是西德尼·温伯格经手的。"他给温伯格写了一份机密备忘录，只给温伯格一个人看，说的是投资银行内部如何组织一批人，参与新的商业项目。怀特黑德说："我知道这份备忘录必须得到西德尼的批准，所以我非常注意措辞。我说，西德尼·温伯格是谁也不可能复制的；我们这里没有人，也找不到人。但如果我们能有十个人，每个人每年经手的业务是温伯格的20%，那高盛的业务规模就会是今天的两倍。"温伯格把备忘录塞进抽屉，没有理会。几个月后的一天，怀特黑德（当时已经成为合伙人）鼓起勇气，问温伯格有什么想法。温伯格打开抽屉，看了看这份寂寞的文件。温伯格回答："简直是发疯，这种东西我们完全用不着。你真的想这么做吗？"

怀特黑德做到了。他曾希望在下次合伙人会议上讨论，但他说："没有什么合伙人会议，一次也没有过。唯一的一次合伙人会议是在一个私密场合举办的年会。那年（1970年）我当上合伙人，仪式在21俱乐部的密室里举行。合伙人来了，全都穿着燕尾服。"怀特黑德后来与各位合伙人一个一个谈，得到了支持，让合伙人们批准了这个计划。1971年7月，怀特黑德很高兴地告诉《纽约时报》，高盛投行业务取得了显著的市场份额。1968年，怀特黑德估计高盛在"应邀而进行的公共和私人融资"市场，拥有7.8%的市场份额；1970年增加到了11.6%，到1971年7月为止，"再次提升"。

《纽约时报》的文章还特别提到了西德尼的儿子约翰·温伯格，以及约翰是怎么为高盛而继续保有了温伯格留下的遗产。其中一项事业：约翰·温伯格在九家公司董事会子承父业，包括通用电气公司和B.F.古德里奇。尽管已经有传言说，投资银行家当了公司董事，可能会发生冲突，但文章明确说道，高盛和约翰·温伯格都公开表示，自己相信这种冲突可以控制。（当时，高盛各位合伙人担任大概75家公司董事。）

除了利维，怀特黑德和温伯格也曾在高盛的六人管理委员会任职。委员会每周一上午9:00开会约一小时。西德尼·温伯格向利维提出了多个条件，才答应利维，从宽街55号搬出来。成立管理委员会，就是温伯格的交换条件之一。这个权力巨大的委员会的其他成员有：证券销售主管霍华德·雷·扬（Howard "Ray" Young）、库伯−里布兰德（Coopers & Lybrand）公司前高级合伙人兼行政部总监乔治·多蒂、采购部总监爱德华·施拉德（Edward Schrader）。利维将怀特黑德称为"新业务集团"负责人，而约翰·温伯格则是"自由人"，没有具体职责。文章说，这个小组得到了特南鲍姆和大宗交易者罗伯特·穆钦（Robert Mnuchin）的有力支持。

文章最后，记者艾伦提到了高盛商业票据业务的各种问题，还提到罗伯特·威尔逊向老板约翰·温伯格的汇报。《纽约时报》说："与公司的创始人不同，威尔逊并不会在金融区到处跑，忙着往帽子里塞商业票据，而是监督一个46人的团队，每年为工业生产提供多达400亿美元的短期资金。"至于因为宾州中铁而起的那些诉讼，威尔逊说"对高盛的各项指控，完全没有根据"，而且商业票据业务在宾州中铁崩溃带来的信贷冻结之后大幅增加。虽然艾伦指出，大银行正在给商业票据损失进行减记，是高盛"主要的潜在麻烦"，但他又说，高盛已经在米尔因素案中支付了5万美元，和解了购买者们对高盛提起的诉讼。这5万美元比起购买者的实际损失只是个零头。

《纽约时报》没有提到这么一件事：1971年3月，高盛决定将合伙人责任限制在自身出资的数额；以前，他们每人都要对公司全部净资产负责。尽管《华尔街日报》称，此举"符合许多主要证券公司中越来越流行的趋势"（这一点也说得没错），但人们不禁认为，此举也是高盛因为宾州中铁而惹上官司的结果。《纽约时报》的赞歌还没有提到1971年2月的一则新闻。那则新闻是另一起诉讼，被告是高盛和小西德尼·温伯格，人称吉米·温伯格；原告是化工制造商兼消费品公司——美国氰胺公司（American Cyanamid Corporation），索赔1.25亿美元。氰胺公司指控高盛和吉米·温伯格制定阴谋破坏了其以3500万美元收购伊丽莎白雅顿化妆品公司（Elizabeth Arden）的交易。先前，高盛受雇负责卖出伊丽莎白雅顿化妆品公司。于是高盛先接近氰胺公司，然后又调头鼓励氰胺公司的竞争对手礼来制药公司（Eli Lilly）以3850万美元收购伊丽莎白雅顿化妆品公司。[1]

　　爱德华·诺沃特尼还有另一次小得多的功绩。那就是1972年6月《华尔街日报》的一篇文章，说斯坦福大学MBA的黑人学生小詹姆斯·E.科菲尔德（James E. Cofield Jr.）告了高盛，指控高盛种族歧视。科菲尔德的班上，连他自己只有两名黑人学生。诉状说，两年前，科菲尔德还在斯坦福大学就读MBA的时候，申请了高盛的工作。科菲尔德此前曾在第一国家城市银行（First National City Bank）和布莱尔公司（Blair & Co.）就职，布莱尔公司是一家区域经纪公司。他毕业于北卡罗来纳大学（University of North Carolina），曾就读于霍华德大学（Howard University）法学院。1969年3月，科菲尔德首次在高盛申请暑期工，希望能从事企业融资工作。简历发给了公司企业融资部的合伙人约翰·贾米森（John Jamison），贾米森一直负责在斯坦福大学招收应届生。3月18日，科菲尔德又给贾米森写了一封信追问，并提议3月25日在纽约与贾米森见面。4月11日，贾米森给科菲尔德回信说，高盛不能"在今年夏天给你这份工作"，还说："说实话，我们一直在勉强维持，过去几年来，一直腾不出人手开发或监督一项对夏季员工有意义或对我们有用的项目。"贾米森鼓励科菲尔德"如果有机会，请再次拜访我们"。那个夏

---

[1] 根据《罗克兰县时报》（*Rockland County Times*）1971年2月11日报道，氰胺公司还起诉了礼来公司，以及伊丽莎白雅顿公司的三名高管。译者暂未查到这起官司的结果，猜测高盛设法摆平了诉讼。

天，科菲德最后去了布莱尔公司。

第二年，科菲尔德再次尝试入职高盛。当时，从事白领工作的黑人和西班牙裔非常少，尤其在华尔街。为此，1968年1月15日至18日，平等就业机会委员会在纽约市举行了一系列听证会。1月15日，合伙人乔治·多蒂代表高盛在委员会作证。多蒂做了开庭陈述，他说，随着证券交易所交易量的大幅增加，高盛等一众华尔街公司一直在寻求雇用更多的人，包括在报纸上刊登广告、与猎头接洽、在大学面试MBA学生。然而，他作证说："虽然有我们自己和竞争对手对合格工人的强烈需求，在我们这个行业有动机寻求就业的黑人或西班牙裔却很少。"他说，尽管面试过75所大学的大学毕业生，还接受了很多社会人士的简历，但公司却没有成功招进多少黑人。多蒂说，高盛在75所学校看到"只有一名黑人学生"的简历，而他并没有听说"哪怕一封来自社招的黑人求职信"。

1970年2月20日，贾米森在斯坦福大学对科菲尔德进行了一次面试，据科菲尔德的说法，贾米森告诉他，他的申请流程无法继续了，因为"有一位高级合伙人不打算招收黑人"。科菲尔德在一次采访中确认这位合伙人是理查德·门舍尔（Richard Menschel）。3月4日，科菲尔德给斯坦福大学的一位金融学教授写了一份备忘录："贾米森说，这位合伙人……不希望公司财务部门出现哪怕一个黑人，因此他们也就无法给我这么一份工作。"科菲尔德问贾米森谁负责招聘，贾米森回答"他们希望这个部门的全体负责人都能在招人的问题上达成共识，然后才能发放许可"，而且贾米森在2月20日的采访中"表示门舍尔拒绝跟我沟通"。科菲尔德又写道："当然，贾米森表示他非常抱歉；他这一天非常扫兴，因为他不得不告诉我这个沮丧的消息。他说这个情况很糟糕，希望形势会随着时间而改变。他觉得，因为第一国家城市银行对我很满意，所以我在那里的机遇也很好。"

科菲尔德回忆："在我们的谈话中，他很早就把这个惊人的话题丢了出来，我惊呆了，真是惊呆了。在此之前我跟高盛谈过，我真的认为我会被录用。"因为贾米森虽然没有明说，"但他说话的语气，就像我会被录用一样。比如说，听起来不错，我感觉你很优秀"。科菲尔德在评论这位"高级合伙人"之后，又表示，贾米森试图通过暗示高盛对他来说不是正确的地方而"减轻打击"，还说科菲尔德在第一国民银行"有一些好机会"。高盛拒绝科菲尔德入职高盛的"公司理财部"（Corporate Finance Department），科菲尔德又提出在高盛另一个部门工作，同样遭到拒绝。

第二天，贾米森给科菲尔德发了一封手写的快递邮件，向他隐晦地说了一个面试的日子："今天早上你在与我们的谈话中表现得很平静，但我相信，这平静掩盖了你对此的担忧。我当时深感挫败，但我把这种情绪传染给了你，这种行为很诚实但也很愚蠢。为了对得起我们谈话的信心，对得起我重视的个人关系，如果你跟我一样继续担忧，我希望你能直接和我联系。"贾米森给出了家庭和单位的电话号码，并说科菲尔德可以随时打电话来。

科菲尔德说，贾米森事件发生之后，高盛曾多次提供给他一份工作，但他不确定高盛要他做什么；然而，科菲尔德再也不相信高盛会认真对待他，认真对待他的职业生涯了。他说："我真的很想在企业融资领域工作。我认为已经接近高盛了。然后贾米森突然把想法告诉我，一切都完了。"科菲尔德在北卡罗来纳州罗利市长大，母亲是在威克县教育委员会和威克县政府任职的第一批黑人之一。他说，自己非常了解歧视的表现，"但是这一次实在让我吃惊"。

科菲尔德向他的斯坦福大学金融教授报告说，他"对贾米森没有任何信任，没有任何信心"，"如果情况像贾米森在周五说的那样，他就完全可以推翻这位种族偏执狂的决定，给我一个职位，因为这个部门的主要招聘似乎似乎是贾米森负责的"。

这起事件让科菲尔德、斯坦福、高盛都极为震惊。2月27日，利维写信给朋友，商学院院长、福特汽车公司前总裁阿杰·米勒（Arjay

Miller）。利维说："我深感遗憾的是，已经出现了对高盛公司招聘机制的误解。我是纽约城市联盟（New York Urban Coalition）的主任，也曾呼吁我的公司和纽交所社区推进少数族裔就业。为此，我感到有必要解释我们的政策，并概述我们在这方面的表现，而且为这种必要而感到汗颜。"利维附的图表显示，截至1969年5月，公司1505名员工中有201名，也就是13.4%的员工，属于黑人、女性、东方人、印第安人（只有一个印第安人）、"姓氏为西班牙裔的雇员"。但他没有告知米勒一个重要的情况：在高盛，只有一名黑人是金融专家，另外94名黑人都是文员或杂役。

3月6日，斯坦福大学副教务长罗伯特·罗森茨威格（Robert Rosenzweig）与贾米森会面。罗森茨威格把他误称作约翰·"詹姆森"[1]。一起的还有另一名高盛合伙人兼采购部门负责人H.弗雷德·克里门达尔二世（H. Fred Krimendahl II），他在纽约一直在做其他工作。罗森茨威格在3月9日的备忘录中写道："我得知的新信息非常少。"但又总结说："詹姆森和公司非常想要否认一切。所有他们想要否认的都是事实。"他说，高盛"主要担心的"是科菲尔德"会因在招聘中出现的某种不公正行为把他们告上法庭。由于这种恐惧，从他们已经说的话来看，高盛也不会有人直接去找科菲尔德谈话。高盛认为，说得越多，错得越多"。但是这个策略"让他们十分被动，完全被科菲尔德先生的决定操纵了"。高盛想要斯坦福调解。"更具体地说，他们希望我们揣摩科菲尔德先生的想法，并建议他们采取如下策略中的一条：1.如果科菲尔德计划什么都不做，那就按兵不动。2.提议请科菲尔德来纽约面试。他们对某人有兴趣，就要走这样的标准流程；虽然他们认识到，在这种情况下就等于把他招进来。3.直接把他招进来。"

罗森茨威格则完全不同意这些建议："我说，我们不接受调解，但肯定会告诉科菲尔德，我们与高盛的历次商议，包括这一次的情况。这

---

[1] 詹姆森的原文"Jameson"与贾米森的原文"Jamison"只差一个字母。

样他就有了依据，决定下一步怎么做。"罗森茨威格在备忘录中写道，斯坦福大学不是"要和高盛或其他任何人斗"，如果科菲尔德决定"继续维权"，那么大学就会"基于我们对高盛的了解，与科菲尔德站在一起，因为我们最不愿意的就是帮助别人歧视，或者对歧视袖手旁观"。罗森茨威格把备忘录的副本寄给了科菲尔德。科菲尔德后来在一份宣誓书中说，到这个时候，高盛"意识到他们已经用种族理由拒绝了我"。

3月16日，科菲尔德回复了罗森茨威格，当天两人和其他大学行政人员要开会，这封信是为了做准备。科菲尔德说："高盛的歧视性雇佣行为，象征着黑人现在和将来面临的不公正和歧视。尽管许多白人公开谴责歧视，呼吁让黑人享有平等待遇和机会，但他们的行为清楚地表明他们是种族主义者。"科菲尔德写道，如有机会，他愿意与利维讨论"消除高盛的歧视性就业做法"，并邀请他"在3月30日之后尽快到帕洛阿尔托"。他说，如果没有这样的讨论，"我们"将"别无选择"，只能四选一：第一，高盛"立即停止在斯坦福的所有招聘活动"；第二，科菲尔德以个人身份起诉高盛；第三，科菲尔德根据各项平等就业法规，通过司法部起诉高盛；第四，纽约证交所对高盛采取"制裁和纠正措施"。

会议期间，罗森茨威格通过电话向高盛合伙人克里门达尔宣读了科菲尔德的备忘录。斯坦福还把这份备忘录的副本寄给了高盛的纽约部门。4月6日，克里门达尔致信科菲尔德，说高盛现在认为"与您就公司招聘机制开展进一步的讨论，会富有成效"。克里门达尔向科菲尔德提议，科菲尔德"一旦有空"，就前往纽约，"会见敝公司采购部门的成员以及各位合伙人，费用全部由高盛承担"。科菲尔德没有回信。

4月27日，科菲尔德根据2月20日贾米森对他的面试，向平等就业机会委员会提出了对高盛的歧视指控。他还提交了一份五页的宣誓文书，叙述了过去九周发生的事情。6月10日，斯坦福大学的总法律顾问给贾米森写了一封信，再次拼错了贾米森的名字。信上说，斯坦福大学校长要求进行一项研究，"确保在这里招聘的公司和企业在招聘时不存在歧视"；在"研究过程中……将充分考虑科菲尔德先生提出的各种问题"。法律顾问说，在研究结果出来之前，禁止高盛在斯坦福大学招聘，禁令持续五年。科菲尔德在最近的一次采访中说："那时候，斯坦福可以做的（争取权利的）事情并不多。"

科菲尔德从斯坦福毕业后，搬到波士顿，入职了管理咨询公司亚瑟·D. 李特尔（Arthur D. Little & Co.）。有一天，他接到了来自迪克·门舍尔（Dick Menschel）[1]的电话。贾米森先前说，门舍尔就是当初那个反对科菲尔德进入高盛的合伙人。门舍尔邀请他吃饭，并私下谈一谈"他（门舍尔）认为社会上对高盛存在的种种误解"（科菲尔德于8月17日向纽约州人权委员会投诉，起诉高盛，以及利维、怀特黑德、贾米森、门舍尔四人，指控他们"非法的就业歧视，因为他的种族和肤色拒绝雇用他"）。8月28日，门舍尔约科菲尔德一起在洛克·欧博尔餐厅吃饭，这是当时纽约最著名的餐馆之一。门舍尔向科菲尔德保证说，自己对黑人没有偏见，贾米森会错意了。门舍尔告诉科菲尔德："高盛没有歧视性的招聘做法。"门舍尔还表示，自己并不认为贾米森是"种族偏执狂"（这是上文科菲尔德对贾米森的指控），贾米森所说的也不"代表他（贾米森自己）的真实观点"，但是讨论避开了贾米森在2月20日面试时说的原话。高盛后来宣称，一天之前（8月27日），公司向科菲尔德提供了一份工作，而且是"明确的工作机会"，但科菲尔德否认高盛这么做了。不过，纽约州人权部门召开了一次"调查会议"，作为会议的一部分，高盛于10月16日向科菲尔德提出了"明确的就业机会"。

1970年12月16日，平等就业机会委员会在纽约代理地区的主管"找到合理的理由相信"科菲尔德对高盛的指控是真实的，还发现"没有具体证据支持高盛的说法，即高盛主动招聘少数族裔的管理人员；如果有这种招聘，就能够表明高盛致力于为所有合格人员提供平等就业机会"。

---

[1] 迪克是理查德的简称。

12月底，委员会试图通过一份"调解协议草案"解决这次纽约招聘纠纷，其中包括一份协议，规定高盛把科菲尔德招进克里门达尔二世的部门（采购部门）。

但是，1971年1月16日，科菲尔德拒绝调解，因为他声称高盛从来没给过他工作。他说："提出书面聘用要约，这是大多数公司的做法，他们还没有这样做。"他拒绝调解的另一个原因是，调解协议中没有任何条款规定要增加"黑人和其他少数族裔专业和行政职位的雇员人数"。6月16日，平等就业机会委员会批准科菲尔德在美国地方法院对高盛提起民事诉讼，并告诉他，可在30日内起诉。如果不提出诉状，就会失去起诉权。7月2日，平等就业机会委员会整体采纳了纽约地区办公室对科菲尔德一案的调查结果，并鼓励科菲尔德和高盛就如何解决问题"提出建议"。1972年3月6日，科菲尔德在波士顿和律师克拉伦斯·迪尔迪（Clarence Dilday）起诉了高盛。

这场诉讼得到了平等就业机会委员会和纽约州人权部门的支持。科菲尔德表示，高盛已经违反了相关法律，而且这一行为在未来将继续出现。他还代表自己向高盛索赔10万美元，并代表其他原告向高盛寻求100万美元的赔偿。这次诉讼被赋予集体诉讼地位，说其他原告"可能因高盛被指控的歧视性做法而受到损害"。但是科菲尔德提起诉讼的时间太晚了。[1]1972年9月12日，纽约南区的美国地方法院没有发现科菲尔德的"拖延"有正当理由，因此驳回了他对高盛的起诉。

科菲尔德在9月份裁决之前，已经把这个故事写给《华尔街日报》，发现他错过了最后期限，不能胜诉。高盛人事经理詹姆斯·吉尔摩（James Gilmour）表示，事件是一个误解。他告诉《华尔街日报》："不知何故，他觉得我们在招聘大学毕业生时歧视了他。我们试图告诉他，他的种族不是原因，我们以前招过黑人。"吉尔摩说，科菲尔德曾经想要一份涉

---

[1] 平等就业机会委员会规定科菲尔德必须在1971年7月16日之前起诉，科菲尔德拖了几个月。

及"风险资本"的工作，所以高盛表示他在别的地方更可能找到这样的工作。

科菲尔德从斯坦福毕业的同时，还有个兄弟正在沃顿商学院上学。兄弟记得，他也参加过一次高盛招聘会，高盛来的人是约翰·怀特黑德，当时在高盛管委会。另一名黑人学生正好问起怀特黑德，科菲尔德事件是什么情况。怀特黑德忙于向热心的观众赞扬高盛的美德，被这个问题噎得说不出话。1971年，高盛在哈佛商学院设立了高盛奖学金，每年颁发给优秀的少数族裔学生。[1]

尽管那篇《纽约时报》文章误导读者，为高盛辩护，[2]但高盛合伙人还是非常担心，因为宾州中铁而针对高盛的起诉越来越多，可能带来严重后果。鲁宾叙述："人们非常恐惧，宾州中铁的责任可能会使公司陷入困境……人们真的很担心高盛会消失，他们的净资产也会消失。他们对商业票据业务中潜藏的各种危险感到惊讶。他们还没有遭到重创，但他们非常担忧，极为担忧。"鲁宾在书中进一步说："作为一家私人合伙企业，我们面临无限责任。有人担心企业会倒闭。"怀特黑德在回忆录中也表达了鲁宾这种担忧："我们所有人都很恐惧，因为索赔总额一度超过了公司的资本。而且如果一切官司结果都对我们不利（这种情况不太可能），余下的责任就会落到各位合伙人的身上。"苏利文律所为了安慰高盛，给利维写了一封信，表示高盛虽然很可能赔偿宾州中铁的商业票据债权人，但这些赔偿应该不会"削弱"高盛的资本。鲁宾写道："利维把这封信当成护身符，装在上衣口袋里。"

---

[1] 原文虽然叙述很详细，但并没有具体说明科菲尔德为什么没有在规定时限之内起诉高盛。译者猜测可能是这段叙事开始时说的诺沃特尼暗中活动导致的。此外，1972年6月《华尔街日报》的文章也可能是一篇公关文章，极力为高盛辩护。

[2] 科菲尔德事件已经结束，这里指上上节中提到的1971年7月《纽约时报》发表的艾伦的长篇吹捧文章。

美国证券交易委员会1972年8月发表了一份综合报告,长达800页,清楚地表明了利维、鲁宾及其他合伙人在担心什么。这份报告说,高盛不仅把自己的利益放在了客户前面,而且在得知宾州中铁处于严重财务困境之后,继续向投资者出售宾州中铁的商业票据。这些指控是毁灭性的,特别是对一家拼命想把自己描绘成华尔街先锋的企业。报告指出:"高盛在收到有关宾州中铁财务状况的信息之后,继续出售(宾州中铁)商业票据;这些信息应该引起人们高度怀疑投资宾州中铁商业票据的安全性,而这些信息,高盛并没有向客户披露。高盛收到的信息应该使其注意到,应当全面调查宾州中铁的财务状况,从而使得高盛和高盛的客户能够掌握宾州中铁目前的形势。尽管出现了这些警告信号,高盛却没有做出实质性的调查。这样的调查可能会发现,宾州中铁的实际财务状况比宣称的状况更为恶劣。"

1968年7月,州际商业委员会(Interstate Commerce Commission,简称ICC)授权宾州中铁向投资者出售其商业票据。大约两年后,宾州中铁破产。这段时间,高盛一直是宾州中铁商业票据的唯一承销者。到1969年底,高盛卖出了2亿美元的宾州中铁商业票据。到1970年上半年,这笔2亿美元的未清偿金额已经减少到8300万美元,所有者是1969年11月至1970年5月期间购买的72名高盛客户。报告说:"由于人们普遍认为商业票据风险很低,所以这些客户在票据到期之前,了解到宾州中铁已经提交破产申请,感到非常震惊。宾州中铁没有偿还这些债务,基本也不可能偿还。"

高盛与宾州中铁的关系,始于利维与宾州中铁长期的首席财务官大卫·贝文(David C. Bevan)25年的友谊。到1968年3月,在ICC批准宾州中铁申请发行商业票据的几个月之前,贝文、利维、威尔逊(高盛商业票据部门负责人)召开了一轮会议之后,宾州中铁决定聘请高盛销售自己的商业票据。

威尔逊说,高盛"遵守了标准流程,负责成为新的发行者";但证券交易委员会表示，这些流程并不包括准备任何关于宾州中铁信誉的书面报告。高盛商业票据信贷部门主管杰克·沃格尔（Jack Vogel）告诉证券交易委员会，高盛每周都会有一家新的商业票据客户，并为大约250家独立公司发行票据。沃格尔有四名手下，帮助他确定这些公司的信誉，也帮他持续审查这些公司的前景。

ICC决定允许宾州中铁发行商业票据之后，几周之内，高盛就风风火火卖出了1亿美元。然而，证券交易委员会主张高盛1969年9月至1970年5月之间，"获得了重大不利信息，一些来自公开来源，另一些来自非公开来源，表明（宾州中铁）财务状况持续恶化。但是高盛并没有将这些信息传达给客户，也没有对宾州中铁进行全面调查。如果高盛接受了这些警告并对宾州中铁进行重新评估，那么就会发现它的状况比公开报道的糟糕得多"。

根据1969年11月的公开信息，高盛应该知道宾州中铁的铁路部门（这里单说宾州中铁下属的铁路部门，而不是控股的宾州中铁母公司。母公司拥有若干其他资产，诸如纽约中央火车站，麦迪逊广场花园、私人喷气机租赁业务等等）在1969年的前九个月里已经亏损了4020万美元，比1968年全年的亏损额还要多2640万美元。同样在11月份，宾州中铁决定不支付季度股息，这通常是财务困难的迹象。宾州中铁的外部律师在向ICC作证时说，宾州中铁"实现两家铁路公司合并非常困难"（证券交易委员会说："（宾州中铁）管理层知道这一声明后，非常不满。"）。证券交易委员会发现："高盛当时正在把宾州中铁票据当作最佳评级[1]商业票据出售，然而，外部律师的证词并没有让高盛重新评估宾州中铁的财务状况。"

高盛商业票据部门负责人威尔逊也对宾州中铁十分担忧。1969年9月3日，威尔逊要求会见宾州中铁财务部门高管。他在一份内部备忘

---

[1] 原文 prime rated，也叫黄金级债券、三A级债券，指几乎没有信用风险的债券。

录中写道："我们已经很长时间没有聚在一起讨论公司事务了。关于兼并、现金流和长期融资计划，我们有很多问题要问。"9月19日，威尔逊和一些高盛同事会见了宾州中铁财务副总裁乔纳森·奥赫龙（Jonathan O'Herron）。奥赫龙告诉威尔逊，宾州中铁1970年一季度的现金状况会"非常紧张"，并要求高盛"在4月一整个月或更长时间内尽可能多地出售商业票据"。律师们后来认为，当时"高盛拥有关于宾州中铁的重大而不利的内部信息，但未能披露"。10月22日，奥赫龙告诉威尔逊，宾州中铁将在三季度"出现小幅亏损"，但是，四季度将会改善，公司将会"盈利"。

　　一星期后，ICC同意宾州中铁增发商业票据，从1.5亿美元增加到2亿美元。但ICC这家监管机构也对此表示担心，怀疑宾州中铁存在"营运资金赤字问题"，似乎越来越依赖短期融资（商业票据）为长期债务再融资或用于资本支出。ICC指出："在发生经济紧缩的情况下，利用短期信贷为到期的长期债务再融资或为长期资本支出融资，可能会使公司面临严重危机；到那时，公司可能需要短期融资，满足传统应用。因此，我们对为长期目的利用短期融资感到关切，并认为在必要时应当谨慎使用。"

　　证券交易委员会称，高盛"从未对威尔逊在9月备忘录中希望调查的话题进行过任何深度探讨"，奥赫龙和ICC指出的危险信号也"严重质疑宾州中铁的健全性，以及投资其商业票据的安全性"。证券交易委员会称，这些观察"表明该公司正经历流动性危机，未来可能会发现很难满足现金需求，从而危及商业票据持有者"。又说："彻底研究这一问题就会发现，有关宾州中铁流动性及偿还商业票据持有者资金能力的信息，还将具有怎样的破坏性。"但高盛没有进行"任何进一步调查"，"没有披露信息，反而继续积极宣传宾州中铁的商业票据。高盛没有告知客户，宾州中铁预计在不久的将来会有现金紧张；没有告知客户，ICC的指令或关于'营运资金赤字'的信息；也没有告知客户，公司的商业票据收益被用于长期投资"。

　　证券交易委员会称，高盛虽然没有与客户分享这一坏消息，并继续向他们出售越来越不可靠的宾州中铁商业票据，却使用了公开和非公开信息来保护自己与合伙人，不让公司与合伙人在资产负债表上拥有任何宾州中铁票据！9月19日会议上，威尔逊请求奥赫龙让宾州中铁向那些平时接洽的银行请求额外的信贷额度，以支持公司的商业票据项目。换句话说，高盛希望宾州中铁有另一个流动资金来源，也就是向各家银行借钱，以确保未偿还的商业票据（当时价值大约2亿美元）可以在未来几个月偿还。那时候，宾州中铁全部信贷额度3亿美元，已经向一个银行集团借了2.5亿美元；而奥赫龙告诉威尔逊，公司打算借出最后的5000万美元备用，以便在必要时还清商业票据。威尔逊竟然请求奥赫龙再获得（另外的）5000万美元作为商业票据项目的备用资金！奥赫龙回答，公司不会这样做："宾州中铁已经有了信用额度。"威尔逊很失望。

　　整个1970年第一季度，高盛一直在怂恿宾州中铁增加其在各家银行的信贷额度。证券交易委员会发现："公司管理层非常不情愿要求银行提供更多信贷额度。尽管高盛从来不深究宾州中铁为何不情愿；但是，显而易见的是，宾州中铁已经用尽了所有的额度。"威尔逊向证券交易委员会作证，承认这些信息"投资者将会认为很重要"，但证券交易委员会表示，高盛公司从未向其商业票据客户透露这一点。1970年2月5日，奥赫龙告知威尔逊，宾州中铁"已无法再增加任何一笔信贷额度"。证券交易委员会称，公司无力获得额外融资；这一点，"与其他相关信息一样……没有向客户披露"。

　　2月5日这天，极为忙乱。之前，宾州中铁预测1969年第四季度会盈利，结果正好相反，公司宣布亏损1600万美元，全年亏损5600万美元。威尔逊打电话给奥赫龙，准备开会，讨论这意外的亏损。第二天，利维和威尔逊会见了贝文和奥赫龙。贝文报告，宾州中铁还需要另外1.7亿美元的资本支出，再加上预期的损失，今年的融资需求将达到2.26亿美元左右。贝文告诉利维和威尔逊，宾州中铁有各种各样的想法，打算以过桥贷款、欧洲美元贷款和其他融资方式的结合，筹集额外资金。利维和威尔逊没有向贝文询问他设想的筹资方式的细节。利维告诉美国证券交易委员会："我完全相信贝文的正直。他说能做到什么，就一定能做到。"

高盛并没有要求贝文或奥赫龙提供宾州中铁未来一年财务状况的任何书面证据。威尔逊后来评论贝文："当时我们没有理由怀疑他（贝文），我们对这些问题的答案感到满意。"高盛信贷分析师杰克·沃格尔后来告诉证券交易委员会，数次会议所传递的信息，让高盛的高管"很放心"，说"情况可以解释，一切正常，没有任何问题"。

高盛在这个艰难的财务状况期间持续销售宾州中铁商业票据，而投资者也继续购买。部分原因在于，评级机构，也就是美国国家信贷局负责评价宾州中铁的商业票据，并一直保持"最佳"评级，也就是最高等级。不过，在2月5日宣布上一年四季度亏损后，国家信贷局的艾伦·罗杰斯（Allan Rogers）致电高盛的杰克·沃格尔，他因宾州中铁收益大幅下降而忧虑。沃格尔告诉罗杰斯，尽管有财报消息，高盛仍在出售宾州中铁票据，但高盛认为宾州中铁可出售的附属资产还足够，他"确信，一旦有必要，一定会有办法解决"。沃格尔当天写了一份备忘录，表明"由于我的评论"，罗杰斯同意保留宾州中铁的"最佳"评级，直到6月1日。威尔逊通知利维，国家信贷局将保持宾州中铁的信用评级，"只要高盛继续负责销售该公司的商业票据"。

高盛和国家信贷局的关系可以说互为因果：因为高盛继续负责销售宾州中铁票据，所以国家信贷局继续将票据评为"最佳"；而因为国家信贷局将票据评为"最佳"，所以高盛继续负责销售。这种勾结激怒了证券交易委员会。证券交易委员会叙述："通过与罗杰斯的对话，高盛意识到了一些事实，这些事实削弱了国家信贷局对该公司票据给予的'最佳'评级的价值，以及这种评级的独立性。从此以后，国家信贷局看来已经不是高盛向客户表明的那种缜密、独立的评级机构。而且，从此以后，高盛意识到，'最佳'评级在很大程度上是因为高盛仍在继续销售票据。"证券交易委员会发现了一个荒唐现象，高盛竟会认为，资产出售的价值高过未偿还商业票据价值的几倍，这是令人欣慰的；"而高盛从未调查过这一事实"。证券交易委员会表示，"将清算作为一种确定信用价值的手段"意味着"宾州中铁显然不应该得到最佳评级"。不用说，"高盛从未向任何一名客户披露过这些情况"。

但高盛确实保护好了自己。证券交易委员会说："高盛得知第一季度亏损后，当天就联系了宾州中铁，并得到宾州中铁承诺，将从高盛的库存中回购价值1000万美元的商业票据。"此外，那以后，高盛"坚持"未来任何的商业票据销售都以不限量发行的方式出售，在这种安排下，高盛不再承销该债券，而是在事先找到买家之后才同意出售，"这种安排对高盛完全没有风险"。宾州中铁破产时高盛对它没有风险敞口，但未能将这一事实告知其客户，也未能说明高盛出售宾州中铁票据的条件发生了变化。证券交易委员会报告写道："大多数客户相信，高盛为出售的所有商业票据保留了库存。许多人在1970年2月5日之后购买了高盛的票据，他们认为高盛有票据库存这件事本身，就足以证明高盛认为该票据是值得信赖的。"原告律师波拉克记得，他发现高盛在向投资者出售宾州中铁票据的同时，竟然又把票据卖回给了宾州中铁。他感到十分震惊。波拉克说："他们并不认为自己库存的宾州中铁票据是他们拥有的一种证券，也不认为有义务披露销售额。虽然那1000万美元票据看起来像是一个四舍五入的误差，但那可是当时他们资本的百分之二十！"

3月23日，奥赫龙告诉威尔逊，宾州中铁一季度财报将"十分恐怖"，但高盛故意没有追问他形势究竟有多差。如果高盛做了哪怕一点点研究，都会很快发现宾州中铁认为第一季度会亏损6000万美元。显然，高盛并没有试图发现宾州中铁发生了什么问题，而是拼命向18位客户出售1730万美元的商业票据。证券交易委员会报告说："没有一位客户被告知一季度这些可怕的预期。"4月14日，奥赫龙重申了他早些时候的观点，并告诉威尔逊，宾州中铁一季度财务数据将十分糟糕，损失惊人。他说，公司的现金流状况非常严峻。

基于奥赫龙的最新评论，威尔逊告诉利维，他认为高盛不应该再向客户出售宾州中铁的商业票据，"直到目前局势澄清为止"。但在一次会议上，贝文淡化了这些问题；奥赫龙还道歉说，他当天早些时候的谈话太随意。贝文说宾州中铁很快将申请一批新的价值1亿美元的债券发行，预计5月初完成。贝文要求威尔逊、利维和高盛继续在市场上出售宾州中铁票据。证券交易委员会说，贝文向高盛保证"宾州中铁没有危机"。第二天，利维告诉奥赫龙，高盛将继续出售票据。

对于高盛的商业票据客户来说，不幸的是，"贝文在这次会议上的发言完全不符合事实"（证券交易委员会的说法）。高盛与奥赫龙、贝文会面的八天期间，以及宾州中铁一季度亏损公告的发布期间，高盛向一位客户出售了30万美元的宾州中铁票据。证券交易委员会说："第一季度业绩的报告，这位客户完全没有拿到。"

4月22日到5月15日，高盛一直在出售宾州中铁票据。5月1日，美国运通购买了500万美元票据，引发了美国运通和高盛在1970年11月的官司。证券交易委员会称，美国运通"一直不愿购买宾州中铁票据"。但杰克·沃格尔却说，有"足够的资产来支撑宾州中铁的商业票据，这是为了说服运通改变主意"。

证券交易委员会称，到5月中旬"公司显然不可能再出售任何票据"，因而高盛和宾州中铁"达成协议"，决定不再尝试。宾州中铁于1970年6月申请破产，原因之一是"无力使它的商业票据恢复价值"，总额达1.17亿美元。1969年11月到1970年5月，高盛出售了宾州中铁8300万美元的商业票据，在宾州中铁申请破产之后没有偿还其中一分钱。证券交易委员会表示："高盛没有透露以下情况：已经减持而且正在清除宾州中铁票据库存；而且国家信贷局一直被高盛诱导维持最佳评级；公司票据正在遇到客户坚决抵制。"

　　宾夕法尼亚州的一所小型学院就是这样一个高盛客户。1970年3月下旬，学院已经投资40万美元购买宾州中铁票据，高盛希望在3月30日再出售30万美元。学院财务主管向高盛代表询问宾州中铁近期的财务业绩。高盛回答，该公司已经确定的营收为23亿美元，而上一年为21亿美元；盈利为440万美元，而上一年近8700万美元。高盛还说"没有必要担心"，因为宾州中铁有65亿美元资产。"尽管有些犹豫"，但学院财务主管同意再购买30万美元票据。四天后，他收到了一封确认信，还有宾州中铁的最新财务数据。他顿时极为担忧，因为发现之前打电话听到的数据竟然不是1969年的全年数据，而是1968年的！

　　关于当时为什么要这么做，高盛的解释，同它在40年后的2007—2008年金融危机之后给出的解释如出一辙，令人发毛。第一，高盛告诉证券交易委员会，商业票据的销售并不盈利。尽管高盛每年平均销售47亿美元该产品，但利润仅为43.5万美元。第二，高盛说这些客户是"成熟的投资者"，一共买了10万手[1]，"能够自行做出投资决定，不必依赖高盛的意见"。第三，高盛"认为自己只是一个销售渠道"，"没有就其质量提出购买建议，也没有因为发行人的信用价值提出购买建议"。高盛仅仅告诉客户"哪种票据可以购买，做决定的还是客户自己"。尽管高盛认为自己没有义务评估发行人的"信用价值"，但它确实告诉证券交易委员会，它相信宾州中铁"总是有足够的资产，在必要的情况下，这些资产可以清算；这就为商业票据持有人提供了足够的保护"。高盛辩称，由于宾州中铁是一家上市公司，需要向证券交易委员会提交财报，因此投资者可以获得大量有关宾州中铁财务状况的信息。但波拉克指控高盛一派胡言："我们的客户非常需要这些信息，而高盛之前一直表示，宾州中铁票据可以作为现金等价物。"

---

[1] 美股一手（lot）是100股（share）。

证券交易委员会发布了关于宾州中铁崩溃的长篇调查报告，这当然是重大消息；但是，这些最后无法再融资的商业票据的销售当中，高盛究竟扮演了什么角色，当时的媒体关注得却极少。相反，主流报刊关注的是另一个问题：宾州中铁15位高管（包括贝文和奥赫龙）在破产之前，如何卖掉他们在几年前企业合并的时候获得的约70%的股票。时任证券交易委员会主席的威廉·J.凯西（William J. Casey）说，舆论认为股票销售"引发了最严重的质疑，例如，销售是否基于重大内幕消息……这些高管明显地获得了有关宾州中铁的信息，而这些信息是被严重歪曲之后，才向公众传达的"。

8月15日，《纽约时报》就威廉·凯西的报告专门发表社论，并指责高盛："宾州中铁高管意识到，新的证券发行可能使公司受到金融界更严密的审查（因为新的证券必须在证券交易委员会登记，而商业票据则不需要）。因此，该公司为了维持运营，不惜通过发行数亿美元短期商业票据反复借入资金，绕过政府监管。而票据营销由高盛负责。高盛后来向美国证券交易委员会坚称，自身只是经销商，而不是承销商，因此没有义务向那些购买票据的人披露信息。"

这篇社论对高盛最为不利，也让诺沃特尼十分头疼。尤其是这样的民事诉讼如果失败了，可能会彻底消灭高盛的资本和高盛本身。证券交易委员会的综合报告不仅严肃质疑高盛的各种行为，而且为其他当事人针对高盛的诉讼提供了潜在的法律"路线图"。许多报道暗示，证券交易委员会本身也越来越可能亲自起诉高盛。

诺沃特尼忙了起来。他安排利维接受吉尔伯特·卡普兰（Gilbert Kaplan）的采访。卡普兰是《机构投资者》杂志创始人和资深编辑。1973年11月号，杂志发表了一篇长篇问答，标题是《古斯·利维答132问：公司、经营、自身》（"Gus Levy answers 132 questions about his firm, his business— and himself"）。高盛相当走运，132个问题中，没有一个问到了宾州中铁的混乱，也没有问到利维和高盛在其中干了什么，或者高盛吃的一桩桩官司。相反，文章给读者送去了一份少见的"大餐"，全都是关于利维怎样谦虚低调。卡普兰问到高盛与所罗门兄弟（Salomon Brothers）为大宗交易而激烈竞争，利维声称并不在意："他们不能说他们是第一，我们也不能说我们是第一。我不知道怎么得到证据来比较。"卡普兰又提到，某一次高盛员工错过了一笔大宗交易，利维大发雷霆。利维说："我也是人，很明显，如果我听说某公司一天做了十笔大宗交易，而我们一天只做了一笔，我就会不安。所以我去找我们的人，建议他们更加努力。但我真正关心的是高盛的营利能力，而不是做了多少生意。"

确实，所罗门兄弟创始人之一，人称"比利"的威廉·所罗门（William "Billy" Salomon）记得，曾经和利维在一个特殊的地方共进午餐，桌子上有宽纸带股价收报机，可以看行情。利维看到有一笔30万股的股票交易出现，交易方却不是高盛。利维赶紧从椅子上跳了起来，告诉比利，他必须打个电话："比利，我要出去几分钟。"利维出去打电话给股票销售员，把他狠狠骂了一顿："你怎么能把这笔交易给贝尔斯登？这笔股票可是我卖给你的！"比利回忆："当然，下一笔交易，利维就稳拿了。但是当时很少有人会这么胆大妄为，连想都不敢想。但是，利维一点也不后悔。而且他最讨厌丢掉生意。"比利还说，华尔街的人曾经管利维叫"章鱼"，因为华尔街所有的交易他都要抢过来。

利维对公司1973年的利润表示担忧是正确的，因为公司没有利润。而且1972年是有史以来最好的一年，所以1973年的形势尤其让人心痛。鲍勃·鲁宾回忆道，1972年的利润，"让人们有了非常积极的感觉，非常快乐。然后1973年突然来了，市场交易份额从波峰到波谷，下降了42%，这让我们真的很痛苦"。前合伙人罗伊·史密斯回忆说："1973年没有奖金。"鲁宾记得1973年的问题是，高盛股票部门的交易仓位，无论是大宗交易还是套利交易，全年都对公司不利，公司几乎每个月都在亏钱。股市崩溃也让高盛投行业务遭受重创。

第二年也同样困难。高盛宣称，1974年利润"上涨"（没有公布任何实际数据），只是低于1970年到1972年的"非常有利可图"的时期。合伙人最后自己掏钱，给了员工一点奖金。罗伊·史密斯说："这对员工来说很难。现在他们的收入大部分来自奖金，但是很少有人离开，也几乎没有人被裁掉。每个人都减少了内部和外部支出，用于应对风暴，并希望得到最好的结果。但是很难变得乐观。"

1974年4月，证券交易委员会考虑，因为宾州中铁的倒闭，而对宾州中铁前首席财务官贝文和高盛提出"欺诈指控"。这无疑对员工士气又是当头一棒。5月2日，证券交易委员会投下了炸弹，向费城联邦地区法院提起民事诉讼。证券交易委员会指控两名宾州中铁前高管和三名前董事"向美国证券交易委员会、股东和投资大众发布关于宾州中铁财务状况的虚假和误导性的声明"。费城诉讼没有提到高盛，但证券交易委员会5月2日同一天在曼哈顿联邦法院对高盛提起了另一起诉讼。证券交易委员会声称，从1968年8月至1970年5月，高盛在出售宾州中铁商业票据时，"一直使用并正在使用各种欺骗手段、计划、诡计"，又说"一直获取并正在获取金钱和财产，其手段是虚假陈述和隐瞒事实"，而且"参与了各种证券交易、行为、做法和经营过程，这些行为是对证券购买者的造假和欺骗"。此外，证券交易委员会认为，高盛"对重要事实做出虚假和误导性陈述，且隐瞒了重要事实……这些事实涉及宾州中铁的财务状况、财务前景，以及商业票据的拒付风险，等等"。证券交易委员会希望法院发出"永久禁令"来约束和禁止高盛及其雇员继续这种欺骗。

与以往一样，在证券交易委员会对高盛提起诉讼的同一天，双方签署了一项同意令[1]，由前中央情报局官员、苏利文律所的律师迈克尔·梅尼（Michael Maney）代表高盛进行谈判。在这份声明中，高盛对证券交

[1] 是为了加速终结与联邦证券法相关的案件审理而发布的行政命令，被告必须遵守。不过，同意令既不肯定也不否定任何被告的犯罪事实，这一点与判决不同。

易委员会的指控，既不承认也不否认，但同意"永远停止并禁止"继续出售宾州中铁票据，并在60天内开始执行一项关于宣传和销售商业票据的新政策。从此，高盛将被迫做出它本该做的事情，即对商业票据发行人的财务及经营状况进行尽职调查，以便高盛有"合理的理由"认为债务到期时可以偿还，并不断地向购买票据的客户告知这些信息。这项所谓的新政策必须约束商业票据部门的人员和公司合伙人。协议还规定，高盛无须缴纳罚金。

《纽约时报》报道说，没过几小时，律师迈克尔·梅尼和美国证券交易委员会就双方达成协议的含义开始激烈争论。梅尼认为：虽然高盛已根据美国证券交易委员会的反欺诈条款缴费，但高盛"缴费只是因为疏忽，即没有通知自身与客户，关于宾州中铁的实际财务状态"。证券交易委员会的律师反驳道：指控的罪名不是高盛疏忽，而是高盛有意造假，依据是证券法有关"欺诈性州际交易"（Fraudulent Interstate Transactions）的条款。高盛内部法律顾问告诉《纽约时报》："高盛决定同意证券交易委员会禁令，仅仅是一个商业判断（而不是高盛承认自己有大错）。"

证券交易委员会1972年的调查报告、证券交易委员会对宾州中铁高管和董事提起的民事诉讼，以及证券交易委员会对高盛的诉状和同意令，合力加剧了商业票据客户的不安。这时候，客户们对高盛提起的诉讼依然悬而未决。利维很快就明白，说什么也要想办法了结这些官司。约翰·温伯格早先提出1美元折合50美分和解的策略，失败了。[1]之前的米尔因素官司，有两个债权人曾经同意2.2%的方案，但这次想让原告接受2.2%基本不可能。根据证券交易委员会1972年的调查，一些规模较小的索赔人以1美元折合20美分与高盛达成和解。然后有消息透露，1972年4月，高盛以450万美元结了2200万美元的索赔，1美元折合20美分。这些原告包括：美国运通（拿到100万美元）、诺顿·西蒙公司（Norton Simon,

---

[1] 这一事件参见本章开头。

Inc.）（拿到 60 万美元）、美国钢铁（U.S. Steel）（拿到 46.6 万美元）等等，还有迪士尼。达成和解协议时，高盛表示，这笔款项已包括在保险范围内。乔治·多蒂记得，有一次，为了和解，利维想从各位客户那里买回商业票据（客户中有不少人也是利维的朋友），1 美元合 100 美分。多蒂说："我告诉利维，高盛不会那么做，真的不能。我们不打算救助所有的购买者。他们都是大人了（应该为自己负责）。他们买了。我们知道什么，他们就知道什么，而我也不会为了安抚他的一些最好的朋友而危及公司。所以利维让步了。"

但到了 1974 年年中，与证券交易委员会签署同意令之后，高盛还面临基础投资者公司、韦尔奇食品公司以及两家中西部服装店的诉讼。高盛和利维输不起，特别是因为原告正在寻求百分之百的赔偿。1974 年 7 月，利维决定自行处理。他主动联系了基础投资者公司的老板约翰·海尔（John Haire）寻求和解。毕竟，利维仍然把苏利文和克伦威尔律所的那封信装在上衣口袋里，他决定看看这封信能不能发挥护身符的作用。

1974 年 9 月 5 日，案件开庭。《纽约时报》回顾说，1972 年 5 月 3 日，在庭外取证期间，利维不得不承认高盛没有向客户透露重要信息。但他在同一份证词中还是坚称高盛"严格遵守法律，遵守商业和职业道德最高原则"。《纽约时报》致电利维办公室，问他对这份庭外证词有什么评论。利维表示"庭外证词本身就可以说明问题"，拒绝进一步说明。诺沃特尼告诉《华尔街日报》，利维的证词是"旧新闻"。

第二天，高盛与基础投资者公司达成和解，高盛拿出 525 万美元现金，外加宾州中铁走完破产流程之后按照高盛票据所有权，向高盛赔付的金额的 75%（如果这笔资金存在的话）。尽管达成的和解协议（1 美元折合 26 美分）消除了高盛资本面临的一个主要威胁，但该协议并没有使得其他原告——两家服装店和韦尔奇食品公司——放弃诉讼，接受和解。据《高盛帝国》作者查尔斯·埃利斯说，韦尔奇食品公司之所以需要这笔钱，是因为这家合作公司"遭遇歉收"，两家零售商"认为这是欺诈案件，所以就算从道义上也必须坚持追索全额赔偿"。

9月9日，韦尔奇对高盛的诉讼在曼哈顿南部开庭，陪审团由三男三女组成，据说这些人都是"蓝领"工人。诉讼涉及的金额是240万美元的纠纷——原告要求全额赔偿的300万美元，与高盛可能会提出的60万美元（1美元折合20美分）之间的差额。令人难以置信的是，高盛自己在陪审团面前披露了大量内部丑闻。庭审的第一天，年轻的原告律师波拉克[当时自己开了一家律所，波拉克与辛格律所（Pollack & Singer）]告诉陪审团，"原告认为最重要的一点是：高盛知道（宾州中铁的糟糕情况），却没有说"。波拉克向陪审团解释，高盛拥有一个记账系统，由各种颜色的纸张组成，这些纸张将编成备忘录，用于分享高盛承销的公司的不同信息。例如，"绿账本"用来向买家传递高盛获得的信息，这些信息的来源，都是那些发行公司在证券交易委员会提交的公开文件归档以外的各种来源，比如与公司管理层进行对话而掌握的信息。利维作证说，绿账本是为了"告知投资者目前的信息"。

然后还有一种蓝账本。波拉克说："蓝账本是高盛文件中的秘密备忘录，高盛的信用档案记录了高盛和发行人之间的联系或对话；在本案中，记录了高盛和宾州中铁的对话。这些蓝账本对本案非常重要，因为它们就像雪地上的足迹。我认为看过蓝账本的人一定会坚信高盛拥有内幕消息。询问证人，你就会听到，高盛没有向客户透露这些蓝账本上的信息。"波拉克说，绿账本是"高盛告诉我们的"，蓝账本是"他们知道的"。

高盛的蓝账本记录了自1969年9月19日起的关键时期宾州中铁的奥赫龙和高盛的沃格尔之间的电话交谈。奥赫龙告诉沃格尔，宾州中铁在1970年第一季度，"现金状况会非常紧张"。蓝账本还记录了高盛合伙人对1970年2月5日阅读宽纸带股价收报机发来的行情的反应。收报机显示，宾州中铁在1969年损失了5600万美元。原告律师波拉克向陪审团叙述："高盛的威尔逊先生给在圣路易斯的利维打了一个非常紧急的电话。利维说：'我们得让他们在纽约开会。请贝文和奥赫龙也来纽约开会。我会从圣路易斯乘飞机来。'"蓝账本透露，威尔逊告诉奥赫龙，高盛将采取"抽头"的方式销售宾州中铁的商业票据，这意味着高盛将不再购买，除非高盛知道可以立即卖出。威尔逊还要求奥赫龙买回高盛持有的价值1000万美元的宾州中铁票据。2月9日，奥赫龙同意了。波拉克告诉陪审团："这个时间正好是杨克兄弟公司（Younkers）和其他人买下票据的时间。他们没有告诉我们，我们进来的时候他们要跑路，他们是在自救。"威尔逊随后告诉奥赫龙："我们得有个故事，讲给那些买家。"波拉克为此火冒三丈，讽刺地询问陪审团："他们为什么得有个故事呢？关键是，他们当初应该把真相明明白白讲出来！"

波拉克对陪审团说，有一条主线，就像一条小溪，贯穿整个宾州中铁的传奇，就是高盛在成为宾州中铁独家承销商之后，不择手段，拼命想从宾州中铁获得越来越多的银行业务。波拉克认为，这样的野心使高盛无法客观对待公司的财务风险。高盛不想破坏可以挣钱的现状。波拉克说："高盛把商业票据当成钥匙，开启另外业务的大门。它想和宾州中铁联姻，想成为宾州中铁的证券经纪人，想成为宾州中铁的债券承销商，想为宾州中铁做离岸融资。"他指出，利维给贝文发来的一封电报，真实地透露了高盛进入这段关系是什么心态。电报全文如下："今天试图给你电话，告诉你，你们将发行价值1亿美元的商业票据，并认为高盛将为你们承销，全体高盛人都很高兴。同时我们也希望，你们一有任何公司债券或可转换公司债券融资，就由我们负责。此致，古斯·利维。"

波拉克对抗的是苏利文律所的一批巨人。当年，沃尔特·萨克斯曾经把高盛和律所的关系形容为"永远亲密"。苏利文律所的律师小威廉·皮尔（William Piel Jr.）告诉陪审团，高盛曾对宾州中铁进行了"充分、适当、合理"的分析，为了让高盛自身满意，并"维持其在国内领先的商业票据交易者的声誉"。还说，投资者收到的信息都是"适合给出的"。

皮尔告诉陪审团，因为宾州中铁破产而指责高盛，很像是"因为自己的房子被雷击中，就去责怪那些盖房子的人。差不多就是这样。让我们看看这两者有多么相似吧！ 我们将看到当初袭击整个金融世界的是什么样的灾难，就像晴天霹雳，让人完全傻眼。包括宾州中铁一些高管也会这么感觉。所以，你们必须记住，事后聪明是很容易的。人们很容易指控那些意识到之后可能会有灾难发生的人，说他们当初应该知道灾难会发生；而这么指控他们，只是因为事后回顾，知道灾难确实发生了而已。这就是高盛的困境"。

在开场发言的最后，皮尔承认，利维和约翰·温伯格对于宾州中铁商业票据的操作知之甚少（尽管宾州中铁是利维的客户），而且这对于像高盛这样严重依赖客户信心的公司来说完全正常。"如果你经营的事业基于信任和信心，你就不需要，或者认为自己不需要警察去监管警察，然后再需要警察去监管那些监管警察的警察。你的想法是，如果你手下某人有能力，有责任，有荣誉感，那么你就要让他负责这份工作，相信他。"

诡异的是，苏利文律所和高盛主张的本案负责人，居然不是古斯·利维和约翰·温伯格，而是高盛商业票据部门的合伙人鲍勃·威尔逊。不管陪审团怎么决定，皮尔似乎都在说，事情的责任完全属于威尔逊一个人。皮尔说："他站在法庭上，你可能会觉得，威尔逊太年轻了，不该对公司负起这么大的责任，的确如此。但如今这个时代，属于有能力的年轻男女。"——在1969年，对于一位权威律师来说，这评论确实非常怪异。[1] 皮尔又说："在某种意义上，这就是威尔逊的案子。它是韦尔奇公司、安东尼公司、杨克兄弟公司与鲍勃·威尔逊的对抗，因为他做出这个决定，要对各位合伙人负责，而且做决定必须有坚实的基础。"显然，高盛找了一名相对低级的员工扔进火坑。多年之后，2007—2008年的住房和抵押贷款证券丑闻之后，高盛又故伎重演，丢出了法布里斯·图尔（Fabrice Tourre）当靶子。

---

[1] 当时社会相对保守，崇尚资历和等级制，著名律师属于特权阶级，应该维护传统。但皮尔的工作要求他必须指控威尔逊，所以他做出了反传统的声明，说威尔逊虽然年轻，但确实应当负责。

9月19日，原告停止对本案辩论。之后，高盛要求法院彻底驳回原告诉讼。高盛主张：法院没有管辖权，因为商业票据不是通过州际贸易或邮件销售的，所以是州内事务，不是联邦事务。高盛还辩称，按照1934年《证券交易法》定义，商业票据不属于证券。法官最终否定了高盛的论点。利维、怀特黑德、贝文，还有替罪羊威尔逊被迫出庭作证，极为尴尬。波洛克把这些人大大嘲讽了一番，他向陪审团宣读了这些人之前的庭外证词，与如今的出庭证词大不相同。

苏利文律所主张本案负责人是威尔逊，毫无疑问，是为了给利维和温伯格开脱。因此，波拉克巧妙地让威尔逊作茧自缚。波拉克在总结陈词中向陪审团宣读了两种证词：对于同一个问题，威尔逊在庭外证词中是这样回答的，在出庭证词中却是那样回答的。例如，威尔逊的出庭证词说，他定期得到通知，了解宾州中铁的信用价值。但在庭外证词中，律师问他是否关注宾州中铁的信用，威尔逊说："不，我认为没有必要关注；因为我们认为宾州中铁资产有巨大的潜在价值。"律师又问威尔逊的部门中是否有人每周或每月对宾州中铁进行评估，威尔逊回答："据我所知，没有。"波拉克指出，"作为商业票据部门主管，这种坦白实在令人震惊"。波拉克说，威尔逊作为证人完全不可信。

波拉克先做了一番冗长的演讲，历数了高盛持续的玩忽职守和对客户的虚假陈述，然后提到了高盛财务部门负责人兼合伙人约翰·怀特黑德撰写的一份蓝账本。怀特黑德写道，他担心商业票据部门"感觉自己受到公司其他部门的逼迫，尽可能地产生最大的即时利润。显然这一目标并不适当。我想我们应该这样告诉他们，他们需要对公司的整体利润做出最大的贡献，而不仅仅是自己的利润。要关注长远，不要只关注眼下"。波拉克说，怀特黑德洞察力很强，看到了商业票据部门的问题所在。

波拉克直到最后一刻都表现出色。他说情况可以简单地概括为："高盛保持了近两年宾州中铁商业票据的库存；但在宾州中铁破产时，高盛自己的仓位为零，三名原告却依然持有300万美元。"

10月9日，联邦陪审团一致判决高盛偿还三名原告300万美元，外加四年多以前提起诉讼以来产生的利息。《纽约时报》称此案"具有里程碑意义"，是"第一个提交陪审团的此类案件"，并表示，该判决"可能为解决针对高盛的另外35起类似诉讼案奠定基础"，金额近3000万美元。这是陪审团首次将证券法扩展至商业票据，这是一种公司借据，而不是严格意义上的证券。

波拉克说，陪审团的裁决，对高盛的声誉和高盛传统的法律策略（坚持打官司，不调解，不支付合理金额）都是沉重打击。波拉克说这一打击可谓"划时代"。陪审团判给三名原告1美元合100美分的全额赔偿，外加100万美元的利息。如果其他的宾州中铁诉讼也这么判，高盛绝对受不了。波拉克说："这件事非同小可。如果你考虑到高盛总敞口是8250万美元，总资本是5000万美元，你可以自己判断这是不是紧急情况。完全可以说，高盛的生命已经亮起了红灯。"

1975年3月，高盛以140万美元与盖蒂石油（Getty Oil）达成和解，数额1美元折合70美分。针对高盛的大约20起诉讼仍悬而未决，总金额约2000万美元。诺沃提尼发布声明说："高盛已做好充分准备，以应对余下的诉讼可能产生的任何结果，确保这些诉讼不会损害公司资本。"1975年12月，一名联邦法官判决高盛败诉，命令高盛向富兰克林储蓄银行（Franklin Savings Bank）支付50万美元（带息偿还）。富兰克林储蓄银行在宾州中铁破产几个月前买了票据。有时候，高盛看似会赢，但最终还是输了。例如，1976年6月，圣路易斯的联邦法官做出有利于高盛的裁决，反对伊利诺伊州奥尔顿市的奥尔顿箱板公司（Alton Box Board Company）提出的62.5万美元的赔偿起诉。法官没有发现任何证据"表明此次收购由高盛的任何不实陈述或遗漏造成"，也没有发现高盛在继续出售票据时，需要担保宾州中铁具有信用。但奥尔顿不服，提起上诉。高盛二审败诉，1977年11月同意向奥尔顿支付92.5万美元，这不仅是票据的原始金额，还有利息，还包括奥尔顿的律师费和法庭费用。

1976年10月，一名联邦法官裁定，高盛必须向与洛杉矶洛约拉大学（Loyola University）有关联的大学山基金会（University Hill Foundation）偿还60万美元和利息。最终，高盛买回了足够多的宾州中铁商业债券，抵销了宾州中铁从破产保护中恢复之后的部分损失。怀特黑德叙述："宾州中铁重组后，票据价值随之上升，让我们的损失进一步减少了。"

　　这些正在进行的针对高盛的判决，即使影响了利维，利维也没有表现出来。利维与波拉克六年没有说话。1976年，两人在一次公开活动上碰面了。两人曾经共同担任太阳镜制造商福斯特格兰特公司（Foster Grant Corporation）的董事。两人就健康和家人的话题开了些玩笑。后来，波拉克提到利维："利维说他感觉好极了。"此前又发生了一件大事似乎也没有影响利维：1975年11月，在公司干了22年多的L.杰伊·特南鲍姆突然决定退休。当时，他在高盛合伙人中的收入排在第三位或者第四位，分到的企业利润为3.5%。但他还是被搞得心力交瘁。此外，他之前离婚了，这时候刚刚再婚，娶了一位空姐。他想确保第二次婚姻不会重蹈覆辙，而他只要还留在高盛，就很有可能再次离婚。利维的儿子彼得·利维说："L.杰伊已经尝过了苦头，压力很大，他只想离开。"鲍勃·鲁宾说，特南鲍姆离开高盛是一种计划已久的无私行为。"他想为自己最终的退休扫清道路，即使他雇用我时只有44岁（但已经计划好退休了）。"

　　特南鲍姆退休时，负责股票销售的合伙人雷·杨（Ray Young）不请自来，主动向鲁宾提出了一个建议。杨说，鲁宾必须做出选择。鲁宾写道："选项一是，在交易环境中，继续关注'事件驱动的套利'，全心投入自己的业务，冷脸面对周围的人，采取无动于衷的态度。这会让我继续当一个成功的套利者。选项二是雷·杨的建议，开始更多考虑交易室里的人，以及他们的关注点和看法，如何使他们成功……并且更广泛地参与公司的生活。"自然，特南鲍姆离开后不久，鲁宾就接受了杨的建议，开始从更广泛的角度考虑他在公司的角色。鲁宾承认："雷·杨的建议给我呈现了一个全新的世界，这是我以前几乎没有想到过的。"他当然没有想到过。

特南鲍姆在高盛不仅留下了可以成为巨额财富的东西，还留下了更加持久的遗产——他聘来的员工，包括鲁宾在内，还有在套利部门跟随鲁宾的罗伯特·弗里曼（Robert Freeman）和理查德·佩里（Richard Perry）等人。特南鲍姆还聘请了一位年轻的律师史蒂夫·弗里德曼（Steve Friedman），他会加入迅速发展的并购集团。

至于利维，他无敌的假面具没有丝毫裂缝。1976年4月，利维接受了合众国际社（United Press International，简称UPI，美国著名通讯社）一位商业专栏作家的采访。作家后来写了一篇吹捧文章，全国很多家地方性报纸都登了。这篇文章没有一句批评的话，甚至没有提到宾州中铁破产引发的高盛官司。文章叙述了利维的严格工作安排；他在众多公司——将近24家美国公司中拥有董事会席位；以及他的博爱精神和政治影响。文章还形容，高盛的员工多么努力工作，并承认利维是个很苛刻的老板。利维说："当然，公司的压力很大。但是我们成功的秘密之一就是始终如一。始终如一只有一个办法，就是坚持打电话，干活，总是前去拜访现在、未来的客户。我从来没有听说有人抱怨太辛苦。"文章说，高盛已成为一家领军的咨询企业，为那些受到恶意收购和其他竞争对手侵害的公司提供建议。利维强调，高盛的政策就是"绝不站在那些想要抢夺别家公司的企业那边"，又加了一句："有时候局面相当混乱。"

记者问利维，他的一切成就是怎样实现的？利维回答："但愿我知道。"随后，他称赞了妻子："她非常善解人意。"文章说利维睡觉时间很少，每晚最多五六小时，这样就有了额外的时间来完成任务。文章说："利维虽然有眼袋，但整个人完全相反，富有朝气，身材瘦削，看起来很健康。"文章还说，利维不抽烟，也很少喝酒，尽管晚上总是会喝点马提尼。他几乎每天都在公寓的一台机器上锻炼身体，或者在附近的公园跑步。利维说："我想，我只不过体质碰巧比一般人好一点。"

六个月后，也就是10月26日，在纽约与新泽西港务局委员会的会议上，利维突然低下头，好像在沉思，又好像在小睡，这完全是合情合理的，因为他前一天刚参加了梅百货公司董事会会议，晚上从洛杉矶乘坐红眼航班飞来，然后又在高盛工作了一整天。罗伊·史密斯说："其他委员知道利维喜欢全神贯注于其他事情，所以委员们觉得利维瘫在椅子上似乎直直地盯着前方是很正常的事情。过了一会儿，有人问他是否还好，却发现他并不好，就叫了救护车。"这一年，利维66岁。利维被送到西奈山医院，此时他还担任医院董事会主席。诺沃特尼告诉《纽约时报》，利维是"轻度中风"，这说法一点也不准确。当天晚上，利维进了重症监护病房。报纸的简短报道说，利维病情稳定。

利维的儿子彼得当时是高盛的合伙人，他记得，港务局开会之后，有人给他打了电话。彼得说："那天晚上医院禁止探视爸爸，第二天我才去看他。他看起来还好，而且似乎相当清醒，认出了我。可又过了一天他就认不出我了，然后他就昏迷了。"利维在西奈山住院的时候，彼得大部分时间都陪着父亲。彼得问医生预后[1]怎么样，医生耸耸肩说："可能会出现最糟糕的结果。"彼得就知道情况很不妙了。11月3日，古斯·利维去世。

利维获得了铺天盖地的赞誉，这是衡量他在华尔街、纽约重要性的指标之一。高盛的合伙人都说："古斯·利维是一个非常特殊的人，为人慷慨，热心，具有高度人道主义精神，提倡改善医疗卫生，增加教育机会，增进人与人之间的兄弟情谊。他为客户、朋友、同事不懈努力，作为金融界领袖成就斐然，从而成为真正的伟人。我们大家都因为认识古斯·利维而更加富有。"高盛还公布了与利维有关联的各大公民机构、慈善机构和企业的长长名单，包括31家公司董事，3个荣誉学位，还有肯尼迪机场国际犹太人大会（International Synagogue）财务主管的14年任期；至于这任期的真相，可就没人知晓了。《纽约时报》登载的赞誉来自华尔街

---

[1] 原文prognosis，对于某种疾病最后结果的预测。

的其他巨头，包括劳伦斯·蒂施（Laurence Tisch）[1]，甚至还有年轻的亨利·克拉维斯（Henry Kravis）[2]。11月4日，纽约证交所为利维默哀一分钟。

11月7日上午，葬礼在第五大道举行，约有两千人齐聚悼念利维。利维生前的老朋友、副总统纳尔逊·洛克菲勒致悼词。但是，即使这一刻也是事先安排的。洛克菲勒的稿子是诺沃特尼写的，甚至重新打在一台特别的打字机上，让身患阅读困难症的副总统能够阅读。洛克菲勒经常寻求利维的建议。他说："利维真是一个超乎寻常的男人。"利维在纽交所的前任，沃尔特·弗兰克说，他听说利维去世后"惊呆了，实在惊呆了"。弗兰克说："我们失去了一个伟人，他就是一个伟人。"（2002年，高盛收购了弗兰克的专业公司。）葬礼后，记者拦住纽约市市长约翰·林赛（John Lindsay）采访他，林赛市长说，对利维去世感到"非常震惊"，"我担任市长和国会议员那些年，古斯·利维对我的帮助是说不尽的"。

第二天，利维遗体空运到新奥尔良，葬在庞恰特雷恩大道上的梅泰里公墓一处特制的高出地面的墓穴。因为新奥尔良市的海拔低于海平面，人们希望一旦洪水来袭，墓穴能够安然无恙。高盛没有人去参加葬礼。利维的妻子和两个孩子也没去。儿子彼得·利维说："我没有去南方，家里没有一个人去南方。我母亲说：'没必要再去南方了。我们就在这里为他哀悼吧。'"彼得说，利维留下了一套价值百万的地产，包括萨顿广场4号的一套大公寓和一处纽约州艾蒙克村的乡村庄园——苹果山农场，就在盲溪俱乐部旁边。利维经常在那里打高尔夫球。有一次，他在洛杉矶跟客户开完会，坐一趟红眼航班回来，直奔高尔夫球场。

利维去世得太突然，鲍勃·鲁宾也没有机会与他道别。鲁宾的回忆录写道："利维去世后，我总是后悔，有个问题从来没有问过他。他每天都从早到晚忙个不停，所以他觉得生活的意义是什么呢？我不知道他有没有答案，但我认为，他肯定不会说是为了钱。"

---

[1] 犹太巨富，后来的CBS电视网老板。

[2] KKR私募股权创始人之一。

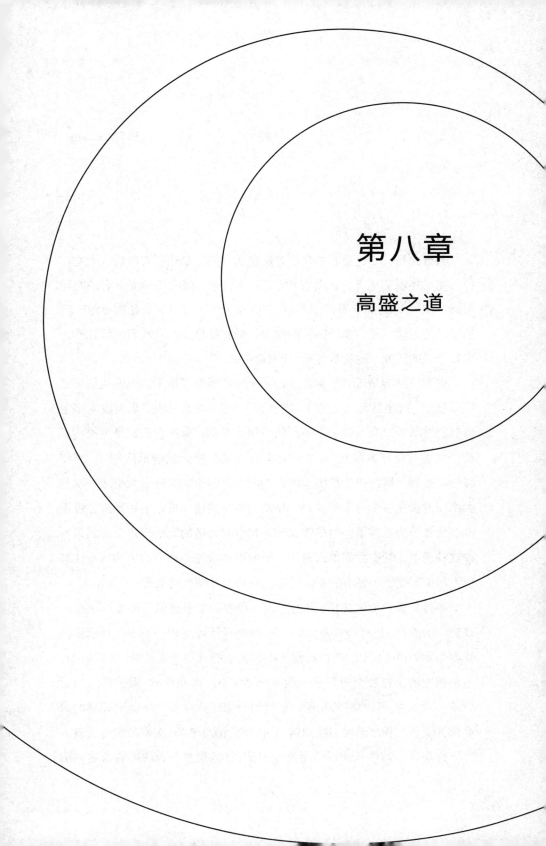

第八章

高盛之道

利维的死，不论是不是在需要反思的时间，都让所有高盛人大吃一惊。高盛还需要运营，运营者却没了。罗伯特·穆钦在早上点名的时候告诉员工："你们都听说了，古斯·利维昨天中风去世了。他的贡献，我们以后再讨论。我们都记得他的教诲，现在最重要的是我们继续工作，完成今天的任务。这就是古斯·利维希望的。"

然而，利维是否以某种方式在某个地方留下了指示，说明他假如被汽车撞了（这当然是个比方），应该怎么办？ 关于利维究竟有没有指定自己的继承人，众人说法不一，似乎相当混乱。鲁宾在回忆录里说，利维去世的时候年岁实在不大，"完全可能没有考虑过继承问题"。当年温伯格搬到上城的西格拉姆大厦，提出了一些交换条件，其中之一就是利维同意设立一个六人管委会。显然，要是挑选一批新的领导人，肯定就要从管委会里挑了。但尽管如此，利维对高盛的统治却毫无疑问是一种铁腕统治，管委会其他人都为了他的乐趣服务。利维的乐趣就是让其他人尽量不要插手高盛的总体管理，一切事务都由他负责。

不过，前合伙人罗伊·史密斯说，利维的秘书翻遍了利维的书桌，找到一个信封，是写给管委会的；里面有一封信，说他一旦发生什么事，管委会就应该考虑让"两个约翰"来接他的班。第一个是约翰·怀特黑德，一头银发的上流社会银行家，当时54岁；第二个是约翰·温伯格，当时51岁，西德尼·温伯格的儿子，也是银行家，这时候应该负责高盛的商业票据业务。利维的秘书找到信，这件事的消息来源，史密斯没有透露。

鲁宾说，虽然从来没有见过这封信，"但我并不否认可能有这封信存在，只是从来没有人看到过"。他又评论，如果这封信真的存在，那应该是乔治·多蒂发现的，而不是利维的秘书。而且，这封信里说的也应该是利维指定两个约翰为高盛的副董事长，而不是指定他们当企业的下一任领袖。无论如何，这封信从来没有公开出现过。彼得·利维说："从来不知道有这封信，但利维确实指定过两个约翰。"多蒂告诉《高盛帝国》的作者查尔斯·埃利斯："古斯绝不愿退休。"这是一个旁证，证明约翰·怀特黑德与约翰·温伯格是被提名要当副董事长，而不是一把手；但《高盛帝国》里完全省略了这个争议，讲了另一个故事，就是利维的秘书在书桌里发现了一幅利维的画像，是一幅粗线条画，利维拿着一支大雪茄。这幅画是一名合伙人的儿子在感恩节之后一个星期五画的，送给了利维。

如今，多蒂已经90多岁了。[1]有一次接受采访，说从来没有这么一封信，只是利维在死前几个星期跟他说过，拿两个约翰怎么办。多蒂说："古斯在中风前不久跟我说过，有个问题他觉得很棘手，就是拿两个约翰怎么办。他的解决方案就是，把两个约翰都提拔成副总裁。如果只提拔一个，不论选谁都会造成问题。在我看来，这个决定相当合理。我觉得他跟我说，不是为了征得我的同意。他只是告诉我，事情就会这样安排了。"高盛前员工丽莎·埃利希（Lisa Endlich）在高盛的传记[2]里说，利维确实曾经公开表示，想好了"法定继承人"，但从来没有说出是哪一个人或者哪些人。她说："高盛缺了领袖，陷入了混乱。"

三年前，1973年11月，《机构投资者》杂志创始人吉尔伯特·卡普兰采访了利维，问到了未来企业领导人的事。利维说："我认为，就算我不在，公司还是会一样稳固。温伯格先生创造了领袖的光环，他是优秀的领导人。我需要赶紧加上一句，我可不在他那个层级上。"利维又补充说，在他的领导下，高盛第一次设立了管委会，集体工作，和许多高管合作，

---

[1] 本书英文版于2011年出版，2012年多蒂去世，享年94岁。

[2] 指《高盛集团：成功的文化》（*Goldman Sachs: The Culture of Success*）。

了解公司的客户。利维说："要是我出国了，或者突然死了，这些人会知道该联系谁的。我们已经起用了一些优秀的青年人才，还有些人已经步入管理层，只要一分钟就可以站到我的岗位上。"卡普兰直接问利维是否已经选好了法定继承人，利维回答："我希望你不要问我这个问题。这个问题会在高盛引起大麻烦，但是，没错，我已经选定了继承人。"利维说，如果要从公司外部那些同等级的企业寻找高盛的新领袖，那就是一种失败。

怀特黑德听说利维中风的消息，想要去西奈山医院探视，但有一天左右时间不能如愿。最后终于见到了利维。多蒂转述怀特黑德的话："（我）发现他显然病得很重，身体虚弱，脆弱不堪，面色惨白。就算利维活下来，我也无法想象利维还能做回一把手。这对公司是一个惨重的打击，对我个人也是惨重打击。我们召开了合伙人会议，讨论了继承问题。古斯怎么跟我说的，我都跟合伙人说了。这当然不是上帝的教诲，但古斯确实是领导人，思考过这个问题，而他的解决方案我们也能接受。放眼四周，也实在找不到更好的办法了。"

据怀特黑德的叙述，"古斯在西奈山医院临终的时候"，他和约翰·温伯格"在高盛办公室坐下来，决定应该怎么办"。怀特黑德完全没有提到书桌里的信的事，而是说利维并没有做出这样的决定，因为他完全没有想过退休。但怀特黑德还是决定，既然他和约翰·温伯格一同被看作利维之后的二把手，拥有企业最高的分红比例，"那么我们显然就应该在这场突然的危机当中承担起坚强的领导责任，向管委会与所有合伙人明确推荐古斯的继承人"。

怀特黑德尽管比约翰·温伯格大三岁，来高盛也比他早三年，两人却在1956年的同一天当上了合伙人，在公司齐头并进，每一步的涨薪都相同。显然，两人交情也不错。怀特黑德说："我们经常在苏格蒂三明治餐厅一块吃午饭。苏格蒂做的鸡蛋沙拉三明治是我见过的最大的，我都吃撑了。我跟约翰·温伯格会彼此抱怨高盛出的一切问题，还会商议我们要是真有机会当了一把手，形势会怎么样。"

如今，机会果然可以让这两人抓到了。利维快要死了，怀特黑德就提议，他当董事长，温伯格当副董事长。怀特黑德说："约翰·温伯格脸色一沉，我看得出来，他很不情愿。约翰是西德尼·温伯格的儿子，也是个心气很高的人，不愿意当二把手。"约翰·温伯格从普林斯顿毕业，二战时加入美国海军陆战队，入伍的时候当列兵，退伍时已经升到了少尉。朝鲜战争期间，他参战的时候是中尉，退伍的时候当了上尉。约翰·温伯格有一次说："我爸爸是条硬汉，但我小时候受的教育太温情了。海军陆战队是个锻炼的好地方。"两个约翰考虑，让管委会投票，或者让全体合伙人投票，但这个流程如果半公开化，就会很麻烦。怀特黑德说："两边都会形成各自的派别，无法形成统一战线；这在高盛如此困难的时候，非常不利。"怀特黑德说，还有一个问题，就是两个约翰都不想认输，不想其中一个人当英雄受追捧，另一个人却被贴上狗熊的标签。

面对这个难题，就诞生了一个前所未有的创意，至少在华尔街上前所未有：两人担任联合董事长，分享权力。温伯格说："我和约翰是两个合适的人选。古斯·利维让我们走到了一起，我们根据自己的想法，对高盛的理解和目标一步步发展，而且是共同发展。"怀特黑德后来写道："我们决定之后，两人都如释重负。这样我们谁也不必一个人担起运营高盛的重任，谁也不必屈居二把手的位置了。我们两人谁都可以外出旅行，而不必太过担心公司的情况。这个办法看起来是最好的。"两个约翰另外还发现这对于宣传也有好处，因为很多客户想见一把手，而现在高盛有了两个一把手。怀特黑德说："这样我们就可以见到两倍的客户。我们把能力聚到一起，发现可以大大增强高盛的领导层。"两人决定，坚持每天沟通，两人的办公室要相邻，共用一间会议室。怀特黑德之前的投行同事们认为怀特黑德对约翰·温伯格做了很大让步。高盛前合伙人艾伦·斯坦因（Alan Stein）回忆："我觉得，约翰·怀特黑德显然应该当上唯一的领袖。但我也觉得，他认定保留温伯格的名字是有价值的，我认为他这么做很明智。"过了一段时间，合伙人的各个洗手间里出现了一幅明星伊丽莎白·泰勒（Elizabeth Taylor）的照片，很说明问题。照片上有一行字："两个人总比一个人好。"[1]

利维死后，怀特黑德与温伯格把两人的决定告诉了管委会。这时候，管委会增加到了八人。怀特黑德说："大家同意了我们的决定，于是我们通知了其他合伙人。"乔治·多蒂说，这个主意非常明智："约翰·温伯格很会拉业务，怀特黑德组织能力更强。不过，证券业务部门有很多人对怀特黑德印象不太好。于是，这个组合大家就都可以忍受了。这两个人就相当于连体婴儿，好像没有那么不自然。"公关负责人爱德华·诺沃特尼也开始行动，向媒体散播消息。不过，这一次，《纽约时报》抢在了诺沃特尼前面。利维死后才两天，报纸就做出了准确报道：怀特黑德与温伯格要继承利维了。诺沃特尼否认公司已经做出决定，但《纽约时报》还是说，两人会成为管委会的联合董事长，两人彼此十分敬重。报纸说，怀特黑德是"策划者、组织者"，温伯格带来新业务的能力远近闻名，当时负责公司刚刚起步的固定收益部。《纽约时报》善意地报道了高盛很多著名的隐喻，其中就包括，利维的领导权转让给怀特黑德与温伯格的"过渡"相当顺畅："高盛拥有1500名雇员，14处国内外机构；团队精神是高盛的基本特征，使得高盛在竞争激烈的投资界拥有了如今的显赫地位。"

这时候，高盛的交易员队伍影响力越来越大，他们十分担心一个重要问题：怀特黑德与温伯格两人都不是交易员，也没有交易的工作经验。鲁宾说："利维的死是一个沉重打击。因为我觉得我们大多数人——我也算一个——都感到了某种程度的不安。'不安'这个词可能用错了，但

---

[1] 目前并未查到这是泰勒某部电影的宣传词，或许不是电影海报，而是单纯的照片，文字是高盛的人加上去的。这句话本身出自《旧约圣经·传道书》第4章第9节："两个人总比一个人好，因为二人劳碌同得美好的果效。"

至少感觉不确定。我们想，公司必然走一阵下坡路，这个困难局面，怀特黑德与温伯格究竟有没有勇气面对呢？结果，他们表现得非常出色。"

从很多方面来看，怀特黑德都是高盛锻炼出来的典型人才：尽管出身寒微，却聪明、勤奋、坚韧、有雄心。当年，西德尼·温伯格、古斯·利维也都是这些品质造就的。然而，怀特黑德与温伯格、利维有一大不同：两名元老都是犹太教徒，怀特黑德却是基督教圣公会教徒，因此，他在高盛最高层也就成了第一名非犹太教徒（那个倒霉的瓦迪尔·卡钦斯不算）。高盛之前的一把手并非虔诚的信徒，相反，宗教色彩很淡。这时候已经是1976年，华尔街公司也不像20世纪早期那样按照宗教严格划分派别了，但这个转变依然很重大。怀特黑德叙述："很多人都认为，高盛首先是一家犹太公司。但我自己从来没有感觉到有人介意我是圣公会教徒。"不过，确实有一些异样，怀特黑德没有忽视。当初在1963年，摩根士丹利招进了第一名犹太员工刘易斯·伯纳德（Lewis Bernard），引起了很大风波。1973年，刘易斯·伯纳德又当上了摩根士丹利第一名犹太合伙人。伯纳德当合伙人之前，有一次，摩根士丹利高级合伙人佩里·霍尔（Perry Hall）打电话给约翰·温伯格，说伯纳德是犹太人，在摩根士丹利越升越高。温伯格回答："啊，佩里，这实在不算什么。我们公司有犹太员工都多少年了！"后来，伯纳德当了摩根士丹利合伙人，高盛还想把他挖过来。不过，摩根士丹利有一位高管告诫高盛合伙人，不要挖伯纳德："我们好不容易才有了一个犹太合伙人，你们还想把他挖走？算了吧！"

1922年4月2日，怀特黑德生于伊利诺伊州埃文斯顿市，时间是凌晨4点。他清楚地回忆道："因为我妈妈以前开玩笑说，她让我在肚子里多待了四小时，这样我就能避免愚人节出生的尴尬了。"怀特黑德的父亲是尤金·康宁汉·怀特黑德（Eugene Cunningham Whitehead），在乔治亚州的乡下出生、长大。怀特黑德出生的时候，父亲已经带着一家子搬到了北方，当了美国西电公司（Western Electric）的线路工人，学会了爬电线杆。怀特黑德说："我们家在埃文斯顿只住了很短的时间。"没多久，一家人又搬到新泽西州蒙特克莱尔市一栋两层公寓里，这样父亲尤金就能在西电工作——新泽西州梅多兰兹地区附近的卡尼市有一家西电公司制造厂，后来尤金当了初级经理。每天早上七点，尤金开着灰色的道奇车去上班，晚上六点回家。后来，怀特黑德一家搬出公寓楼，住进了蒙特克莱尔市一栋独立小房子，有了一个小后院，一个分离式车库。

1929年大崩盘的时候，怀特黑德一家正在麻省楠塔克特岛东边沿海地区度假。怀特黑德回忆："那地方很偏僻，城里的报纸到了后要过几天才送来，我爸爸就每天听收音机的新闻，就听见股市崩盘了。"一家人的大部分积蓄都"小心翼翼"地投到了股市，买得最多的是AT&T（西电的母公司）的股票。怀特黑德估计，父亲尤金买了5万美元股票，"可能相当于今天的50万美元"。家人的储蓄大部分都损失了，冲击很大。一家人赶紧中断休假，回了家，好让父亲处理投资的事。祸不单行，这时候西电又把尤金开除了，但尤金还是每天开车离家，好像什么事也没有发生似的。尤金一直没告诉儿子，自己已经丢了西电的工作，不久他又找到一份工作，销售门廊家具，拿提成，挨家挨户推销。这份工作每个月都有销售指标要完成，尤金十分努力，卖掉了比规定数量更多的家具。怀特黑德一家有时也会得到家具。怀特黑德开玩笑说："我一直认为，我们家的门廊在整个蒙特克莱尔市最漂亮。"

大萧条期间，怀特黑德一家省吃俭用，吃的是通心粉、奶酪、鳕鱼饼，穿旧衣服，听着广播剧《先知安迪》（*Amos 'n' Andy*）、《全美男孩杰克·阿姆斯特朗》（*Jack Armstrong, The All-American Boy*），还有罗斯福的"炉边谈话"，就这么熬过来了。一家人买了一辆1934年新款福特A型车，花了500美元。就跟熬过大萧条的很多同代人一样，怀特黑德也产生了一种本能的恐惧，规避风险，避免跟人借钱。怀特黑德称："我连信用卡都不喜欢。"但他不觉得自己家里穷，"可能是因为我们家境比起认识的人来不算差"。

怀特黑德小时候过得似乎很正常，会收集橡子和印着印第安人头像的硬币，也集邮，会给别人修剪草坪挣零花钱，加入教堂的唱诗班，拉小提琴。但怀特黑德也有一种顽皮的天性。一开始，牧师进行长篇布道的时候，他在唱诗班楼座里扔纸飞机；应该午睡的时候，却用蜡笔在姨妈的墙纸上乱画。后来更不规矩了，开始小偷小摸，从马克面包房的窗户往外偷刚烤的饼干，面包房就在他周日参加唱诗班的教堂对面。警察把他吓得改恶从善，父亲还把他狠狠揍了一顿，用的是后院树丛中折下来的细枝条。他说："我拼命忍着不哭。"

让怀特黑德从此坚定地走上另一条人生道路的是几天之后母亲给他的一条信息。放学之后，母亲来到孩子卧室，坐在他床上，拉住他的手，给他讲了一件事：父母结婚之后一年，母亲生了一对双胞胎男孩，但生下来就死了。更糟糕的是，母亲的父亲就是产科医生，这两个孩子就是他接生的。怀特黑德从来没听说过这件事，一个字也没有，更不知道自己也是外公接生的。母亲说："过了得有两年吧，你就出生了，健健康康的小男孩，什么毛病也没有。我们都特别高兴。约翰，如今啊，我跟你爸爸每天都祈祷你长大后能做个了不起的人，帮我们补上家里的损失。"怀特黑德忍住眼泪，告诉母亲，他会加油的。

怀特黑德自己的叙述当中，这可能是他一生中最重要的转变了。他加入了男童子军，非常努力。男童子军有个制度，拿到一种资格——雄鹰等级，需要21个徽章。他说："我拿够了还不满足，又拿了15个。"

后来，1939年，怀特黑德要进入费城郊外的哈弗福德学院，学费900美元。这笔钱本来是爸爸答应出，但怀特黑德做了一个无私的决定，自己出了学费。怀特黑德不清楚爸爸的具体年薪，但推测应该是4000美元左右。"我觉得把那么大的账单一下子丢给他，是很不对的事。"但他不知道，自己怎么才能在一个夏天的时间里挣到学费。之前，他已经在格伦·格雷营地当副主任挣了200美元，在特拉华河上带游客乘坐独木舟旅行，又挣了200美元。还剩下500美元，这时候离开学已经没多少时间了。然后他在《纽约时报》周日版上看见一份广告，1939年世博会在纽约皇后区法拉盛草原公园（接近现在的纽约拉瓜迪亚机场）举办，需要招人，工资至少一周100美元。第二天一早，怀特黑德就坐火车从蒙特克莱尔去了纽约，想碰碰运气。纽约百老汇大街，人称"不夜城"[1]，是一处相当乌烟瘴气的地方，类似纽约著名的娱乐地区"康尼岛"，到处是优惠门票、狂欢节的活动，还有各种游乐设施。怀特黑德就要在这里找工作。他回忆："对于蒙特克莱尔出来的孩子，大城市一切禁忌的诱惑都在这里了。"

最后，怀特黑德找到一份工作，猜游客的体重。游戏规则是这样的：游客支付25美分，让怀特黑德猜测游客有多重，只要误差不超过2磅，这25美分就归他所有。要是猜错了，虽然这25美分也归他，但他必须送给游客一个毛绒玩具——这玩具要从怀特黑德那儿扣掉20美分。显然怀特黑德必须招来尽可能多的顾客，尽可能准确地猜测体重。数字一算就出来了：只要猜对2000名顾客的体重，就能拿到急需的500美元。当时怀特黑德骨子里很腼腆，而且并没有吸引别人或是猜测体重的经验，但他很快还是接下了这份工作。他透露："关键在于，不要看脸，必须看腰，因为体重都在腰上了。"

接下来六个星期，只有17岁的怀特黑德全力工作，每天12小时，每周六天。"我几乎没有回过家，每个周六的晚上，我就在附近一家便宜旅馆凑合，为的是少花钱；吃的是只要25美分的热狗，喝的是只要5分镍币一瓶的可乐。"到夏末的时候，怀特黑德把这500美元挣到了手。

怀特黑德在哈弗福德学院的四年，显然也像这样充满了传奇色彩。第一个学期很是艰难，平均分只有79分，而且发现跟不上预科生。但他还是坚持下来了，并且几乎每一科都拿到了优秀成绩，以优等生身份毕了业，获得了经济学的学位。他说："钱一直让我着迷。"他加入了棒

---

[1] 原文为 "Great White Way"，又名白色大道，意为永远亮着灯光。

球和篮球的准校队（Junior Varisty，简称JV），成了田径队最优秀的跳高选手，还当上了校内体育协会的主任。此外，他还是国际关系俱乐部和学生会的主席。

为了挣够学费，怀特黑德加入了勤工俭学奖学金项目，还尽量打零工：在化学实验室装过酸液瓶，给一位教授更新百科全书条目，还给另一位教授的经济学考试判卷子。然而，他在世博会那份零工干到一半的时候才发现，大部分需要的学费是做生意挣来的。在学院，他和一个朋友成立了一家公司，控制了哈弗福德学院内部和周边保龄球馆的一项业务：给球道竖瓶子。怀特黑德说，这业务"近乎垄断"。到大四那年，"财源滚滚"，而他跟合伙人"几乎连一根指头也不需要动"。

1943年1月，怀特黑德毕业。之前，学院创办了一个暑期项目，因为二战而加速了教学进度。毕业的时候，有99名学长投票选他当了班里最优秀的学生。怀特黑德收到一个纪念品——大号的黑檀木勺子，雕刻有花纹，于是他就得了个外号"勺子侠"（Spoon Man）。怀特黑德说，这外号可没有"反映背后的重要性"。招生办主任还邀请他当招生办副主任，想着怀特黑德在五年后就能继承他的位子。然而，怀特黑德首先的义务是加入海军服役。13个月之前，日本偷袭珍珠港，从那以来，怀特黑德就一直很希望入伍。

1943年6月，怀特黑德正在等待一次哈佛商学院的海军会计学课程开课，为期90天。这时候，海军任命他为布鲁克林海军工厂的二十大街码头指挥官。怀特黑德后来说："谁知道因为什么？无论在海军内部还是外部，我经历过很多场合，可这是第一次发现，我走的路，我自己看不明白了。"他刚从大学毕业，还是个新手，完全不知道怎么运营一座海军工厂，十分尴尬。尽管如此，他带着共和主义者的天赋，接手了这家工厂，还有那些加入工会的脾气暴躁的劳动力。怀特黑德充分利用了这个新形势。他跟一个叫拉里（Larry）的工厂主管交上了朋友，拉里之前当过码头装卸工，在怀特黑德来之前是工厂的一把手。怀特黑德慢慢掌握了门道。对于海军黄铜合金的生产，他提了些建议，想要提高效率，被上级完全无视了。然而，三个月后，他离开工厂前往哈佛商学院的时候，他管理的码头获了奖，成了南布鲁克林效率最高的码头。"我给奖状加了相框，挂在拉里书桌旁边的墙上。"

怀特黑德在哈佛所在的剑桥镇又待了三个月，"专门学习怎么填海军的表格"。这个课程实在让人厌烦到极点，于是怀特黑德最终退学，跑到了非洲阿尔及利亚的奥兰市，在美国军舰托马斯·杰斐逊号（Thomas Jefferson）上服役，担任军舰的薪金官员兼军需次官。这艘船是由一艘豪华游轮改造成的，现在负责将2000名海军陆战队队员和陆军士兵运到欧洲战场。军舰名字的缩写是T.J.，接下来两年，T.J.就成了怀特黑德的家。

1944年6月，盟军在诺曼底登陆，这一天被称为"登陆日"。自然，怀特黑德参与的这次行动，也就是他在二战中最重要的体验。作战前夜，T.J.舰长命令怀特黑德到舰长室见他。怀特黑德在船上待了八个月，但是从来没有看到过舰长，也没有同舰长说过话。舰长说，原本负责操作车辆人员登陆艇（Landing craft, vehicle, personnel，缩写LCVP）的一名军官得了病，必须下船。舰长不知怎的，发现怀特黑德有天分，偶尔会驾驶登陆艇，于是命令怀特黑德担任一艘登陆艇艇长，参加诺曼底登陆。

怀特黑德在回忆录中记载了登陆作战时他所见的各种戏剧性场面。发起进攻的时候，他奉命带领一个海军中队，有五条船。但他最骄傲的一刻，似乎是那个至关重要的早晨六点，前往海滩的路上。在距离海滩100码（91.44米）远处，五条船遭遇了一些沉重金属条构成的锥形框笼，外号"C元素"[1]，对他们的船摆成一个具有威胁性的角度。他们事先接到过警告，会遭遇这种锥形框笼，但那些在怀特黑德中队之前登陆的人碰巧全都没有遇到，这个中队是第一个碰上的。怀特黑德接到的命令是不

---

[1] 此处作者原文似乎有误。原文作 Element C，实际一般称为 C Element，也叫"比利时大门"（Belgian Gate）。

顾一切往上冲，但怀特黑德无视了命令，让登陆艇全都沿着海岸往南绕了100码，这样就可以登陆而不会挂到这些障碍。他说："这让我们的登陆点往南移动了很远，但我们别无选择。最后还是歪打正着，因为德军的迫击炮弹马上就打到了我们先前预定登陆的海岸线上。"

接下来几个月，T.J.又接到了一系列其他任务，先去了法国南部，接着又去了太平洋战场，遭遇了日军的神风敢死队袭击，但没有沉没。这时候，怀特黑德已经当了中尉。最后他下了前线，负责陆地工作，一直干到退伍。讽刺的是，他最后一年的军旅生涯，是在哈佛商学院培训一批新的军需官填表，填的正是那些他曾经无比痛恨的表。

退伍之后，怀特黑德没有去哈弗福德学院接手招生办，而是决定申请哈佛商学院，并且成功了。他发现课程出乎意料地严格，但还是以优秀成绩毕业，是班里成绩最好的10%学生之一。在商学院就读期间，怀特黑德遇到了外号"桑迪"的海伦娜·沙农（Helene "Sandy" Shannon），两人结了婚。海伦娜毕业于韦尔斯利女子学院[1]，在约翰·汉考克（John Hancock）保险公司当股息文员。

怀特黑德的人生拼图还有一块，那就是哈佛毕业之后去哪里工作。他计划去大公司，例如通用电气或者杜邦（DuPont）；他希望能够在大公司找到安稳的职业，而且能发挥在海军里锻炼出来的组织技巧。他觉得，刚刚研究生毕业，不一定能直接找到这样的工作，于是打算去华尔街，学一些额外的技巧，好进大公司。当时在哈佛商学院招聘的只有一家华尔街公司，就是高盛。高盛只计划招聘一名毕业生。怀特黑德觉得自己没什么机会（当时有20名毕业生申请参加面试），但他还是决定试试。结果高盛居然又请他前往纽约办公室，参加第二轮面试，怀特黑德大吃一惊。他想："是因为我成绩好？我参加过海军？高盛的做法就是这么奇怪，从来没有人跟我说过。"

---

[1] 位于美国麻省波士顿市。前文鲁宾的妻子朱迪也在这里毕业。

在纽约，怀特黑德见到了高盛的"大员们"。"大员们"对他"连珠炮一般"地提问，经常问得他张口结舌。但最终，高盛还是聘用怀特黑德当了投行部门的投资经理。毫无疑问，怀特黑德为人谦虚，这种风格深受高盛合伙人的赏识。那一年，整个高盛就只招了怀特黑德一个人。

1947年10月，怀特黑德入职高盛，年薪3600美元。他和妻子离开了波士顿地区，搬到新泽西州的大山峡地区，接近蒙特克莱尔；租了一栋宅子，月租135美元，这数额占了他每月拿回家的工资的一多半。当时，高盛还在松树街30号租八个楼层，顶上四层和底下四层。20层是投行办公室，一共六个人。这一层之前是壁球场，怀特黑德说，大萧条之后"这是很多被丢弃的奢侈品之一"。如今，六张书桌挤在了一个小地方，宽度差不多和高度一样；只在一边墙上很高的地方有扇小窗户。要开关这扇窗户，得用一根长杆子。怀特黑德当了投行部第七个成员，他的书桌也硬挤进了这个小房间，让新同事们懊恼不已。怀特黑德回忆："那地方没有暖气，至少我们找不到；也肯定没有空调，就好像英国作家狄更斯笔下的那些穷苦人住的地方。冬天冻死人，夏天热死人。"公司还规定，这些投资经理必须一年到头穿着羊毛西装，夏天也得穿。怀特黑德说："这就是高盛的风格。"

相反，要是在炎热潮湿的纽约夏日，穿上一身泡泡纱衣服，那可就不是高盛风格了。某日，怀特黑德就给自己添置了一身这样的衣服，决定穿着上班。那天早上，他进了电梯，沃尔特·萨克斯也跟着他进去了。怀特黑德评论："矮壮的身材，显眼的白胡子，他让我感到很不自在，甚至可以说是惊惧。"

萨克斯打量怀特黑德这身衣服，怀特黑德开始紧张。

萨克斯问："年轻人，你在高盛上班吗？"

怀特黑德回答："是，先生，我是高盛员工。"

萨克斯毫不留情地说道："既然这样，我建议你现在马上回家，把这身睡衣给我换了！"

怀特黑德的第一份工作是设法让公司客户发行企业债，让高盛可以收费承销，卖给投资者。当时，企业债的最大发行者都是公用事业公司，它们忙着建设工厂，购买设备，满足战后蓬勃增长的消费需要。怀特黑德花很多时间分析某一只设想要发行的债券的收益率[1]将会怎样，然后把结果告诉高盛的高管，高管再通知沃尔特·萨克斯，萨克斯再作为代表出席那些辛迪加会议，在会上给债券定价，向发行者投标，然后发行者选定一家辛迪加负责承销。怀特黑德承认，他"距离这样的行动还相当远"，他的责任都是"非常无聊的事"。

的确，那个年代，投行业并没有多少事情可做。承销股权融资这种事很少发生。于是，为承销撰写招股说明书，也就是"相当艰苦的工作"，因为"一开始的工作，不是给上一份招股说明书做记号，而是用黄色的拍纸簿从头起草，"以尽可能恰当地描述发行证券的公司。怀特黑德说："那个年代，谁也不太清楚证券交易委员会的搜寻目标是什么。"但高盛有个规矩：绝不承销公开募股的证券，除非这个发行人能在招股说明书里包括最近10年的销售、营收记录。怀特黑德说："这一点是必备条件。多年以来，我们都坚持，他们必须最近三年连续盈利，特别是最近一年必须盈利，我们才可以承销他们发行的证券。只要哪家公司达不到这个标准，我们坚决不承销。"

入职几个月后，一天早上，怀特黑德偶然拿起《纽约时报》看，知道司法部起诉了华尔街很多公司，指控他们互相勾结，违背了反托拉斯条款。[2]怀特黑德当然很感兴趣，但他与很多同事一样，私下里为高盛被起诉感到非常高兴。他说："我觉得，这么一份大张旗鼓宣传的华尔街领军企业列表，高盛如果不在里面，那真是太丢人了。"

---

[1] 即利率。

[2] 此事参见第4章。1947年10月，美国政府对华尔街17家公司提起大规模反垄断诉讼，高盛是其中之一。三年后，法院判决华尔街公司胜诉。

这时候，怀特黑德越来越贴近西德尼·温伯格的轨道。具体原因，怀特黑德不清楚。但他认为可能有两个：一是哈佛商学院的文凭（这个背景，温伯格暗中羡慕）；二是他操作计算尺[1]很熟练。怀特黑德回忆，西德尼·温伯格会跟某个重要的CEO见面，观察这家公司的债务股权比如何，以及公司如果发行债券而不是股权，债券的百分比会占多少。温伯格一边开会，怀特黑德一边拿计算尺完成计算，再跟温伯格咬耳朵，告知这个百分比。温伯格回答："实际的百分比是56%？完了，这也太高了！"

温伯格很满意，就让怀特黑德来办公室一趟，把计算尺的操作技巧原原本本地告诉他。怀特黑德就会讲解，这些刻度都代表什么，怎么用，怎么用滑尺把数字相乘。有一天，怀特黑德给温伯格演示，怎么用计算尺算出二二得四。这位高级合伙人就骂怀特黑德："给我滚！我已经知道二二得几了。天底下就属这件事最胡闹最白痴了！"计算尺又进了抽屉，之后基本不用了。

后来，温伯格经常给怀特黑德打电话，咨询各种各样的问题。电话一个接一个，十分混乱。温伯格觉得太麻烦，就请怀特黑德搬到自己的办公室，当了助理，如此一来，温伯格一旦有什么业务需要帮助，怀特黑德就能马上知道。怀特黑德一听，对这个请求有些疑虑，不太愿意接下这份工作："我当时还处理好多其他事情，不想单纯当温伯格的助理。当然，要是非得当什么人的助理，那最好还是西德尼·温伯格。"最后，他接受了邀请，不过还是担心自己同这位高级合伙人走得太近，会受到企业政治的伤害——作为年轻的银行家，这绝对是他可能担心的最古怪的事情之一。

温伯格在办公室自己的书桌对面放了一张小桌子，给怀特黑德。然后事情就尴尬了，怀特黑德说："温伯格一些电话不想让我偷听。"于是

---

[1] 电脑普及之前的一种机械式计算器。

温伯格就把声音放得特别小，电话那一头的人就听不清楚。"西德尼就不得不再大声说一遍，显然他不愿意大声说。"客户来到温伯格办公室，也会困惑，不知道这场谈话。是否应该让怀特黑德参加。怀特黑德参加的时候，注意到温伯格会很紧张，就好像怀特黑德会给温伯格下药，挖走客户，自己做业务。怀特黑德说："我认识的很多有地位的人，都有一个品质，就是多疑，多疑得让我吃惊。他们总是担心有人随时会抢走自己的地位。"理所当然，过了几个月，怀特黑德又回到20层的壁球场去了。"我觉得，我俩都松了一口气。"

怀特黑德在高盛的重大突破，是与温伯格合作达成福特的IPO。[1]20世纪50年代早期，怀特黑德偶然知道，麻省的企业只要做生意，包括福特这样的私企，就必须每年向州政府提交资产负债表。怀特黑德乘火车去了麻省首府波士顿，查找了大量州政府文件，终于发现了一份重要文件。文件显示，1952年福特净资产有几十亿美元。他想："福特成了美国最大的私企，可能也是全球最大的！"温伯格非常重视这份表格，也重视怀特黑德拿到表格的能力，尽管这位高级合伙人"从来不愿意夸奖别人"。

怀特黑德与温伯格，还有福特基金会、福特家族很多人一起忙IPO的事，忙了两年。不光因为IPO特别复杂（亨利·福特之前构建的投票机制很复杂），还因为必须完全保密。福特IPO大获成功，为基金会筹到了数以百万计的美元。怀特黑德说："拿下福特，是高盛极为重要的事件。我们先前没有挤进地图，如今就上了地图了。"《纽约时报》头版头条报道了福特IPO的事儿。怀特黑德说："高盛来了！"IPO之后，怀特黑德再也没有想过去什么大公司。他说："那些大公司看着都跟小土豆一样了。"但其他公司却开始来找他了。当时的美国首富之一，人称"乔克"的约翰·海·惠特尼（John Hay "Jock" Whitney）开了一家同名的高端风

---

[1] 参见第4章。福特IPO在1953年开始秘密筹备，1955年公布消息。

险资本公司，承诺给怀特黑德1000万美元初始股权（initial stake），让他当合伙人。怀特黑德很是心动。这一年是1956年，他加入高盛已经九年，还没有当上合伙人。怀特黑德坦白说："我很不安，可能还有点怨恨。"他还担心，自己可能跟西德尼·温伯格走得太近，而这时候的高盛，古斯·利维和手下的交易员却逐渐掌握了大权。惠特尼请怀特黑德去了一家非常豪华的餐馆共进午餐。餐桌上，怀特黑德不懂礼仪，草莓应该舀到甜食碗中，他却舀到了水碗中。然而惠特尼还是在快吃完饭的时候提出，让怀特黑德当合伙人。

怀特黑德回到曼哈顿下城，直奔温伯格的办公室，说要辞职去惠特尼公司。温伯格不敢相信："你开玩笑吧？"然后朝着"长期受委屈的秘书"玛丽·伯吉斯（Mary Burgess）大吼，让玛丽接通惠特尼的电话。怀特黑德记得，自己坐在温伯格的办公室里很是害怕，他没想到温伯格竟敢做出这种事。不过，"西德尼只要决定了要做什么，谁也拦不住他"。

惠特尼接了电话。温伯格大吼："乔克！我听说你要挖我的助理，让这小伙子去惠特尼公司？乔克，你不能这么干！他对我太重要了，不好意思，我不能放他走！就这样！"怀特黑德说："对乔克·惠特尼这样的大人物，就连西德尼这样稳重的人也会无所顾忌，我惊呆了。"然而，这一招却很灵，惠特尼不再挖人。高盛同意，惠特尼对怀特黑德有什么承诺，高盛也会做到，并承诺1956年底让怀特黑德当上合伙人。怀特黑德留了下来，年底也确实当上了合伙人，工资涨到25000美元，外加公司利润的0.25%分成。他说："这是我有生以来最高兴的一天，大大松了一口气。当上高盛的合伙人不是什么终身荣誉，但也差不多了。我发现，唯一可能让我被赶走的情况就是高盛完全倒闭。"

这时候，温伯格已经70多岁。怀特黑德主要担心的是，温伯格下台之后，投行业务会逐渐萎缩。怀特黑德认为，温伯格拉业务的能力很难被取代；而且怀特黑德（显然只有他一个人）也越来越担心，高盛缺了温伯格这棵摇钱树，将来会怎么样。怀特黑德讽刺地评论说："显然，我们最大的长处，也是我们最大的弱点。"

就是这种对失败的恐惧，让怀特黑德制订计划，成立了"新业务集团"。[1]这是一个10人或以上高级银行家组成的小队，他们散布到全国各地，联络各个大公司，看高盛能不能为他们做点什么。怀特黑德的想法实际上就是像《营销一百问》（*Marketing 101*）那种初级手册一样，非常有笛卡尔（Cartesian）的思想，合乎逻辑，而且对当时的华尔街来说非常先进。他回忆："当时谁也不主动拉生意，觉得很丢人。吸引业务的方式，只是让自己显得很有权势，很重要；这样就能吸引到投资银行家希望拉来的那些比较好的客户。其实西德尼就是这么做的。他自己确立了负责人的地位，人们都知道，他会寻找企业的财务需求。西德尼很少出差，因为都是别人从外地过来找他。"温伯格那些最成功的同行，鲍比·雷曼、安德烈·迈耶、费利克斯·罗哈廷，做事也都是这样。怀特黑德这种有组织地拉关系的事，当时人们是很看不起的。

温伯格无视了怀特黑德的"蓝账本"，也就是秘密报告。不过，怀特黑德当上合伙人之后，又尝试了一下，把蓝账本分发给了其他15位合伙人，也没有回音。过了一个月，他问温伯格，有没有看过报告。温伯格回答："没看。"这就促使怀特黑德开始游说各位合伙人，要建立这一新制度。他慢慢发现，尽管这些合伙人都没有强烈兴趣，却也没人反对。

怀特黑德认为，不反对就是同意。他从高盛内部招了三个人，当成自己的队伍；又从外边招了第四个人，迪克·梅菲尔德（Dick Mayfield），原本是爵士钢琴家。这几个人都很外向，爱交际。怀特黑德很清楚这些品质对于把高盛的服务卖给新老客户至关重要。这种为企业带来更多投行业务的方法本身已经很新颖了，但怀特黑德还坚持要求，只要这些人一旦能带来一笔新业务，就决不能浪费时间自己去做，而必

---

[1] 此事参见第七章接近开头的部分。

须交给高盛内部的技术员去做。在很多层面上，这种做法都更为激进。因为无论当初还是现在，都没有几个华尔街员工对自身地位有如此的自信，能够将自己带来的业务与自己分离，更别说还要交给一名同事（也就是对手）做，而这名同事对于拉业务并没有一丁点贡献！

怀特黑德就这么不动声色地让整个投行体系感到不安了。但他的逻辑实在是完美无缺："我注意到，宝洁公司（Procter & Gamble）和其他市场驱动型的公司，销售部门和制造厂都是分开的实体。做完一单销售以后，宝洁销售员就继续流程，再做下一单销售。他会密切注意所有顾客，确保顾客满意，但他自己不会参与生产肥皂。我们在高盛也是这么做的。"公司采用了积极的拉业务策略，在华尔街从来没有先例。项目做得越来越大，全美乃至全世界的大公司都让高盛银行家联系了。怀特黑德发现："有很多公司从来没有接到过华尔街投资银行家的电话。"

怀特黑德的团队参加了一系列全日制研讨班，课程有"如何让CEO安排见面""如何对待CEO的秘书""安排见面之后的言语技巧"，还有怎样回答一些棘手的问题，例如，参与新业务的高盛员工是否应该为了讨好CEO而给秘书送花？（答案：让这个员工自己决定。）然而，高盛当时只是华尔街第15大企业，是纽约一家小型的私人合伙企业，想要拜访一些从没听说过高盛的大公司，见到一把手，这个挑战确实令人生畏。怀特黑德回忆："出了纽约，就没几个人听说过我们。"

为了让各位银行家参与那些有利润而且可持续的业务，怀特黑德给他们写了一份备忘录，里面有不少妙语，例如："只要有业务可做，就要抢着做"，以及"有身份的人喜欢接触其他有身份的人。你是有身份的人吗？"[1]他还写了几句话，类似美国华人餐馆里的一种签饼[2]，比如："得到一人尊敬，胜过结识一千人。""自己在说话的时候，什么也学不到。"怀特黑德跟手下的"四人帮"到处拜访大公司，就这样，新业务一

[1] 这是1970年的10条戒律，和下文14条戒律是两份不同的文件。

[2] 小点心里包含一些类似求签的纸条，写上一些模棱两可的话。

点一点地流进了高盛。之后，怀特黑德评论自己的这项发明说："这明白地显示，组织有序、结构完善的销售行动，与明智而负责的执行代表，会带来怎样的价值！"

新业务集团给华尔街投行业带来了一场革命。别的公司过了一代人才终于明白，怀特黑德开创的商业模式给高盛带来了怎样巨大的优势，其他公司不得不照猫画虎，与之竞争。投行等着电话响起的日子基本上已经完结了。怀特黑德的革命之后，想要在华尔街获得新的投行业务，意味着年复一年地给那些潜在客户打电话，向他们推销新理念，盼望他们要筹资或者并购的时候，能给自己打电话，让自己去接这笔业务。怀特黑德提到，新业务伙伴之一J.弗雷德·温茨（J. Fred Weintz）特别热心地联系到克利夫兰的一家公司，与公司总裁在俱乐部吃午饭，结果太过投入，竟然忘了妻子的事。他的妻子从早上十点起一直在车上等他。怀特黑德说："这才是我们需要的新业务员工！"

但怀特黑德认为，这还不是他对高盛最大的贡献，也不是他人生中最大的成绩。他似乎认为，自己最大的骄傲在于为高盛将来世代的员工和高管制定了一套生活工作的原则。他说："我得到了太多赞誉，因为我发明了高盛道德考量的标准，但这其实过誉了。"他声称自己发明了高盛"十二条戒律"，高盛的律师们后来又加上两条，成了十四条戒律。十四条戒律让高盛一路走来如此成功，而且如果继续遵守，还会继续让企业成功下去。怀特黑德使得所谓"高盛之道"（Goldman Way）制度化，并且一直坚持到现在；也因此产生了新一代收入丰厚的华尔街战士，拥有各种外号："生化人"（cyborgs）、"复制娇妻"（Stepford wives）[1]、"满洲银行家"（Manchurian bankers）[2]。不过，这些制度产生之初，就毫无

---

[1] 1972年出版的惊悚小说，写的是一批伪装成真人的机器人妻子。后来改编成电影。

[2] 日据时期，日本殖民者通过伪满中央银行大肆掠夺东北财富。这里可能采取了这种讽刺的含义。

悬念地遭到了那些更有怀疑精神的高盛人的贬斥。有一名长期合伙人说：
"作为现实中的原则，十四条也太多了。"其他那些不怎么愿意膜拜高盛
的银行家、交易员，在上班闲聊的时候，喜欢引用一战时期法国领导人
乔治·克列孟梭（Georges Clemenceau）的评论，那是评论一战末期美国
总统威尔逊来到凡尔赛提出的十四点和平原则（Fourteen Points）："就连
《圣经》里的摩西，也只有十条戒律嘛！"

　　然而，怀特黑德这一次又当了先驱。如今，华尔街公司差不多家家
都有一套生存戒律，只不过能够完全遵守戒律的公司少之又少罢了。怀
特黑德说："我这么做是有必要的。"他相信，随着20世纪60年代高盛规
模越来越大，越来越多员工加入，公司无法完全同化这些员工。他还担心：
"他们无法被高盛的伦理所教育，我们老一辈都是随着时间推移，潜移
默化掌握这些伦理的。"他不想让企业的核心价值在未来几代人当中失
掉，也不想让这些准则传到企业外面："戒律不是为了让外人消化的。"

　　一个周日的午后，怀特黑德在家里的书桌旁坐下，拿出一支钢笔，
一个黄色拍纸簿，开始起草戒律。他想要强调，是什么把高盛塑造成了
"特色鲜明""独一无二的工作场合"，而又不"感觉过分煽情"。这份原
始文档已经丢失，但怀特黑德那个午后写下的大部分内容，在高盛的网
站上、公开文件归档等很多地方都可以看到。这当然违背了他的意愿，
他不想把这些内容散布给大众。这些文字，至今是传播高盛不朽神话的
关键要素、核心要素。高盛很多员工信奉这些原则，也努力遵守这些原则。
可是，接下来的30年，高盛一直在发展，而且越来越国际化，这么一来，
员工的行为就越来越难以控制，有了戒律也于事无补。

　　那天下午，怀特黑德原本写的是十条规矩，然后给一个合伙人看[1]。
合伙人回答："'十诫'吗，约翰？你信的宗教里有没有'十诫'这一类
的内容，你真想让这个听着像是'摩西十诫'？"怀特黑德说，不想，"于

---

[1] 根据《高盛帝国》，这人就是乔治·多蒂，是天主教徒。

是改成了十二条"。

今天看起来，怀特黑德的这些原则很像陈词滥调的"鸡汤"，特别是对服务业而言。不过，当时却有着革命性的意义。哪一家华尔街公司会觉得自己重要到必须给员工制定行为规范呢？怀特黑德写下的第一句话是："客户利益永远至上。"这一点理所当然。"我们的经验表明，只要对客户尽心服务，成功就会随之而来。"当然，他可以就此搁笔，接受众人赠予的"华尔街英雄"头衔，因为他确实能够指挥手下的将士冲锋陷阵。

然而，后续的那些准则中，有些在纸面上听起来不错，但实在很容易违反，GTC事件和宾州中铁丑闻就是明证，还有其他明证很快就会到来。他继续写道："我们最重要的三大财富是员工、资本和声誉。如三者之中任何一项遭到损害，最难重建的是声誉。我们不仅努力从字面上，更从实质上完全遵循约束我们的法律、规章、职业道德准则。持续的成功有赖于坚定遵守这一准则。"怀特黑德强调伦理行为对企业的作用，于是自然又加上了一段（第14条）："正直及诚信是经营的根本。希望员工无论在工作上还是在私人生活上都要保持高度道德水准。"

怀特黑德其余的目标有：盈利的必要性、专业度、创造力、创新精神。他还承认，招聘人才已经变得对公司十分重要。他写道："（第5条）虽然我们的营业额以10亿美元计，但我们对人才的选拔却以个人为单位，精心挑选。服务行业，缺乏最优秀的人才，就难以成为最优秀的公司。"后来他又展开讲了一番。他对优秀的定义是"智力、领导潜力以及大致相同的领域的抱负心"。他认为，用考试成绩就可以轻易确定一个人的智力，而领导力在课外活动和暑期工中也可以表现出来。他一直在寻找"当领袖的人"，"有能量、有主动性的人，这二者是领导力的关键"。重要的是抱负心。又说：（第3条）"对于一切工作，我们都凭着最坚定的决心追求卓越。"（第6条）怀特黑德还想确定高盛招来的人拥有的"职业发展进程比大多数公司都要快。我们最优秀的员工潜力无限，能担当的职责也没有定式"。这条戒律似乎经过律师的修改，后面加了一段："晋升取决于能力、业绩、对企业成功的贡献，无关种族、肤色、宗教、性别、年龄、出生的国家、身体健全与否、性向，或其他任何不允许的标准或情况。"当然，对于黑人詹姆斯·科菲尔德来说，这条规定来得太晚了。

怀特黑德写完稿子后，提交给了高盛的管委会。管委会稍做修改，同意发送给全体员工。另外给员工的家人也都发了一份，"目的是希望员工家人也会看到，为爸爸（少数情况是妈妈）工作并付出大量时间的企业而感到骄傲"。怀特黑德说，"那年月，我们经常出差，特别是新业务集团的人"。他给员工们的妻子孩子分享了这些戒律，"为了给家人造成印象，让他们感到丈夫/爸爸所在的高端企业确实有着高标准，并且能够帮助员工缓解经常不能陪伴家人的愧疚，方法是向他们展示我们企业的风格"。怀特黑德认为"这些戒律受到巨大欢迎，并在全公司得到高度尊重"。公司希望各位经理跟手下的团队，包括秘书，每季度至少见一面，每次见面至少一小时，讨论这些业务原则，以及怎样把这些原则用于本部门的交易。他说："部门主管必须报告，会议开了多少分钟，关于企业伦理又提出了哪些问题。管委会要审阅这些报告，考虑是否需要对政策做出实质改动。"这些会议，如今还在高盛继续。

怀特黑德在高盛的另一个重要项目是迫使企业向国外扩展。他批评利维和西德尼·温伯格的地方观念太强了："西德尼·温伯格的联系人都是美国人，利维后来也是这样。我想，西德尼·温伯格从来没有出过国，连度假都没有出过国。[1] 而古斯·利维有一次必须飞到伦敦开会，第二天就飞回来了。他在伦敦再也没什么事情可做了。"

这两人把持高盛40多年，其间确实有几次尝试想要开拓国际市场。

---

[1] 此说有争议。参见第三章，温伯格疑似去过苏联。

高盛长期与伦敦的克莱沃特-本森银行保持着"通信关系"。但这种关系更多是基于互相的好感，而不是真正的业务。怀特黑德说："客户要在伦敦做什么事，我们就总是推荐克莱沃特。"作为回报，高盛也希望克莱沃特能把在美国需要服务的英国客户推荐给高盛。

然而，高盛的各个竞争对手在欧洲推广的力度更大。20世纪60年代早期，摩根士丹利已经在伦敦开了分部，第一波士顿银行在欧洲有分部，美林在欧洲各国有几家经纪业务办公室，所罗门兄弟"也有海外债券业务，开展得很顺利"（怀特黑德语）。高盛却几乎什么都没干。1967年，通用电气董事长致电西德尼·温伯格，告诉他，通用已经聘了摩根士丹利为自己承销一次欧洲的债券发行。怀特黑德承认："对高盛来说，这是一个黑暗的日子。我们必须进军欧洲或者什么别的地方。"

第二年，美国前任财政部长、擅长交际的亨利·福勒（Henry Fowler）加入高盛，成为合伙人，兼任高盛新成立的国际顾问委员会（International Advisory Committee）主席。怀特黑德说："我觉得，乔（Joe）[1]，这位前任财政部长加入高盛会极大促进我们的国际业务……他有政经两界的全球人脉，他对我们是非常重要的资产。"福勒的合作伙伴是迈克尔·科尔斯（Michael Coles），英国公民，哈佛商学院毕业。1970年早些时候，怀特黑德请科尔斯搬到伦敦，开办了高盛第一家欧洲分部。

过了几年，怀特黑德飞到首都华盛顿，想说服另一位前任政府高官、国务卿亨利·基辛格（Henry Kissinger）成为高盛合伙人。一开始基辛格不同意，但两个约翰都竭力坚持，至少见了基辛格12次，想要把他拉过来。两人都觉得，基辛格比福勒更有价值，能开拓更广阔的市场。最后，基辛格还是没有当合伙人，自己开了一家咨询公司，叫基辛格事务所（Kissinger Associates）。不过，他同意每月抽出两天时间与高盛商议，

---

[1] 亨利·福勒的常用名。

而且也担任了国际顾问委员会主管。基辛格为高盛提供了"极为重要的国际政治方面的建议"，而且他的判断"向来非常准确"。合作关系持续了八年。高盛与福勒、基辛格的关系，进一步证明了高盛的关键策略之一就是与政府高官建立往来。这一点，对企业越发重要了。

高盛稳扎稳打，慢慢经营起了伦敦业务，派去了一个又一个有雄心的人，他们都愿意拜访伦敦各大公司，这些公司多少代人从来没有跟美国投行打过交道，更别说高盛这样的犹太公司了。顺便说，即使拉扎德兄弟这样的老牌欧洲企业（英国政府特别重视的17家大银行之一），在伦敦做生意也经常遇到困难，因为犹太特色过于鲜明。怀特黑德在英国的战术，与他在美国国内率先发起的业务扩展行动基本一致：高盛派出最优秀、最精明的人才，严密组织，成规模地拜访各大公司。但是，想在欧洲拉到新的业务，比在美国本土更加困难，因此伦敦分部持续亏损，这让很多合伙人大为不满。怀特黑德却无视了一切担忧。他认为，高盛必须在欧洲投资，"否则企业就会面临严峻后果"。这时他偶然想到了一个办法：对于伦敦的亏损，要用另一种不一样的方式计算。原先，高盛把伦敦分部作为独立盈亏的机构；现在，他计划在投行的总利润基础上扣除伦敦投行的亏损。对于伦敦其他种类的业务，他也采取了类似的计算法。新办法要在美国盈利的基础上扣除所有伦敦的支出，理由是"在新地方开始新的活动，必须派人过去，才能产生营收"。他一成立新业务集团，就学到了这一课；集团"花了很长时间，才给我们的投资带来了显著回报"。高管们对伦敦分部的态度像变戏法一样，来了个180度大转弯，因为"所有的部门主管如今都认为对伦敦有些责任，而结果也开始表明了这种看法"。

尽管记账方式变了，但高盛的欧洲业务依然很艰难。公司不光要与其他新成立的"暴发户"美国企业竞争，还要对付早已根深蒂固的英国商业银行，这些银行的高管"很不愿意更换手下的银行家，生怕得罪了哪个老同学。这些老同学说不定是从哈罗公学（Harrow）或伊顿公学

（Eton）等名校毕业，如今又在老牌投行摩根建富（Morgan Grenfell）或施罗德投资集团（Schroders）工作"。不过，怀特黑德认为，高盛的新业务银行家的"不同风格"开始引起了伦敦注意，因为"他们更年轻，看着更聪明，信息掌握得更全面，也有新点子……而且有时候有点自以为是，但绝不浪费时间讨论高尔夫球"。逐渐，一个说法传开了：高盛的银行家值得专门联系！

利维突然过世以后几年，高盛的策略似乎见效了。1977年，高盛税前收入达到了空前的5000万美元，1978年更上升到6000万美元，涨幅达20%。记者问怀特黑德关于收入增加有何看法，他拒绝评价，但公司确实透露了一个说法，《华尔街日报》称为"一种轻描淡写，成为类似每年惯例的东西……过去五年，企业每年税前净收入平均值大大超过了2500万美元"。在利润方面，让高盛与两家以零售为导向的、规模大得多的企业——美林与哈顿公司（E. F. Hutton）达到了同一水平。1978年，高盛负责了纽交所将近15%的大宗交易（1万股及以上的交易），显示利维不服输的竞争精神依然闪烁光芒。高盛负责（或联合负责）了87家公司的承销业务，总额76亿美元。高盛还管理了26亿美元的私募配售融资（private-placement financings）[1]，为州政府和地方政府筹集了大约160亿美元。

高盛在华尔街的地位越来越显赫。1980年10月，高盛宣布在宽街85号兴建一座29层的总部，在纽交所往南一条街，花费1亿美元。总部由史基摩欧文美尔建筑设计有限公司（Skidmore, Owings & Merrill）[2]设计，只是建筑的立面由预制混凝土制成，棕褐色，相当平庸，算不得高盛最骄傲的成绩。十多年来，这是华尔街公司兴建的第一座大型办公楼。

---

[1] 也就是卖给特定的机构投资者，而不面向公众。

[2] 又译作"斯基德莫尔、奥因斯与梅里尔建筑师事务所"，美国最大的建筑师与工程师事务所之一。

为这栋楼，纽约市给了高盛十年的减税政策，一开始每年减税50%，之后每年减税幅度下降5%。先前，高盛诸位合伙人决定建大楼之前，讨论过各种方案，其中有一项是在世贸中心双塔顶端占据一些楼层。[1]

可是，真正引发争议的——至少在高盛合伙人看来——是公司决定要自己拥有大楼和土地，而不是租下必要的办公场所，这就意味着这笔投资需要高盛各位合伙人自己出。按高盛的传统做法，两个约翰代表统一战线，决定要修建新的总部，总部的所有权也归自己，可现实却不那么分明。鲍勃·鲁宾回忆："关于是否修建宽街85号，争论非常激烈。"很多高盛合伙人不愿意自掏腰包投入大量资产净值，在曼哈顿下城专门盖一栋楼。不过，将军们一下令前进，士兵们就要排队了。最后，高盛还是把楼盖好了。前合伙人理查德·威腾（Richard Witten）说："我们一开始全体搬进去，每张桌子都有香烟，摆在银色的烟座上。大厨擅长做巧克力饼干，每顿饭都有。"《纽约观察家报》（New York Observer）说："开会时一名合伙人拿到了一个电钮，很像车库的遥控开关，可以召唤身穿制服的侍者。"

---

[1] 世贸中心在2001年"9·11"事件中倒塌了。这里是说高盛走运，避免了可能的灾难。

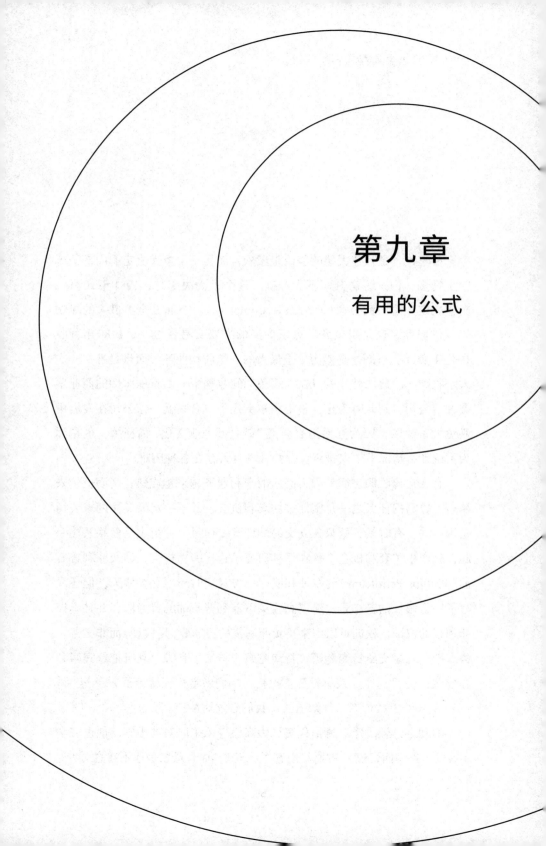

第九章

有用的公式

　　鲁宾说，是否建大楼的争论很激烈，而另一个重大决定的内部争议就少得多，但这说法其实不太准确。这个重大决定是，1981年10月，高盛决定收购杰润公司（J. Aron & Company）。杰润是全美最大的绿咖啡豆供应商，也是贵金属和大宗商品的主要交易者之一，1980年营收10亿多美元。杰润是高盛历史上最大的一笔收购业务，而且是唯一一次大宗收购。除此之外，就只在大萧条期间收购了一两家地区性的商业票据发行公司。到此时为止，整个华尔街几乎只有高盛一家公司在发展中避免大宗收购，因为高盛担心会把"孤立型企业文化"稀释掉，也是因为不论什么情况下，安排企业合并，本身就存在各种困难。

　　有人提出收购杰润是因为高盛的套利业务越来越成熟，利润也越来越高。鲁宾的任务之一是密切关注套利机会，并不一定要关注两家公司是否合并。有时候，两只独立交易的证券，通过一种衍生品而联系在一起，就产生了套利机会。鲁宾仔细研究了这样一次机会，涉及菲利普石油（Phillips Petroleum）的权证和股权。鲁宾当时还不是合伙人，但还是写了一份很长的备忘录，建议高盛买下菲利普石油的普通股，并且卖掉菲利普的权证。权证可以用来买卖菲利普的普通股，是权利，而非义务。鲁宾把备忘录交给特南鲍姆，特南鲍姆又转给了利维。利维把鲁宾叫到办公室，说："这个，我不打算都执行，咱们做空权证就行了。"

　　鲁宾回答："古斯，你知道的，我们必须对冲掉。"

　　但利维已经决定，哪怕鲁宾认为高盛应该采取对冲措施，他也完全不在意。鲁宾回忆道："古斯只回答了我五个单词，意思是他不在意对冲，不在意我的备忘录，也不打算向我解释。因为我要是不知道为什么，我就不该来高盛。"

利维对鲁宾说："我没时间搞在职培训！"

鲁宾找特南鲍姆咨询意见，因为他实在觉得按照利维的方式计划这次交易，会让公司承担不必要的风险。特南鲍姆建议鲁宾应该按照利维所说的去做空菲利普公司的权证。鲁宾照办了,高盛赚了钱。鲁宾说："走运的是，我们做空的时候，权证价格没有上涨。"

期权的场外交易存在非流动性，有了交易菲利普公司权证的经验之后，鲁宾就开始研究，如果充分利用这种非流动性，能否赚钱。期权也就是在特定时间以特定价格购买一家公司特定数量股票的权利，而不是义务。换句话说，买卖期权不论在当时还是现在都是一种合法赌博。20世纪60年代和70年代早期尤其是这样。当时期权还不在交易所交易，1973年才开始进交易所。这一年，芝加哥期权交易所（Chicago Board Options Exchange，简称CBOE）成立，当时交易期权的都是一些名声不好的券商。鲁宾叙述："从最好的角度说,价格也完全不透明。"但他相信，自己的套利柜台能够交易这些期权而获利。鲁宾渐渐得出结论：高盛可以取代那些不受欢迎的期权交易者，而直接与客户（其他华尔街公司和投资者）交易期权，这必然有利可图。

但鲁宾的提议一开始遭到了其他一些合伙人的反对。他们很清楚，西德尼·温伯格当年的信条之一就是反对交易期权。这是因为温伯格相信期权交易正是导致当年高盛GTC丑闻的原因之一，这一理念直到现在依然还有影响力。不过，鲁宾建议利维交易期权的时候，温伯格已经不在人世了。利维回答："你要是打算交易期权，就试试吧。"并让他把建议提交管委会批准。CBOE在成立之后，为上市期权与二手交易的结算体系制定了标准化条款，这个体系能够防止交易的某一方爽约。于是期权交易繁荣起来。鲁宾回忆，1972年，CBOE创始人乔·苏利文（Joe Sullivan）有一次来见他，向他说明了CBOE的运行机制。鲁宾把苏利文介绍给利维。"利维听了苏利文的讲解，眨了眨眼睛，开玩笑地回答：'这只不过是亏钱的新办法而已。'然后表示支持苏利文。"鲁宾加入了CBOE的创始人董事会。他记得，1973年4月26日上午，CBOE第一笔交易之前，苏利文给他打电话，担心不会有人到场交易期权。鲁宾之前也希望第一笔交易能让高盛完成。第一天收市，共交易911笔期权合同，来自16只标的股票。鲁宾说："期权交易变成了真正有流动性的市场，因此又创立了一组大市场，交易股票指数与债务的上市期货。"

有了高盛交易期权的成功经验，鲁宾在1978年左右开始让公司交易大宗商品。他告诉乔治·多蒂："我们已经参与了套利业务、股权业务这两样，大宗商品业务跟这些差不多。做一下大宗商品怎么样？"多蒂同意了。高盛决定小规模从事大宗商品业务，于是聘请了美国谷物企业嘉吉公司（Cargill）的交易员丹·阿姆斯特茨（Dan Amstutz）来鲁宾的套利部门交易大宗农产品。

多年来，杰润公司一直是高盛的银行业客户，高盛又是杰润的期货经纪人。1898年，雅各布·阿伦（Jacob Aron）在新奥尔良成立了杰润公司，进口绿咖啡豆；1915年，在纽约华尔街91号开了一家分店，企业风格保守，主要业务是在不同地区市场买卖大宗商品，例如在纽约购买食糖、橡胶，在伦敦出售，赚取差价。雅各布·阿伦的儿子、公司董事长杰克·阿伦说："我们计划商务电话不论长短，最多只打20秒钟。"杰克·阿伦与古斯·利维相识多年，两人都活跃在犹太圈子，都支持西奈山医院。

杰润公司偶尔会跟利维商议，想出售家族产业，怀特黑德也参与了讨论。1979年，杰克·阿伦打算退休，把钱都取了出来。他的儿子们都不愿意经营公司。这时候，高盛第一次有意收购杰润。但因为杰克·阿伦记在资产负债表的一笔交易收入，涉及扣税的分配问题，双方产生了分歧，没有谈成。没多久，杰克·阿伦决定把自己的股权卖给其他合伙人：精明的赫伯特·科因（Herbert Coyne）、兄弟马蒂（Marty），还有另外12名股东。

乔治·多蒂在高盛有一项工作是为高盛各位合伙人制定延期缴税方案。因为这项工作，他知道了杰润公司，越来越支持高盛买下杰润。1981年，赫伯特·科因要求高盛为杰润找买家，第二次机会出现了。当时，大宗商品公司的合并很是风行。安格矿业与化学品公司（Engelhard Minerals and Chemicals Corporation）投了标，这是一家上市公司，但杰润不愿意被上市公司收购，担心各个竞争者会发现杰润先前的利润太高了。一名前杰润合伙人说："杰润的哲学就是，绝不能告诉别人你挣了多少钱，只要在去银行的路上笑着就行了。"科因与其他合伙人拒绝了安格公司的投标。

就在这时，怀特黑德、多蒂和鲁宾考虑，高盛或许应该买下杰润。毕竟，高盛还是一家私募企业，这满足杰润提出的最主要的条件；而且杰润的利润一直高得惊人，股本回报率（ROE）每年在70%左右，远远超过高盛的回报率，这主要因为杰润的员工平均利润超过了高盛。鲁宾告诉多蒂："杰润的企业文化似乎与高盛一样，我们能理解他们的业务。也许应该试着收购他们。"这时候，上面已经决定鲁宾要在雷·杨退休之后继承他，加入高盛的管委会。怀特黑德与温伯格也支持收购杰润。

但也有些人不赞成收购。之前，怀特黑德请史蒂夫·弗里德曼分析收购计划，给出意见。弗里德曼就认为杰润并不适合高盛。他说："我是搞合并的，我知道两家企业的文化有多么难以调和。我看了计划，认为两家公司高层的文化并不相符。而且我们诚意十足，会付出很高的代价。"弗里德曼倒是不反对高盛参与大宗商品交易，但是希望找到合适的人，而且用高盛自己的方式构建业务。他认为，这样无论从财务还是文化角度来说，都会降低成本。他给怀特黑德写了一份备忘录，主张高盛应该放过杰润，自己建立交易团队。他回忆道："怀特黑德有些不高兴，因为他先让我参与商议合并，然后我就不同意他的结论。"

1981年10月底，高盛顶住一些合伙人的内部压力，宣布收购杰润。当时，杰润每年营收约为10亿美元，利润为6000万美元。有一次，怀特黑德接受《纽约时报》采访时拒绝透露高盛出的价，但《纽约时报》认为应该"比1亿美元略高"，或者接近高盛2.39亿美元的一半。还有其他的估计数字，少则1.2亿~1.35亿美元，多则1.8亿美元。杰润的一名合伙人加入了高盛管委会，另外六名合伙人成为高盛合伙人，占高盛合伙人队伍的10%。高盛没有采用传统的严格手段对这些人进行审查。怀特黑德说："我们不愿讨论收购价，但可以说，杰润五名最高主管会成为高盛合伙人（最后是六名）。杰润也会让现有的员工负责运行，大概有400人，并且保留公司名。这名字已经在全世界叫开了，不能改。"

高盛的这次收购，主要是对其他竞争对手的一种反制。到1981年，所罗门兄弟公司已经收购了辉宝动物保健品集团（Phibro Corporation），后来，整体改名为所罗门兄弟有限公司（Salomon Brothers, Inc.）。还有，帝杰公司（Donaldson, Lufkin & Jenrette），也就是人们所知的DLJ，规模不大但相当精明的投资银行，收购了大宗商品交易公司ACLI国际（ACLI International）。华尔街公司进军大宗商品交易的同时，其他公司也在努力出售自己：那时，美国运通已经收购了希尔森·洛布·罗兹公司（Shearson Loeb Rhoades）；保诚保险（Prudential Insurance）收购了巴赫·哈尔西·斯图尔特·希尔兹（Bache Halsey Stuart Shields）；高盛的长期客户西尔斯收购了添惠公司（Dean Witter）。

怀特黑德设想，杰润将来可以大大扩展高盛在大宗商品与黄金交易方面的范围，并使得高盛能给客户提供机会，在全球各地用任何货币交易股票和债券。他说，在收购杰润之前，高盛客户如果想交易瑞士法郎等货币，只能去商业银行。他想要改变这种机制，他说："我看到了巨大的商机。比如，我们可以买下巴西的整个咖啡企业，与巴西政府一次交易就能完成，金额固定；然后同时卖给美国的咖啡制造商。"他说，有了杰润，高盛就能负责在巴西存储咖啡，装船，运到纽约，上保险，再在同一时刻卖给各家咖啡公司。"他们所有的咖啡，我们都可以供应；放在纽约仓库，收取X美元的报关费，准备碾磨。我认为这是巨大的套利商机。杰润刚开始的那几年想做，但没有做成。他们不习惯持仓，不愿意冒一美元的风险。我认为，这是一笔毫无风险的交易。我们会预先上好保险，预先租下仓库，会想到一切突发情况，做好对冲，全盘考虑；然后还能在纽约供应咖啡豆，价钱比那些咖啡大公司自己买的还要低。最后，计划见效了，但只是在高盛接管了杰润的管理之后。收购之后五年，高盛就逐渐负责了杰润管理，杰润原来的人基本没了。"

可是，正如很多合伙人（特别是史蒂夫·弗里德曼）担心的，杰润几乎一开始就成了高盛的灾难。那六名杰润合伙人外加400名同事，与高盛的守旧风格极不协调。高盛前员工、作家丽莎·埃利希（Lisa Endlich）评论："他们发现这个部门早已人满为患，却不肯先裁员，实在有点吃惊。"高盛也有很多比较年轻、有抱负的银行家和交易员十分不满，因为他们渴望已久的合伙人地位，竟然有六个让给了杰润的人。本来爬到顶层就困难得很，如今更是难比登天。于是，两个集团的矛盾越来越激化。1983年，高盛"年度回顾"合影当中，先前的杰润员工（包括劳埃德·布兰克费恩）穿着红色的背带裤，这种服装很不正式，就是为了嘲笑那些古板的高盛银行家。一位高盛前合伙人说："杰润就像一根嫁接过来的树枝，高盛这棵树从来没有接受它。"

引起高盛内部接近公开哗变的导火线是一个简单的情况：杰润的业务突然停滞了。鲁宾回忆："他们之前利润很高，可还不到六个月，就突然不挣钱了。"杰润的竞争优势消失的原因之一是帝杰、所罗门收购杰润的各个竞争对手之后，这些对手的资本化程度更高了；原因之二是高盛当初收购杰润时，杰润走了一批人，他们把智慧资本带到了别的企业，而这些企业又可以更有效地跟杰润竞争。不管什么原因，杰润很快变成了高盛的一大问题。1982年，杰润的利润同比下降了一半。1983年，降到了零。两家公司有一位共同的前合伙人，他说："当初这两拨人融合得实在不好。杰润那边的人一直有戒心。要是还能赚到5000万美元，那还无所谓，可是我们已经不挣钱了，只是勉强维持着而已。"合伙人回忆，有一次他与高盛的高级合伙人谈话，高盛的人说的话，很像当年沃尔特·萨克斯说的："只要形势好，谁都可以当你的合伙人。如今你会发现，谁当得好，谁当不好了。"[1] 合伙人评论："我一直没有忘记这句话，今天还在想。他说得一点儿没错。"

讽刺的是，参与套利业务的杰润很快发现，自己的业务已经被套利者套走了。当时有一个情况，高盛收购杰润之前，金银价格很高；之后，金银价格很快下跌。杰润的各位合伙人是否给高盛暗中下绊子，在金银价格高涨的时候买入，然后在知情的情况下全部抛出？还是整个市场单纯把杰润打败了？这一点至今不明。鲁宾说："我实在不知道，也不会有任何人可以告诉你。"但有些杰润的合伙人总归意识到了，他们做成了一笔怎样的大生意。一名杰润合伙人回忆："舆论说，我们做了一次世纪买卖（卖给高盛）。我记得，银价达到最高的时候是1982年1月，我们卖出公司是在1981年10月底。事后回顾，当时业务变坏的那种方式，我们就算有了所有的人才，也还是想不出事情会那么发展。我们如果没有卖掉公司，光景就会非常困难（所以卖公司还是最佳选择）。"

然后高盛与杰润又爆发了内战，结果两败俱伤。双方争议的焦点：由谁负责运营企业的固定收益业务？鲁宾说："杰润三个老总和高盛固定收益部的人吵起来了。杰润想自己新建一个固定收益部门，高盛的人觉得杰润应该利用高盛现有的固定收益部门。我支持高盛。我不想出现两个固定收益部门相互竞争，太乱了。可是这个分歧持续了很久，温伯格与怀特黑德也有不同的看法，这使得局面非常复杂。最后，我们决定只能有一个固定收益部门。不管怎样，那三个杰润老总辞职了。"收购完成不到一年，杰润的赫伯特·科因、合伙人马文·舒尔（Marvin Schur）（之前进入了高盛管委会）两人都离开了高盛，借口是胸口疼，还有其

---

[1] 参见第二章沃尔特评论卡钦斯的话："常有这样的事：我们跟一些人合伙的时候对他们并没有充分了解，只是在散伙之后才发现了某些情况。"

他疾病。高盛前合伙人里昂·库博曼（Leon Cooperman）说："胸口疼，每人在银行还有4000万美元存款，谁不想离开呢？"

多蒂于是采取行动。这是高盛历史上第一次大规模裁员，裁掉了400名杰润员工的将近四分之一。1983年8月，杰润要"减员"大概90人的消息传了出去，但高盛的公关达人爱德华·诺沃特尼告诉《纽约时报》，说那些大规模裁员的消息"太过夸张"，只是杰润研究之后决定裁掉几个员工，因为杰润认为，"员工少了一些，还是能运营得一样好"。

但杰润很快就要发生一系列变化，裁员只是个开端。多蒂裁员之后，两个约翰命令鲁宾负责让杰润恢复正常，重新盈利。这工作很是复杂，很可能要裁掉更多的人，而且还有一项重要措施，要求高盛重新整理业务结构，适应更复杂的环境。鲁宾以一贯的低调风格说道："我当初本来可以认为，这工作无法完成，还会把我在高盛的位置彻底颠覆。至少，我当时也许会做一些可能性分析。"鲁宾没有做分析。他说自己并没有计算，而且"我对让杰润重新盈利，并不信心满满，但也不忧心忡忡。我一接手这个任务，就全力关注那些非做不可的事"。

他很快发现，两个约翰已经给了他一个终生难得的机会：杰润是高盛最大的一笔收购，很快变成了高盛的灾难。他如果能让杰润翻盘，在高盛的前途会无可限量。当然，这种野心，鲁宾绝对不承认。他只是说："我很想要这份责任，因为这工作很有趣，而且会使我在企业的角色更重要。"此外，因为杰润属于"贸易业务，而且有强烈的套利天分。他觉得自己很适合这个任务"。鲁宾在接手之前，花了两三个月对接杰润的专家，在黄色拍纸簿上做笔记，研究这项业务。他发现一个情况，显然有些吃惊："这里的员工有很多想出了深刻的点子，关于怎样调整策略，向前迈进。"

这时，鲁宾做出了明智的决定，把杰润的日常运营交给了一个人，荷兰裔的马克·温克尔曼（Mark Winkelman），之前当过世界银行（World Bank）的高管。温克尔曼当初听说高盛要收购杰润，大吃一惊，非常不满，差点从高盛辞职。鲁宾选定了温克尔曼，原因之一是"他对债券和外汇交易非常熟悉"；原因之二是他有专业背景，能够明白杰润的问题；原因之三是他有管理技巧，能带领杰润走上正道。多蒂还说了第四个原因，是因为这样高盛就能让温克尔曼当上合伙人，"他完全够格当合伙人。他实在聪明"。

鲁宾还可能认为，杰润万一真的不行了，还可以让温克尔曼成为挡箭牌，不让自己因为杰润的问题直接背锅。人们发现，鲁宾对温克尔曼要求十分苛刻。温克尔曼给新改组的杰润制订的第一个商业计划是让杰润挣到1000万美元。在多年亏损之后，这是向重新盈利迈出的一大步。鲁宾告诉温克尔曼："马克，我们买下杰润，不是为了这1000万美元。你必须告诉我，今年要怎么做才能盈利1亿美元！"报道说，听到这个要求，温克尔曼目瞪口呆，甚至怀疑鲁宾在开玩笑。但鲁宾显然是认真的。

两人一起决定，杰润必须把当前风险极小甚至为零的业务，转变成风险大得多的业务。当时，杰润的确承担的风险很小，谨小慎微：如果在某日不能说明100盎司黄金的来龙去脉（当时价值大约85000美元），当天中午就必须停业调查。两人牢牢记住这么一个情况：高盛的各位合伙人的净值，完全依靠每一笔交易。两人成功地把杰润改造成了这样一家企业，完全依赖各笔大宗商品交易和与之相关的证券的短期差价而盈利。两人还决定，高盛要大力参与外汇交易，方法有多种，例如帮助客户对冲汇率风险，又比如参与石油和其他石油产品的交易。鲁宾说："这就意味着，杰润员工以前一直因为不承担某些风险而骄傲，如今却必须承担了，而且要用企业自身的资金做担保。杰润决定放弃那种已经不存在的确定性，而拥抱预期的风险。"温克尔曼也意识到，杰润"必须从头再来，成为交易者，拿我们的资本去冒险"。两人合力把杰润改造成了一家跨国企业，为高盛的客户，以及高盛自己而交易大宗商品。各位合伙人对当初收购杰润这个决定的怒气，主要由多蒂承受了。多蒂说："有几个合伙人简直给我上了私刑。"

　　怀特黑德的回忆录里虽然没有提到杰润，但怀特黑德与温伯格都对高盛合伙人承诺："一定会处理目前的局面。"两人每周与温克尔曼会面，评估这一新战略，讨论如何改造杰润。温克尔曼回忆道："一开始我感觉这会很困难，对我们像惩罚一般痛苦。但我很快就发现，这是个黄金一样的机遇……他们（怀特黑德与温伯格）亲身参与，为了确定我们最终能够修复杰润的许多问题。杰润的问题实在不少！"

　　温克尔曼的第一个任务是确定杰润必须裁掉多少人。他说："当时，杰润的问题非常严重，必须大力削减成本，削减成本就要裁员，而高盛传统是从来不裁的。"这位高盛高管决定，裁员应该一天就完成，由每一位员工的直接领导告知决策。当时杰润还在独立的办公楼里办公，因此人们也觉得杰润裁员和高盛裁员不是一回事。温克尔曼又说："高盛本身当时已经在挣扎求生了，我们必须把当初那种拍马屁的家族企业文化清除掉。"这样就不光要裁掉那些不合适的员工，还要把那些有能力执行全新商业计划的人招进来，与那些在岗员工形成对照。至于招人的标准，按鲁宾的说法，是一种"朴素的常识"，能辨认出谁可能当上优秀的交易员。

　　理所当然，鲁宾说的话比温克尔曼的更像外交辞令，他把杰润的裁员说成是"某些人事变动"，"最为谨慎的处理措施"。他和温克尔曼都得出结论，杰润虽然有一些十分优秀的人才，显然能够协助执行新战略，"但另外一些人过于沉溺旧式的无风险商业模式"，无法转换成"基于风险的模式"，因此必须走人。最后，杰润又裁掉了大约130人，从原先的400名员工转为一个较小的核心团队，高盛就依赖这个小团队开展新业务。《机构投资者》杂志采访了一名前员工，员工说"对公司让我们离开的方式有着极大的怨言。那些在杰润整整28年的人也被裁掉了"。

　　温克尔曼决定留下一些人，其中一个就是劳埃德·布兰克费恩。留下他，在未来决定了高盛的命运。

　　鲁宾和温克尔曼正在幕后拼命努力，想要挽救垂死的杰润。与此同时，高盛在公关妙手诺沃特尼的帮助下，正在积极配合《华尔街日报》，在1982年12月的报纸上刊登一则头版广告，宣传高盛在并购交易中的顾问业务利润越来越高。早在1965年12月，《华尔街日报》也宣传过高盛在蓬勃发展的并购业务中的作用。那一次也是头版文章，讲了合并服务商怎样在美国商界大幅扩展，"对他们的服务需求猛增"。文章写道，高盛并购部的创始人约翰·温伯格，虽然在当时应该"监督"商业票据部门，却做了这样的介绍，说那些合并服务商提供了"交易的润滑剂"，使得交易顺利完成，而且经常能够拿到100万美元的巨额报酬。

　　传统上，高盛合伙人不愿跟媒体打交道。不过，这段描述并购银行家的趣话发表之后，过了17年，高盛合伙人似乎愿意网开一面，接受了作家蒂姆·梅茨（Tim Metz）的采访。文章登在了1982年的《华尔街日报》头版。文章写道，高盛不愿意代表"公司掠夺者"，也就是不愿意参与那种对某公司不友好、有敌意的交易。文章还写道，这样的企业在华尔街几乎只有高盛一家。不论高盛这种宣传是有意还是无意，总归它用一次干净的行动洗白了利维在20世纪五六十年代代表一些掠夺者所做的事情，比如默奇森兄弟、亨特公司董事长诺顿·西蒙，他们都曾参与了非常恶意的收购。[1]《华尔街日报》的报道，不仅对高盛宣传并购业务起到了巨大的推动，还"证实"了1973年12月利维对《机构投资者》杂志的表态：高盛不会帮助那些公司掠夺者参与恶意收购。[2]看标题就一目了然：《和平主义者：高盛避免恶意收购竞争但仍在合并业务中领先》（"The Pacifist: Goldman Sachs Avoids Bitter Takeover Fights but Leads in Mergers"）。

　　梅茨的文章还介绍了高盛是怎样主动退出历史上争议最大的恶意收

---

[1] 此事参见第五章接近开头的部分。

[2] 第五章说是11月："利维在1973年11月告诉《机构投资者》杂志："我们的准则之一就是不参与恶意收购，无论是作为经理还是作为顾问。"译者猜测可能是11月接受采访，12月发表的。

购案之一的，当时，华尔街这起案子刚要完成。1982年，马丁·玛丽埃塔公司（Martin Marietta）、联合实业公司（Allied Corporation）和美国联合技术公司（United Technologies）互相争夺奔德士（Bendix）[1]。奔德士的CEO是富有个人魅力的威廉·雅智（William Agee）。他的应对方法是自己发起恶意收购，想要收购也是航天公司的马丁·玛丽埃塔。于是，马丁·玛丽埃塔联手美国联合技术公司反击，对奔德士提出投标。最终，联合实业收购了奔德士，但在此之前，奔德士已经获取了马丁·玛丽埃塔70%股权，马丁·玛丽埃塔也获取了奔德士50%股权。联合实业最终收购奔德士，并拿到了马丁·玛丽埃塔38%股权。恶斗在1982年夏天持续了几个月，当时媒体正痴迷这种恶意收购，于是大肆报道。这是一场混战，当然有明星银行家的参与，而四家大企业公开上阵，在多个战场展开较量，比二战的战场还要多。另外还有一剂猛料，就是威廉·雅智和手下高管之一玛丽·坎宁安（Mary Cunningham）的婚外情。

对于这次恶意收购，高盛一点儿也不愿参与。作家梅茨说，确实有人请高盛代表四大企业中的一家，但高盛拒绝了，因为"潜在的利益冲突"。怀特黑德告诉作家梅茨："谢天谢地，我们当初不是必须参加。"确实，1982年夏天，四大企业混战的时候，高盛正在忙着给另两起合并案当顾问，而且每一方都聘了高盛。第一起是康涅狄格通用公司（Connecticut General Corp.）和INA公司合并，成立了康健国际保险公司（CIGNA）。金额达40亿美元；第二起是莫顿–诺维奇产品公司（Morton-Norwich Products, Inc.）和蒂奥科尔公司（Thiokol Corp）合并，成立了莫顿·蒂奥科尔公司（Morton Thiokol Inc.），金额接近5.5亿美元。这四家公司全都出钱聘了高盛，局面的转折很不寻常，充满了潜在冲突。但高盛完全可以控制这些冲突，对此非常满意，不想吹嘘。高盛并购主管杰弗里·博伊斯（Geoffrey Boisi）告诉梅茨："四家公司高管都跟我们说，

---

[1] 又译作本迪克斯、邦迪克斯，美国老牌航空航天与汽车公司。

他们再也找不到哪一家公司像我们这样可信了。"报道特别提到了高盛参与的康健国际保险公司案，虽然双方都聘了高盛，但高盛只拿到了500万美元佣金。而在奔德士案中，奔德士公司聘了第一波士顿，合并金额只有康健国际保险公司案的一半，但第一波士顿最后却拿了700万美元。梅茨没有提到这么一件事：20世纪70年代中期，高盛因客户密歇根州的布思报业公司（Booth Newspapers, Inc.）而陷入了一堆麻烦中。当时，传媒大亨塞缪尔·欧文·纽豪斯（Samuel I. Newhouse）对布思报业股票进行大宗恶意收购，违反了布思报业的意愿。而高盛帮助了纽豪斯收购。1976年，纽豪斯的先进传播公司（Advance Communications）以3.5亿美元买下了布思报业。

这一类文章经常会收录一些公司竞争者发出的攻击，以显得自己公平公正。《华尔街日报》的这篇文章也不例外。文章写道，其他对手对高盛的"和平主义立场"感到"非常恼怒"，声称非常反感高盛"道貌岸然的姿态"，而且发现高盛的并购建议都是"千篇一律的老一套"。还有一些调查，论述了高盛一种老谋深算的战术，在一家公司出售期间，高盛不会挑起投标者之间的争斗。对手们声称，高盛在损害自己的客户，方法是并不为客户拿到最高的可能的卖价。对手们举了一个例子，就是马歇尔·菲尔德百货（Marshall Field）以3.3亿美元卖给了英国的企业集团B.A.T工业集团（B.A.T. Industries），高盛参与了。另一名对手说："高盛给马歇尔·菲尔德百货争取的卖价（3.3亿美元）一点都不高。"但高盛并购主管杰弗里·博伊斯为高盛辩护："你们要是了解（投标机制），就清楚，自己很可能只有一次机会投标，然后就会久久地思考，在投标的时候会不会在口袋里留下额外的一分钱。"[1] 尽管杰弗里·博伊斯这么解释，但不太可信，高盛的并购银行家依然很可能挑动各个竞标者自相残杀。

怀特黑德声称，是他最早想出了这个主意，不要在有敌意的环境中

---

[1] 博伊斯是说高盛为了竞标成功，出价肯定是它能出的最高价，否则就可能输给对手。

代表收购者做事。他给管委会提建议的时候，"遭到了不少反对"。有人担心，如果"某家非常优秀的投资银行客户"请高盛代表自己参加恶意收购，高盛应该怎么办呢？必须回绝吗？怀特黑德对管委会说："是的，我就是这个意思。我们必须说服他们，让他们不要推进计划；还必须给他们解释，我们的经验显示，这种恶意的要约[1]在几年之后很可能不会给他们带来成功。"不过，高盛确实因为这样的回绝而丢了一些业务。怀特黑德说，这是领导层必须付出的代价："高级合伙人必须让观点得到执行。有些人同意，很多人就不同意。"

梅茨说，其他主要投行的并购部门都是一些金融名人在主管，例如，第一波士顿银行是布鲁斯·沃瑟斯坦（Bruce Wasserstein）和乔·佩雷拉（Joe Perella），拉扎德银行是费利克斯·罗哈廷，摩根士丹利是鲍勃·格林希尔（Bob Greenhill），等等。"这些人都是在先前的历次收购战争中锻炼出来的将才，并因此获得了名望，以此来招揽生意"。梅茨还说，最近两年，第一波士顿的布鲁斯·沃瑟斯坦和乔·佩雷拉收取的并购费用"远超1亿美元"，而在1978年之前，第一波士顿的并购业务"一直可以忽略不计"。高盛制定的方案是让并购银行家保持匿名，负责交易的执行。这也是怀特黑德当初的计划。他对梅茨说："如果用金融名人做生意，只要金融名人没有分配给某个客户，这个客户就会不满意。可是，客户如果聘了我们高盛，聘的是企业，而不是单独的人。"

《华尔街日报》另外还说："高盛并购团队的领导类似一群苦行僧，非常厌恶个人光环。"不过，尽管梅茨这么说，但在高盛的配合下，他还是专门写了"苦行僧"之一，那就是史蒂夫·弗里德曼，高盛并购团队创始人之一，完成了很多业务。弗里德曼生于布鲁克林，在长岛的洛克维尔中心村长大。他的父亲和叔叔合开了一家叫弗里德曼与弗里德曼（Friedman & Friedman）的保险经纪行，一开始在纽约市，后来搬到长岛。

---

[1] 原文tender offer，指公开投标，要求以固定价格买下别家公司一部分股票，一般是为了控制这家公司。

弗里德曼上了欧申赛德中学（Oceanside High School），是157磅重量级的摔跤冠军。他说："我喜欢的，一是女孩子，二是运动。"

的确，弗里德曼在中学的时候，属于班里学习比较差的那一半，法语还不及格。他说："其实，在欧申赛德中学，让我的法语能够那么差，实在不容易（暗示欧申赛德教学水平不高）。这地方毕竟不是格罗顿中学（Groton）[1]那样的名校。"他上学的时候，坐在教室后面，看运动员多克·沃克（Doak Walker）的资料。沃克是全美（All-American）橄榄球选手，在南卫理工会大学（Southern Methodist University）。弗里德曼对成绩完全不上心，都不知道自己成绩很差，直到去了耶鲁参加录取面试，才知道自己的成绩。面试官觉得，弗里德曼表现不错，只是没有发挥潜力。两人订了协议：弗里德曼既然是有天才的中学摔跤手，可以上耶鲁，但必须在欧申赛德最后一年第一学期平均分达到90分以上。弗里德曼有了动力，又有了专人辅导，自信满满地接受挑战。最后，他说自己同时被哈佛、耶鲁、康奈尔和其他几所大学录取。后来，他去了一趟纽约州北部的康奈尔大学，校方承诺他可以进入大学生摔跤队。于是弗里德曼决定去康奈尔。如今，康奈尔有一座造价350万美元的弗里德曼摔跤中心，是全美第一所专门用于摔跤的独立建筑，而这就是弗里德曼喜爱摔跤运动的明证。

1959年，弗里德曼从康奈尔大学毕业。在校期间，他与同学芭芭拉·贝尼奥夫（Barbara Benioff）结了婚。芭芭拉与弗里德曼同一年毕业。两人去了佛罗里达州著名景点迈阿密海滩度蜜月，满打满算只花了129美元。之后，弗里德曼去了哥伦比亚法学院（Columbia Law School）。这时候，他的学术水平已经十分优秀，不容置疑。他说："法学院对我的智慧有了极大的启发。在法学院，可以完全了解自己的立场。法律评论的工作对人的约束十分严格。这工作很费时间，注重细节，让人痛苦，

---

[1] 格罗顿中学位于麻省，2003年被评为教学质量全美第二。

但能让人养成很好的习惯，让人关注事实的精确；而且什么事情都要反复检查，深入思考。"毕业之后，弗里德曼给一名法官当了一阵子办事员，然后去了纽约一家中等规模的法律事务所——鲁特·巴雷特、科恩·克纳普与史密斯事务所（Root Barrett, Cohen Knapp & Smith），做的是税法工作。

然而，弗里德曼看了约瑟夫·韦克斯伯格（Joseph Wechsberg）1966年1月出版的《商业银行家》（*The Merchant Bankers*）之后，就想去华尔街了。他给各家投行发出了很多求职信，都没有回音。弗里德曼充满进取精神，没料到那些公司会给他冷脸。大约这个时候，他和康奈尔大学一名舍友闲谈，说当时"在调鸡尾酒，说话也比平时多"。他向舍友坦白，只要能做到，就想离开法律界，前往投行界。舍友说："这样吧，你应该见见我的朋友L.杰伊·特南鲍姆，他在高盛工作，非常厉害。"弗里德曼说他对高盛不感兴趣，因为听说高盛非常古板。舍友坚持道："就算没有成果，你也能得到很好的建议。"后来，弗里德曼与特南鲍姆共进午餐，商议了跳槽计划。最后，1966年，弗里德曼来了高盛，与H.柯本·戴伊[1]合作，建设高盛的并购部门。

弗里德曼最早涉足保护业务，是在1974年7月，保护一家公司免遭恶意收购。当时，弗里德曼和刚从美林跳槽来的新同事罗伯特·赫斯特（Robert Hurst）受雇于费城的蓄电池公司（Electric Storage Battery Company，简称ESB），他们的工作就是要保护它免遭国际镍公司（International Nickel Company）的恶意收购。国际镍公司宣布要用每股28美元的现钞买入价购买ESB股票，ESB被迫认真应战。

弗里德曼与赫斯特火速赶往费城，预备长期作战。（他们没带换洗衣服）在著名的服装公司布克兄弟（Brooks Brothers）店里买了正装和内衣。他们打算制定一项战略以确保ESB免遭国际镍公司收购。ESB是汽车电池制造商，旗下有雷特威（Rayovac）、金霸王（Duracell）两家消费

---

[1] 前面第7章提到，戴伊在1970年底和鲁宾一起当上合伙人。

级电池制造商。两人联系了美国联合飞机公司（United Aircraft）CEO哈利·格雷（Harry Gray），格雷也开始要收购ESB，与国际镍公司展开一场投标恶斗。最后，国际镍公司把收购价提到每股41美元，超过了美国联合飞机公司。高盛的努力失败了，但弗里德曼告诉《高盛帝国》的作者查尔斯·埃利斯："我们的客户成功把价格大大提升了，我们也得到了大量宣传，让世人知道了我们的成绩，还收了很多费用。市场里的聪明人已经得到了重要信息，那就是公司一旦面临困难，就应该找高盛帮忙。"特别是扮演正面角色[1]也能收取高额费用的时候。

他们当然做到了。梅茨的文章发表的时候，弗里德曼已经把高盛打造成了行业领袖，成了一个庞然大物，让人们嫉妒不已。人们说，弗里德曼能量巨大，"宛如收缩的弹簧"，指的是他在多年激烈斗争中锻炼出来的有如眼镜蛇一般迅速的反应。高盛甚至还展开了一场少见的广告宣传运动，宣传一旦客户面临恶意收购，就要花钱请高盛保护自己。广告说："你在困境中需要谁呢？"怀特黑德说，各大公司蜂拥而上，纷纷与高盛签约，每家公司每年预付5万美元，让高盛保护自己免遭可能的恶意收购。弗里德曼告诉《华尔街日报》，高盛拒绝代表企业掠夺者，实际上增强了高盛的信用和效力，因为只有买家事先同意不会进行恶意收购，高盛才会把潜在的收购可能性告诉买家。弗里德曼说："这就让我们随时可以联系任何一家企业，公开与他们谈。他们清楚，我们不会暗中害人，不会在之后利用掌握的保密信息去恶意收购他们。所以他们非常坦诚，坦诚得会让你吃惊。"这里要说一句：要是被保护的公司上市了，这承诺也就成了空话。因为买家只要出价够高，可以满足那些拥有卖出公司决定权的卖方股东，买家就几乎可以买下任何一家上市公司。而要是被保护的公司没上市，从执行上又几乎不可能被恶意收购，所以承诺也就跟没承诺一样了。

---

[1] 原文 wearing a white hat，直译"戴白帽子"。传统的美国西部片中，好人戴白帽子，坏人戴黑帽子。中文尽量明确直观处理。

弗里德曼还让梅茨看了一些统计数据，这些数据显示，到头来，掠夺者"有极大可能"会输给一个"见义勇为"的第三方。第三方突然杀出来，给那家被袭击的公司出一个更高的价钱，而收购的方式也更加友好。弗里德曼说："因为收取银行服务费的目的是奖励成功，而不是奖励失败，所以投行的掠夺者客户一旦失败，投行自己也就失败了。你要是愿意拒绝掉一些送上门来的钱，戒骄戒躁，就能在业界免去很多悲剧。"这里也要说一句：弗里德曼没有提到，若是掠夺者赢了，付给银行家的费用就会极高，因为总体费用除了并购咨询费用，还包括银行家资助交易完成的费用。而且掠夺者其实经常会赢，只是弗里德曼不愿意承认罢了。无论如何，弗里德曼的并购团队财源滚滚。高盛1982年税前利润为2.5亿美元，其中三分之一都是并购团队挣来的。弗里德曼事先已经让并购团队专门盯住那些钱多的业务，收取的费用超过了2.5亿美元。与此同时，高盛继续全面发展，1982年发布财报，显示这是第八年实现营收、税前利润双增长了。

尽管这篇《华尔街日报》文章似乎把高盛吹得像神一样，但其他的华尔街公司也同样大力实施策略，拒绝掠夺者和其他恶意收购者的聘请。另外一位恶意收购者是明星投资银行家马蒂·西格尔（Marty Siegel），哈佛商学院毕业，1971年拒绝高盛聘请，加入基德与皮博迪（Kidder Peabody）公司（以下简称基德公司）。西格尔在基德与皮博迪公司参与了几次恶意收购，然后改邪归正（要么就只是发现了更加赚钱的商业模式），开始游说各大公司聘请他和基德公司，对抗恶意收购者。[1]西格尔客户最多的时候达到了250家公司，每家公司每年付他10万美元。他还得了个"国防部长"的外号。

怀特黑德说，高盛年复一年增加营收、利润的秘密之一，就是让其他各位合伙人每年稍微做一点预算工作。这样的行为，在美国一般公司

---

[1] 西格尔的这次业务改变，在第11章详述。

是必不可少的，但在华尔街的银行家和交易员中间却是避之唯恐不及，会突然增加太多"管理负担"，他们的行事风格很不喜欢这样。当时，华尔街大部分企业完全没有任何种类的预算计划。财年终结的时候，如果有税前利润，就会按照预先定好的分配比例付给各位合伙人。比如，拉扎德的规矩是各位合伙人瓜分某一特定年度税前利润的90%，余下10%留在他们在公司的资本账户里。等到1月来临，这个循环再一次开始，银行家们也就再次开始担忧，将来还能不能挣到一分钱。

高盛却完全不一样，税前利润完全保留在公司内部，并且在各位合伙人的资本账户中分配（想要提款，必须得到多蒂批准）；不仅如此，怀特黑德还坚持让各位合伙人做一些年度计划。当初他主管投行部的时候，就开始了这样的制度，然后推广到全公司。他说："交易员预测利润，比投行家预测利润还要更加困难。"预测费用倒是很容易。怀特黑德想让各位合伙人都努力思考，未来一年的营收是多少，通过什么途径得到。"部门主管接受了更高的目标，就会更加勤奋，仔细考虑，实现目标。会计工作能够改变人的认知，这是另一种途径（第一种途径是前文提到的，怀特黑德决定把海外扩张带来的净损失并入国内利润计算）。[1]然后，这一决定使得营收和利润显著提高。"怀特黑德创立的不止一种的新办法成了行业标配。就像他让银行家主动联系客户而不是干等着电话响起一样，如今，华尔街各大企业也定期发布年度预测，估计各种业务的表现会怎样。

每年1月的连续两个周末，怀特黑德与管委会商讨预算问题。但到了1984年1月，怀特黑德兴趣开始减退。他回忆道："我生平第一次感觉累了、腻烦了。"当时他正在听取高盛底特律分部主管的汇报，"那个分部的年度营收还不到公司的千分之一"。怀特黑德感觉自己越来越容易发怒，很不像他的性格。他想："上帝啊，这种事我再也受不了第二

---

[1] 参见第8章接近结尾的地方。

次了！"这时候，他第一次考虑退休。这一年他62岁，已经在高盛待了37年。他总结道："我曾经十分喜欢这份工作，可这工作既困难又累人，耗尽了我全部精力，我快要受不住了。我还发现，我拒绝别人的频率前所未有地高了起来，感到自己做的决定越来越谨慎而保守。我不想拖累高盛。"

这时候，他还没有同高盛任何人说起这个想法，而且这时候他还很高调：1984年1月，《机构投资者》杂志发表高盛的封面专题，说的核心人物正是怀特黑德，登的照片也自然是他和温伯格一起坐在一张会议圆桌旁边，圆桌打磨得很光。"没有人坐上首，因为公司没有真正的上首位置。"这是代表"两人那种学院派的、放任主义的管理风格"。但是，采访中说话的主要是怀特黑德。前一年的11月，怀特黑德曾把一本百万级畅销书，汤姆·彼得斯（Tom Peters）的《追求卓越》（*In Search of Excellence*）发放给75位合伙人。他告诉杂志记者："这本书在很多方面所说的都是我们在高盛要做的。高盛作为一家机构，有一些独特之处：团队精神，对于工作的骄傲，专业的高标准，以服务为导向。尽管需要自谦，但我还是认为高盛的管理非常优秀。这就是高盛文化的精髓，各种让我们走到现在的因素。我还想说，企业文化是我们成功的核心。"

文章作者贝丝·麦戈德里克（Beth McGoldrick）很清楚，她接收到的海量信息都是高盛的公关部门给出的，贝丝承认"对这样的说法，愤世嫉俗的人冷笑几声，也可以原谅。……（然而）高盛员工对待这些陈词滥调却相当认真……高盛合伙人不光赞扬这些美德，还真正相信并且实践"。原因之一当然是高盛让他们财源滚滚。高盛在1982年的税前利润是2.5亿美元，但到1983年就接近了4亿美元，只一年就增长了60%。如果这是真实的，那就意味着高盛75位合伙人拿回家的除了汤姆·彼得斯的《追求卓越》，还有平均每人500万美元以上的现金！这样的个人收入，在1983年足以令人咋舌。尤其是，这种规模的利润，已经是扣除了付给高盛400名副总裁的8000万美元（平均每人20万美元）。按照等级制度，合伙人之下就是副总裁。高盛的一家竞争对手告诉贝丝·麦戈德里克："所有公司都嫉妒他们，嫉妒他们的组织和执行。他们就是一台印钞机。"

贝丝的长文大部分都在分析高盛怎样变得如此成功：投行业、交易、投资管理等方面。贝丝总结，高盛的非凡能力有六个主要因素：第一，重视团队协作；第二，对公司客户有激光瞄准一样精确的重视；第三，极少从其他华尔街公司招人，而是非常挑剔地从美国顶级商学院招人，只从1500名毕业生中挑选30人（一名合伙人解释："这是因为年轻的MBA有一定的可塑性，比起那些在其他公司干过的员工，我们可以更容易地向MBA灌输高盛的价值观。"）；第四，公司愿意让别的企业设计新产品，自己旁观市场效果，然后再决定是否跟进模仿。

贝丝还引用了高盛成功的其他手段：第五，管理工作实现了去中心化；第六，比较不关注竞争对手的情况。一位高盛银行家说："我们不需要知道其他公司是什么样子，我们有一套运行很好的机制，我们已经很成功了，其他企业还没有我们成功。我们为什么要注意他们做错的事呢？"这种态度，自然一点儿也不谦虚，却很难驳斥。

的确，高盛的人员流动率不是一般的低（说明员工对企业满意），尽管高盛要求员工、合伙人都全心投入。1984年，一名合伙人自问自答："我为什么要天天工作到凌晨两点半，然后早上八点又来吃早饭？因为公司有我的一部分。是我们建起了高盛，我特别想看到公司能延续下去。"

高盛说员工热爱公司，果真如此吗？一名合伙人介绍："给员工做一个民意调查，问问他们，为什么这么拼命？他们很可能回答：生活中的其他一切给他们的责任，都远远不如工作给他们的责任重大。"其实，这些员工要是干脆直说"工作比家庭重要"，也许会更好一些。贝丝讲了这么一件事：一名高盛投资经理安排好了婚期，但不巧刚好跟一个项目的收尾撞上。合伙人说："我们没有命令他不要结婚，但确实建议他办完婚礼后还是干完活再去度蜜月吧。"文章还说，多年以来，高盛专家们的离婚率一直是华尔街最高的。但是，有一名合伙人，负责管理一个尤其干劲十足的团队，他说："我们整整一年还没有一个离婚的。"

这当然被人诟病了。另一点被人诟病的是，公司个人的"自我"表现被压缩到了最低；而其他华尔街公司，表现个人却是例行公事。一名合伙人介绍："假设有个脑子不清楚的小伙子走进屋，跟我说，他某个交易做得多好，我就只会严厉瞪着他，明确告诉他，他以为是他自己的成绩，但这是多亏了多年以来全体员工的努力和协作，才会成为现实。你可以相信，他已经把意思领会到了。"弗里德曼态度更直接，他说，一次交易成功之后，客户可能会认为负责交易的高盛银行家是明星，"但在我们看来，他只是个攻守兼备的球队队员而已"。而且，高盛还非常强调信息共享。弗里德曼介绍："我们痴迷于交流，总是在问：你跟某人协商了吗？你公布某某内容了吗？"随着科技的进步，高盛专家还迷上了互相发语音邮件，提供某个交易的最新的零星资讯，或是为某件事的优秀表现分享荣誉。网络普及之后，他们又开始集体痴迷电子邮件。

合伙人强化了在高盛公开纵容的行为，他们的办法就是每天都与其他人互动，做简短的"布道"，传播自己掌握的智慧。毕竟，他们想要维持生计，就必须让高盛这部机器加好润滑油。在合伙人之下的层级，高盛用酬金体系奖励那些与别人打成一片的人，惩罚那些格格不入的人。合伙人之下的层级，决定报酬的重要因素之一是员工与别人的关系如何。某一特定年份，高盛利润约有20%要进入一个资金池，在非合伙人中间分配，每人分配到的金额取决于一个评分系统，这个系统是为了评测员工有多符合高盛所鼓励的表现。分数越高，报酬越高。不过，怀特黑德也承认，高盛员工当上合伙人越来越困难，甚至那些遵守规则的员工也不容易当合伙人。他说："我们面临的挑战是，让那些没有成为合伙人的专业人才一直满意下去，包括对酬金的满意，也包括对职业发展的满意。"采取的方法之一是专门设立一个副总裁[1]餐厅，供应的饮食跟合伙人的一模一样。

贝丝长文还显然触到了高盛政治体制一个极敏感的问题：文章想要探寻两个约翰的继承人究竟是谁。这个问题，高盛谁也不愿意讨论。贝丝问一位合伙人，合伙人突然中止了谈话，而且非常生气地回答："我们完全不考虑这里有关"王位"继承人的事。"这种说法当然荒唐得很。然而，记者就是要扮演找麻烦的角色，贝丝依然坚持询问。后来，贝丝写道，两个约翰都还至少要干上四到六年。但贝丝又补充道：怀特黑德一直担任美国共和党全国财政委员会的联合主席。1984年，美国总统里根正在竞选连任，如果在11月连任成功，怀特黑德就能去内阁担任顶级的职位。如果真是这样，约翰·温伯格就会一个人管理高盛，直到退休。自然，这就引发人们猜疑：高盛之后的领导人会是谁？贝丝的猜测是鲁宾和弗里德曼，这相当合理，因为他们分别担当着高盛两个主要部门的主管，一个是投行部门，一个是交易部门。贝丝评论："高盛合伙人里面，那些发愤图强的成功者当中，这两个人绝对是明星。"不过，鲁宾自己可能也会追求在首都华盛顿的政治梦想。贝丝猜测："鲁宾的终极目标也许并不是高盛一把手。他是民主党总统候选人沃尔特·蒙代尔（Walter Mondale）最主要的筹款人之一，他可能也会去华盛顿。"

贝丝的这一番推测最接近实际情况：怀特黑德已经决定离开高盛了。怀特黑德说，他这个决定一直没有告诉任何人，"免得有什么谣言出来牵制我的行动"。1984年5月，怀特黑德告诉了温伯格，温伯格大惊。怀特黑德回忆道："他想说服我不要退休。但他很快发现，我决心已定。"怀特黑德说，两人决定由温伯格一个人担任董事长，鲁宾、弗里德曼担任副董事长，并且在适当的时机升为联合董事长。8月15日，高盛宣布，怀特黑德将于11月30日辞职，由59岁的温伯格"一个人掌舵"。鲁宾、

---

[1] 原文vice president，在高盛并非如一般公司那样表示最高层，只是中低级别的干部，人数很多。VP上面是MD（董事总经理），MD可以组织大规模项目，就算得上高管了。

弗里德曼两人这一年都46岁。高盛没有提到对他们俩有什么安排，只说了一些可能在未来接管高盛的人名，其中提到了他们俩。

怀特黑德给公司3600名员工写了一份备忘录，说他的工作"要求极高"，还说"现在应该在非营利的领域做一些别的事了，这些事对我很重要"。

第二天，《纽约时报》发文评论温伯格："他任职于华尔街最出名的企业之一，却严格保持低调；他说，这种无名状态，会让CIA的局长也嫉妒起来。"记者与温伯格共进午餐，做了两小时的采访，"机会难得，气氛轻松"。其间，温伯格抽了一支雪茄，他称之为"埃尔·罗索欧2号"。这种雪茄，他每天要抽四支。他告诉记者："我不能让自己的骄傲妨碍工作，而最好的工作是无名的。"然后，一名客户也公开高调赞扬温伯格，这种赞扬是单纯的金钱买不来的。通用电气董事长、人称"杰克"的约翰·F.韦尔奇（John F. "Jack" Welch）告诉《纽约时报》记者："关于温伯格，我能跟你说上一个星期。我迷恋他，我觉得他实在是太棒了，非常敏感。他的独特之处在于，他不只是为了交易而促成交易，他关心的是双方的利益。他对客户跟自己的员工都十分在意，在整个业界就数他最敏感。"

1984年，高盛利润和规模都急速增长，怀特黑德却离开了高盛。一直有猜测，原因之一是其他合伙人越来越强烈地要求高盛上市。1970年投资公司帝杰上市，引发了一场上市风。1983年，高盛净收入大约为4亿美元，资本已增加到7.5亿美元，其中5亿美元是合伙人自己出的。而在1956年怀特黑德与温伯格刚当上合伙人的时候，高盛资本只有1000万美元。

1987年6月，《机构投资者》杂志发表了作家凯里·赖克（Cary Reich）的采访。怀特黑德称，其他投行上市不是因为需要资本，而是因为希望合伙人投钱。他说，对于华尔街公司而言，有限资本是好事："这就迫使公司做出选择，要参与什么业务，不要参与什么业务。一家公司，只要能够拿到的资本无限，就肯定会有麻烦，因为没有人为资本的使用做出选择。"他说，无限资本让企业不必做出艰难的选择，到底应该参与哪些种类的业务。"可是，有限资本就迫使企业分析，做选择，挑那些利润最高的业务……我们在高盛每年都研究要不要上市，或者是否应该用别的方式筹资。可是从来没有人真正认为，我们需要大规模增加资本。"只是，高盛这个观念很快就变了。

11月，怀特黑德退休了。这以后一开始的几个月，他还每天来到高盛原来的办公室里做研究，他打算写一本书，起名叫《商业的社会责任》（*The Social Responsibilities of Business*），讲的是公司要怎样才能既为股东赚钱，又能"做好事"。麦格劳－希尔出版公司（McGraw-Hill）付了他"一点预付款"。到1985年4月，他写完了一章。此外，他在退休的前夜，还给《纽约时报》写了一篇评论版文章。文章说："多年以来，苏联一直威胁世界的稳定。如今看来，苏联的力量已经开始衰退。苏联被诸多问题困扰：领导层年迈而不稳定，内部经济问题严重，在阿富汗的战争遭到了可耻的失败，内部叛乱反复出现。苏联已经失去对第三世界的吸引力，可能还在倒退。这些动向可能会允许美国的国防开支增速减缓，并使得平衡预算更容易实现。"

1985年4月下旬的一个下午，怀特黑德办公室的电话响了。当时秘书已经下班，怀特黑德自己接了，是美国国务卿乔治·舒尔茨（George Shultz）打来的："你明天早上8点能来我华盛顿的办公室一趟吗？"

怀特黑德告诉舒尔茨："你要是希望我去，我当然会去。"他想，我一直想去远东旅游，现在看起来要变更计划了。怀特黑德接着说："不过，乔治，你要是告诉我为什么要我去，我今天晚上就能考虑。"舒尔茨不告诉他，只说了一句"电话里不方便说"，就挂了。怀特黑德寻思：舒尔茨能有什么事非要马上见我呢？最后认定肯定是跟拉美相关的事，因为整个拉美都有严重的经济问题，华尔街各大银行给阿根廷、巴西的巨额贷款，现在看来差不多要违约了，于是人人都在关注。怀特黑德打定主意，就在高盛图书馆的工位上找到一个年轻的女助理，让她收集最新的有关阿根廷、巴西的经济和金融新闻。怀特黑德在前往华盛顿的航班上一直在研究这些消息,入住华盛顿的麦迪逊酒店后,又一直研究到深夜。

第二天早晨,怀特黑德来到了舒尔茨的办公室。舒尔茨跟他简短地打了招呼后说,他们要一起到白宫去见总统。怀特黑德想,拉美的经济危机比他想的更严重。他们坐车去白宫,路上,舒尔茨一句话也没说,而是一直看着窗外正在开花的樱花树。[1]两人前往总统所在的椭圆形办公室。1980年,里根竞选总统时曾在纽约办过一场大型晚宴。当时,怀特黑德见过里根一次,就坐在里根的旁边。宴会结束后,怀特黑德对里根的"自信、坚定"很是难忘。这一次,他要见的里根已经成了在职总统。

两人见了总统。里根问舒尔茨:"你跟他说了吗?"舒尔茨摇头。

里根对怀特黑德说:"我们知道你已经从高盛退休。我们想让你来首都,加入国务院,担任常务副国务卿[2]。"舒尔茨也看着怀特黑德:"我要你做我的工作伙伴。"

怀特黑德认真考虑了很久,最后同意了。这个安排让人想起了当年西德尼·温伯格长期担任总统秘密顾问的历史,但也预示着某些新情况。从这以后,高级政府工作就成了高盛高管的思维定式,而且让华尔街的金钱与华盛顿的权力结合得越来越紧密。

4月19日,《纽约时报》发布消息,头版登出了怀特黑德进入国务院的工作委任,也登了照片。舒尔茨介绍了怀特黑德对这份工作的贡献,专门提到怀特黑德是美国对外关系委员会的委员,经常参加亨利·基辛格的晚宴。[3]这张关系网,自从亨利·福勒当上财政部长之后就开始编织,如今变得更加清晰。[4]舒尔茨也对怀特黑德一直参加的投行工作表示赞

---

[1] 历史上,日本曾多次赠送樱花树给美国,目前华盛顿特区仍有4000多棵,是重要的旅游景点。

[2] 国务院的二把手,简称副卿,是负责美国外交的国务院副首长。

[3] 怀特黑德结交基辛格,参见第八章后半部分。

[4] 此事参见第六章后半部分和第八章后半部分。在西德尼·温伯格的推荐下,福勒担任了约翰逊政府的财政部长,退任后又加入高盛,成了合伙人。

赏："我在投行领域有一点经验，注意到投资银行家有着我们在这里（国务院）需要的一切品质，也有着我们希望拥有的一切品质。有时候必须迅速思考，保持冷静，具有恢复能力。"又加上，"在战略层面，我认为投资银行家应当参与重要事务"。不过，舒尔茨没有提到怀特黑德担任共和党全国委员会的联合财政主席一职，他在这个岗位上为总统的政党筹集了数以百万计的资金。

7月8日，口头表决一致通过，怀特黑德担任常务副国务卿，至此，怀特黑德在高盛的工作生涯正式结束。他还决定继续给麦格劳－希尔出版公司写书，写公司应该怎样通过做好事而取得良好发展。这本书一直没有写完。[1]

---

[1] 怀特黑德1989年1月20日不再担任常务副国务卿。2005年出版回忆录《领头一生——从登陆日到归零地》（*A Life In Leadership: From D-Day to Ground Zero*）。2015年2月7日，怀特黑德去世，享年93岁。

第十章

高盛清酒

怀特黑德退休之后，高盛几乎没有什么变化。多蒂说："就算有变化，我也不知道变化之前是什么样。约翰·温伯格还在，而且更加依赖鲁宾和弗里德曼。"温伯格当上唯一的一把手之后，最早做出的决定之一就是让鲁宾和弗里德曼挪出舒适区。此前，鲁宾一直主管着交易和套利业务，外加管理杰润；弗里德曼一直主管着投行部门。如今，温伯格让两人联合主管高盛新兴的固定收益部。八年以来，固定收益部的主管一直是弗兰克·斯米尔（Frank Smeal）。斯米尔曾在摩根担保信托公司（Morgan Guaranty Trust）工作了30年，1977年才加入高盛。一开始，温伯格打算只让弗里德曼一人负责固定收益部，但鲁宾听说了这个计划之后说服了温伯格，让自己成为弗里德曼的搭档，让固定收益部的领导风格也带有交易部的思维。温伯格虽然说自己无意很快退休，但发现弗里德曼和鲁宾想要"干几年"这份工作，这有助于锻炼他们对各种业务的知识。不过，温伯格还不愿意正式指定两人为继承人。他告诉《纽约时报》："他们能力很强，很有天分，不过高盛有天分的人多得很。"

《纽约时报》文章强调，虽然斯米尔自从接管固定收益部以后，确实让部门有所改进，但依然有很多工作要做，因为高盛在抵押贷款担保证券和高收益债券（这两项业务都经常获利丰厚）发行方面，严重落后于所罗门兄弟公司和其他固定收益巨头。其他人也觉得，斯米尔工作做得很差，没有让固定收益部拥有足够的竞争力。弗里德曼曾和所罗门一位重要合伙人谈过话，他回忆道，那位合伙人告诉他："在并购业务上，我实在不愿意跟你们高盛竞争。你们十分协调，让整个企业有序运行。

可是，我喜欢跟你们在债务资本市场上竞争。"弗里德曼转述完后评论道："他们当时确实赢了，把我们打得脑浆迸裂。"弗里德曼预测，高盛债券业务会有巨大潜力，也知道斯米尔不适合当主管。他介绍："我们的债券业务非常糟糕，基本战略不对。"

在弗里德曼这样的并购专家看来，从管理投行到管理固定收益，这样的转变不可能轻易完成；而且，世上这样的转变本来就非常少见！为了弥补短板，他向别人连珠炮一样发问，最后终于认为自己掌握的信息足够，可以做决定了。走运的是，弗里德曼还有鲁宾，两人共同负责固定收益部；鲁宾也确实明白从市场角度考虑交易和债务问题，而不是从并购银行家的那种偏理论的角度。他们成了一支办事有效的队伍。

弗里德曼和鲁宾刚刚加入固定收益团队的时候，看到团队的情况，弗里德曼大吃一惊："我刚到那儿就吓了一跳。固定收益部的发展比其他部门落后太多了。"他尤其担心，整个部门竟然没有人"有脑子"处理两人都马上发现的一个大问题。他说："固定收益部的高层处在智力的真空状态。"当时，固定收益部几乎涉及在交易市场上存在的一切债务相关的证券：政府债券、高级企业债券、高收益债券、抵押贷款担保证券等等。鲁宾介绍："业务规模很大，风险很高。"两人还惊恐地发现："高盛的交易员有巨大的高杠杆仓位，其中有很多没有流动性，也就是无法出售，甚至在上一次交易的基础上打很低的折扣也卖不出去。亏损越来越大，史蒂夫·弗里德曼和我都努力在想解决办法。"两人不知道如何是好，这情有可原，但显然高盛的固定收益交易员也不知道如何是好，这就麻烦大了。

这些交易员已经亏掉了1亿多美元。鲁宾承认："如今这些钱不算太多，可是在当时那个年代是非常重大的损失。"更糟糕的是，两人不知道怎么才能止住"大出血"。鲁宾继续说："我们最大的交易行动突然出了麻烦，我们不知道原因，也不知道未来会怎么样。"

该问问题了！弗里德曼和鲁宾立刻前往交易室。两人告诉交易员：

"咱们都坐下来，弄清楚咱们持有的都是什么产品。要是有些仓位不该有，就赶紧平掉。"主要问题在于，当时高盛交易的债券，包含一些嵌入式期权，而高盛交易员们一直没有考虑在内。在利率飞速变动的环境下，这是极为不利的。比方说，1985—1986年，利率下降，买房的房主都赶紧去给自己的抵押贷款再融资，这是可以预料的。这就让高盛的抵押贷款担保证券的投资组合（包含更高利率的抵押贷款）通过再融资而提前付清了，从而贬值。而一般情况下，利率降低，这种投资组合应该升值，因为在相对利率下降的时候，更高利率债券应该升值。除了抵押贷款担保证券，高盛在企业债券投资组合方面也有类似的问题。鲁宾说："我们面对的难题，代表人类本性的一种趋势，就是容易忽略很远的一些潜在的严重威胁。"雪上加霜的是，交易者还有一种本能的想法，认为债券总是能以前次交易的价格，或者类似的价格进行交易。在市场相对正常的时候，确实可以这么想。鲁宾评论："可是，市场严重恶化的时候，流动性就下降得很厉害，交易者无法平掉不良仓位，除非把折扣打得非常低；有时候无论如何也没办法平仓。然后他们就可能被迫卖掉良性仓位才能筹资。可能会突然产生意外的巨额亏损"。

可想而知，固定收益团队的亏损惹得全公司怨声载道，特别是1986年2月高盛又在固定收益交易方面再次损失了2亿美元。弗里德曼回忆道："固定收益部遭到了重创。他们的综合研究不够，而且内部的士气非常低落。每月合伙人开会的时候，大家从电梯出来，走进会议室，投行家会问交易员：你们这个月亏了多少？这种话可一点也不激励人心！"

弗里德曼和鲁宾开始着手改造固定收益团队的心态，采取了一种最不像高盛风格的手段：从固定收益老大所罗门兄弟聘了一组高级交易员，执行一项非常激进的改造任务。首先，高盛聘请了托马斯·普拉（Thomas Pura），时年32岁，当过运动员，高中毕业之后有机会加入美国职棒联盟的堪萨斯市皇家队（Kansas City Royals），但他没有去，而是去了哈佛。普拉定期参加铁人三项。他来到高盛之后，《高盛集团：成功的文化》作者丽莎·埃利希评论："固定收益部出现了前所未见的工作热情和风险交易风格，这风格大胆得多，也强势得多。"其次，高盛聘请了大卫·德卢西亚（David DeLucia），时年33岁，主管企业债券的交易、销售，以及承销团工作[1]；高盛把原先的企业债券负责人J.尼尔森·阿万托（J. Nelson Abanto）调到伦敦去了。最后，高盛聘请了迈克尔·莫尔塔拉（Michael Mortara），时年38岁，主管抵押贷款担保证券交易，当时莫尔塔拉刚被所罗门开除不久；还有一位人才，刘易斯·拉涅里（Lew Ranieri），华尔街证券化产业的主要建设者。[2]1990年12月，《机构投资者》发表贝丝·塞尔比（Beth Selby）的文章："高盛聘请外来的人担任高管，本身已经十分稀奇，而让这些外人当合伙人几乎是高盛文化无法忍受的。于是，二人组（弗里德曼、鲁宾）大胆行动之后，又退了一步，规定这些从所罗门来的合伙人虽然主管各自的交易柜台，但必须使用原有班子，不能再从外面招人。"

高盛的交易员们拼命地想要止血，另一边，高盛的并购团队却在蓬勃发展。并购部的能力实在太强，乃至高盛竟然迈出了惊人一步，配合《纽约时报》周日版发了一篇长文，专门报道了并购部的主管杰弗里·博伊斯[3]，时年38岁，顶头上司是弗里德曼。当时，博伊斯刚刚当上投行部联合主管。对这么年轻的银行家进行这样大规模的宣传，在所有华尔街公司都极不寻常，在高盛更是从来没有过；一般来说，这种宣传也会带来致命的后果。文中，博伊斯介绍，1985年"绝对是并购部表现最出色的一年"（这与债券交易部门形成了最鲜明的对比），还说高盛已

---

[1] 原文syndication.，代表这种工作；英文syndicate则代表这种工作的实施者——承销团，是为了债券大规模销售而成立的临时组织，避免一家公司单独承销造成太大风险。它的主要任务是负责给一级市场的债券发行定价。

[2] 拉涅里发明了"证券化"这个术语，指批量购买住房抵押贷款，然后分割成小部分，卖给全世界的投资者。他于1987年离开所罗门。

[3] 原文Geoff Boisi，是第九章出现的这个人全名Geoffrey Boisi的简写，中译文保持不变。

经与各大公司完成了大量著名业务，比如：通用食品公司跟烟草食品公司菲利普·莫里斯（Philip Morris）合并，宝洁收购理查逊–维克斯公司（Richardson-Vicks），还帮助梅西百货（Macy's）退市（导致梅西百货几年后破产）。温伯格还介绍了博伊斯的新职务："我们让他负起更多的责任。他是高盛聪明人当中非常重要的一个。很多人关注并购，他的表现十分出色。他所得的一切，都是应得的待遇。"

当然，文章也照例感谢了团队合作与长时间的辛苦。菲利普·莫里斯公司收购通用食品案中，博伊斯的作用堪称高盛并购银行家办事的典型。菲利普·莫里斯公司提出要约之前四个月，高盛已经对通用食品发出预警，说你们各个消费品牌太受欢迎，可能要遭遇恶意收购。通用食品管理层接受了博伊斯的意见，采取了几个防御策略。1985年整个夏天，谣言四起，纷纷传说有人要收购通用食品了。9月24日，菲利普·莫里斯公司果然发起恶意要约，提出每股111美元买下通用食品的股份。这样计算，通用食品的总价值为50亿美元。博伊斯和手下团队，外加另一组摩根士丹利的顾问，仔细调查了市场，看看有没有出价更高，而且友好的投标者。这周周末，飓风"格洛丽亚"（Hurricane Gloria）在美国东海岸造成严重破坏，菲利普·莫里斯公司把投标价涨到了每股120美元。通用食品投降了，原因之一是高盛的分析显示基本没有哪个潜在投标者的条件赶得上菲利普·莫里斯公司。博伊斯说："我们24小时连轴转。"于是，高盛又把一个本来要保护的客户卖掉了。

人们正在熬夜起草法律文件，预备签署。大约凌晨三点，杰弗里·博伊斯离开了，想要在飓风侵袭长岛之前回到长岛家里。后来，签了交易协议，公司用电话会议通知博伊斯。会上，大家都欢呼起来。博伊斯说："这份工作不容易。我已经不记得有多少次，电话一响，马上拎起行李箱去机场。没带换洗衣服，没带牙膏。过两天，他们再把衣服给我寄来。我的时间安排完全听从业务安排。"当然，这一切的成功也使得博伊斯越来越有钱，但他拒绝讨论这个话题，只表示他对高盛怎样忠心："目前，我能想到最激动的事，就是身为高盛的一员。"六年之后，也就是1991年，博伊斯在跟鲁宾、弗里德曼争权之后，离开了高盛。

博伊斯宣传文章发表半年之后，1986年4月，《纽约时报》又发了高盛的专题，这次也是一期周日版的长篇文章。文章一开始讲述了1985年11月通用电气和美国无线电（RCA）的63亿美元合并案，这是历史上规模最大的非石油企业的合并。在这起合并案中，约翰·温伯格起到了关键作用。通用电气CEO杰克·韦尔奇亲自致电温伯格，让他介入，高盛团队"在感恩节周末连夜赶工"，完成了交易。高盛收费700多万美元，在当时令人咋舌。但文章还提到，哪怕过了几个月，温伯格依然耿耿于怀，因为媒体在交易期间似乎只关注拉扎德并购银行家费利克斯·罗哈廷——RCA是拉扎德的长期客户。罗哈廷先前放出话去，说他已经在第五大街公寓跟杰克·韦尔奇吃早饭的时候发起了交易。《纽约时报》《华尔街日报》都慷慨地在头版登了消息，特别强调是罗哈廷给两家公司牵的线。过了一周，《时代周刊》（*Time*）也加入战团，少见地刊登了商业领域的封面故事，标题为《合并的探戈》（"Merger Tango"），讲了这次交易和其他一些交易。温伯格发牢骚说："罗哈廷总是说一切都是他的功劳，而我的很多事情却没人知道，不会登在我的讣告上。不过，反正我也看不到自己的讣告。"的确，后来《纽约时报杂志》（*New York Times Magazine*）又登了一篇后续文章，将近7000个英文单词（约合中文1万到1.2万字），只提到高盛1次，温伯格0次，却提到罗哈廷19次。

温伯格抱怨舆论对高盛在RCA交易中的作用缺乏关注。这种抱怨不仅在主观上不符合他的性格，从客观来说也略显怪异，因为2月份的《福布斯》杂志刚刚发了一篇高盛与温伯格的短篇人物专题，还登了温伯格的照片，专门强调高盛利润飙升到了怎样荒唐的高度。杂志估计，高盛1985年的税前利润为5亿美元，营收为17亿美元，利润占到29%，高得吓人。美林营收比高盛多四倍，利润却只是高盛的三分之一。文章还提问：高盛79名合伙人当中，有多少人年收入超过100万美元？一名合伙人回答：都超过。记者问温伯格：高盛怎么实现这么高的利润率？温伯格说，关键之一是团队协作，之二是企业4600名非合伙人的报酬体系。他说，经营管理部和风险管理部的非合伙人与并购部那些优秀的专业人才，这两批人的收入相同，"这就让高盛避免了其他企业常有的内斗和诽谤"。不过，温伯格也表示，尽管有团队协作，但还是偶尔会有一些失言会惹怒全公司。4月，高盛高管吉姆·克莱默告诉一家报纸记者，他挣的钱多到"只要是商店里我看见的，就没有一件东西买不下来"。这就属于失言。而另一面，高盛崇尚简朴，弗里德曼的文件装在一个"宾氏牌[1]旧包"里，但同时又拥有一套曼哈顿东河边的大面积复式公寓，这就是高盛鼓励的表现。华尔街一些公司如高盛、拉扎德，都有一种悠久的传统，就是想要让办公室尽可能简朴，免得让客户疑心是不是付费太高。要想炫富，应该在家里炫，不管这个"家"是一处还是多处。

不过，这两篇文章都专门讨论高盛是否有足够的资本在瞬息万变的市场中竞争，为越来越多的退休合伙人提供流动资金。当时很多公司都上市了，贝尔斯登于1985年上市，摩根士丹利于1986年3月上市。高盛也会上市吗？《福布斯》判定高盛不太可能上市，因为1985年底高盛资本已经达到12亿美元。温伯格说："有了12亿美元资本，7.5亿美元盈余，我们已经有了一切条件，足以满足客户。"温伯格也对《纽约时报》说，很快上市可能性几乎为零。他重申，高盛不缺资本，"合伙人也能制定各种战略而不必担心季度收益"。

其他一些匿名人士表示，他们担心高盛可能需要附加资本，才能对抗拥有26亿美元资本的美林以及23亿美元资本的所罗门，因为业务变得更加偏向资本密集型。

此外还有人感觉，市场必然走下坡路，高盛需要资本才可以承受将

---

[1] L.L.Bean，美国著名户外用品公司。东河是一条海峡，下文的公寓是昂贵的海景房。这里指弗里德曼很低调。

来的损失。鲁宾告诉《纽约时报》："面对下行的周期，我们必须采取措施控制。那些30多岁的人，上次衰退的时候，根本就不在华尔街。就连现在的合伙人当时大多数也不是合伙人。"

考虑到高盛影响媒体的能力有多么强，温伯格保证"高盛资本状况十分乐观"只是个漂亮的假动作，也就不足为奇了。真相是，通用电气交易宣布之后，才几个星期，管理咨询公司麦肯锡（McKinsey & Co.）一名合伙人就秘密访问罗哈廷和拉扎德公司，询问是否有可能接受一名新客户，也就是日本金融巨头住友银行（Sumitomo Bank, Ltd.）[1]。又过了几个星期，1987年1月10日，住友三名高管，外加麦肯锡的几名合伙人，来到了位于洛克菲勒广场1号（One Rockefeller Plaza）32层的罗哈廷办公室。日本银行家讲述了一个胆大包天的主意：把高盛的相当大的一部分买下来，让高盛为住友培训投行业务。他们想让罗哈廷帮助，促成住友和高盛的交易。罗哈廷介绍道："他们想要一个被动的窗口，了解投行业务，而且这个意图始终隐晦。我告诉他们，我们非常尊敬高盛，高盛是业内管理最好的公司之一，甚至可能还没有'之一'。"2月，罗哈廷飞到东京，会见了住友高层。住友向这位拉扎德投行家表明他们的态度很严肃。

讽刺的是，罗哈廷正在日本东京得到许可，准备行动的同时，高盛的各位交易员正在忙着亏掉另外2亿美元，因为他们很难理解自己在做的交易。这时，鲁宾和弗里德曼第一次建议管委会应当考虑IPO。上市的好处：一是能筹到更多资本，帮助高盛抵销交易的严重亏损（直到止损）；二是一批年纪比较大的合伙人还希望从自己的企业资本里提出1.5亿美元，然后退休；三是高盛打算扩大业务，这就需要更多资本，追加高盛在自营交易、私募股权、房地产三个方面的本金投资[2]。管委会的人都是快退休的人，他们听取鲁宾、弗里德曼的建议之后，认为花钱IPO

[1] 后来到了2001年4月1日，住友银行和三井集团樱花银行合并成三井住友银行。

[2] principal investing，动用公司本身资金进行的投资。

值得。管委会达成共识：越早上市越好。温伯格表示对IPO基本没有兴趣，但也赞成了，同意让鲁宾、弗里德曼二人在当年晚些时候的年度股东大会上提出建议。

然后到了3月，罗哈廷忽然致电温伯格，第一次提议高盛应该接受住友的投资。当时，美国引进外资还远不像现在这么常见，这种提议实在太过超前。温伯格拿不定主意，同意先开会了解情况。住友总裁小松康（Koh Komatsu）和一个同事[1]为了保密，看了作家约翰·勒卡雷（John le Carré）写的一本间谍小说，然后模仿：搭乘穿梭航班，先从大阪飞到美国西雅图，又从西雅图飞到首都华盛顿，最后到纽约。为了避免让人发现，两人戴上墨镜，来到了宽街85号会见温伯格。温伯格回忆道："我不得不告诉他（小松康），从华盛顿国家机场飞到纽约拉瓜迪亚机场根本不算什么隐蔽行动。这些飞机上全都是华尔街的金融家，还有记者！"虽然这一行动不太明智，但那一天，小松康的提议十分大胆也十分有智慧：住友出5亿美元，一分也不少，买下高盛12.5%的股份，不要求拥有经营决策权，也不参加管理，只要求按股份比例分享利润。这次要约对高盛的估值为40亿美元。高盛股权资本为8.68亿美元，这次估值相当于4.6倍，高得惊人；高盛总资本12亿美元，估值相当于3.3倍，也高得不可思议。总资本当中还有3.33亿次级债务。这以前，高盛的竞争对手摩根士丹利面向公众卖了一部分股份，估值不到票面价值3倍。这种条件优厚的要约，实在不可能无视。

罗哈廷和住友各位高管走了。温伯格简直掩饰不住激动之情，赶忙给合伙人唐纳德·甘特（Donald Gant）打电话。甘特从哈佛商学院毕业，是投行业务的媒体负责人。温伯格告诉甘特："你肯定不相信，一万年也不会出这种事！刚刚接待了一批最不寻常的客人！唐纳德，这件事不一定能办成，但只要办成了就是惊天动地！你赶紧来我办公室，我

---

[1] 此人是董事长矶田一郎（Isoda Ichirou）。

跟你说一遍。我们有大事要做了！"甘特来了，温伯格对他说，罗哈廷来过了，还有两个日本银行家，都戴着墨镜。温伯格说："唐纳德，赶紧给罗哈廷去个电话，看看这人说的话有多认真。他说，住友银行要成为高盛的合作伙伴。看他们是不是说真的！谁知道呢？我们可能很快就会酿成'高盛清酒'了！"[1]

甘特在交易界对罗哈廷稍微了解一点。他跟这名拉扎德银行家谈过话后，对上司报告：罗哈廷和住友是认真的。甘特告诉温伯格："我们不能回绝他们。他们有钱，而且愿意成为那种沉默的合伙人，不干涉我们。这件事，我们要是谈得好，罗哈廷说我们就可以自行决定。"温伯格让甘特当了代表，领导谈判。温伯格说："了解日本人，可能得花上不少时间呢。"他非常了解日本人，二战期间曾参加海军陆战队，与日军作战；美国在长崎投下原子弹之后，他又去了长崎，协助建立了一个战俘营。[2]

接下来的几个月，甘特与高盛首席财务官罗伯特·A.弗里德曼都在与罗哈廷以及罗哈廷的三名拉扎德合伙人谈判交易。《纽约时报》报道："谈判漫长而艰难。"因为两边必须平衡两种因素：这一边是有关外资占股比例的各项法规（约定哪些商业银行可以买下投行股份），那一边是高盛的愿望——想要日本人的钱，但完全不想放弃任何控制权或影响力。高盛也很清楚，股权再增加5亿美元会有怎样的影响。这笔钱接近高盛117年积累的股权资本的60%，而且可以把杠杆做到30倍。这5亿美元可以变为150亿美元的交易能力。最后，双方同意，住友出5亿美元买下高盛12.5%债务，债务可以逐渐转为12.5%的高盛股权。另外，10年之后，任意一方均可终止协议。[3]

---

[1] 高盛名称直译戈德曼·萨克斯，日本清酒原文的罗马字是sake，发音类似中文"萨凯"。温伯格在用谐音开玩笑。

[2] 令人感慨的是，日方代表小松康也在二战中担任海军的密码员，军舰在菲律宾被美军击沉，他死里逃生。两国的要人曾经打得你死我活，但因为利益又走到一起。

[3] 根据网络报道，现实中，2002年，合并后的三井住友银行为了缓解压力，出售了自己持有的高盛股份。2003年，高盛又向住友注资12.5亿美元。2010年，两家公司切断了资本联系。

6月底，高盛各位合伙人以压倒多数通过协议，8月第一周发布了消息。当时，美联储还必须批准这笔投资，才算正式完成，但已经引起了巨大轰动。

《纽约时报》报道，一开始，美联储不太赞成交易，这就导致很多"灵魂探索（深入调查）"。报道说："很多美联储官员担心，外国银行买下一家美国证券公司12.5%无投票权股份，开了一个很坏的先例。考虑到1933年格拉斯-斯蒂格尔法案关于银行业和承销业的拆分，美联储的担心其实很有道理。美联储官员似乎还担心，住友用一种潜移默化的方式夺取控制权。因为虽然有无投票权协议存在，住友最后还是可能对高盛的活动、决定施加某些影响。"美联储决定10月10日召开听证会。一名官员说："我们想让人们讨论的，不止有住友和高盛协议的具体规定，还有更加广泛的问题。这是否意味着格拉斯-斯蒂格尔法案要终结了，还是的确只是一次被动投资？"

美联储召开了一场罕见的听证会，到会的有两百多人。总顾问迈克尔·布拉德菲尔德（Michael Bradfield）在会上好像十分关注这笔投资是否能让住友影响高盛的管理决策，因为一旦住友影响高盛决策，就会违反格拉斯-斯蒂格尔法案，也违反了1956年《银行控股公司法案》（*Bank Holding Company Act*）。《银行控股公司法案》规定，来自另一实体的无表决权股票所有权不得超过25%。[1]90年代，日本泡沫经济崩溃。打这以后，再担心日本会控制一家美国金融巨头就很离谱，不过担心合作违反格拉斯-斯蒂格尔法案却是一种先见之明。讽刺的是，鲍勃·鲁宾在担任克林顿政府财政部长的时候废除了这个法案，然后去花旗担任高管，

---

[1]《银行控股公司法案》又译《银行持股公司法案》，其中规定，禁止银行控股公司在非银行的公司拥有具有表决权的股份。因此，表决权才是关键。住友的所有权只有12.5%，并未超过法案规定。译者暂时认为，原文没有具体说明《银行控股公司法案》的禁止拥有带表决权股份的规定，而且又另外写了一个与住友投资高盛案例没有直接关系的规定，因而造成了读者的一定困惑。

收入极高。而这，要拜法案废除之赐。

山一国际（Yamaichi International）副董事长斯科特·帕迪（Scott Pardee），曾经在美联储纽约分行工作了19年。帕迪作证说，格拉斯—斯蒂格尔法案对于商业银行与投行的区分相当重要，值得保留。帕迪说："我可能作风很老派，但我相信，这两种业务之间应该存在各种区分，而且这些区分很重要。商业银行可以接纳存款，而且有义务保管储户的存款。银行如果用储户的存款参与高风险业务，就会造成所有人的风险，包括储户、银行竞争对手——竞争对手们可能会觉得必须有样学样，也会给央行造成额外负担。这家冒险银行一旦无法维持足够的资本，无法完成有效的风险管控，央行就必须成为这家冒险银行的贷方，准备兜底。"帕迪表示，他并不认为这次合作违反了格拉斯法案，但很明智地加上了一句："我担心，随着全球化的继续……我们将会要求美联储提供更多资源，采取更主动的干预。"

11月19日，在高盛和住友都同意对协议进行多处细微修改之后，美联储批准了协议。修改条款有：规定了日本投资的限额，要求住友筹集更多资本（这一点极不寻常，因为住友作为日本银行，尽管在加利福尼亚州拥有一家小银行，但并不受美联储的管辖）；此外，高盛与住友不得把合资业务扩展到伦敦和东京。这是历史上第一次有外国大型银行控股公司大量购买美国证券公司的股权。总顾问迈克尔·布拉德菲尔德说："我们认为，有了这些修改，住友的投资就真正被动化了。"美联储也发表声明："董事会关注，这一显著的股权投资，与广泛业务联系的结合，将会同时为投资者带来经济刺激与各种方法，对高盛的管理政策产生决定性的影响。"温伯格似乎很乐意做出这些改动："这次投资一开始就是被动投资，住友那边从来没有表示过想要夺权。"[1]

美联储批准之后，高盛从12月1日开始，可以拿到住友的资金了。

---

[1] 其他规定还有：两家公司不能一起工作，不能互派职工或增加相互间的交易次数。选自中国金融出版社的《浴火重生——高盛》一书。）

温伯格说："这将会让我们拥有额外资本，为客户提供更加广泛的投资选择。"然而，宽街85号还有一个大问题挥之不去：住友的资本够吗？高盛是否还要像鲁宾、弗里德曼二人年初提议的那样公开上市？

12月6日，104名高盛合伙人在总部二层会议室集会，讨论的正是这个问题。之前的几天，发生的巨变简直让人觉得不真实。高盛不仅在12月1日获得了住友的巨额资金，得到了日本大型银行的投资，还在同一天指定了37名新合伙人。九人管委会已经批准IPO提议，开会之前的一些日子，还一直在游说其他合伙人，寻求支持。高盛每一名合伙人，不管拥有多少股份，投票都只算一票。这一点在华尔街非常少见。另外，12月1日还诞生了高盛第一名女性合伙人珍妮特·W.洛布（Jeanette W. Loeb）。这意味着，37名新合伙人将和管委会有同样的权限，但双方的计划则大相径庭。这些新的合伙人还没有机会在高盛积累大量财富，很多人觉得，这时候上市太仓促了。

管委会的九人坐在大厅前面的主席台上，面对其他95名合伙人。管委会很多人都发言支持IPO，但鲁宾、弗里德曼二人起身发言支持IPO的时候，吸引了所有人的目光。毕竟这两人是温伯格钦点的继承人。两人主张，有了更多资本，高盛就能很快与所罗门在交易领域平起平坐，而且在自营交易（即为自己的账户进行的交易）领域、私募股权领域、其他本金投资领域，都可以成为领头羊。然后，二人提到了合伙人责任的问题，按照高盛的合伙制，每一名合伙人都有义务用相当于全部净值的金额承担企业的损失。最近，交易部门亏损严重，而且宾州中铁丑闻之后，又有很多人把公司告上法庭，企业面临生死存亡的关头。这种情况下，对合伙人造成的损失可不是小事。谁知道高盛还会突然面对怎样的危险？二人主张，IPO应该立即实行，原因很多。他们希望，其他合伙人一旦同意，就能抢在下一次金融危机之前上市，一些人尤其是鲁宾怀疑危机马上就要来了。

奇怪的是，他们的演说没有得到回应。作家丽莎·埃利希说："周六，二人对合伙人的演讲，从最好的角度说，也并不鼓舞人心，而且软弱无力。其他人评论，演说杂乱无章，观点半生不熟。评论者还强调，演说的质量比高盛定期给客户进行的展示差远了。大多数人觉得他们很不专业，带给听众的基本只有一个概念，其他什么都没有。"

会上还给所有合伙人一人发了一份文档，简述了上市以后的公司新结构。文档说，合伙人将会变为"董事总经理"，他们的股票价值会比之前付出的价钱高出三倍。此外，很多数字对不上，听众里面的投行家们正忙着重新计算，看看问题出在什么地方。与会者感情澎湃，一片混乱。埃利希接着叙述："到下午，爆发了一场激烈辩论。合伙人有的叫，有的哭，尽情宣泄。"很快局面就清楚了：新的合伙人对上市基本不感兴趣，因为他们在自己的高盛股票中还没有建立足够的价值，IPO给他们带不来什么好处；而投行方面、并购方面的合伙人对上市也完全无动于衷，因为他们的业务需要的运营资本极少，而且这些业务已经处于世界领先地位，利润也极高。很多人在想：高盛的所有者究竟是谁？上市了，这一代合伙人会足够幸运，可以得到回报，还是只能为下一代人当管家？以及，之前117年有成千上万人做出贡献，而现在的合伙人因为他们的贡献而富得流油，这是应该的吗？过了11年，温伯格回顾这次1986年会议："那时候，我始终感觉风险极大，现在也这么感觉。只要我们朝那个方向走，就必须让一群合伙人拿走127年[1]的奋斗成果，而且还买一送一，买二送一。这么做，对所有现任合伙人都太过危险，这是完全不应该的。我们让他们进来的时候，是按照票面价值；让他们出去，也应该按照票面价值。"

合伙人会议整整开了一天，没有任何结果。当晚，合伙人又在苏富比拍卖行举办正式晚宴。作家丽莎·埃利希叙述："每个人都认真思考了

---

[1] 如果是真正的11年之后说的话，这里应该是128年。实际可能介于127年和128年之间。

利弊，做了思想斗争，权衡那些影响自己选票的各种因素。大多数合伙人内心想要让公司保持合伙企业的状态，不过又必须判断公司未来是否需要更大也更稳定的资本基础。还有赤裸裸的自我利益，要求高度个人化的计算，尽可能增加自己的财富。"尽管如此，第二天还是必须投票表决。

那个周日早上，合伙人们在宽街85号再次开会。西德尼·温伯格的两个儿子——高级合伙人约翰，还有约翰的哥哥吉米[1]，都反对这个提议。约翰·温伯格基本没有提到前一天的事，这就很说明问题了（约翰很可能不支持IPO）。但吉米·温伯格起身发言的时候，他的话却很有分量，这应该不只因为合伙人尊敬温伯格这个名字。[2]埃利希叙述："吉米告诉大家，这个提议没有道理。高盛有一种遗产，他决心保护这种遗产。他提醒各位合伙人，他们的责任是当好管家，对下一代负责。假如他在报纸上看到合伙人的经济状况被披露，成为公众消费对象，他会感到很不舒服。人们都聚精会神地看着他。"于是，事情拍板决定了：不再举行投票。吉米的儿子彼得·温伯格说起父亲："吉米·温伯格对一切公开的错事都非常厌恶，甚至可以说会发生过敏反应。他对此非常非常关注。"高盛至少在1987年不会上市了。九年之后，一位匿名合伙人告诉《机构投资者》杂志："很多人哭了。约翰·温伯格并不想要强制推行（投票）。"人们觉得时机不对。博伊斯回忆："我们在心理上还没准备好要上市，担不起这个责任。我觉得这一点很讽刺，我们给客户当顾问，指点客户的股权发放，而对自己的文化要遭遇什么冲击却一无所知。"第二天，星期一，约翰·温伯格在公司发放一份备忘录，上面有他自己的签名："合伙人团队将会继续评估所有适当的融资结构和其他选项，只要这些措施能让我们在全球投行领域继续保持领先。"

---

[1] 网上查找，吉米生于1923年，卒于2010年。约翰生于1925年，卒于2006年。

[2] 原文晦涩。母语顾问猜测，吉米作出了很大贡献，因此合伙人不仅是因为他家族显赫而尊敬他，而是尊敬他本人。

第十一章

被捕

两个月之后，高盛IPO的争议已经停止，显然近期不可能上市。（1987年）2月12日上午11：30左右，联邦治安官托马斯·杜南（Thomas Doonan）和美国纽约南区地方法院的一名探员来到宽街85号的高盛总部找一名高级合伙人——罗伯特·弗里曼（Robert Freeman）。弗里曼时年44岁，主管高盛极为重要的风险套利部，位于29层。套利部原本由鲁宾主管，他是弗里曼的朋友、上司和导师，后来该部门由弗里曼接管。2月12日这一天非常冷，弗里曼的女助手告诉他，杜南正在他位于交易厅附近的小办公室里等他。弗里曼进了办公室，杜南关了门，拉上窗帘，宣布弗里曼被捕了，罪名是内幕交易，还有违反联邦证券法，还把他的名字念错了。多年之后，弗里曼回忆道："我不知道为什么，总之我顶了他一句。可能是因为我性格当中不服输的那一面？不知道。我说：'你至少也该把我的名字念对吧。'他（杜南）直接朝我走过来，鼻子差点碰到我，然后又往后退了。"两人冷静了一下，各自坐下。

弗里曼听了杜南的话，大吃一惊，不敢相信。他把通向自己办公室的门打开一点，请秘书伯纳黛特·史密斯（Bernadette Smith）给瓦克泰尔律所律师劳伦斯·佩德维兹（Lawrence Pedowitz）打电话。佩德维兹律师是高盛去年（1986年）11月聘请的。去年，警方逮捕了套利者伊凡·博伊斯基（Ivan Boesky）以及另外两个德崇高管丹尼斯·莱文（Dennis Levine）和马丁·西格尔（Martin Siegel），罪名也是内幕交易。然后政府开始调查。到了11月，弗里曼的名字第一次上了报纸，原来弗里曼也是政府的调查目标。往前数两个月的9月份，高盛投行部副主管大卫·S.布朗（David S. Brown）因内幕交易罪名被提起两起诉讼，都认罪了。布朗以3万美元价格把关于两起待定的合并案的交易秘密卖给了谢尔森·雷曼兄弟公司（Shearson Lehman Brothers）[1]银行家伊拉·索科洛夫（Ira Sokolow），索科洛夫又把秘密卖给了德崇高管丹尼斯·莱文，莱文以此挣了180万美元。

如今，高盛还没有从大卫·布朗丑闻中缓过来，就又有一个最高级的合伙人被抓，而且又是因为内幕交易指控！佩德维兹律师对弗里曼说："罗伯特，你开玩笑吧？"佩德维兹律师在加入瓦克泰尔之前，曾是纽约南区联邦检察官办公室的犯罪检察官，他请弗里曼让杜南听电话，他告诉杜南："拜托了，罗伯特·弗里曼是个好人，办公室里别给他上手铐。"

杜南同意了。弗里曼尽管受了屈辱，但没有被上手铐。当着所有同事的面，他被人押着穿过了交易楼层，进了电梯，然后到了宽街上。一到外面，他就被上了手铐，押上一辆面包车，送到弗利广场联邦法院，等待传讯。杜南还带走了公司很多业务文件。弗里曼下了车，高盛安全主管吉姆·弗利克（Jim Flick）是弗里曼在纽约州拉伊市的邻居，在弗里曼手腕上盖了一件雨衣。当时已经有很多媒体赶到现场，冲着走向法院的高盛合伙人一阵狂拍。法院给弗里曼拍了照，按了手印。护照从他家里取来，没收了。弗里曼心烦意乱，警员问他社会保障号码[2]是多少，他竟然想不起来。他说："我出了大事，感觉好像自己灵魂出窍，看着自己的一举一动。"保释金定在25万美元。弗里曼认为，高盛从他的公司账户里拿出了这笔钱。弗里曼被保释，命运就此转变。《财富》杂志准确描述了当时人们的强烈情绪："华尔街震惊了。高盛一直以来都是主要投行中名望最高的一家，怀疑谁也怀疑不到高盛头上。而且弗里曼也是高盛最重要的合伙人之一，广为人知。弗里曼卷入这种肮脏的丑闻，

[1] 网上资料显示，这是雷曼兄弟公司的下属企业。

[2] 相当于中国的身份证号。

实在不可思议。"

　　当天上午，距离高盛几个街区之外，还有一名企业高管被捕。他就是基德与皮博迪公司的副总裁理查德·B.威格顿（Richard B. Wigton），高级套利专家。之前，马丁·希格尔和他一起在基德与皮博迪公司当同事，后来去了德崇。前一天晚上，基德与皮博迪的总裁蒂莫西·L.塔波尔（Timothy L. Tabor）在东区公寓被捕，当晚关在大都会惩教中心（Metropolitan Correctional Center）。威格顿、塔波尔两人跟弗里曼一样，也被联邦检察官指控因内幕交易获得了百万美元利润。检察官队伍的首脑是纽约南区地方法院检察官鲁道夫[1]·W.朱利安尼（Rudolph W. Giuliani）。弗里曼还被指控从内幕交易中谋取私利，因为他被控在高盛个人账户中进行内幕交易，而高盛允许了这种行为。高盛早期有规定，禁止合伙人这样操作，连贷款都不行，但实际上高盛却长期违背这项规定。[2]

　　尽管弗里曼三个月前就知道自己的名字上了报纸，受到怀疑，还说"有一天政府可能会给我通知"，但他在被捕之后的几小时内依然不敢相信。他说："我惊得目瞪口呆。我确实觉得，有朝一日政府可能会派人查我，不算毫无精神准备。可是一般情况下，会有调查，会有传票，可这一次全都没有。"

　　佩德维兹刚接到弗里曼电话的时候，还以为弗里曼在说笑话。他说："我还当弗里曼在拿我寻开心，可他说得非常清楚，并没有在拿我开心。"佩德维兹花了三个月查看交易记录，走访高盛交易员、银行家，最后得出结论，那些鱼龙混杂的内幕交易员——西格尔、博伊斯基、莱文等人当中，并不应该包括弗里曼。佩德维兹认为，最坏的情况是证券交易委员会可能会向弗里曼或高盛提起民事诉讼："这不光是那篇文章造成的谣言，而是真的出事了。我们了解到出事的第一个迹象就是罗伯特（弗里

---

[1] 简称鲁迪。

[2] 参见第五章："利维表示，高盛合伙人不得将保证金用于交易证券或贷款。"

曼）被抓了。我目瞪口呆。之前以为最多也就是证券交易委员会跟他们作对，完全不知道美国检察官办公室也参加了，不知道罗伯特会被抓。"佩德维兹律师知道博伊斯基的各项指控，也研究过高盛关于博伊斯基各项业务的交易记录。佩德维兹很清楚涉及的金额巨大："高盛非常敏感，不光知道博伊斯基可能会牵连他们，还知道这件事可能影响高盛的投行业务。这年头，投行业务是高盛营收的很大一部分。他们非常想要了解情况。关于罗伯特被抓，他们不算太焦虑。因为人人都相信罗伯特做事合规，做了很多研究才会行动。"

弗里曼、威格顿被捕后，大约过了一小时，也就是下午1点，政府召开了新闻发布会。朱利安尼说，三人（加上蒂莫西·塔波尔）还没有得到机会与政府合作，甚至不知道自己被调查的罪名是什么。而在众目睽睽之下将他们带走，且一点儿警告都没有，是因为担心三人一旦知道政府要抓他们，可能会逃到国外。因此，朱利安尼决定没收他们的护照。朱利安尼说："我们因为嫌疑人犯了联邦重罪而进行抓捕，其实是很常见的事。"三人见到了美国地方法院法官约翰·F.基南（John F. Keenan），但这次见面只是预审，三人没有做辩护。大陪审团仍在调查，因此没有对三人提起公诉。高盛发表声明为弗里曼辩护，声称佩德维兹律师调查显示"套利部门主管或公司主管没有任何不当行为"。

传讯之后，弗里曼回到高盛，这一次是回到30层，跟管委会的人见面。弗里曼见到鲁宾，说道："鲍勃，这不是真的！绝对不是真的！我没有犯事！我是清白的！"多年之后，弗里曼想起那个瞬间，依然觉得"不真实、难以置信"，但确实发生了。一次，他告诉记者："前一分钟我的名声还无可挑剔，然后我就成了彻头彻尾的骗子。我经常用这个比方，我好像童话《绿野仙踪》里的小女孩桃乐丝（Dorothy），突然就被龙卷风卷上天，来到了奥兹国的黄砖路。就是这种感觉。"弗里曼的住宅是在拉伊市一条僻静的路上，但门口还是围满了电视台的人，摄影师、摄像师、记者。弗里曼的妻子和小儿子有一次必须出门参加朋友的生日会，妻子不愿意让儿子被成群的记者骚扰，于是弗里曼的花匠（也是镇上一名探员）叫了一辆警车来到宅子旁边，驱散了媒体。弗里曼说："你成了一幅讽刺画！"当晚，弗里曼上了全国新闻。

弗里曼被捕之后，两天内自愿接受了五次测谎（费用全部由高盛承担），全部通过。他测谎的时候吓得要死。他回忆道："鲁宾跟我说：罗伯特，你大概是华尔街上唯一一号能通过测谎的套利专家了！"弗里曼和律师们之所以接受测谎，有两个目的。弗里曼说："第一个目的是，说明杜南诉状的谎言涉及了西格尔，所以政府就要回去找西格尔，说：'你撒谎了！这家伙（弗里曼）通过了测谎！你还有什么说的？'这样，他们就要追查西格尔这个骗子。第二个目的是我个人的想法，但没有得到证实。我相信测谎给了高盛进一步的保证，证明高盛对我的全力支持是正确的。"对于杜南，这个诉状起草人，也是逮捕弗里曼的人，弗里曼这么评论："我对杜南的印象是他对什么都一无所知。我至今难以相信，所有人被抓都是因为西格尔那些没有核实的指控。这是赤裸裸地违反正当法律程序！检方只要稍微做一个预先调查，就会看得清清楚楚，西格尔在说假话。我跟威格顿被捕之后做的那些测谎，进一步证实西格尔在说假话。朱利安尼为什么不坚持让西格尔测谎？"

两天前，2月10日，朱利安尼的铁腕整治行动[1]风风火火地开始了。当时，杜南提交了一份宣誓过的针对弗里曼提起的民事诉状，长达六页；诉状是根据一个线人提供的情报撰写的。杜南说："这个人在配合检方调查，我给他的代号是CS-1。"媒体很快发现，CS-1就是马丁·西格尔。杜南的诉状里说，CS-1向杜南提供了"非常全面的细节，揭露了一桩非法内幕交易的密谋，涉及基德与皮博迪公司和高盛。1984年6月到1986年1月，CS-1直接参与了被告罗伯特·M.弗里曼与其他个人实行的

---

[1] 原文"埃利奥特·内斯（Eliot Ness）的时刻"，内斯是财政部官员，20世纪20年代美国禁酒期间曾经发起打击私酒行动，但因内鬼走漏风声而失败。

密谋"。杜南完全相信了西格尔，认为西格尔的情报可靠、可信，完全没有问题，"不仅因为他提供的细节非常全面，还因为他承认了自己也参加了上述阴谋……更因为西格尔同意承认两项重罪，第一项同弗里曼被控的阴谋有关，第二项则与另外一桩密谋有关，这密谋涉及内部信息的滥用和窃取"。

换句话说，西格尔是个骗子，为了让检察官从轻发落，诬陷了弗里曼、威格顿、塔波尔。杜南在诉状里特别提到，弗里曼和基德与皮博迪公司"各个同谋"两次使用内部信息非法获利：第一次是1985年4月，杜南声称弗里曼对基德与皮博迪公司透露了"非公开内部信息材料，内容是如何让美国石油巨头优尼科公司（Unocal Corporation）[1]抵抗恶意收购"。这些情报推断是弗里曼从高盛其他并购银行家那里收集的；这些银行家正在帮助优尼科公司防御企业掠夺者T. 布恩·皮肯斯（T. Boone Pickens）。最后，防御成功。杜南表示，掠夺者皮肯斯宣布要恶意收购优尼科公司的时候，基德与皮博迪公司套利部已经买下了优尼科公司一大部分股票，放进自己账户，以打赌这次收购会不会发生。杜南指控，这次买股票之后没多久，弗里曼就给基德公司的西格尔打电话，透露了"保密的、未公开披露的"防御策略细节。这一策略是高盛先前为客户开发的，按照策略，优尼科会买回来一部分（不是全部的）普通股，这部分会专门排除掉皮肯斯通过回购而在优尼科中积累起来的股票。据说，弗里曼还跟西格尔分享了一些关于回购机制运作的细节。

西格尔掌握了弗里曼提供的重要情报。西格尔当时不在办公室，他给威格顿、塔波尔打了电话，讨论"目前情况下能采取哪些措施让基德与皮博迪公司利润最大化"。而后，三名基德与皮博迪公司高管制订了一个计划，购买优尼科的看跌期权，也就是在未来某一特定日期卖掉特定数量股票的权利。他们认为，弗里曼如果没错，公司只会提出部分要

---

[1] 又译作联合石油公司。

约收购，也就是基德与皮博迪公司拥有的一部分优尼科股票会被高价买下，但余下股票价格就会更低。在要约收购完成、股票交易额下降的情况下，基德与皮博迪公司在要约公开之前买下看跌期权，是一种自我保护；基德与皮博迪公司如果事先同意把余下的股票，以看跌期权的行使价格高价卖出，就能大赚一笔。

杜南指控的另外一种违法行为是：也是在1985年4月，西格尔打过一个电话给弗里曼，告知了他一些"有实际意义的非公开信息"，关于一家"收购公司"科尔伯格－克拉维斯－罗伯茨公司（Kohlberg Kravis Roberts，简称KKR）想要收购一家大型电缆公司——斯托尔通信公司（Storer Communications），当时这个计划完全保密。根据杜南的说法，西格尔当时在为KKR公司提供有关这笔收购交易的建议。杜南称，弗里曼在这个电话里告诉西格尔：媒体报道"谣传斯托尔可能被收购"以后，弗里曼已经买下了斯托尔股票放进自己账户。弗里曼还告诉西格尔，自己想要卖掉看涨期权来对冲自己的斯托尔仓位，因为这样他就可以立刻拿到看涨期权买家的溢价。西格尔告诉杜南，KKR想要收购斯托尔，这个情报让弗里曼决定了看涨期权的合适卖价，确保可以赚钱。西格尔还对杜南转述，弗里曼对他说自己的账户交易"没有利益冲突，因为如果高盛已建立仓位，他就获得了准许，可以这么做"。

杜南的诉状写道，他只写上了CS-1（西格尔）告知他的信息的一小部分，而且"西格尔的可靠性、可信度……已经充分验证了"。杜南书面声明当中有一些地方很怪异，比如说基德与皮博迪公司有一个套利部，当时华尔街还没有太多人知道；还说西格尔也参与了套利，与此同时他还是基德与皮博迪公司的并购主管。如果这些情况属实（后来发现，的确属实），杜南的揭露就非常惊人，而且是前所未有的：华尔街别的公司都不允许并购银行家用委托人的交易结果下赌注。无论如何，第二天，西格尔承认了内幕交易罪名。针对杜南和检察官发出的指控，佩德维兹律师评论道："他们把诉状搞得一塌糊涂。"

围绕着弗里曼的被捕，其他各种怪事正在高盛30层慢慢传开。这时候，鲁宾拿起话筒，给合伙人史蒂夫·弗里德曼打了电话。当时弗里德曼正在佛罗里达州西海岸的凯西礁别墅度假。弗里德曼说："那个电话激发了一段非常可怕的紧张时期。"弗里德曼了解消息之后，又跟鲁宾、约翰·温伯格、瓦克泰尔律所的拉里·佩德维兹商议。当时佩德维兹正要放假去滑雪，新闻一出，只得取消行程。然后，高盛领导层，也就是弗里德曼和鲁宾做出了两个重要决定：第一，弗里德曼回忆："当时我们告诉全体员工，我们会渡过危机，你们各自干好自己工作。我们不想要八千人一块儿处理这件事，我们领导会处理。你们好好工作，一切都会过去。"

高盛第二个重要决定是，拿出企业的所有财界、政界资源，全力支持弗里曼。弗里德曼回忆道："我去找了律师，我说：'我是负责人，你们给我把情况说一遍。告诉我最坏的可能是什么。'结果最坏的可能确实让人发冷。我不知道怎么用概率方式或者权重方式形容，我就这么说吧：在风险、敞口方面让人非常不安。"比如，高盛如果跟弗里曼一道被提起公诉，高盛就倒闭了。因为从来没有哪家公司被提起公诉之后还可以存活，何况这家公司还是私人合伙制，合伙人有无限责任。弗里德曼又说："但我们并没有感觉罗伯特·弗里曼有任何违法行为。我们不是说一切主观判断都没错，但我们决定高盛不会抛弃弗里曼。另外，这不是原始人那种所谓对部落的愚忠，不是说'你涂的油彩跟我们一个颜色，不管你干了什么，你都是我们的人'。因为，我们要是真觉得某人做了错事，让我们失望了，我们就会极为愤怒，会抢起大锤把他砸得粉碎。"弗里曼继续担任高盛合伙人。高盛还出钱为他请了其他律师，有保罗·柯伦（Paul Curran），纽约南区法院联邦前检察官，凯寿律师事务所（Kaye Scholer）合伙人；还有小罗伯特·菲斯克（Robert Fiske Jr.），达维律师事务所（Davis Polk & Wardwell）合伙人。佩德维兹也继续担任高盛律师，处理弗里曼的案子。

　　套利者桑迪·刘易斯这时候正在国外旅行。刘易斯一听说弗里曼被抓了，马上给鲁宾打国际长途。鲁宾已经多年不参加高盛套利业务。刘易斯后来说："我的日常经验表明，鲁宾的知识比弗里曼只多不少。我不掌握他们的知识，我只知道他们说了什么。鲁宾说，弗里曼被捕，被押送出去的那一天，他唯一感谢的是上帝的恩典！"这意思是说，当时任何一名套利者都可能被马丁·西格尔那样的人栽赃陷害。[1]针对刘易斯的评论，鲁宾说："我非常同情罗伯特·弗里曼，我也从来没想到罗伯特会因为这些指控而被捕。"

　　弗里曼说，刘易斯不该在他和鲁宾之间"敲进一个楔子"。"我没有犯错，鲍勃·鲁宾也没有犯错。人们会以为我替鲁宾顶了罪，可我没有替鲁宾顶罪。我们俩谁也没有犯一点错误。但是总有人愿意把事情往坏处想，有些高盛的人直到现在都觉得我替鲁宾顶了罪。西格尔说谎陷害我，想要自己脱罪。我没有犯错。我知道我一直重复这句话，我只是想把话说清楚。我没犯错，鲁宾也没犯错。"

　　2003年11月，鲁宾和雅各布·韦斯伯格共同写了一份回忆录，其中有一小段提到了高盛历史上这肮脏的一页，连弗里曼的名字都没有提到。之所以没有提，鲁宾说要怪那些过分热心的律师，那些律师担心要是提到弗里曼（为他辩护），就会惹恼鲁迪·朱利安尼。2001年"9·11"恐怖袭击时，朱利安尼担任纽约市长，因处理得当获得了全国赞誉。如今，鲁宾对人说，弗里曼需要得到赦免；还说自己在恰当的时机会尽力促成赦免。

　　4月9日，那几次逮捕过后差不多两个月，纽约南区的联邦大陪审团终于成功对弗里曼、威格顿、塔波尔提起公诉，指控三人四项重罪，包括证券、邮件、电信方面的合谋；还有另外三项罪名是证券造假。最关键的是，大陪审团没有对高盛或基德与皮博迪公司提起公诉，虽然指

---

[1] 刘易斯的说法容易让人们觉得鲁宾讨厌弗里曼，因此下文鲁宾和弗里曼反驳刘易斯。

控两家公司因三人的计划而得利。九页的公诉书和杜南的民事诉状一样，也集中指控弗里曼和西格尔（这一次写了西格尔的名字，之前民事诉状写的是代号）合谋，通过分享优尼科公司、斯托尔通信公司非公开的保密信息而非法获利。但公诉书放弃了杜南之前的几项重要指控：第一，杜南指控基德与皮博迪公司在1985年4月买了看空期权，但检查交易记录，没有发现这件事，因此公诉书没有写。第二，关于对斯托尔公司采取的不当行为，公诉书写得非常模糊。《纽约时报》报道："很多涉案的律师、犯罪法学家、华尔街高管都说，昨天发表的公诉书里没有提到的部分，比提到的部分让他们更加吃惊。"

弗里曼的指控者马蒂·西格尔，算是一个了不起的人才，因为替一些从事恶意收购的公司辩护而出了名。基德公司给了他巨额报酬，但显然这还不够。西格尔和那位有钱的套利者伊凡·博伊斯基成了朋友，博伊斯基付给西格尔巨额报酬，换取内部信息；有一次用100美元纸币付了15万美元，另一次付了40万美元。同时，基德尔律所还付给西格尔数百万的工资奖金。

付给西格尔巨额报酬，伊凡·博伊斯基完全没有良心不安，特别是因为西格尔的情报能给他带来数以千万计美元的利润。博伊斯基的声望在华尔街越来越高，钱也越来越多。他写了一本《合并风潮》（*Merger Mania*），讲述的是做合并生意的技巧。报上开始出现关于他的文章，有几篇认为，他与西格尔的关系紧密得不寻常，还说，博伊斯基在一些聘请基德与皮博迪公司当顾问的合并生意上赚了很多。这些含沙射影的文章让西格尔非常忧虑。1984年，博伊斯基付给西格尔40万美元后，西格尔决定不再透露内部信息。他希望这些不当行为可以成为历史，不要被人追究。博伊斯基对西格尔当然有些不满，不过他当时已经认识不少其他并购银行家和律师，这些人愿意给他源源不断地提供非法的内部信息，他也就无所谓了。

但是，西格尔尽管避开了博伊斯基那间谍般诡秘的行动，却无法抵抗因非法行径而产生的激动之情。1984年，基德公司高级合伙人拉尔夫·德农西奥（Ralph DeNunzio）决定秘密成立一个内部的套利部门，虽然德农西奥一开始本心不想这么做，但后来改变了主意。德农西奥请了两个低调的、经验比较少的基德公司交易员——塔波尔和威格顿，加入套利部，并让西格尔当了二人的领导，主管套利部。德农西奥命令这个团队一定要对外保密。本来让并购银行家来主管套利部，已经是个很大的矛盾了，因为这就要把基德公司经手的并购生意中的各家公司股票，进行大规模持仓；西格尔又把德农西奥的昏招进一步加剧了，定期与华尔街其他套利者交流，偶尔就包括罗伯特·弗里曼，只是没有透露自己也在套利。别的套利者只是以为，西格尔是高级并购银行家，说的话题也只是套利者跟银行家说的寻常话题，虽然实际上西格尔这种做法非常古怪。1984—1985年，基德公司的秘密套利部收入大约700万美元，成为公司这一段时间最主要的利润来源之一。

基德公司继续给西格尔提供高额报酬，1985年竟然达到210万美元之多。公司显然无视了这位明星银行家一直以来的不法勾当。西格尔却还这山望着那山高。有一次，KKR收购比阿特丽斯食品公司（Beatrice Foods），这次收购是西格尔的主意，西格尔建议KKR老总亨利·克拉维斯（Henry Kravis）发起收购。基德公司与西格尔因为咨询服务，收到了KKR的700万美元。德崇则因为提供收购资金而收到了5000万美元报酬。德崇老总弗雷德·约瑟夫（Fred Joseph）曾邀请西格尔去德崇，如今西格尔开始认真考虑了。当然，他也觉得，一定要跟博伊斯基、基德公司套利部那段黑历史来个了断。他认为应该去德崇，在德崇拿到基德公司的三倍报酬。

1985年6月，约瑟夫第一次跟西格尔商谈了让他来德崇的计划。双方互相看好，理由十分明显：德崇融资业务很厉害，融资主管是垃圾债券大王迈克尔·米尔肯（Michael Milken），当年特南鲍姆曾经努力要把米尔肯招进高盛，没有成功。另一方面，西格尔的并购技巧也是名声在外。强强联合，好处很大。1986年2月，西格尔辞职了，草草地告别了基德公司创始人之一阿尔伯特·戈登（Albert Gordon）、还有高级合伙人拉尔夫·德农西奥告别，辞职了。

1986年5月，德崇高管丹尼斯·莱文因内幕交易指控而被捕。之后，西格尔觉得，联邦警方抓了莱文却没抓他，自己真是太走运了。但他还是非常恐惧，觉得时间不多了。最后，1986年11月，"博伊斯基日"降临。博伊斯基被捕，承认内幕交易罪名。西格尔知道，收网的日子来了。[1]第二天，在法律顾问帮助下，西格尔向联邦警方自首，当时警方似乎已经知道西格尔同博伊斯基的一切非法生意。纽约联邦检察官办公室批准之后，西格尔承认两项重罪，一项是证券造假，一项是逃税。西格尔与证券交易委员会达成交易，交出全部财产，大约900万美元，外加1100万美元股票和应得的固定奖金——这是德崇合同规定的。政府允许西格尔保留两处宅子。他很快卖掉了康州韦斯特波特市的地产，卖价350万美元，也卖掉了曼哈顿的地产，卖价150万美元。夫妻与三个孩子搬到了佛罗里达州大西洋海岸，以400万美元买了一栋海滩别墅，地点是蓬特韦德拉海滩，在佛罗里达州东北港口杰克逊维尔市南部。西格尔马上申请住宅地产税减免，避免债主在破产时来收房子。1986年12月，他还一次性花了200万美元，从第一殖民地人寿保险公司（First Colony Life Insurance Company，简称FCL）买了一份人寿保险单，允许他每年"借来"18万美元，而不会违反保险单主体原则；他的债主们也不能要求为自身利益而清算保险单。换句话说，西格尔买下的人寿保险单相当于200万美元投资，年化收益9%，不用担心债主威胁。

西格尔与政府达成协议，其中一条是同意携带窃听器，做地下工作。他自己虽然成了华尔街的"贱民阶层"，却也证实了很多有关博伊

---

[1] 这一天是11月14日。后来博伊斯基被判三年监禁，并处罚金1亿美元。这是美国政府历史上对个人作出的金额最高的罚款之一。

斯基的罪行。他还给朱利安尼、杜南提供情报，导致弗里曼、西格尔在基德公司地下套利部的两个同事（塔波尔、威格顿）被捕，被提起公诉，引发轩然大波。可真相是，西格尔关于弗里曼和自己两个同事的具体指控纯属捏造。弗里曼的律师为他安排的一份辩护文件说："弗里曼、威格顿、塔波尔三位先生被捕的唯一证据就是马丁·西格尔提供的完全没有证实的信息，因为西格尔和联邦检察官办公室达成了辩诉协议（plea agreement）[1]，必须这样做。西格尔一直同伊凡·博伊斯基的一项庞大的内幕交易密谋有牵连，这一密谋是严重的犯罪行为，因为西格尔将客户的秘密信息卖给博伊斯基，换取成箱的现金。西格尔的秘密情报已经为博伊斯基带来了数以千万计美元的利润，可能数以亿计。"不过，等到有人愿意花时间调查清楚时，弗里曼的事业已经走到尽头，高盛也正面临又一场生存危机。

按照弗里曼的说法，高盛套利部门一条核心原则是，高盛只能投资那些公开宣布的交易。他说："我们并没有用谣言操纵股票。所有交易都是在公开消息之后进行的。我们是全世界最保守的套利者。我们之所以这么做，原因之一是交易宣布之后，我们有可能只代表一边。所以看样子就不太好。原因之二是当时谣言满天飞，不适合投资。形势对博伊斯基有利，因为他获得了内部信息，但这业务并不好，因为关于股票的谣言层出不穷，每天都有新的谣言。"另外，任何单笔业务，弗里曼都不可能以高盛名义投资5000万美元以上。高盛套利仓位的投资组合，当时全部金额是6亿美元。公司的年化收益目标是25%。典型套利行为是，交易公布之后，买下被收购者股票，卖空收购者的股票。实际上，交易公布之后，那些想要卖掉被收购者股票的机构投资者，他们的股份

---

[1] 又称认罪协议。如果控方掌握被告人的犯罪证据不足，而且收集证据困难，为节约诉讼成本，可能会与辩方进行辩诉交易（plea bargaining）而达成辩诉协议。被告同意认罪，刑罚或惩罚措施将会减轻或撤销。

立刻被高盛买下了，而不是等待三四个月，交易完成再买下。弗里曼说："迄今为止，我们是套利市场的第一名。"当时，对冲基金和私募股权基金还没有泛滥成灾，所以高盛合伙人想要投资的领域，就是公司的套利业务。弗里曼说："这是合伙人的自营账户。"他也能把自己的钱投入公司正在套利的那些业务。

弗里曼说，业务消息刚刚发布，他桌子上就会打开一份文件，关于各方企业的情况。他还会拿到证券交易委员会关于这些企业的公开信息，然后开始打电话："我们一般会打电话给每一家公司，或者代表各方的投行，这种做法早在L.杰·特南鲍姆和古斯·利维的时代就开始了。我们问的问题比较传统：反托拉斯形势怎么样？ 有没有反托拉斯问题？各监管部门的批准怎么样了？ 你觉得合适的时机是什么？ 非常典型的样板问题。"

因为多年来各种并购交易，弗里曼也跟马蒂·西格尔说过话。不过讽刺的是，两人只见过一面——1975年西格尔请求来高盛交易室访问。之后，西格尔成了弗里曼的主要控告人，两人当然就不可能见面了。后来西格尔还说，他都不记得见过弗里曼。弗里曼的风格很主动。他从达特茅斯学院（Dartmouth College）与哥伦比亚商学院毕业，会非常积极地迫使其他银行家说出关于未决并购的信息。拉扎德的一名银行家阿里·沃姆博德（Ali Wambold）曾说，为了得到信息，弗里曼在电话里怒斥了他一通。弗里曼说："早上来上班，穿上工作服，参与竞争；一天下来，就应该变得闲散一些。我虽然这么认为，但我在办公室里一直非常有竞争意识，努力进取。"他一般认为，自己在压力之下能够保持冷静，就像鲁宾一样："假如着火了，大家都在发疯似的到处乱跑，但我俩就能保持冷静。鲁宾的性格是全面的沉稳，时刻都在计算，典型的律师风格。"两人在交易楼层坐在一起18年，类似生物学上的共生关系。对一桩可能发生的合并，鲁宾关注法律方面（例如反托拉斯风险），弗里曼则研究数字，哪怕并不擅长使用计算尺。

1987年4月，大陪审团提交了针对弗里曼、威格顿、塔波尔的多份公诉书，定在下个星期对三人进行传讯。三人的律师都说，委托人无罪，不会认罪，会在法庭上全力对抗检方指控。如果案子开庭审理，他们就是1986年5月德崇高管丹尼斯·莱文被捕而导致内幕交易丑闻全面爆发以来第一批对抗检方的人。其他十名卷入的华尔街银行家、律师在传讯的时候全都认罪了。传讯时，法官路易斯·斯坦顿（Louis Stanton）把开庭时间定在了5月20日。

可是，传讯之后几个星期，朱利安尼办公室就发布消息说，打算提交一份替代公诉书，将指控范围放大。如此，开庭时间就延后了。5月中旬，朱利安尼办公室申请延迟两个月。《纽约时报》说："因为办公室表示提起新的公诉有很多困难。"5月12日，法官斯坦顿召开听证会。朱利安尼手下的联邦助理检察官约翰·麦肯阿尼（John McEnany）承认，2月份政府逮捕这三人有些仓促了。他在会上对法官说："如今我们知道，三名被告充分利用了被逮捕这一事实，为自己声辩，指责我们不应该仓促逮捕。现在看来，我当初应该留出两三个月再实施逮捕。如果推进得太快，就可能犯错。"1989年8月18日，朱利安尼也在四十二大街散步的时候承认了错误："我选择那个时候推进办案是个错误。在这个意义上，我应该向他们道歉。"

约翰·麦肯阿尼请求法官把开庭时间推迟到5月20日以后，否则辩方就会拥有"显著的战术优势"。此外，"检方声称的各项罪名很复杂"，也要留给检察官更多时间。他还说，政府相信九家公司（原先说只有两家）的股票都一直在进行内幕交易。但法官拒绝了朱利安尼延期的请求，引用宪法第六修正案[1]，这一条允许迅速和公开的审判。

斯坦顿法官拒绝朱利安尼请求的第二天，美国检察官办公室发出了

---

[1] 在一切刑事诉讼中，被告有权由犯罪行为发生地的州和地区的公正陪审团予以迅速和公开的审判。

一条惊人的消息，宣布已经放弃原先对三人的指控，并且很快将起草一份新的公诉书，"其中包括的罪名数量大幅增加"。这个说法是另一位助理检察官尼尔·卡图谢洛（Neil Cartusciello）提供的。他说："原先公诉书的四项罪名，只是整个案子的一小部分，冰山一角。"他重申，内幕交易涉及九家公司股票，不是两家，"大陪审团看到的证据越来越多"。朱利安尼接受《纽约时报》采访时，努力把放弃原先指控的决定说成是交易者之间仍在进行的密谋的一部分："考虑到我们现在掌握的案情，以这份公诉书开庭审理，会很不负责任。"自然，对于政府耍手腕延迟开庭的行为，辩方律师非常恼怒。威格顿的律师斯坦利·阿金（Stanley Arkin）说："这种做法属于玩世不恭，是赤裸裸想要规避掉被告得到快速开庭的权利……他们说的话，表示他们当初逮捕这些人就是大错特错，他们现在想要换一种方式栽赃了。"然后又说明："我的委托人2月被捕，当时他都不知道警方在调查，也没有机会向大陪审团讲述自身角度的案情。他被逮捕只是因为马丁·西格尔的一面之词。委托人受到公开羞辱，失去了多年来奋斗的一切成果。现在希望能尽快开庭。一般情况下，政府只要说放弃起诉，就等于承认错误，甩掉整个包袱。现在他们的态度正在彻底转变。"

各位辩护律师很快指出，杜南的指控（也就是导致弗里曼、威格顿、塔波尔被抓的指控）一直没有得到大陪审团的审查。在逮捕之前没有发出传票，没有安排或出示相关文件，朱利安尼办公室在这几次炫耀式抓人以前，也没有试图联系任何一名被告或被告所在的公司。更有甚者，律师们还说："后来进行了调查，显示杜南的民事诉状所说完全虚假。"比如，杜南指控弗里曼在1985年4月给西格尔提供情报——关于优尼科的防御策略，防御企业掠夺者T.布恩·皮肯斯的恶意收购；策略让优尼科宣布一项排他性部分回购要约，回购自身股票。杜南还指控，西格尔打电话给塔波尔、威格顿，又把（杜南声称）弗里曼给西格尔提供的情报对他们转述了。然后，塔波尔、威格顿两人才决定购买看空期权。

　　但弗里曼的各位律师主张："这些关于西格尔同弗里曼先生1985年4月谈话的指控，完全虚假。指控所说的谈话从来没有发生过，基德公司在1987年4月也没有买入看空期权。相反，基德公司在指控的时间反而卖出了看空期权！（这可是巨大的不同。）此外，基德公司第一次购买看空期权的时候，这所谓的自行竞标的内部信息已经公开一个月了！"弗里曼的律师还说，有人问起西格尔这个矛盾，"西格尔说这个错误只不过是笔误，想要尽量掩盖造假行为"。西格尔说，一名联邦警察在给西格尔录口供的时候写错了，说的是1985年5月买了期权，警察错写成了1985年4月。

　　与之类似，在斯托尔公司事件中，西格尔声称弗里曼按照西格尔的建议做了A，但弗里曼的交易记录显示弗里曼做的是B，A和B完全相反。朱利安尼在逮捕弗里曼之后第二天，才要求把交易记录提交法院。西格尔声称，他给弗里曼提供内部信息，于是弗里曼卖掉了斯托尔的看涨期权。但弗里曼和高盛并没有在1985年4月卖掉斯托尔的看涨期权和股票，而是买入了看涨期权和股票。交易档案显示，西格尔陈述的关于弗里曼和高盛对优尼科和斯托尔两家公司的交易全都不符合实情。弗里曼的律师发现："事情很简单，西格尔被发现说了两个不可能的谎言。这时候，西格尔的骗子嘴脸应该已经向世人曝光了。可是政府为了给那些戏剧性的逮捕行为声辩，拒绝承认他们被西格尔彻底愚弄了！"

　　弗里曼的律师表示："总而言之，杜南的民事诉状是一个弥天大谎……西格尔承受的压力太大……如果他构陷他人而与检察官'合作'，就可能量刑从轻，保住一些财产。倘若构陷他人失败，就将面临彻底的财务危机，并可能被判入狱几百年。"最后，西格尔虽然"必须构陷无辜的人"，但还是轻易做出了决定。尽管如此，"朱利安尼狂热地想要证实这些逮捕并非仓促，也并非不负责任，于是死保西格尔，不愿意曝光西格尔的骗子嘴脸。西格尔要对这些错误逮捕负责！"

《华尔街日报》社论马上抓住了朱利安尼的各种错误。5月21日社论，题目是《红脸的鲁道夫》（"Rudolph the Red-Faced"）[1]。作者称，政府放弃公诉状"进一步让公众认为2月这些仓促的逮捕属于哗众取宠"。对于检方说在准备新的公诉书一事，《华尔街日报》评论道："政府已经发现关于这些交易的案子必输无疑，所以只能准备另外的公诉书，拿另外的业务做文章了。"报纸认为"朱利安尼先生迫切需要挣回失去的脸面"。

更有甚者，西格尔、朱利安尼曾指控三人有"虚拟合谋"，因为这三人谁也没见过谁，甚至谁也不认识谁。金融作家克里斯托弗·拜伦（Christopher Byron）在《纽约》杂志发文："本案从一开始就难以让人信服。只要辩方律师一看细节，针对三人组的指控就土崩瓦解了。这是一场陌生人之间的虚拟合谋：塔波尔不认识弗里曼，弗里曼不认识威格顿。以及，检方没有先传唤三人，要求三人提交账户资料，看看西格尔的指控是否为真，就直接逮捕了三人。最后检方终于查了资料，而资料什么也没有证实。"此外，前面说了，弗里曼只见了西格尔一次，而西格尔还不记得见过面。

西格尔与弗里曼确实曾定期通话，讨论这些业务的事。《华尔街日报》之后报道，两人在原告指控的阴谋期间通话240次。但瓦克泰尔律所代表高盛的佩德维兹律师主张，在这位华尔街顶级套利者（弗里曼）与顶级银行家（西格尔）之间，并没有任何不良事件发生，特别是弗里曼压根不知道基德公司有一个套利部（通过了测谎，确实不知道）。佩德维兹律师介绍："罗伯特（弗里曼）确实与西格尔有电话往来，但是罗伯特与很多套利者、富有的投资者、收购公司、企业高管、投行家、律师也有类似的往来，并没有什么稀奇。当时，那些收集市场动向而交易赚钱的人，肯定是需要电话的。"佩德维兹律师一番话的惊人之处，并不是西格尔、弗里曼二人经常通话一事，而是弗里曼这样的套利者有多

---

[1] 此处化用著名圣诞歌曲《红鼻子驯鹿鲁道夫》（"Rudolph the Red-Nosed Reindeer"）调侃朱利安尼。

么接近犯法的边缘"而交易赚钱"。于是，很多并购银行家、律师、套利者越界，也就不足为奇了。

　　至于套利者对"打电话"的迷恋，以及拼命收集所有信息碎片，意图在市场中获得预先优势的行为（如今这种做法显然有了些内幕信息的意思），佩德维兹律师发现，这种行为在套利者当中一般很普遍，而且，"关于公开发布的业务信息，高盛套利者会毫不犹豫地问出各种问题；而且只会接收那些各家公司认为值得分享的信息，还有那些想要让套利者了解的信息"。瓦克泰尔律所承认："以这种方式搜索这种信息，应当符合当时有关内幕交易的法律。而且自由询问、获取信息的实践，在整个业界都很普遍。这一时期，各大公司会经常发现，通过记者、市场参与者的一对一交流而传递信息是一种有利做法。"但如今，证券交易委员会已经发布了《公平披露条例》（Regulation FD）[1]，这种私下商谈应该就被禁止了，信息公开之前，市场参与者也不能再获取信息了。

　　佩德维兹律师定期向温伯格、鲁宾、弗里德曼，以及高盛管委会其他成员报告新发现。佩德维兹律师报告："他们知道我们的主张，也就是高盛的交易应当合规；他们也知道用于逮捕的民事诉状错漏百出，知道那个已经放弃的公诉书的指控极不自然。他们也发现，高盛、基德公司的交易记录动摇了西格尔关于内部信息的各种说法。他们也知道，威格顿、塔波尔坚持说自己也完全无辜。"于是，高盛决定自始至终死保弗里曼，出钱给他找独立法律咨询服务，保留他合伙人的身份，只是最后把他从套利部门调到了商业银行部门。现实中，弗里曼大部分时间都花在辩护、洗清罪名上了。弗里曼说："我等于是进入了商业银行业务的'冷藏库'，当时这个部门还非常小。我被隔绝了，跟交易室的人差不多一句话也没说，因为他们第二天就可能接到传票，法官会问他们：你跟弗里曼先生说什么了？"

---

[1] 全称 Fair Disclosure Regulation，又译作《反选择性披露法》。

　　然而，尽管高盛团队坚信西格尔、朱利安尼对弗里曼的指控不负责、不公平，但联邦检察官还是继续调查弗里曼，甚至在放弃原先起诉之后也不停止。一共发出了90多份传票，包括传唤人员以及调取资料。60多名证人或是接受询问，或是在陪审团面前作证。很多高盛合伙人、副经理（associates）都记得，弗里曼被捕之后不久，他们就接到通知，作为证人去见大陪审团，弄得他们非常紧张。一名前合伙人回忆："我非常不安，太可怕了。一想到检方可能对高盛提起公诉，我就毛骨悚然，这是生死大事！我做梦也没想到我要去见大陪审团！"几乎所有高级合伙人都给大陪审团作证了，鲍勃·鲁宾和史蒂夫·弗里德曼也去了。只有约翰·温伯格没去。

　　检方撤诉之后，1987年6月到7月之间，有一个时期，威格顿放弃宪法第五修正案的权利[1]，花了四天时间回答朱利安尼和他各位副手的提问。可是，按照弗里曼的律师的说法，"美国检察官办公室无法套出一点对弗里曼先生不利的证据，也没有一点证实西格尔的证据"。高强度的问答之后，威格顿接受测谎，"结果证实了他对西格尔所有指控的否认"。此外，弗里曼的律师说："后来在1989年，朱利安尼做了一个不寻常的举动，给了塔波尔完全豁免权，用来换取一切能够证实西格尔指控的证词，证词说的是，西格尔告诉塔波尔，说西格尔从弗里曼先生那里获取内部信息……塔波尔在1987年被捕，被提起公诉，罪名是一些影响恶劣的内幕交易。政府对塔波尔发起了大陪审团调查，持续两年，（虽然罪名这么严重，）但朱利安尼还是给了塔波尔这样离奇的脱罪机会。"然而，塔波尔拒绝了，"因为他无法证实西格尔的谎言。只要他说真话，就无法构陷弗里曼先生……塔波尔拒绝说谎，哪怕说谎就不会再受到检方追查"。以上就是弗里曼的律师的说法。交易记录也完全不支持朱利安尼，因此他请求发传票调取弗里曼的大学档案，还有1984—1985年

---

[1] 美国公民可以依此条款拒绝回答提问，以免陷入有罪指控的困境。

为弗里曼盖了一栋宅子的建筑师，"因为朱利安尼着急了，一点犯罪的蛛丝马迹也要找出来"。

但朱利安尼仍然继续调查弗里曼，主要是通过向两名《华尔街日报》记者泄露信息，当成一种舆论施压策略。这两名记者是丹尼尔·赫茨贝格（Daniel Hertzberg）和詹姆斯·B.斯图尔特（James B. Stewart），两人写了多篇关于内幕交易丑闻的报道，描述详细，妙笔生花，获得了1988年普利策奖。读者看到两人描画的图景，想不被煽动都困难。但弗里曼及其律师到今天依然坚持两人写的文章大部分不准确，因为他们根据的是检方泄露的不准确信息。弗里曼的律师把朱利安尼的战术叫作"媒体审判"。弗里曼说："大陪审团的程序从来都不该对外发布，但是检方泄露了大陪审团材料，这一点却是尽人皆知。我的案子审理的早期，这种泄露就非常厉害，我的律师专门去找了斯坦顿法官，让他制止泄露。朱利安尼和查尔斯·卡伯里（Charles Carberry）（也是联邦检察官）等人一直在向赫茨贝格、斯图尔特泄露信息。斯图尔特写的每一个字都来自政府直接泄露的信息。"

似乎打从一开始就是这样。比如弗里曼被捕才几天，1987年2月17日，赫茨贝格和斯图尔特就写了一篇引人入胜的文章，叙述了马蒂·西格尔的崛起和倒台，重点是他承认了两项重罪，还有他决定支付900万美元罚款，交出那笔来自德崇的1100万美元应得酬金，以及跟朱利安尼合作进行调查。西格尔倒台是一场"歪曲的大梦"，他的认罪是"自从博伊斯基被捕以来的头号背叛"。两人在《华尔街日报》发表的文章还说："人们知道西格尔先生并不是指控弗里曼先生的主要证人。不过，政府对弗里曼先生的起诉一旦开庭审理，西格尔的证词却可能有巨大价值。"然而，美国检察官办公室承认："指控弗里曼、威格顿、塔波尔三位先生的唯一证人就是西格尔。"《华尔街日报》前专栏作家、记者与金融报道集团（Journalist and Financial Reporting）创始人迪恩·罗巴特（Dean

Rotbart）批评了斯图尔特的报道，因为报道没有提到"他（斯图尔特）与西格尔的长期共生关系"。弗里曼的律师说："斯图尔特用西格尔这个匿名来源写了一组关于收购战的文章，西格尔则经由斯图尔特向市场散布有利于西格尔及其客户的信息。"

1987年3月6日，斯图尔特发文声称"政府从高盛获取的档案显示，高盛套利主管罗伯特·M.弗里曼参与了一些股票大宗交易，之后，这些交易成了收购投标的目标"，然后详细描述了这些档案。弗里曼评论道："这就奠定了整个案子的运作方式。这是赤裸裸的违规：泄露大陪审团机密信息，用来抹黑我，证明检方那荒唐的'冰山一角'的说法。"5月14日，媒体又发表了一篇对朱利安尼的采访，朱利安尼表示，有几名证人已经拿到豁免权，"正在提供证词和档案，可以据此对三人提起更多指控，并指出其他被告"。朱利安尼还上了电视，专门发表讲话。2月22日，朱利安尼出现在CBS（哥伦比亚广播公司）的节目《面向全国》（Face the Nation）。朱利安尼说起西格尔："要是只有西格尔一个证人，那我们肯定不会逮捕高盛的套利主管。"5月17日，朱利安尼又上了《商业世界》（Business World）栏目，重复了"冰山一角"的说法。弗里曼说："你们想象一下，听到他那么信口开河，我当时有多害怕！"弗里曼始终对《华尔街日报》的报道质量表示怀疑，特别是斯图尔特那些文章。直到现在，弗里曼都不明白，赫茨贝格和斯图尔特为什么没有提到，证券交易委员会要求投资者购买公募股权证券的时候，必须提交13D公开表格。[1]弗里曼评论斯图尔特："我认为他完全在骗人。检方给他什么材

---

[1] 根据1934年《证券交易法》第13条D项规定，美国任何个人或集体，只要获得任一类别的公司的股份的5%以上，就必须在交易后10天内向证券交易委员会提交13D表格。主要内容：（1）取得证券的名称、种类，发行人名称，及其主要决策机构的地址；（2）证券取得人的身份及背景；（3）取得证券的融资安排，如果需要贷款，则包括贷款人的名单；（4）取得证券的目的，针对目标公司的发展计划，尤其是涉及合并、重组或分解的计划；（5）取得人持有该种证券的总额，以及过去60天内买卖该种证券而订立的合同、协议，所达成的默契、关系等。弗里曼的意思是，这些信息都是公开的，而不是内幕。两名记者非要说成内幕信息，是在说谎。

料，他就怎么写，从来没有检查过一点事实，做过一丁点调查。我们收集的大多数信息——可以说，我们收集的所有信息，都来自公开发布的信息。我们无权发传票调取博伊斯基的档案。我们完全依赖公共信息。那些SCA[1]资料、迪士尼资料、斯托尔特关于博伊斯基的资料、大陆集团（Continental Group）资料、瑞吉酒店（St. Regis）资料，全都是公开的。有谁的13D公开表格不好拿到？不应该太难吧？"

当然，尽管民事诉状和公诉书都只提到了弗里曼而没有提高盛，但高盛依然面临很大风险，可能因为合伙人潜在犯罪行为而受累；特别是高盛还是私人合伙企业，对合伙人个人承担无限责任。佩德维兹律师说："高盛从法律上说，确实要对犯罪行为负责。法律规定，员工参与犯罪，即使违背公司制度，只要为公司带来经济利益，就足以让企业，也就是法人组织受牵连。本案中，高盛是一家合伙企业，所以简直是教科书式的要承担责任的案例。"检方可以随时凭借自由裁量权，对高盛提起公诉。因此，高盛及其律师就处在走钢丝一样微妙的境地：要小心不惹怒检方，与此同时又要确保让检方知道，高盛认为检方犯了很大的事实错误。佩德维兹律师又说："显然，我们都很关心罗伯特·弗里曼，也很关心高盛。我们的目标不是为了报复而痛打朱利安尼，因为我们绝对不能让高盛激怒检方。到头来，他们如果真要提起公诉，我绝不想让高盛当被告。弗里曼被提起公诉已经很糟糕了，但是让高盛的雇员看着公司解体，我们死也不能让这种事发生！"

弗里曼的处境进一步恶化了。检方死死咬住弗里曼同西格尔的一小段对话。当时，弗里曼是要查明KKR先前宣布的"62亿美元收购比阿特丽斯食品公司"这个收购计划是否出麻烦了。另外，鲍勃·鲁宾有一个外号叫"兔子"的密友伯纳德·拉斯克（Bernard "Bunny" Lasker），是

---

[1] 推测指美国手术服务商外科护理联盟（Surgical Care Affiliates），1982年成立，与高盛有业务往来。

套利者，也是纽交所前主席。弗里曼在跟西格尔谈话之前，也曾经跟拉斯克谈过一次。拉斯克说，听到一些谣言，说收购出问题了。1986年1月，弗里曼问KKR并购银行家西格尔，这是真的吗？西格尔回答："你们这兔子的鼻子可真够灵的。"这句话成了华尔街历史上有关黑幕的最有名的语录之一，后来迅速变成了朱利安尼紧追弗里曼的关键。确实，谈话之后，弗里曼卖掉了自己和高盛的比阿特丽斯股票，让自己和高盛都免遭了巨额损失。但是，弗里曼与套利部同事弗兰克·布洛森（Frank Brosens）之前也从其他多种来源得到信息，说收购有了麻烦（而不仅仅是从这次谈话知道的）。

　　一开始针对弗里曼和两名基德公司套利者的指控，指向的是斯托尔、优尼科的交易。如今，弗里曼被捕一周年的日子，《华尔街日报》报道，检方指控高盛与弗里曼个人都时不时通过基于内部信息买卖瑞吉、SCA、比阿特丽斯等公司股票而获利。《华尔街日报》说，瑞吉案中，弗里曼知道瑞吉上了高盛的"灰名单"，这个名单上的股票不能买卖，因为高盛获取了名单上公司的内部信息，知道前景可能怎样。《华尔街日报》声称，弗里曼买卖瑞吉股票，而且把瑞吉的情报送给了西格尔。这当然引起了轩然大波，极大地损害了弗里曼和高盛的声誉，但很遗憾，这一指控并不是真的。实际上，瑞吉并不在高盛的灰名单上。弗里曼的律师说："因此，高盛与弗里曼先生完全可以买卖瑞吉股票……高盛与弗里曼先生获利，都不是基于保密信息……弗里曼先生个人的买卖行为也完全符合高盛内部规章。"

　　弗里曼在科罗拉多州度假胜地雪堆山镇（Snowmass）看到了《华尔街日报》的周年报道。尽管赫茨贝格、斯图尔特这两名记者做出的认定有问题（他们其他一些说法也有问题，例如一些说法涉及了民事诉状、公诉书都提到的斯托尔通信公司的原始股，这些说法并不正确），但弗里曼最关注的还是文章最后八段提到的比阿特丽斯食品公司的事。原来的民事诉状、公诉书都完全没有提到这家公司。但文章的说法，弗里曼必须严肃对待，只因为两名记者能够直接与朱利安尼办公室通话。两名记者写了比阿特丽斯案情的一部分，但不是全部。比如，两人不知道（至少没发表）弗里曼与另一名套利者理查德·奈（Richard Nye）的谈话，也没有提到弗里曼与"兔子"拉斯克的谈话，而这次谈话是西格尔指控的基础。这种不知情还让两人犯了一个拼写错误。"你们这兔子的鼻子可真够灵的"这句话，"兔子"英文Bunny应该首字母大写，表示"兔子"拉斯克，但是记者以为说的是动物兔子，把首字母小写了。《华尔街日报》的周年头版文章还提出一些新指控，让弗里曼、高盛受到了严重损害。但高盛没有丧失信心，因为瓦克泰尔律所、凯寿律所、达维律所在调查弗里曼究竟有没有参与这些业务时，发现了有利事实。这些律所的律师，小罗伯特·菲斯克与保罗·柯伦，发表了针对《华尔街日报》的声明："对于媒体发表的极不正当的来自内部的泄露信息，我们不予置评。"

弗里曼被逮捕之后过了将近两年，案子依然不清不楚。尽管朱利安尼之前撤诉的时候说，马上就会提交针对弗里曼、威格顿、塔波尔三人的指控，"速度将打破世界纪录"，后面却没了动静。1989年1月10日，弗里曼身处的炼狱有了新动向。朱利安尼宣布，他要辞去纽约南区联邦检察官职务，本月底生效。舆论猜测，他想要凭着自己的检察业绩，竞选纽约市长。这一年，他的确竞选了，但输给了戴维·丁金斯（David Dinkins）。四年后朱利安尼竞选成功，这是后话。他作为联邦检察官开了最后一次发布会。记者问他，对1987年2月逮捕三名套利者有何看法。朱利安尼回答，"如果我们事先了解了后来调查到的情况，我就不会批准逮捕"。但他拒绝进一步说明，因为他说案子依然悬而未决，调查还在继续。继续查案的任务留给了本尼托·罗马诺（Benito Romano），他是朱利安尼的同事，也是朱利安尼亲自挑选的过渡期继承人，一直到9月4日这一天，奥托·奥伯迈尔（Otto Obermaier）宣誓就职，接替了朱利安尼。弗里曼的律师说："非常明显，罗马诺不愿意放弃调查弗里曼先生，因为不想让朱利安尼进一步蒙羞。"

确实，一些媒体已经开始质疑朱利安尼的做法太过激进，导致三人被捕，还质疑他把事情拖了两年，却依然不能指控这三人。如今，他又要辞职去竞选市长了。金融界有一名记者叫爱德华·杰·爱泼斯坦（Edward Jay Epstein），他在月刊《曼哈顿公司》（*Manhattan, Inc.*）1988年4月号上发文，认为斯图尔特在《华尔街日报》上写的指控只可能来自检方，因为检方能够了解那些应该保密的大陪审团程序。斯图尔特肯定知道这是违规的，因为他之前写过的《检察官》（*The Prosecutors*）一书中，提到了"大陪审团程序……法律规定必须保密"。爱泼斯坦总结："检方和记者对弗里曼的公开指责，违反了公众对他们的信赖，欺骗了我们，让我们对司法失去了信心。"

这段长长的辛苦劳作期间，联邦检察官办公室始终保持一个联邦大陪审团，听取证人证言，此外还不时请求高盛和其他公司的银行家、交易员出庭作证。1989年春天，套利部同事弗兰克·布洛森花了很多小时，在大陪审团跟前作证。在布洛森快要说到证词总结部分的时候，检方使用了一个一般疑问句，大意是："你是否记得，什么情况下，曾经听到弗里曼和西格尔说的话，表示西格尔提供了实质非公开信息给弗里曼？"布洛森说，当时他"极为惶惑"，请求从大陪审团房间出来，跟律师罗伯特·莫尔维洛（Robert Morvillo）商议。这时候，《华尔街日报》周年文章已经发表一年多了。文章提到了那个"兔子"的引语，从那以后，布洛森、莫尔维洛以及佩德维兹律师都觉得，检方可能会提出这样的问题。布洛森别无选择，只能如实回答，因为要是故意不提弗里曼与那个"兔子"的对话，就可能被指控对大陪审团说谎，这项指控太严重了。大陪审团房间外面，布洛森、莫尔维洛以及佩德维兹三人匆匆商量了一下，认为虽然检方没有直接问到高盛在比阿特丽斯食品公司的交易行为，但布洛森回到房间之后，应当告诉大陪审团，关于高盛、弗里曼、西格尔、比阿特丽斯的事，包括那句西格尔在谈话最后对弗里曼说的话："你们这兔子的鼻子可真够灵的。"

这就成了弗里曼案件在僵局里的转折点，也是弗里曼一生的转折点。布洛森作证之后，检方开始缠住这段证词不放，而且认为这句话加上弗里曼后来的交易和盈利，足以向这个刑事审判的陪审团证明弗里曼有罪。检方可能是为了摆脱持续的窘境以快点结案，所以使用了这句兔子证词对付弗里曼。只不过，原先针对弗里曼的民事诉状和公诉书都没有提到这个罪名，西格尔甚至都不记得说过。

在没头没脑的两年之后，检方终于开始恢复正常了。[1]布洛森作证之后不久，斯图尔特、赫茨贝格两人的徒弟，也是《华尔街日报》的调查记者劳里·科恩（Laurie Cohen），在"法律视角"专栏发文，标题为：《RICO[2]法案使得高盛弗里曼的内幕交易案进退两难》（"RICO Law Keeps Insider Trading Case of GM Sachs' FF in Limbo"）。女记者的文章全都在说政府的检察官在认真考虑以RICO法案起诉弗里曼。文章一出，弗里曼吓得魂飞天外。文章表示，很快就会对弗里曼提起新的公诉，而且很可能会以RICO条款起诉，因为一项指控据说包含一条弗里曼传给西格尔的信息，时间是在五年多以前，内容是关于大陆集团的。RICO条款规定，只要其他被控犯罪发生在五年期之内，检方就可以保留诉讼时效。RICO条款还允许检方请求法官冻结嫌疑人资产，并提起民事诉讼，寻求三倍赔偿。

弗里曼这一次还是没有预先得到警告，说要发这篇文章，也没人告诉他，检察官已经在考虑采用RICO条款，开始新的公诉。布洛森的证词与科恩的文章加在一起，对弗里曼最大的伤害是：他和律师本来已经想着，朱利安尼辞职了，继任的罗马诺可能不会继续追查了。

---

[1] "没头没脑"原文Keystone Kops，直译"启斯东警察"，指20世纪初美国一些默片中出现的无能警察。

[2] RICO全称《反诈骗腐败组织集团犯罪法》（Racketeer Influenced and Corrupt Organizations Act）。

佩德维兹说，弗里曼突然面临一个生死选择。他转述了检方通知高盛律师团的话："我们可以网开一面，用比阿特丽斯事件结案，不然你们的委托人就要用RICO条款定罪。我们要把一大堆新东西扔上墙，看看哪些能粘住（成为罪证）。"律师又模仿弗里曼的口气说，弗里曼面临一个生死攸关的"套利"选择，那就是冒不冒风险，是否坚持打官司。"一天下来，他们给我定成RICO条款，我被判个几十年，个人财产全部蒸发？还是承认他们觉得抓住我的把柄——比阿特丽斯公司事件，达成小型经济和解，让我和家人余生可以平安？这是一个艰难的选择，但我必须面对：反抗，还是妥协？"

然而，通过承认重罪而结案，这一步对弗里曼而言迈得太大了，特别是他坚信自己无罪，他自己和高盛律师团的法律意见又增强了这种信念。但弗里曼的有罪无罪很快变成了他和律师们要关心的几个问题之一，甚至可能再也不是头号问题了。哪怕弗里曼无罪，他能够说服陪审团相信吗？弗里曼的律师团已经研究过陪审团的意见，不出所料，陪审团对投资银行家群体的看法非常消极。佩德维兹律师说："投行家当时的名声跟现在传得一样广，被人看作麻烦。"以及，各种事实极为复杂，既有宏观的套利情况，又有微观的看涨、看跌期权等等（实在很难肯定，不会有把柄被抓住）。致命一击则是政府那吓人的统计数据：迄今为止，政府提起的犯罪诉讼，胜诉率在90%左右。弗里曼一旦因RICO条款败诉，对他个人的自由和财产都将是毁灭性打击。

8月17日，弗里曼承认一项罪名：关于比阿特丽斯食品公司的邮件造假。他后来说："我当时认罪，不是因为我相信我有罪，而是因为我相信检方能给我定罪。"他也辞去了高盛合伙人的职务，给约翰·温伯格写了一封辞职信，说："我认罪，是有生以来最艰难的一项决定。"又说："请您务必明白我为什么认罪。我想要再次向您保证，我从来没有同马丁·西格尔合谋交换内部信息，为他或者为自己、高盛、基德公司谋利。"

信里还说："继续参与公诉审理，会消耗至少一年或更多，而且就算这段时间过了，也不能保证结案。"

又说："过去30个月，我本人、玛尔戈（Margo，妻子的名字）与孩子们已经饱受摧残。再加上这种不确定性，我们实在难以承受。我决定，最好的选择就是在此时此地马上了结。我很遗憾不能再跟我一些挚友共事了。……最后，多亏我在高盛的各位合伙人与同事始终如一、无微不至地照顾我，过去两年半，我才能与这些厄运搏斗。我和玛尔戈永远不会忘记，永远感激涕零。"

温伯格把这封信传给人们看了。信里还详述了比阿特丽斯转账和交易的过程，让高盛员工"更好地了解情况"，这些情况构成了弗里曼有罪答辩的基础。

1990年4月17日，联邦法官皮埃尔·勒瓦尔（Pierre Leval）判处弗里曼一年监禁，缓刑八个月，实际服刑了四个月。还判处弗里曼另外两年缓刑，每年150小时社区服务。罚金100万美元，限期一个月缴纳。此外，法官还同意弗里曼选择佛罗里达州彭萨科拉市的索夫利菲尔德（Saufley Field）联邦监狱服刑。勒瓦尔法官评论："这一特别罪行，是因诱惑而起的不当言行；在我看来，这一切是在几分钟内发生的，属于内部信息交易的罪行。"又说："弗里曼打了一个不适当的电话，试图寻求内部线索，得知关于比阿特丽斯业务出问题的谣言是否属实。"而这种电话与很多高盛人员打的成千上万个类似的寻求信息的电话可能并无差异。这些人包括：弗里曼本人、利维、特南鲍姆、罗伯特·伦兹纳、鲁宾、布洛森，还有较为年轻的套利者汤姆·斯泰尔（Tom Steyer）、丹尼尔·奥赫（Daniel Och）、艾迪·兰伯特（Eddie Lampert）等等。法官又说："尽管他得到的回答语言隐晦，但仍构成了内部信息的非法传递。"

法官认为，弗里曼因为这一信息而获利约87000美元，高盛获利约460000美元，总数约548000美元[1]，方法是"通过获取信息之后很快进

---

[1] 原文数字如此，87000+460000=547000，表面上数字有误。实际情况可能在547000到548000之间。

行的四次买卖而避免了损失"。法官转述道，在答辩听证会上，弗里曼告诉他，"我完全了解，我打给西格尔电话，请他证实业务问题的谣言，然后以此进行买卖，属于违法行为"。于是法官必须判刑。如今，弗里曼说他当初并不知道法官必须判刑，之所以那么说是被人强迫的，因为如果不那么说，法官就不接受他的有罪答辩。此外，法官评论："大权和巨富的不幸结果之一，就是会走下坡路。被告为一家非常富有的企业，也是整个市场的领军者进行交易，交易量非常大，利润极高。我的判决不能给世人这样的印象，即这些位高权重的人违法，会让法庭视为不值一提的小事，而一般的小偷窃取几美元却会被关进监狱。"

多年之后，2008年，鲁迪·朱利安尼想要赢得共和党总统候选人提名，后来中途退出。而在他竞选期间，所有大型证券公司中，只有高盛不愿意为他举办筹款活动，虽然高盛资助政界高层已经成了惯例。朱利安尼的代表联系高盛询问情况，看看是否能说服高盛筹款。高盛"十分明确地"回答说，绝不可能，理由是朱利安尼"对我们的合伙人罗伯特·弗里曼的迫害"。高盛还对代表说："你不懂，这就是高盛的DNA！"[1]

---

[1] 本章原为作者科汉的一篇专写弗里曼事件的博客文章，因此在上下文有关高盛的总体叙述中显得有些突兀。

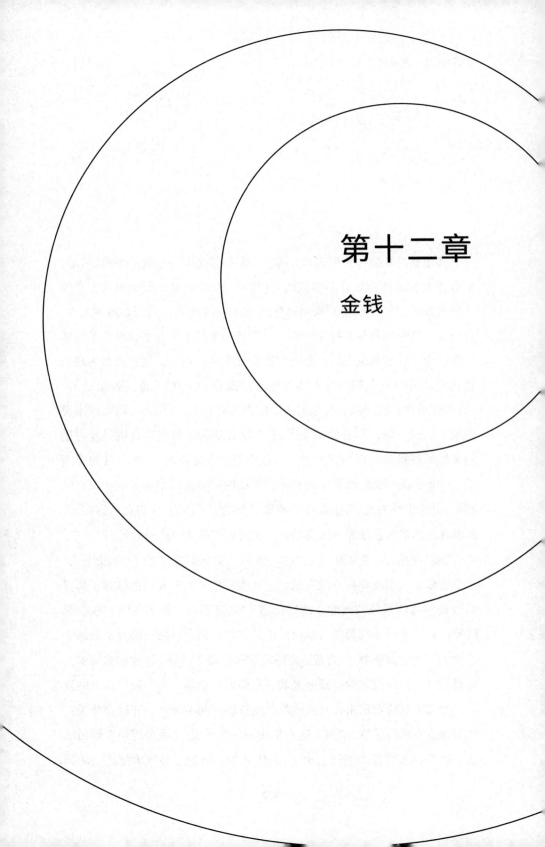

第十二章

金钱

　　弗里曼的被捕与长期煎熬为高盛套利部带来了一场舆论海啸。然而，就好像套利部的麻烦还不够似的，1987年10月19日，股市崩盘，套利部损失惨重。第二天，鲁宾来到套利部，这时候主管是公司副总裁弗兰克·布洛森。鲁宾问布洛森损失如何，得到的结果是损失几乎让整个套利部当年白干了。了解情况后，鲁宾试图安抚套利部员工，也包括布洛森。鲁宾开玩笑说："我知道你们昨天可能稍微亏了一点。"鲁宾告知员工："管委会对你们的团队、对你们的运作方式有100%的信心，因此如果要把业务扩展一倍，尽管做就是了。"布洛森认为，鲁宾这么说是允许他们采取激进措施，而与此同时，其他企业还在舔伤口，"多个月惶惶不安"。布洛森的激进政策在1987年余下的时间为部门带来了前所未有的利润，很快扭亏为盈。布洛森说："我那时候就下了决心，鲁宾在高盛多久，我就在高盛多久。他那一天说的话，对我而言就意味着全世界。"

　　1987年崩盘，道琼斯工业指数市值一天之内蒸发了22.6%。史蒂夫·弗里德曼说，崩盘本身并没有造成企业生存危机，但又一次暴露了高盛的管道与通信系统的问题。他回忆道："崩盘那天，我正在固定收益部转悠。有人走过来问我是否知道高盛给芝加哥某公司的一桩大宗商品交易发了一张巨额支票。"之前，高盛跟这家公司打官司，达成和解协议，这是偿付了协议规定的一部分欠款。高盛的观念是，大多数付出去的款项，过几天就肯定回来，只要收款企业这段时间不破产。弗里德曼说，他不知道高盛付了款，"因为这不是我关注的范围"（业务当中，偿付的这一部分，人们视为例行公事），但他认为，崩盘之后应该把这一块当成自己的关注范围了。他说起高盛在崩盘之后的前景："我们没有受到威胁。但如果芝加哥这笔生意黄了，我们就该有大麻烦了。"

崩盘还让高盛税后亏损大约1700万～2000万美元，因为高盛刚刚承销了英国石油公司（British Petroleum）的大量股份。在一场影响深远的金融灾难期间开展承销业务并且跟进，是投行最可怕的噩梦。因为投行一定要对客户履行诺言，以特定价格买进股票，即使股票的基础市场已经崩溃了也不例外。显然，承销英国石油的股票正是这么一场灾难。承销让英国石油公司里最后的英国政府的股份变得私有化了。美国四大承销者是高盛、摩根士丹利、所罗门、雷曼，其中两家被选中，负责发行工作的全球协调，高盛是其中之一。[1]传统上，英国石油的银行业服务商是摩根士丹利，而高盛在伦敦投资多年之后，英国石油竟然选择了高盛，这当然属于背叛。

不过，市场崩盘却让这次背叛付出了极高代价。四家美国公司眼睁睁看着发行亏损了3.3亿美元，平均每家8250万美元，是有史以来最惨重的承销亏损。英国财政大臣尼格尔·劳森（Nigel Lawson）评论道："因为十分不幸的巧合，全球空前规模的股票销售业务遇上了全球空前规模的股灾。"有些承销公司（包括高盛）认为，这场股灾是上帝的旨意，提供了一个急需的法律"应急出口"（正好可以摆脱承销业务）。但温伯格完全不这么想。承受损失当然很痛苦，但他知道高盛努力程度太深、时间也太长了，怎能用不可抗力的理由摆脱这次承销？温伯格决定：承受损失，向世人证明，高盛是守信誉的公司，言出必行。他对合伙人说："我们买了股票，就是股票的所有者。要是我们在英国石油承销业务上推卸责任，一走了之，那么以后在伦敦就彻底做不了承销生意了。"伦敦分部的交易员都聚在内部通讯机的旁边，听股权主管罗伯特·穆钦怎样把高盛的英国石油仓位平掉。当时在伦敦的欧洲债券交易员大卫·施瓦茨

---

[1] 母语顾问猜测是英国政府选中的这两家承销者。

（David Schwartz）介绍道："很快就结束了。很痛苦，但结束得很快很快。我们在二手市场上买卖了证券。"仅此而已。

1987年11月20日，崩盘之后一个月，高盛还在处理弗里德曼被捕带来的余波。这一天，温伯格任命鲁宾、弗里德曼为公司副董事长，实际上是指定了继承人，只是温伯格这时候依然不愿意这么说。温伯格说："两人都很有能力，但我并没有对任何人许下承诺。我一直没有指定继承人，也不会指定，除非做好了准备。"又加上一句："我要一直干到99岁。"[1] 高盛内部分发了备忘录，温伯格重申："我想要继续担任高盛董事长、高级合伙人、CEO很多年。"还说："我的健康状况很好。"尽管1987年发生了英国石油承销亏损，温伯格依然说："这一年会是高盛历史上最好的年份之一。"

实际上，1987年确实是高盛历史上"第二好"的一年。大卫·施瓦茨说："你们设想一下这种场面：合伙人围桌而坐，40名合伙人围着一张桌子，互相击掌，庆祝熬过了公司历史上最大的金融风暴之一。他们把交易楼层关闭了，因为当时一切事务都是用纸笔处理的，所以用不着现场交易！他们完全被工作淹没了，给交易室上了锁。人们通宵处理每一笔交易。最后，公司安然无恙，这一年的业绩达到了历史第二！"这一次危机，华尔街其他公司衰退、民间也普遍亏损。而高盛却实现了繁荣发展，就像后来2007—2008年更严重的危机一样。1987年底，高盛员工有7500人，其中三分之一有MBA学位，散布在全球18家分部，其中六家在国外。企业资本达到23亿美元，在华尔街排行第六。

当时，高盛面对的问题还不止有十月崩盘和弗里德曼丑闻。弗里曼决定承认一宗邮件造假罪名之后[2]，还没过几个星期，温伯格就发现，不得不对员工和媒体解释一出诡异的"性心理大戏"。主角是弗里曼在达特茅斯学院的同学刘易斯·M.艾森伯格（Lewis M. Eisenberg），也是KKR

---

[1] 温伯格于2006年去世，享年81岁。

[2] 参见第十一章，这一天是1989年8月17日。

老总亨利·克拉维斯的密友。艾森伯格当时担任高盛的机构股权销售部主管，负责大宗交易业务，距离管委会只有一步之遥。

艾森伯格时年47岁，结了婚，有三个孩子。1989年8月的一天，两名穿制服的警察来到了宽街85号，直奔29层，专门找他来了，于是他的大好前程化为乌有。（有意思的是，当年警方抓弗里曼也是来到29层，警方和高盛29层究竟有什么仇？）警官找到艾森伯格，出示了性骚扰民事诉状，控告者是长期担任他助手的凯西·亚伯拉罕（Kathy Abraham），时年37岁。两人当时已经有了七年你情我愿的婚外情，后来关系变得很恶劣，而且公开了。温伯格、鲁宾和弗里德曼不得不面对这桩丑闻。

凯西和艾森伯格都被动放了行政假期。到了万圣节（10月31日），高盛开除了凯西。感恩节（11月23日）前几天，温伯格向员工发了一份备忘录，说艾森伯格辞职了。

这一事件太过卑劣，记者多萝西·拉比诺维茨（Dorothy Rabinowitz）在《纽约》杂志发表长文加以详述。按照多萝西的说法，凯西是个离了婚的母亲，带着一个小女儿。50年代，一家人从匈牙利移居美国。凯西上了纽约皇后区一家犹太学校，从纽约市立大学皇后学院（Queens College）毕业，与新婚的丈夫一起住到皇后区秋园小丘（Kew Gardens Hills），这里住了很多东正教教徒。1976年，凯西加入高盛，五年后离婚，当时已经做了艾森伯格的下属。艾森伯格是芝加哥人，家里在芝加哥有一家种子加工企业。1964年，艾森伯格从达特茅斯学院毕业，又在康奈尔大学拿了MBA，很快加入高盛，搬到了新泽西州拉姆森（Rumson）地区。1978年成为高盛合伙人。

文章说，凯西离婚之后，"越来越多地从艾森伯格那里寻求安慰"。一天晚上下班之后，艾森伯格请凯西跟自己还有几个同事喝酒，两人开始了婚外情。当晚，两人共进晚餐后，艾森伯格开车送凯西回了皇后区的家。报道说，之后没多久，艾森伯格就对凯西说，希望她当自己的情妇。凯西告诉文章作者多萝西："他说的原话就是：我要你当我的情妇。"

两人每周二晚上幽会。艾森伯格给两人在曼哈顿下城远景国际大酒店（Vista International Hotel）订了一个套房。凯西说："一开始有一段时间，我真的不那么在意。我是说，他对我很重要。我对他也有感觉，一开始我当然对他有感觉。"

不过，这种每周二的例行公事，凯西很快厌烦了，更何况她每周余下的时间还必须为艾森伯格工作，压力很大。凯西说："我只要一说不想见他，他就大发雷霆，那一天在办公室我就没法过了。"很快，凯西觉得自尊和面子都受到了严重损害。"我感觉受了侮辱，我也确实受了侮辱。我得去那家酒店，总是那家酒店。当天我离开办公室，还得拿一个包，装着过夜的东西。他在我之前半小时走，去酒店。等到了酒店，又得给我妈打电话，当天晚上必须让孩子他爸带孩子，这样我妈就不会打电话到我家，发现我不在家。我说谎说得太多了。"凯西是犹太人，饮食也遵守犹太教规。自然，远景国际大酒店不会给她预备很多合适的饭食。她一般只点一份硬面包圈和熏鲑鱼，尽可能吃得慢一点，拖延那不可避免的事情的到来。

饭桌上，艾森伯格会讲述自己的事；饭后，两人上楼去看成人录像。凯西说："我感觉太无聊了，看着就会睡着，然后他就又很生气。"凯西说，艾森伯格不太跟她上床，倒更喜欢看着凯西自慰。凯西说："所以我就不吃避孕药了。反正用不着，何必损害健康？"另外，艾森伯格还经常明确表示，希望凯西跟另一些高盛合伙人上床，而且是认真的。这场闹剧变得越来越荒唐。凯西说："工作的时候，他也会经常跟我唠叨这事。有一天他又说了，我就哭着跑出去了，那以后他才不说了。"1989年4月，艾森伯格一家搬到曼哈顿上东区，要求跟凯西见更多的面，还想到她皇后区的家里私会。凯西说："我知道有些女人更坚强，懂得拒绝。可我真的没有那么坚强。他非常了解这一点。有些时候，我想告诉他不想见他，他就会在办公室冲我发火。到头来，还总是我跟他道歉。"凯西说，她不想再继续这种关系了，"可他不肯。他有一个癖好，就是我。"

很难找到什么情况比这种局面更复杂、更消耗人了。然而，事情还在发展。1986年初，凯西在秋园小丘的犹太会堂遇见了一个男人，名叫加里·莫斯科维茨（Gary Moskowitz），与之一见钟情。局面彻底失控。莫斯科维茨跟凯西一样，也是信仰东正教的犹太人，还是纽约市的警官。当时警察队伍只有为数不多的几个虔诚的犹太警官，莫斯科维茨就是其中一个。凯西认识莫斯科维茨之后，就告诉艾森伯格，两人关系结束了。凯西的决心持续了两个月。后来，艾森伯格强烈要求凯西在广场饭店举办的一次高盛酒会之后跟他见面，他在那里订了一间房。凯西拒绝了，晚上跟莫斯科维茨去约会了。凯西说："艾森伯格实在气坏了。"

第二天，艾森伯格在办公室告诉凯西，他一直待在停于凯西家前面的轿车上，监视凯西跟谁一块回家了。凯西说："这时候，纠缠就开始了。然后他知道了加里的名字，知道加里是谁。刘易斯（艾森伯格）会在周末打电话问我：'你是在跟加里约会吗？'我就编一些朋友的名字，说是去见他们。"有些周末，艾森伯格还会跟踪凯西。有一次，星期一早上，艾森伯格问凯西，周末过得怎么样。凯西谎称去看妈妈了。艾森伯格说："你没去！我看见你的车停在加里的房子前面！你们俩是下午一点四十出来的！"艾森伯格说得没错。

1989年夏天，莫斯科维茨发现了艾森伯格的身份，给他家打了电话，给他妻子留了言。作者多萝西说："这个电话让艾森伯格吓坏了。"艾森伯格安排6月28日跟莫斯科维茨在皇后区的法拉盛地区一家小餐馆里见面，开了一辆豪华轿车去。莫斯科维茨说："在皇后区的住宅区可不经常见到加长林肯。"两人谈得很不愉快。莫斯科维茨[1]说："艾森伯格担心自己的家庭和工作，但他又一个劲地跟我说，他和凯西关系怎么怎么好。然后他说：'你就是个苦力小警察，你知道什么？你听见没？苦力小警察！'"见面之后，形势进一步恶化，充满了人身攻击、暗示的威胁、

---

[1] 原文为"拉比诺维茨"，应为作者笔误，这里根据上下文改正。

陷阱、出尔反尔，丑陋到不行。

1989年8月中旬，凯西对艾森伯格提起性骚扰民事诉讼，指控他"威胁她，如果她不服从他的性要求，就将她解雇"，还说艾森伯格"过去三年里，通过长久注视、在工位四周走动、翻找她的垃圾的方式，对她进行挑衅与恐吓"。莫斯科维茨也对艾森伯格提起民事诉讼，说他也受到了骚扰，声称艾森伯格曾经对他说："你要是报警，我为了自保就不得不把你告上法庭……我会找人把你料理掉，就算警察也会出事故！"可是，曼哈顿地方检察官罗伯特·摩根索（Robert Morgenthau）拒绝对艾森伯格提起公诉。

不过，凯西提起民事诉讼之后，去见了鲁宾。多萝西的文章说，凯西"对鲁宾坦白了一切"。不久，艾森伯格也去见了鲁宾，承认与凯西有婚外情。凯西说，大约过了一天，鲁宾告诉她，高盛准备提出优厚条件和解此事。凯西声称她拒绝和解，只想要那个先前艾森伯格安排她担任的职务：实习交易员。

可就在凯西开始培训，要当交易员的时候，行业内部通讯《华尔街通讯》（*Wall Street Letter*）得到了警方去高盛找艾森伯格的有关线索，于是写了一篇通讯。第二天，《纽约邮报》（*New York Post*）八卦栏目"第六页"（Page Six），用了《华尔街通讯》的材料。报道说："伟大的华尔街老字号投行——高盛，再次被警察光顾！高盛员工们在1987年就见过一位合伙人因为内幕交易而被捕，如今又齐刷刷扭过头来，看着警察通知高盛合伙人刘易斯·艾森伯格，他的前助手指控他性骚扰！"莫斯科维茨告诉《纽约邮报》："这人有病，迷上了这姑娘！我只想让这人离凯西远点，不想让这人再去她家，再来我家，不然我就只能把他关起来了！他做的一些事特别可怕。我要让他不能在大街上晃荡，这样他就不能再伤害别人了。"艾森伯格曾经向内务部提交了一份报告。[1]对此，

---

[1] 内务部原文 internal affairs department 并未首字母大写，具体所指不详，可能是警察系统的部门。

莫斯科维茨说："他采取了恶意行动，想要把我毁掉。他有很多钱，可以为所欲为。我对此绝不容忍！我是警察，不代表我是二等公民！"

这些报道出现之后，下一个星期一，高盛没有让凯西开始新工作，而是强迫她休了行政假期，命令她解决跟艾森伯格的分歧。10月31日，凯西被开除。高盛在解雇通知里写道：凯西对企业采取了"有敌意"的行动。接着，艾森伯格也走人了。莫斯科维茨也遭遇了"附带损害"：丢了警察工作。高盛发言人说："本公司并没有理由怀疑凯西·亚伯拉罕与刘易斯·艾森伯格之间除了商务关系，还有什么其他关系。亚伯拉罕女士从没有投诉艾森伯格先生，也从没有要求过换工作。实际上，她的行政主管先后几次提出让她调动，增加她的责任，给她发展空间，但她每次都拒绝考虑。她与艾森伯格先生可能有的任何关系都没有损害她工作的条款和条件，对此，本公司表示满意。"高盛公关大师诺沃特尼想要应付一名穷追猛打的记者，消除这种难堪局面。他的回答显然有点傲慢："刘易斯·艾森伯格是我的朋友。"

理所当然地，丑闻的三个当事人中艾森伯格的结局最好。多萝西报道说，艾森伯格离开高盛时，拿走了3000万美元的高盛股票和投资。1995—2001年，艾森伯格担任纽约与新泽西港务局董事长，那个董事会就是当年古斯·利维所在的，利维中风的时候还在担任董事。2001年，纽约州州长乔治·帕塔基（George Pataki）向曼哈顿下城发展公司（Lower Manhattan Development Corporation）推荐了艾森伯格，公司董事长是约翰·怀特黑德。[1]艾森伯格一直是共和党的重要人物，共和党全国委员会曾短暂考虑让他担任主席。在金融事业方面，艾森伯格离开高盛之后，参与成立了对冲基金花岗岩资本国际集团（Granite Capital International Group），以及拥有多家电台的格兰纳姆通信公司（Granum Communications），最后被KKR收购。2009年2月，艾森伯格加入朋友

---

[1] 第9章末尾注解提到，怀特黑德1989年不再担任常务副国务卿，继续从商。

亨利·克拉维斯所在的KKR，当了高级顾问。[1]凯西·亚伯拉罕目前依然
住在皇后区，但拒绝接受采访。后来，凯西公开放弃所有控告，声称艾
森伯格从来没有以任何形式骚扰或伤害过她。莫斯科维茨想要重新加入
纽约市警察队伍，当了武术教练，大部分时间在皇后区教学。他对高盛
和艾森伯格提起的诉讼持续两年，于1992年1月终结。一名警方听证会
官员说，莫斯科维茨对付艾森伯格的行为"已接近勒索罪的范畴"。

艾森伯格丑闻上了报纸头条之后，温伯格叫来高盛一名"人力资本"
合伙人乔纳森·科恩（Jonathan Cohen），指示他在24小时内调查公司是
否还有别的合伙人在做类似艾森伯格的事。科恩用电话网络发了一条语
音留言，大意是说："我现在听说了你的事就可以赦免你的罪，但我只
要过了今天再听说，就别怪我无情了。"一位消息人士说："接下来24小
时，电话响个不停。"

这些一连串的丑闻是否像当年宾州中铁损害古斯·利维那样开始对
约翰·温伯格造成损害，已经不可考了。但是，怎么可能不损害？高盛
的文化载体，愿意宣扬的是温伯格的勇气和坚定，这些品质是他担任海
军陆战队队员在日本实战中磨炼出来的，说的是他的公正廉明，镇定自若。

不过，1990年8月15日，温伯格宣称辞去高盛高级合伙人职务，让
鲁宾、弗里德曼二人担任联合董事长，12月生效。这一年他65岁，已
经主管高盛14年，最后几年尤其艰难。鲁宾和弗里德曼遵照了温伯格
与怀特黑德当年的模式，没有在各个商业领域分摊责任，并且宣称任何
一人都可以代表两人。鲁宾在备忘录中写道："这办法见效了，因为我
们对公司的基本意见是一样的，完全信任彼此，密切合作，并且用分析
法对待问题。这种模式如果确实有用（这种情况很少见），优势就会很大：
有两名高级合伙人接待客户，两人可以合作处理问题，没有等级制的包

---

[1] 2015年，艾森伯格被任命为共和党全国委员会财务主席，目前仍活动在政界。

袄；两人可以跟其他员工讨论，从而相互支持。一旦出现难题，有合作伙伴，也能够不那么孤单。"

有极少数场合，他们在重要问题上有分歧。这种情况下，规矩就是"谁对话题更有热情，谁说了算"。比如，弗里德曼认为应该让合伙人酬劳差别化，方法是：哪些合伙人在多年期间实现更多利润，就给他们更多利润点数。鲁宾却认为，公司对某些合伙人更加偏爱会导致内斗，从而让公司社会生态极不稳定。鲁宾亲眼看见合伙人A对B大发雷霆，因为B拿到的利润点数多了八分之一点。鲁宾认为，人生苦短，不能被这样的冲突占据。鲁宾说："多年来，我看到年入几百万美元的合伙人，因为合伙分红比例稍微有一点不同而非常不高兴。"鲁宾追求相对的和平，弗里德曼认为这是"为了实现最大限度的社会和谐"。弗里德曼更加坚定地相信，应该让合伙人之间有所不同，所以两人决定采取差别政策，只是差别的程度经常打了折扣，让弗里德曼不大情愿。

两人上位之后，高盛马上开始树立新的领导人的信誉和权威。《机构投资者》杂志于1990年12月发表了长篇封面专题：《史蒂夫与鲍勃大秀》（"The Steve and Bob Show"）。文中说，两人上台不到一个月，表现得亲密无间。弗里德曼说："我们的思想十分接近，我们一般也会用相对接近的眼光看待事物。我有个秘方，让合作管理能够成功：如果不划分责任，你就最好在90%的场合都同意对方；而且，你们之间的关系最好足够良性，能让你成功解决那余下10%的分歧。我们发现，我和他确实遵照了这个秘方。"文章没有提到弗里曼事件或者艾森伯格事件，只是不提人名地说了一下最近的各种丑闻，无伤大雅地说到了"高盛处理性骚扰诉讼的方式"，还说"这一事件基本没有消除高盛感觉迟钝的名声"。文章集中说的是高盛各种企业文化、团队合作方面的老生常谈。文章引用合伙人罗伯特·穆钦的话，在高盛干了33年的穆钦当时刚刚退休："在高盛，只要说出'我'这个字，就伤人感情。"文章还说："华尔街其他地方，找不出哪家公司，试图把'企业伦理'这样虚无缥缈的东西制度化。怀特黑德制定了一组商业原则，员工必须遵守。这些原则有十四条，比《圣经》里上帝给摩西的十诫还多了四条。这些原则至今还在高盛集会上大声宣读，新员工还会把这些原则用大头针钉在写字台上方，或许是为了激励自身，实现更大的辉煌。"文章没有提到，这些商业原则与人性的现实，以及高盛连续不断的丑闻是怎么契合的。

高盛大员们传递的信息是，企业急需的转变就要发生了。高盛研究了六个月，此时决定尽快在德国法兰克福开设分部，尽管约翰·温伯格的意见是继续等待时机成熟。另外，在此之前，拉美经济危机爆发后，其他银行决定撤出拉美，高盛却"嗅到机遇"而进军拉美。六个月之间，高盛白手起家，创造了一个结构股权产品部门。高盛还用最不像高盛风格的途径，聘了所罗门公司的三名交易员，让他们当了合伙人，像汽车的"跨接引线"启动一样，启动高盛的抵押贷款以支持证券业务和垃圾债券业务。

高盛确实迫切需要现代化。这时候，企业太过依赖名声，但金融界的发展越来越复杂，越来越快。于是，怀特黑德多年前就决定，高盛再也不能像欧洲中世纪的佛罗伦萨工匠行会一样经营了。他必须考虑，怎样把高盛的业务范围扩展到西德尼·温伯格的朋友之外，考虑在高盛发展速度加快的时候，怎样把公司的集体智慧和知识有效传递给新员工。因此，怀特黑德成立了"新业务集团"，制定了十四条原则。[1]但是这些创新，也只是在急需的现代化之路上达到了现状而已。完成现代化的重任就落到了下一代领导人弗里德曼和鲁宾的身上。

《机构投资者》杂志说，两位新主管成立了利润最大化特别委员会（Ad Hoc Profit Maximization Committee）。弗里德曼介绍，成员都是"来自火星的智慧人类"，目的在于"通过质疑各种业务的运作方式，在不损害企业精神的情况下，为企业各项业务带来新局面"。高盛出现了一

---

[1] 此事参见第七、八章。

批新顾问，其中有营销顾问安东尼·布赞（Anthony Buzan）。杰弗里·博伊斯介绍，布赞是"富有创意的煽动者"。舆论一般认为，高盛在金融创新方面不会领导，只会模仿，高盛就聘了布赞来消除刻板印象。在纽约州北部的一处投行家度假基地，布赞按照高盛指示设计了活动，让高盛投行家们参与了一点手指画[1]，激发他们的创造力。博伊斯设立了一个年度金融创新奖，奖金25000美元，外加一块巴卡拉（Baccarat）[2]水晶石板。1989年的得主是一位女银行家，她创造了高盛的"员工持股计划"（Employee Stock Ownership Plans，简称ESOP），但档案里没有留下她的名字。之后华尔街掀起了一阵热潮，各大公司纷纷让职工购买股票。另外，艾森伯格灾难之后，高盛聘用了变轨公司（Alterna-Track）设计并实行一个系统，为那些想要结婚生子的女员工提供兼职和弹性的工作制岗位。鲁宾介绍道："我们要是能够让热情高涨的妇女参与高盛业务，就会带来巨大的竞争优势。我认为这样好极了。"变轨公司创始人是凯伦·库克（Karen Cook），1975年一头闯进高盛，在高盛当了12年股权交易员。当时她反复要求面试都没有成功。鲁宾碰巧听到了她的恳求，当场面试，两周以后把她招了进来。

高盛还聘了博思艾伦咨询公司（Booz-Allen）评估公司的房地产和基础建设，发现很多设施严重老化。弗里德曼说："很多设施要修复，他们指点我们怎样削减很多成本，提高效率。我们一些做事风格很像一家官僚主义严重的大公司。比如，有一本手册专门规定了某人添置电信设备的规矩。如果一个人需要什么新设备，而手册上说'大家都会以很大成本得到同样的设备'，那么，要么你得不到，要么就必须把所有人原来的设备都扔掉，给他们全都换上新设备。打个比方，要是你运营一个部门，你说'我要订比萨，让员工吃晚饭'，手册上说的就等于是我

---

[1] 用手指在画纸上涂抹颜料的方式，既是游戏也是艺术创作。

[2] 法国著名水晶品牌。

们要请一个私人司机开着宾利车送比萨。"[1]

　　高盛因"清理工作"而获益，有个例子，发生在1991年阵亡将士纪念日（Memorial Day）周末。[2]这个周末是公众假期，大多数人想的都是出城度假。而在周五下午5点，一位合伙人命令40名投行部新员工前往29层会议室报到。后来，会议室这40名高盛副经理[3]当中的一人，安东尼·斯卡拉穆奇（Anthony Scaramucci）回忆说："公司对雅皮士（yuppies）[4]可不留情面！"然而，过了几小时，那名让他们来会议室的合伙人并没有出现。到晚上8点半，三名本地员工开始坐立不安，其中一人说："怎么回事？这小子哪儿去了？我在汉普顿度假区[5]安排了计划，我得走了！"又过了半小时，三名"造反派"离开了。斯卡拉穆奇评论道："他们都是顶级研究生院的MBA，他们会成为将来的葛登·盖柯（Gordon Gekkos）[6]！"

　　余下的人继续等待。晚上10点，合伙人来了，分发了一张纸，让所有人签名。这点文书工作做完之后，合伙人引用了19世纪法国作家司汤达（Stendhal）长篇小说《吕西安·勒万》（*Lucien Leuwen*）[7]中的内容："今天的课程是，对那些比你们地位高的人，一定要耐心等待。将来你可能会来到亿万富翁的走廊上，富翁可能会让你等着。你作为高盛代表的任务就是坐在那儿死等。我们做的是服务业，等待也必须耐心，必须

---

[1] 原文晦涩。母语顾问解释，这只是为了形容高盛的规矩陷入了官僚主义。一部电话很便宜，但根据规章制度，一旦添置就必须给所有人添置，这样成本就很高了，而成本很高就会导致事情做不成，因此需要改革官僚制度。

[2] 这一年的阵亡将士纪念日为5月27日周一，当指上个周末。

[3] 高盛投行部职位从低到高大致为分析员asalyst，副经理associate，副总裁VP，董事Director，董事总经理MD。

[4] 城市中收入高、生活优裕的年轻专业人员，大致相当于当代中国语境下的"年轻高级白领"。

[5] 纽约长岛东端的村落群，著名度假胜地。

[6] 1987年故事片《华尔街》中虚构的金融大亨，用内幕交易疯狂敛财。

[7] 又名《红与白》，讲述银行家之子吕西安和一位富有的年轻寡妇的恋爱故事。

优雅。你们可能是名校毕业，学位也很厉害，但名校、学位都不能代替合适的态度。有了背景和态度，就能无往不胜。没有合适的态度，你就不适合当高盛员工。"合伙人演讲完毕，解散了大伙。

下周周二，那三个先走的MBA被解雇了。斯卡拉穆奇评论道："这一课我永远不会忘。高盛没有用大叫大嚷、啦啦队、空话套话，就传递了企业文化。"

其他各种信息也始终传递给高盛的年轻员工。其中一条就是怎样从其他人的不幸里赚到钱，比如一名高盛交易员对哥伦比亚商学院的MBA吹嘘，1986年1月挑战者号航天飞机爆炸，高盛因此赚了多少钱。另一条说，星期五是"高盛日"。一名高盛交易员还记得，上司有多么痴迷这个观念，定期向员工宣扬。交易员说："他认为，大家都在星期五出来喝酒，觉得星期五完全无关紧要，什么也不做。所以，我要是周五来上班，低着头，打算做点什么工作，大家就都会放松警惕，不会拼命竞争，这样我就能甩下他们。每次开完会，他大都会说：今天星期五，到了高盛日。从交易方面说，我觉得他很有逻辑。（周五）人们都在上网冲浪，下班也早，两点就去了汉普顿度假区。不管要做什么，都一定要参加周五的娱乐。"

另外一条信息是说，员工有多么特别，能进高盛又有多么幸运。一名前高级银行家回忆："这种感觉就好像围绕在法国国王'太阳王'（Sun King）路易十四周围。华尔街的事情关联极为复杂，而高盛就是这一切关联的核心。"他认为，高盛之所以特别，与其他华尔街公司不同，是因为"员工非常聪明、有干劲，而且稳定得不可思议。在智商方面，很多企业有99%员工，但也有82%员工、74%员工。高盛的钟型曲线（bell curve）最高点在95%，一边尾巴在91%，另一边尾巴在99%。[1]企业员

---

[1] 这里的百分号代表这个人比全社会百分之多少的人更聪明。钟型曲线是统计学常用的表现方法。他举的例子说明高盛的普通员工聪明程度超过95%的社会人，最聪明的超过99%，最笨的超过91%。虽然这种统计法未必可信，但能用直观的数字说明一家公司的员工水平。

工的稳定性非常高。招聘、人力资源管理和留住人才的工作，是高盛最大的优势之一。然后（第二），信息流动也非常好。高盛的信息流动情况，你们之前从来没有见过。第三就是，我认为高盛和其他公司董事会、各地政府、关键决策者，一切的相对重要的因素都保持着良好的关系。这就让高盛与客户的对话上升到一个完全不同的高层次。高盛能够放弃眼看要完成的业务，或者一项不能实现所有高盛目标的业务，而关注那些规模最大、最重要的业务，而且在这些业务上严守纪律。高盛一直在猎捕鲸鱼，而不是每天出去抓小鱼。其他人的渔船都装满了小鱼的时候，高盛也许很多天都打不到一头鲸，但高盛真的打到了鲸鱼，就会吸引所有人的目光。这个比喻很有意思，他们是捕鲸的人，不是一般的渔民"。

高盛上上下下还知道一种"看门人"[1] 服务，可以为高盛员工或者客户实现任何想要的服务，比如把衬衫送到洗衣店，或者在人气火爆的餐厅预订位置。这种服务实际上并不是奖励，而是表明高盛希望员工努力工作，不用分神处理生活琐事。一名前银行家介绍："我们一周要工作110小时，如果算一算，这么多时间怎么可能做到？有很长一段时间，我每天晚上只睡四小时，还感觉休息得不错。经常有这种情况：如果白天有两小时的空闲，就去楼下医务室，在病床上睡两小时。我跟妻子在高盛认识，我记得她来的第一天，就铆足干劲工作了通宵。就是这样。要工作到人体的极限……我相信，在高盛当分析员，每小时挣得比麦当劳打工还少。"

高盛提供这些"看门人"服务，想得到什么回报呢？另一名银行家介绍："一天24小时，一周七天，从不休息。周六周日开电话会议，一开就是一天。总是有语音邮件。周末还有些员工在家里办公，多少小时也不休息。很多业务都是周末办的。这就是高盛的经典模式——所有重要决定都在周日，历来如此。一切事务好像都很紧急，必须在周日晚上

---

[1] 原文为法语 Le Concierge。

处理。高盛的业务也都在周日开始：大宗生意，大宗资本承付款项，大宗这个，大宗那个……我认为，想要成功的高盛人，就是愿意牺牲一切的高盛人，放弃所有，挣来更大的辉煌。"

此外，高盛的男女员工之间，还有一些看似不可避免的问题。在这方面，高盛与其他华尔街企业相比，不好不坏。多年来，华尔街对待女员工一直是劣迹斑斑。有时候是肉体虐待、性虐待、羞辱，就像刘易斯·艾森伯格对待凯西·亚伯拉罕那样。有时候是精神虐待，形式更加隐晦，但伤害同样严重。

艾森伯格丑闻或许较为骇人听闻，吸引眼球，但实在不能算是孤立事件。比如，1973年，高盛固定收益部招了第一位女员工，名叫安妮·布朗·法雷尔（Anne Brown Farrell），毕业于三一学院（Trinity College）和沃顿商学院。她后来回忆她所在的的交易楼层的样子说："人挤人，一点隐私都没有，吃的东西扔得到处都是，而且当时人人都抽烟！"这一年秋天，有一次，高盛所有的新任副经理都受邀来到耶鲁俱乐部与古斯·利维共进晚餐。安妮·法雷尔来到俱乐部门口，俱乐部的人却不让她进去，理由是："本店规矩，女士免进！"她的男同事们一个接一个地进去了，安妮回忆道："没有人回头看我。足有半个多小时，我都在想尽办法悄悄溜进去，但根本不可能。我不知道怎么办了，开始恐慌起来。这次晚餐会我必须出席！"

最后，安妮给了俱乐部一名侍者20美元，让她坐了员工电梯。安妮接着说："等我进了餐厅，所有人都看着我。我迟到了，年纪很轻，麻烦很大。"利维向大家宣布，她迟到了"让公司丢脸"，还不给她机会解释。上司也很不高兴。安妮想要解释俱乐部的规定，但上司完全不听。算安妮走运，利维偶然听到了她与上司的对话。安妮说："利维气坏了，要查出来是哪个白痴订了耶鲁俱乐部，结果就是我的上司。没多久他就被开除了。"

1985年7月，又有一名女员工克莉斯汀·厄特利（Kristine Utley）入职高盛，在纽约固定收益部当实习销售员。1986年2月，高盛把她调到波士顿分部，当了货币市场部的销售副经理。当时，整个部门只有她一个女副经理。接下来的20个月左右，波士顿分部的男人们让她进了人间地狱。消息人士说，分部的人把她当作"外来物种，需要尽早加以清除"，还说"有一个说法流传很广，说人们请她来会议室开会，结果她进来看见投影仪在放黄色录像，只是为了羞辱她"。1987年秋天，波士顿分部主管保罗·高卢（Paul Gaul）让克莉丝汀考虑调回纽约。她拒绝了，认定"她被单独选出来调动，是因为她的性别"（法院卷宗）。然后高盛把她开除了。1987年12月6日，克莉丝汀在麻省对高盛提起八项指控，其中包括性骚扰、歧视，还有"被迫加入贬低女性的、有敌意的工作环境"。1988年4月8日，克莉丝汀再次起诉，声称她多项公民权利受到侵犯。高盛努力想让法庭驳回上诉，迫使案子进入仲裁，但上诉法庭驳回了高盛的主张，说本案可以开庭审理。

克莉丝汀后来作证说："办公室的玩笑，是性骚扰的一部分。"还作证说，高盛还在多份备忘录里，在女雇员的介绍旁边"加上了《花花公子》（Playboy）杂志的裸体女郎照片"，还有侮辱性的言辞，比如："啤酒比女人好，因为啤酒好下肚，女人不好下跪。"没多久，高盛就把保罗·高卢也开除了，与克莉丝汀达成调解协议，具体内容不详。

还有一位名叫佳琪·霍夫曼–泽纳尔（Jacki Hoffman-Zehner）的女员工，因为等级制而遭到了欺凌，但也得到了高层的支持。佳琪从加拿大英属哥伦比亚大学（University of British Columbia）毕业，1988年加入高盛，在抵押贷款支持证券部担任分析员。1991年，佳琪在为高盛的机构客户交易15年期的抵押转递证券（pass-through mortgage securities）[1]。某天，她的同事、外号"大人物"（Big Guy）的（由于因为为客户做的交易数额巨大而得名）弗兰克·考尔森（Frank Coulson）请她执行一次巨额交

---

[1] 这是特设信托机构将购买的住房抵押贷款集中在一起，组成资产池，然后凭资产池发行的证券。

易，金额超过10亿美元。考尔森说："佳琪，这就是最大的交易了。"佳琪很清楚这会让她一战成名，考尔森给了她这个机会执行，是一次重大突破。时间不等人，佳琪赶紧忙着确定合适的价格，好向客户汇报。"大人物"告诉佳琪："你定了价格就告诉我，别花太长时间。"

那些或许是嫉妒的男同事对她的冷嘲热讽，她实在没时间关注。可是，就在她全力确定价格，要汇报给考尔森的时候，柜台其他交易员当中有一名抵押贷款支持证券的交易员，想让佳琪帮他处理一笔业务。佳琪评论："这人自称华尔街的希特勒，工资高，轿车快，房子大，骄傲的心也一样大。他很有天分，个人魅力很足，总喜欢待在舞台中央。"佳琪并没有放下手上的工作去帮他，于是"希特勒"走到内部通讯机跟前说："不好意思，大家请听我说，咱们这位15年期抵押贷款交易员没办法一心二用，所以我暂时没办法为你们给一项CMO[1]定价了。我个人认为，她大概不适合这份工作。"别的交易员一听这话就都过来要看热闹，佳琪评论道："就像一群狮子聚到一块。"

但她决不能被这种幼稚而自恋的表现分了神。佳琪还是继续算价钱，好跟考尔森汇报，完成这笔至关重要的交易。过了十分钟，价格算出来了，她报给了考尔森。完成了这个优先任务，佳琪才走到讽刺她的"希特勒"跟前，看看能帮上他什么，如果能帮的话。佳琪回忆道："看得出来他在戏弄我，我生气了。他还故意表现得意识到我生气了，方法就是朝着我笑，好像在说：小妞，怎么啦？你受不了我逗你？"佳琪非常愤怒，但努力保持冷静："你尊重我，我就尊重你。这是我们这些高盛所有专业人员都必须做的。今后再也不许你这么对待我。"佳琪刚刚说完，还在走回工位的路上，"大人物"就在通讯机里宣布："佳琪，交易完成了！"这一天余下的时间，佳琪都在管控交易带来的风险。后来，佳琪说："我之前从来没有高兴得这么彻底，这么专业。这是我人生中的重大交

---

[1] 全称房产抵押贷款债券（collateralized mortgage obligation），又译担保抵押债券。

易，是华尔街有史以来最有天分、名望最高的固定收益部销售员委托给我的。"

不过，这一天的确很难熬。佳琪躲进女厕所——她管女厕所叫自己的"办公室"，来到最后一处隔间，坐在马桶上大哭了十分钟。她说："我完成了职业生涯中最大的一笔交易，与此同时又遭遇了完全不公正的侮辱。这压力我必须排解掉。直到我用手擦掉最后一滴眼泪，笑容才爬上脸。"八年之后，佳琪32岁，当上了高盛最年轻的女性合伙人，也是交易员出身的第一名女性合伙人。[1]

如今，虽然有了一些引人注目的例外，高盛女员工的道路依然坎坷。2010年3月，高盛前副总裁夏洛特·汉娜（Charlotte Hanna）在曼哈顿联邦法院起诉高盛，表示她因为做了兼职，以及两次怀孕休产假而被非法开除。汉娜还说，她第一个孩子出生之后，回去上班发现责任大幅度减小，汇报程序也变了，连办公室都没有了。第二次产假结束的前一个星期，高盛通知她被解雇了。可悲的是，汉娜提起的诉状和当时很多对华尔街公司提起的性别歧视诉状如出一辙。诉状写道："汉娜女士决定使用公司提供的相当于高速公路出口的机制，抽出时间照顾孩子，却没有高速公路入口允许她恢复全职工作。"2010年11月，双方达成了和解。

2010年9月，高盛三名前女员工（一名副总裁，一名董事总经理，一名副经理）又在纽约南区联邦法院提起一项集体诉讼，指控高盛在酬金、升迁方面系统性地歧视女员工。[2]一位叫H.克里斯蒂娜·陈－奥斯特（H. Cristina Chen-Oster）的原告在高盛任职八年，2005年3月辞职，当时是副总裁。陈女士在诉状里写道：1997年秋天，她所在的部门去了

---

[1] 2002年佳琪离开高盛，创办了杰奎琳与格里高利基金会（Jacquelyn and Gregory Zehner Foundation），推动妇女教育和发展，影响颇大。"杰奎琳"就是"佳琪"的全称。

[2] 本书只提到了两名原告，第三名原告是高盛集团前董事总经理莉莎·帕里西（Lisa Parisi）。这场诉讼旷日持久，国内媒体也曾多次报道。根据收集本案信息的网站 goldmangendercase.com 显示，最晚到2021年1月，本案依然悬而未决。

曼哈顿一家脱衣舞俱乐部斯科尔斯（Scores）庆祝一名同事升迁。庆祝结束后，有一个已婚的男副经理坚持要送她回几个街区开外的男友公寓。可是，一到公寓，男人就"把她顶到墙上，亲吻抚摸，而且试图跟她发生性关系……她并没有发出邀请，也不欢迎这种举动，不得不做出肢体反抗"。第二天，男人"拼命道歉"，请求她保密。然而，就在当天上午，男人把情况告诉了自己的督导，而这位督导据说是他的朋友，也是陈女士的督导。

过了大概一年半的1999年5月，陈女士把这件事向督导汇报了，然后指控说自己在高盛的事业逐渐走下坡路，最后被人遗忘。与此同时，她的账户责任与酬金也逐渐被减少了，特别是跟男同事比较而言。例如，1999年，想要搭讪她的那个男同事工资比她高出50%，尽管她一年前已经升到了副总裁。陈女士承认，男同事确实比她产生了更多的营收，但只是因为陈女士手里的那些更有利润的账户被夺走，给了男同事。2000年，督导把陈女士调到可转化债券交易楼层最远端，距离男同事很远，这显然表示她的地位降低了；督导还不许她给一些同事写工作表现评估。2001年，陈女士告诉督导，可转化债券柜台的女员工觉得"高盛对待她们不公平……还认为交易楼层时不时有色情笑话出现，感觉很不舒服"。

同一年，被指控袭击她的那个男人升到了董事总经理，年入几百万，是她工资的两倍。2001年3月，袭击者还被任命为美国可转化债券销售部的唯一主管，2002年被提名当了合伙人。也是在2002年，陈女士的一位同事给一些人发了种族歧视的电邮，华裔的陈女士也收到了。一封电邮写道："五分钟学会中文！ 我们的会议定在下周……Wai Yu Cum Nao？"还有："太棒了……Fu Kin Su Pah。"[1] 后来陈女士休了两

---

[1] 这并非汉语，而是两个洋泾浜英语句子，把英语词写成了接近汉语拼音和威妥玛拼音的形式。原文第一句是 why you come now，意为"你为什么现在来"，come 故意写成同音的 cum，意思是性高潮。第二句是 fucking super，是"太棒了"的脏话说法。两个句子都是为了侮辱收信人。

次产假，回到高盛，上司把她的工位挪到了行政人员中间，而她是交易专家，不应该坐到这里。2005年3月10日，陈女士不堪忍受侮辱，辞职了。在高盛就职期间，陈女士仅升职一次，工资涨了27%。袭击者却一升再升，当了合伙人，工资涨了400%。

2010年9月，另一名原告莎娜·奥里奇（Shanna Orlich）参与集体诉讼，起诉高盛。莎娜2006年夏天入职，与此同时还在哥伦比亚大学攻读JD（法学博士）/MBA的学位。2007年，莎娜从哥大毕业，回到高盛，加入了资本结构特许交易团队（Capital Structure Franchise Trading Group，简称CSFT）。当时该团队有12名专家，其中两名女性。2007年一整年，莎娜的表现都很好，督导也做出了肯定的评价。莎娜加入高盛是为了当交易员，但是一开始上级就告诉她，CSFT柜台没有交易岗位。她只能当分析员，跟别的交易员一起在写字台边上工作。莎娜问，将来有没有希望当交易员？上级回答说，这个时期没有这种机会。然而诡异的是，跟她同时入职的一个商学院同班男同学，已经被任命为高收益债券交易员了。莎娜说"高盛经理们常常让这个男生在交易楼层跟他们比赛俯卧撑"，算是对这种诡异情况的解释。可与此同时，刚从大学聘来的另一个男生也当上了CSFT柜台交易员。

2008年1月，莎娜·奥里奇跟一名女性高级交易员讨论了莎娜当交易员的可能性。不久之后，她的直属上司任命她当了CSFT柜台另一名男交易员的助理交易员。可是到了4月，那名男交易员和直属上司都离职了，莎娜当交易员的前景再次暗淡。7月，莎娜又跟一名男董事总经理商议，问起当交易员的事。男董事总经理觉得莎娜"不适合"当交易员，而且对她之前的任职表示惊讶。莎娜又向总公司的高级管理团队的一名合伙人请求当交易员，合伙人竟然命令莎娜"要有团队精神"，甘心当分析员。她经常被其他交易员支使做文书工作，比如复印文件，接其他交易员妻子打来的电话，设置黑莓手机账户。

更有甚者，莎娜从小打高尔夫球，还在高中加入了高尔夫球校队，但公司只要去各家乡村俱乐部打高尔夫球，总是不让她和其他女性交易员参加。有一次比赛，高盛去了80人，只有一个女员工。组织者告诉莎娜："你不能去，因为你太初级了。"然而，有几个男性分析员刚刚大学毕业就参加了比赛。2008年11月，高盛把莎娜解雇了。

总体上，高盛员工很难相信机会均等，因此公司需要很多改进。弗里德曼和鲁宾接手公司之后，公司聘了顾问里德·惠特尔（Reed Whittle），负责改进人力资源部门的运作，创建更先进的员工评估体系。惠特尔看了公司的人事评估体系后吓了一大跳，赶紧告诉弗里德曼："你做得一无是处。我不是说你做错了两件事，或者很多事，我是说，你做得一无是处！"

弗里德曼说："我们也确实可能一无是处。"他记得，有一次，某人拿到年度评估之后，闯进弗里德曼的办公室，指着他质问，为什么觉得那个人"不太聪明"。弗里德曼不确定自己真的这么写了，但与此同时，也对评估体系违反了保密原则而十分恼火："这个体系必须保密，必须有话直说，必须让人说：'弗里德曼，这件事你真的有问题，必须解决。'我不能坐在这儿想：'谁是那个跟我上司咬耳朵的奸臣[1]？'我们显然没有足够的材料，就做出了个人的评估。"

这时，高盛决定建设一个秘密的360度评估系统，把年度考核与奖金发放脱钩。弗里德曼说起360度："我对这个体系非常信任。比如说，某员工张三，要是有很多人给他写评论，就会发现人们对于他的长处、短处有相当程度的共识；如果这种评论再进行标准化，大家都知道很严肃，张三的上级就可以跟他谈话，说：'张三，你有个问题，很严重，我们希望你能改进，不过你先听听这些人的评论吧。'我还从来没有见过，某人被写了十条基本相同的评论，还能否认自己有这个问题的。"

---

[1] 原文"伊阿古"（Iago），莎士比亚剧作《奥赛罗》中的反面人物，对将军进谗言，搬弄是非。

然后，公司开始跟一些重要人才，比如弗里德曼、鲁宾，商议把他们派到海外去的事。弗里德曼说："这种情况大概是这样：某高管跟另外一名很有天分的合作伙伴说：'我们在拓展全球业务，唯一能够成为跨国企业的办法，就是把一些真正的天才派到国外去，我们真的需要你。你要是愿意去亚洲，为企业牺牲一下，我们就预备让你当上合伙人，比你那个层级一般当合伙人的时间提前两年。'然后那人考虑过了，回来说：'我不能去亚洲。我的女朋友、妈妈、宠物狗，全都不适合旅行。'对这个，高管一点埋怨都没有，回答：'知道了，那你的提拔就会跟你同层级的其他人一样，要到两年之后。'高管再去找名单上另外一个人，跟他谈了，这个人愿意出国，他就会提前两年升迁。"这个例子传播得很快，深入人心，就好像法国作家伏尔泰（Voltaire）的名言"pour encourager les autres"[1]一样。此外，公司还有关于性骚扰的商议，但显然没有出国商议那么有效。

弗里德曼又说："另外，公司的立场一直很清晰，决不允许上下级之间发展亲密关系，不论是否自愿。如果真的发生了这事儿，高管就去找违反这条规矩的人，对违反的人说：'你能力很强，应该当上合伙人，但你违反了基本原则，这一次就不能当合伙人了。我非常想让你留下，我们也确定这一页将会翻篇，但你要负起社会责任，欠债还钱。'我（弗里德曼）向你（记者）保证，没有人会传播'某某某因为跟女同事有染而没有当上合伙人'这种流言，没有人会说某某某不想被派到国外而没有当上合伙人。但是，公司一定会很快查出真相，我们也会非常严肃地传达这个信息，那就是整个公司是一体化的概念，高盛的企业文化，人人都必须遵守。这一点我们非常认真。"

---

[1] 法语，出自讽刺小说《老实人》（Candide）。故事中，英国海军要打一场重要战役，但有个舰长打输了，被自己人判了死刑。临死前，他留下了"pour encourager les autres"这句经典名言，直译为"为了鼓励他人"，但实际上是为了威慑别人，让别人不敢再公开重复这样的惨痛失败。它的本意更接近成语"杀一儆百"。

约翰·温伯格的时代已经远去。在此期间，高盛不论有什么社会问题或是做事方法的问题，毫无疑问，高盛依然很清楚怎么赚钱，而且赚得越来越多。《机构投资者》杂志估计，1990年高盛的"蜜罐……超过了6亿美元"。《福布斯》也非常明确地说，1991年高盛的净收入是10亿美元。高盛的利润最大化特别委员会运作得似乎也不错。在承销债券、股本证券的传统投行业务方面，以及并购咨询方面，高盛都是行业第一，而且在投资自身资本方面也逐渐成为行业第一，主要交易方在本身私募股权、过桥贷款、对冲基金这些方面也有巨额投资业务。多年以来，高盛的传统投行家们，例如怀特黑德、温伯格，都不愿意作为主要交易方而承担风险，但如今掌控高盛的人换成了交易导向的鲁宾（套利者）和弗里德曼（并购银行家），发展也就是大势所趋，无法回头了。另外，高盛很多竞争对手，都在风险方面领先于高盛。高盛只能后起直追，决定要给华尔街做个承担风险、谨慎而精明的表率，至少高盛是这么希望的。

到90年代早期，马克·温克尔曼已经让杰润公司走上了正轨。[1]他采取的一部分措施是扩大杰润交易的大宗商品的范围，例如石油、谷物等等。温克尔曼凭借出色的管理和翻盘技巧，进入了管委会，还和另外一名杰出的交易员乔·科尔津（Jon Corzine）共同主管固定收益部。此时的杰润已经成为高盛利润的重要来源。多年以来，高盛只担任中介，买卖利率掉期，如今开始成为业务的主要交易方。弗里德曼说："我们之前就像养鸡场的鸡那样小心翼翼，之后才找到了勇气。"另外，高盛还建立了一只7.835亿美元的不良投资基金，名叫水街企业复苏基金（Water Street Corporation Recovery Fund）。水街是曼哈顿下城跟宽街垂直的一条街。水街企业复苏基金里有1亿美元是合伙人出的钱，投资各公司的贴现债券，在重建过程之后用来控制这些公司。

---

[1] 参见第九章前半部分。杰润经营困难，鲁宾任命温克尔曼扭转局势。温克尔曼决定采取高风险措施。

　　高盛与其他公司一样，也创设了一组私募股权基金，投资到公司自身的资本；还有第三方的私募股权基金，投资到其他公司和房地产，让这些基金（以及高盛）进行控制。曼哈顿下城还有一条街叫白厅街，于是高盛把199年成立的第一只房地产基金命名为"白厅基金"，用来购买摩天大厦，特别是曼哈顿的摩天大厦，以及全球大型房地产项目。高盛的第一只私募股权基金规模超过了10亿美元，1992年成立。高盛同很多竞争对手一样，也开始制造过桥贷款，将资产负债表上的有担保、无担保贷款贷给那些正在买下其他公司的公司，让客户们能够在过渡阶段满足融资需求，就像"过桥"一样。这些贷款让高盛可能获得巨额费用，毕竟是融资行为让业务成为可能。但与此同时也会带来巨大风险，即借贷者可能无法偿还贷款，或转而成为放贷财团，把钱贷给其他投资者。到了1990年12月，高盛贷出的贷款中，有很多笔都栽了跟头，例如杠杆收购（Leveraged Buyout，简称LBO）美国南方公司（Southland Corp），也就是7-11便利店集团的所有者[1]，杠杆收购美国国民石膏公司（National Gypsum），杠杆收购梅西百货，等等。[2]其中一笔高达4.75亿美元的过桥贷款栽的跟头最大，是1989年3月第一波士顿银行制造的，用于买下俄亥俄床垫公司（Ohio Mattress Company）。该公司旗下有两个知名床垫品牌，一是丝涟（Sealy），二是斯登·福斯特（Stearns & Foster）。这笔生意后来得了个外号——"烧床收购"，因为垃圾债券市场崩盘之后，这笔贷款无法偿还，第一波士顿这家老牌银行险些倒闭。这笔贷款占据了第一波士顿40%的资本，使得第一波士顿被迫把自己卖

---

[1] 1987年，美国南方公司多元化扩张失败，三年后申请破产。1991年，日本的伊藤洋华堂购买了该公司73%的股份，成为美国南方公司最大的股东。

[2] 1986年，梅西举债用杠杆收购的方式买下了几十家连锁商店，但后来经营不善加上巨额债务，导致1992年破产。1994年1月，联合百货公司收购梅西债务，后来经过坎坷，实现梅西的资产重组。2005年，两家公司再次成立梅西百货集团。目前依然规模很大，但近年出现颓势。

给了瑞士信贷（Credit Suisse）收购[1]。

高盛越来越热衷于担任主要交易方，不论是交易业务还是投资业务。这都可以理解，特别是从老派的赚钱角度考虑。毕竟，给并购业务提供咨询，从创意产生到并购完成，可以花上一年甚至更长的时间。虽然大型合并业务的咨询费能轻易达到上千万美元，完成所耗费的资本又很少（过桥贷款这里不讨论，因为考虑到致命的风险，这种产品很快就会退出了）；不过，业务团队也有风险，可能耗费很长时间在一个项目上，而这个项目可能最后不会发生，也可能有另一家公司获得收购目标的资产，从而使得长时间的工作一无所获。同样的风险也存在于承销债务或者股本证券方面，最后的业务可能不会发生，更糟的情况还会套牢企业资本。这一点，高盛在1987年承销英国石油股份亏损之后了解得很清楚了。[2]哪怕承销最后成功，比如福特IPO[3]，也可能花费好几年的时间，收费也相对不值，只不过确实能大肆吹嘘罢了。而交易业务就不一样，虽然也需要公司的资本，但完成速度就比承销业务或者并购业务快得多，一般几天或者几个星期就能完成。如果交易员足够聪明，足够机敏，能够避免大多数鲁莽的交易，利润就有可能十分惊人。这一点，高盛开始发现了。

市场也开始发现了高盛的变化。1992年，《福布斯》杂志报道，弗里德曼和鲁宾"执政"期间，"高盛似乎不再那样强调服务客户，而更多强调自己账户的业务了"。还说，虽然高盛的这种转变落后于其他企业，但是"对于高盛来说，这是一个里程碑式的转变"。一名前合伙人也坦率地说："尽管高盛的势力非常大，乃至没有一个人想公开指责高盛（否则会有麻烦），但是高盛确实发生了巨大的转变，从担心客户转为担心

---

[1] 1990年，瑞士信贷通过两次股份收购，获得了第一波士顿的控制权，1996年又将第一波士顿所有美国本部的投行业务整合进瑞士信贷第一波士顿（Credit Suisse First Boston）。

[2] 参见本章开头。

[3] 参见第四章。

营收了。"顺便说，高盛各位高管发现《福布斯》的文章可能指责高盛，因此都拒绝接受这家杂志的采访。这名合伙人说的这个情况的举例是：怀特黑德与温伯格主管的那些年，高盛一直拒绝开展资产管理业务。这两名高级合伙人不想跟那些基金经理竞争，因为基金经理购买的高盛承销的股票和债券。但是到了弗里德曼、鲁宾主管的时候，高盛的资产管理业务显著增长，管理的规模达到300亿美元。《福布斯》评论："高盛只是开展了其他企业开展的业务而已。可这一点就是关键：在过去，高盛刻意远离这项业务。"到1991年，高盛与很多投行客户产生了纠纷。有些客户指责高盛设立水街企业复苏基金的目的本来是购买有问题的公司的债券，但高盛却用它来对付客户了。客户还指控，基金竟然是根据先前客户提供给高盛银行家的保密信息进行投资的。

水街企业复苏基金的主要运营者是两个合伙人，一是米卡埃尔·萨洛瓦拉（Mikael Salovaara），二是外号"佛瑞德"的阿尔弗雷德·埃克特三世（Alfred "Fred" Eckert Ⅲ）；还有一个次要合伙人，叫肯尼斯·布罗迪（Kenneth Brody）。打从一开始，基金就以萨洛瓦拉明智（但激进）的战术和高额回报而闻名。投资不良公司（以及正在重组的公司）债券这一行业十分混乱，业内那些成功的投资者有个外号叫"兀鹫"。确实，其中有很多投资者既大胆又聪明，37岁的萨洛瓦拉是格外突出的一个，投资悟性极强，还会把晦涩难懂的破产法律和破产实践拿来为自己所用。不过，让萨洛瓦拉成为顶尖投资者的那些技巧却让他成了非常糟糕的合伙人，高盛也很快因建立水街企业复苏基金而后悔不迭。水街企业复苏基金变成了利益冲突的典型例子，而在高盛这么一家以避免冲突为傲的公司里出现了这种情况，实在诡异得很。

萨洛瓦拉投资玩具卡车制造商通卡玩具公司（Tonka Corporation）债券的交易就是典型的利益冲突的例子。这笔投资利润很高，投资8400万美元，挣了7100万美元。1990年夏天，水街企业复苏基金成立没多久，就开始买入通卡玩具公司的不良债券。当时，另一家著名玩具制造商美泰玩具公司（Mattel, Inc.）发布了一份言辞模糊的公告，表示有意收购通卡玩具公司。尽管通卡经营不善，却明显是美泰的收购目标，于是萨洛瓦拉决定大规模买入通卡债券，当时这些债券因通卡资金困难正在以折扣价格交易。这种买入风险很大，因为一旦收购不成，通卡就会陷入严重的财务危机。

9月下半月，萨洛瓦拉接到一个电话。打电话的人是约翰·沃格尔斯坦（John Vogelstein），是从事收购的企业华平创业投资有限公司（Warburg Pincus）的主要交易方，而华平公司则是美泰最大的股东。沃格尔斯坦告诉萨洛瓦拉，美泰有意收购通卡。两人通完话之后，水街企业复苏基金买入了更多的通卡债券。可最后美泰并没有提出收购要约，因为第三家玩具制造商孩之宝（Hasbro）[1]提出了收购要约，美泰决定放弃竞争。最后，孩之宝收购了通卡，但是在此之前，孩之宝提高了通卡债券收购价，为了获取萨洛瓦拉对收购的支持。为此，水街企业复苏基金获得了巨额收益，但业界也开始怀疑水街通过内部信息知道通卡可能被收购，因此才大批量买入通卡债券。《华尔街日报》报道，沃格尔斯坦跟萨洛瓦拉通过话，然后水街就买入了更多的通卡债券。《纽约时报》报道："这就让一些高盛客户产生忧虑，让一些高盛合伙人很难堪。"不过，这是一个典型的灰色地带，因为内幕交易法律管的是股票交易，而不是债券交易。可是，哪怕直到今天，这都不算脱罪的充分理由，因为债券市场比股票市场大得多，内部信息跟股票市场一样有价值。证券交易委员会的确调查了此事，但却一直没有公布结果。

水街企业复苏基金还被指控"与其他高盛客户的其他利益冲突"，比如日报公司（Journal Company）。这是一家报纸公司，已经破产，高盛曾以投行家的身份为它服务。再比如美国石棉公司（USG Corp.），一

---

[1] 即中国人熟悉的变形金刚玩具的生产商。

家石膏板生产商，破产之后正在努力重组，高盛也曾为它承销过证券。水街虽然成功了，却因为利益冲突的报道而搞得名声很差，让高盛得不偿失。1991年5月初，高盛宣布水街立刻停止投资，开始解体。一名要求匿名的高盛高管对《纽约时报》透露："舆论反应太过激烈，我们没有预见，也超出了我们的预期范围。我们是一家客户至上的企业，非常在意人们怎么看我们。"到7月，负责水街的三名高盛合伙人，也就是米卡埃尔·萨洛瓦拉、阿尔弗雷德·埃克特三世、肯尼斯·布罗迪宣布辞职。

还有一些高级合伙人离职了，其中就有并购部主管杰弗里·博伊斯，即《纽约时报》当年那篇十分盲从的报道的主角。[1] 当年，博伊斯是弗里德曼的得意门生，如今两人却大吵了一架。作家丽莎·埃利希写道："博伊斯这颗星是最亮的。他是地地道道的高盛人，一流的文化普及者，挣钱高手。博伊斯和大多数升到高盛银行业顶端的人一样，也有着强烈的野心，妻子和其他家人都善解人意。这份工作的前景看似无可限量。"1971年，博伊斯从沃顿商学院毕业，加入了高盛并购部，1978年当上合伙人。两年后，他担任并购部主管。到1988年，他又被提名当了投行部主管，还加入了管委会。毫无疑问，博伊斯的抱负和天才，让他成为高盛继承人的人选之一。一旦弗里德曼和鲁宾退休，博伊斯就可能继承大统。可是到了1990年，博伊斯很突兀地（而且身不由己地）辞去了投行部主管，转而负责公司的战略规划。权力和威望都被夺走了，也就迟早会离开。这一年他只有44岁。博伊斯和弗里德曼都不愿意说起当时的详情，但这次冲突给两人造成的损伤，今天还显而易见。

水街企业复苏基金的灾难暂且不提。高盛还面临一个问题：充当主要交易方是需要资本的。高盛可以自由支配合伙人资本，支配每年保留的利润，支配1987年住友投资的5亿美元[2]，还可以支配数以十亿计的借

---

[1] 参见第十章前半部分。作者当时说，这种吹捧文章一般会造成致命后果，如今这后果显现了。

[2] 住友投资的事情，参见第十章中部。

款。但其中最有价值的还是股权资本，因为股权资本可以使用杠杆借贷，创建更大的现金池，用来投资、对赌。股权资本的坏处在于，融资可能代价很高，因为一般需要与公司的控股权脱钩。

比如，当年住友投资高盛12.5%无表决权的股票，是认为高盛只要保持谨慎，这笔投资就会升值。在高盛看来，如果自己表现良好，投资升值了，住友的股权资本就很可能远远超过投资的5亿美元。实际情况也的确是这样。但如果高盛表现很糟，就没有义务向投资者还钱。相比之下，债务融资成本经常远远低于股权融资，因为债务投资者希望借出钱之后，能获得本金加上固定收益。多数公司既使用债务融资，也使用股权融资。

1990年，为了补充住友的投资，高盛又从一个财团拿到了2.75亿美元。这个财团由美、英、日三国的七家大型保险公司组成。两年后，1992年4月，高盛又向一家新的外部投资者，美国夏威夷教育信托基金卡米哈米哈学校/毕舍普地产公司（Kamehameha Schools/Bishop Estate）申请了2.5亿美元股权。这家信托公司通用名是毕舍普地产公司。19世纪前期，国王卡米哈米哈一世统一了夏威夷诸岛，并保持独立，不被欧洲殖民者占领。国王的曾孙女柏妮丝·莆阿喜·毕舍普（Bernice Pauahi Bishop）公主去世后，1884年，毕舍普公司成立。当时公主拥有大约50万英亩（约2023.43平方千米）的夏威夷地产，堪称全球最优质的海景房；这部分就成了毕舍普公司的主要资产。信托基金的主要受益人是卡米哈米哈学校，这是一个私立学校体系，让祖上是夏威夷人的孩子读书。高盛拒绝说明毕舍普公司以2.5亿美元获得的股份的比例，但《纽约时报》报道，这笔钱相当于高盛资本的5%（表明高盛价值50亿美元）到6.25%（表明高盛价值40亿美元）。五年前，住友投资时，高盛价值为40亿美元，那么到1992年，高盛更可能价值50亿美元，因此毕舍普公司的投资也就更接近5%。

对大多数高盛合伙人来说，这笔投资的组织者是固定收益部联合主管兼首席财务官乔·科尔津，但实际上发起人是一名高盛在旧金山的固定收益部机构销售员，名不见经传的佛瑞德·斯特克（Fred Steck）。

两年后，高盛又接受了一笔2.5亿美元的现金输入，这次又是来自毕舍普地产公司。这以后，斯特克被提名当了合伙人。很多高级合伙人都在讨论，斯特克是否有足够的资格。其中一人说："佛瑞德·斯特克？我其实不觉得他应该当合伙人，他能力不够，基础也不深厚。我不知道这样合不合适。"但科尔津力挺斯特克："你小子给我闭嘴！斯特克刚刚拯救了高盛！"于是，斯特克当了合伙人。

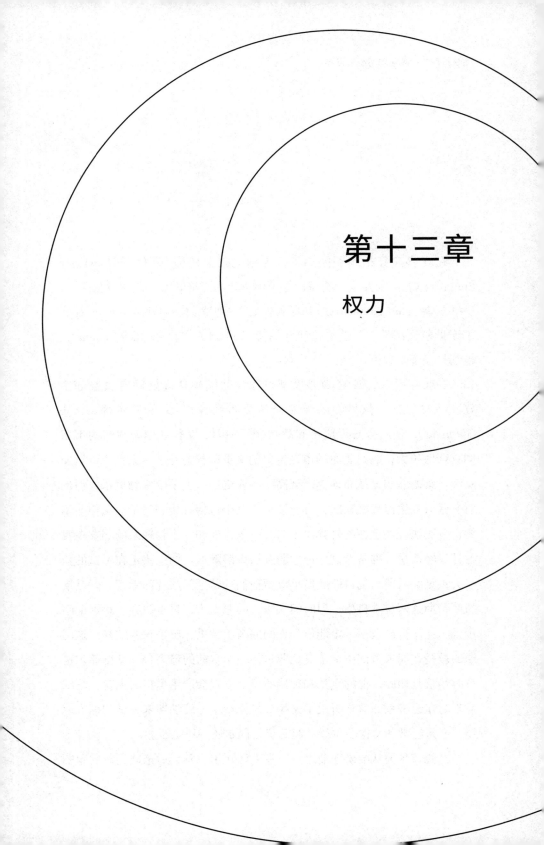

第十三章

权力

在高盛疯狂招聘顾问期间，曾招进来劳伦斯·萨默斯（Lawrence Summers）。萨默斯生于费城，是哈佛毕业的经济学家。他的叔叔保罗·萨缪尔森（Paul Samuelson）和舅舅肯尼斯·阿罗（Kenneth Arrow），都获了诺贝尔经济学奖。他的爸爸罗伯特（Robert），妈妈安妮塔（Anita），也都是经济学教授。

1986年夏天，鲁宾和弗里德曼还在共同担任高盛固定收益部主管。当时，有一位早熟的天才交易员叫雅各布·戈德菲尔德（Jacob Goldfield），他对鲁宾说应该和萨默斯见一面。戈德菲尔德在纽约市布朗克斯区长大，妈妈是纽约市卫生局的文员，爸爸开了一家小店，批发女装。戈德菲尔德从布朗克斯区高中毕业之后，上了哈佛物理系，但也对一些研究生课程感兴趣，有所涉猎，其中包括计量经济学。戈德菲尔德十分聪明，甚至在哈佛都出了名。一天，他和一个物理系的朋友在复习计量经济学，准备考试。他的朋友认识萨默斯，两人决定在考试的前一天去见萨默斯，觉得萨默斯可以帮他们理解这门艰涩的课程。萨默斯想要帮助这两位本科生，但时间太短，问题太难，只得放弃。萨默斯暗示说，连他自己也不一定能得到A的成绩。结果，出乎意料的是，这门课的教授在期末考试中给了戈德菲尔德一个空前的最高分。戈德菲尔德有时候就是如此，他的直觉和独特的思维方式会产生思想的火花。萨默斯当时在经济系，后来听说了戈德菲尔德计量经济学期末考试的惊人成绩，于是经常和戈德菲尔德一起商议，偶尔还一块吃饭。

戈德菲尔德从哈佛毕业之后，在欧洲玩了一阵，后来回到纽约布朗克斯区父母的家中。他在家参加了法学院入学考试，报考了哈佛和耶鲁法学院，最后选了哈佛法学院。因为他相信哈佛比耶鲁的理论化程度低一点，因此更加注重实效，有助于职业发展。讽刺的是，鲁宾当年在哈佛和耶鲁法学院之间选了耶鲁，理由却刚好相反。[1]戈德菲尔德在哈佛法学院第一年就申请到了高盛暑期工的面试机会。这相当不容易，因为当时高盛并不在哈佛法学院招人，虽然高盛将来的两位高级合伙人鲁宾和弗里德曼都是律师。通过哈佛商学院的关系，戈德菲尔德混进了一场很多高盛主管参加的午餐会，当上了暑期工，在销售与交易团队工作。[2]然后，高盛又聘戈德菲尔德当了全职的政府债券期权交易员，这样他就不会再去别的公司了。于是戈德菲尔德从哈佛法学院退学，加入了高盛。

戈德菲尔德在高盛的开局有点不寻常。有一天，他在临时顶替另一名交易员的时候，一笔交易损失了14万美元，相当于整个政府债券期权团队全年营收的7%左右。他吓得要死。可过了大约一个星期，他又顶替另一名交易员工作（他的上级显然没有他自己那么惊慌），结果一笔交易赚了110万美元，超过全年营收的一半。他说："实际情况本身已经够惊人了。"他不太确定这一切是怎么发生的，但他会在回家的地铁上分析数据。他要坐上一小时地铁，才能回到布朗克斯区的父母家。第二年，这个小团队的营收暴涨，从200万美元突增到3500万美元。

戈德菲尔德前无古人的业绩，让他加入高盛第一年就名声大噪。先是科尔津来到他工位前表示祝贺，接着，有一天，鲁宾又给戈德菲尔德在布朗克斯区的家里打电话。入职高盛这么短时间就能跟鲁宾直接联系，比较意外。戈德菲尔德的妈妈接了电话，与鲁宾成了好朋友，而戈德菲

[1] 参见第六章中部鲁宾对两所学校的评论："在哈佛，坐下来讨论的是条款；而在耶鲁，坐下来讨论的是善与恶的意义。"

[2] 母语顾问解释，因为鲁宾和弗里德曼都是律师，所以按照常理，他们应该在哈佛法学院招人，这是美国最优秀的法学院之一。但是他们却没有，所以是反常的情况。"哈佛商学院的关系"具体不详。那次午餐会可能是哈佛商学院主办的，也可能是戈德菲尔德认识的商学院的人去参加的。

尔德几乎成了鲁宾的养子（精神意义上）。鲁宾这么喜欢戈德菲尔德，却让戈德菲尔德很尴尬，他回忆道："鲁宾有些会议我本来不该参加，他却把我带上了，这完全不像他的做事风格。有些会议是为了决定一些重大问题，于是所有高管都参加了，外加一个我，就会出现这种局面。"但是，鲁宾还是很严肃对待这种"培训"，特别是他发现了某人非常聪明或者有创造性，就会格外重视。戈德菲尔德说："这当然让人们很不爽，会对我不利。但确实很有意思。"

这时候，戈德菲尔德就想到了把萨默斯介绍给鲁宾。他回忆道："有一次，我跟鲁宾说：'对了，我有一个朋友（萨默斯）很聪明，我觉得他非常重视智慧，很佩服他。'"从哈佛毕业五年来，戈德菲尔德一直跟萨默斯保持联系，特别是对共同感兴趣的话题讨论得尤其多。他说："我们精力充沛，喜欢煲电话粥。"1986年的一天，三人在股权交易楼层旁边的鲁宾办公室里共进午餐。但是这次谈话并不太融洽，萨默斯还错误地认为以后再也不会跟鲁宾见面。顺便说一下，鲁宾带到高盛来的聪明的经济学家不止萨默斯一个。比如，戈德菲尔德就记得普林斯顿毕业的保罗·克鲁格曼（Paul Krugman）也曾来到宽街85号见高盛诸位合伙人。

鲁宾逐渐对萨默斯有了特别的兴趣。这时候，萨默斯已经在里根的总统经济顾问委员会（Council of Economic Advisers，简称CEA）干了一段时间，尽管里根是共和党人，而萨默斯是民主党人。萨默斯后来辞职回到哈佛，担任经济学教授，是哈佛有史以来最年轻的正教授之一。年纪轻轻就获得的显赫成绩又吸引了鲁宾的注意。戈德菲尔德说："鲍勃（鲁宾）和劳伦斯（萨默斯）产生了密切的工作关系，原因很明显——鲁宾喜欢能挑战他的聪明人。萨默斯非常看重鲁宾的判断，也欣赏鲁宾的惊人能力。在一个集体需要作出艰难决定的时候，鲁宾能够让大家达成一致。"有一阵，萨默斯还来到高盛，讲了一门课，关于效率市场假说[1]。

---

[1] 指市场中所有可能影响股票涨跌的因素，都能即时且完全地反映在股票涨跌上面。

两人还都很关注民主党政治。鲁宾小学四年级就被选为班长，纽约本地政治活动也参加过几次，不过他对国家级政治产生兴趣是在1969年性格外向的财政部长亨利·福勒加入高盛之后。[1]鲁宾评论道："大家给福勒起了个昵称'乔'。福勒是个温文尔雅的弗吉尼亚律师，祖上在17世纪来到美国。高盛有很多人不太关注福勒在政府的工作，但在我看来，他这人非常有魅力。罗斯福新政期间他去了首都华盛顿，之后每次民主党执政他都参加了工作。"鲁宾与福勒多次商量政治问题，有一次，鲁宾对福勒提到自己想更多地参与政治。福勒就给一位大人物打了电话。那位大人物就是罗伯特·施特劳斯（Robert Strauss），安庆律所（Akin Gump）的律师，传奇式的幕后调停人，1971年担任民主党全国委员会财政主管。

施特劳斯告诉鲁宾，对政界感兴趣其实用不着他，但要是想筹钱，两人倒是可以谈一谈。施特劳斯让鲁宾协助各位民主党国会议员候选人筹款，因为共和党的尼克松极有可能在1972年轻松连任，他想让民主党人继续占领国会。然后他给了鲁宾一个重要建议：搞政治一定要坚持到底。政界的人会做出很多承诺，特别是筹款的承诺，因此一旦说要帮助别人，就一定要帮到底，不然就不要参与。他还对鲁宾说："你在报纸上看起来不错，可是我见到你本人觉得你没有那么好。你还是好好干吧。"鲁宾自然非常不服气，他一周没去上班，到处打电话给民主党筹款。他的套利同事们很少有人愿意支持民主党，但鲁宾还是筹到了25000美元。鲁宾说："那个年月，一开始有这么多钱，不错了。"

鲁宾与施特劳斯对彼此有着强烈好感。鲁宾在回忆录里写道："罗伯特·施特劳斯有一种磁铁般的魅力，让我想起了古斯·利维和兔子（即伯纳德·拉斯克）。施特劳斯只要走进房间，就会带来放电一样的效果。"施特劳斯还给了鲁宾一些"早期政治建议"，鲁宾铭记在心："鲍勃，我

[1] 参见第八章后半部分，福勒于1968年加入高盛，uspresidentialhistory.com网站也记载他1968年加入高盛。此处应有误。

跟你说说华盛顿是怎么回事。我可以每周给卡特总统打一次电话，说什么都行，说天气也行。然后我就可以上街到处走，告诉别人，我今天和总统说话了。这种事虽然没有什么实际意义，但在华盛顿这个地方却有意义。华盛顿就是这么一座城市（非常看重权力和裙带关系）。"

卡特总统任期将要结束时，鲁宾得到了某种回报：受邀担任工资和物价稳定委员会（Council on Wage and Price Stability）的主席。政府采取了多种措施控制通胀，这个委员会是其中之一。鲁宾考察一番后表示："能够从白宫里面看世界，这是最吸引我的观念。"鲁宾去了首都，见了一些相关人士，但最后还是决定不当这个主席。他说："我的印象是，这一岗位并不承担实质工作。无论是配备的职员、政府内部的权限，还是工作理念，都是这样。"

1982年，施特劳斯请鲁宾担任华盛顿国会竞选宴会的总管。这类宴会是一种为选举筹钱的手段。鲁宾考察了一番后估计，最少需要筹到10万美元，否则就不该接下这份工作。鲁宾在佛罗里达州有一个朋友，两人同属一个家族，因鲁宾的套利建议而挣了大钱。鲁宾给朋友打电话，朋友和朋友的合伙人同意各自拿出2万美元。鲁宾自己也拿出了2万美元，这就马上筹到了6万美元。鲁宾有了信心，告诉施特劳斯会承担责任。最后，鲁宾自己筹到了10万美元以上，而宴会本身也收入了100多万美元。鲁宾说："在那个时代，这两笔都是大钱。"鲁宾成功地拿到了必要款项，在党内地位上升了。没过多久，两个民主党参议员向鲁宾寻求帮助。一个是沃尔特·蒙代尔（Walter Mondale），一个是约翰·格伦（John Glenn），都在寻求民主党1984年总统提名。

鲁宾决定支持沃尔特·蒙代尔。他通过蒙代尔的竞选经理人吉姆·约翰逊（Jim Johnson）认识了蒙代尔，最后担任了蒙代尔的纽约州筹款主任。后来他参与了蒙代尔、约翰逊、其他竞选主管的政策讨论。鲁宾说："有人喜欢歌剧，有人喜欢篮球，我就喜欢政策与政治。"高盛交易楼层的鲁宾办公室里堆了不少封起来的箱子，还有鲁宾与总统卡特、里根的合影。他知道自己有朝一日会想去白宫发展，只是蒙代尔在竞选中败给罗纳德·里根之后他清楚短期内是不可能去白宫了。后来，蒙代尔提起鲁宾，满是赞誉。1990年，蒙代尔告诉《机构投资者》杂志："我如果当选，一定会给他一个职位，一个与他才干和兴趣相称的显赫职位。鲍勃是我见过的最能干的人。"

1988年，鲁宾又参与民主党候选人迈克·杜卡基斯（Mike Dukakis）的竞选，负责筹款，也当政策顾问。鲁宾的回忆录对这段经历一笔带过。只说跟杜卡基斯"见过几次"，帮他筹了款，"还为他的竞选提过一点建议"。鲁宾当时参加了杜卡基斯竞选的一个外部顾问团，其中有罗杰·奥尔特曼（Roger Altman）和劳拉·德·安德烈·泰森（Laura D'Andrea Tyson）。杜卡基斯和中层经济职员吉恩·斯珀林（Gene Sperling）会时不时咨询这个顾问团。斯珀林表示，杜卡基斯竞选事业的两名"同侪之首"的经济顾问，一是萨默斯，二是萨默斯的哈佛同事罗伯特·赖克（Robert Reich）。萨默斯是经济学教授，赖克是肯尼迪政府学院（Kennedy School of Government）的教授。1988年总统大选期间，萨默斯、赖克以及斯珀林等经济人才每天晚上会都召开电话会议。萨默斯、赖克二人都全身心投入大选。斯珀林说："他们参与的欲望极强。"还说杜卡基斯的竞选活动是萨默斯"政治意识的觉醒"。他还回忆说，刚开始，萨默斯非常不可靠，拼命推动修改版权法，以及关贸总协定（General Agreement on Tariffs and Trade，简称GATT）。最后，杜卡基斯训斥了萨默斯一通："劳伦斯！你是关贸总协定上瘾了！"之后萨默斯才开始小心配合项目做事了。

1988年夏天大部分时间，杜卡基斯都领先乔治·布什。舆论自然开始猜测：杜卡基斯手下的顾问要在白宫或者内阁担任什么职务？很多人都觉得萨默斯会担任经济委员会主席。对于占主导地位、有影响力的经济学家，这个职位是天经地义的。可是，进入9月，杜卡基斯开始落后于布什，11月惨败。这次失败对鲁宾和其他人打击很大。鲁宾简单提了一句："党内很多人对他（杜卡基斯）处理自己候选人资格的方式颇有微词。"吉恩·斯珀林虽然对失败感到沮丧，但也回忆说，这次竞选第一次把很多即将名声大噪的人物聚集到了一起：鲁宾、萨默斯、赖克、罗杰·奥尔特曼、劳拉·德·安德烈·泰森以及乔治·斯泰法诺普洛斯（George Stephanopoulos）。他还说："现在的局面，有很多归因于杜卡基斯的竞选，真是太了不起了。竞选十个月，最后失败，我从竞选中走了出来。但我完全不知道，那些跟我一起工作的人，后来都成了举足轻重的人。"

鲁宾参与政治的切入点，可以归结为他带来的资金。政治家需要金钱，银行家渴望权力，哪怕只是为了证明自己除了赚大钱之外还有更高尚的目的。1991年，萨默斯还在哈佛担任经济学教授，他给国家经济研究局出版的一本书写了一个章节"为下一次金融危机做打算"（Planning for the Next Financial Crisis）。这篇文章影响很大。这本书其他章节的作者也都是著名经济学家：海曼·明斯基（Hyman Minsky）、保罗·沃尔克（Paul Volcker）、威廉·普尔（William Poole）、萨默斯的叔叔保罗·萨缪尔森（Paul Samuelson）。萨默斯写道："过去人们常说，20世纪30年代大萧条的重演是不可想象的，因为现在各国政府更加了解如何管理本国经济。然而，拉丁美洲和欧洲在20世纪80年代经历了与30年代规模相当的经济衰退。而在1987年，世界股市出现了空前的单日跌幅。金融危机可能带来严重的经济后果，再次成为人们忧虑的焦点，这是理所当然的。"

萨默斯在这篇十分有先见之明的文章里，写到了需要一个所谓的"最终贷款人"（美联储）来干预金融危机，但也警告说，这种并非基于市场的金融救援可能会导致"道德风险"和一种"大而不能倒"的心态。萨默斯说："有了美联储的安全网，储户就不会仔细审查金融机构的贷款组合，从而鼓励人们甘冒更高的风险。极少数扩张性的机构会提供超出一般的利率，给其他机构带来压力，从而扩大问题。那些较为安全的机构，不希望不公平地利用最终贷款人这种保护措施，从而必须面临两个选项，一是利率提高，二是储户流失。就好像劣币驱逐良币的现象一样，劣质金融机构也很容易驱逐良性金融机构。"萨默斯搜集资料写文章期间，在高盛与鲁宾谈过话。2009年，萨默斯在白宫的办公室里接受采访时说："我准备写文章的时候，鲍勃安排我和高盛其他一些人商议。这就是我为高盛做的唯一的咨询工作。"一年之后，萨默斯的发言人马修·沃格尔（Matthew Vogel）写道，萨默斯对这一时期他和高盛、鲁宾的交集有些困惑："我认为形势发生了一些混淆。劳伦斯（萨默斯）为高盛做的唯一挣钱的工作，就是20世纪80年代后期给高盛的一些员工开的一期行为金融学培训班。国家经济研究局的文章与他和高盛的来往毫无关系。"后来到了2008年4月，高盛付给萨默斯13.5万美元，请他来高盛做报告。

再说回鲁宾。1990年，鲁宾当上高盛联合董事长后，施特劳斯在首都华盛顿组织了一次晚宴，为他庆祝。[1]鲁宾回忆道："来了好多大人物，不是因为我，而是因为施特劳斯。"当时，联邦预算赤字越来越大，而且首都政界两党对此都关注不够，不能制定有效措施削减赤字，鲁宾越来越担忧。另外，鲁宾担心美国将会极力否认自身存在的各种社会问题（毒品、市中心贫困问题、公共教育水平持续下降），还怀疑政界、财界领袖是否有勇气处理任何一种社会问题。鲁宾在施特劳斯晚宴上讲话的时候，脑子里满是这些担忧。他回忆道："我大致的意思是说：一方面，美国是全球最大的经济体，但另一方面我们也面临着大量问题——公共教育、犯罪、毒品、城区贫困，还有这些问题导致的社会代价——赤字、储蓄率，以及与欧洲相对现代的基础建设形成对比，美国一些基础建设存在年久失修的问题。看一看总体形势，就会知道前景不容乐观，很悲观。在我看来，要是不解决这些问题，我们就会在可预见的未来一直面临惨

---

[1] 参见十二章：1990年8月15日，温伯格宣称辞去高盛高级合伙人职务，让鲁宾、弗里德曼二人担任联合董事长，12月生效。

淡的经济局面。我还说，对这些问题是否能够解决，我个人并不持乐观态度，因为我觉得我们的政治体制似乎并不想做那些必要的事。"鲁宾最后总结，如果不直面这些系统性的问题，就有可能出现"无法避免的国力衰退"。

到1992年，共和党已经执政12年，出现了很多问题，遭到了鲁宾尖锐的批评。这时候，鲁宾考察了民主党内有意竞选总统的那些人，想找到一个支持对象。他和很有威望的政治顾问、纪录片导演大卫·索耶（David Sawyer）为各个候选人，以及十来个行业、媒体类型的代表人物举行了一些小型晚宴。在此之前的1991年的中期，一天晚上，两人宴请了阿肯色州州长比尔·克林顿（Bill Clinton）。克林顿的表现让鲁宾大吃一惊。鲁宾回忆道："我参加过很多活动，那些候选人把活动大部分时间用于自己的演讲（很少跟别人交流）。克林顿和我们实打实地谈了三个多小时，非常严肃地交换了意见，谈了各类重要问题。"末了，鲁宾去找了纽约律师刘易斯·卡登（Lew Kaden，后来成为鲁宾在花旗的同事）。鲁宾说："克林顿这人简直神了！他竟然这么专业，我很吃惊。"1992年3月，《纽约时报》报道，鲁宾已经成为克林顿阵营的中坚力量。如今，美国现代政治有一个原则：谁想当总统，必须先参加高盛董事长这些财界大佬的面试。

到了5月份，克林顿距离民主党总统候选人提名越来越近了。他请了一组非正式顾问来到小石城商讨经济问题。这次会议没有受到媒体关注，也就没有立刻报道。鲁宾受邀前来，受到邀请的还有当初杜卡基斯竞选中的大人物罗杰·奥尔特曼、罗伯特·赖克，以及高盛另外两名合伙人，肯·布罗迪（Ken Brody）和巴里·维格莫尔（Barry Wigmore）。鲁宾认为这次会议只是走个形式，但克林顿却专门从竞选中抽出一天时间评估这些顾问的想法。鲁宾回忆道："这一天，克林顿这位正在竞选的候选人，表现得相当认真。"鲁宾记得，顾问团的意见各式各样，但都同意应当减少赤字，加大教育和医疗投入，消减贸易壁垒。

克林顿请小组成员起草一份经济报告。任务落到了吉恩·斯珀林身上。当时，斯珀林刚刚加入克林顿的竞选班子，但"立刻就变成了经济发动机"。鲁宾担任竞选班子的媒体发言人这一重要角色，谈论经济问题。在斯珀林的指导下，鲁宾学会了如何在华盛顿语境下同媒体打交道。鲁宾说，斯珀林告诉他如何代表克林顿回答问题，"务必把观点传达出来"。

9月19日，《巴伦周刊》(*Barron's*)报道，克林顿如果当上总统，就任命鲁宾为财政部长。高盛表示，《巴伦周刊》这篇文章没有采访过鲁宾，纯属猜测。10月底，《纽约时报》也报道，克林顿一旦获胜，鲁宾就马上会得到美国顶级的金融岗位。选举之夜，鲁宾在小石城庆祝了克林顿的获胜。几周后，克林顿把鲁宾召来小石城见面。鲁宾回忆说，两人谈了"两小时"，但几乎没有谈到经济政策。后来鲁宾告诉妻子，这一点很怪异。

见面的时候，克林顿问鲁宾谁适合当财政部部长。鲁宾推荐了得克萨斯州参议员劳埃德·本特森(Lloyd Bentsen)。本特森是参议院财政委员会(Senate Finance Committee)主席，蒙代尔的竞选伙伴（多指副总统候选人），鲁宾说他"非常适合当财政部长"。关于鲁宾的资质（或者说，缺乏的资质），鲁宾认为自己"缺乏与国会、媒体、政策、政治机制打交道的经验，暂时不适合这一岗位"。两人还谈到了克林顿的计划。克林顿想在白宫设立一个与国家安全委员会平级的经济部门，协调很多参与政策制定的机构和办公室，作用是整合各种不同的观点，决定走什么经济道路，给总统推荐人才。

11月19日，《纽约时报》报道，罗伯特·赖克（克林顿的经济过渡团队主管）已经指定十来位顾问制定总体经济政策。舆论进一步猜测，克林顿会选哪些人加入自己的队伍。受命起草文件的顾问，其中就有萨默斯和劳拉·德·安德烈·泰森。《纽约时报》还说，鲁宾和罗杰·奥尔特曼

[克林顿在乔治城大学（Georgetown University）就交上的朋友。]会协助萨默斯，起草一份税收政策的文件。文件还会做出另外一个决定：是否需要发起财政刺激项目。当时萨默斯正在世界银行，处于哈佛休假期间。媒体除了报道这些杂乱的任务，似乎有些困惑，不知道谁在负责什么工作。然而，这个局面正好是克林顿的刻意安排。那些毛躁的人，或者愚蠢的人，对媒体透露了前往小石城的消息，马上就被排除在考虑范围之外了。鲁宾当然守口如瓶。

鲁宾在小石城与克林顿对话过后不久，克林顿过渡团队主管沃伦·克里斯托弗（Warren Christopher）致电鲁宾，与他商议担任新政府职务的事。两人相识很久，从共同担任卡内基基金会（Carnegie Foundation）董事的时候就开始了。克里斯托弗开门见山地问："鲁宾，你要是不当财政部长，那你是否有兴趣主管白宫的国家经济委员会？"鲁宾回答有兴趣。鲁宾回忆说，克里斯托弗好像有些吃惊，因为对于高盛联合董事长来说，在白宫任职可能是降了一级。但鲁宾不这么看，而是认为自己开始负责协调经济政策了。

过了几个星期，1992年12月初，鲁宾正在德国法兰克福出差，凌晨2：30，电话突然响起，是克里斯托弗打来的，他正式邀请鲁宾担任国家经济委员会主席。鲁宾回忆说："我没再考虑就同意了，然后接着睡。"但他接着睡之前给妻子打了电话，说已经接受了任命。"我妻子比克里斯托弗还吃惊。"多年以来，经常有人问鲁宾：你这样痴迷概率思维（大意为"力图安稳"）的人，为什么会同意去干全新的工作，当一个没有经验的白宫政策顾问呢？鲁宾总是回答，因为他很想要这份工作，不想让消极因素占据头脑。后来他写道："我对华盛顿，对政界的迷恋，还有参与那些感兴趣的事务的愿望，压倒了其他一切思考。"他挣钱挣得已经够多了，但无法抵抗权力的诱惑。

也是在12月初，鲁宾飞到小石城，参加克林顿第一次发布会，介绍总统指定的一组财界高官。鲁宾推荐的得克萨斯州参议员劳埃德·本特森担任财政部长，罗杰·奥尔特曼担任副部长。莱昂·帕内塔（Leon Panetta）任管理预算办公室主任，爱丽丝·里芙琳（Alice Rivlin）当副主任，鲁宾任新的国家经济委员会主席。众人参加发布会之前，斯珀林做了热场，模拟记者问了些问题。斯珀林问鲁宾："华尔街的富豪怎么会与美国劳工大众有关联呢？"斯珀林虽然是半开玩笑，但鲁宾的巨富是人所共知的。1992年，高盛付给鲁宾2650万美元；而鲁宾拥有的高盛股票，虽然并不公开交易，但据说价值1.5亿美元。尽管如此，媒体还是说鲁宾是节俭的禁欲主义者，每天都穿着细条纹布西装，领子有纽扣的白衬衫，打着格子领带。鲁宾面无表情地回答："这个，我觉得你是有道理的。"

发布会上，克林顿最后一个介绍鲁宾："我请鲍勃·鲁宾担任总统的经济政策助手，并且帮助协调、主管我们新成立的经济委员会。我创立了这个新岗位，类似目前白宫的国家安全顾问，因为我们国家的经济政策的协调，与外交政策的协调一样，对长期国家安全至关重要。"

小石城发布会之后，鲁宾飞回纽约的家里。在弗里德曼看来，克林顿一旦当选，就肯定会请鲁宾加入自己的领导班子，鲁宾也会同意。弗里德曼说："显而易见，鲁宾对这份工作非常关注。"第二天早上（12月11日），鲁宾前往华盛顿之前，去高盛转了一圈，跟弗里德曼一起安排在13楼会议室与高盛全体合伙人最后一次见面。这就是鲁宾有些感情澎湃的告别会。

弗里德曼回顾的时候说，他为老搭档感到高兴："我从来不记得我们争吵过。大部分事情上我们意见都一致，那些不一致的我们也能想办法解决。"不过，12月11日，临时合伙人会议上的主要气氛却并不欢乐。弗里德曼讲了几个必不可少的笑话，关于鲁宾很快就要与高盛合伙人会议说拜拜了。然后告诉大家，这次会议很快就会结束，因为鲁宾必须去华盛顿上任。弗里德曼说："我们的合伙关系非常了不起，我会十分想念他的。"

鲁宾似乎心神不宁。他说他"陷入了混乱"，但还是在小石城回来的航班上抽出时间写了几条预备发言的内容："今天早上看了看，这几条并没有真正表达我的感情。一方面，我认为，这次机遇（从政）可能不同寻常。我是说，要是我只有昨天那么一次这就会是不同寻常的体验——坐在这些人（政界高官）周围，他们要主管这个倒霉的地方（打趣说美国）——而没有后续，这种事很奇怪。另一方面，我一般不爱动感情，但我只是决定要去上任，就更深刻地意识到，高盛和高盛人对我而言意味着什么，他们在我生命中又占据了什么位置。"

鲁宾来到首都华盛顿，住进了杰弗逊酒店的套房，离财政部的办公室很近。这套房每年的租金超过了他担任职务的年薪，而年薪他大部分都没有拿。

克林顿进行第一次就职演说的前几天，《纽约时报》发表文章介绍鲁宾。《纽约时报》记者试图评估鲁宾主管高盛的职业生涯，写到了高盛在鲁宾的支持下获得了怎样的高利润，1991年税前利润11亿美元，在华尔街排行第一。《纽约时报》注意到，鲁宾喜欢"通过交叉盘问来管理"，还"用自己敏锐的智慧自我调侃，探究他人。他尽管听别人说话很耐心，思维也很开放，却依然可能不耐烦"。对此，弗里德曼表示同意。

弗里德曼对记者说："鲁宾非常不愿意接受那些缺乏智慧、软弱无力的论点，他会把这种论点一劈两半。"记者问某高盛合伙人，如何评价鲁宾主管高盛的这段时间。合伙人说："罗伯特·鲁宾不像其他一些主管那样是传奇人物，我也不认为他想当传奇人物。但他这个领导当得比一些传奇人物更好。"

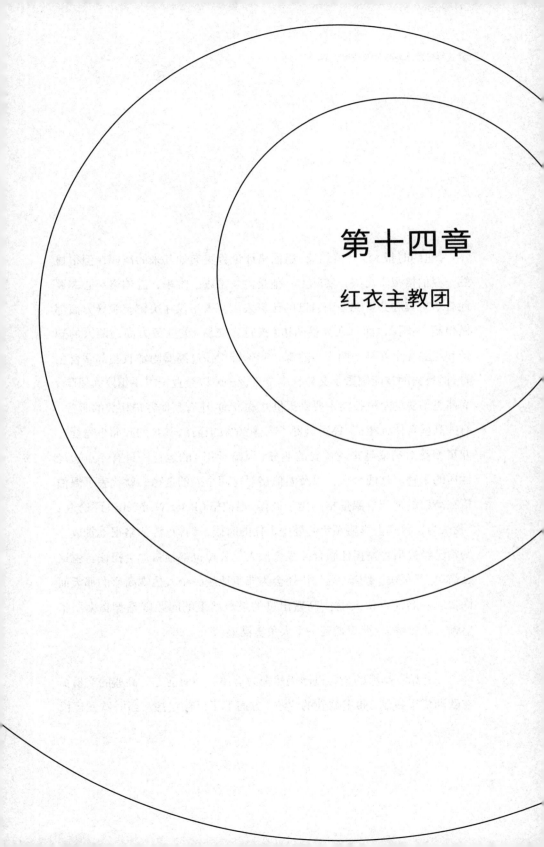

第十四章

红衣主教团

《纽约时报》没有请约翰·温伯格评论鲁宾突如其来的离职，但很显然，温伯格很不高兴，实际上，他是大发雷霆。本来，温伯格小心翼翼地栽培鲁宾和弗里德曼当自己的接班人。两人不仅在决策、领导方面都做得滴水不漏，而且在高盛两边（投行、交易）的业务方面，两人的知识和经验完全互补。两人虽然都一起轮转担任过高盛固定收益部联合主管，但鲁宾的技能侧重于交易和本金投资——以企业资本承担巨大风险；而弗里德曼的金融技能主要是提供并购咨询，还有其他客户相关的服务。有些高盛合伙人相信，鲁宾负责了高盛80%的运作，其余的归弗里德曼。弗里德曼对高盛越来越重要的业务（风险承担）的运行，只有一点边缘性质的了解。这两个人，以及温伯格对这两个人的选择，就代表了温伯格在高盛的遗产。温伯格的侄子彼得·温伯格（Peter Weinberg）评论道："我认为，鲁宾去华盛顿负起爱国责任的时候，约翰·温伯格很不赞成。约翰已经邀请鲁宾担任联合高级合伙人，公司也都预料他会担任。就这么简单。"很快，约翰·温伯格还会为弗里德曼一个人执掌高盛的那天而悔恨。一名前合伙人说："高盛出过的最最严重的问题就是鲁宾去了华盛顿，让史蒂夫·弗里德曼一个人负责高盛。"

一开始，高盛的金融机器仍然全力运作，冲向前方。高盛的交易员在欧洲货币机制（弗里德曼的说法）方面下了巨额赌注。当时欧元还没有出现[1]，这个赌注煞费苦心，打赌一组欧洲货币相互的汇率走向。当时，德国马克是最坚挺的欧洲货币。高盛打赌马克会继续保持坚挺，而与马克挂钩的欧洲货币，也就是意大利的里拉和法国的法郎会继续疲软。弗里德曼介绍道："你的交易如果是做多马克，做空里拉，那基本上不可能亏钱，因为里拉基本不可能突然变得比马克还要坚挺，而是极有可能更加疲软。我认为，一定程度上，德国之外的央行在采取人工手段支持自己的货币时，会让货币继续保持在这个范围内。"

弗里德曼说，他一般会比较谨慎，只是"我们做的是风险业务，谨慎不代表我们必须缩手缩脚，无所作为"。不过，这一次的确是明显的挣钱的机会。他说："我认为这是我见过的最好的交易机会。"很多交易员也在下类似赌注，其中就包括对冲基金经理乔治·索罗斯（George Soros），并因此赚了大钱。弗里德曼又说："现在应该把家具砸烂，烧了。"他说的是19世纪美国航运巨头科尼利尔斯·范德比尔特（Cornelius Vanderbilt）卖掉了自己的帆船，投资新兴蒸汽船而发了大财一事。弗里德曼又说："其余的时候要尽量减持，但是高盛（增持的赌注）走了运，1992—1993年，我们表现得非常好。"这句话还要算是轻描淡写的！1993年，高盛税前利润是27亿美元，创了纪录。弗里德曼挣了4600万美元，管委会其他成员每人至少2500万美元。当时，华尔街对这种收入闻所未闻。

高盛如此成功，理所当然，使得管委会有些人又开始考虑上市了。乔·科尔津担任固定收益部联合主管（另一个主管是马克·温克尔曼），也担任高盛前CFO，还是管委会成员。科尔津最积极地鼓吹，1993年高盛辉煌之后要开始IPO的流程。科尔津跟弗里德曼商议，弗里德曼没有反对。弗里德曼认为："长远看来，这是关键的一步，这样才能在国际市场上同那些拥有永久资本的人竞争。"然而，弗里德曼也告诉科尔津，虽然

[1] 1969年，欧洲货币联盟的构想提出。欧元在1994年底确定名称，1999年1月1日正式启动。

高盛1993年表现极佳，可他依然担心当年弗里曼、艾森伯格的丑闻会重演，带来巨大影响；还担心，欧洲货币交易虽然成功了，但高盛本身的交易机制并不完善。弗里德曼的这种表态，一定让刚刚负责交易赚了大钱的科尔津很吃惊吧。此外，弗里德曼还打算1993年底在事业顶点退休，而公司没有了一把手，IPO自然不可能实现。

年底，管委会传播起了IPO的话题，但弗里德曼拒绝IPO，也决定不退休了。他说："再过一年看看吧。"他表示想要完成几项他和鲁宾发起的战略措施，比如继续国际扩张，还有将私募股权业务更彻底地整合到企业当中；还有1994年谨慎管理高盛，他认为1994年将会走下坡路。

弗里德曼还非常担忧另外一场即将爆发的危机：高盛帮助支撑了一座金融"纸牌屋"（外强中干的集团），也就是英国媒体大亨罗伯特·麦克斯维尔（Robert Maxwell）的洲际出版帝国。1991年11月5日，麦克斯维尔在加那利群岛附近的吉兰少女号（Lady Ghislaine）游艇上落海，疑似自杀，关于他的死亡还有很多阴谋论。总之表面看来，麦克斯维尔是心脏病突发，溺水而亡。比较可靠的猜测是，他知道自己的金融帝国马上就要解体了。麦克斯维尔死后，爆出一个惊天阴谋，原来他妄图欺骗公司的债主和股东。他一直拼命想要抬高公司股价，因为先前用股票作为自己获取贷款的抵押品。他还秘密从公司员工养老金账户里转了8亿多美元出来，想要始终领先债主一步。2001年，英国贸易与工业部（Department of Trade and Industry，简称DTI）发表公司财务危机的调查报告："麦克斯维尔的金融帝国，其所有权与金融结构十分复杂，且隐瞒养老基金用途，各银行因此无法查清局面。"

DTI这一份极为尖锐的报告长达407页，附件另外355页，详细揭露了麦克斯维尔与高盛的复杂关系。1986年8月，高盛同意租下伦敦中心的写字楼斯坦德豪斯（Stand House），租期五年。这座写字楼是1985年麦克斯维尔花1700万英镑买下的。签订租赁协议之后，1986年11月，麦克斯维尔又把写字楼卖给了自己的子公司——帕加马控股有限公司（Pergamon Holdings Limited），售价1800万英镑，赚了个整数100万，然后把写字楼改名为麦克斯维尔大厦（Maxwell House）。高盛在大厦里开展了英国交易业务。不久，高盛与麦克斯维尔的交易急速增加。

1987年6月，高盛承销并组织了一项银团贷款，金额达1.05亿英镑。抵押品是麦克斯维尔旗下的一组房地产，包括麦克斯维尔大厦，大厦估值是七个月前的两倍。而在1986年4月，麦克斯维尔还宣称有意改组一家出版公司，他打算把1951年成立的科学杂志与参考书集团帕加马出版社（Pergamon Press）改组成一家国际通信与信息公司，并改名为麦克斯维尔通信公司（Maxwell Communications Corporation）。改组后，公司计划在20世纪80年代末营收将达到30亿～50亿英镑。然而，公司在1985年12月末的实际营收仅有2.65亿英镑，这种增幅可不是小目标。到1986年9月，高盛已经开始帮助麦克斯维尔扩展媒体帝国，方法是一系列大宗交易，这使得麦克斯维尔收购了菲利普·希尔投资信托公共有限公司（Philip Hill Investment Trust PLC），这家公司拥有3.31亿英镑投资资产。DTI报告说："这是一段重要关系的开始，对高盛而言，是一项利润很高的重大业务。"高盛有些人质疑，和麦克斯维尔做生意并不明智，其中包括伦敦几名合伙人。但是赚钱的机会太过诱人，各种担心很快就被抛到九霄云外。

然而，早在1971年，DTI就发过一份报告揭露了麦克斯维尔两面三刀的本质。高盛以及高盛在伦敦负责对接麦克斯维尔的银行家埃里克·希因伯格（Eric Sheinberg），如果能认真考虑DTI这份早期报告，也许就能跟麦克斯维尔彻底撇清关系，避免丑闻。当年，纽约有一个爱炫耀的企业掠夺者叫索尔·斯坦伯格（Saul Steinberg），他和麦克斯维尔做过一笔生意，失败了，之后DTI就发表了这份早期报告。《纽约时报》专栏作家罗杰·科恩（Roger Cohen）发文说："麦克斯维尔是一个生于捷克的犹太移民，曾经三次改名，在英国排外的城市建设部门备受煎熬地活了下来，对别人有着根深蒂固的怀疑。"

情况是这样：1969年6月，索尔·斯坦伯格的利斯科公司（Leasco）同意从麦克斯维尔手中买下帕加马公司，可是斯坦伯格很快确信，麦克斯维尔在公司的价值和资产方面说谎了，要了他一把。从DTI的1971年报告来看，DTI支持斯坦伯格，说麦克斯维尔"显然对自己的能力有着异常的迷恋，使得他即使在能力不匹配的情况下也无视他人的意见"。又说："他在给各位股东的报告中，与他那种无视一切、毫无道理的乐观主义相反。这种乐观有时会导致他说出一些不真实的话，而他本人也很清楚这并不真实。"麦克斯维尔有一项百科全书业务，人们发现他夸大了这项业务的营收，还把多份科技杂志出售给自己的多家私营企业，使得帕加马公司的营收表面上提高了。DTI调查员中有一位会计师叫罗纳德·利奇（Ronald Leach），他告诉《纽约时报》记者："麦克斯维尔把很多科技杂志出售给自己相关的私营企业，并把这些销售额当成自己的利润。这在会计学上是个很老的把戏，但不是应该推荐的把戏。"DTI报告总结道："我们遗憾地得出结论，尽管麦克斯维尔先生的能力和精力广为人知，但我们认为他并不能够受托而有效管理上市公司。"没多久，麦克斯维尔就被赶出了帕加马公司。

埃里克·希因伯格听说了DTI的1971年报告，但几乎没有重视，因为他认识索尔·斯坦伯格，对斯坦伯格很厌恶，而且麦克斯维尔也确实能让他挣钱。希因伯格曾向古斯·利维学习过风险观，利维对他说："一笔交易，不要担心你挣多少，而要担心你犯了错误要亏多少。"1991年，麦克斯维尔死后，DTI再次调查麦克斯维尔。希因伯格告诉调查团："当初人们觉得麦克斯维尔腰缠万贯，而且几乎跟所有英国主要金融机构都有往来。"希因伯格说，他认为麦克斯维尔"争议很大"。当初他听说过DTI的1971年报告对麦的评价，但"从他（希因伯格）对导致报告发表的争议另一方（斯坦伯格）的了解，他倾向于认为麦克斯维尔会表现得更好一些"。1971年的报告还有一位作者，是法官欧文·斯特布尔（Owen

Stable）。1991年12月，欧文告诉《纽约时报》，麦克斯维尔只是重复了自己的恶劣行径而已："如今的形势完全是重复操作的结果。当初我就认为他是我见过的最大的骗子之一。他在自己的私人企业和上市公司之间炮制了许多业务。他分不清楚别人的钱和自己的钱。"

1971年报告发表之后，麦克斯维尔似乎决意恢复他被染污的名声。1974年，他从利斯科公司买回了帕加马公司，帕加马公司缺少了麦克斯维尔，表现不佳。两年之内，麦克斯维尔就将帕加马恢复到盈利状态，用它作为兼并其他公司的工具。1981年，麦克斯维尔收购了亏损状态的英国印刷公司（British Printing Corporation），通过打击工会、裁员而扭亏为盈。1984年，他又买下《每日镜报》（*Daily Mirror*），终于圆了当报社老板的梦。当时报社也在亏钱，但他通过铲除工会，铁腕削减成本，再次扭亏为盈。不久，麦克斯维尔大胆预测，自己的私人企业将会有数十亿美元的营收"以及与之相称的利润"。1988年，麦克斯维尔花33亿美元买下了纽约出版商麦克米伦出版公司（Macmillan Inc.），以及全球航班信息机构——官方航线指南（Official Airline Guide），为了完成此次收购，他举债数十亿美元。但到20世纪90年代初，麦克斯维尔仍然没有达到预定营收目标，营收还不到10亿美元；而他已经以4.46亿美元卖掉了印刷业务以及原始资产——帕加马公司。

20世纪90年代早期，全球发生严重信贷紧缩。麦克斯维尔之前买下的很多资产（特别是麦克米伦出版公司）如今显得多余了，债务负担也将十分严重。英国老牌投行巴克莱（Barclays de Zoete Wedd）分析师约翰·肯尼（John Kenny）告诉《纽约时报》："1991年，我的大多数同事研究了麦克斯维尔通信公司，都感觉利润夸大了，债务负担很可能导致崩溃，而且我们越来越担心股价可能受到操纵。我发现没有人买入，股价却多次上涨。"

DTI报告和多家报纸都表示，麦克斯维尔的股票显然受到操纵，而操纵者就是高盛。麦克斯维尔及其儿子曾把4565万股麦氏通信股票的两份看空期权卖给了高盛，占公司流通股的7%，这个比例太高，很不正常。1990年8月14日的这份期权允许高盛在1990年11月30日出售1565万股麦氏通信股票，每股185便士，按当天的汇率计算，每股约为3.60美元，比当时的股票价格高出15便士。高盛购买看空期权是为了保护它已经拥有的1670万麦氏股票的价值，并付费给麦克斯维尔，以换取向他出售股票的权利。有一段时间，麦克斯维尔无法购买自己公司的股票，而解禁两天后，麦克斯维尔赋予高盛的期权过期了。

1990年8月至10月，麦氏通信股票交易量的一半是高盛完成的。高盛在第一份期权到期当天行权，当时股票交易价格为155便士。因为高盛能以185便士将股票重新出售给麦克斯维尔，所以高盛因这些股票而获取了巨额利润，据说约为450万美元。1991年12月，一名高盛高管告诉《纽约时报》："我们没有犯法，也没有做错事。"根据《经济学人》的一篇报道，当年12月，"在这场疯狂购入案中，从始至终，高盛都坚称自己的角色是常规做市商。高盛本想把股票出售给麦克斯维尔，但事先没有签订可以出售的书面协议。这一情况属实，因为高盛确实承担了风险。1990年11月底，麦克斯维尔拒绝了高盛的埃里克·希因伯格出售全部仓位的提议（当时全部仓位大约3000万股）。"于是，高盛不得不把持股的部分定到当时市价的140便士，损失了"几百万美元"。

1991年1月4日，麦克斯维尔再次向高盛出售一份看空期权，针对3000万股麦氏通信股票，股价为152便士，比当时市价高出2便士。2月15日，高盛行权，把这些股票出售给了麦克斯维尔，比当时市价高出3便士。高盛又发了一笔横财。1991年春，高盛开始向麦克斯维尔提供贷款，总额为7500万美元，担保物是3300万股麦氏通信股票，还有1991年5月明镜集团（Mirror Group）上市之后的4000万股，约占公司总股本的10%。三个多月后，8月14日，高盛开始向英国当局披露，高盛拥有麦氏通信大约7.5%的股份，这些是高盛向麦克斯维尔贷款的担保物的一部分。高盛表示，没有更早公布这一仓位是"一个诚实的错误"。

《经济学人》(*The Economist*)杂志评论："麦克斯维尔对金钱的渴望，以及愿意摆脱掉上市公司，是他越来越恐慌的最初两个公开表现。"

　　的确，人们发现，这才是典型的麦克斯维尔风格。他承诺拿出自己各家上市公司的股票作为贷款抵押品，并用这些贷款支持自己的疯狂收购，支持私营企业。他还盗取了员工养老金。有人主张，麦克斯维尔将那些庞大的看空期权以185便士给予高盛是为了维持股价不跌，因为股票当时用于44亿美元债务的抵押品。如果某人愿意为股票付出185便士，那么股票当时就至少值那么多钱。最后，人们发现这个愿意付钱的人就是麦克斯维尔自己，只不过当时谁也不知道，可能只有高盛知道。因此那位研究分析师约翰·肯尼才会总结出股价受到了操纵。DTI报告的结论也基本相同。

　　从1991年8月开始，高盛越来越怀疑麦氏帝国的资金状况。8月2日，麦克斯维尔正在考虑摆脱美国业务，也就是麦克米伦出版公司和官方航线指南，借此摆脱一些债务。这一天，高盛和美林试图卖掉官方航线指南价值7500万美元的优先股，但是无法找到愿意出价的买家，这就表示麻烦很快要来了。麦克斯维尔坚持说自己的公司没有财务问题，还保证在9月20日要再次试图卖出优先股，还说："这次会成功卖出！"8月12日，麦克斯维尔致电埃里克·希因伯格，说不会向高盛偿还当天要到期的3500万美元贷款。DTI报告说："埃里克·希因伯格告诉我们，这是罗伯特·麦克斯维尔第一次在业务上反悔，双方的业务往来就此告终。这以后，高盛转而努力让借方偿还贷款，并结清未清算的银行交易。"

　　高盛和美林再次试图卖掉优先股，还是找不到买家。高盛知道，麦克斯维尔无法筹到新的资金了，堪称当年宾州中铁事件的重演。于是，高盛开始逼迫麦克斯维尔偿还总额为7500万美元的贷款。10月22日，埃里克·希因伯格最后一次会见麦克斯维尔，想让他还钱，而当时已经超期三个月。希因伯格威胁说，高盛要是不马上拿到钱，就会出售持有的抵押品——麦氏通信股票。麦克斯维尔告诉希因伯格："你要卖了，就等于把我害死了。"但是麦克斯维尔还是没有按约定还钱，于是高盛开始出售麦氏通信股票，当天卖出900万股。麦克斯维尔联络高盛，答应10月29日还钱，然而到期后还是没有还上。高盛通知麦克斯维尔要卖出更多抵押品。麦克斯维尔的儿子凯文·麦克斯维尔（Kevin Maxwell）央求高盛不要卖。31日，高盛又卖出了220万股，接下来五天继续出售。

11月4日，高盛伦敦合伙人尤金·法伊夫（Eugene Fife）致电英格兰银行副行长爱德华·乔治（Edward George），说高盛要公开宣布，自己一直在出售作为贷款抵押品的麦氏通信股票。乔治给这次通话做了笔记："11月4日，高盛董事长尤金·发福（原文如此）[1]致电副行长，告知他，高盛已决定出售两笔贷给罗伯特·麦克斯维尔的未偿还贷款的抵押品，一批2000万英镑，另一批3000万英镑。高盛此前已批准贷款延期数次，之后采取了这一行动。高盛已无心等待，特别是因为麦克斯维尔最近似乎已经出售了许多公司，却没有将任何款项给予高盛。抵押品包括明镜集团一部分股票，麦氏通信一部分股票。高盛希望首先出售麦氏通信股票，并且尽可能低调卖出，希望不会干扰市场。而麦克斯维尔本人也了解高盛的意图。"

11月5日下午1:05，高盛要出售麦氏通信股票的消息公开了。几小时后，麦克斯维尔身亡。死的时候，高盛依然拥有2400万股，而在麦克斯维尔的阴谋曝光之后，这些股票很快就成了废纸。麦克斯维尔死时依然欠高盛6200万美元。DTI报告说，麦克斯维尔否认曾经用分享看空协议的方式操纵了麦氏通信股票的股价。麦克斯维尔说："关于我扭曲麦氏通信股价的说法不真实。我并没有为了欺骗或扭曲市场而抬高股价，而我采取的各类行动也不是为了损害他人以保存我的个人财产。"

但是，麦克斯维尔与高盛的关系确实深受矛盾冲突所累，关于关系的本质，也存在很多矛盾冲突。比如，麦克斯维尔的儿子凯文也是父亲

---

[1] 法伊夫原文Fife，乔治拼错写成了Fyfe，汉语做幽默处理。另外，这份笔记用第三人称称呼乔治。

所信任的顾问、执行人之一，后来因此被检方控告，不过最后脱罪了。

凯文告诉DTI，1990—1991年，父亲麦克斯维尔和希因伯格每天都打电话，麦克斯维尔不论在伦敦、纽约还是在游艇上，只要遇见哪个交易员说某策略能抬高麦氏通信公司股价，就会对交易员毫无抵抗力；"在这种策略面前，麦克斯维尔必须持续买入，而希因伯格先生充分利用了这个机会。"凯文说，希因伯格告诉父亲，高盛会"清除市场中的股份，通过卖空而强制进行实物交割，从而抬价。这一策略将会摆脱卖空者，用希因伯格的话说，降低股票在市场中的流动性，从而提升股价。双方同意采用这一策略。另外，麦克斯维尔如果听说出现了针对麦氏股票的卖空浪潮，就会马上致电希因伯格先生"。

凯文回忆，麦克斯维尔与希因伯格曾多次商议将股价抬升到4英镑、5英镑、甚至10英镑。他告诉DTI："希因伯格说他会这么做，（父亲）相信了。希因伯格声称父亲是他客户，他在支持父亲，父亲也相信了。"凯文感到怀疑，去问父亲。结果父亲说凯文什么也不懂，"而了不起的希因伯格先生就知道一切。1986年以来完成了很多业务，让麦克斯维尔深信不疑"。凯文不认为这是对市场的恶意操控，而是用做市商反制那些恶意拉低麦氏股价的人。凯文总结道："显然，希因伯格肯定认为父亲罗伯特·麦克斯维尔过度迷恋股价，于是父亲从开展业务的人变成了制定阴谋损害客户的人。希因伯格对父亲说了谎！"

希因伯格从自己的角度告知DTI：一、从来没有跟麦克斯维尔达成任何协议，导致股价上升。二、他一直采用自己的交易策略，从来没有同麦克斯维尔具体描述过策略。三、他如果采用单一的交易策略，会是不理性的。四、他可能就股价升到4英镑、5英镑、10英镑的问题与麦克斯维尔商议过，但背景是如果存在很大的空头头寸会发生什么情况。五、他并没有天天跟麦克斯维尔打电话。

换句话说，两边说法完全相左。高盛告诉DTI，与麦克斯维尔之间的业务让高盛拿到了大约2300万美元的收入。希因伯格告诉DTI，麦克斯维尔并非"吸血鬼"，而是"交易员的交易员"。用DTI的说法："此人会快速决定是否需要这笔业务，并凭着本能和冲动进行交易。"

麦克斯维尔突然死亡，随后金融帝国解体，让高盛再一次遭受了不名誉的曝光。弗里德曼明智地决定，1993年不适合IPO。他说："我看到麦克斯维尔事件并没有得到解决，人们都看得到事件的走向，但要花上很多时间、很多精力。我们非常痛苦。"麦克斯维尔事件极为戏剧化地证明，高盛没有遵守交易和做市商业务最基本的原则之一：了解客户。麦克斯维尔死后不久，《经济学人》报道："丑闻玷污了很多公司的声誉，其中声誉最好的公司就是一家美国投资银行——高盛。"

1994年开始没多久，宽街85号的高盛总部就遭遇了一系全新问题。1993年末，弗里德曼在考虑退休。原因可能是他想把自己的成绩固定在27亿美元税前利润，也可能是他在没有助手的情况下一个人管理这家极为复杂的跨国公司而精疲力竭了（与此同时还面临很多丑闻）；但具体的原因是什么，至今我们也不清楚。毫无疑问，独自担任高盛高级合伙人对弗里德曼造成了伤害。鲁宾还在的时候，弗里德曼还能和鲁宾分担国际差旅和企业宣传的任务，但到了1993年，只剩下他一个人了，关于他的身心健康也有不少猜测。经常有人走到他跟前告诉他"你气色不好"。弗里德曼很清楚自己总是感觉疲劳，但也觉得应该不仅仅是有慢性疲劳的问题。偶尔在旅行的时候，他会出现心律不齐的情况，心跳会突然加快，无法控制。自然，这一症状会让他很恐惧飞行，其他人也注意到了。

但弗里德曼继续推进工作，而且很长一段时间里没有去诊断病情。他还知道西德尼·温伯格退休之后不久就去世了，而古斯·利维则相当于死在了办公室。弗里德曼说："我无意死在马鞍上，也无意在马鞍上变得脸色越来越难看，毕竟世界上还有很多别的事情可做。我希望能有时间多思考，多探索，要是只能重复同样的工作，就有些可悲了。"

不论是什么原因——健康、疲劳、烦恼、成就感，或者他对人生的看法有了一些修正主义的变化，不再认为需要用生命去拼事业[1]，总之，1994年1月，弗里德曼决定年底退休。他说："我想早点退休，腾出时间做点别的事。我一直感觉人不能只留在一家企业当中。"他把退休决定告诉了妻子，告诉了鲁宾，当时鲁宾正在华盛顿的白宫参加晚宴。他还告诉了高盛总顾问罗伯特·卡茨（Robert Katz）。卡茨按照传统从苏利文律所加入了高盛，曾帮助弗里德曼扑灭了弗里曼、艾森伯格和麦克斯维尔丑闻引发的"火灾"。弗里德曼退休策略的关键一步（很像多年以前怀特黑德的策略）就是：不要告诉任何人这个决定，包括其他高盛合伙人，否则就有可能让弗里德曼像个没有实权的执行官。弗里德曼只会在各种场合留下隐晦的暗示，说明他可能考虑要离开高盛了。

然而，打从一开始，弗里德曼的策略就遇上了麻烦。高盛有一位深受尊敬的投行家，来自芝加哥，名叫亨利·保尔森（Henry Paulson）。弗里德曼曾经想要指定保尔森为高盛下一名单独的高级合伙人。弗里德曼和保尔森二人相处融洽，算是并购银行家与客户银行家友好的典范；弗里德曼因为保尔森的客户非常尊敬他，渴望得到他的建议而对保尔森刮目相看。弗里德曼说："汉克（保尔森的常用名）一见你就会告诉你，他不是那种圆滑的人。他只是碰巧天分极高，我很早就注意到他是个年轻有为的投行家，芝加哥大公司的CEO都在依赖他。"这些CEO在同保尔森见面之后，还会提出跟保尔森私下谈话，确保建立一支并购团队，或者股本权益市场团队，避免只依赖保尔森一个人"为企业服务"。弗里德曼说："这个任务很艰巨，保尔森的判断力又很好。而且他很聪明，但他的聪明曾让那些并购专员很生气，因为他只要在董事会上听几次专

---

[1] 原文 revisionist history，直译"修正主义历史观"，表示对历史的非主流看法。这一说法相当晦涩，母语顾问猜测有这么几种可能性：1）传统认为高盛老总应该鞠躬尽瘁，弗里德曼反对这样，主张急流勇退。2）传统认为银行家邪恶，弗里德曼要树立正面形象。3）弗里德曼因为健康原因必须退休，但他声称自己是主动"决定"退休，因此是修正主义。译文选择了第一种意思。

员的推销建议，就能和那些专员做得一样好。"1990年，保尔森成为高盛投行部的三个联合主管之一；第二个是外号"迈克"的威拉德·J.欧弗罗克（Willard J. "Mike" Overlock），之前一直在运营并购部；第三个是罗伯特·赫斯特，之前一直在运营投行服务团队。人们把三个人合称"三不"，也就是"不在这，不聪明，不友好"。保尔森住芝加哥，因此就是"不在这（纽约）"。他还投入大量时间开拓高盛在亚洲的业务，特别是中国的业务。保尔森很早就和中国领导人建立了友谊，而且认定对聪明的投行家而言，中国充满了商机。"不在这"这个绰号一直在用，虽然保尔森也有很多时间待在纽约。

就在弗里德曼决定1993年底退休的同时，保尔森告诉弗里德曼他也正在考虑辞职。一个周末，两人商议了一番。保尔森在伊利诺伊州巴林顿市有一栋简朴的住宅，用的是他之前从自己家族农场买的一小块地。保尔森说："我不是想要升职，而是辞了职就有机会做几件别的事了。我在寻思：高盛这份工作让我非常满意，我还想不想要另外一份工作？"有几家商学院请他去做院长，还有一家工业公司请他做高管。他还考虑跟人聊天、观鸟、钓鱼，这些都是他的终身爱好。他还梦想着当小说家。他说："我肯定想当第二个福克纳[1]。"弗里德曼知道保尔森一旦辞职，就会打乱弗里德曼的计划，而且保尔森很会挣钱，他辞职也是高盛的严重损失。于是弗里德曼和妻子温迪（Wendy）在纽约宴请了保尔森和妻子芭芭拉（Barbara）。席间，弗里德曼做了几次比较明白的暗示，对保尔森说："我可能不会永远干下去，将来就指望你了。"但保尔森没有领会，特别是因为鲁宾和弗里德曼两人在1990年底才开始主管高盛，保尔森想不到弗里德曼这么快就要退休。保尔森说："你们要明白，从我的角度来说，我只不过是想，啊，这句话是说，他不会像古斯·利维那样一直干到死。"无论如何，弗里德曼也没办法对总顾问卡茨推荐保尔森当

---

[1] 威廉·福克纳（William Faulkner，1897—1962），美国著名小说家，诺贝尔文学奖得主。

主管。卡茨认为，管委会对保尔森的政治支持还太弱，无法让他一个人继承大统。

于是弗里德曼采取了新的方针：开始让合伙人两两配对，参与各种项目，看看是否有两个人能像他和鲁宾那样默契配合。他把保尔森和科尔津拉到一块做了几个项目，又让温克尔曼和股权部主管罗伊·扎克伯格（Roy Zuckerberg）走到一块。保尔森觉得有点尴尬："我那段时间来到纽约工作一阵，再离开纽约，没有和管委会的其他人一起出去吃过饭，也没有社交，没有政治往来。"弗里德曼一直怂恿保尔森，让他更加外向一点。保尔森回忆道："他跟我说：'我想让你更熟悉科尔津一点，想让你认识他，多跟他在一起。'我就有点糊涂。最后他终于说：'保尔森，你喜欢亚洲，他也喜欢亚洲，你们一块去亚洲出一趟差吧？'"两人于是去了亚洲宣传高盛，但保尔森一个人去了，而科尔津带了一个随从。

保尔森也没有领会这条信息。提起跟科尔津的这次旅行，他说："我们俩都对亚洲感兴趣。他懂交易，懂销售的事，我就认为我们俩要转一圈，给当地人传递正确的信号——并不是说'我们做关于亚洲的商业决定，要更好地合作，更好地一起工作'这种信号。我当时还没想到将来我们会以某种方式联合起来主管高盛。"

可是，这种社交谋划很快退居二线了，因为1994年高盛的交易员的业绩严重恶化，发生巨额亏损，曾有一个月亏掉了1亿多美元。弗里德曼回忆当时的想法："这种感觉让我很不舒服。我们的交易业务不对头，他们自我感觉太良好了。他们在1992—1993年表现非常好，但我觉得这工作本来就好像探囊取物一样容易。"特别是因为前一年刚刚拿到了巨额利润，这一年的亏损震动了全公司，也第一次让人们发生了疑问：鲁宾的离开对高盛造成了什么影响？提起鲁宾和弗里德曼二人，一名合伙人说："他们是绝佳搭档，彼此信任，彼此欣赏，密切合作，优势互补。鲍勃·鲁宾的销售、交易知识远远超过史蒂夫·弗里德曼。鲍勃的离开好像没有造成很大的破坏，因为高盛继续风光了两年。但是我们的交易业务发生严重亏损，就把过渡期扰乱了。"作家史蒂文·德罗布尼（Steven Drobny）在2006年出版的《黄金屋：顶级对冲基金交易员如何从全球市场中获利》（*Inside the House of Money: Top Hedge Fund Traders on Profiting in the Global Markets*）一书中提道："对于高盛这家百年老店的印象一直是，它是古板的投行，通过传统关系赚钱。但到20世纪90年代早期，这个传统印象几乎维持不下去了。高盛变成投行中最大的专营风险承担者之一，公司的交易员用企业资本在国际固定收益、外汇、大宗商品、衍生品方面下了巨额赌注。"

高盛交易员栽跟头是因为一次利率赌注下错了。保尔森介绍："当时，信用利差[1]暴涨。"另一名高盛合伙人回忆道："1993年12月，美联储加息，把高盛的交易仓位搞得一团糟。公司也不真正了解各种风险究竟何在。"高盛一些最大的亏损是在伦敦分部交易主管迈克尔·奥布莱恩（Michael O'Brien）的固定收益套利"账本"里面。奥布莱恩手下有一队自营交易员（用自己的钱而不是储户的钱交易的人），大部分是从杰润公司过来的。其中有一个自营交易员叫克里斯蒂安·西瓦－乔西（Christian Siva-Jothy），1992年3月从花旗跳到高盛。他发现高盛的交易文化与花旗大相径庭。西瓦－乔西来到高盛的第一个星期，就针对德国马克与瑞士法郎下了5000万美元赌注，这是西瓦－乔西最大的一笔交易。也是在这个星期，奥布莱恩过来问他情况怎么样，西瓦－乔西回答："我做空了5000万美元的瑞郎。"

奥布莱恩面无表情地说："我喜欢能把仓位平均分配的人。"然后转身离开了。

西瓦－乔西介绍："高盛在20世纪90年代早期，所有人都比较无拘无束。有不少机遇存在。并没有所谓的极限结构，也没有风险价值体系。

---

[1] Credit spreads，又称风险溢价收益率，投资者持有信用债比持有利率债承担更多风险，所以发行人提供的利率较高，作为补偿。

只是上了岗位直接干，做最好的打算。"西瓦－乔西说，当时高盛的自营交易员的态度都是"做了再说"，用通俗的语言表达就是"如果想大幅加仓，就只管试……敢于犯错误，但要吸取教训"。他回忆说，1993年高盛有一个机遇瞬间，是一名交易员来到内部通讯机跟前说："买德国公债！"指的是买德国联邦政府债券。经纪人要是想知道自己应该买入多少公债，回复的人就说："我只是说买入。至于什么时候停止买入，我会告诉你的。"

还有一次，高盛在伦敦的首席经济学家加文·戴维斯（Gavyn Davies）来到自营交易柜台，讲授自己的宏观经济看法。有一名交易员打断了他的话，把穿着靴子的双脚放到桌子上说："戴维斯，我并无冒犯之意，但是我会自己做研究。上周末我去了西班牙好几个酒吧，我告诉你一个情况：里头没人。"这个刻薄的回答之后，又来了一句："我还有一个人生信条：哪个国家的水不能喝，就卖哪个国家的货币。"[1]

西瓦－乔西说，高盛的经营方式"非常有力"，而且"工作环境极佳"，但是"也有走下坡路的时候，我们1994年就发现了"。西瓦－乔西注意到，1993年有一段时间，好像伦敦分部的所有交易员都成了自营交易员："高盛当时有500多名自营交易员，他们都有同样的仓位。"那一年他挣的钱远远超过1亿美元。"我有些志得意满了。"

1993年12月，形势有了变化。西瓦－乔西下巨额赌注，预测英镑对日元会升值，他说："赌注超过10亿美元，是我经手的最高的仓位。"12月到1月，英镑升值，赌注开始有了回报，他赚到了大约3000万美元。"人们开始说，克里斯蒂安（西瓦－乔西）又要大赚一笔了。"他自信满满，甚至卖掉了看空期权，又给自己加了仓。

1994年2月，灾难降临。这个月，英国出现了严重的通货膨胀，而且美国总统克林顿严厉抨击日本贸易政策，威胁要加关税，限制配额。

---

[1] 意思是说，水源不好会影响经济，导致货币贬值。

西瓦-乔西回忆："英镑直线贬值，太经典了——市场找上门对付我来了。"2月的15个交易日期间，英镑对日元贬值10%。他说："我赶忙平仓，可是卖不掉，因为我做空了看空期权。真是一场灾难。市场要剥夺你，真是太有法子了！"这次交易崩溃期间，西瓦-乔西记得有一次产生了强烈的冲动，想站起来走出去，但是逼着自己留下来，承受了痛苦。等到决算的时候，西瓦-乔西亏了1亿—2亿美元，而这还只是一个交易员的一次赌注！

另外一个交易员劳伦斯·贝塞拉（Lawrence Becerra），1992年加入伦敦分部，后来当了高级自营交易员。伦敦交易员大卫·施瓦茨回忆道："所有这些交易员当中，贝塞拉可能是愿意承担风险最高的一个。"贝塞拉之前发起了一项巨额交易，跟意大利财政部的市场相关。施瓦茨说："他们一直加仓，业务一直对他们不利。当时的风气，整个的交易风气，是主管不要命令交易员做什么。奥布莱恩显然明白，他们在亏很多钱，但贝塞拉却相信交易，我认为奥布莱恩也相信。可是这项交易从来没有成功，因此不得不放弃，而放弃过程中又亏了更多的钱。"

没多久，伦敦分部的亏损就严重失控，科尔津和温克尔曼不得不飞到伦敦看看这些交易的仓位还能捞出什么东西来。温克尔曼见了西瓦-乔西，问："克里斯蒂安，坐下。这究竟是怎么回事？"

西瓦-乔西说："我已经亏了1亿多美元，我把一切都清算了。你想让我怎么办？"

温克尔曼说："你要是先前没有清算就来到我面前，你就不可能继续待在高盛。我想让你出去挽回局面，使用更低的风险限额。"西瓦-乔西听说自己没有被开除，很吃惊，也非常感激。他后来还升了职，主管经过改进的全欧洲自营交易柜台。这时，他又开始下另一笔交易赌注，预测固定收益证券将会贬值。美联储后来收紧货币供应，利率上升，债券价格下跌，他的做空赌注开始有了回报，挣回了亏损额的35%。

但是在纽约总部，这些亏损仍在产生震荡。保尔森说："市场对我们不利的时候，我学到一个教训：那个部门实在太没有纪律了，而且缺乏严格标准，而且太傲慢，总以为他们知道市场要如何如何，每个月都变得更好。他们总是想着市场会回暖。可是高盛不是对冲基金，我们绝对不能这么做！管委会应该仔细审查他们的做法，却没有做得那么仔细。"

问题之一在于，科尔津当时顶着两个头衔：联合CFO与固定收益部联合主管。一名投行领域的合伙人评论道："科尔津不是独立的状态。公司非常需要独立控制功能，而且必须运行一切交易。必须有人负责控制，负责合规方面，并且独立在账本上做记号，跟交易员碰头，有一条独立的职业轨道。还需要衡量每一笔交易的金额。你知道，鲁宾总是说起一些陷阱，很小却很深。哪怕概率很低，也不能让公司出现巨额亏损，必须做到自我保护。"

弗里德曼试图保护企业，不让每月的亏损越发严重。他采用的手段之一就是降低成本。华尔街的"降低成本"就是裁员，因为华尔街过去和现在的最大单项成本就是酬金。但弗里德曼并不想在1994年初就单方面决定裁员，原因之一是他本人已经决定退休，如果这时候减少交易员，就会使得企业增长减缓；这对其他合伙人来说是个负担，弗里德曼不愿意甩锅。弗里德曼还知道，交易环境也可能突然改善，这时候缺了交易员，桌上的钱就没有人拿了。弗里德曼搞了一次投票，决定是否裁员，发现只有他本人和金融类型的人才同意裁员。亏损越来越大，弗里德曼再次提议裁员，再次被否决。他说："我一向非常注意使用领导权力。高盛的高级合伙人权力太大，实际上不需要那么大。高级合伙人的任务就是确保员工感到自己受重视，有自由，有动力，以及有义务告诉你那些你不想听的事。我一向能放权就放权，让其他员工也参与决策。"

可是到了夏天，交易亏损越来越大，弗里德曼越来越疲惫。罗伯特·赫斯特与弗里德曼在怀俄明州杰克逊霍尔山谷都有房子，赫斯特记得，他有一次在山谷见到了弗里德曼，感觉这位高级合伙人非常痛苦。赫斯特记得他对弗里德曼说："你的工作实在是不可能完成的任务，我完全没有兴趣。"赫斯特解释道："我这么说是因为，我觉得他还要干几年，这年秋天不会退休。"另一名合伙人更直接："史蒂夫·弗里德曼讨厌CEO的职位，因为他感觉自己的人生不受自己控制了。"

赫斯特记得他听人说起过弗里德曼与科尔津的一次电话通话。当时，科尔津对弗里德曼说，那个星期，伦敦又亏了5000万美元。弗里德曼想让科尔津给交易仓位减仓，他后来告诉赫斯特："科尔津说什么也不愿意，说交易形势很好。"弗里德曼面临的问题之一是，少了鲁宾，他又对固定收益的经验不够，因此不知道该不该越过科尔津直接操控。问题之二是，1992—1993年，固定收益部利润太高，于是不论在何种情况下想要越过科尔津都十分困难。

弗里德曼虽然无法制止交易，但开始坚持裁员了。他说："只是别人并不像我这么担心。"他开始直接管理交易员："我花很多时间和交易员在一起，很多情况让我不满意。现在整个行业都是熊市，我们的交易员却跟不上形势。我让他们压缩了很多仓位。我看见不止一个人在岗位上一分钱也没赚，这情况持续了……该死，十个月有九个月是这样！所以我们大规模减仓，保持很高的流动性。我确实感觉我们的交易员对能力太过自信了。"

1994年这一年时间不断流逝，高盛合伙人越来越痛苦。一名银行业务合伙人回忆道："每个月，科尔津和温克尔曼都会站起来说：大家，很遗憾，我们又亏了1.5亿美元。"合伙人又说："1993年，我的资本账户大概是700万美元，后来减少到400万美元。每个月都减少三四十万。我一看，活见鬼，怎么可能？形势完全失控，可谁也不知道。大家的工作一片混乱，一点计划也没了。"此外，因为合伙人要承担无限责任，随着亏损越来越大，他们越来越担心自己的所有资产净值都可能面临危险。有些合伙人觉得，他们长期以来为高盛贡献得来的一切都极有可能丧失掉，因为他们的资本还在公司，年金则限制在资本账户8%的分红里。

1992年12月，迈克尔·奥布莱恩告诉英国《独立报》（The Independent）："外人看来，合伙人家资巨富，但实际情况完全相反。他们的资本都在公司内部。我的C类牌照福特牌格拉纳达轿车就是证明。"[另外一面：奥布莱恩的伦敦合伙人之一大卫·莫里森（David Morrison）开的是法拉利。][1]因交易亏损而让资本账户从700万降到400万的这名合伙人，这一年的报酬从56万美元下降到了32万美元。高盛像一列运载横财的火车，而这列火车发动机里却突然混入了很多沙子，运行严重受阻。

快到8月末的时候，弗里德曼越来越担心自己和高盛的健康，于是关于自己未来的暗示越来越明显。科尔津回忆道："公司的形势很差，而且麦克斯维尔的爆料还差不多每天一起，这让形势更糟糕了。那段时间特别紧张。"最后，终于决定减少不良交易的亏损。科尔津说："那些交易多么聪明，已经无关紧要了（必须采取措施改变。）我不是说这就是经验之谈，但是我们必须保持冷静，否则就做不好决策，会感情用事，而不能凭着概率、计算做决定。"

科尔津还记得夏末他和弗里德曼的一场对话，这次谈话让他感觉到，这位高级合伙人准备好退休了。科尔津说："我们的一场间接对话让我相信，我要升职了。"科尔津明显看出了弗里德曼的不对劲，"他感觉很差。我们谈怎么扭转局势的时候，我发现他的脸色非常不好看。对弗里德曼来说，困扰他的并不只有健康问题。这就是企业主管面临的又一种风险：可能赚到很多钱，但也必须自力更生"。其他合伙人也注意到了弗里德曼的健康问题。其中一个说："他旅行的时候心脏有问题，工作压力太大，心率就会加快，这让他很害怕。"

1994年全年，弗里德曼和卡茨多次在晚餐桌上见面，商量继承计划要怎么铺开。为了保密，他们专门选了纽约各处一些不出名的居民区，

---

[1] C类牌照代表轿车。福特牌格拉纳达属于经济型轿车，法拉利是豪华跑车。

因为在这些地方遇见高盛合伙人的可能性比较低。第一次晚餐选的是西十七街的一家意大利餐馆，远离高盛人经常出没的上东区，但是碰巧有一名合伙人在那里吃饭，商议只能中断了。

弗里德曼和卡茨反复讨论，公告应该怎么写，新的高级合伙人又该选哪一位，才能尽量避免政治上的内斗。华尔街大公司主管的更替，一般总是免不了内斗。1994年10月，弗里德曼回顾道："我想要避免一切政治问题，我还要给自己一个机会，也给其他管委会成员一个机会，继续评估不同的人一起工作的表现。我们看到很多企业的主管更替拖了很长时间，弄得谣言四起，帮派斗争，要不然就是想要掌权的人太多，也会拖延很久。我们坚信，高盛一定可以避免这种情况。"

弗里德曼想要在8月"投弹"（发布消息），但是跟卡茨、鲁宾谈了几次之后，决定劳动节[1]之后更适合协调管委会的日程，因为这时候大家都放完假，回到了纽约。9月6日，星期二，公司给管委会成员打电话，确保每一个成员第二天（星期三）都在纽约。保尔森说："弗里德曼没有专门给我打电话，没有直接的通知，只是说让我们都在纽约，他想让我们都集合。"保尔森平时在芝加哥，一般通过视频和管委会开会。开会的时候，他常常忘了摄像机还在拍他，就看起了报纸。纽约会议室就会有人出去，给保尔森打电话："你还在屏幕上呢！别抠鼻子了！"

这一次，保尔森飞到了纽约。他说："我知道有大事发生了，就在劳动节刚过的时候。"罗伯特·赫斯特是犹太人，如果在9月7日星期三参加这次特别会议就违反了犹太新年第二天的教规。[2]但卡茨坚持赫斯特一定要去。赫斯特问是什么会议，卡茨回答："不能说。"9月7日当天，管委会人员到齐后，弗里德曼就告诉这些最高层的合伙人，他将在下周之内退休，现在指定一位或两位继承人。赫斯特说："大家全都惊讶万

[1] 美国的劳动节为9月的第一个星期一。1994年劳动节是9月5日。

[2] 犹太新年要持续两天，1994年的犹太新年是9月6—7日，7日正好是新年庆祝的第二天。严格的犹太教规禁止在新年期间工作。

分。"一名合伙人对弗里德曼说，不要说笑话了。弗里德曼却说："我不是开玩笑。"很多人都不相信，包括保尔森。弗里德曼难道发疯了？散会之后，保尔森马上一个人去见了弗里德曼。保尔森记得当时他对弗里德曼说："公司正在紧要关头，你不能一走了之，一定要留下完成交接。"结果弗里德曼简略地告诉了保尔森他的心脏有问题。保尔森大吃一惊，但也没多说什么。后来，弗里德曼又把心脏病的事告诉了一名管委会成员。该成员回忆道："史蒂夫看上去比我还年轻呢！他精神特别好，我也不知道他身体不好，他告诉我才知道。我特别吃惊……（他的）压力太大了。我觉得有很多人批评他，给他施压，比如约翰·温伯格等等。这些人从来不知道他经历的困难，从来没有感同身受。"弗里德曼的妻子芭芭拉·弗里德曼格外担心他，因为他告诉合伙人，这个决定已经板上钉钉，无可更改。他向妻子保证，他在会议上对大家说得明明白白。

弗里德曼、卡茨虽然竭力让过渡有序进行，可是忽然间，高盛的权力真空第一次广为人知。高盛历史上其他的领导权变更，也是这么突然，比如利维去世，卡钦斯走人，然而当时的继承人至少是用心培养的，或者说是显而易见的。1994年却不是这样。弗里德曼一退休，权力斗争马上爆发了，高盛的历史上还从来没出现过这种事。让局面更紧张的是，弗里德曼指示管委会，他想要在下周一合伙人的例会上宣布新的领导班子，也就是五天以后；因此周日晚间必须做出决定。管委会中的一人说："好些人都横下一条心，拼命想当一把手。"

虽然管委会当时有12名成员，但可能执掌大权的不多。保尔森已经是弗里德曼的宠臣，也是公司的台柱子，能力无可置疑，但只有投行部门支持他。保尔森在投行的两位联合主管，罗伯特·赫斯特、威拉德·欧弗罗克也可能上台，但可能性就更小了。赫斯特可能性最小，因为他在怀俄明州杰克逊霍尔山谷对弗里德曼不经意地承认，他不想接班。还有罗伊·扎克伯格（股权部主管），管委会最早的成员，有意接班，但是大家都认为他只会自己夸自己，最多也只能算是过渡人选。固定收益部联合主管科尔津和温克尔曼是两个实力人物，只是固定收益部1994年还在发生巨额亏损。温克尔曼当初裁掉很多杰润员工，得了个外号"死神"，但他成功地让杰润扭亏为盈，而且固定收益部在1992—1993年表现很好，因此他获得了极高的声望。[1]先前，高层让温克尔曼当固定收益部联合主管，原因之一就是高层认为科尔津的交易太过鲁莽，想让温克尔曼制约他。鲁宾回忆道："我们发现，温克尔曼天分惊人。虽然杰润归我管，但真正让杰润翻盘、制订重组计划的却是温克尔曼。他的这个能力会带来极高的利润。"

自然，弗里德曼的声明，加上想要选择新的一位或者几位继承人的计划很快引发了一轮激烈斗争。舆论很快把高盛管委会与天主教的梵蒂冈教廷争夺教皇宝座的斗争相提并论。人们到处寻找烽烟的迹象。弗里德曼这年56岁，也承认说："我们的管委会就好像负责选举教皇的红衣主教团，都是了不起的人才。红衣主教团当中也有很多人合理合法地相信，自己应该得到提拔。一家公司要是没有很多人有自信当一把手，就该让我警惕了。我觉得，很多人有野心，表明公司很有力量。"

保尔森是弗里德曼中意的继承人选。保尔森说："要知道，我平时在芝加哥，人们不太熟悉我。我长得不像投行家，穿得不像投行家，说话也不像投行家。做事很粗糙，好多事还要学习。坦白说，我也问自己：可能还没有准备好吧？但我来了纽约之后，准备就大有进展，而且在纽约的战壕待过几年之后，肯定也就跟从芝加哥空降不一样了。"高盛很多人才都觉得，保尔森当一把手，从最好的角度来说，也是不可思议的。他是从芝加哥来的，相对在媒体上默默无闻，举止粗俗，像是瓷器店里的公牛；他对交易业务很不了解，也基本没有专业知识。但他很擅长拉业务。高盛前高级投行家罗博·卡普兰（Rob Kaplan）回忆他和保尔森在内陆钢铁公司（Inland Steel）和外装海运公司（Outboard Marine）共

---

[1] 温克尔曼上任，参见第九章前半。温克尔曼扭转杰润颓势，参见第十二章后半。

事的经历，评论道：“保尔森有着强盗一般的胆识。”

保尔森一直在跟弗里德曼保持关系。两人不仅是朋友，还都是运动员，有共同语言。弗里德曼是康奈尔大学（Cornell）全国摔跤冠军，保尔森则是新罕布什尔州达特茅斯学院（Dartmouth）的全美橄榄球赛的前锋。保尔森入职高盛几年后，弗里德曼向保尔森挑战摔跤。地点不是公司内部，而是纽约州威彻斯特县一处摔跤场上。在达特茅斯学院期间，保尔森学过一点摔跤，但18岁之后就没再摔过。他看了一眼弗里德曼后，就有点同情弗里德曼，因为弗里德曼的块头比他小，体重也轻。不过弗里德曼一直在曼哈顿下城运动员俱乐部（Downtown Athletic Club）跟着康奈尔摔跤队训练，以保持自己的水平。保尔森回忆那场比赛说：“我用背摔很快就把他摔倒了。紧接着我也仰面朝天倒下。以前还没有人摔倒过我，我很生气，心想：这小个子哪怕是我老板，我也要把他举起来，让他吃点苦头！我朝他发起五六次进攻，结果都被他摔倒了。第二天早上，我爬起来，拼尽全力才装得跟没事人一样下了床，然后穿好衣服走了出去。”走运的是，保尔森穿上正装之后，身上的无数青紫、擦伤都被掩盖住了。弗里德曼还挑战过另一名合伙人基德·蔡特林（Jide Zeitlin），蔡特林也是阿莫斯特学院（Amherst）[1]即兴摔跤比赛的选手。

弗里德曼为了检验自己对保尔森的看法，飞到首都华盛顿，在白宫与鲁宾（这时候鲁宾还没当上财政部长）讨论保尔森当一把手的事。鲁宾同意保尔森主管高盛。与鲁宾见面之后，弗里德曼又找到保尔森。保尔森回忆道：“他第一次开会就马上提出让我当主管。他希望我成为历任主管之一。”但保尔森却无法回答：“我吓了一大跳，非常震惊，脑子转不过来。我跟他说了再见，马上就真的走了，我没跟任何人说话就坐上飞机回了芝加哥。”保尔森在车上打电话给妻子温迪，说了这件事：“温

---

[1] 麻省著名私立本科学院。阿莫斯特是麻省西部小镇，镇上有一个五所文理学院的联盟：阿莫斯特学院、曼荷莲学院（Mount Holyoke College）、史密斯学院（Smith College）、罕布什尔学院（Hampshire College）、马萨诸塞大学阿莫斯特分校（UMass Amherst）。

迪说什么也不让我当主管，我说我也非常不可能当主管。我觉得应该会有别的候选人。"但是把虚伪的谦虚放到一边，保尔森和别人一样想当主管。

弗里德曼告知管委会，关于将来让谁主管高盛，他想听听所有人的意见；而且他想跟每一个成员单独会谈，采用的方式是常见的"交叉吃张法"（桥牌同一方的人互相出王牌的战术）。弗里德曼让成员们告知他：第一，高盛最好采取什么领导结构？ 第二，想让谁当一把手？ 他让成员们把意见写下来，鼓励他们一起见面。成员们又惊又怒。一名高盛高管评论道："很多管委会成员完全没有准备，措手不及。我知道他们都很生气，他们也向我表达了愤怒。只是我没料到他们会这么愤怒。他们觉得1994年公司表现不好，面临很大麻烦，想让领导层稳固，能够渡过危机，但弗里德曼却让他们失望了。他们觉得弗里德曼在关键时刻一走了之。"

接下来两天，弗里德曼见了管委会全体成员，只有两个没有面见，而是打了电话。之所以把时间安排得这么紧，是为了避免泄密。弗里德曼认为，这个秘密最多能保守一周。另外也是要避免政治拉拢行为。他说："我把这件事看作我们能做的最纯粹的决定。"一次，某人偷听到管委会成员大卫·塞尔芬（David Silfen）对赫斯特说："赫斯特，我知道今年光景会很糟，但我真的不知道会有多么糟。"

当时，管委会所有人基本都梦想掌权，包括赫斯特。但赫斯特相对比较早地看出了未来走向。[1]他说："科尔津已经是既成事实。我觉得他没有任何问题。他一直想当一把手，一直很努力地争取。他是我们的首席财务官，也是最大部门（固定收益部）的联合主管（但高盛也有些人觉得这个双重身份是个巨大的不利因素）。这个人选必须考虑固定收益部。科尔津风度一流，受人爱戴……于是问题就变成：人选要怎样组合？

---

[1] 原文 which way the tea leaves were trending，直译"茶叶漂的方向"，指西方传统的茶叶占卜。

是否是联合主管？一个人还是两个人？"

最后达成了惊人的共识：将以科尔津和保尔森联合的方式管理高盛。管委会多数人觉得科尔津一人就可以领导公司，但投行家们坚持调整这一看法，主张科尔津需要保尔森当决定性的二把手。弗里德曼说："科尔津、保尔森二人之外，再也没有谁能获得一张选票，除非自己选自己，或者他最好的密友才选他。可以确定的是，这两人之外谁也没有获得广泛的支持，大多数人都认为，解决方案可以包括科尔津。但还有一点引人注目，那就是哪怕这些人也会认为，必须有个强势的人跟科尔津搭档。我记得，认为与科尔津独处很舒心的，只有科尔津自己。而且多数人也认为，要找个搭档，最强的就是汉克·保尔森。"

到了周末，保尔森回到纽约的时候，局势已经明朗，他会与科尔津以某种联合方式管理高盛。唯一不确定的是，两人之间能不能达成协议？后来，弗里德曼催促保尔森致电科尔津，讨论怎样合作。周三，保尔森十分震惊地离开纽约前往芝加哥，思考这一决定的走向。保尔森给科尔津打了一个电话，但科尔津没有回。过了一天左右，两人通话了。保尔森回忆道："我看得很清楚，他想一个人当主管。"保尔森觉得这样不对："整件事让我非常不安。史蒂夫（弗里德曼）离开得太突然，而且一个星期之内就要选定新主管，对我影响很大。"保尔森飞回纽约之前告诉妻子："你应该用不着担心。我也不确定我是否愿意当主管。我相信公司会选别人的。"他认为自己肯定不可能。

周六，保尔森见了科尔津与卡茨，地点是他位于比克曼大厦（Beekman Place）的大型公寓，能够俯瞰东河。就在这里，科尔津明确宣布，他有意担任CEO（虽然私人合伙企业其实没有CEO），也会接受保尔森为首席运营官。科尔津说："公司一直都在培养我，让我当CFO，把我从交易室带出来，让我跟银行、其他股东对话。我开始意识到，他们要让我担任更高的职务，有点像政界的竞选。人们会想：也许初选有机会，也许最后有机会。可是，人生当中，没有什么是确定的。"

在弗里德曼的催促之下，保尔森与科尔津共进早餐。保尔森住在第五大街上的皮埃尔大酒店，周日早晨，两人在酒店吃了早饭。一名高盛合伙人说："与科尔津在一起就会发现，他非常有魅力，魅力简直绝了。但他说话很不直接。"饭桌上，科尔津告诉保尔森："我会是你合作过的最优秀的合伙人。"还说他要当CEO，让保尔森当COO。保尔森回忆："我记得，我愿意不是因为我特别渴望当高盛主管，而是因为在我看来高盛一直如此，总是联合主管。之前是两个约翰（怀特黑德、温伯格），还有史蒂夫（弗里德曼）和鲍勃（鲁宾）。没有过CEO、COO。没有CEO，是因为我们是合伙企业，高级合伙人是我们的老板，但是管委会一人一票，没有人可以搞独裁。"

皮埃尔大酒店早餐之后，两人去了中央公园，边走边谈。散完步后，保尔森对科尔津对于联合主管协议的态度不太清楚。保尔森回忆道："他总是跟我说：'我这个合伙人优秀得让你不敢相信，我们的融洽也会让你不敢相信。'我就想：这么办恐怕不成。我会表现很好吗？会喜欢这份工作吗？我们合作能顺利吗？我当然不想成为半路退出的高级合伙人，所以我要办成这件事。"两人从公园打车回了比克曼大厦公寓。之后，保尔森去跟弗里德曼商议，科尔津与铁杆同盟卡茨走了。

保尔森来到弗里德曼的公寓，弗里德曼问他是否跟科尔津谈过了。保尔森回答说谈过了。弗里德曼又问："那他告诉你了没有，他要当高级合伙人，让你当COO？"

保尔森回答："他其实没有说这么清楚。我也不确定他是什么意思。"

弗里德曼说："好吧，就是这样。你应该当COO了。"弗里德曼后来评论道："我们都认为他们会配合得十分默契，我们非常乐观。他们愿意合作。"

当天下午，管委会在联合国广场的柏悦酒店（Plaza–Park Hyatt Hotel）再次开会。弗里德曼正式提名保尔森和科尔津两人，然后两人对合伙人们发表简短演说，并回答问题。管委会讨论两人的提名期间，两人离开去看美国网球公开赛决赛的实况转播了。很快，管委会一致通过新的领导班子，科尔津任CEO，保尔森任COO。众人举杯祝贺，然后管委会开始讨论提名哪些人当新任合伙人，这种讨论一年两次。弗里德曼致电怀特黑德通报了情况，当晚，他又前往纽约州威彻斯特县斯卡斯戴尔市与高级合伙人约翰·温伯格共进晚餐，通报当天他与管委会的决定。弗里德曼回忆温伯格说的话："非常感谢你的敏锐，也非常感谢你来专门看我。我非常理解。"[1] 不过，弗里德曼小心安排的接班计划完全失败了，温伯格对此可一点儿也不高兴。

保尔森在银行业的合伙人，比如赫斯特、欧弗罗克、法伊夫，他们也是管委会成员，质疑保尔森打算当科尔津副手的决定。他们认为保尔森应该坚持跟科尔津一起担任联合高级合伙人，确保公司的投行部合伙人拥有足够的权力。他们觉得保尔森手里有一些好牌没有打。保尔森说："我记得，后来，管委会有几个人跟我说，这份工作我不应该接受。"但他对管委会的人说："是这样，对于现在这种安排，我只有最低程度的满意。总体上，我是不满意的。可我和科尔津要么能合作，要么就不能合作。如果不能合作，那无论是我们当联合主管，还是现在这种安排，都没有什么区别。"

保尔森对银行业合伙人同事承认，他这么说只是因为他没有得到管委会足够的支持（因此没当上联合高级合伙人），他想为这种情况辩护而已。保尔森说："另一方面，你们必须意识到，这一切对我来说有多么突然，而且又多么重大。要搬到纽约，走马上任，要跟陌生人担任联合主管。"诚然，科尔津讨人喜欢，待人友好，几乎算得上是政治家，但两人实在完全不同。保尔森一直很犹豫。他说："我并没有这种想法——'我准备好当高盛主管了，我能负责方方面面，全公司都归我管，上帝作证，我决心不惜一切当上主管！'我没有过这样的想法。"

---

[1] 母语顾问猜测，温伯格在这里只是为了礼貌说了一些场面话。

　　第二天星期一下午，弗里德曼、保尔森与科尔津对全球150名合伙人发布了管理层变动的消息。一名纽约的银行业合伙人当天在旧金山，一听到消息就完全傻掉了。他回忆道："我在听电话，史蒂夫·弗里德曼开始讲话，他说：'我身体不好，要退休了。'我心想：'什么鬼？'我们以为公司要倒闭了。首先我想问，公司的高级合伙人都是谁？约翰·温伯格，鲍勃·鲁宾，史蒂夫·弗里德曼，乔·科尔津，亨利·保尔森。十年换了五个CEO。我是说，我实在想不起来哪家公司十年换五个CEO，别说是大公司了！1994年，我们真的以为公司要破产了。"

　　9月13日，高盛宣布弗里德曼11月退休，届时，47岁的科尔津会继承高级合伙人的岗位，担任管委会主席（科尔津认为这就是CEO了），48岁的保尔森则"当二把手"（《纽约时报》报道）、管委会副主席以及首席运营官。弗里德曼会跟约翰·温伯格一样担任"高级董事长"，搬进公园大道的西格拉姆大厦。新闻稿里提出了人人想问的一些问题，比如：弗里德曼为什么要退休？是健康原因，政变下台，还是他用人不当，无法管理高盛到年底，度过这艰难的一年？弗里德曼的一份备忘录说："工作强度到了极点，会让人非常疲劳。"但他接受《纽约时报》的记者采访时，主要谈的是其他问题。他自问自答："我怎么会决定退休呢？你看看这个吧。"然后拿出一张大幅照片，拍的是怀俄明州杰克逊霍尔镇上住宅周围的群山，山顶积雪。"你再看看这个。"他又拿出一张宽街85号办公室窗户的照片，周围是很多写字楼，只能看到一点水面。弗里德曼问："哪个好？"关于他健康的谣言，弗里德曼一概否认："我身体很好，所以我才要保持这么好。只是在华尔街上，人们才会奇怪，我为什么不想花半天时间打电话，半天时间坐飞机。"弗里德曼还说，他每天都跑步，跑六英里（约9.66千米）。

　　巧合的是，1994年，保尔森的身体也不好，只是公司里谁也不知道。保尔森去的教堂在中央公园西大道，有些人在教堂里听见保尔森讨论一些可怕的健康问题。这些人后来回忆说，保尔森说他得了癌症。但保尔森自己不承认这么说过，只是不知道究竟是什么病。保尔森说："我是基督教科学派信徒，不会去看医生做诊断[1]。我相信自己没有得癌症。1994年上半年有一阵确实感觉不好，我记得，到了夏天，有些时候完全没有力气，于是我就在家办公，做很多祈祷，这样过了大概两个月。直到问题处理完了，我才好起来。我一辈子都靠着祈祷维持健康。"他相信过去已经用祈祷恢复了很多次。

另外有一个谣言说，弗里德曼太"高冷"，导致一些合伙人不满，结成阴谋集团，发动叛乱。弗里德曼说："150名合伙人不可能全都满意，这话我是不会跟你说的。一直有人说我高冷，但是，就我的体验，我们的管委会是最有学院派作风的。而且，我听到公司外面的人说我们一团糟，我就会不舒服。因为根本没有一团糟。"科尔津也否认高盛有问题，他告诉《纽约时报》记者："我绝不可能往火坑里跳，不管是主动还是被动！"当时，斯坦福·C.伯恩斯坦公司（Sanford C.Bernstein）有一位分析师名叫盖伊·莫什科夫斯基（Guy Moszkowski）[2]，负责报道金融界的新闻。盖伊发现，1994年大多数华尔街公司都有类似的情况，"一把手想要退休，但因为环境而不能"。《纽约时报》评论，科尔津比弗里德曼更加开朗，和蔼可亲，而且客户非常喜欢科尔津，于是，"他或许能让一些公司里相互不和的骄傲之人联合起来，而这家公司有数百名百万富翁"。报道还说，两人应该可以和谐相处，因为保尔森是投行家，与科尔津的交易技能互补。"提到团队合作，他们的态度很热情。"此外，他们表现得都很健康：科尔津喜欢长跑（还有国际象棋），保尔森也每天慢跑至少三英里（约4.83千米）。报道没有提到科尔津有高血压。一次有人告诉科尔津，他耳垂上有一些深深的纹路，与心脏病有关，他被吓得要死。报道当然也没有提到保尔森担心的癌症。弗里德曼、科尔津和保

---

[1] 这是一种基督教新教的边缘教派，认为疾病是虚幻的，崇尚依靠祈祷治病，被很多教派看作异端。它名字里的"科学"只是一种宗教观念，并非真正的科学体系。

[2] 后来加入所罗门美邦和美林。

尔森都有天美时铁人牌（Timex Ironman）数字手表，保尔森的手表是弗里德曼送给他的。科尔津还努力安慰马克·温克尔曼，不让他太过难受。科尔津告诉《机构投资者》杂志："我跟马克的关系是我这辈子最好的体验之一。我们坐一间办公室，我们同甘苦，共患难。我认为，他是我相处过的最聪明、最能干的人之一。有马克建设未来，高盛前途就会十分远大。"

高盛的"政治局"选定了科尔津、保尔森担任主管。而这两个人在高盛可谓是最不相同的两个极端。科尔津1947年1月1日生于伊利诺伊州威利站地区（Willey Station）的一座家庭农场，在农场上长大。这地区的人口只有40人。[1]一家人生活在大萧条的阴影中。20世纪20年代，科尔津的祖父举债经营农场，十分成功，拥有2500英亩（约10.12平方千米）土地，还有一家银行。他是伊利诺伊州的众议员，还是州共和党的领袖。

可是，大萧条一来，祖父一家什么都没有了。理所当然，这影响了科尔津父亲的一生。科尔津说："爸爸从来没有过信用卡，因为他看到了祖父的遭遇，一丁点金融风险也不愿承担。"当时，科尔津的爸爸只有16岁，去了一家煤矿干活，后来参加二战，上了法国的阿登战役的前线。复员之后，科尔津的爸爸从科尔津的姨妈手中租下了120英亩（约0.49平方千米）农场，当了"佃户农场主"，晚上卖保险，补贴一家人微薄的收入。科尔津的妈妈当小学教师，一当就是30年。

科尔津小时候上的是泰勒维尔（Taylorville）公立学校。在中学期间，他热爱体育，喜欢篮球、橄榄球，还努力跟女孩子进行来之不易的约会。他说："说实在话，那段时间我非常快乐。"那所中学，篮球的地位几乎类似宗教，非常神圣。他是校队的后卫兼队长，身高6英尺2英寸（约

---

[1] 威利站是克里斯蒂安县的一个非建制地区。非建制地区指没有自治权，而是被更高层的行政区划（国家、省、州、郡或县）所管理的地区。

188厘米）。他还在校橄榄球队担任首发四分卫，当了三年。体育教会了他一些陈腐但实用的人生道理："做什么都必须用尽全力，被打倒了必须爬起来，必须学会团队合作，特别是自己不算最聪明，不算最强壮，也不像迈克尔·乔丹那么有本事。这次人生课程对我意义重大。"

13岁那年，科尔津找到了第一份工作，夏天在全县的集市上卖热狗。[1]过了几年，他除了参加体育比赛、上学，还在一家露天游乐场运营一个舞厅。接下来几年的暑假，他都去建筑工地，建设一所核电站。

1965年，科尔津中学毕业，去了45英里（约72.5千米）外的伊利诺伊大学厄巴那–香槟分校（University of Illinois at Urbana- Champaign）。他说："我以前说，一生最大的转折，不是从芝加哥来纽约，也不是从俄亥俄州哥伦布市[2]来纽约，而是从泰勒维尔中学来伊利诺伊大学。这所大学里有五万学生。"他来这里，一是因为学费便宜，每学期只要几百美元；二是因为中学的恋人乔安妮·多尔蒂（Joanne Dougherty）也上了这所大学。科尔津念的是经济学专业。

1969年，科尔津和多尔蒂结了婚，也从学校毕业了。而且科尔津已经受聘加利福尼亚州大学洛杉矶分校（UCLA），参与一个博士后项目。两人将收拾好的行李放上一辆"友好"（U-Haul）公司面包车里，就开车到了加利福尼亚州。可是，仅上了四个星期的课，科尔津就遭遇了不可避免的命运：一封泰勒维尔征兵局的通知书，命令他参军。科尔津说："你要是也来自我的家乡克里斯蒂安县，你可能就会继续开车，直接开到征兵站去了。"[3]科尔津决定加入海军陆战队，在圣迭戈（加利福尼亚州港市）完成了基本训练。他的教官给他起了个"教授"的外号。他说："整个排里，我是唯一的大学毕业生。我记得隔一阵就要被痛打一次。"

科尔津离开了海军新兵训练营，又来到加利福尼亚州彭德尔顿训

---

[1] 美国传统，每个县每年的大集要交易农畜产品，也会举办竞赛。

[2] 俄亥俄州首府。

[3] 母语顾问解说，当时普遍认为，人口稀疏的地方出来的人当兵会更容易。

练营（Camp Pendleton），学会了操作迫击炮，但一直没有被派往越南。这时候，乔安妮怀孕了，于是两口子回到泰勒维尔，乔安妮当了教师。科尔津想要找工作，没找到，最后搬到芝加哥，到处给银行投简历，最终在1970年进了伊利诺伊大陆银行及信托公司（Continental Illinois National Bank and Trust），给伊利诺伊州、威斯康星州、密歇根州的小型社区银行提供咨询，指导这些银行的投资组合，一周要出差三天。晚上，他去芝加哥大学（University of Chicago）攻读MBA，大陆银行出一部分学费。科尔津记得有一门夜校课程的讲师是著名经济学家费希尔·布莱克（Fischer Black），当时还在芝加哥大学当教授。科尔津说："我发誓，我直到今天都不知道这门课讲的是什么。全都是方程式，没完没了。他最后给了我一个C+的分数。[1]他是个很好的人。这从道德上就等价于失败了。"后来，布莱克获得诺贝尔经济学奖，又在科尔津帮助下当上了高盛合伙人。

科尔津为伊利诺伊大陆银行在美国中西部[2]奔走三年后，决定辞职，成了全日制MBA学生。为了支付芝加哥大学最后一年的学费，他用信用卡借了钱，这是他父亲永远不会做的事。他说："（我们）婴儿潮一代[3]都是这样，很早就学会了大规模借贷。"

1973年，科尔津毕业了，想去华尔街工作，却被美林和所罗门兄弟拒了。走运的是，他在伊利诺伊大陆银行的前老板已经来到俄亥俄州哥伦布市的第一银行公司（Bank One），于是聘请他帮助管理债券投资组合，决定应该买入或者卖出哪些市政或财政部的证券。

芝加哥有一名高盛的机构证券销售员，曾拜访过第一银行的科尔津，

---

[1] 大多数美国学校采取ABCD等级制，C是中等水平，F是不及格。科尔津的意思是教授不愿意给他打低分，给了他面子。

[2] 美国地理上分为四大区，东北、中西、南部、西部。中西部地理上位于美国中北部，含12个州：伊利诺伊、印第安纳、艾奥瓦、堪萨斯、密歇根、明尼苏达、密苏里、内布拉斯加、北达科他、俄亥俄、南达科他、威斯康星。

[3] 美国1946—1964年出生的一代。

推销银行政府债券。大多数时间，两人都是电话交谈。后来，销售员决定问问科尔津是否有意来高盛面试。高盛多年来一直忽视的固定收益业务，这时候刚刚开始建设。科尔津是芝加哥大学MBA，又有第一银行的经验，似乎可以在这方面大有作为。科尔津和其他人一样经历了漫长的20轮面试，最后见了乔治·罗斯（George Ross），罗斯当时管理固定收益部，后来当上了高盛费城分部主管。1975年，科尔津到纽约入职的第一天，纽约的高盛员工他一个也没见过："我这辈子第一次来纽约，就是我走进高盛大门的第一天。以前一直没来过纽约。我穿着运动衣就进去了，模样就像个乡巴佬。"

科尔津当了政府债券柜台的实习生。他在第一银行年薪15000美元，而高盛给了他5万。但他还有不少债务要还，当时已经有了住房抵押贷款，还有学费贷款；两口子又生了第二个孩子。他来高盛上班，但妻子、两个孩子又在哥伦布市待了九个月，乔安妮继续在哥伦布教书。科尔津的任务是发送交易确认信息，买咖啡，接电话。电话在响第二声之前必须接起来。柜台的一个员工说："电话经常是妓女或者赌博经纪人打来的。"不过，对于交易的流程，怎么当个优秀交易员，科尔津基本没有概念。最后，科尔津有了进步，开始顶替那些在度假的交易员交易美国财政部的债券和票据。

科尔津当时的领导是唐·席汉（Don Sheehan）。一天，科尔津迎来了第一个突破。席汉下午5点下班，下班前，他让科尔津检查他当天买入的财政部债券。科尔津发现，席汉买入了大量带有认股权证的财政部债券。以特定价钱买入更多债券是权利，但并非义务。而这些债券没有适当的对冲措施。科尔津说："我简直要说'我的老天爷'！我们的计算出了大问题。我们应该在买入认股权证的同时卖出债券，可是团队忘了。"科尔津与其他员工一直忙到凌晨4点，计算这个问题有多严重。他说："我们发现我们做多了，超出了极限的10倍。最后交易完成得很好，但我们必须通知美联储，因为我们超过了规定的极限。"于是，古斯·利维打电话痛斥科尔津，两人就以这种方式见了面。科尔津说："利维比魔鬼还要恐怖！我只记得这么些。我们总算顺利完成了交易，挣的钱比柜台过去两年挣的还要多，大概有1000万美元。这么大的数字虽然很有意义，但本来不应该发生，于是挣钱的人就都没有奖励，因为这原本可能变成一场大灾难。"但科尔津在席汉手下学到很多："席汉的市场手腕是我见过的人里最厉害的。"科尔津还发现，政府债券柜台似乎有很多爱尔兰天主教教徒，他对此也十分满意："犹太公司里面有一个爱尔兰帮派。"

18个月之后，科尔津又迎来了一个大突破。这时，以席汉为首的一群政府债券交易员离开高盛，加入了E.F.赫顿证券公司（E.F. Hutton）。因为他们突然辞职，高盛花了几个月才找到新的交易员顶替。这段时间，科尔津不得不承担重任："我不得不接受所有交易任务，干了三个月公司才找到新人。我挣的钱……比柜台过去几年挣的都要多。这是纯粹的运气，但确实让人注意到了我。"科尔津很快当上了合伙人埃里克·肖恩伯格（Eric Schoenberg）与维克多·张（Victor Chang）的直接手下。高盛从J.P.摩根聘来了弗兰克·斯米尔，重建高盛的固定收益部。[1]斯米尔也非常喜欢科尔津。科尔津说："谁在高盛做得好，谁就能吸引人注意；谁在高盛工作比别人都努力，也会吸引人注意。"有一年，科尔津拿了15万美元奖金，完全出乎意料。科尔津打电话给他爸爸报告这个好消息。他爸爸说："你还是搬回家来住吧。"[2]1979年，科尔津主管了政府债券柜台的运行，1980年当上合伙人，此时他加入高盛只有四年半，年纪只有33岁。从任何角度说，这都算得上是一大成就。

马克·温克尔曼于1978年加入高盛（债券柜台），之前在世界银行（World Bank）当过四年高级投资官员。一开始，科尔津和温克尔曼两人合不来。科尔津说："我和他当了很长时间的对手，因为我们俩都看到

---

[1] 此事参见第十章开头。

[2] 原文晦涩，不清楚爸爸想让他回家庆祝，还是搬回家来。按照母语顾问猜测翻译。

同样的机遇。"不过，1981年高盛收购杰润之后，鲁宾想要一石二鸟，把两人分开，让温克尔曼主管杰润，科尔津继续留在债券柜台。科尔津说："然后我们两人都开始明白了杰润的情况。他们做的事很多跟我们固定收益部做的事其实一模一样。"大约在1986年，高盛决定把杰润和高盛固定收益业务合并，创立超级集团FICC，全名为Fixed-Income, Currencies and Commodities，即"固定收益、货币和大宗交易"。温克尔曼和科尔津两人再次合作。有些高盛合伙人说，科尔津需要温克尔曼的智慧和眼力，并从中得益。这一次，两人合作成功了。科尔津说："我们在很多方面都让这一合伙关系变得十分有效。他非常聪明，跟我正好相反，他的计算能力是我有生以来在所有地方见过的所有人里最强的，而且他严守纪律。"其他合伙人则对这一关系看法消极，认为用最好的话说，打从一开始就十分紧张。

温伯格、鲁宾、弗里德曼认为科尔津过于疏忽，监管不严。他们这么想的一个原因是1986年发生的一次事件。当时高盛发起了一次巨额高风险交易,形势不妙。高盛大量买入了财政部证券,其票面利率是8.75%,同时又做空了财政部证券,其票面利率是9.25%。交易的发展方向同高盛交易员的期望完全相反，高盛很可能马上就亏掉几亿美元。科尔津当时在管理交易部门，不得不亲自上了前线。他回忆道："我回到柜台干了七个月，所有的柜台——企业柜台、市政公债柜台、杰润员工，全都参与了这次交易。"高盛先前指望日本人和少数几家持有证券的对冲基金能够展期，但失算了。科尔津说："才六个月就产生了严重的轧空[1]。我觉得，按市价核算的话，这是我要负责的最大一笔亏损。"科尔津虽然是管委会成员，但必须每隔一天就向管委会报告交易动向。众人提心吊胆了五个月，最后，赌局开始逆转，债券也按照交易员期待的方向发展了。

最终，科尔津把可能的1.5亿美元亏损风险变成了1000万美元的盈

---

[1] short squeeze, 指股价突然攀升，但股票严重供不应求，从而进一步推高股价，是做空股票的人最恐惧的现象。

利。他说："这是我最后一次担任交易员的日常工作。"当时，有一名辞职的交易员，惊讶于科尔津的胆识："科尔津走来走去，把所有人的仓位都拿过来，自己交易。不论这么做好不好，他都非常有领导能力，结果也相当好。他有领导力，很强势。他昨晚工作到很晚，因为一笔业务主要是跟日本做的，他就按照日本的工作时间来交易。"不过，理所当然地，企业的投行家们觉得交易风险太高了，十分不满。他们质疑道：科尔津怎么能允许这种亏损风险像癌症那样扩散呢？1986年这一场险些亏损的交易非常明显地预示了1994年再次发生的灾难。但科尔津相信，他避免1986年危机这件事让自己走上了官运亨通的路，使他八年后当上了高盛的高级合伙人。

高盛主要是一家犹太公司。亨利·保尔森与乔·科尔津虽然都不是犹太人，在高盛都算少数派，而且都在伊利诺伊州的农场上长大，但两人的成长经历、职业生涯却大相径庭。保尔森的祖父亨利·保尔森有一家高级手表批发公司。公司后来发展成美国中西部最大的手表批发商、修理商，"使得一家人过上了富豪的生活"，在伊利诺伊州伊文斯顿市买了一栋宅子，还在佛罗里达州棕榈滩县买了一栋"简朴的"房子用于过冬。

保尔森的父亲跟儿子的学名一样，叫亨利·保尔森，热爱农业。保尔森从伊利诺伊州南部的普林西庇亚学院（Principia College）毕业，这是一所基督教科学派学校，他称之为"基督教科学派大家庭"。之后，保尔森说服爸爸在佛罗里达州棕榈滩县北部的斯图尔特市买了一块农田，一家人在二战结束后搬到那里，开辟了一块牧场，饲养婆罗门牛（一种印度牛）。保尔森是父亲的第三个儿子，常用名是"汉克"，1946年3月24日生于棕榈滩县。也是这一年，保尔森祖父的生意走了下坡路，父亲不得不卖掉佛罗里达州的农场，回到芝加哥照顾手表生意。但手表公司最终破产。一家人在伊利诺伊州温尼卡一个车库里面的小套间住了一阵，后来又搬到芝加哥市中心往西大约40英里（约64.37千米）的巴灵顿市一处75英亩（约0.3平方千米）的农场里。

　　亨利·保尔森小时候基本上就在巴灵顿农场度过。2009年，保尔森在回忆录[1]里写道："我们成日与马、猪、牛、羊、鸡为伴，当然还有我的宝贝浣熊和乌鸦。我经常做家务，挤牛奶，打扫畜栏，捆干草。我们搅黄油制作奶油，喝自己的牛挤出来的奶。我们杀鸡，杀猪，宰羊，为冬天存储食物。妈妈会把菜园摘来的蔬菜冷冻备用。"

　　保尔森的父亲"极为重视工作道德"，不让保尔森睡懒觉，洗淋浴的时间也只有几分钟。保尔森说："我们必须早起，勤奋工作，做一个有用的人。"

　　保尔森上七年级之前，父母觉得"土地虽多，钱却太少"，于是卖掉了75英亩的农场，全家搬到了距离芝加哥更远、面积也只有15英亩的小地方。保尔森说，自己是典型的公立学校的孩子。"我刚刚加入童子军，就下定决心要一直拿到雄鹰等级，也真的做到了。……（在中学）无论是橄榄球、摔跤还是学习成绩，我都出类拔萃，而且心态非常良好。"保尔森加入了中学橄榄球队，两边都打，所有比赛全都从头到尾参加。[2] "我是橄榄球的好手。"

　　达特茅斯学院的橄榄球教练鲍勃·布莱克曼（Bob Blackman）看重保尔森的橄榄球技能，让他加入了达特茅斯橄榄球队。保尔森在学院主修英语，从大二开始，每一场橄榄球赛都打首发。保尔森身高6英尺2英寸[3]，体重200磅（约91千克），在橄榄球界并不算很高大。他的对手，那些防守线卫，很多比他重五六十磅。但保尔森之前在农场的经历，在假期到荒野中远足的经历，让他拥有了码头工人般的体魄。1965年，他获得了全美橄榄球赛的荣誉称号。

---

[1] 这本书是《峭壁边缘》（*On the Brink*），主要内容是他在金融风暴中的行动，也写了自己的生平。

[2] 现代橄榄球，大部分球员在半场比赛中只会扮演进攻或防守一方面的角色，不会两边都打。这是形容保尔森非常投入。

[3] 因为巧合，与前文科尔津身高相同。

　　保尔森一家是基督教科学派，保尔森也定期去科学派教堂做礼拜。在回忆录中，保尔森说到自己的宗教信仰时，用的语气很平实："基督教科学派对我一直有巨大的影响。它信仰的是一个仁爱的上帝，而非一个令人畏惧的上帝。这会赋予一个人真正的自信。"有个说法说，科学派教徒得了病不能寻医问药，保尔森还试图辟谣："事实上，基督教科学派并不禁止医药治疗。但我很相信祈祷的作用，因为事实证明，祈祷对我治疗疾病、修身养性和应对职业生涯中的挑战一直非常有效。"

　　大四那年，保尔森有机会拿到雷诺兹奖学金去英国牛津学习英语专业，但他没有去，而是申请了哈佛商学院。保尔森是英语专业出身，没有任何商业经验，这种申请很不寻常。

　　1968年，保尔森得到了美国大学优等生联谊会的荣誉，毕业了。他与科尔津一样，也非常担心被征兵，参加越战。之前，他已经在达特茅斯大学加入了海军预备役军官训练营项目，在去哈佛商学院之前在印第安纳州西拉菲特市的普渡大学过了一个夏天。他写道："对海军预备役军官训练营来说，普渡大学是个古怪的选择——大学周围全是麦田，看不到一丁点的水。"但那里有一个公共游泳池，他和一位女救生员谈恋爱，有了一段夏日罗曼史。训练营最后几天，有一个晚上，两人打算一同度过。晚上游泳池已经关门了，周围的栅栏门上了锁，但保尔森和女友还是翻过栅栏，进了游泳池。一个警察赶到的时候，保尔森正在跳板上一上一下地跳跃。保尔森平时不喝酒，因此也就没有醉酒，得到了宽大处理。

　　这个警察刚刚加入西拉菲特市警队，前一天才把一个毁坏游泳池财物的人放出来。看见保尔森站在跳板上，警察非常不高兴。保尔森回忆道："他把我们带到了警局，取了指纹，对我们很凶，指控我们非法侵入。"警察还把保尔森的车拖走了，这次拖车是违法行为。第二天，保尔森对训练营队长解释了经过。"队长调查发现，我说的都是真的，也没有造成实际损害，于是警方撤销了指控。"

在达特茅斯的最后一个学期，保尔森经人介绍认识了女友，韦尔斯利学院的大三学生温迪·贾奇（Wendy Judge）。那年秋天，保尔森进了哈佛商学院，开始跟女友频繁约会。"我在商学院顺风顺水，学习也不算辛苦，很多时间都花在了韦尔斯利学院。"温迪也是美国大学优等生联谊会的会员，主修英语，热爱户外运动，总爱穿二手衣服。温迪在大四那年担任班长，与后来的克林顿夫人希拉里·罗德姆（Hillary Rodham）是同班同学。当时希拉里担任学生会主席。温迪从韦尔斯利学院毕业之后，打算在弗吉尼亚州匡蒂科镇（Quantico）教授航海学和游泳。保尔森和温迪"爱得正深"，他希望在商学院第一年和第二年之间的暑假离温迪近一点。可是按照训练营的计划，这个夏天保尔森必须在海上的巡洋舰度过，没法陪女友了。

保尔森没有服从命令，而是冒昧地给海军部部长办公室打了一个电话，看看能有什么办法。当时的海军部部长是约翰·查菲（John Chafee）。后来接线员把保尔森的电话转给了海军上校斯坦斯菲尔德·特纳（Stansfield Turner），特纳后来当上了卡特总统手下的中情局局长。保尔森突然向特纳提议：自己可以做一项课题，研究常春藤联盟各大学校园的海军预备役军官训练营。这个提议十分惊人，因为当时正是1969年，美国学生激烈反对越战，各地校园的训练营办公室都有人纵火！特纳竟然同意了，于是保尔森在五角大楼的一个小隔间里度过了夏天。"我的目的是陪着温迪，于是我写了这份报告，认识了不少人。"那年夏天，他还向温迪求婚了。八个星期之后，两人结了婚。

1970年，保尔森从哈佛商学院毕业，一家人搬到了首都华盛顿。保尔森又回到五角大楼，为"研究部"（Analysis Group）做事。研究部的人数不多，都是年轻人，精英，为国防部副部长兼审计长罗伯特·穆特（Robert Moot）做一些特殊项目。保尔森说："研究部就像一家小规模的投行。我们有各种项目，跟五角大楼各种高级官员合作。"

保尔森对五角大楼的工作感到满意，但他真正想去的地方是白宫。这个愿望是财政部长约翰·康纳利（John Connally）灌输给他的。一次，研究部一名同事辞职，去了白宫。保尔森有了这条人脉，就得到了一些见面机会。1972年4月，保尔森去了白宫，在刘易斯·英格曼（Lewis Engman）手下做事。英格曼是白宫高官约翰·埃利西曼（John Ehrlichman）在财政部的联络员。保尔森在埃利西曼领导的白宫国内事务委员会（Domestic Policy Council）担任助理，主要工作是税收政策、少数族裔、小型企业和最低工资问题。1972年6月，共和党尼克松竞选班子派人潜入水门大厦民主党办公室安装窃听器，事发后被捕。当时，保尔森和其他人一样，并没有太关注这件事。11月总统大选，尼克松以压倒性优势连任。之后，英格曼离开白宫，担任了联邦贸易委员会的主管。于是保尔森代替英格曼担任白宫与财政部的联络员。当时的财政部长是乔治·舒尔茨（George Shultz），后来担任里根政府的国务卿。保尔森发现，自己这么年轻就拥有了非常特殊的机会。他说："这次升迁，意义非常重大。"

保尔森到白宫后不久，埃利西曼就告诉他："重要的不光是自己把事情做对，还包括让别人知道你把事情做对了。"

保尔森回忆道，1973年1月，他曾与埃利西曼商议，当时媒体已经纷纷报道白宫办公厅主任H.R.哈尔德曼（H. R. Haldeman）卷入了水门事件。第二天，媒体又纷纷报道埃利西曼也卷入了。保尔森说："2月，哈尔德曼和埃利西曼辞职了。这是个很严重的打击，因为我觉得埃利西曼是白宫强大的正面力量，关注政策，发挥调停作用……不过，坏人为什么做坏事，好人为什么做好事，都没有什么意思。有意思的是，好人为什么做坏事。"保尔森和直接上司都没有卷入任何阴谋。保尔森又说："那个年代，水门事件之前，白宫权力很大。纳税申报单发到白宫的时候，我负责写一份备忘录的总结，进去面见总统，然后回到财政部。"可是，到了1973年12月，保尔森发现尼克松快要下台了，他也决定离开。

保尔森因为水门事件而对政界产生了严重幻灭情绪，但他还是把在白宫的时间看成重要的体验，对他人生观的形成有重大意义。他发现自己喜欢同时推进不止一个项目。他还学会了在高官面前轻松自如，不被高官吓到。他说："我从来不会因某人头衔响亮，身居高位，对我发号施令，而对他充满敬畏。"另外，我刚进入投行业，作为年轻人在政界的经验也派上了用场，毕竟我跟总统还有内阁高官合作过，这给了我很强的信心，就算我直接去找CEO也不害怕。"

到1973年年中，保尔森已经开始为了下一个岗位面试。他有多元背景，有同各大公司CEO合作的意愿，于是华尔街（特别是投行业）就成了保尔森的理想职业道路。他认为，高盛或者所罗门最合适，因为两家公司在芝加哥都有分部，规模大，口碑好。高盛的芝加哥分部主管是吉姆·戈特（James Gorter），所罗门的芝加哥分部主管是伊拉·哈里斯（Ira Harris）。这两人也都是各自公司的管委会委员。两家公司都想要保尔森，两家也都即将成为行业领军者。

保尔森开始与高盛智库见面，双方一拍即合。保尔森说："我不光见了吉姆·戈特，还见了怀特黑德、温伯格、鲁宾、弗里德曼，还有很多其他的人。我心想：我不在意他们在名次表上排行什么样，我只知道这些人实在非常聪明，非常好，我想要加入他们。"

1974年1月，保尔森加入高盛芝加哥分部，成为投资经理，负责美国中西部大型工业公司。这一年，高盛正面临宾州中铁多起诉讼，日子过得很艰难。在严峻的财政形势下，保尔森夫妻俩节俭的风格发挥了很大作用。他们从保尔森父母在伊利诺伊州巴林顿市的地产中买了5英亩（约2公顷）地。当年，保尔森就在这里长大。夫妻俩用钢和玻璃建了一所"乡村风格"的房子，坐落在小山上，俯瞰着一片大草原。他把宅子叫作"梅丽玛农庄"（Merimar Farm）。他清理了小路两边的植物，开辟出一条车道，修建了护墙，敲碎巨石盖起了壁炉。

一开始，保尔森与吉姆·戈特紧密合作，服务戈特现有的客户，比如阿莫科石油公司（Amoco）和沃尔格林食品药品公司（Walgreens）。后来，戈特把一些公司交给保尔森负责，都是些多年来一直把高盛挡在门外的公司，例如卡特彼勒工程机械公司（Caterpillar）、家乐氏食品公司（Kellogg）、内陆钢铁公司（Inland Steel）、阿彻·丹尼尔斯·米德兰粮食公司（Archer Daniels Midland）。戈特对保尔森说，要放轻松，不要在意短期内拿不下这些公司："你要是干得好，我一定能够看到，看见你在进步。只要你做得对，总会有回报的。"

保尔森在高盛的最初几年很艰难。他说："我之前的一切工作，只要人聪明，工作努力，就一定会成功。可是到了这里，就必须首先获得别人的信任。"但他也开始有了几次突破。首先，并购业务总数增加了，这是因为恶意收购增加，于是银行家也就自然可以对公司CEO说起怎样才能防御那些企业掠夺者的伤害。这方面，保尔森面对高官的自信，发挥了极大作用。他的谈判风格很独特，有时候显得凌乱，但效果很好。他还"爽朗地"把自己定位成"新闻报道银行家"，这也是他在政府部门学到的招数。他还发现，只要跟CEO关系好，就可以跟CFO关系好一些，虽然这样可能会得罪CFO。

保尔森见CEO的目的是确保还能有下一次见面机会，就好像大卫·马梅（David Mamet）[1]笔下的角色一样。保尔森说："每次我看见那个人（CEO），他就能学到新东西，会发现有意义，就会说，想再见到这个小伙子（我）。我并没有试图成为他们的密友，或者跟他们平起平坐的人。"他和公司高管谈到公司股票的表现，谈到业内的并购业务，他很清楚高管会感兴趣。他逐渐意识到，CEO都很孤独，很少能找到人交流思想。他愿意当这些CEO的反馈者。他说："我会给他们许多话题的意见，有很多话题和传统的投行业完全没有关系，比如他们公司的各种缺点，或者我认为某家公司CFO不够强，另一家公司某人更强，或者关于这家公司董事会的结构。我开诚布公，有时候甚至不近人情。这就是我的特色。"

---

[1] 马梅是美国当代著名剧作家，强调戏剧要始终关注"某人想从某人那里获得什么"。

他身为年轻的银行家，没有什么经验，却非常敢作敢为。有时候，客户竟然会专门让保尔森给他们留出一点时间，不要打电话太频繁。可是保尔森很难控制自己。

　　没多久，保尔森就开始连着接了不少大生意。他为麦格劳－爱迪生公司（McGraw-Edison）发行欧洲债券，为美国内陆钢铁公司在日本成立合资企业，将很多小公司卖给莎莉食品集团（Sara Lee）。他之所以能接这么多业务，原因之一是他并非犹太人。当时，美国中西部很多大企业高管公开反对犹太人，不想跟犹太公司打交道。保尔森说："我没有忽视这一点。70年代后期，假如我们是摩根士丹利的人，做生意就会容易得多。我只是从来没有专门想过。对我来说，高盛是精英体制（而不看员工出身如何）。"保尔森大部分时间都在同竞争对手抢生意。他喜欢从底层做起，争取越来越大的市场份额："我们非常喜欢与摩根士丹利竞争。"

　　保尔森那神奇的银行业技巧越来越出名，1982年当上了合伙人。他自认是高盛顶级银行家之一，虽然罗伯特·赫斯特也许不同意。保尔森说："我努力为企业拉到最多的业务。"保尔森与乔治·多蒂谈了一次，商量他成为合伙人应该投入多少资本。保尔森对多蒂说，他在巴林顿建造的住宅，到现在也只建成了三分之二。两口子睡在餐厅上面的一个开放式阁楼里，挨着孩子们的房间。保尔森说："我们有一笔额外的款子用来造房子，但不打算现在使用，所以有这么多（手势）可以投进高盛。"多蒂可怜保尔森，对他说用这笔钱造房子就行，投在高盛的资本可以减少。保尔森回忆："我忘了投多少钱了，不过相对比较少。当上合伙人之前，合伙人的地位很重要，但是当上之后，我就再也没太多考虑过。"保尔森虽然越来越有钱，但他对物质的需求依然在最低限度，尤其在高盛合伙人当中更是罕见。妻子温迪想让丈夫过得快乐，但其他方面"她（对金钱）就一点也不在意了"。保尔森回忆道："我们当时住在乡下，那里的人都不知道高盛是什么，当然也不知道高盛合伙人是什么人。"

高盛纷纷传说，保尔森是全公司最卖力的员工。保尔森自己也说："我干活十分投入。"但是，保尔森对怀特黑德、戈特、鲁宾、弗里德曼这些主管而言的魅力，不仅在于他传奇性的职业道德，增加营收的能力，还在于他为人节俭，重视家庭。保尔森不抽烟，不喝酒，不好色。人们都感到，保尔森绝不会闹出刘易斯·艾森伯格那样的丑事。而且他也不太可能高调挥霍自己越来越多的财富。戈特说："约翰·温伯格说过一句话，很有见地：'取得进步的时候，有些人成长，有些人膨胀。'你只要一感觉到有人膨胀了，就一定要赶快远离，因为他们失去了上进心，不肯好好干活了。亨利·保尔森却从来没有膨胀过，一直在成长。"

现实生活里，保尔森并不是过分的理想主义者。他在高盛树了很多敌人。他的态度总是很强势，又傲慢无礼，惹得一些合伙人不满，觉得他说话不过脑子，凭着冲动做决定。高盛内部有个保尔森的对手，字斟句酌地评论道："他是个行动导向的人，他的本领之一就是挑出那些聪明人，吸收他们的优秀思想，接着扣动扳机。"保尔森听说了这些批评，也没有否认自己有各种缺点。

但这些不完美却似乎一点儿也没有阻碍他的发展。1982年，保尔森当上合伙人之后，戈特请保尔森主管高盛在美国中西部的投行业务。这时候，戈特已经加入管委会很多年，在高盛执掌大权，堪称保尔森的"宗教领袖"。保尔森表示，他还没有考虑过加入管委会。但他承担起了责任，发现地区银行业需要重建起来。他聘了一组新的银行家，亲自培训。这时候，戈特与弗里德曼都决定保尔森应该参与制定高盛的长期战略，请保尔森加入了两个专门制定长期战略的委员会。

参与高盛的总体战略规划，不仅让保尔森参与决定高盛资源的部署，决定如何在全球扩张（这让他后来接触了日本、中国等国的领导人），而且让他能够同弗里德曼保持联系。保尔森没有浪费这个机会。他说："就算我在芝加哥，弗里德曼和鲁宾也让我感到与总部联系密切。对我提出的战略建议，对我关于服务客户的观点，他们好像总是很感兴趣。我对于投资银行服务（Investment Banking Services，简称IBS。怀特黑德新业务集团的发展成果）也有非常鲜明的看法，关于IBS应当怎样运作，怎样服务客户。"但保尔森也说，他虽然很喜欢担负管理责任，却从来没有渴望过进入最高领导层："我从来没有想过有一天我会主管高盛，没想过有意主管高盛，也没想过要管理一大群人，更没想过要去纽约。我只是希望成为中西部的优秀投行家。"

1988年，戈特退休了，保尔森成为芝加哥分部主管。1990年底，弗里德曼请保尔森与赫斯特、欧弗罗克两人联合出任投行部主管。这安排一开始有些尴尬，但三人相处融洽，合理分配了管理责任。三人还继续服务客户，这安排也让保尔森很满意。保尔森还负责亚洲业务，对于他来说，这是个全新的领域，因为他之前的海外经验基本只是在加拿大划独木舟。他说："他们都认为我应该负责亚洲业务，谁也不想去亚洲，因为我们在亚洲基本没有生意。我记得赫斯特跟我说：你应该去亚洲，因为芝加哥离亚洲比纽约更近。"

保尔森说，他"迷上了亚洲"，决定在亚洲开展高盛业务。先前，保尔森和鲁宾受命在墨西哥让墨西哥电信公司（Telmex）实现私有化，方法是努力拿到国企私有化的合同。他们在亚洲也是这么做的。保尔森说服了高盛合伙人，朝香港星空传媒（STAR TV）投资100万美元。星空传媒是当时香港最大的卫星电视服务商，所有者是亿万富翁李嘉诚。1992年，保尔森还说服了航运公司高管董建华，让董建华邀请他访华，会见了领导人江泽民，当时江泽民即将担任国家主席。1997年，董建华成为香港特别行政区第一任行政长官。保尔森说："江泽民主席对美国和市场非常了解，给我留下了极深的印象。"保尔森和高盛副董事长J.迈克尔·埃文斯（J. Michael Evans）密切合作，让高盛负责承销中国移动的IPO[1]。保尔森回忆道："我至今还记得，传奇式的中国总理朱镕基看着埃

---

[1] 1997年10月23日，中国移动有限公司在香港主板上市，发行股票27.97亿股，每股发行价11.68港币，共募集资金326.65亿港币。

文斯说：'埃文斯先生，像你这样的人才，我要是有十个，早就把所有的国企都改组啦。我要是有一百个，都能改变国家的前进方向。'" [1]

1994年秋天，保尔森与科尔津在中央公园散步的时候，毫无疑问，他已经成为高盛的首席银行家。但是目前的问题在于，他是否能找出一种途径，在科尔津手下当二把手，又能把高盛带出当下的泥潭呢？

弗里德曼辞职的消息刚刚发布，就出来很多谣言，说高盛会出现前所未有的有限合伙人"退休浪潮"，接下来五年会"卷走4亿美元合伙人资本"，让高盛的50亿美元资本大幅减少。弗里德曼承认，高盛确实在同一些私人投资者讨论，补充有限合伙人在离职以后可能会带走的资本，其中就包括弗里德曼本人，报道称他在高盛绑定了1亿美元资本。但是他也坚称，高盛并没有筹资的压力："我们的资本状况前所未有地充足，每次筹钱都不是紧急需要。"过了两个月，11月29日，高盛宣布又从夏威夷毕舍普地产筹到了2.5亿美元股本，占高盛股本的4%～5%，从而说明高盛价值在50亿～62.5亿美元之间，高于两年前的估值。[2]新投资让外部人士参股比率从16.5%升到了20.5%。

保尔森决定担任高盛二把手的消息发布之后，保尔森必须和妻子温迪严肃地谈一次。几天前，他离开芝加哥时明确告诉温迪，他不太可能主管高盛。而且他根本没想到这个周末要在纽约停留更长的时间，连换洗衣服都没带够。有人去了布克兄弟服装公司，给他买了几套衬衫和领带。温迪也给他寄了几套衣服。他住进皮埃尔酒店，待了几个月。他说："我没有回家，一直待在纽约。"周日晚上，在发布消息之前，保尔森给

---

[1] 根据高盛高管方风雷发表在中证网的文章，这次谈话发生在1997年11月27日，这一天朱总理在中南海紫光阁接见高盛和中金的代表。方风雷记载，前面的对话是："高盛做得很好，"朱总理说，然后指着迈克·埃文斯问，"你们高盛有多少个像他这样的人？"保尔森回答："只有一个。他在这个领域是全球顶尖的。"本书中，朱总理的对话未查到原文，是英文的回译。

[2] 两年前估值参见第十二章末尾。

温迪打了电话，告知了情况："温迪，我必须这么做。"温迪目瞪口呆。保尔森必须帮助高盛"渡过危机，然后我再重新考虑"。保尔森说，高盛急需主管，他一定要帮助高盛。科尔津已经当了一把手，这种情况下，保尔森觉得自己必须参与主管，确保企业的战略方向正常进行，也要确保裁员都是经过慎重考虑决定的。他告诉温迪："投行家们对现在的情况非常失望。我们现有的和利润相关的投行合伙人数目失调，而且他们都很担心交易亏损。我能够发挥作用，说服他们留下。我必须留在这儿，把这件事做完。"温迪遇到这么一个反转，很不高兴。保尔森说："温迪一直非常支持我的事业，这一次她说：太可怕了，但我还是来纽约吧，给咱们找个房子住。"2月，两人搬进了67号大街和百老汇交叉口一所剧院北边的一栋简朴的公寓楼里，保尔森常去的、位于公园西大道77号基督教科学教派的第二教堂转个角就到。后来，两人又花了288万美元在楼里买了两套公寓，打通了合在一起，2006年卖了将近800万美元。

从制度上来说，弗里德曼要到11月底才正式退休，但他很快就从宽街85号搬到了市中心，去跟约翰·温伯格做伴了。他还检查了身体："我经常感觉很糟糕，（心律不齐）症状出现得很多。但是有多常见，我不知道，因为我还不能感觉出这种病，以为自己只是在倒时差。"他去看了西奈山医院、纽约医院（New York Hospital）、克利夫兰诊所（Cleveland Clinic）的医生。他这种身体状况其实并不少见："大夫们担心的并不是心率有多快。给我做出诊断的时候，我的心率达到了一分钟150次。他们担心的是不规律。会不会有凝块，会不会中风？我从来没有想到过这种事，而且，我是个运动员，从来没想过要测脉搏。"诊断之后，大夫给弗里德曼开了抗凝血的药物。

多年之后，2002年底，弗里德曼也同很多高盛合伙人一样，参与了联邦政府工作。高盛前合伙人约书亚·博尔顿（Joshua Bolten）当时担任白宫办公室主任，想要招弗里德曼进来，代替劳伦斯·林赛（Lawrence Lindsey）担任布什总统经济政策助手兼国家经济委员会负责人。十年之前，克林顿给鲁宾创立了这个岗位。林赛反对政府对伊拉克战争真实成本的估计，他估计可能超过2000亿美元，于是布什突然把他解雇了。一天晚上，弗里德曼吃完饭，正在看书，忽然心脏病发作，然后在纽约医院一张推床上躺了九小时，一直在输液。回到家后，他决定给白宫的博尔顿打电话，说他没办法接受这个聘请，因为他太担心自己的心脏，也担心白宫会给自己太大压力。弗里德曼回忆道："我妻子当时就站在那儿，跟我击掌祝贺。"

过了五分钟，电话又响了。芭芭拉接了，去找弗里德曼："是白宫打来的。应该是总统。"弗里德曼说："应该是总统。"结果真的是布什。芭芭拉只能听见丈夫这边说话，一连串的"是，先生"。弗里德曼回忆道："总统说：你去跟医生谈一谈。我们真的需要你。你不用着急，去跟医生谈。他们说你能来，你就来。"总统的父亲是第41任总统老布什，总统说他的父亲以前有什么什么病，现在又有什么什么病。最后，总统说了一句结论性的话："我爸爸带着这样的身体打了一场战争。你当经济顾问没问题。"医生在确保弗里德曼能够遵医嘱服药之后，批准他上任，于是他上任了："结果，天哪，我在华盛顿干了两年，一次都没有发作。"

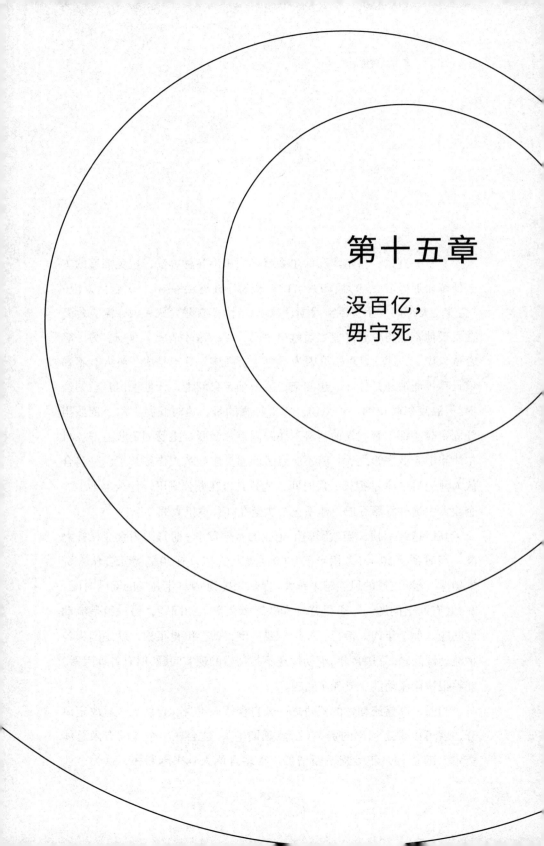

第十五章

没百亿，
毋宁死

　　打从一开始，科尔津和保尔森就必须想出各种办法，避免高盛的本金像鲜血那样流失。9月、10月、11月，交易还在继续亏损。一名合伙人说："企业主要部门发生了巨额亏损，数以亿计。"有些合伙人说，温克尔曼在发现他不能再主管高盛之后就甩手不干了，这才造成了亏损。另一名合伙人说："马克·温克尔曼因为不再主管高盛，等于是成了废人。不知道是精神崩溃还是什么，想知道，就必须亲自问他，让他说出自己的遭遇。"温克尔曼拒绝一切采访。雪上加霜的是，这时候温克尔曼依然担任固定收益部主管。先前，科尔津跟温克尔曼联合主管固定收益部。科尔津当上企业主管之后，就不愿意过问温克尔曼的工作细节了。一名合伙人评论科尔津："很长一段时间，他只是坐在办公室里，什么也不干。企业发生这种巨额亏损，他不止一次坐在办公室里大哭。"

　　高盛持续亏损，当然影响了企业的有限资本；而且因为企业杠杆太高，当时到了50∶1，相当于1000亿美元资产只有20亿美元合伙人资本担保。金融灾难的风险越来越大。保尔森提到1994年高盛的问题时说："一共有两组问题。一组是杠杆和缺乏永久资本的问题，另一组是流动性问题。那个年代，银行、投行只要一倒，就会倒得很快，就是因为各种流动性问题。"1994年，流动性还不是高盛的现实问题，但有各种因素，能够很快让流动性变成现实问题。

　　当时，高盛流动性的威胁之一来自合伙人本身。合伙人一旦决定离开，就可以带走积累的资本（虽然延期了），这会耗尽企业的有限总体资本。随着1994年亏损不断增加，很多合伙人越来越紧张，认为企业岌岌可危，自己在高盛积累的财富可能会损失，而且，只要他们的身份还是普通合伙人，这财富就不在他们手中。假如有一大群合伙人突然辞职，全都要求拿回资本，高盛就会出现挤兑。保尔森说："我和科尔津拼命努力说服合伙人签署文件，一定要留下，不要辞职。有一些人已经吓得要死，走人了。"

实际上不止"一些"，而是"很多"。1994年底，有大约40名合伙人离开了高盛。这么多合伙人用脚投票，在企业历史上还是第一次。一名合伙人说："人们因为恐惧而辞职，这是很能说明情况不妙的。"有很多辞职令人不安，给企业造成了巨大创伤，一直伤到骨头。比如，高盛金融机构集团（Financial Institutions Group）主管、合伙人霍华德·西尔弗斯坦（Howard Silverstein）辞职了。管委会一名成员说："人们都认为他很专业。他只是做了一个简单的计算，算了这种（亏损）局面要是一直继续会怎么样。你懂的——结果是一无所有。"还有一名高管离开了，震惊了全公司，那就是外号"查克"的查尔斯·戴维斯（Charles "Chuck" Davis），银行业务承揽部门主管。管委会一名成员说，听说戴维斯离职，"我差点把他揍一顿"。套利部高管弗兰克·布洛森也趁机辞职了。不过，1994年也产生了58名新合伙人，比辞职的人还多。这么多人同时当上合伙人，在企业历史上也是第一次。这些人包括一些高盛将来的重要领导：加里·科恩、迈克尔·埃文斯、克里斯托弗·科尔（Christopher Cole）、拜伦·特洛特（Byron Trott）、艾斯塔·史特西（Esta Stecher），还有埃里克·明迪奇（Eric Mindich），他当时只有27岁，是有史以来最年轻的高盛合伙人。虽然保尔森对亏损、高管突然辞职感到十分担忧，但他也说自己从来不相信高盛会在1994年破产。他说："我始终相信，会有足够的人，想要签约继续当合伙人。"

有效留住合伙人的关键是保尔森做的一个艰难的决定：把公司成本砍掉25%左右。保尔森说："我们一下子就砍到了骨头。如果不得不做出这种事，那确实很残忍。我们发现了'脂肪'，砍掉了。这样才能留住很多合伙人。"保尔森采取一系列措施：裁员、缩减差旅费、缩减海外生活津贴，以及很多高盛之前夸耀的额外收入。保尔森甚至还减少了一架企业喷气机的飞行，取消了一些累人的海外旅行，这些旅行是乘坐商务航班到欧洲、亚洲各地；员工要拼命对客户宣传高盛，而且跟客户见面的时候困得要睡着了。公司还解雇了大概100名银行家和交易员。高盛11月14日发表声明说："因为整个行业持续衰退，有必要采取措施紧缩开支。每个业务单元和办公室都在重新评估，有几个部门决定适当小规模谨慎裁员，其他部门还在评估中。"

科尔津还有另外一种方式留住人，那就是对他们承诺企业会很快上市，届时他们将会十分有钱。一名留下的合伙人说："科尔津的方法就是让人们相信，留下来会得到丰厚的利润。"

然而，高盛当时的问题不止"成本过高"和"打赌失误"这两项。多年以来，高盛已经建立了一种企业文化，毫无章法地胡乱承担风险。一名顶级合伙人说："很多这一类的事情，都是鲁宾在的时候做出来的，好吧？高盛没有风险委员会，没有信任别人的个人合伙人，没有基于模式的分析家，以为凭着上帝关照，自己非常聪明，就能把一切都弄清楚。而且还把交易员的地位抬得很高，一旦交易员挣钱很多，就不敢直面他们的问题了。这一切都是日积月累形成的。"保尔森和科尔津很快做出一个变动，就是把已经不能管事的温克尔曼拿了下来，让从所罗门招过来的迈克尔·莫尔塔拉（Michael Mortara）主管固定收益部。保尔森回忆道："他[1]站起来对所有合伙人说：'城里来了一个新的警官，公司承担的风险，特别是伦敦分部承担的风险，要有约束了。'"保尔森又评论道："他说话十分可信。"两人还很快建立了正式的风险委员会，让审计、风险、法务、会计部门的待遇和地位都达到了并购银行家、衍生品交易

---

[1] 代指不详，推测是科尔津。

员的水平。保尔森说："1994年结束，我们完成了很多过程和步骤，建立了一些基础结构和管理团队。"另一名合伙人补充："巨大的危机，可以让人们走到一起，也可以让人们分裂。"

高盛金融机构集团的一名银行家，曾在霍华德·西尔弗斯坦手下工作，这名银行家于1994年10月当上合伙人，一个月之后签了合伙人协议。他说，"激动得飘飘欲仙"。弗里德曼退休前告诉这位银行家，他的工资会是大约每年75万美元。银行家说："不到两小时，我领导（西尔弗斯坦）进来说：'工资数目只是75万美元的一半。'我就进去跟他谈了大概30分钟，然后说：'我今天就先走了。你要是再打算降低我的工资，我就辞职。'"银行家紧接着就发现西尔弗斯坦自己也辞职了。他说："显然，公司形势很困难。我就想：这到底出了什么事？我不是一直跟这些人一块儿当奴隶吗？不是在他们手下当奴隶，是跟他们一块儿当。我是说，我们真的全都努力工作了很长时间，现在他们要辞职了？我实在搞不懂。怎么会这样呢？形势艰难的时候，不是应该更坚强吗？"11月的一天，温克尔曼也辞职了。《纽约时报》报道："近年来，温克尔曼一直是高盛的关键人物，但他试图继承弗里德曼先生而失败，为此十分恼怒。"

高盛似乎正在分崩离析。温克尔曼的继承打算完全失败后，合伙人成批成批地走人，留下的合伙人工资大大减少，新合伙人工资也不如预想的那么多。公司每个月都出现巨额亏损，快要达不到证券交易委员会要求的资本金额了。的确，这一年金融形势严重恶化，有些高级合伙人质疑，弗里德曼为何没有在1994年早些时候（比如3月）宣布辞职？那样弗里德曼就可以使用接下来的六个月时间，完成有序交接，如此压力就会降低；或者也可以先安排好下一任领导班子，再在六个月之后离开。

这些批评弗里德曼都听说了。他回应道："我要是知道最后一个季度会怎样，我肯定不退休。可是到了那个时候，我已经退了。我先前压根不知道，能有什么办法？我完全没想到形势会变得像人们感觉到的那么糟。我经历过很多可怕的危机，活了下来。1987年崩盘、弗里曼事件、麦克斯维尔事件。我不是天下第一号勇士，我知道什么能够让我非常不安。弗里曼事件，然后又是麦克斯维尔事件，还有1987年的事，都让我非常不安。可是1994年这一次没有让我不安。我想的是：'天啊，要是我承受不了这种压力，就不要做这工作了。[1]——我是说，把过去几年合起来一算，发现高盛的盈利还是名列前茅的。'仓位流动性一直很好，我们也一直可以把仓位减到几乎为零。然后，削减经常开支，重新盈利。"需要说明的是，高盛宣称1994年税前利润为5亿美元，明显低于1993年的27亿美元。其他人认为，高盛在1994年没有盈利而是亏损了。他们说，通过反转反转"资金应计项目"（capital accruals）[2]，高盛可以让形势看起来好像在1994年收支打平。这种资金应计项目的建立，就是为了掩盖1994年亏损造成的那种灾难。某人说："亏损额达到了几亿美元。"

弗里德曼最担心的不是每个月交易的亏损，因为这是可以量化、结清的。他担心的是衍生品和其他异步交易（asynchronous bets）的兴起，会出现灾难性的爆裂，特别是高盛还是私人企业，拥有的是有限资本。对于1994年的各种事件，他评论道："我烦恼的原因之一是，我和其他一些人早在20世纪80年代就觉得高盛应该上市，不是出于任何要打击对手的原因，虽然确实有这个原因；而是因为高盛需要自我保护。这个世界很残酷，我们要和一些巨人竞争，这些巨人可能越来越多使用风险作为竞争手段。这种情况下，我觉得高盛需要永久资本。从高盛董事会的有利观察角度来看，现在国际私营合伙公司显然已经没有生存空

---

[1] 原文 if you can't stand the heat 是歇后语，后面跟的是 get out of the kitchen. 直译："如果你承受不了厨房太热，就不要做饭了，出去吧。"可能指1994年高盛的亏损。

[2] 指一类收入或费用，不直接形成当期现金流入或流出，但按照权责发生制和配比原则应计入当期损益（或净资产的增加或减少部分）。比如折旧费用、摊销费用、应收账款增加额等。

间了。"

科尔津说自己很同情、理解弗里德曼的遭遇，特别是鲁宾抛弃了弗里德曼，把他丢给了一场危机，而这种危机恰恰是他最不了解的领域。科尔津说："所谓关键时刻，就是我们真正参与交易之后，我们必须对付一次大摊牌的时刻。这时候，我们的仓位很糟糕，而且必须做出决定，是否要平仓、持仓、减仓——这些存在主义[1]的时刻，对我的同事、我的公司都很重要。这些事情，会真正引起我们的注意。我认为，这是史蒂夫·弗里德曼第一次担负了主要责任。而且崩盘的时候压力很大，麦克斯维尔事件压力也很大，他不管处理得是对是错，我认为，他始终按照存在主义的规矩思考，承担了责任。他也感到非常沮丧，因为很久之前，也就是1986年，他曾相信高盛应该掌握永久资本，他当时跟一些银行家谈过，可能更清楚，到了1994年底，应该会有不少人离开，合伙人团队跟合伙人的资本也可能会有大规模变动。"

弗里德曼为什么把退休弄得一团糟，这是第一个未解之谜。而在高盛很多合伙人看来，还有第二个未解之谜：1994年，科尔津当时负责的固定收益部正是亏损大户，而且已经亏了几亿美元，他怎么能在这种情况下当上高盛的主管呢？固定收益部一名交易员这么解释道："当时知道怎么摆脱危机的只有他，必须让知道怎么摆脱危机的人当主管。"

保尔森也解释道："固定收益部的交易当时已经是高盛的主要业务，利润也是高盛的大头。因此，实际上没有其他人选了。必须让固定收益部的人监督业务，因为业务问题就出在固定收益部。"另一名合伙人也补充评论科尔津："科尔津太有魅力了，风格让人很舒服。他本人刚来的时候，就是多种魅力的综合体。虽然他很骄傲，也很有野心，而且这些远远超过了他在这两个业务方面的能力，但在不熟悉他的人看来，他很悠闲、低调，让人不设防。但是，我必须问自己一个问题，我们也都该

---

[1] 原文 existential，指哲学上的存在主义 existentialism，主张人们所处的世界没有意义，人是自由的，要为自己的行动负责。这里指"需要有人负责的局面"。

问自己这个问题：这（科尔津上位）是怎么发生的？"合伙人自问自答："唯一的解释，就是固定收益部虽然在科尔津当主管的情况下险些拖垮高盛，但高盛的固定收益业务规模已经太大，也太复杂，利润也太高，至少1993年的利润很高，因此高盛顶层必须有一个人非常了解固定收益部。除了科尔津，唯一了解固定收益业务的人是温克尔曼，可我和其他人虽然都很尊敬温克尔曼，但谁也不想让他主管公司，也不想在他手底下做事，因为在温克尔曼眼里，一切都是非黑即白，没有灰色地带。"

相较之下，高盛有些人给科尔津起了一个外号"模糊人"，不是因为他五官没特色，而是因为他思维很模糊。一名合伙人说："他态度比较含混，不是非黑即白。跟人说话的时候也把事情说得比较模糊。"

温克尔曼既然不能上位，高盛主管就非科尔津莫属了。一名合伙人说："高盛就像一头巨兽，固定收益部是利润大户，也是风险大户，我们必须让交易员们始终坚守岗位，这就必须解决一些问题。因此我们决不能让弗里德曼一走了之，然后丢下一句话：'这么办吧，让马克·温克尔曼和乔·科尔津走人，因为我怀疑科尔津当不上主管就要辞职了。咱们把这两人拿掉，然后指定几个投行家主管企业，或者干脆从管委会之外提拔一个人当联合主管。'实际上，根本不可能这样。"尽管这逻辑完美无缺，但事实依然如故：高盛选拔的新主管科尔津，正是在固定收益部一败涂地的时候主管的人。正因如此，科尔津一直没有获得高盛投行家的完全信任。一名交易部门合伙人说："这个问题（科尔津为什么能上位）问得好。在正常的公司里，这么做是完全不合适的，也不可想象。但我估计，在高盛就可能发生这种事，因为高盛可能确实做了长期打算，就像鲁宾总是说的那样。"

可是，高盛并没有在劫难中消沉太久。首先，还有58名新合伙人要接受高盛的办事风格。温克尔曼辞职前告诉加里·科恩："我们和其他任何一家投行都没有本质上的不同，只是我们工作更努力，管理更好，招进来的人素质更高而已。你仔细想一想，我们和其他投行在一样的办公楼里办公，用一样的电脑，坐一样的飞机，住一样的旅馆，甚至服务一样的客户。"十年之后，科恩告诉《财富》杂志："我思考这段话，一天能有十次。"高盛的"例外主义"[1]是它经常提到的信条之一。

虽然1994年有着巨额亏损，管理混乱，但高盛继续强调未来的机遇，强调高盛合伙人身处的特立独行的氛围。1994年成为高盛合伙人的那批人当中，有一人告诉《金融时报》："我们准备好全心投入，绝对服从。"1994年11月4日，高盛在纽约州黑麦溪村（Rye Brook）的多拉·阿罗伍德酒店（Doral Arrow-wood）召开了新合伙人培训班，班上就充满了绝对服从的空气。这个会议中心是高盛青睐的。

宽街85号的高盛总部有一批"文化传承者"，代表人物是马克·施瓦茨（Mark Schwartz），他从哈佛大学、哈佛商学院、哈佛肯尼迪政府学院（John F. Kennedy School of Government）毕业。高盛合伙人只有不多几人，深深浸淫了高盛的神话传说，施瓦茨就是其中之一，因此被选中对新任合伙人发表讲话。他说："我们正面临一个十分严峻的阶段，我们都要受到考验。但是，请记住：我们有三样东西让我们成为华尔街的老大，它们也是我们的竞争对手都想要的：我们的团队、我们的客户、我们的声望。这三样东西是高盛最宝贵的财产。怎样管理这些财产，就决定了我们在未来有多成功。而且，我们在这个困难时期怎么管理员工，也将是过去20年来最大的挑战。"

施瓦茨在阿罗伍德酒店的讲话，主要有三部分：一、怎样管理"你的"员工；二、怎样管理"你的"业务；三、怎样遵守规章。他说："这三样，哪一样都不深奥，都是常识。这些事情做好了，我们就没问题；做不好，我们就有麻烦。"他说，管理的关键是通过面试而"找到合适的人才"，"不要把这责任用代理的方式推卸掉。招来合适的人才，就是你做出的

---

[1] 认定自己与同类不同的思想。

最大的贡献。要找到那些超过你的人，不要毛遂自荐。我们多年来一直在重复这样的错误。人是很丰富多样的，但我们招聘的时候一直厌恶风险；年复一年，总是去同样的学校，招来同样的人。"

接着，施瓦茨又说到沟通话题："高盛已经换了一名高级合伙人。之前那人的口头禅是'慈悲为怀'，如今这个人的口头禅是'白痴'。"[1]施瓦茨告诉这些新的合伙人：有时候，与同事交流，和与客户交流、拉业务一样重要。

然后，施瓦茨又讲了高盛的一个秘密：高盛很清楚什么时候应该复制别人的创新措施，什么时候应该自己创新。他说："有时候自己创新很伟大，然而，很多情况下，复制或者推广其他人的创意更有利一些。我们能够占据先驱者的市场份额，却不必付出先驱者的研发成本，这一点做得一直很成功。最近十年，我们参与抵押贷款、掉期、垃圾债券等各类新兴市场都很晚，但我们看见了其他人是怎么犯错的，我们很快就赶上来了。"他强调，高盛在资产管理方面依然落后，而且目前公司对于开拓亚洲各地市场的态度还不明确，"但是综合考虑，我还是认为，一般情况下应该暂时观望，看看新兴市场和产品表现如何，与此同时积极复制、改动别人的成功方案"。

施瓦茨还说，创新也存在没有利润的危险。1994年，高盛创造了一种新的"可免税优先股权证券"，名叫MIPS。[2]高盛大力宣传、销售，让这一产品占据了90%的市场份额。他说："只有一个问题，就是所有这方面业务都赔了钱。我们确实很有创新，推广这个理念也很成功，为很多重要客户解决了一些重要的资产结构问题。但我们花了这么多力气，就是没有赚到很多钱。"

施瓦茨最后大胆地讲了"怎样老老实实办事"。他知道讲这个可能带来风险："我可能没有资格，也没有权限告诉你们应该怎么做事，但

---

[1] 母语顾问推测，这句话是说施瓦茨本人，他的态度从支持他人改为批评他人了。

[2] 全名为monthly income preferred stock（月度收入优先股）。

是这一点确实是我的真心话，我希望科尔津和保尔森也会这么告诉其他合伙人：第一，一定要有感召力，要当领袖。为自己和团队都设定高标准，而且不断提高标准。要尽可能迫使人们做到最好，要当行业第一。"他敦促新的合伙人要"敢于直言，独立自主，无所顾忌。一定要挑战我们的思考和做事的方式。做好准备，应对阻力。人们都容易安于现状，只希望渐变。"他强调，对现状进行大改组，在1994年对高盛尤其重要："这一年很艰难，而最大的好处在于，我们正在被迫改变管理结构、工资的组织结构。我们也在重新检验同每一家客户的关系，检验每一种业务。最近有个时髦的词，叫'再设计'（Reengineering），我希望我们也敢于大刀阔斧地改革，改变我们做某些业务的方式。要有远见，同时也要脚踏实地。"

他还鼓励合伙人要敢于冒风险，按照真正企业的潮流，"冒风险"也就是敢于裁员："要有创新精神，要承担风险，承担自身岗位的风险，承担业务萎缩、增长的风险，承担调动员工的风险，承担做决定的风险。目前这种艰难局面下，你们必须展示能力，做出各种艰难决定：提高业务效率，减缓增长速度，裁员。能做出艰难的决定，就会让我们各项业务更加可信。精简的机构需要坚定的价值观，而且，非常讽刺的是，如果能做出决定，把决定的精神传达出去，你的各个团体就会因为你坦率、公平、直面现实、有决断力，而对你更加感激。你的员工会十分忠诚，会尊敬你，而你也会大大提高业务效率。"

最后，施瓦茨提醒合伙人"我们是企业的所有者"，并告诫他们一定要让自己的举止像个合伙人。这几乎是当年文斯·隆巴迪（Vince Lombardi）主张的翻版[1]。他说："我们是合伙人，从感情、心理、金钱的意义上都是合伙人。我们之间不能有界限，不能有秘密。从今天开始，

---

[1] 美国著名橄榄球教练。他曾说："成功人士与其他人的区别不在于缺乏力量、缺乏知识，而在于缺乏意志。"还说："领导者不是天生的，而是后天造就的。努力造就了他们，而为达成任何有意义的目标，努力也都是我们必须支付的代价。"

你们对待彼此的方式要发生变化。不要保持安静，不要保持匿名，也不要做所谓沉默的大多数。一定要主动、参与、敢于直言，要发挥出领导力。处在低谷的时候，要想办法把自已抬起来。大多数人都做不到，因此很多人失败了。很多人被打倒，缺乏能量和意志，站不起来……你们要是觉得已经表现出了这些优秀品质的大多数，那就很好。这个公司需要一支像你们这样的团队，活跃、积极、有干劲，而且现在空前地需要！我们现在很脆弱，但我们也能够实现杰出，实现卓越。大家每天都要有这样的信心。就像演员罗宾·威廉斯（Robin Williams）在电影《死亡诗社》（*Dead Poets Society*）里说的一样：Carpe Diem[1]，只争朝夕！你们当上高盛合伙人，是非常值得骄傲的事！一定要用尽全力，只争朝夕！"

这种会开了不止一次。有一名高盛的董事总经理全都熬了过来。他认为在高盛工作，就好比在纽约扬基队打棒球："说到底，为什么很多人要去扬基队呢？因为工资很高，因为想获得世界职业棒球大赛的冠军戒指，因为想被子孙后代认为是那个位置上最优秀的球员，想要进入名人堂。想要名誉，被人认可，达到优秀，最好的途径就是通过扬基队。我觉得这个比喻很有意思，因为高盛也等于是给了你这样一种感觉：别人看我的眼光从此不一样了！"他还回忆说，有一年，当时的扬基队老板乔·托瑞（Joe Torre）在扬基队赢得世界杯之后发表演说："听众们，还有什么团队合作是你们不知道的呢？我能向你们普及什么呢？我倒是有不少可以向你们学习的。"

科尔津与保尔森打从一开始就不和，倒不是因为两人一个是交易员一个是银行家（华尔街公司的全职员工只要不和，一般就拿出这个理由），而是一种类似化学反应的本能。一定程度上，可以说，保尔森与科尔津发展合伙关系的希望一开始就不存在，因为科尔津公开表示他要

---

[1] 拉丁语，字面意义为：抓住日子/抓住今天。

当高盛唯一的高级合伙人。

尽管如此，按照保尔森的说法，两人一开始合作还"比较成功"。1994年最后三个月，交易部门亏损规模进一步扩大。公司决定应该削减成本、艰难前行。科尔津全力处理交易部门的亏损，而保尔森则必须监督降低25%成本的全过程。而华尔街所谓的降低成本就是赶人。保尔森说："我们下了油锅，正在危急关头，所有考验都非常消耗人，实在没时间干别的。那时候我当然没有关注与科尔津的纠纷或者关系问题！"保尔森与科尔津都在共同关注挽留合伙人的艰巨任务，与此同时还得决定员工工资。一名副总裁说："合伙人们好比在一条船上，都在回头互相看，寻思着下一个跳海逃生的是谁。全公司一片恐慌，这种情绪基本没能控制。我看着人们互相打量，努力想在决定时间逼近的时候做出决定。"

实际上，保尔森与科尔津还是做到了能力互补，分别关注不同的合伙人群体，说服他们留下。比如，保尔森特别关注要留下约翰·桑顿（John Thornton）。桑顿是驻伦敦的并购银行家，一直负责建设高盛在欧洲的并购、银行业务。他威胁要跳槽去拉扎德，希望在拉扎德能够继承菲利克斯·罗哈廷，成为公司主要的业务来源。但是罗哈廷向桑顿澄清了：桑顿就算来了拉扎德，也不可能很快当上主管。于是桑顿决定留在高盛。

可是，就在桑顿决定留下的时候，高盛又遭到沉重一击。这一次是因为并购部的36岁副总裁，名望很高的凯文·康威（Kevin Conway）拒绝了公司让他当合伙人的邀请，转而去了一家成功的私募股权企业克杜瑞公司（Clayton, Dubilier & Rice）担任合伙人。雪上加霜的是，高盛在10月份已经公开宣布康威当上了合伙人，结果几周过去，康威竟然拒绝了邀请。高盛合伙人的身份是华尔街所有人最为觊觎的财富，康威不要这个身份，引发了轩然大波。

虽然保尔森和科尔津防止合伙人离开的任务没有遭到出乎意料的失败，而且合作似乎也很成功，但他们之间还是出现了一些不和的征兆。比如，保尔森记得，那年秋天他满世界地飞来飞去（当然是商业航班，不是专机），在一个个全球金融中心会见高盛的专业人才，只要时间允许还要见客户，见外国领导人，累得要命。他回忆道："实在是累死我了。我从欧洲到印度，在德里一家旅馆住了一宿，然后大概夜间11点又离开孟买，坐的是飞机经济舱。接着我又从孟买飞到新加坡，开了好几个会。跟客户们吃完饭的时候，差点在桌子上就睡着了。"保尔森正在这种"旋风式"出差的时候，科尔津给高盛各位股东（大多数就是高盛的合伙人）起草了一封信，只署了自己的名字，而且在信里对保尔森做了一些完全没有必要的评论。保尔森认为，这封信应该是两人联合署名才对："我们各自的头衔是一回事，可是这种行动必须两人一起做出，我们是搭档。"保尔森找到科尔津对质，科尔津只得承认了这一点，两人联合署名发出去了。保尔森说："我认为，我们两人背景非常不同，风格也非常不同，能合作得这么好已经很不容易了。"

合伙人离职（那些没离职的也抱怨工资太低）的风潮刚刚平息，科尔津就觉得自己作为高盛主管需要解决的第一个问题就是麦克斯维尔的基金对高盛的诉讼。麦克斯维尔丑闻之后，麦氏的员工损失了4亿美元。1994年5月2日，两只养老基金代表麦氏的员工在纽约州法院起诉高盛，称高盛已在1991年4月卖掉了两只基金拥有的麦氏通信公司股票2500万股，销售所得约9400万美元。这笔钱本应返还到两只基金，但高盛把钱转给了麦克斯维尔本人控制的两家瑞士公司。诉状称，高盛与伦敦合伙人埃里克·希因伯格（希因伯格是麦克斯维尔的银行家）"尽管明知"两只基金不会拿到股票销售所得，却依然卖掉了2500万股麦氏股票；此外，高盛听从了麦克斯维尔的儿子凯文·麦克斯维尔的指令，"并未提出合理问题，询问养老基金受托人具有的关于转账的知识，也没有采取合理措施确保受托人了解全部信息，就批准了这次超出常规的转账"。高盛声称："这些诉讼没有法律效力，导向错误，并且代表一种昂贵而耗时的转移注意力的企图。"高盛还说，自己只不过是作为客户凯文的代理商而行事。然而，原告要求返还9400万美元，外加各种赔偿费。

两只养老基金的诉讼让高盛身处险境，而且情况可能会恶化，因为其他银行、债权人也可能来分一杯羹，特别是高盛在1993年挣得了27亿美元，这更引起了人们的觊觎。高盛各位有限合伙人不动声色地请求吉姆·戈特，以及前合伙人H.弗雷德·克里门达尔专门研究高盛在麦克斯维尔案中的行为，研究对高盛提起的各种起诉。戈特、克里门达尔研究完之后，报告了令人恐慌的消息："我们如果是原告，就绝不和解，要把官司打到底。"戈特告诉《高盛帝国》的作者查尔斯·埃利斯："我们与罗伯特·麦克斯维尔的业务，监管非常松懈。我们没有做到必要的制约与平衡。一开始的交易关系没有问题，但是越来越大、越来越复杂之后，就出问题了。最后让我们损失了很多钱。"

高盛面临的麻烦越来越多，科尔津明白，一定要解决麦克斯维尔案。高盛试图让女法官驳回养老基金的各项诉讼，但女法官却命令审理继续进行，而且宣称："高盛（在发起驳回动议的时候）实际上无视了原告诉讼的所有核心主张。"案子依然悬而未决，科尔津决定支付2.54亿美元，和解养老基金的诉讼，也摆平其他潜在的原告。当时科尔津认为，加上未收回贷款、损失的业务、罚款，公司要付出的实际成本接近4亿美元。《纽约时报》报道，高盛实际付出的金额是市场预计金额的两倍还多。更糟糕的是，和解费用必须由那些1989—1991这三年的合伙人支付，其中总费用的80%由1991年合伙人支付。《纽约时报》说："落实赔偿责任造成高盛严重分裂，因为164名合伙人当中有84人是有限合伙人，并没有日常管理企业的责任。这些合伙人想让那些活跃的同事，也就是普通合伙人承担责任。"管委会给合伙人发的一份备忘录说，和解官司"应当符合所有普通合伙人的预期，这预期是针对像这样的事件一旦发生，要怎样处理"。

当时还有一件事鲜为人知：高盛负责谈判的人是尤金·法伊夫，他要是与政府指定的仲裁员约翰·康克尼爵士（Sir John Cuckney）无法达成和解，那么高盛就会因为犯罪而被提起公诉。康克尼与法伊夫达成协议之后，才告诉法伊夫："尤金，我觉得你应该对这份文档有兴趣。上面已经决定了，我们先前要是不能达成这份协议，就彻底取消我们的谈判，在今天对高盛正式提起公诉。"科尔津心里明白，是了结这次麻烦的时候了："我觉得，不管什么时候，什么地点，翻动一块石头，特别是在有麻烦的地方，就会出现更多的麻烦。"又说："我对麦克斯维尔案就是这种感觉……我推测，我们想要和解，就要忍受很多抨击，但如果和解不了，每天、每个月都会有人抨击我们。真的，我到现在都不清楚当时发生了什么。不过当时的情况，我感觉是可以让高盛面临一场大灾难的。"

1994年，高盛到处弥漫着一种悲观的气氛。科尔津除了相信自己必须了结麦克斯维尔案，还想抹掉这种悲观："有一种疑惑情绪在蔓延，就是我们觉得：在高盛还能不能成功？ 这种情绪一定要消除。高盛的'卓越文化'已经受到严重伤害，快要解体了。还有很多悲观主义者愿意接受这个现实。我就要挑战这种疑惑情绪。"

1995年1月，在阿罗伍德酒店召开了合伙人年会。科尔津放了一个幻灯片，合伙人倒吸一口冷气。科尔津说："我对展望这种事并不擅长，但是今天还是要做。"在历史上最惨淡的一年过后，科尔津想让合伙人在1995—1999年挣来100亿美元税前利润，也就是每年20亿美元税前利润。科尔津回忆道："幻灯片一放，马上就有很多人窃窃私语，非常不满。有些人觉得这目标太荒唐，也有些人觉得我这么做损害了自己的形象。"

科尔津表示，他对底下的反对意见并不介意，因为他想要大大改变高盛的现状。他说："这就是领导的艺术，而且形势不准我无所作为，被动接受。因为过去已经不可改变，需要关注的是未来。"又说："主要问题是需要改变企业态度，那种质疑我们能不能成功的态度。我绝对相信，我们还能再一次成功。"

不过，金融市场依然担忧高盛的健康度。1994年11月，高盛从夏威夷的毕舍普地产公司筹到了2.5亿美元。[1]之后，《华尔街日报》报道，1995年3月，高盛又从私人债券市场低调筹来了2.72亿美元。报道称："最近这一次资本流动值得关注，因为这一事件说明高盛虽然可能是征信机构认定的一流经纪公司，但机构投资者对高盛的征信前景却不那么乐观。"报道还称，高盛必须支付接近9.5%的利息，才能吸引投资者购买十年期证券；而两个星期之前，雷曼却只需支付8.846%利息，就可以卖出自己的十年期债券。过了一个月，《华尔街日报》两名调查记者亚利克斯·弗里德曼（Alix Freedman）和劳瑞·科恩（Laurie Cohen）写了一篇头版报道，有4200个英文单词[2]，说的是毕舍普地产公司究竟怎么能够既保持免税慈善机构的身份，又能实现越来越多的盈利投资（比如对高盛的投资），而且还不给这些投资缴纳所得税，还能从美国国税局一个接一个地拿到有利的税收裁定。两人披露，之前的1992年12月，鲍勃·鲁宾（文章发表的时候已经接替劳埃德·本特森当了财政部长[3]）曾对毕舍普地产提出一个不寻常的请求。1992年，鲁宾离开高盛去国家经济委员会上任，报道说他拿了2600万美元的薪酬包。鲁宾的净资产大多数都是高盛合伙人权益，不能随意使用。他在高盛任职期间，小心翼翼地积累了很多财富，迫切地想要保住这些钱。这个主意怎么产生的不清楚，不过，就在毕舍普地产刚刚投资高盛的时候，也就在鲁宾离开高盛的时候，高盛给毕舍普地产打了个电话，请求毕舍普地产为鲁宾在高盛的股份担保，万一出现什么大灾难导致高盛破产，鲁宾可以不至于受到损失，担保费是100万美元。毕舍普同意了。《华尔街日报》报道："毕舍普地产将会从鲁宾那里得到100万美元，同时与这位主管国税局的大

---

[1] 这次筹款，参见第十二章结尾。

[2] 约合中文七千字。

[3] 本特森于1994年12月22日卸任，中间经过法兰克·纽曼短期过渡，鲁宾于1995年1月11日上任。

人物建立长久联系,从而获得好处,不论这种好处多么虚无缥缈。"此外,还有人抨击鲁宾,说他动用财政部200亿美元自主基金救援墨西哥,因为墨西哥在1994年12月让比索贬值以后爆发了金融危机。高盛是墨西哥国债主要承销者之一,如果不救市,肯定会引起数十亿美元的诉讼。救市帮助恢复了投资者对墨西哥经济的信心,防止债券违约。

两名记者采访了毕舍普地产两位受托人:亨利·彼得斯(Henry Peters)和外号"迪奇"的理查德·王(Richard "Dickie" Wong)。采访期间,两位受托人"对高盛百般赞誉,说与高盛相交,是基金会千载难逢的良机,双方一定要长期合作,因为高盛是华尔街上的crème de la crème[1]"。两名记者很快套出了话:毕舍普地产投资高盛5亿美元,是为了得到巨额回报,而高盛IPO就可以提供这种回报。《华尔街日报》报道:"彼得斯先生主动谈起了高盛IPO可能性的话题,然后腼腆地表示,对此无可奉告。然而彼得斯先生紧接着又脱口而出:'哎,我觉得是有机会的!'"

90年代中期,市场条件有了整体改善,摆脱了80年代末90年代初的信贷紧缩;市场的改善,与科尔津的积极想法,一齐开始在高盛的A型人格(冲动型)的人身上显出作用。一名合伙人说:"科尔津有极大的能量,无穷无尽。从这个意义上来说,他等于是高盛的力量之源。我在1995年自己的位置上看起来,他是个积极因素。"科尔津看来也成功地鼓舞了高盛人。大卫·施瓦茨说:"科尔津非常有感召力。他每年要来伦敦三四回,我们进了会议室,走的时候,全都感觉做高盛员工真是太棒了……科尔津能够以一种真正深刻的方式传递企业文化。"

保尔森和科尔津主管高盛之后,还搞了另一种文化改革鼓舞人心,似乎也见效了。那就是引入一个新体系,包含风险控制、问责制、内部监管、用于交流的电话明线。当时高盛有一名合伙人叫罗伯特·利特曼

---

[1] 法语,意为:精英中的精英。

（Robert Litterman），当过麻省理工教授，1985年加入高盛。利特曼创造了"风险价值"模型，目的是确定公司在某一特定日子交易能亏掉多少钱。如今还有很多华尔街公司使用利特曼模型，高盛也在用，但模型测量风险的能力也一直被人质疑。高盛建立了风险委员会，定期开会。公司把权限给了内部会计和风险评估员，让他们能够定期监督交易员，看交易员在干什么。公司还设立了首席风险官的职位。公司彻底变革了风险评估、计算、与其他公司通气的方式，尽管其他华尔街企业的风险意识远不如高盛。这种情况，原因之一是高盛有过很多濒死体验，原因之二是高盛合伙人自己的钱每天都面临风险，这一点在华尔街上基本独树一帜。1996年11月，高盛会转型为有限责任合伙制，进一步限制合伙人面临的下跌风险。这是后话。

1994年大混乱中，有一名新任合伙人叫阿芒·阿维尼桑（Armen Avanessians），麻省理工1981届毕业生，还有哥伦比亚大学理科硕士学位。阿维尼桑1985年加入高盛，任外汇策略师。他也是新泽西州贝尔实验室工程师，在公司的一般子系统实验室工作。阿维尼桑带头建立了高盛的内部专有计算机系统，为企业评估、监控风险带来了巨大竞争优势。他和另一位专家迈克·邓波（Mike Dunbo）[1]建造了高盛的SecDB系统，是英语Securities Database（证券数据库）的简称。这是高盛自制的内部系统，能够追踪高盛的一切交易及其价格，还能定期密切监控交易风险。某位消息人士称："有了它，纽约和伦敦的企业债券员工做的工作就完全一样了。"SecDB还能为银行家、交易员同时输送重要的实时证券定价信息，这样银行家就能与客户商议，某只证券应该如何定价，而不必咨询交易员。当时其他公司的做法都要求银行家咨询交易员。这位人士还说："这样，成熟的银行家就可以思考同样的问题，但使用的工具也正是那些柜台员工用来交易几十亿美元的工具。我们可以全面把握形势。

---

[1] 本书英文版出版时任美银全球市场部（Global Markets Group）技术主管。

这个系统，过去15～20年一直在扩张，花了很长时间，但发展得也很充分，因此风险评估方式就变得高度一致了。"

这些变化开始有了回报，高盛财源滚滚。1995年下半年，高盛实现了扭亏为盈，半年内税前利润7.5亿美元，税前利润率方面的年运转收入上升到15亿美元。科尔津对当初100亿美元税前利润的目标越来越有信心了。企业原来的习惯是交易要完全自由放任，一名合伙人说："比如我正在交易国债，而我又喜欢石油，我就会给石油下注。假设我在交易普通股，而我又想买玉米，我就会给玉米下注。并没有太多限制。业内的人都可以随便选择交易领域。"如今，交易部门变成了一台更加精密的机器，严密监视各种风险。保尔森说："1994年大崩溃的结果是，我们在风控方面实现了最优的做法。员工水平，还有实现的各种流程，比如流动性管理，风险评估方式，特别是这一功能的独立运转，改变了企业的前进方向。"科尔津说，企业1994年进行了一次"验尸"，主管们必须分析是策略失败了，还是执行失败了。最后结论是：策略成功，但执行有问题，至少1994年是这样。

高盛顶级主管们将风险管理提到了与其他事务同等的位置。保尔森回忆道："我从来没有说'我是银行家，这个我不懂'。每次风控会议我都参加。我尽一切所能理解公司的风险，我离职以前一直都是这么做的。"1995年9月，科尔津对《机构投资者》杂志说："我已经让企业重新专注客户服务。此外，高盛已经不再是一只带有伪装的对冲基金了。"但科尔津也很谨慎，专门说明，这不是说高盛就做回了低利润经纪商，在买家和卖家之间充当中介："如果单纯通过买方出价时买进，卖方出价时卖出，我们就无法获得自己想要的回报。所以，判断市场中各类投资者的资金流向和持仓时机，这在高盛的固定收益部、外汇部，依然是有吸引力的营收方式。"科尔津承认，1994年底40多名合伙人离职确实对高盛造成了损害。为了弥补损失，他把原先的首席财务官约翰·塞恩（John Thain）调到伦敦，与并购银行家约翰·桑顿一同担任欧洲业务联合主管，负责整顿固定收益部。

1996年1月中旬，阿罗伍德酒店再次召开合伙人年会。这时候，高盛已经在全速前进了。开年会的前几周，各大报纸不停猜测：过去25年间，高盛合伙人已经五次决定不上市，这次是否会决定上市？科尔津本人还说，公司正在考虑IPO，更加助长了这一猜测。他说："要是我们不讨论，舆论就会展开大辩论，猜测我们为什么不讨论。"高盛在华尔街的一家竞争对手公司CEO说："长远看来，高盛的资本结构既昂贵又脆弱，不像上市公司那么坚挺。如果利润很高，资本结构就不是问题。可是如果利润下降，就会变得脆弱。一旦亏损，就会造成危机。"

关于可能的高盛IPO还有另一个问题，两个词可以概括：一是贪婪，二是数学。因为高盛每两年就要指定一批新的合伙人，所以当时高盛的174名合伙人有98名（53%）都很新，都是在1992年底之后当上的。1994年非常糟糕，多数合伙人并没有机会积累足够的大型资本账户，让他们有动机推动IPO。一名竞争对手说，他们还没有成功大赚一笔。整件事似乎是历史完全重演了。在科尔津看来（报道称他要从高盛利润中分走1.5%红利，是个人红利比例最高的），上市的回报很明显，但他只是一个人，只有一票。科尔津很清楚，必须十分小心。合伙人会议前夜，一家报纸评论："现在是高盛上市的良机，但高盛并不需要……那些比较老的合伙人是否愿意冒着让年轻合伙人离心离德的危险，也要推动上市而让自己能够把现金拿出来呢？"开会时，又有一名观察家说："这些高盛合伙人如果今天比较垂涎什么，那也不会是菜单上的野鸡（而只会是很多钱）。不过，有些人可能对上市没这么入迷。那些新任合伙人积累的股本会少得多，可能只有100万美元。他们宁愿等着股本扩大一些，再出售整个银行（指高盛上市）。他们也想拿头奖。"

科尔津和保尔森就是在这个背景下，在阿罗伍德酒店召开了合伙人年会。科尔津评论道："一年零几个月时间，足以做出很大改变了。我们所有人合力扭转了这家伟大公司的颓势。"1995年，高盛税前利润为14亿美元，1995年的最后六个月的营收运转率[1]为17.5亿美元，因此想要达到科尔津的目标，高盛在接下来的四年里，每年平均需要盈利22亿美元。科尔津定的100亿美元的任务图表又加码了。他说："一年以前，我身后这张图表，用最乐观的话说也是无法实现的。说难听点，就是痴人说梦。"如今，一切都变了，"这个目标十分远大，但显然可以达到"。

科尔津明确地表达了三个目标，都是其他华尔街公司从来没有试图达到的，至少没有严肃地考虑过。一是，高盛要成为全球公认最优秀的综合金融服务企业，使得"我们的客户、外部监管者、债权人全都承认。最重要的是，我们的合伙人同员工也要承认"。二是，高盛需要"一直保持并强化我们的卓越文化"。当然，科尔津也提到了"团队协作、相互支持的重要性"。三是，高盛要作长远打算，建设"择优评奖系统"，"让你的表现，而非人脉，决定你的职业生涯道路"。

科尔津给听众灌输了一番教科书般的花言巧语，然后说到了华尔街企业的核心：高盛的存在是为了"为企业所有者及优秀员工提供卓越的财富机会"。他说："公司的金融目标是实现有意义的绝对利润"，在股本方面带来税后回报（净收入除以资本）百分比"至少20%"。然后提到了多年以来的构想：高盛究竟要保持私人企业状态还是要上市？这个话题本身只是一句话，却预示了他在第二天上午发言的主题，还表明了他一直非常重视上市的考虑，特别是因为一年前这个话题被完全否决了。他说："我们不论未来资本结构如何，都要转变成以净资产收益率（return-on-equity，简称ROE）为导向的公司。私企的ROE只是资本配置的手段，而上市公司的ROE则决定了投资方和股东的财富有多少。"他强调，专注于ROE是高盛做出的重大变革，"将会逐渐促成各种业务方

---

[1] run rate，也叫运行率，根据过去的收入（如一个季度）预测较长时间段（通常为一年）中即将出现的收入。例如，如某企业在上一季度报告的销售额为15000美元，则年运转率将为60000美元。

式的变化"，还提醒合伙人注意"必须发挥关注ROE的各种优势，而避免因关注ROE而造成分歧"。分歧的原因是高盛会因某些业务相对利润较高而忽视其他业务。

科尔津还说，高盛需要进一步发展"各种自营业务"，也就是高盛作为风险主体参加的业务（交易、私募股权、对冲基金等），并且使得"客户业务和自营业务达到独特混合状态"，因为高盛拥有"独特地位"可以这么做。科尔津对高盛"自营活动"的展望，是要"让自营活动密切结合我们对客户的关注，并支持这种关注，而且现实中也能达到这个目标"。他的逻辑很简单："我们确定，对市场的了解更到位，可以通过参与而不是旁观来提供更好的建议；我们也确定，高盛有很多客户，预期到高盛将用自己的资本帮助客户达到客户的目标，也欢迎高盛这样做。"所以，高盛就需要成为"金融界和量化分析界公认的，科技开发和应用的领袖"，也成为"研发新产品，解决金融问题的领袖"。作为代理人和作为风险主体行动，肯定会产生各类冲突；科尔津认为，冲突可以控制，只要"制约平衡工作到位。这就是执行的问题"。

科尔津认为："领导工作面临的最大挑战在于，企业能量和174名合伙人的忙碌要取得准确的平衡，特别是高盛这样潜力极大、业务范围又极广的企业。"下一步还"必须实行绩效责任制"，关注利润总额、利润空间和ROE。然而有一个问题：为了避免客户需求和高盛本身的交易账户产生冲突，需要有"制约平衡工作"，既然高盛这么不顾一切地关注利润，是否代表这种制约平衡工作不需要了？2010年，这个问题又狠狠缠住高盛不放。这是后话。

科尔津认为，1994年的教训很清楚："资本需要永久性。我们不能让所有人的性命面临风险，因为不同的人对风险的容忍度不一样，只需要一瞬间就能把资本提出来。当初在1986年，我对IPO并没有宗教一般的热情，但我支持IPO。到了1994年，我就有了宗教一般的热情。因为不能出现这样的局面：资产负债表上的2500亿美元资产散布在全世界，一天24小时运作，而这一切的基础却是随时可以跑路的资本，而且我们在做什么还不透明。"科尔津其实还可以提到一件事，但他没有说，那就是高盛的资产负债表的杠杆越来越高，风险和成本越来越大，拥有太多的住友和毕舍普地产的投资（两家公司加起来每年拿走高盛利润的25%），还有从其他机构投资者借来的资本，利率平均10%。

到1996年，所有的华尔街证券公司只有高盛一家还是私人合伙制，而且高盛急需更多资本参与竞争，也需要改革企业结构，保护合伙人免受灾难性的责任影响。

科尔津把话筒交给保尔森之前，为高盛IPO的话题开了个头："我们在业界实力最强，能力最优秀。可问题在于，怎样才能让高盛继续充分发挥实力？考虑到这个问题，我们就必须趁着公司还很健康的现在问一问：我们将来的弱点会在什么地方表现出来？1994年的教训，以及过去20年来的各种事件让我们必须从长远角度思考一个事关'颈静脉'的关键问题：我们的资产结构。"第二天讨论的核心是高盛的资产结构，以及到底要保持现状，"强化合伙关系"，还是选择上市，开展IPO。

科尔津知道，这个话题肯定会引起争议。前一年，他开始是支持IPO的，但没多久就不再支持（当然，高盛那时候也确实不适合IPO），但今年（1996年）属于过渡年份，他一直在努力游说合伙人，争取他们支持IPO。这时候，高盛两派势力"私营派"与"上市派"关系紧张，已然尽人皆知。上市派坚信，高盛需要便捷途径获取资本，才能竞争。不过大家都没有明说：一旦上市，高盛所有合伙人，包括有限合伙人都会大发横财（有限合伙人拿的钱少一些）。保尔森说："高盛的私人合伙状态已经持续了100多年。因此，只要一代人拿到了（上市的）好处，卖掉了，就再也没有另一代人能重复这件事了。一旦上市，就必须把工作做到最好，而且上市最好有战略原因推动，而不是一个单独的集团想要谋利，拿走前人建设的成果，也让后人失去机会。上市必须有充分的战略原因。"

这个因素给公司蒙上了阴影。科尔津说："重要的是必须保持开放而清醒的头脑。"在他看来，上市的种种问题可以归结为一个问题："对于高盛和全体8200名员工而言，最大的利益究竟是什么？这个问题的答案不应该也不可能是你自己的利益。"

保尔森的讲话很少提到IPO的可能性，认为应该第二天集中讨论。他主要讲的是企业需要"稳步扩张"，以更加审慎的方式继续经营海外业务，而又不忽略美国本土。他还提到，高盛在交易领域看到了很多机会：高收益债券、银团贷款、外汇。他还介绍了高盛在本年度关注的两个战略计划：一是发展资产管理业务，二是建设电子分销系统。

保尔森最后提到，高盛需要管理那些越来越多的冲突，这一点科尔津也说了，但保尔森明显更为担忧："为了实现战略目标，使客户业务和自营业务达到独特混合的状态，就必须创造出一种成熟的管理模式，既管理'人际关系'方面的冲突，也管理法律方面的冲突。"最近这些年，冲突管理的形势一直不太好。保尔森说，到1996年，"高盛内部冲突管理必须大大改善，我们表达商业原则、政策、步骤的方式也必须大大改善"。他自问自答：高盛为什么面临越来越多的冲突问题？"因为高盛的主营投资业务增长，市场份额增长，国际业务范围扩大，而我们的竞争对手正在利用这些冲突，抢走我们的生意，败坏我们的名声，有时候通过客户直接诋毁我们，有时候是通过媒体间接诋毁。"他还认为，部分原因在于客户"好像很在意他们的竞争对手，而且一直在要求与银行家保持一对一的关系"。他还说，问题的另一个原因是"我们自己对这些问题的理解、说明、管理都还不够"。他说："我们应该对客户完全公开这些冲突，全力满足客户需要，以高度专业性完成任务。但是，我们没有义务向客户保证，不会与他们的竞争对手合作。"他最后总结道："成功的关键在于保持干劲，保持忙碌，全力执行。"

保尔森担心高盛面临越来越多的利益冲突，这是正确的。高盛多年来一直深受冲突困扰，特别是20世纪50年代利维建立风险套利部之后。高盛不止一次必须决定，对于一件合并案，是应该套利还是应该提供咨询服务？有时候这决定还因为时机而更为复杂，例如KKR收购比阿特丽斯食品公司时，高盛一开始接受了比阿特丽斯食品公司管理层的聘请，帮助后者进行退市。当时，罗伯特·弗里曼将比阿特丽斯食品公司列入"灰名单"，从理论上阻止了高盛交易比阿特丽斯食品公司的证券。但是，由KKR管理层发起的收购最终失败了，比阿特丽斯食品公司也就被从灰名单里删掉，弗里曼又开始交易该公司的股票了，最后让弗里曼付出了惨重代价。[1]不过，20世纪80年代后期，还有90年代，高盛的主营业务迅速发展。这些业务主要有：私募股权、对冲基金和特殊情况集团（Special Situations Group，简称SSG）——这是一家很不出名的基金，由合伙人出的钱构成，主管是麦高域（Mark McGoldrick）。随着主营业务的发展，冲突的风险也迅速增加。有一个关于高盛的笑话越来越出名："你们有冲突，我们就有利益。" 1995年5月，高盛与KKR在比阿特丽斯食品公司收购案之外又爆发了新的冲突。这是因为KKR聘了高盛代表自己收购日本青木公司（Aoki）旗下的威斯汀酒店及度假村，当时青木公司缺钱，急于出售这家酒店。西德尼·温伯格的孙子彼得·温伯格（Peter Weinberg）[2]当时担任高盛与KKR对接的银行家，这是他从摩根士丹利跳到高盛以来第一次为KKR工作。之前，彼得还从来没有见过KKR老总亨利·克拉维斯。就威斯汀酒店收购事宜，两家公司签署了业务约定书，彼得去见了克拉维斯。彼得刚走进KKR办公室，高盛就发出一份新闻稿，说私募股权部门已经与其他两名投资者一起，要收购威斯汀。克拉维斯对彼得说："你跟我开玩笑吧？！"的确，某消息人士透露："作为主体的KKR，与作为主体的高盛关系一直非常紧张。"

而且，当时还有很多违反职业道德的行为。比如，1995年，监管部

---

[1] 收购案和弗里曼案参见第十一章。

[2] 前文提到彼得是西德尼的侄子，这里可能是与西德尼侄子同名的孙子。

门勒令国际电话电报公司（ITT Corporation）放弃金融部门——ITT金融公司（ITT Financial Corporation）。这家公司有几种不同的业务，高盛与拉扎德一起受聘把整个公司卖掉。业务当中有一大部分叫ITT商业金融部（ITT Commercial Finance），1994年12月卖给了德意志银行美国分部。过了半年，到1995年6月，ITT宣布已经把金融部门剩下的几块卖给了多个匿名买家。一名高盛前高管说，ITT金融公司有一部分是一个投资组合，包含一组"极为怪异的"消费贷款。高盛银行部门研究之后，确定高盛合伙人可能会愿意通过SSG基金收购，这是高盛合伙人的秘密基金。于是高盛做出决定，打算买下这个投资组合。接着马上出来传言说，高盛故意让出售过程走得极为缓慢，尽可能不主动寻找买家，最后朝ITT相关的高管汇报，找不到人愿意买这个投资组合——这是个坏消息。还有一个好消息：高盛的合伙人基金同意买下这个组合，出价至少比这些贷款总价值低了1亿美元。这位前任高管继续说，客户（ITT高管）知道这个消息后大发雷霆，因为感觉到高盛在出售的工作中并不坦诚。但那名与ITT对接的高盛银行家并没有表示忏悔，而是以怒制怒。高管转述道："高盛银行家在电话里对ITT高管大喊：我已经脚不沾地地跑了一年，就是为了卖掉这些资产！ 要是我在电话里再听见这种指责一个字，我就要报告乔·科尔津，科尔津就会找ITT的CEO兰德·阿拉斯科格（Rand Araskog）！ 于是就这么结束了。高盛银行家一挂电话，同事们就都纷纷击掌庆祝，因为知道他们刚刚赚了1亿美元。在高盛，这种做法并不少见。"所谓的"制约平衡工作"也就不过如此了。

保尔森表示，他很清楚，高盛在大力开展主营业务的同时，利益冲突的可能性也成指数增加。他说，有些人催他要把主体投资业务与银行业、交易业务彻底分开："就算把员工派到北极圈那么偏僻的地方，如果这个员工要做水街基金做的那些事，客户也会对你发火。[1]你做事必

---

[1] 参见第十二章。水街基金90年代初成立，让高盛卷入利益冲突丑闻，1995年受到严重诟病而解散。

须完全透明，而且必须极端诚实，让人们知道你在干什么。"高盛规模越来越大，交易和主体业务也参与得越来越深，因此这样的任务就更加困难。一名高级合伙人说："要做违反职业道德的事，空间越来越大。也就是说，我们开展证券业务的时候，市场就给了我们一个机会，每时每刻都可以捣鬼。当然，这不是说交易员或者销售员就不如银行家有道德，只是发现这种捣鬼，就必须盯紧了人们的行为，看看谁在听一些他们不该听的商议。我们必须强迫交易员休假，这样才能监控他们的账本。必须让人们随时保持轮转，要擦亮眼睛。一定要寻找那些行动反常的人。然后，一旦发现可疑行为，就必须采取行动。"

一如既往，对华尔街利益冲突的辩护，似乎可以总结成一句老话："相信我，我很诚实！"

星期五在阿罗伍德酒店召开的年会，日程非常紧张。当天晚上，合伙人大多数都去吃晚饭，去酒吧放松。这时候，科尔津召集改组后的执委会（先前的管委会）的六人开会，进一步讨论高盛IPO前景。他还是打算在第二天上午充分说明自己的立场。他在继续流程之前想要确定，高盛的高级经理是否都支持他。科尔津回忆道："关于IPO话题，我变得有些爱说教了。这种态度显然对那些反对者效果不好，他们说的是：'我们完全不需要这种交易啊。'于是IPO讨论变得越来越糟，哪怕高盛业务越来越成功。"科尔津说对了，高层果然不支持他：保尔森、罗伯特·赫斯特和约翰·塞恩都反对IPO。分析师埃里克·多布金（Eric Dobkin）之前受命分析IPO前景，他相信高盛的上市价格应该比摩根士丹利低，因为高盛的收入太不稳定，而且太过依赖交易业务。凌晨2点，科尔津结束了与执委会的搏斗，来到阿罗伍德酒店的酒吧。很多合伙人都喝醉了，纷纷劝他：停止IPO计划！

睡了几小时后，科尔津知道已经无力回天，终于不再坚持IPO。尽管没有表决（一如既往），他很快取消了打印出来的周六时间表（上面有他提议IPO的日程），从头开始起草一份新的讲稿。周六的日程开始，IPO反对者已经集合，一个接一个地发表简短演说，反对IPO。过了一小时，科尔津宣布："IPO取消了。不再谈论，到此为止。"IPO再次被否决之后，阿罗伍德酒店年会在周六下午提前结束，但问题几乎完全没有解决。一名合伙人评论科尔津："他不会把计划硬塞给合伙人，强迫他们吃下去。不管是谁，只要处在他那个位置上，都想保住自己的饭碗。但他不会放弃这个计划。"

第十六章

光荣革命 [1]

---

[1] 原文 The Glorious Revolution，指的是 1688 年英国资产阶级和新贵族发动的非暴力政变，推翻了詹姆士二世，防止天主教在英国复辟。本书用来代指保尔森等人推翻科尔津。

高盛内部对于IPO的热情再次被浇灭。与此同时，科尔津与保尔森对彼此的怨恨也加深了。两只"领头羊"争斗的第一个焦点自然是规模大小。包括自己挣的钱，也包括给公司挣的钱。一位了解科尔津的合伙人评论道："对他来说，如果有100个仓位，他就希望200更好，然后300又比200更好。"而且，打从一开始，科尔津就成天想着通过收购扩大企业规模。1995年，科尔津先后跟所罗门CEO德瑞克·莫恩（Deryck Maughan），旅行者集团（Travelers Insurance）CEO、外号"桑迪"的斯坦福·威尔（Sanford "Sandy" Weill）商议合并，美邦（Smith Barney）当时是旅行者集团旗下的公司。[1]科尔津还跟J.P.摩根CEO、外号也叫"桑迪"的道格拉斯·A.华纳（Douglas A. "Sandy" Warner）商议合并。这些商议都是探索性的初步商议，很低调，是科尔津一个人做的。然后他又让保尔森去见这些大公司的主管，进一步商议，看合并是否可行。保尔森表示，他认为这些潜在业务一个比一个荒唐。

保尔森第一次被科尔津的行为吓到是在1995年初。当时，科尔津告诉保尔森，他有兴趣收购所罗门兄弟。保尔森说："我听到这消息就像被人浇了一盆冷水。"但他还是决定顺应科尔津的请求，去见了所罗

---

[1] 美邦于1938年成立，1993年底和旅行者集团合并，但经纪业务仍沿用美邦品牌。1997年，旅行者集团收购所罗门，成立所罗门美邦；1998年，旅行者与花旗公司合并，成立花旗集团（Citigroup）。2008年危机中，花旗集团接受政府援助，2009年1月将美邦卖给了摩根士丹利，分别成立日兴所罗门美邦（Nikko Salomon Smith Barney）和花旗环球金融有限公司（Global Wealth Management Group）。

门CEO德瑞克·莫恩，商议合并事宜，并打算用这次商议教育科尔津，让他意识到，让两家大公司合并可能不是好主意。高盛一名高级合伙人回忆说，他当时在思考科尔津为什么如此热衷于收购所罗门。他说："科尔津是政府债券交易员。[1]我们的身高（规模）才到所罗门的膝盖。于是他有些高看所罗门，觉得所罗门算是一帮英雄。"保尔森分析了同所罗门合并的前景，也跟莫恩谈过。之前，所罗门卷入了财政部债券交易丑闻，险些破产，多亏著名投资者沃伦·巴菲特救援才活了下来。但是到了1995年，巴菲特的业务已经够了，想要卖掉所罗门，收回投资，因此客观来说，高盛确实可以买下所罗门。但是，保尔森认为这笔业务从经济角度来说没有意义，并不是对所罗门有看法："他们的交易业务跟我们的交易业务重合。所以，我们想不想要把政府债券业务扩大一倍呢？这不是二加二等于四，而是二加二等于三。"另外，之前两家企业都在全球扩大办公室规模，但最后全都关张，裁掉了很多人。有人说："（合并没意义）简直太明显了。光看表面，合并就很荒唐。"

但科尔津还是不死心，总是给保尔森打电话，让他认真考虑，而且要跟莫恩探索一下怎么才能成功。保尔森坚决反对一切收购计划，也不明白科尔津明知道合并没有意义，怎么还会这么庸人自扰。然后科尔津会怂恿一个大人物说服保尔森，让保尔森考虑合并。此人就是J.克里斯·弗劳尔斯，金融机构集团（Financial Institutions Group，简称FIG）的主管。保尔森只要说一句"乔，你说得对，咱们收购所罗门吧"，两人的关系就简单多了，也容易多了，但保尔森不能这么做，哪怕他顺从CEO的意愿之后日子会好过一些。他实在看不出来这种收购对高盛有什么好处。在保尔森的坚持之下，科尔津不得不告诉莫恩，收购计划取消了。然后科尔津又坚持让保尔森去跟J.P.摩根CEO桑迪·华纳谈判。华纳设想，高盛与J.P.摩根可以合并，由华纳担任合并后的企业主管，或者跟

---

[1] 母语顾问推测，所罗门交易政府债券，科尔津因此而重视所罗门。

保尔森联合担任首席运营。这次讨论结束得比上次所罗门的还要快。保尔森说，J.P.摩根已经失去了一些魅力，这种管理模式也肯定行不通："那些人（摩根的人）觉得他们应该主管合并后的企业，我们可谁也不想让这种事发生。"

对保尔森来说，最没意义的合并还是跟桑迪·威尔的旅行者集团合并（虽然在科尔津看来很有意义）。尽管如此，科尔津还是恳求保尔森去见威尔，听威尔怎么说。保尔森回忆道："我记得桑迪·威尔跟我说，他的首选是买下高盛，因为需要在国际上露脸。第二个选项是买下J.P.摩根。我回答：'桑迪，要是这两家公司你都没法收购呢？你怎么不买所罗门呢？他们可以出售啊。'我这么说是为了试探他。他就把不买所罗门的原因都跟我说了。"保尔森回忆的时候放声大笑，因为1997年9月旅行者以90亿美元买下了所罗门。

很多方面，威尔都让保尔森想起了科尔津，两人的基本商业理念都是"只要能买就买下来"。可是，威尔手下谈判收购的人才比高盛的科尔津多得多，高盛毕竟只买过一家公司，就是杰润。而且买下来之后，又对杰润造成了严重的破坏，过了很久之后才想出办法让杰润扭亏为盈。保尔森也实在想不明白跟旅行者合并有什么好处，他说："至少我自己想不明白。不论什么情况，我都想不出怎么才能让这种合并成功，特别是我认为根本就没有这么做的战略原理。投行业规模越大，表现就越差，特别是，打算融合两种不同的企业文化会使情况更糟糕。"而且，高盛在1994年亏损严重，保尔森还要裁员，本来已经够艰难了，还想整合两批重叠的业务，单是想想，就不可能让他有一毫的放松。

科尔津则表示，与所罗门、J.P.摩根、旅行者的合并商议不是在1995年，而是在1996年及以后（但后来有一篇《华尔街日报》文章报道，与所罗门商议合并的时间是在1995年）。科尔津说，他同意开这些会，跟摩根CEO华纳共进晚餐，派代表团去见旅行者公司老总桑迪·威尔，是因为科尔津在FIG的银行家（主要是弗劳尔斯）认为应该举行这些讨论。科尔津相信，这些讨论只是金融公司CEO之间的偶然会面，并没有十分严肃，原本的目的也不严肃。科尔津说，这些讨论的整个过程期间，他都一直坚信，高盛如果自己实行IPO，高盛的估值都会高于和现有上市公司合并后的估值。

科尔津还提到高盛与AIG的一次晚餐会，桌子两边各有六个人，讨论是否能够合并。高盛这边的领头人是科尔津，AIG的领头人是外号叫"汉克"的莫里斯·R.格林伯格（Maurice R. "Hank" Greenberg），一个意志坚定的人。有趣的是，保尔森说他完全想不起来跟AIG有过讨论，虽然有些人认为是保尔森安排的讨论。格林伯格说，AIG想要投资高盛，特别是在住友、毕舍普地产投资之后，而且他本人也是约翰·温伯格的好友。但格林伯格也想不起来有一场讨论，说的是两家公司合并。对此，科尔津评论道："这种事就非常说明问题，说明我们并没有计划一定要怎样。可问题在于，两家公司之间到底有没有什么可做的？有些人主张投行业和保险业是应该合并的。"科尔津又说："格林伯格是个好领袖，是个好人，也让人紧张。他一直对这次合并表示怀疑。而且我也不是很想屈居第二。"更重要的是，当时高盛没有几个人同意跟AIG合并。科尔津说："我们当时很多人都在交易部门，一看到这个计划就都说：'你开玩笑吧？'一旦合并，首先我们就要被吞到官僚体系当中，其次我们也完全不了解金融产品部门。"这说的是AIG金融产品部门。这是伦敦的一家公司，该公司担心各种金融证券可能违约而决定出售几十亿美元的保险。后来，高盛卷入AIG，在2008年危机中造成了严重后果。这是后话。

这些合并提议已经让保尔森十分恼火，但还有另一些合并的前期讨论也让他对科尔津不满。高盛想要收购两家资产管理公司，都失败了：一家是米勒安德森公司（Miller, Anderson & Sherrerd），管理着290亿美元资产，最后被摩根士丹利收购；另一家是收益循环管理公司（RCM Management），后来卖给了德累斯顿银行（Dresdner Bank）。科尔津还想在全球到处开设新的办公室。一名合伙人说："科尔津想要在全球各国到处做生意，还要尽量扩大。他就好像一个人进了咖啡馆，想把什么东西都拿走，放到自己托盘上。这让人十分担心。"1995年，高盛在中国上海、墨西哥首都墨西哥城开设了分部，在印度、印尼创立了合资企业。[1]保尔森认为，科尔津的步子迈得太快了，而且好像看哪儿就喜欢哪儿。劳埃德·布兰克费恩说过一个笑话："有朝一日，他离开公司，早上醒过来，发现我们又在危地马拉开了分部。"

保尔森认为，与科尔津合作的讽刺之处在于，虽然科尔津在高盛人气很高，工作起来却不好相处。其他人表示，保尔森虽然表面上似乎不在听别人说话（他实在好动，经常说着话就跳来跳去），但实际上很认真。而科尔津虽然表面上在认真听，却经常没有注意听。另外，科尔津留了胡子，穿着开襟羊毛衫，看上去有长者风范。一名前合伙人评论科尔津："他热爱高盛，一心扑在工作上，工作非常努力。工作是他人生最重要的部分。但他很难妥协，这就很奇怪。只要跟别人合作，要合作得好，就必须说：'伦理、道德、良心的方面，我保留自己的意见。'但是如果对方非常确定应该按他的意思办，而且也不是什么疯狂或者愚蠢的主意，你就要学会妥协，按他说的做。关键在于发现真正的重要问题，而在科尔津看来，什么问题都是重要问题，他只会这么看问题。"

科尔津好像还认为，对他忠心是检验一切的试金石。一名高管说："你要是对科尔津说：'这么做没好处，我有三个理由。'他肯定不会说：'这个理由我不同意，我要跟你辩论。'他只会说：'哎呀，我真的觉得这么做有好处。'还说：'唉，我真的希望你能支持我。我知道应该这么做。'

---

[1] 原文有误。据高盛官网，高盛于1994年在北京和上海设立代表处，并成为第一家获准在上海证券交易所交易中国B股股票的外国投资银行。官网声称："高盛致力于成为中国政府、监管机构和企业在中国资本市场持续发展的长期合作伙伴。高盛将继续利用其全球资源和在其他市场的经验，帮助中国客户满足其不断变化的需求，同时，帮助其实现战略发展目标。"高盛多年来一直在中国扩展业务，2021年还计划在内地和香港招聘数百人。

然后他就会揽住那人的肩膀，很多情况下对方就同意了。可是高盛还有很多人不愿意这样……高盛的决策者向来不只是少数几个主管，而是一个更大的合伙人团队。"

1997年8月，《华尔街日报》得到情报：两年前，高盛考虑过收购所罗门，而收购的原因是高盛严肃地试图用合并达成上市，而不是用IPO达成上市。这就好像高盛在两年前有过一个想法，这个想法按一种"缓释"的机制渗透到了报纸上一样。当时的商议，参与者有科尔津、莫恩、所罗门董事长罗伯特·邓汉姆（Robert Denham）。《华尔街日报》报道，这次商议只是探索性的，并没有太大的实际意义，特别是高盛坚持由自己运行合并后的企业，但这次商议显示"高盛如果决定上市，则让自己上市可能不只是高盛的唯一选择"（还可以用合并达成上市）。报道还说，1994年高盛大失败之后，AIG也考虑过买下高盛25%股权。《华尔街日报》文章发表的时候，华尔街正在掀起并购热潮，大家纷纷猜测还会发生哪些合并。1997年5月，摩根士丹利投标收购了添惠公司（Dean Witter）。这次收购让人吃惊，谁也没想到摩根士丹利会投标。收购的目的是为了让摩根士丹利的企业机构客户业务更加多样化，延伸到零售市场。[1]接着又有三次较小的合并，发生在商业银行与投行之间，都违反了格拉斯–斯蒂格尔法案，使得大众非常困惑。第一次是信孚（Bankers Trust Company）收购阿历克斯·布朗公司（Alex. Brown Inc），第二次是美银（Bank America Corp.）收购罗伯逊–斯蒂芬斯投资银行（Robertson Stephens & Co.），第三次是国家银行（NationsBank Corp.）收购蒙哥马利证券公司（Montgomery Securities）。格拉斯–斯蒂格尔法案已经长期名存实亡，1999年11月正式废除，主要归功于鲍勃·鲁宾。

《华尔街日报》文章分析，高盛那些年轻的合伙人为什么希望与一家现有上市公司合并。文章认为，最重要的原因是这样就不会有所谓的

---

[1] 原先，摩根士丹利代表蓝筹股投资银行，针对大客户；添惠代表证券经纪行，针对小客户。传统上，华尔街这两种企业一直区分明显，但这次收购改变了局面，因此让人吃惊。

IPO折价（折价额度为10%～15%，用于吸引投资者）。可是，高盛这样的知名品牌竟然会通过"后门IPO"（back-door IPO）的办法上市，这种说法实在令人难以置信。

真相倒可能完全相反：高盛在1996—1997年的业绩非常突出，乃至在1998年的某个时期进行IPO似乎越来越不可避免。这一年，合伙人要参加一年两次的聚会。不论人们对科尔津以及他的管理风格怎么看，有一点确定无疑：他把高盛团队从恐惧的深渊里带了出来，让他们专注于利润。1996年，高盛营收61亿美元，税前利润为26亿美元，利润率高达43%，前所未有。1997年，营收74亿美元，税前利润为30亿美元，利润率41%。ROE（股本回报率）是科尔津在1996年制定的公司业绩指标。这方面，高盛的表现也创了纪录：1996年是51%，1997年是53%。[1]1994年灾难过后，科尔津和保尔森把高盛变回了利润机器。

但保尔森并不高兴。多年来，他每年一直收入几百万美元。他拥有410万股高盛股票，价值数亿美元。假如高盛在1998年按照预期推行IPO，这数亿美元的变现就指日可待了。然而，保尔森早已筋疲力尽。这一年的大部分时间，他都在亚洲出差，同时还要监督高盛的银行业、私募股权、资产管理业务。他与科尔津也合不来："我同科尔津的差异变得非常大。我再也不愿（因为沮丧而）拿着脑袋撞墙了。"保尔森相信，科尔津周围聚了一批同党，这些同党只会说他爱听的话。而且在保尔森看来，科尔津的错误决定也越来越多，让保尔森极为恼火。有一个事件特别难堪：芝加哥一名合伙人与21岁女秘书通奸事发，保尔森把他开除了。科尔津却撤销了命令，又让这人在纽约当了合伙人。此外，保尔森还从朋友那里听说，科尔津背着保尔森，对别的合伙人说保尔森的坏话。

圣诞节之前，保尔森去见科尔津，说自己考虑辞职。保尔森回忆道：

---

[1] 参见第15章。科尔津在1994年合伙人年会上提出了重视ROE的设想，并非1996年。按照常理，高盛1994年急于摆脱困境，似乎不会在提出设想之后两年才正式确立这个指标。原文似有误。

"我跟他说，我觉得我们俩都在高盛是一种不健康的状态，我愿意辞职。只是我们需要商量一下，谁应该和他搭档主管高盛；因为我不想让他一个人无法无天。"他还要与科尔津商谈，让欧洲业务联合主管约翰·塞恩和约翰·桑顿担任更重要的管理职位，这两人正在迅速地崭露头角，有可能当上高盛新一代领导人。然而，科尔津完全无视了保尔森。保尔森后来说："他没有真正做出回答。"科尔津这种毫无反应的状态变得越来越常见，有些合伙人也注意到了，科尔津好像对他们表现得"躲躲闪闪"，于是合伙人们越来越沮丧。"模糊人"这个外号，在高层间也越来越常听到。保尔森在圣诞假期专门思考，对科尔津这种不闻不问的态度应该怎么回应。保尔森和家人去了墨西哥尤卡坦半岛划独木舟、观鸟、钓鱼。妻子温迪劝他不要莽撞，要谨慎思考决定："你现在很难受，我想让你高兴起来。但你辞职之前一定要先确定，你辞了职会比不辞更舒服。"

保尔森决定战斗下去，1998年又重新上阵。结果，才过了几个星期，科尔津就出了严重的政治问题（至少大家这么认为），让保尔森抓住了期待已久的把柄，占了上风。

科尔津在高盛最重要的盟友之一是著名FIG银行家克里斯·弗劳尔斯。弗劳尔斯是典型的高盛人，生于美国加利福尼亚州，六岁搬到麻省波士顿市郊区韦斯顿。这一年，他爸爸从海军退伍，在哈佛商学院担任管理职务。弗劳尔斯在高中就是数学奇才、象棋冠军。

后来，弗劳尔斯就读哈佛大学，专业是应用数学。他说："我发现哈佛的人让我看起来像个数学白痴。"弗劳尔斯知道自己想要从商。大二暑假，他在高盛找了一份实习工作，后来提早一个学期从哈佛毕业，1979年3月当了高盛的全职员工，职务是分析师，在并购部的史蒂夫·弗里德曼手下。"我在高盛学到的第一件事就是怎么努力工作。"第一年，他"一年365天，全年无休"，高盛付了他16000美元。他说，在高盛还学会了怎么"销售"。投行业的销售很乏味，却至关重要，需要银行家说服客户聘用自己,聘用自己的公司,而不是聘用其他人、其他公司。弗劳尔斯在高盛迅速发展起来,受邀加入了高盛刚成立的金融机构集团,担任并购专家,很快发挥了实力。1988年,他才31岁,就当了合伙人,是当时全公司最年轻的一个。

科尔津好像彻底被弗劳尔斯迷住了。两人合作了十年,参与了各种项目。弗劳尔斯对战略和资本市场的了解让科尔津刮目相看。科尔津说:"他是我们同金融机构接洽的招牌,是个不寻常的人才。我觉得,说他是全球数一数二的服务金融机构的咨询师,谁也不敢反驳。"弗劳尔斯还做了些分外的工作,把科尔津介绍给金融界的其他领导人。科尔津说:"有些介绍工作是弗劳尔斯发起的。"

有一次,弗劳尔斯把科尔津介绍给了梅隆银行(Mellon Bank)的CEO弗兰克·卡韦(Frank Cahouet)。梅隆银行和卡韦都是高盛和弗劳尔斯的长期客户。比如,1997年4月,梅隆聘了高盛出售梅隆的公司信托业务。1997年10月,梅隆又聘请高盛代表自己恶意收购中州金融集团(CoreStates Financial),出价180亿美元。中州和梅隆一样,也是一家宾州银行。当然,高盛所谓"绝不代表恶意投标者"的原则又一次扔到路边了。不过,中州拒绝梅隆的出价,梅隆不再坚持。1998年上半年,弗劳尔斯安排科尔津与卡韦见面。科尔津认为,高盛与梅隆合并会大有好处。梅隆不涉及投行业务,因此二者没有重叠;梅隆有庞大的资产管理业务,正好是高盛希望发展的领域之一;梅隆还有商业银行业务,储户存款会让高盛获得稳定而廉价的融资来源;梅隆还有新兴的主经纪商(prime brokerage,简称PB)业务[1],向对冲基金和其他大型机构投资者提供经纪服务,高盛也有意发展这方面的业务。高盛与梅隆合并会带来多方面的利益,至少在纸面上看是如此。科尔津说:"只是一次会议,我却比其他人都更加有热情。我们只要能克服所谓的'山大王'的情况,

---

[1] 投行向对冲基金提供的股票贷款、融资、集中清算、结算和托管等服务,又称机构经纪业务。

或许就可以真的成功。但是卡韦却不这么想，因此谈判没有进展。我觉得这件事被一些怀有恶意的人严重夸大了，为了证实我对业务不了解。"科尔津跟保尔森说了这次会议，说讨论还"很初步"，但"意义很大"，还说，合并以后，科尔津和卡韦担任联合CEO，保尔森也会担任商业银行与投资银行业务主管，"作用会大得多"。

保尔森却认为，科尔津说的"只是一次会议"还不止于此。保尔森担心，科尔津或许已经开始谈判合并了。他说："他推进了很久之后，跟我说了一些话；然后就说，他想让克里斯·弗劳尔斯跟我商议合并。"保尔森评论弗劳尔斯"极有商业头脑，非常聪明，心直口快"。弗劳尔斯给保尔森带来了大好消息。保尔森回忆道："弗劳尔斯跟我说，合并之后，我的股票会价值8.5亿美元。我记得，他们认为这种魔法一样的事真的可以办到。"保尔森说，自己跟弗劳尔斯谈过之后，又去找科尔津，提出了一些反对意见，特别是他认为科尔津可能太过匆忙，没有注意细节。科尔津如果要再跟卡韦商议，他必须在场。

科尔津却说，自己刚刚认识卡韦，下一次会议想自己单独参加，还告诉保尔森，他不会讨论细节，只会听卡韦说话，做笔记。保尔森对这个决定很不满意，但科尔津是CEO，只能他说了算，保尔森能怎么样呢？科尔津与卡韦第二次商议结束后，保尔森问科尔津情况如何，发生了什么，科尔津回答："我只是听他说话，他也完全没有跟我说细节。"然后保尔森就给弗劳尔斯打电话，保尔森后来管这个电话叫"瞄准金钱发射的热追踪导弹"。保尔森请弗劳尔斯过来见一面，当天正好是星期日，不上班。弗劳尔斯来了，告诉保尔森，科尔津对卡韦提出了合并协议，包括合并经济方面的细节、换股比率、哪个部门归谁管。保尔森说："这下我可生气了！"

第二天早上召开管委会会议。会上，保尔森请科尔津讲一讲他与卡韦之间到底发生了什么，以及高盛与梅隆是否可能合并。科尔津没有回答。当时与会的一名合伙人说："他完全采取回避态度，基本一句话也没说。"保尔森十分怀疑，又请了弗劳尔斯来向管委会做一次简短的汇报。弗劳尔斯来了，告知了全部讨论细节，跟他前一天对保尔森说的一样。另一名与会者说："科尔津气坏了，跑出会议室，进了自己的办公室。"接着，科尔津在管委会的盟友们对保尔森发火："有个人说：'你们不应该这么干，你们让他很难堪，他要是辞职了什么的，可不得了。'"不过，管委会大部分人还是对科尔津极为恼怒，因为他与卡韦讨论公司合并一事，没有告知管委会，也没有征得管委会同意，而且事后又不开诚布公。大部分成员决定，不让科尔津参与将来的战略讨论了，把责任全部交给了保尔森。整场讨论对外严格保密。关于和卡韦、梅隆的合并讨论就此告终。

保尔森建立了一个战略规划委员会，成员包括：FICC主管劳埃德·布兰克费恩，FICC是高盛利润极高的部门，关注固定收益、利率、货币；研究部主管史蒂文·埃因霍恩（Steven Einhorn）；FIG的另一名重要银行家克里斯托弗·科尔；投行三名主管之一的彼得·温伯格。委员会是为了探索银行业的未来，探索高盛是否应该再次考虑上市或合并。保尔森说："我们总结，高盛确实需要很多资本。"为了达到目的，应该举行IPO还是应该与上市公司进行战略合并？这个问题上，委员会产生了分歧。保尔森又一次越来越恼火。第一个原因是，弗劳尔斯到处游说高级合伙人，并对他们说，一旦IPO成功，他们的高盛股票会价值多少。保尔森认为这么做事太没教养了。弗劳尔斯想要满足员工的贪欲，这一行为使保尔森怒火中烧，因此决心要尽快搞掉弗劳尔斯。第二个原因是，梅隆合并失败之后，保尔森、科尔津二人已经公开唱对台戏了。两人的职务安排也让保尔森在所有场合都很不舒服，然而，6月中旬合伙人要就IPO问题举行投票，这次行动看来十分认真。在这种严肃会议上，两名高级合伙人公开交火，也太不合时宜了。

保尔森决定，只要科尔津继续当高盛CEO，自己就一定走人。他告诉执委会里的盟友，他主意已定，不会更改。保尔森作出了威胁，就会言出必行，这一点几乎没有人怀疑。但他肯定已经知道，执委会也一定会给出他实际所期望的结果。也就是说，在高盛期待已久的IPO前夜，高盛绝不可能失去保尔森。不光保尔森不会离开，而且执委会也必然要求保尔森继续同科尔津管理公司（至少执委会有三四个人会这么要求，那就是赫斯特、桑顿、塞恩，而且他们的立场十分坚定。保尔森与科尔津他们自己倒是可能不这么主张）。塞恩曾是科尔津的盟友，也是科尔津的地产执行人，执委会请求塞恩把执委会的决定告诉科尔津。

塞恩的消息很明确，他把这一既成事实传递给了科尔津：科尔津必须马上同意与保尔森共同担任联合董事长、联合CEO。执委会其他成员十分担忧科尔津的"自由职业"状态，也担心保尔森可能会把最近的决心贯彻到底，真的走人，因此执委会完全没给科尔津一点选择余地。执委会还清楚，当前股市上升，特别是旅行者同花旗银行合并成花旗集团之后，金融股更是暴涨。这次合并，实际上等于是宣告了格拉斯-斯蒂格尔法案的死刑。时间不多了，高盛合伙人别无选择，只能投票赞成上市。他们知道，高盛需要CEO的领导，而且CEO应该是保尔森，而不是科尔津。

1998年阵亡将士纪念日前后（5月25日），保尔森与科尔津见面商议执委会的决定。科尔津想让保尔森收回成命，或者至少让保尔森等到全体合伙人在即将到来的6月中旬休假的时候完成IPO投票。但保尔森回答说不可能，他绝不会再等。科尔津必须马上同意新的安排。他看到的信息清清楚楚："无论如何都要做，只是一种办法困难，一种办法简单！"科尔津挨了当头一棒。那天有些人走过科尔津的办公室，听说他得病了。但他还是恢复了，接受了现实。后来，科尔津和保尔森在公园大道咖啡馆同另外几名执委会成员共进晚餐，其间，两人站起身来，科尔津宣布他已经决定同保尔森一起主管高盛，然后与保尔森相拥。那些执委会成员看到这场短暂而虚幻的"兄弟之情"，觉得很荒唐，直翻白眼。

6月1日，也就是阵亡将士纪念日所在的周末的下周一，高盛宣布保尔森升为联合CEO，与科尔津一同掌权；两个各有19名成员的委员会（运营委员会、合伙人委员会），已经倡议在6月12日合伙人会议上发起全体合伙人投票，决定是否IPO。两条爆炸性消息不胫而走。媒体对IPO消息更为关注，这也是情有可原的。保尔森的升迁只是顺带一提，说这是保持高盛传统，两名高级合伙人共同"执政"。媒体完全没有提到保尔森、科尔津两人的摩擦，也没有提到引发领导权变更的那些事件。道琼斯通讯社（Dow Jones Newswires）报道："过去27年中，高盛曾七次讨论上市，但这一次两个委员会联合倡议投票，这一消息十分重大，说明上市有了广泛支持。"

报道称：高盛负责IPO的银行家以弗劳尔斯为首，为高盛的估值是300亿美元，在所有估值中是最高的。弗劳尔斯估值的根据是，公司1997年税前利润为30亿美元，1998年一季度税前利润为10.2亿美元。媒体猜测，高盛的六人执委会中有四人（科尔津、保尔森、罗伯特·赫斯特、罗伊·扎克伯格）支持IPO，塞恩和桑顿态度比较冷淡。

还有很多人猜测300亿美元估值是否准确，猜测高盛卖出资产的百分比（一般猜测是10%～15%），猜测上市所得如何分配。还有人猜测高盛的股票是否对摩根士丹利、美林股票有溢价，当时，摩根士丹利的股票交易价格是面值的4倍，美林的是3.5倍。高盛股本约为63亿美元，因此这些问题非同小可，特别是公司二季度表现一直很优秀，而且预期能够获得40亿美元税前利润，这一年将是成绩最好的一年。不论股票交易价格会是面值的多少倍，4倍也好，更高也罢，当前的普通合伙人必然大赚，初级合伙人估计会赚1亿美元，而科尔津、保尔森、罗伊·扎克伯格这样的高级合伙人，每人所得都会超过2亿美元。住友和毕舍普地产也获得了意外之财，住友的投资价值7.36亿美元，毕舍普6.58亿美元。前期讨论的时候，有一个问题悬而未决：应当如何对待高盛的有限合伙人？有限合伙人也就是先前把高盛做强的合伙人，现在已经不再负责日常运营。一名有限合伙人告诉《纽约时报》："如果股价是面值的2倍，我估计大家都会非常高兴了。3倍，大家就会欣喜若狂。"但他并没有说如果到了4倍，大家会怎么样。

在阿罗伍德酒店又召开了合伙人周末年会，这一次年会的争吵就远不如前几年了。会后，高盛宣布"大多数合伙人"已经同意推动IPO。此外，执委会也"一致同意"让这次行动推广为全面合伙制[1]，暗示当初塞恩、桑顿的反对已经消除了。科尔津和保尔森发表了雄心勃勃的声明："我司全体合伙人已决心将企业的资本结构用于完成更加辉煌的任务，成为世界领先的独立跨国投资银行。高盛作为一家上市公司，会具有足够的金融力量与战略灵活性，继续有效服务客户，并对长远的业务、竞争环境做出深思熟虑的反应。这一行动还将实现各位合伙人的基本目标：将高盛的所有权、利益、责任，分享给企业全体员工。"

保尔森和科尔津决定推进IPO，是经过了"长期、公开、热烈的讨论，完全符合高盛的优良传统。本公司的成功是与团队协作文化分不开的，这一文化将会继续在新的体制下发扬光大，并通过我们执行计划的方式进一步强化"。两人写道，高盛"充满信心，在客户关系的深度和广度上，实现了前所未有的成绩；我们员工的质量、市场地位、核心业务，很多方面都在市场居于领先地位"。这说法虽然自负，却也很难反驳。高盛的确占据了主导地位，表现超群，是全球最令人羡慕、恐惧、尊敬的投资银行。然而，决定上市（虽然动机十足）与最后成功IPO还是两回事，而且市场越来越变幻莫测，高盛如何在这样的市场中成功IPO，大家也在拭目以待。

科尔津争取了74.7%的合伙人投票："我一开始不断被人猛烈抨击，终于让大家相信我头脑清楚，相信我科尔津不仅能够活下来，还会活得很好。以及，我过去不光会挣钱，还是个多面手；如今，我完成了其他人都完不成的事业。"

---

[1] 意为全体员工都可以购买股票。

　　当然，周末的各种事件其实非常坎坷，只是声明想让大众相信一帆风顺而已。比如，保尔森就像一个国会议员，他很清楚，不论在公开场合说什么，他想要发生的事情总会发生。会上，他公开发言反对IPO："我相信，高盛需要上市，获取永久资本。但是我们都聚到一起投票的时候，我就要反对，因为我具有很多经验，我在上市公司待过，我参与过上市的过程，我明白这是怎样重要的变化，需要执行得滴水不漏；而管委会有些人并没有我这样的经验。我还认为，目前管理层的局势很不稳定，因为我和科尔津的状态，也因为存在多种问题；高盛积累了很多历史问题，而科尔津说这一切都是为了赚钱，还让克里斯·弗劳尔斯到处找人，跟他们说，上市了你就能赚到这么多的钱。我认为，企业想要上市，这不是正确的时机，也不是正确的途径。"除了保尔森，其他人也对弗劳尔斯公开展示贪婪很不满，尽管他们因为能够赚钱而心动。一名合伙人说："很多合伙人都在文化上担心贪婪，哪怕这种贪婪是私下里的。"保尔森根据其他人的公开发言猜测，高盛应该继续保持私营状态："有些人被别人控制，感觉只要投票赞成IPO，就是反对高盛的历史、遗产、文化。他们投票是为了赚钱，不是经过战略考虑的。"然而，投票结果还是压倒性的，多数人赞成IPO。

　　保尔森最后决定支持IPO，是因为科尔津同意让他担任联合董事长、联合CEO。从这一刻起，两人的任务就是销售股份，全心投入。高盛完全变成了一台巨大的销售机器。6月15日，两人接受《纽约时报》采访，明确表示，他们预计高盛在上市之后不会有什么变化。高盛不会变成"金融企业集团"，不会跟一般的经纪商合并，也不会接受商业银行的合并建议。此外，IPO的目的也不是让高盛合伙人更加富有。科尔津说："有报道会说，我们IPO是为了钱，但并非如此。我们不是为了赚钱或者现金。"科尔津强调，高盛是为了用IPO（和IPO产生的资本）进一步增强竞争力："我们想要成为世界领先的独立跨国投资银行。我们会变得坚不可摧，也会拥有竞争所必需的资本。"

科尔津好像还把"合并"话题变成了自己的信仰。他说，目前并不讨论合并的事，虽然高盛可能会考虑一些较小规模的收购，特别是针对资产管理公司的收购，因为高盛希望通过资产管理业务增长自身管理的1600亿美元："我们会拥有一些新的战略机遇，也会进入收购模式。我说的不是合并，而是收购。"有一个例子可以举，但科尔津没有提，那就是1997年5月，高盛以大约1亿美元的价格收购了大宗商品公司（Commodities Corporation）。这是一家对冲基金，价值20亿美元，管理着期货、大宗商品、货币，总部位于新泽西州普林斯顿市。公司的创始人中有保罗·萨缪尔森，是劳伦斯·萨默斯的叔叔。

先不说高盛的内斗。高盛宣布IPO之后，似乎已经很轻松地腾云驾雾了。合伙人万众一心，全力推进IPO的承销，他们在这方面都是世界级的专家，而且有完全的动机（自己的财富），要把事情做得天衣无缝。人们估计的高盛价值，似乎每天都在上涨：300亿美元，350亿美元，就连400亿美元也不算离奇了。毕竟，摩根士丹利股价是面值的4倍，而高盛作为举世公认的投资银行第一名，股价自然可以更高。高盛IPO的消息引发巨大轰动，华尔街似乎也很入迷。的确，偶尔会有分析师表示奇怪，高盛如果卖，公众为什么要买？一名分析师说："这些人聪明得很，是华尔街的精英，他们说，现在应该卖出股票了。这是最好的时机吗？要说还有谁最清楚，肯定就是他们。"[1] 不过，华尔街大部分人还是因高盛IPO而狂热，一点也不冷静。

极为难堪的是，高盛亮相的同时却爆发了一场小小的危机。一只对冲基金——长期资本管理公司（Long Term Capital Management，简称LTCM）崩溃了，使这次亮相蒙上了污点。所罗门有一位著名的债券交

---

[1] 母语顾问解释，如果高盛开始卖股票了，说明他们自己肯定事先把钱拿了出来，避免了风险，因此高盛IPO不可信。

易员叫约翰·麦利威瑟（John Meriwether），曾是科尔津手下最优秀的交易员之一。LTCM是麦利威瑟创意的产物，他在1994年成立了LTCM。科尔津考虑过让高盛投资LTCM，甚至还想过直接收购LTCM。不过，最后还是决定成为LTCM在华尔街上的诸多交易伙伴之一。

作家罗杰·洛温斯坦（Roger Lowenstein）写过一本畅销书，叫《营救华尔街》（*When Genius Failed*）[1]，书中详细记录道：麦利威瑟有着交易经验，诺贝尔奖得主、经济学家罗伯特·默顿（Robert Merton）与马尔隆·斯科尔斯（Myron Scholes）两人有着技术经验，从美联储辞职加入了LTCM的美联储副主席戴维·莫林斯（David Mullins）有着监管经验，LTCM把这三种经验综合到了一起。LTCM的合伙关系目的是尽量扩大对潜在投资人的诱惑。

不消说，LTCM是华尔街的宠儿。当时对冲基金还没有遍地开花，各家企业都蜂拥而至，纷纷与LTCM开展业务。LTCM受计算机驱动的投资策略，是开展所谓的"收敛交易"（convergence trades）。这种交易针对的是市场上以不同价格交易的同一种证券，操作手法是在交易的低价一面采取多头头寸，而在高价一面采取空头头寸。最初两年，这一战略效果极好。投资者回报约为40%，管理的资产也膨胀到70亿美元。原本的合伙人与投资者赚的钱越来越多。

1997年9月，LTCM尽管在收入最高的一个月内挣得了3亿美元，"然而，长期资本基金的远景依然稳步暗淡下去"（罗杰·洛温斯坦语）。因为市场在变化，LTCM难以找到赚钱的交易了。9月22日，麦利威瑟写信给投资人说，基金拥有超额资本，他想要把投资者1994年赚到的所有利润，外加1994年之后投入的全部资本金及利润，一次性全部退还给投资者，一共70亿美元，占基金全部资金的一半左右。LTCM合伙人及员工不在此列，他们保留了基金中自己的所有款项。投资人并没有把

---

[1] 又译作《赌金者》。本书中的引文参考了2003年上海远东出版社孟丽慧译本。

这个看成是飞来的好运（从今天的角度看是难以想象的），而宁愿看成是在沙漠里被人夺走了水。他们嚷嚷着，一定要保持在LTCM的满仓投资，因为创立LTCM的那些精英正在日进斗金。然而，LTCM拒绝了大多数投资人。

1997年，LTCM扣除各种费用，给投资人的回报率是17%，这个数字还是相当可观的。在LTCM短暂的一生中，这一年的表现最差，但完全不致命。按照约定，投资人每投入1美元，LTCM就返还1.82美元——也就是承诺回报率为82%，尽管他们的原始投资1美元还留在企业资金里面。到了1998年，麦利威瑟关于市场和LTCM前景的忧虑被证实了。8月17日，俄罗斯宣布让卢布贬值，并延期偿还135亿美元国债。贬值和延期偿还的决定让很多投资人措手不及，不光LTCM，高盛也被影响了。

这又让保尔森和科尔津的关系产生了新的裂痕。两人在6月宣布IPO之后的几个星期里，一直在竭尽全力工作。但俄罗斯的事件立刻让保尔森想起了可怕的1994年，因此十分紧张。科尔津是交易员，自然让高盛的交易员团队全都持仓不动。保尔森是银行家，对这种策略深表怀疑。保尔森回忆说，他对科尔津说："科尔津，我们要是按你所说继续持有某些仓位，可能确实会减少亏损，但我们不是对冲基金，而是高盛！我想要平仓，承受损失。"在这个极为特殊的关头，保尔森在企业中占了上风，因为他刚刚赢得了执委会大多数人的支持，当上了联合CEO。他还预计，割肉以后，高盛这一年的ROE还是会非常优秀，达到18%的范围。科尔津当场回答说，他同意割肉退出，但他传达给企业的消息却与之不同。一名合伙人回忆道："保尔森和科尔津都会跟交易员沟通，保尔森会跟交易员说一件事，科尔津又会背着保尔森跟他们传达另一种说法，也许科尔津说的话比较模糊，但交易员都确定保尔森告诉他们的，同科尔津告诉他们的绝对不一样。"保尔森气疯了。

8月21日，俄罗斯的决定开始全面影响国际市场，大量资本立刻从风险投资（例如新兴市场的债务和股权）领域流出，流进了美国、德国国债市场。人们认为，这些领域的风险应该小一些。罗杰·洛温斯坦写道："长期资本基金每时每刻都在发生巨额亏损，每分钟以数百万美元计。"8月21日星期五，一天之内，LTCM亏掉了5.53亿美元，占企业资金总额的15%。年初，LTCM资本有46.7亿美元，而在8月21日巨额亏损之后，资本已经下降到29亿美元。麦利威瑟听说大宗交易亏损的消息时正在中国访问，然后赶紧飞回纽约。登机之前，他给科尔津的家里打了电话："我们损失很大，但一切都还算好。"作家洛温斯坦却说："一切都已经不行了。"周末，LTCM合伙人聚集到康涅狄格州的格林尼治，很快发现公司需要抢救了。合伙人赶紧给沃伦·巴菲特打电话，问他买不买LTCM的50亿美元并购套利仓位投资组合，巴菲特不买。

科尔津接到麦利威瑟的电话之后，又回了一个电话警告他："我们没能得到足够的反馈，这将给你的信用状况带来负面影响。"科尔津（还有市场中的其他人）想知道LTCM仓位更多情况，想知道问题有多严重。如果LTCM想要筹集新的资本，就必须开始公布自己的仓位，这样LTCM的交易伙伴（包括高盛）就可以着手结束类似的交易，这样反而会加剧LTCM崩溃。8月27日，《纽约时报》报道："市场的混乱程度可以同历史上最惨痛的金融灾难相比。"

8月24日，星期一，麦利威瑟还与LTCM的同事在到处打电话筹钱，高盛就向证券交易委员会提交了"期待已久的"S-1注册上市声明。这是一份初步文件，按照惯例，没有披露太多财务信息，例如公司作为基础的估值，卖掉的股票数目，还有卖价。披露的信息则包括了高盛自1993年以来实现了高得吓人的利润。从1992年末到1998年上半年的五年半，高盛税前利润122亿美元，无论用什么标准衡量都是天文数字，特别是其中还包括了亏损严重的1994年。一如人们所料，S-1文件中显示，高盛1994年税前利润为5.08亿美元，但这是对合伙人分红之前的数字，这一年实际是亏损的。基本上，因为合伙企业会计制度，这122亿美元大部分都付给了高盛合伙人，或者保留在合伙人在公司的资本账户中。无论如何，S-1文件还是证实了很多人长期以来的怀疑：高盛是一座金矿。之前，科尔津敦促高盛最优秀的员工克服1994年危机，重新投入工作，这一策略是正确的。[1]一名合伙人说："他实在乐观得没边儿，最后也证明他的乐观没错。虽然发生了这么多坏事，他还是没错。"

S-1文件披露的高盛主体业务的增长，也同样令人瞩目。比如，1982年以来，全球并购业务的金额，年均复合增长率为25%；全球股票发行年增长率为19%，全球债券发行年增长率为25%；全球股市资本化年增长率为15%。

S-1文件的开头，不出所料，是当年怀特黑德制定的十四条戒律。起始第一条就是："客户利益永远至上。我们的经验表明，只要对客户尽心服务，成功就会随之而来。"然而，就算在高盛内部，能认真对待这条戒律的人也越来越少了。有几名高盛交易员还记得，一位叫彼得·布里格（Peter Briger）[2]的合伙人如此评论这条戒律："说得不错；但是我们执行的时候，可不要理解错了，这是商业决定！"尽管如此，怀特黑德那些戒律依然可读性很强，高盛表达想要IPO的原因也一样很有趣："我们成为上市公司后，会增强金融实力，具有更强的战略灵活性，而且能更大范围地让员工利益与股东利益协调一致。从金融角度说，公开上市会赋予我们更稳定的资本基础，拓宽资本渠道，降低筹资成本。从战略角度说，虽然本公司预期的发展依然是渐进的，但公开上市会赋予我们一种资格，以此能够追求战略收购。从员工角度说，公开上市会帮助我们实现基本目标：同企业员工广泛分享所有权。"

S-1还包括一长串"风险因素"，大多数投资者都忽略了。这些因素其中有一个，未来会成为非常重要的警告，那就是高盛（与其他华尔街证券公司一样）严重依赖国债市场的短期融资。S-1写道："本公司主要

---

[1] 这段情节参见第十五章中部。

[2] 布里格在高盛负责处理不良债务，后来创办了堡垒投资集团（Fortress Investment Group），并推动比特币进入华尔街。

依赖商业票据和本票作为无担保短期融资来源，进行日常运营。"又说："到1998年5月，本公司约有167亿美元未偿付商业票据和本票[1]，其加权平均期限约为100天。本公司流动性十分依赖对这些借款持续再融资的能力。投资者若持有本公司未偿付商业票据和本票，则在未偿付工具到期时无义务购买新工具。"

S-1档案提交之后几个星期，债券市场的流动性就要干涸了。洛温斯坦写道："每年8月底，都是交易市场特别冷清的时候。但在1998年的8月底，债券市场几乎已经看不到交易了。新债券发行更是完全停止，连早已定好的发行都突然取消了。这是很正确的，因为根本无人购买。"

尽管市场越来越动荡，高盛的IPO计划却雷打不动。9月8日，保尔森在内部电话会议上说，高盛会继续推进IPO："上周、明天、下周，不论市场什么情况，都不会改变这一目标，也不会影响我们对公司未来五到十年的乐观展望。IPO工作还在正常进行。"同一天，高盛宣布弗劳尔斯年底将从高盛"退休"，这是因为他与保尔森关系不和，也是因为他试图当上投行部门与管委会三名联合主管之一却失败了。保尔森担心弗劳尔斯在这个节骨眼上辞职会向市场传递错误信号，请求弗劳尔斯晚一年辞职，等到IPO完成。但弗劳尔斯实在气坏了，无视了保尔森的请求。第二天，他告诉《纽约时报》："20年都在一个地方，这时间算很长了。"但在多年之后，他又改变了说法，说保尔森在高盛越来越占优势，而自己当初坚定地支持科尔津，因此付出了代价："他们分歧非常严重，我是科尔津一派的重要成员……但是这场权力斗争很艰难，很丑恶，造成了严重分裂。我觉得我在高盛的路只能走到这儿了。我在高盛的前景并不美好。"后来，弗劳尔斯和保尔森二人继续较量多年。弗劳尔斯离开高盛之后，与投资人蒂莫西·科林斯（Timothy Collins）买下了一家日

---

[1] promissory note，直译"允诺付款的票据"，又称期票。这是一项书面的无条件的支付承诺，由一个人作成，并交给另一人，经制票人签名承诺，在约定的日期支付一定数目的金钱给一个特定的人。

本银行[1]，改名为新生银行（Shinsei Bank），将其扭亏为盈。2004年2月，弗劳尔斯准备好为新生银行实现IPO。虽然高盛在这一领域做的研究最充分，提出要参与，但弗劳尔斯还是不让高盛参与。稍后，二次出售股份的时候，高盛又想承销。一开始，弗劳尔斯拒绝了，但后来又提出要是保尔森在周六来他家求他，就可以考虑。保尔森果然去了，向他谢罪，并请他把订单给高盛，但弗劳尔斯依然拒绝了。新生银行上市，让弗劳尔斯与科林斯都成了亿万富翁。

到9月中旬，LTCM巨额亏损的消息流入市场，"自我实现的预言"法则见效。9月10日晚些时候，LTCM在贝尔斯登公司"存到盒子"里的资产，第一次降到了5亿美元之下，触碰了LTCM与贝尔斯登事先约定的低阈值。[2]贝尔斯登联合董事长兼联合COO沃伦·斯派克特（Warren Spector）致电麦利威瑟，告知他，贝尔斯登会派遣查账队于周日前往LTCM位于格林尼治的办公室查账，并且决定是否停止为LTCM提供结算业务。一旦业务停止，LTCM也就倒闭了。麦利威瑟陷入了绝望，给科尔津打了电话，说LTCM需要20亿美元，否则就要关门。当时科尔津正在意大利威尼斯庆祝结婚纪念日。麦利威瑟还去找了贝尔斯登CEO吉米·E.凯恩（James E. Cayne）。凯恩回忆："我问麦利威瑟，他还有没有一丁点资产。他说：'我在大通银行（Chase）还有5亿美元信贷额度。'我说：'拿出来。'他说：'这个额度还有十天就过期了，他们知道我们还不上这笔钱。'我说：'我知道，但你可以拿出来。'他说：'你怎么知道？'我说：'我不知道，你去跟律师谈。不过，在我看来，你要是有额度，就拿出来，别管别人怎么看，别管别人做什么。这就是救命稻草。'"

---

[1] 此事发生在2000年3月，这家银行原名为日本长期信贷银行（Long Term Credit Bank of Japan）。

[2] 早在1993年，贝尔斯登老总凯恩与麦利威瑟达成协议，贝尔斯登为LTCM提供结算交易服务，但在LTCM净资产价值降到5亿美元的时候停止。麦利威瑟不情愿地接受了。

很快，LTCM 听了凯恩的建议。[1]

麦利威瑟在决定是否拿出这笔信贷额度之前，再次联系了科尔津。科尔津在保尔森不知道的情况下，提出让高盛向 LTCM 投资 10 亿美元，用高盛的钱与高盛客户的钱换取 LTCM 管理公司 50% 的股权、无限制自由访问 LTCM 交易仓位，还有对 LTCM 交易的限制权。科尔津还承诺帮麦利威瑟筹到 20 亿美元的另外 10 亿美元。洛温斯坦写道："高盛只要能够向全球宣称自己和长期资本基金共同进退，基金就有可能止跌回升。麦利威瑟实在找不出理由说不。"

按照高盛与 LTCM 的协议，高盛派了一组交易员别动队，为首的是雅各布·戈德菲尔德（Jacob Goldfield），鲁宾的高徒，还有一群苏利文律所的律师，来到 LTCM。从 9 月 14 日周一开始的一个星期，别动队把 LTCM 查了个底朝天（当然 LTCM 允许了）。洛温斯坦引用"多位证人"的话说，为了查找证据，戈德菲尔德从 LTCM 的电脑上将公司一直视若珍宝的交易合约数据全部下载到了自己的大型笔记本电脑上。后来，高盛完全不承认发生过这件事。戈德菲尔德对记者说，他做的事情完全正当，完全合理，有充分授权。对于洛温斯坦的说法，他给出了邮件答复："最有趣的是，这些数据本来是高度机密的，而我又一直被人监督，所以假如我真能搞来这些数据，那一定说明我的黑客技巧太高超了（意思是我绝对没有做出这种事）！"他说他只是在 LTCM 同意的前提下，进行了必要的尽职调查而已，如此才能让高盛评估是否投资 LTCM。戈德菲尔德发来一张电子表格，是 LTCM 发给他的交易合约。LTCM 还把对手方的仓位传真给了戈德菲尔德，帮助他分析。戈德菲尔德写道："我们的最大发现就是 LTCM 科技水平太低了，而高盛在这方面要成熟得多。我之前还以为情况会完全相反呢！"

与此同时，高盛在纽约的交易员卖掉的恰好是这些仓位的一部分。

---

[1] 该事件在本系列图书《轰然倒下的金融巨头》中有详细描述。最后大通银行没有办法，只能让 LTCM 取走了这笔有承诺的资金，而 LTCM 最后只还了 2500 万美元左右。

洛温斯坦说："这一天结束的时候，高盛派到LTCM交易柜台的几位交易员趾高气扬地对LTCM交易员提出要购买LTCM持有的这些交易合约。高盛这种大耍两面派的做法充分暴露了投行极其丑恶的嘴脸。"麦利威瑟将高盛抢先交易（利用从LTCM获得的机密信息，进行不利于LTCM的交易）的行为，"恨恨地"投诉到了美联储纽约分行。洛温斯坦又写道："但是采取这种做法的绝非高盛一家。"然后引用一名高盛伦敦交易员的话："如果你认为有大户会出货，你肯定会想抢先卖掉。我们很清楚红线在哪里。这并不犯法。"前任纽约州检察官埃略特·斯皮策（Eliot Spitzer）也证实，抢先交易并没有越界。他研究了LTCM针对高盛的指控，假如发现了违法证据，一定会起诉高盛。洛温斯坦还写道：高盛的"先辈们"（必然指的是西德尼·温伯格那个时代的情况）鄙视自营交易，因为利用"客户现金流"交易的诱惑太大，与客户利益的冲突也太大。"但到了1998年，高盛已经成为一台野心勃勃的交易机器，以前那些温文尔雅的银行家早被他们的后人忘得一干二净。"后来，科尔津告诉洛温斯坦："高盛交易员在市场上的所作所为可能最后损害了LTCM，但我们首先要做的是保护自己。为此，我不会向任何人道歉。"但科尔津也说，高盛并没有把在格林威治收集的LTCM信息拿走，并以此改变公司交易策略。

高盛忙着锁定那些可能的受害者，让他们向一艘要沉没的大船投进10亿美元。高盛很快发现，LTCM也在到处打电话找这些人。9月17日，LTCM合伙人来高盛见科尔津和首席财务官约翰·塞恩。虽然LTCM认为高盛用从它那里得来的内部信息展开交易而对高盛感到非常恼怒，但还是不得不求着高盛筹资。LTCM告诉科尔津："你们已经是我们最后的希望了。"LTCM的前景十分暗淡。尽管麦利威瑟的对冲基金基本上处于无监管状态，他还是把情况告知了美联储纽约分行，特别是告知了行长威廉·麦克唐纳（William McDonough），还有副行长彼得·费舍尔（Peter Fisher）。LTCM股本降至15亿美元，一个月减少了60%。

弗劳尔斯已经走人了，FIG的另一名高级银行家彼得·克劳斯（Peter Kraus）开始领导工作，负责给LTCM寻找另一家投资者。一家又一家公司离开了，克劳斯不停地与巴菲特商议。巴菲特表示，他厌恶LTCM的组织方式，也不想要LTCM的营运、常驻人才。但他可能会想要LTCM严重不良的交易仓位。因此，两人计划让巴菲特的公司——伯克希尔·哈撒韦公司（Berkshire Hathaway）、高盛、AIG合成财团，出价收购LTCM资产。星期五晚上，在新泽西州纽瓦克市的一场贝多芬音乐会上，克劳斯拨通了位于内布拉斯加州奥马哈市巴菲特的电话。洛温斯坦写道："克劳斯与巴菲特粗略制定了这次收购的一些价格。很快，巴菲特坐私人喷气机去了西雅图，与比尔·盖茨会面，开始在阿拉斯加州最偏僻的地方度假，为期两周，这次度假是他们早就安排好的。"洛温斯坦继续写道："如今，巴菲特会拯救LTCM，这个美梦终于可能实现了。很巧的是，正好在七年之前，巴菲特也拯救了所罗门公司。"[1]

周六，科尔津也给巴菲特打了一通电话。当时巴菲特正在一个阿拉斯加州峡湾的深处，信号很不好，时断时续。两人简短地说了话。科尔津告诉洛温斯坦："巴菲特正在漂流，信号一断，就两三小时说不上话。"但信息传过去了。洛温斯坦写道："巴菲特同意由高盛处理全部细节，但绝对不接受LTCM继续管理巴菲特的投资，也不愿同约翰·麦利威瑟有任何瓜葛。表达完意思以后，巴菲特的信号中断了。"周六晚些时候，科尔津与巴菲特再次通上了话，对于是否要救援LTCM，巴菲特依然犹豫不决。深夜，科尔津致电费舍尔，告诉他私企救援不太可能了。费舍尔提出，是否可能把最大的银行聚到一起，在美联储纽约分行开会，看能不能拯救LTCM？科尔津回答，这个主意大概可行。

LTCM此刻陷入了死亡螺旋，资金大量流失。潜在的新投资人（包括高盛、巴菲特）原来就很警惕，这时候更是越来越恐惧了。与此同

---

[1] 1991年，所罗门交易员违规操作，爆发丑闻，巴菲特被迫接任所罗门CEO一职。

时，麦克唐纳和费舍尔检查了LTCM的交易头寸，对LTCM所有交易的相互关联、华尔街各家领头企业的相互关联越来越担忧。华尔街不光在LTCM投了钱，而且很多公司还背负了LTCM的交易；这些公司还互相担任对手方。美联储并不关心投资人可能的亏损（投资人都是大人物），但十分担心体系崩溃。洛温斯坦写道："LTCM一旦崩盘，而债权人又草率无序地纷纷套现，整个金融体系就会受到极大的危害，而这种危害不可能只发生在几家大的参与者身上。……威廉·麦克唐纳也同样担心，这么多的市场出现亏损，而蒙受巨额损失的参与者数量又那么惊人，一旦LTCM崩盘，就很可能引发一场极其惨烈的杀跌惨剧，从而导致利率出现巨幅波动，进而引发又一轮巨额亏损。'市场就可能出现一两天，甚至更长时间的停摆。'"

不过，尘埃还没有落定。全球很多大银行的老总来到美联储纽约分行等待行动。这时候，科尔津与塞恩把麦克唐纳拉到一边说，事情有了新进展，巴菲特终于准备出价了。为了确认，麦克唐纳给巴菲特打了电话，当时巴菲特正在蒙大拿州的农场，承认自己正准备出价。他一出价，至少在理论上，就等于这些银行家组成的银团不必再制订救援计划了。麦克唐纳没有办法，只能让巴菲特继续，并告诉那些正在等待的银行老总，行动必须暂停。洛温斯坦写道："大会议室中的CEO们站起身来，脸上现出了厌恶的表情。他们对高盛一直在背后搞小动作非常愤怒。"然后，巴菲特打电话告诉麦利威瑟，他很快就会收到LTCM的报价，克劳斯正在忙这件事。大约过了一小时，报价来了。麦利威瑟一看，简直不敢相信：伯克希尔·哈撒韦公司、高盛、AIG提出2.5亿美元买下LTCM。如果LTCM接受，则三家公司会再向LTCM注入37.5亿美元，继续正常交易，稳定企业运营，而这37.5亿美元当中，伯克希尔·哈撒韦公司承担30亿美元。本年初，LTCM价值还是47亿美元，如今降到了2.5亿美元。合伙人将会一文不名，被扫地出门。巴菲特给麦利威瑟考虑的时间不到一小时。然后，巴菲特的电话又打不通了。

不知怎的，巴菲特的报价单出现了技术和法律错误，巴菲特本人又联系不上。麦利威瑟本来就不喜欢这份报价单，干脆无视了。他决定看看麦克唐纳、美联储、银团那边有没有希望。是时候采取行动了。时任美林总裁的赫伯特·艾利逊（Herb Allison）拟定了一份银团合作大纲，让LTCM最大的对手方——16家银行，每家拿出2.5亿美元，总共40亿美元注入LTCM，换取公司原先合伙人拥有的那些海量股权，而LTCM原来投资者手中的股权将被清零。但艾利逊希望，他的计划能让LTCM头寸得到有序清算，避免系统性崩溃。——这时候，保尔森已经对科尔津关于LTCM的各种滑稽行为忍无可忍。科尔津一开始打算直接买下LTCM，然后又试图作秀，来一场最后一分钟救援，但失败了（指巴菲特的出价被无视）。保尔森大发雷霆，坚持让塞恩死盯着科尔津。他回忆道："这一切真的是信任和信心问题，还要确定某人能理解这些数字！而我们做这件事，也必须按部就班，不让高盛的名誉受损！因为形势一片混乱，高盛想要同时做好几件事，而有些事我竟然都不知道！"

9月22日晚上，费舍尔和麦克唐纳请16家银行主管来到自由街美联储纽约分行大楼，商议联邦组织的救援计划，拯救LTCM。费舍尔允许每家银行派两名代表参加。科尔津和塞恩来了。这场会议，外加之后几天的会议期间，保尔森一直跟塞恩通电话，得知高盛必须拿出巨款：一开始是2.5亿美元，后来增加到了3亿美元，主要是因为贝尔斯登完全拒绝参与救援。保尔森火气越来越大。最后，各方终于达成基本协议，接下来五天，律师起草文件，努力将这些"野猫"聚到一起，达成最终协议。

商议过程中，银团做出了大量妥协，承担了很大损失。银团答应向LTCM的残骸注入将近40亿美元，牺牲LTCM合伙人，保住银团自己。当然，LTCM合伙人也是罪有应得。9月27日，星期日，大约傍晚时分，科尔津从自己位于纽约长岛萨加波纳克镇（Sagaponack）的6200平方英尺（约580平方米）的海景豪宅回到曼哈顿的时候[2010年，这栋豪宅以

4350万美元的价格卖给了大卫·泰珀（David Tepper）。他是对冲基金经理，也是高盛的"校友"]，高盛总顾问罗伯特·卡茨（Bob Katz）告知律师团，若是注入LTCM的40亿美元中有一丁点给了大通银行，高盛就将退出救援计划。当时，大通银行正在想办法拿回LTCM按照吉米·凯恩建议要走的5亿美元信贷额度。洛温斯坦写道："要紧的是救援LTCM，不是救援大通银行！"其他银行家也和高盛感同身受，"十分乐意看到高盛出来开这一炮"。

大通银行认为高盛是在虚张声势，蒙骗大家。雷曼总顾问托马斯·罗索（Thomas Russo）也这么认为，并把这个想法对卡茨说了。大通银行表示，拿不到钱就退出银团；而高盛表示，如果大通银行拿到钱，高盛就退出银团。卡茨后来说："根本谈不拢。"科尔津在从海边回来的路上，给律师团打电话，重申了高盛的立场。大通银行的代表怒吼道："科尔津！我没法再客气了，请高盛滚蛋吧！"科尔津坚持不让步。谈判在周日晚上陷入僵局。美林的赫伯特·艾利逊夹在中间左右为难。他很清楚，高盛一旦退出，救援计划就彻底泡汤了。洛温斯坦写道："（艾利逊表示）总要有人迁就一下高盛那帮坏小孩。"周日深夜，大通银行做出让步，允许重新资本化的LTCM在基金里保留那5亿美元，不把这笔钱还给银团。高盛继续参与救援。保尔森说："我们谁都不愿意站出来，但是别无他法。约翰·塞恩建议我们参与，建议我们制订救援计划，因为这会使我们有机会避免重大损失。我就签字同意了。"

塞恩说，高盛决定拿出3亿美元救援LTCM，在公司内部引发了巨大争议。雪上加霜的是，贝尔斯登和老总吉米·凯恩决定不参与救援。泰恩说："关于我们要不要参与，我觉得从来没有真正的疑问，参与是必然的。可是参与的决定却有很大争议，人们十分担心，但这就是充当'模范公民'的代价。美联储纽约分行老总说：'我们现在出问题了，需要你们都来帮忙。'这时候，我们就要参与修复问题，免得这个问题影响整个金融体系。哪怕有争议，但事情一定要做，无论如何。贝尔斯登和吉米·凯恩等于是对金融体系说'滚一边去'。这么做从来都不是好主意，因为有朝一日你可能会需要救援，而你要是不打算充当模范公民，助人为乐，人们就会牢牢记住！"后来到了2008年3月，贝尔斯登轰然倒塌，高盛起到了推波助澜的作用，引起热议。有人认为，这是因为高盛对贝尔斯登拒绝援救LTCM的余怒未消。

银团的成员们虽然彼此提防，但还是携手合作，堵住了堤坝渗漏，防止了金融体系崩溃。时任美联储主席艾伦·格林斯潘（Alan Greenspan），为美联储发起的救援辩护。10月1日，他对众议院银行委员会（House Banking Committee）说："如果LTCM倒闭触发'市场失灵'，那么就可能给很多市场参与者带来显著损害，还可能潜在地损害许多国家的经济，包括美国自身。"麻省代表巴尼·弗兰克（Barney Frank）批评格林斯潘，说他让美联储发起的救援，使得"美国一些最有钱的人，光景比不救援的情况更好了"。格林斯潘反驳道："没有任何一家联邦储备基金面临风险，联邦储备没有做出任何承诺，也没有任何独立企业被迫参加。"这种对事实的重新诠释着实有些古怪。

俄罗斯政策与LTCM危机叠加在一起，让市场一片混乱，特别是各大金融公司股价严重受损。破坏当然不可避免。第二天（9月29日）下午，市场休市以后，高盛宣布撤回IPO，并表示这是因为市场"局势不稳定"。8月以来，很多金融服务公司的股价暴跌，有的幅度高达50%。科尔津告诉《纽约时报》："你们必须关注金融机构的表现。这些估值有了戏剧性的下降。"对于IPO撤回，保尔森也评论说："这不是结果难料的决定，而是很清楚的决定。我推测，高盛几乎不会有人质疑这个决定。"这年夏天，高盛的估值在300亿美元左右，而过去几周的时间却让估值缩水到了150亿美元左右，而IPO假如实施，所得也就相应地从30亿美元降到15亿美元。第二天，科尔津与保尔森发出"跨越大西洋的呼吁"（因为高盛在欧洲也有业务），告诉员工无须为IPO取消而恐慌。科尔津说："我们的格言是：稳步向前，开足马力。我们还有重要的工作必须完成。"

又说:"在过去,市场混乱经常为高盛提供机会。困难时期才能显出大机构的实力。"保尔森告诉员工:"LTCM危机是一场史无前例的大地震,地下的结构变化依然在显示影响。"科尔津说,LTCM危机说明高盛是"抑制系统性风险的领袖"。一份资料记载,科尔津"笨拙地放下听筒,给周围的人丢下一句训词'我们继续前进吧!'就离开了公司"。

1998年是偶数年份,按照传统,高盛应该选出一批新的合伙人,在财年的年底(11月)公布。但是,为了实现IPO,高盛先前已经决定,1998年不再提拔新合伙人,免得变更因为IPO而发财的合伙人组成的团体,影响IPO利益分配。当时,每一名合伙人拿的金额在5000万美元到1.25亿美元之间,甚至还可能更多。而金额多少取决于这个人资格多老,对公司影响多大。如今,IPO已经撤回,高盛在10月21日宣布了57名新合伙人,其中就包括伦敦交易员克里斯蒂安·西瓦-乔西,他在1994年使高盛亏了数以亿计的美元。[1]这些合伙人提拔上来之后,只要IPO再次推进,马上就会成为千万富翁。高盛还宣布强迫现有20~25名合伙人退休,用高盛的黑话说是"地位受限",也会让他们损失数以百万计的美元。一名退休合伙人告诉《纽约时报》:"我相信,IPO即将到来的时候,这一批退休的合伙人当中必然会有些人非常不高兴。但我也相信,其他人会觉得退休来得正是时候。毕竟人不能永远等下去,而当高盛合伙人也太辛苦了。"

大多数人不知道,高盛决定"撤回"IPO,而不是"延缓"IPO,又是公司"炼金术"中的一个新计谋。这是罗伯特·赫斯特的创意。保尔森说:"他作为真正的英雄登场了。"赫斯特问律师团,如果让一些老合伙人退休,而提拔一批新合伙人,从而改组合伙人体制,会不会面临纳税的问题?更换合伙人的这一举措对保尔森有重大的哲学意义,因为他想要"向前看",所以愿意把IPO的发财机会更多地留给新一代合伙人,

---

[1] 参见第十四章前半部分。

而不是老一代合伙人。律师团研究之后回答：只要"撤回"IPO，高盛合伙人体制就可以"改组"而没有纳税问题。尽管在IPO如此切近的时候，高盛开始限制一些合伙人的地位，会造成很大痛苦，但保尔森说，这依然是高盛的最优选择："政治角度也许错了，因为我必须同一些非常、非常好的朋友专门谈这件事，我们在经济上也尽量地给他们补偿，但还是在上市之前让他们退休了。我认为，老资格的人拥有的金钱越多，情况就越坏。我想要把股份放在新人的手中。提拔57名合伙人，让他们拥有股份，与我们连成一体，这个计划十分重要。"

在1998年10月被保尔森扫地出门的人当中，就有执委会成员罗伊·扎克伯格，他是科尔津的同党。这一年，扎克伯格62岁，是高盛工作时间最长的合伙人，也是高盛个人股东份额最大的；如果"地位受限"，就会损失数以百万计的美元。然而，木已成舟，扎克伯格必须走人。又是一个事关命运的决定。扎克伯格尽量用良好的心态对待这一变故，对《纽约时报》说："我决定了，这件事，我的最佳选择就是不管它，往前走。我在高盛已经待了31年，随着高盛的全球化，业务变得十分紧张。我面临一个选择，是否签一份协议，再接着干一两年？我决定不签了。"他说他想在一家关键的华尔街产业团体——证券业和金融市场协会（Securities Industry and Financial Markets Association）担任一年主席，在东汉普顿11英亩（约0.04平方千米）土地上价值710万美元的豪宅里打发时光。宅子是他最近买的。这栋宅子还有一块7英亩（约3公顷）的农业保留地，可以种庄稼、养马。扎克伯格说："如今我有了更多时间，可以享受生活了。"这位"迈克·科里昂"（Michael Corleone）[1]表示对保尔森并无怨言。

IPO风波期间，高盛还做了另一件相对低调的事：进一步增强全球第一的并购部，力度之大前所未有，方法是从主要竞争对手那里挖来顶

---

[1] 著名黑帮电影《教父》中的主角，此处代指老合伙人罗伊·扎克伯格。

尖的并购银行家。结果这一措施并不太难：在高盛IPO之前，成为高盛合伙人，谁能抵挡这样的诱惑？很快，高盛就挖来了拉扎德高级合伙人肯·威尔逊（Ken Wilson），派到FIG工作；挖来了摩根士丹利并购主管戈登·迪尔（Gordon Dyal）；还有所罗门并购主管迈克尔·卡尔（Michael Carr）。这是一次并购人才大扫荡，规模前所未有，即使是高盛，也只有在势力最大的时候才可以完成。2000年3月，高盛又挖来了美林并购主管杰克·利维（Jack Levy），完成了这次扫荡。20世纪80年代，高盛曾有一段时间曾拼命扩张固定收益业务，当时从所罗门挖来了一群交易员，可当时也不像这一次这么胆大妄为。[1]高盛在第二个千年的末尾，就拥有这样的实力。

LTCM危机，3亿美元救援，IPO撤回，强迫一群老合伙人退休而引起争议——一切事件使得科尔津与保尔森最终决裂了。祸不单行的是，1998年下半年，高盛交易又亏了将近10亿美元。本年税前收入29亿美元，比1997年少了大约1亿美元。很快，在宽街85号就爆发了一场人称"光荣革命"的运动。20世纪80年代，雷曼兄弟公司的交易员同银行家曾爆发内战，使得公司最后分裂。但雷曼的那一次内战是因势力范围而起，而高盛的这一次则是因主管的个性而起。保尔森与科尔津两人完全合不来，1998年下半年的形势仅仅是告诉大家，这分歧掩盖不住了。科尔津很倒霉，他给人的印象是在战略方面比保尔森莽撞，更加无法无天，于是政治优势就没了。

11月8日，伦敦《星期日泰晤士报》（*The Sunday Times*）突然登了一篇375个单词的报道，题目是《高盛主管科尔津即将被逼辞职》（"Goldman's Corzine Urged to Resign"）。早些时候，10月28日，还登过一篇较早版本的报道，但后来似乎不见了。报道说："今年秋天，高

---

[1] 参见第十章前半部分，弗里德曼和鲁宾改革固定收益部，扭转颓势。

盛试图发行股票，计划取消。之后，领导层的危机扩大。形势发展到极端，使得一把手乔·科尔津面临辞职的要求。"文章引用"多名高管透露的消息"说："高盛亟须建立稳定的领导班子，使前途更加清晰。"还说，因为IPO已经撤回，所以"高盛看来无法恢复先前的信心了，而且内部一直在激烈争吵"。报道散布了这样一个观念：桑顿和塞恩这两名伦敦主管（其中一人很可能是这篇故事的消息来源，文章里没有提到名字）公开反对IPO的态度最为坚决，他们可能会成为高盛新一代领导人。高盛历史上一直在拼命维护自己的正统形象[1]，只有极少数报道让高盛的形象变差，这是其中之一。一名合伙人说："差不多整整一年，他们吃的喝的都是IPO，睡在IPO里面。可是忽然间，他们知道IPO计划不能继续了，而且又不得不应付LTCM这样的危机。这种背景下，发生这样的内斗也就算理所当然了，而且公司的前景也变得不那么清晰。"报道甚至还加上了一段无端的猜测，认为高盛过于专注IPO，影响了工作水平："高盛工作的质量也不如以前了。"

《高盛帝国》作者查尔斯·埃利斯叙述，10月28日这篇报道刚刊登出来的时候，科尔津正在伦敦。理所当然，高盛否认了报道的真实性。科尔津和一名伦敦合伙人共进早餐时，说起了这篇报道。他说他不清楚应该采取什么措施。合伙人大怒："科尔津，你应该很清楚！既然你穿着这身商务套装，我估计你今天早上还安排了另外一个会。我告诉你应该怎么做：取消一切你预定参加的会议，直接去希斯罗机场飞回美国！登机之前，先给罗伊·扎克伯格、罗伯特·赫斯特打电话，命令他们今天在你新泽西州的住宅见你。还要对所有人明确宣称，下周一早上执委会开会之前一定要开除塞恩和桑顿，理由是玩弄权术，而且要对外公开他们损害了企业的声誉！你要是马上这么做，所有人就都会理解你，支持你。你要是不这么做，你的麻烦就大了，不到半年，他们就会把你逼走！"

---

[1] 原文为Victorian decorum，直译为"英国维多利亚时期的端庄姿态"。维多利亚时期，社会主流文化十分保守，被现代人视为矫揉造作。

埃利斯转述了科尔津的回答：“我不能这么做，会伤害公司的。”他也果真没有这么做。

毫无疑问，保尔森已经受够科尔津了。他已经不能预期再与科尔津在上市以后的高盛继续担任联合CEO。高盛如果继续保持私人合伙制，他们还可以划分各种业务、战略领域，分别管理，可一旦上市，有了流通股的股东，这就万万行不通。即使IPO撤销了，可当市场好转的时候（以及当高盛领导层的难题解决的时候），肯定还会提交新的S-1档案，再次准备上市。保尔森再也等不及了。（1998年末）科尔津在科罗拉多州特莱瑞德（Telluride）小镇滑雪的时候，保尔森要求别的高级合伙人明确表态。

圣诞假期之前，保尔森告诉他们，必须在科尔津和他之间选一个，作为企业主管。结果并没有悬念。在现代，高盛有一个时期的公司规章要求，所有合伙人中80%投票赞成，才能开除一名合伙人，但在90年代（具体时间谁也说不清楚），有一名合伙人被开除后却拒绝离开，其他合伙人为了把他赶走，同意修改合伙体制协议，只要管委会80%的成员投票通过，就能开除合伙人，其中包括高级合伙人就行（后来，科尔津将管委会改名为执委会）。扎克伯格已经离开执委会，还没选上另一个人补充，于是木已成舟，赫斯特、桑顿、塞恩，当然还有保尔森，一起下定决心：科尔津必须走人。80%管委会成员赞成，这个要求已经满足了。假如投票扩大到全体合伙人，科尔津的魅力就很可能让投票对他有利，这一点就连保尔森也不得不承认。保尔森说：“他在合伙人中人气比我来得高，知名度也超过了我。”

1999年1月12日，宫廷政变的时机到了。众人决定，由一向理智的、科尔津当年的弟子塞恩，把坏消息告诉这位前政府债券交易员。政变计划包括，桑顿、塞恩担任联合COO，在保尔森手下工作。整个政变是典型的莎士比亚戏剧风格。但是塞恩高度紧张，害怕将这个重大消息告诉科尔津，据说，他只是对着科尔津嘟囔着说，“你必须辞职了，我们已经决定了。"科尔津火冒三丈，强迫保尔森回来亲自对他宣布：科尔津必须立刻辞去联合CEO职位，但可以继续同保尔森担任高盛联合董事长，直到IPO完成，不论什么时候完成。完成之后必须辞职。保尔森不动声色地说："这就是我们的计划。"

这个决定给科尔津造成了沉重打击。一名合伙人记得别人告诉他当时科尔津的反应："科尔津平时就爱感情用事。他痛哭流涕，甚至还因压力太大呕吐了，等等。不过，他明白了。他非常痛苦，但还是像男子汉那样接受了决定。"

科尔津回顾说，他当时被打了个措手不及。以他那样的政治天才，会如此没有防备，确实有点不可思议。他说："我不太明白，人们为什么那么反对我，但实际情况就是这样。不过，那一天结束的时候，讨论的大部分都是，我们是否上市，怎么上市，时间安排怎么样。紧张情绪一直在表面下酝酿，一边是这些大家都知道的人（另一边是我自己）。"

科尔津说，他可能太信任塞恩了，不敢相信塞恩会反对他。塞恩之前当过科尔津地产的执行人，但很快就被解职。[1]科尔津说："我被打垮了。"还说他至今也不明白塞恩为什么改变主意："可能有人暗中对他说了一些非常美妙的胡言乱语。我不知道。可能他只是觉得那个替代策略（逼迫辞职）管用吧。说老实话，我一直没想到约翰·塞恩会反对我，而且是凭着我的计算这么认为的，我的计算一直在有效保护我。"一名前合伙人说，政变是因为达尔文主义的"领头羊"竞争行为："这两个人（桑顿和塞恩）都有野心，都想当主管。我觉得这种行为，特别是塞恩的行为需要严厉斥责。毕竟要是没有科尔津的提拔，塞恩只不过是个平庸的人。可塞恩爬高了，就突然从背后捅了科尔津一刀。这种行为太卑劣了，全都是为了争夺王位，都是野心，都是肮脏的东西。塞恩想要在保尔森之后掌管高盛。"塞恩自己则是这么说的："科尔津和保尔森一直在斗，

---

[1] 原文时间顺序不明。母语顾问猜测，按照常理，解职发生在科尔津不再信任塞恩之后。

用的各种方法也完全不适当，而且两人总是合不来。最后激化到让我们非要两个当中选一个。"塞恩又说，他支持保尔森而不支持科尔津是一个非常艰难的决定，他与科尔津也从此绝交了："对我来说，这实在太难了，因为我与科尔津的关系要近得多。我在他手下干过，与他个人关系也相当好。作为普通的人，我非常喜欢他，但我必须选择一位更好的长期领导人，这个决定真的非常艰难。"

有些人相信，塞恩、桑顿在当时愿意同科尔津做个交易，保住科尔津的岗位，条件是让科尔津钦定他们二人为领导人，如此，他们就会投科尔津的票，反对保尔森与赫斯特。但科尔津不能答应，他觉得这两个人还没有准备好，而且两人对交易业务都不够了解。此外，劳埃德·布兰克费恩的地位也在快速攀升。无论如何，科尔津没有同两人做交易，丢了饭碗。科尔津说："我大概不是天底下最聪明的人，但也不是最愚蠢的人。我知道，管理层需要不同的看法。最讽刺的是，我让桑顿快速升迁，在同事当中让他首先进了管委会；而在他之前，我还提拔了塞恩。这两人的做法，让我在感情上非常难受。"

第二天，《纽约时报》刊登了标题为《本次高盛联合主管计划破产》（"This Time, Shared Reins Didn't Work at Goldman"）的头条。保尔森和科尔津两人合作的结束，让很多人大吃一惊，而且证实了二人的关系并不好。一名合伙人说："头一个最重要的因素，就是这两个人实在合不来。保尔森与科尔津不是朋友。"《纽约时报》评论："科尔津先生和保尔森先生联合与密切合作的失败，成了一种不利因素。"特别是这周早些时候还有新闻说，保尔森认为高盛应该会在1999年实现IPO，"而高盛主管们认为，在试图卖出股票的时候不能冒险造成管理层不稳定"。

英国《金融时报》迅速发表评论："对乔·科尔津突然被解职的消息，老练的高盛观察家并不感到惊讶。高盛的企业文化并不以友好著称，而最近的内斗又达到了前所未有的激烈程度。这场倾轧，主要原因有二：第一，去年夏天IPO失败。华尔街传说，高盛从来不出错；只有高盛主管才能理解，被迫撤回IPO是怎样的屈辱。第二，高盛突然发现自己不再是全球最优秀的投资银行，这种侮辱几乎同IPO失败一样难堪。高盛一向把竞争对手远远抛在后面，但如今高盛已经被摩根士丹利添惠打败，输得十分狼狈。主管们被人取笑得这么厉害，于是科尔津或保尔森就必须走人。心直口快的投行业名人约翰·桑顿已经'磨刀霍霍'，在伦敦这已经不是秘密。最后，科尔津就被逼得跳了海[1]。"

《经济学人》杂志评论："危险之处在于，科尔津先生遭到这种无礼对待，而且舆论认为高盛的投行部门胜过了交易部门，这两个因素会引发将来的冲突，使得IPO的路变得艰难。此外，这一事件破坏了高盛具有高度凝聚力的传统文化，使高盛的长期发展蒙上了阴影。"过了几个星期，市场在LTCM崩盘之后开始回暖，显然有可能继续推动IPO了。杂志又迅速评论道："高盛树立的形象是全心投入的团队协作，工作狂精神，强调智慧的威力，仿佛要区别于其他贪婪银行家的卑劣行径。于是，舆论认为合伙人在垂涎数以百万计的回报，高盛自然对舆论大发雷霆，用战略话语表达了上市的决定。"

有些人觉得，其他合伙人对科尔津的无礼对待持续到他于1999年5月彻底离开为止。但是无所谓了，IPO长跑终于随着市场回暖而结束。3月3日，管委会决定再次开展IPO，没有多少宣传，也没有多少争论。3月8日，221名合伙人批准计划。同日，科尔津宣布从高盛"退休"："公开募股的完成，对我而言是合理而恰当的转折点，让我继续职业生涯与生活。IPO圆满完成后，我在高盛其余的责任也就交卸了。"3月16日，高盛向证券交易委员会提交了新的S-1 IPO招股章程，其中只是顺便提到了科尔津，还说他是董事、联合董事长，又专门补充"但是将要在IPO前一天辞去这两个职务"。他获得了高盛400多万股的补偿，但他如此不知疲倦地推动上市，如今却被完全排挤出这项事业，想必依然

---

[1] 原文walk the plank，直译为"走板子"，是文学作品中海盗常见的杀人方式，逼迫受害者从一块伸出船舷的板子上跳海。

会感到十分痛苦吧。

政变之后的几个月，科尔津同约翰·麦利威瑟合作，试图把LTCM从银团手中买回来。他们虽然也拉起了一个财团，愿意投资20亿美元，但计划还是失败了。当时，美国新泽西州参议员弗兰克·劳滕伯格（Frank Lautenberg）在2000年2月宣布，不再寻求连任。科尔津觉得，应该抓住机会前往政界。他用大约6200万美元高盛资产（连杠杆估计超过5亿美元），作为民主党人竞选参议员席位，打败了共和党的鲍勃·弗兰克斯（Bob Franks）。科尔津以50.1%票数当选。2005年，新泽西州州长、外号"吉姆"的詹姆斯·麦格里维（James "Jim" McGreevey）辞职，科尔津又决定竞选州长。这一次花了4000多万美元，战胜了对手道格·弗雷斯特（Doug Forester），以53.5%票数当选。2009年11月，科尔津连任失败。四个月后，他的密友克里斯·弗劳尔斯请他担任全球曼氏金融（MF Global Holdings Ltd.）董事长兼CEO，这是全球最大的独立期货经纪商，弗劳尔斯是最大股东之一。[1]

---

[1] 全球曼氏金融2011年破产，科尔津引咎辞职。2013年，商品期货交易委员会对科尔津提起民事诉讼，指控他把客户账户的资金用于公司目的。2017年，双方和解，科尔津支付500万美元罚款。

第十七章

高盛CEO岗位
太好玩了

保尔森政变，市场复苏之后，高盛期待已久的IPO已经没有障碍了。1999年4月12日，投资者需求大幅攀升的情况下，高盛宣布调高对IPO股价的估值：从原先每股40~50美元升到每股45~55美元。IPO一共发售6000万股，其中，住友、毕舍普地产各发售900万股，高盛发售余下4200万股。5月3日晚间，高盛把股价定在每股53美元，并调高发售额到6900万股，因为需求量大约是发售量的10倍。5月4日一整天，股票交易额最高达到了每股76美元，也是当日成交量最高的股票，超过了2000万股。最后以每股70美元报收，上市第一天就涨了32%。从任何角度来说，此次IPO都是巨大的成功。高盛的股权价值收盘时为333亿美元，基于4.75亿流通股，不含另外7500万不可行权股票，这一部分用于向员工发放股票和期权奖励。高盛卖掉了5100万股，筹到了27亿美元资本。保尔森当日发表声明，报告喜讯："我们获得了成长必需的永久资本。我们将股权分享给了广大员工，还要通过将来的报酬进一步分享；而且我们还获得能力，可以灵活运用公开交易的证券，为战略性收购融资。"当天纽交所开盘的时候，保尔森敲响了开市钟。收盘的时候，他的410万股高盛股票价值2.87亿美元。

保尔森的宫廷政变，把新时期"两个约翰"——塞恩、桑顿的角色掩盖了不少。保尔森指定两人担任联合首席运营官，而且在自己手下，很明显就是要让两人继承王位。当时，这种可能性对两人一定诱惑力很强，因为保尔森说得很清楚，他不想长期担任高盛CEO。塞恩当初背叛了导师科尔津，投下关键的第四张票，把科尔津赶走了；桑顿的作用比起塞恩来就隐晦一些，在"犯罪现场"没有留下什么指纹，但高盛很多人都觉得，就是桑顿一手策划了这场政变。

两人背景差异很大，却同样聪明、理性，有政治头脑。塞恩相貌堂堂，有着运动员般的体格，很像2004年著名科幻电影《我，机器人》的主角，因此在华尔街得到了"我，机器人"的外号。1979年，塞恩从哈佛商学院毕业，加入高盛。"我，机器人"这个比喻，显然强化了舆论看法，认为高盛只是一群遥控的自动机械，由一个中枢操控，形成一个群体"博格人"（Borg）[1]。塞恩1955年生于伊利诺伊州安提阿镇——在芝加哥以北50英里（约80千米）。他说："那一片地区当时还都是玉米地。"塞恩的父亲艾伦（Allan）是当地的医生。约翰·塞恩算是镇上最聪明的孩子，1972年从安提阿社区中学（Antioch Community High School）毕业，并作为优秀毕业生进行了演讲。他还是学校摔跤队的队长。塞恩决定去麻省理工学院学习电气工程学，而没有选择斯坦福大学，因为"麻省理工这个名字，他听得比斯坦福这个名字更多一些"。塞恩飞到波士顿，进入了麻省理工。这以前，他还从来没有到过美国东西两边的海岸。

塞恩在麻省理工遇到了后来的妻子。他毕业之后马上去了哈佛商学院，从哈佛毕业之后，经过漫长而严格的面试阶段，加入高盛，成了企业融资部（Corporate Finance Department）的一员。他是高盛这一年（1979年）聘用的六个人之一，工作是服务企业客户，帮他们发行债券，筹集股权资本，为他们的并购提供咨询。他评论同事们："这些人都很聪明，很有活力。我想，在这里工作会很有意思。"

塞恩为客户执行融资或并购业务，干了将近六年，后来升到副总裁，高盛将他调到固定收益部，让他负责抵押贷款柜台，帮助建设高盛当时刚刚起步的抵押贷款业务。哪怕用高盛的标准衡量，这个提议也有些不

---

[1] 博格人是美剧《星际迷航》系列的一个反派种族，受到名叫"博格女王"的电脑程序控制。这情节受到阿西莫夫科幻小说《我，机器人》的启发，但不是《我，机器人》的直接改编。

寻常，因为塞恩之前并没有发行、交易抵押贷款担保证券的训练，而这种业务又相当复杂。而塞恩的同事迈克尔·莫尔塔拉，是刚从所罗门招来的。[1]塞恩说："我完全不懂交易，完全不懂抵押贷款。高盛习惯直接把聪明人放到新岗位上，让他们直接接受挑战，还对他们说：'你会弄明白的。'"

塞恩在抵押贷款柜台干了一阵子，高盛又请他当财务总监，这个请求又不太寻常。塞恩当上了CFO，1994年大崩溃期间也一直担任。他说："我是投行业起家的，调到了固定收益部，然后又参与了多次所谓的'技术与金融行动'。"

要说塞恩是高盛的"内部人"，桑顿就是高盛的"外部人"。桑顿在伦敦居住多年。在伦敦及周边，桑顿就是高盛的代表。他在欧洲其他金融中心也很有名气。桑顿在曼哈顿北部郊区布朗克斯维尔（Bronxville）长大，父母都是著名律师。夏天，桑顿会去东汉普顿打网球，在沙滩上度日。小时候桑顿有一个兄弟死于白血病，教父教母也是很早就死了。1999年5月，桑顿告诉《星期日泰晤士报》记者："这些死亡对我有着深刻影响，让我下决心热爱生活，把才能发挥到极致，最好能为他人服务。我很早就明白了人生不是彩排。"桑顿从布朗克斯维尔搬走，进入康涅狄格州莱克维尔市（Lakeville）霍奇基斯中学（Hotchkiss School），这是一所名校。他的扮相属于典型的私立学校预科生派头：一头松软的长发，角质框的眼镜。他是校报的编辑，网球队、篮球队的队长，喜欢摇滚乐队"水牛春田合唱团"。大家都认为"他最有可能成功"。

1972年，桑顿毕业，进入哈佛大学，专业是美国政治史。在哈佛期间，他还去了肯尼迪总统弟弟特德·肯尼迪（Ted Kennedy）参议员的办公室打工，与特德打过网球。后来，他又在英国牛津大学圣约翰学院（St. John's College）学了两年法律，获得法学学士、硕士学位。他原

---

[1] 此事参见第十章前半部分鲁宾和弗里德曼对高盛的改革措施。

本想当律师，后来改了主意，进入耶鲁大学组织与管理学院（School of Organization and Management）。1979年，桑顿加入高盛新创立的并购部，上司是史蒂夫·弗里德曼和杰弗里·博伊斯。1985年，两人请桑顿去伦敦，建立高盛欧洲分部的并购业务。当时美国公司正开始抢占英国商业银行的市场，英国银行很排外，垄断现象严重。两人对桑顿提出请求，这就说明桑顿在高盛的地位越来越高，也是为了测试他是否可能进入高盛最高管理层。也有些人说，桑顿在纽约严重受挫，需要换个环境。面对这个请求，桑顿本来可以拒绝，留在曼哈顿总部过太平日子。但在高盛"领头羊"互相竞争的环境里，最大的荣誉就是愿意束装前行，服从命令，为了大我牺牲小我。1988年，桑顿因为成绩卓著、工作刻苦，当上了合伙人。

90年代早期，一篇报道称："桑顿引进美国一系列务实的投行技术，改变了英国当地古板而循规蹈矩的并购环境，从而颠覆了英国银行业。"这类报道还有很多，经常似乎没有他的合作就发表了。报道还说："对于伦敦那些不愿合作的英国金融业高层人物，他会采取一切必要措施把他们争取过来，比如睡在饭馆，给潜在客户不停打电话。"桑顿个人的野心让他不少同事很头疼。同事发觉桑顿爱出风头，这并不符合高盛的十四条戒律。同事们这样评论桑顿："有些会议并没有邀请桑顿，但他总是出席。""他想要垄断信息，为了自己一个人控制客户。""高盛人人都觉得桑顿野心极大，而且有朝一日会实现目标。""人们总是觉得桑顿有点特立独行。"

桑顿也敢打敢拼，在并购的残酷业界里如此，在网球场上也是如此。有一个传闻非常有名，桑顿曾把欧洲最重要的100位大人物列成一张表，而且竟然想要他们全都成为高盛客户。桑顿有个外号叫"大亨追星族"[1]，朋友当中包括：传媒大王鲁伯特·默多克（Rupert Murdoch）、英

---

[1] 原文 tycoon groupie，groupie 原指流行乐队的狂热追随者。此处因时代感，用了八九十年代的词，而没有用最近的"粉丝"。

国企业大亨理查德·布兰森（Richard Branson）、电影大亨哈维·韦恩斯坦（Harvey Weinstein）、李嘉诚、小威廉·福特（William Ford Jr.，桑顿在霍奇基斯中学的朋友，桑顿也是福特董事）、英国石油公司CEO约翰·布朗爵士（Sir John Browne，桑顿定期邀请他去各个周六夜间沙龙），还有出版代理商艾德·维克托（Ed Victor）。桑顿婚礼上的伴郎约翰·伊斯特曼（John Eastman）是著名律师，也是著名已故摄影师、企业家琳达·麦卡特尼（Linda McCartney, 1941—1998）的哥哥，而琳达是披头士乐队成员保罗·麦卡特尼的妻子。桑顿曾在意大利托斯卡纳地区租了一栋小别墅，与篮球明星、新泽西州前议员比尔·布拉德利（Bill Bradley）合住。

桑顿特别讨厌失败。报道说，他有一次在新业务投标的时候宣称："我们（高盛）要是拿不到这个委托，我就会把团队所有人割喉，喝他们的鲜血！"最后，高盛拿到了委托。桑顿每次拿到委托之后，又同样坚决地认定，一定要让客户成功，不管付出什么代价。一次，英国家具零售商——仓库公共有限公司（Storehouse PLC）要抵抗企业掠夺者亚瑟·爱德曼公司（Asher Edelman），桑顿雇了特里·伦兹纳（Terry Lenzner），他是高盛前套利者罗伯特·伦兹纳的兄弟，著名民事权利律师。伦兹纳掌握了很多内幕，以此说服爱德曼公司的一些投资人，让他们取消这次恶意收购。还有一次，为了防止英国雷卡尔（Racal）国防电子公司被恶意收购，伦兹纳的团队被人发现在垃圾袋中寻找证据，让高盛相当难堪。桑顿最大的并购成绩似乎发生于1991年。当时，他保护英国化学工业公司（ICI，全称Imperial Chemical Industries Ltd），击退了企业掠夺者詹姆斯·汉森勋爵（Lord Hanson）及其旗下的汉森信托公共有限公司（Hanson Trust PLC）。英国《独立报》报道："桑顿做了凶猛而毫无保留的破坏工作，在媒体上和政治上痛击掠夺者，让汉森信托面临猖獗的避税指控和管理层腐化堕落的指控。最后，汉森在伦敦的声誉再也没有恢复。"

1995年，桑顿对高盛不满，威胁要从高盛跳槽去拉扎德。一年后，1996年，保尔森、科尔津任命他为高盛亚洲分部（Goldman Sachs Asia）

董事长,让他把在欧洲的成功复制到亚洲。1998年,主要因为桑顿的贡献,高盛被选为日本手机巨头多科莫公司(DOCOMO)180亿美元IPO的领导者。

不出所料,桑顿除了商业本领过人,树敌的能力也一流。詹姆斯·汉森勋爵指控桑顿运用"各种卑鄙伎俩"败坏他的名声。英国前首相玛格丽特·撒切尔(Margaret Thatcher)的前顾问蒂莫西·贝尔勋爵(Lord Timothy Bell)后来当了高盛顾问,他如此评论桑顿:"他这个人,你希望他站在你这一边,不希望他站在别人一边。"一篇关于桑顿的人物报道说,一位匿名银行家叮嘱文章作者:"你攒足了劲儿骂桑顿就行!"然后总结说,"桑顿这人太可怕了。"还有桑顿一位前同事的话:"他树敌太多了。他把很多人打得满地找牙。"

这些关于桑顿的人物报道,一旦讲完了他在商界的冷酷无情,就转而去讲他十全十美的个人生活。《星期日泰晤士报》这份伦敦的报纸,老板是桑顿的朋友鲁伯特·默多克。1999年5月,报纸一篇侧记开头写道:"约翰·桑顿有一个大问题:他实在是太完美了。你若是给演员经纪公司打电话,让他们派一个华尔街银行家来,他们一定会派桑顿。很多银行家要么沉闷,要么浮夸,要么兼而有之,桑顿却既不沉闷,也不浮夸。他的妻子玛格丽特(Margaret)是研究剧作家田纳西·威廉斯(Tennessee Williams)的专家,桑顿夫妇都是社交界的名流。桑顿今年45岁,家财万贯,拥有价值1.21亿美元的股票;事业有成,家庭幸福。难怪有些人憎恨他。"于是,有一次,保尔森命令桑顿不要再给自己做那么多宣传了,这也是理所应当。为了写这本书,笔者反复提出要采访他,都被他拒绝了。

但是,这些侧记文章却无视了一个说法:他喜欢一掷千金,喜欢滥用权力。他喜欢购置高级房地产,这是出了名的。2008年,桑顿花了8150万美元买下了商人西德尼·金梅尔(Sidney Kimmel)位于佛罗里达州棕榈滩县南洋大道一栋32000平方英尺(约3000平方米)的海景房,而且是金梅尔的原始出价,桑顿没有还价。2007年,这栋房子的房产税就高达517775美元。2001年，桑顿花了1800万美元买下了新泽西州贝德明斯特市的邓沃克（Dunwalke）邸宅，占地118英亩（约0.48平方千米）。这两处房子当时在本地售价都创了历史纪录。桑顿还在伦敦豪宅区——贝尔格莱维亚区（Belgravia section）有一所房子。桑顿夫妇买下了美国南卡州查尔斯顿市一栋南北战争前的老宅，进行了翻修，他的妻子就是在查尔斯顿市出生的。桑顿还担任母校霍奇基斯中学董事会主席，他的四个孩子中有三个都是这里毕业的，或是正在这里上学。学校坐落在一片湖上，桑顿买下了湖周围很多民宅，让他的邻居们很是惊慌，不知道桑顿要干什么。桑顿还用自己在学校的影响力，做了一次人事变动：原先，网球队一名教练A不让另一名教练B加入网球队，而B正好是桑顿儿子的教练，于是桑顿让B顶了A的位置，也让B加入了网球队。《纽约观察家报》（*New York Observer*）一篇发表于2001年的侧记文章引用了一名竞争对手银行家的话："桑顿是个大混蛋，你觉得他是怎么混成现在这个地位的？"

桑顿和塞恩也是1998年高盛IPO主要的反对势力。新闻经常说桑顿反对IPO是出于坚持原则，但也可能是因为科尔津在当主管，桑顿要反对科尔津。事实究竟怎样，就不太清楚了。1998年6月，科尔津终于让高盛合伙人同意IPO，很多观察家认为，桑顿就要在高盛待不下去了。《独立报》评论："桑顿先生始终否认自己反对上市，但如果反对势力有一个中心人物，则必然是他。"报道说，合伙人通过IPO计划之后，桑顿似乎"靠边站"了。《独立报》又说："假如他反对IPO这件事，相当于打赌科尔津会下台，那么他好像赌错了。"

当然，过了几个月，IPO撤回，后来他又与塞恩、保尔森、赫斯特联手逼走了科尔津，时来运转。如今，保尔森当了CEO，桑顿就突然赞成IPO了。他在保尔森"朝廷"里做了联合COO，略有勉强地从英国搬回纽约，住在麦迪逊大街的卡莱尔酒店。塞恩和桑顿的计划是：静观其变，等着保尔森退休，然后一起担任联合主管。保尔森告诉两人，自己只打算当两年CEO。塞恩回忆道："我和约翰·桑顿预期保尔森还会当两年主管，然后就会离职，我们就升任主管了。"不知为什么，桑顿很少来到宽街85号办公室；只要不坐飞机，就宁愿待在卡莱尔酒店。[1]

但是，很快，有很多因素让两人的前景无法实现了。第一，高盛处在私营状态的时候，权力集中在一人一票的管委会（一段很短的时间内叫作执委会），高级合伙人担任企业主管，但不具有终极权威。如今，高盛已经上市，董事长兼CEO保尔森掌握了权力，真正的权力机构变成了董事会，而董事会基本上都是保尔森的势力。高盛第一任董事会成员有保尔森、桑顿、塞恩、赫斯特、约翰·温伯格（荣誉头衔），此外还有：莎莉集团（Sara Lee）CEO约翰·布莱恩（John Bryan），保尔森的朋友；英国石油-阿莫科公司CEO约翰·布朗爵士（Sir John Browne），桑顿的朋友；房利美（Fannie Mae）前CEO詹姆斯·约翰逊（James Johnson），鲁宾的朋友；史密斯学院（Smith College）院长鲁斯·西蒙斯（Ruth Simmons）。第二，塞恩和桑顿作为联合COO，虽然接受下级汇报，但两人对于具体业务并没有直接的管辖责任，比如投行业务、FICC、资产管理。倘若两人在2001年可以按部就班地当上联合CEO，那么目前这样的工作倒是可以的。作为候补CEO，这相当于是让他们历练，摸到门路。可是，这种安排的走向却发生了变化，因为第三个因素出现了，也就是保尔森发觉自己很爱当高盛CEO，不愿意让位了！他喜欢自己做决定，并不太愿意咨询塞恩和桑顿。一名合伙人说："他们两个坐在那儿，保尔森却不会坐在那儿，用合作态度对他们说：'咱们投票，做决定吧。'"不过，保尔森自己也面临着一个越来越麻烦的状况，他很清楚。这是后话。

但首先还是要赚钱。1999年，高盛上市的头一年赚得盆满钵满。拜当时越来越大的网络泡沫之赐，营收从前一年的85亿美元，猛增到133

---

[1] 这里暗示他排斥纽约，只要一有条件就坐飞机去外地居住。

亿美元。上市之前，公司的税前收入并不包括合伙人的工资成本，如今包括了。但即使扣除合伙人工资，公司税前收入还是达到了42亿美元（一次性扣除给员工发放的22亿美元）。而1998年的税前收入只有29亿美元。

保尔森欣喜若狂。他在给各位新股东的信中写道："我们的表现已经超越了当初在IPO之后设定的目标。我们告诉潜在的投资者，我们看到了很多机会，用以发展高盛的各项业务；但同时也强调，我们所在的行业并不能一个季度接一个季度地产生可以预测的收入。考虑到这一现实情况，我们将股权的年化收益定在了20%以上，整个周期的收入增长为12%～15%。基于备考数据[1]1999年实现的股本回报率为31%，净收入增加100%以上。"保尔森又说起未来："我们知道，新世纪之初，企业的成功会取决于我们如何应对变化，如何管理企业的快速增长。这就需要我们愿意抛弃过时的做法，并发现各种新的、创造性的业务方式。一切都可能改变，只有我们遵循并代表的各种价值不会变：团队协作、客户利益至上、诚实正直、企业家精神、追求卓越。这些价值观让高盛一直延续，并使我们在20世纪变得与众不同。这些价值永不会变，但其他许多事物会变。我们必须保持灵活敏捷,高度集中注意,以科技为中心,做一家真正的21世纪公司，继续保持全球领先的投行与证券公司身份，否则就会不复存在。"这一年，保尔森工资2500万美元，近400万股的高盛股票价值5.71亿美元；塞恩和桑顿工资都是2150万美元，塞恩股票价值5.52亿美元，桑顿4.47亿美元。

2000年，公司所有数据接着上涨。净营收增长到166亿美元，税前收入50亿美元，增长20%。保尔森作为银行家与CEO的成功原因之一是能够以身作则。当然，员工谁也没有保尔森努力，但关键在于谁也没有保尔森在这些方面做得更好："请求订单"（拉业务），接近各大公司CEO，鼓励在企业里面分享关于客户与市场的重要信息。保尔森的高度

---

[1] on a pro forma basis, 与 on a reported basis（基于报告期账面财务数据）相对，是在考虑及扣除了一些影响后的财务数据，通常只在公司即将进行重大资本运作的场合使用。

参与,对于高盛其他员工的影响,的确不可小视。在电子邮件出现之前,保尔森大量使用电话留言,而且一天几小时录留言、转发留言,复制别人的留言。这也为公司带来了重要影响。保尔森总是用各种信息轰炸合伙人。一名合伙人评论道:"(保尔森会说)我刚刚听说了这个! 轰!(透露了一个爆炸性消息)……他建立信息的关系网十分厉害。讽刺的是,他的交流技巧也很厉害。[1] 不是像罗纳德·里根总统那样的风格[2],而是'我听见了,我要把它拿到手'的风格。他在银行业成功也是因为这一点。他善于使用信息,他会给各大公司CEO打电话说:你在干什么? 我听说了这个消息……"高盛员工,每人每天晚上都有数百段电话留言要处理,需要花几小时集中注意力。这些员工的配偶会惊得说不出话来,一名合伙人说,他的妻子每天晚上都看着他,脑子里想着:疯了! 疯了! 疯了!

2000年这一年,高盛实现了规模空前的收购,花费66.5亿美元现金和股票,收购了做市商斯皮尔·利兹·凯洛格公司(Spear, Leeds & Kellogg,简称SLK)。该公司是做市商中的佼佼者。收购之后,高盛成了纽交所和美国证券交易所的最大做市商,也是纳斯达克的全球第二大清算公司。保尔森说:"我们坚信,随着纽交所的变化,电子化程度越来越高,做市商还会有很多功能发展出来。我们也坚信,我们会需要这些技能。我们认为,将来的人员技能和高科技会密切结合,取得成功。"市场对收购做出积极反应。收购消息发布之后,高盛股票收盘时每股上涨了8美元,达到132美元,是52周以来的最高点。分析家也做出了积极反应。美林分析师盖伊·莫什科夫斯基(Guy Moszkowski)说:"收购之后,两家公司就可以交换更大的纳斯达克体量。"又说:"做市商处理的纳斯达克股票数量会从现在的300只左右上升到6000多只。"不过,当时华尔街的做市商体系开始慢慢被淘汰,换成了电子交易;收购SLK

---

[1] 这两种技巧似乎相辅相成。原文没有说明为什么这属于讽刺,译文保持不变。

[2] 母语顾问说明,里根普遍被人视为很会交流,擅长说服别人。

最后得不偿失。但高盛的各类核心业务依然财源滚滚，这点损失也不算什么。

虽然2000年利润持续增长，但高盛三巨头的工资却降低了。保尔森1900万美元，塞恩、桑顿各1600万美元。等到保尔森2001年初写完2000年致股东年度信后，市场已经出现了裂缝。2000年3月10日，纳斯达克指数一天内到达最高的5132点，然后互联网泡沫就破灭了，给华尔街带来严重影响。数以万计的投行家失业，没失业的挣钱也少多了。保尔森写道："2000年最后几个月以及2001年初的市场，比2000年早些时候严峻很多，这就提醒我们，高盛最大的挑战依然在于管理增长。我们会在前进中保持纪律，但我们也会继续事业，面向未来。"

2001年"9·11"事件中，很多金融公司——美林、摩根士丹利、雷曼兄弟，都有员工遇难，但高盛没有。宽街85号总部虽然靠近纽交所，距离世贸中心遗址"归零地"大约400米，却完全没有受损，只是被白色尘埃笼罩了。不过，这一天的灾难却在最高层产生了几道裂痕。当天，保尔森在中国，桑顿在首都华盛顿，塞恩在纽约。后来人们得知，保尔森在桑顿之前回到了纽约。桑顿行动迟缓，这可不是要继承CEO的人该做的事。[1]桑顿没有立刻回到宽街85号总部，而是留在了华盛顿。具体原因一直没有公开。桑顿无动于衷，让合伙人们都很吃惊。有些人说他在"9·11"之后的几个月里都没有在高盛露面。一名合伙人评论道："从领导人的立场看，这很明显就是一个重要的时机，能够好好表现。CEO正好在中国，他应该说：'咱们上！'塞恩在指挥中心，可桑顿却在首都——他就不能想个什么办法回来，哪怕开车？哪怕出去是奉命行事，如果他是当领导的材料，也应该回到纽约。人们都看着他不回来，我觉得这实在是有点……这么说吧，他在那以后就没再干多久……确实，对

---

[1] 911之后，美国有三天时间全境禁止航班起飞，之后一周也只恢复了少数航班，因此保尔森至少在几天之后才能回到纽约，说明桑顿这段时间一直没有回来，这很不正常。

'9·11'，人们的反应各不一样，可能他没明白事情有多严重。可是，他要是真有雄心壮志，要主管高盛，他这么做算怎么回事？出了这么大的灾难，他不回来？太荒唐了。"很多合伙人在那一刻就完全不再信任桑顿了。一名合伙人说："有很多人觉得桑顿只是个衣服架子，很多很多人都这么觉得。我觉得桑顿在战略上还是很聪明的。他也一直想在客户面前有一个优势：'（我们的）优势是什么？我们在说什么？咱们可不要只是进去（见客户），什么也不说。'可是作为领导人，作为管事的，他在高盛连前25名都进不了。这其实挺难过的，因为他本来有机会可以处理得很好。他那时候是有条件的。"没过多久，保尔森对一些合伙人坦白："我要把桑顿赶走了。"[1]

"9·11"事件的前后几个月，保尔森面临很多难堪局面，有些是他自己导致的，有些是别的原因，比如凯文·英格拉姆（Kevin Ingram）的悲剧。英格拉姆曾担任可调利率抵押贷款部（adjustable rate mortgage，缩写ARM）的主管，在高盛从事交易。一篇报道说，他的母亲是单亲妈妈，他是五个孩子之一，住在北费城的"黄沙石子路"上。他从艰难的环境里脱颖而出，从麻省理工毕业，拿了化工学位。后来去了斯坦福读研，也是工程专业，因为听说华尔街越来越青睐这些技能，在斯坦福，他又立刻转系，进入了斯坦福MBA项目。英格拉姆进入高盛之后，变成了"绩优股"，与鲁宾、科尔津关系很好。他不仅年复一年地为高盛带来巨额收入，还是个黑人，这就让他的职业轨迹更加辉煌了，特别是高盛当时的黑人合伙人极少。鲁宾十分喜欢英格拉姆。2001年10月，一位华尔街同事告诉《纽约时报》："英格拉姆非常聪明，重视用科技手段进行交易。他的工科背景让他能够理解复杂的抵押贷款担保证券，还有结构式交易，知道怎样在市场中发挥效率。而且他在华尔街有很多人

---

[1] 桑顿实际上又工作了两年，2003年7月1日退休，至今依然活跃在金融界。

脉，有很多精英在背后支持他。"英格拉姆的生活也非常奢侈：光是汽车，就有一辆黄色法拉利（Ferrari）、一辆银色保时捷（Porsche）、一辆宾利（Bentley）、一辆雷克萨斯（Lexus）、一辆陆虎（Range Rover），还有一艘40英尺（约12米）游艇。

1996年，英格拉姆想当合伙人，失败了，输给了高盛长期合伙人罗伯特·穆钦的儿子史蒂夫·穆钦（Steve Mnuchin）。一名前同事回忆道："英格拉姆气坏了，他比史蒂夫聪明多了，而且成绩也好多了，但他爸爸不是罗伯特·穆钦。于是英格拉姆辞职了。"很快，德意志银行聘了英格拉姆主管全球资产担保交易柜台。悲哀的是，过了几年，英格拉姆卷入一场卑鄙的洗钱案，被捕入狱。[1]

互联网泡沫崩溃引发了严重后果，很多人纷纷指责高盛，一时让公司难以承受。比如，2002年10月初，美国众议院金融服务委员会在俄亥俄州共和党人、众议员迈克尔·奥克斯利（Michael Oxley）的领导下，发表一份报告，指控高盛在一些所谓的"热销IPO"（包括高盛自己的IPO）当中，向多家大公司的21名CEO出售了大宗股票，而高盛在这些公司都有巨额投行业务和交易业务。这些CEO拿到这些非常难以买到的IPO股票之后，很快再次卖到市场中。这种做法叫"违规派送新股"（spinning），卖价要高出买价很多，经常大赚。有些观察家很快把这种促进违规派送的行为等同于行贿。迈克尔·奥克斯利说，有两个人获得了这样的派送：第一个是外号"梅格"的玛格丽特·惠特曼（Margaret "Meg" Whitman），当时易趣网（eBay）身价数以十亿计的CEO，也是高盛董事；第二个是杨致远，雅虎公司（Yahoo!）创始人之一。在高盛组织的热销IPO中，高盛有一百多次都向他们派送了股票，他们随即卖出，赚了快钱。自1996年以来，易趣网还付给高盛800万美元投行费用。

迈克尔·奥克斯利的报告说，高盛的慷慨大方似乎收到了实效。比如，

---

[1] 英格拉姆入狱是在2001年，刑期18个月。出狱后继续工作，目前担任独立金融咨询师。

高盛给电子玩具公司（eToys）前CEO爱德华·伦克（Edward Lenk）提供了25次以上的IPO股票，高盛收了500万美元；财经网站公司TheStreet.com前任董事马丁·佩雷兹（Martin Peretz）也拿到了25次以上IPO股票，付给高盛200万美元；生活服务网站——互动村（iVillage）联合创始人南希·埃文斯（Nancy Evans）从高盛拿到了50多次配股，付给高盛200万美元。此外，还有一些拿到高盛配股的公司高管，最后处在大崩盘的中心。这样的企业有四家——安然（Enron）、世通（Worldcom）、环球电讯（Global Crossing）、泰科（Tyco），其中三家都是高盛客户。自1996年以来，泰科支付了高盛5700万美元费用，环球电讯4500万美元，世通1900万美元。奥克斯利还发现高盛自己的IPO股价第一天就急速攀升，这是一种手段，为的是报偿那些高盛喜欢的客户与投资者。比如，华特迪士尼公司（Walt Disney Co.）CEO迈克尔·艾斯纳（Michael Eisner）以IPO的股价买入了3万股。1996年以来，迪士尼付了高盛5100万美元投行费。福特汽车公司董事，外号"比尔"的小威廉·克莱·福特（William Clay "Bill" Ford Jr.），也是桑顿从霍奇基斯中学时代的好友。小福特拿到了高盛IPO的40万股。1996年以来，福特给了高盛8700万美元银行业务服务手续费。奥克斯利在报告的发表会上说："股权[1]的意思也是平等，但股市上可没有平等！"

　　自然，报告一出，高盛忍无可忍。高盛发言人卢卡斯·范·普拉格（Lucas van Praag）说，高盛只是把IPO股票开放给一些高净值客户购买，客户当中有17000家，拥有的可投资的基金超过2500万美元；奥克斯利专门提到的那些CEO只是碰巧在这些客户当中而已。另外，奥克斯利的论据是高盛之前自己提交给美国国会的。发言人说："他们的结论没有一丝一毫的事实根据。我们提供了他们需要的信息，他们也没有就这些信息朝我们提哪怕一个问题。"记者特别问起福特的事，发言人说："我

---

[1] 股权的英文为equity，有"平等"之意。

们选择把高盛股票卖给那些我们认为有利于公司业务的人，他们会成为长期股东，比尔·福特就是其中之一。他买了很多股票，而且现在依然全部持有，没有卖掉。"但是，将宝贵的IPO股票卖给"有利于公司业务的人"这个基本逻辑，很难成为脱罪的理由。

保尔森听说奥克斯利在报告中对高盛分享的信息做出这种解读后，顿时火冒三丈，说："我惊得目瞪口呆，大为恼怒。"接下来两天，保尔森给奥克斯利打了四次电话。最后接通了，保尔森告诉奥克斯利，虽然奥克斯利的论据准确，但他对这些事实的解读却"毫无意义，是严重的侮辱"。纽约州检察官艾略特·斯皮策（Eliot Spitzer）听说了违规派送新股丑闻，想要马上禁止派送，但另外的华尔街监管者玛丽·夏皮罗（Mary Schapiro）和罗伯特·格鲁伯（Robert Glauber）不支持斯皮策。斯皮策接受采访说："如果一家投行想要向一家公司示好，对这家公司收取的服务费打折，那很好，很棒。如果一家投行想要卖给一家公司一只热销股票，进了公司的金库，那也不错。这只是商业上的转账。可是如果这家投行把股票交给CEO，坦率地说，那就是行贿了。因为股票是企业资产，不是个人资产。这等于是承包商给人在桌子底下塞钱，要拿到合同。所以这个禁令的依据是，CEO对公司有信托义务，而且CEO把这些股票放进私人账户，就是违反了对公司的义务。"

到了2002年11月，传出了消息：证券交易委员会已经向高盛发出"威尔斯"（Wells）通知，对高盛的一种行为提起多项民事诉讼。这种行为叫"梯状配股"（laddering），也就是高盛将热销IPO股票分配给那些高盛知道会在二级市场上以更高价格认购的投资者，由此确保难以买到的首日交易能够实现股价暴涨。投资者的回报，就是在未来获得越来越多的其他热销IPO配股，这些股票也会大涨。投资者还有另一个回报，对IPO低买高卖。斯皮策可能把这种做法也称为"行贿"。证券交易委员会的调查又让高盛大怒，高盛发表声明："我们坚决否认对一切不当行为的指控，并坚信证券交易委员会采取这一立场完全没有根据。"

高盛认为证券交易委员会的指控纯属虚构。但有一个人站出来严重质疑高盛的说辞，这人就是尼古拉斯·迈尔（Nicholas Maier）。高盛前高管吉姆·克莱默离开高盛之后，创立了一家对冲基金，而迈尔是他的手下。迈尔于1994年加入克莱默基金，在接下来的五年里，他的职责之一就是确保克莱默的基金能够得到各个热销IPO的很大一部分配股，而这些IPO很多来自高盛。2005年5月，迈尔在佛蒙特州伯瑞特波罗镇出庭作证说：为了做到这一点，他会用尽一切手段说服高盛和其他华尔街公司经纪人相信克莱默会长期投资，不会很快转手抛出，赚取差价。但这并不是真话。迈尔坦白道："我们公司很少很少长期持有。至于IPO，我可以说，开始销售以后一般几小时我们就转手了。我是说，有一些情况下我们会持有，但总体上就像我老板克莱默说的：'谁要是过来给你20块，你就揣进兜里走人！'"

然后迈尔说明了"梯状配股"在高盛的运行机制，讲述他和克莱默怎样用花招拿到他们觊觎的配股，以及随之而来的免税利益。在一家热销网络公司配股期间，机构投资者（包括对冲基金）对股票的需求极大。为了应对这个局面，高盛会创建一份行为记录单，一只基金只有符合行为才能拿到配股。记录单上有一项行为是参加"街头表演"，也就是公司必须把自己的故事呈现给投资者，给负责这家公司的华尔街企业的研究分析师打电话，表现得分析师非常喜欢这只股票（这样公司才能卖出股票）；提出认购这只股票的10%（显然这么高的比例根本做不到）；还要向华尔街企业在指定的一年内支付数百万美元的交易佣金。迈尔作证说，交易佣金是最重要的因素，因此小人物根本不可能买到热销IPO的股票。然后还有一整套"二级市场订单"的流程。

迈尔说，为了让克莱默拿到IPO配股，高盛要求克莱默在二级市场以特定价钱买进股票。迈尔还作证说，他在高盛的经纪人对他说："你要是特别感兴趣，想要20美元拿到IPO的5000股，你就应该承诺股票不管在哪儿开市，你都买下5万股，不论股价是50美元还是500美元。"

迈尔转述完之后又自己说："比如说，一次典型的热销IPO行为是：我希望以20美元的价格拿到IPO的5000股，因为我们认为开盘价有50美元。我特别想要这5000股，于是承诺我们会以任何价钱再买进5万股，因此我会全心全意地相信投行，相信IPO的公司是合法的，有价值的。差不多一切大型投行都强迫我们接受二级市场的买入，以帮助他们取得成绩。投行家们会前往经纪行的交易柜台，确保克莱默和那家公司承诺在二级市场买进就一定会买进。他们就这样让热销的东西一直热销。要是我们不在二级市场买进，下一次IPO就一股也得不到了。"

2002年7月，《华盛顿时报》(The Washington Times)发文，引用了迈尔对"梯状配股"的评论："在我看来，高盛是最可怕的恶人，极大地助长了市场泡沫，而且正是这种行为让市场崩盘了。他们把这些股票建立在非法基础上，然后操纵股价上升，最后买入、亏钱的都是小人物。"迈尔还补充道："高盛创造了以假乱真的胜利者形象，这把戏太管用了，导致他们又从其他想要参与'淘金热'[1]的观察者身上攫取了更多利益。公众大部分都不知道，这些股票是通过非法操纵、以不正常的高价在市场上流通的。"

迈尔在伯瑞特波罗镇的证词明确表示，克莱默告知他应当怎样就这些问题与高盛接洽。迈尔说，刚开始做这份工作的时候，克莱默告诉他："他们会告诉你怎么做，你必须照办。"迈尔又说："我要关注的只有这个。只要开始一笔业务，我就要参与。我是个玩游戏的，他们告诉你怎么玩，所以我们就能尽量多赚钱了。"他承认，因为这些互联网公司大都没有利润，甚至基本没有营收，所以对公司价值进行基本面分析，不仅不可能，而且毫无必要。迈尔又说："这基本上完全是无形资产，但我们可以选择让它成为有形资产。方法就是玩这个游戏，让某人来找我，比如高盛来找我，往我口袋里放个50万美元，吃几顿饭，打几个电话，

---

[1] 美国19世纪中期居民纷纷到西部开采黄金的历史事件，这里比喻互联网泡沫高涨，人人都想分一杯羹。

再耍点交易的小把戏，无形资产就成了有形资产。你懂的，这属于快钱，我们挣的就是快钱。"迈尔回忆说，高盛承销的热销IPO至少有两次是这么干的：一次是亚马逊公司（Amazon），另一次是艾克赛达斯通信公司（Exodus Communications）。

迈尔在伯瑞特波罗镇的证词有很多写进了他于2002年3月出版的《对敌通商》（Trading with the Enemy）一书中。这本书写的就是他在华尔街，在克莱默手下的职业生涯。书里写了克莱默的对冲基金的事，克莱默很不高兴，说要告迈尔诽谤，但一直没告。2005年1月，高盛支付了4000万美元，与证券交易委员会发起的一桩民事诉讼达成和解。这起诉讼是因为在高盛承销的热销IPO当中，高盛偏爱那些"梯状配股"投资者。证券交易委员会在诉状里引用很多例子，如2000年7月高盛负责让网络电话会议公司——网讯公司（WebEx）IPO，其中就操纵了投资者。7月27日，一家投资公司的机构销售代表通知高盛的"业务队长"，销售代表的客户愿意在二级市场上买入网讯股票："他们（投资者）会全额买进，还会持有至少30天，除非你要求持有的时间更久。但是！这是一种相对新颖的关系，有很多业务可做；如果这件事面临严重问题，我就想要避免让他们（投资者）损失太大。"业务队长说："我们想要买家持有更长的时间。这些股票可不缺买家。要不你等到下一次IPO？"销售代表回答："他们可以持有至少90天，而且他们会在二级市场上买入相当于IPO三倍的股票，最高价格每股17美元。"第二天，网讯股票开始交易的时候，业务队长写信给销售代表，告诉他应该什么时候让客户在二级市场买入："开市第一次交易买入就会不错。"销售代表回答，客户已经同意："请发来吧，他们拿到了IPO的10，所以他们会在二级市场买入30，最高价17美元。这些人都是言出必行，如果拿到100，就会买入300。"

但是，违规派送新股也好，梯状配股也罢，虽然看起来违法、不道德，却只是高盛大规模诈骗的小节目；20世纪90年代，高盛和几乎所有的互联网股大型承销商都付给旗下的研究分析师巨额奖金，让他们为华尔街企业上市的互联网公司股票撰写吹捧报告；而这些分析师本来应该是独立工作的。尽管很多分析师并不相信自己写下的对这些股票的吹捧，但他们就职的企业的投行家却施加了很大的压力，因为承销、交易这些热销IPO会给投行家带来巨大利益，这种诱惑根本无法抵抗。这个时期，投行家是否能拿到巨额奖金，取决于他们个人能产生多少营收，而不是公司总体能产生多少利润；于是，高额费用就意味着高额奖金。

因为互联网股研究丑闻，检察官斯皮策与证券交易委员会对华尔街各大公司提起指控，成功地让这些大公司吐出了14亿美元罚款。承销者与投资者之间，按照法律，应该存在一份契约，而这些公司都违反了这种契约。不过，高盛远不是最严重的，第一位的"荣耀"归于所罗门兄弟公司，所罗门缴纳了4亿多美元，斯皮策逼着高盛拿出了1.1亿美元。只是从少数几封电邮就可以清楚看到，高盛与其他公司一样，也帮助操纵了游戏。证券交易委员会的诉状写道："高盛某些研究分析师接受了投行部门的影响，并卷入了支持高盛投行业务和发表客观研究报告之间的利益冲突。高盛已经知道这些投行部门施加的影响和利益冲突，但是并没有建立并保持那些设计合理且足够有效的政策、体系、流程，用于探测并避免这些影响，控制利益冲突。"

证券交易委员会与斯皮策在和解文档中提供的文件和电邮明确表示，高盛有很多研究分析师感觉受到了银行家的压力，让自己写出银行家客户的吹捧报告，协助银行家从客户那里获得营收。有人问一名分析师，他在2000年三个最重要的目标是什么。分析师写道："一、增加投行部门营收；二、增加投行部门营收；三、增加投行部门营收。"

另一名分析师年末总结写道，有些同事批评他与银行家联系太紧密了。一名同事评论道："他一直处在一个极端尴尬的位置，因为投行家对他的报告影响实在太大了，报告关于存储网络公司（StorageNetworks，证券代码STOR）、响云公司（Loudcloud，证券代码LDCL）等等，很多很多。每一份报告都很尴尬。"另一名同事补充道："人们感觉，他一直是公司里其他人计划的俘虏，上面如果允许他写一份真正独立的投资报告，他肯定会对这家上市公司的前景做出完全不一样的评价。"

这种环境下，银行家在IPO新业务发表会上，就自然会带上分析师，承诺分析师会在IPO之后对公司做出正面的评估。当然，这次IPO必然是高盛发起的。2000年4月，一名高盛投行家给负责评估响云的分析师发了一封电邮："下周三开会，我们面临一个挑战。今天响云发来指示，我们必须在研究方面展现出完全的关注和投入。响云代表强烈建议，你们要准备销售……建议是这样的：你们能不能准备一份简短的响云研究报告，三四页，预备开会用？这就等于是我们的推销措施……这样，我们就可以说，我们非常激动，已经开始写报告了。"分析师回信："我要把这件事做到最好。我们一定会赢得这次委托！"

互联网泡沫达到顶点时，高盛显得越来越难以控制利益冲突，先后多次追求投行部门营收，而牺牲散户的利益。散户极有可能是希望知道真相的，却没有得知。2001年1月，高盛六个月前帮助上市的网讯公司管理层打算运用权势影响一份高盛分析师们正在写的研究报告，最后成功了。一名网讯高管给分析师写道："这件事已经讨论过了，这份报告当中，我绝对不要看到任何筹资的事情。我告诉过你，要是有人（客户）打电话问你，你的计划怎么显示对筹资的需求不大，你就这么回答：管理层相信自己可以获得足够融资，为什么？大概因为管理层的方案没有你的方案那么保守吧！"

高盛分析师回答："网逊[1]融资问题是投资者关心的重要问题。这个问题不会在报告的第一节当中提到，但是会在后面的部分提到，而且风格一定会符合你对那个客户问题的参考回答。如果整篇报告完全不提融资问题，就背离了报告的宗旨；因为报告的目的就是直接回答投资者关

---

[1] 原文WebEx，分析师错写成了webx，中文做相应处理。

心的各种问题，给他们一个买股票的理由。"分析师附上了一份修改过的报告。网讯高管回复："谢谢，这一份就好多了。另外一份报告说公司有融资问题，但我们觉得问题并不严重。这一份说公司相信自己有足够的资金，但可能会有潜在问题，即使有，也是小问题。多谢你的修改！" 2001 年 1 月 22 日，高盛发布了修改后的报告。

2003 年 1 月底，一次所罗门美邦会议上，保尔森与投资者讨论高盛的情况，惹了麻烦。高盛当时一直在裁员，因此公司上上下下都很紧张，情有可原。问答环节，有人问："保尔森，在这个糟糕的环境里，你一直不停不停不停地裁员。总有一个时候，你会开始割肉（赶走重要人才）了。你已经开始了吗？"保尔森在回答中暗示，高盛雇员有 80%～85% 与企业的成功毫不相干！ 高盛一直标榜反对精英主义，这个说法可是打了高盛的脸。保尔森说："我不想让人觉得我冷酷无情，但是我们差不多每一项业务，都有 15%～20% 的员工创造了 80% 的价值。我认为，我们可以裁掉相当一部分人，但不会涉及重要人才，同时依然有条件让情况好转。"理所当然，高盛员工听到保尔森这么说，很不高兴。伦敦欧债交易员大卫·施瓦茨回忆道："保尔森说的话像野火一样在全公司蔓延开了。当时伦敦是下午，可我回家之前就听说了。我估计，在纽约，第二天早上肯定会有人做出这样的小徽章，上面写着：'你算 80% 还是 20%？'消息马上传遍了整个该死的高盛！ 我猜，那天下午保尔森的电话铃就没断过。"

保尔森很快发现自己造成的火灾必须由他来扑灭。保尔森给高盛两万员工群发了一封语音邮件，承认自己的说法"麻木不仁、考虑不周"，道歉说："二八法则完全不符合我对高盛人的看法。"还说，他会在之后几次职工大会上亲自公开道歉。一份报道说："保尔森重申，团队合作比个人荣誉重要；并且承认了他措辞不当，对此感到很难为情。"大卫·施瓦茨回忆道："还不到 48 小时，保尔森就因为自己的发言对全体员工道歉了。他说，自己的发言缺乏考虑，并不能说明他真正的想法。他对所有人道歉了，请求原谅。这道歉很低声下气，没有闪烁其词。"大卫·施瓦茨认为，这件事虽然很吓人，却彰显了高盛最大的优点："能够立刻让全公司获得信息，而且同样迅速地制定正确的解决方案。我认为，整件事情的处理方式，很少有其他公司的CEO能做得到，这非常了不起。别的CEO会说：'情况确实是这样啊。人们应该克服一下，接受现实。'保尔森却不是这样的人，他一向迎难而上。"

某些方面，保尔森简直是天生的高盛CEO。他非常喜欢当头领，秃顶，身材壮硕，一副军人派头，样子很威严，而且感召力惊人，如果当了军官，就可以命令士兵抢占山头。他在需要做决定的时候非常果断，哪怕缺乏必要的经验或知识。这种情况下，他就会聪明地把专家聚到自己周围，听取他们的想法，然后继续推进。他非常喜欢高盛CEO的职位，原因之一是他基本上想见谁就能见到谁。保尔森在担任CEO期间，中国总理咨询他，在中国各地设立了管理训练项目，还在总理的母校设立了一所商学院[1]，中国七位国家领导人都参加了。他与中国总理讨论了企业私有化，以及怎样接洽评级机构。德国总理安格拉·默克尔（Angela Merkel）曾拜访保尔森，谈论世界局势和经济，一谈就是几小时。2006年1月，默克尔第一次会见美国总统乔治·布什，就咨询了保尔森。结束会见之后，默克尔在车上就又给保尔森打电话，讲述了会见情况。保尔森作为银行家的时候，曾参与大生意很多年。在CEO岗位上，他仍然偶尔直接参与。比如，2005年1月，宝洁公司（Procter & Gamble）以570亿美元收购吉列公司（Gillette），高盛负责提供咨询，保尔森就亲自参与了。收购计划一度险些失败，保尔森帮助双方重新回到谈判桌。保

---

[1] 保尔森1999—2006年担任高盛CEO，其间曾多次访华。中国总理1998—2003年由朱镕基担任，2003—2013年由温家宝担任。朱镕基毕业于清华大学电机系电机制造专业，温家宝本科与硕士毕业于北京地质学院（现中国地质大学）。可见，这里指的总理是朱镕基。商学院指的是清华大学经济管理学院，1984年正式建立。保尔森担任顾问委员会委员。

尔森承认，他担任高盛CEO十分快乐，而且声称十分精于此道，于是最后决定不再遵守对桑顿、塞恩许下的"两年后让位"的诺言了。按照保尔森的说法，就算他想辞职，董事会也不让他走。不管什么情况，他都不可能轻易让位。而且，"9·11"之后，高盛卷入一起又一起互联网泡沫丑闻。这种情况下，他也判定，桑顿和塞恩都无法胜任高盛下一任的CEO。

按保尔森的叙述（他很少有这种企图，想要把事情说得对自己有利；这一次也不太成功），他觉得自己错了，不应该把桑顿和塞恩提拔到高盛主管的位置上；他们在这里绝不会成功，特别是保尔森自己（以及高盛董事会）决定保尔森在两年之后必须接着担任CEO。保尔森最早同意让位，只是为了报答两人支持自己一心想要搞掉科尔津。可到头来，这承诺却成了累赘，保尔森不仅拒绝让位，而且必须制订计划赶走两人。保尔森说："是我接洽芝加哥的客户，是我运营投行业务和私募股权业务。我喜欢聪明人，他俩也确实很聪明。塞恩擅长考虑风险，擅长保护高盛，确保我们有多余的流动性，而且非常刻苦。我跟你说一件事吧。在对两个委员会，也就是资本委员会和风险委员会尽义务的方面，约翰·塞恩调查发现了更多的可疑之处。在保护企业正直诚实方面，他做得非常好。我只是觉得，这两个年轻人十分出色。他们全世界都跑过。约翰·桑顿是建设国际并购业务的主力之一。塞恩开始于银行业、交易部门，很熟悉交易的业务，后来又十分了解高盛的基础建设。我们的业务非常危险，有一个专业人才担任高盛的副总裁，还有另一个跟他一样优秀的全球投行家在，我们当时认为这个组合应该是很不错的。"

然而，预想中的继承计划再次失败了。保尔森很不愿意说起这个话题，即使说起也非常勉强："我真的很喜欢这两个人，他们非常有才，跟我非常亲近，用处很大，但是（继承计划）对他们来说，在很多方面是不可能的，因为他们的岗位是联合总裁、联合首席运营官。这两人谁也没当过运营官，而且谁也不想当运营官；两人也从来没有真正当过哪家公司的一把手。他们觉得我一两年就会走，所以觉得自己就是继承人了。每一份备忘录，我们的签名都是：亨利·保尔森、约翰·桑顿和约翰·塞恩。"

但是，随着时间推移，高盛其他高管开始不满，管两人叫"老板儿子"。不满情绪继续发酵，不光因为互联网IPO丑闻，还因为高盛的"互联网倡议计划"失败，比如投资在线股票中介公司——智慧资本（Wit Capital）和其他很多电子交易平台，如普利迈克斯交易公司（Primex Trading），几家华尔街公司的合资公司，还有伯纳德·麦道夫（Bernard Madoff）[1]的几家证券公司，这些投资都失败了，而且之前的斯皮尔·利兹·凯洛格公司收购也彻底失败了。一名保尔森的死忠如此评论桑顿和塞恩："我们做这些事情，在执行的时候，他们是抱有希望的，可是到了我们面对烂摊子的时候，他们就躲起来了。"

保尔森一直坚持处理问题，还鼓励二人动用高盛的"管理教练"储备队，帮助他们思考怎样适应新形势，怎样承担起越来越多的运营责任，分担一些保尔森的压力。那位保尔森的死忠说，桑顿的教练和桑顿"一些善意的朋友"给保尔森转达的只有一句话："你知道吗，这种情况下他（桑顿）撑不住的。你要是不想让他当CEO，他就必须走人了。否则他的位置一定难以维持。"

但桑顿在高盛也有几个拥护者，有些是他在伦敦的熟人，有些在并购部。保尔森说，一些人觉得桑顿是个"主保圣人"[2]，但很多合伙人觉得桑顿"傲慢"，而且是高盛精英体制出问题的典型。他们认为，桑顿虽然功劳很大，但这位置比起他的功劳依然太高了。一名合伙人评论道："公司基本不喜欢约翰·桑顿，因为公司其实并不了解他。"

为了改善运营的懈怠局面，2002年3月，保尔森任命罗伯特·斯

---

[1] 华尔街庞氏骗局著名人物。

[2] 基督教认为保护某个地方或者某个群体的圣徒，类似中国的行业祖师，例如木匠的祖师是鲁班，酿酒师的祖师是杜康等。这里形容桑顿有领导风范。

蒂尔（Robert Steel）、劳埃德·布兰克费恩、罗伯特·卡普兰（Robert Kaplan）担任副董事长。很多人认为，保尔森创造了另一个潜在的领导人班子参与竞争，有朝一日继承他，因为他基本已经决定不让塞恩和桑顿当主管。在董事会层面，继承人计划这个话题十分敏感，讨论的结果之一就是提拔了这些副董事长。卡普兰是投行部前任联合主管之一，现在负责监督投行部和资产管理部。斯蒂尔和布兰克费恩负责监督高盛的FICC——固定收益、货币、大宗交易业务，规模庞大，十分重要。罗伯特·赫斯特原本是高盛唯一副董事长，到2002年初却差不多要走人了。这段日子，他的时间至少有一半花在主管"9·11"联合服务组了，这是一个针对"9·11"袭击受害者的慈善机构。

布兰克费恩在2002年的事业曲线更加上升了，因为他的"亲儿子"——FICC集团业绩出色，在一个艰难的市场中赚到了将近10亿美元。与此同时，投行税前利润却大幅下降：2000年是17亿美元，2002年只有3.76亿美元。2002年底，保尔森重奖布兰克费恩，付给他1610万美元，比桑顿和塞恩都高出50%以上，使得布兰克费恩成为高盛工资最高的个人。然后保尔森又提名他担任一年高盛董事。毫无疑问，布兰克费恩的提拔、工资、提名，让野心很大的桑顿、塞恩十分妒忌。

保尔森改变主意的第一个牺牲品就是桑顿。到了2003年3月，从当初认定桑顿不能当一把手之后，至少过去了一年半，保尔森决定桑顿必须走人，越快越好。他之前希望桑顿能够进步，帮助高盛处理互联网股票丑闻。但桑顿似乎消失不见了，越来越多的时间不在公司，不是在卡莱尔酒店，就是在华盛顿，因为他当上了华盛顿的智囊团——布鲁金斯学会（Brookings Institution）主席。保尔森之前也希望桑顿能多承担一点日常运营的责任，照顾一个或者更多部门，比如投行部，不要让保尔森非要自己处理日常业务。然而，桑顿没有做到。3月24日，高盛宣布，桑顿将在7月1日退休，也退出高盛董事会。虽然桑顿没有拿到离职补偿金，但他肯定不会空着手离开。2002年，桑顿还是拿到了1120万美元。

当时他在高盛的股票价值大约2.3亿美元。高盛任命他为高级顾问，桑顿同意继续"在某些战略问题上"与保尔森、塞恩"密切合作"。之后桑顿还会更多地参与布鲁金斯学会的工作，此外，多亏保尔森和他的人脉，桑顿还当上了清华大学的教授。清华被称为"中国的麻省理工"和"中国高等教育的一面旗帜"。清华毕业生当中，有中国前总理朱镕基、国家主席胡锦涛、全国人大常委会委员长吴邦国。桑顿不会说汉语，他怎么获得这个荣誉就不太清楚了——他是清华第一个当上正教授的外国人，而且当上了清华新成立的"全球领导力"（Program for Global Leadership）课程[1]的第一任教务主任（这一课程的设立也要归功于保尔森）。高盛还宣称，桑顿会担任耶鲁大学校长理查德·莱文（Richard Levin）[2]的中国问题特别顾问。

总而言之，桑顿的强迫退休也附上了很多精心安排的补偿，保尔森甚至说了一些漂亮的场面话。他说："我们大家都会想念桑顿的，他代表了高盛最优秀的品质：全心投入客户服务，做到最好；也全心投入了员工的发展事业。打从职业生涯的开始，约翰就意识到了国际业务的重要性，而且是高盛发展为全球企业的中坚力量。我们对他22年的奉献与服务表示衷心的感激，他能继续担任公司顾问，我们也十分满意。"

至于桑顿的真实遭遇，就同官方版本不太一样了，高盛很多事情历来如此。有一种说法很流行：保尔森总是不让位，桑顿等不及了，向保尔森逼宫，请他马上走人。保尔森看到桑顿这么赤裸裸地争权，自然大怒，说"你被炒了"，让桑顿马上坐电梯下楼。还有一种说法：桑顿深居简出，不愿意充分承担领导责任，让保尔森忍无可忍，下了逐客令。对这两种

---

[1] 根据清华大学官网，这门课程于2003年9月设立，面向清华经管学院EMBA学生。同时，桑顿还进行了一系列开放式讲座。之后，桑顿一直参与中美之间的高层对话。2018年中美金融圆桌会议成立召开，桑顿和中国央行前行长周小川共同主持。2021年8月14日，桑顿与清华大学经济管理学院院长白重恩对话，讨论了多个中美关系问题。

[2] 于1993—2013年担任耶鲁校长。

说法，保尔森都坚决否认，特别是因为桑顿是战术专家，聪明绝顶，要是没有集合足够的支持力量，怎么会发动政变？但是有一件事无可否认：在2003年2月27日（高盛提交代理声明，推荐桑顿再次被选为董事，任期三年）到3月24日（高盛突然声明桑顿退休）之间，确实发生了什么事情，对两人的关系造成了不可逆的损害。3月24日当天，桑顿接受《华尔街日报》采访，说他离开的原因是："在我看来，显然保尔森会继续当一阵子主管。我年轻的时候说过，我到了40岁就会脱离金融圈，可我现在快50岁了。我现在准备好来一个转变，我应该做一些不同的事情，以另外的方式服务人们的生活。"

保尔森身边的很多人私下透露，保尔森经过深思熟虑才赶走了桑顿。一名前高级合伙人说："桑顿离开是因为保尔森把他扫地出门了。至于为什么扫地出门，是因为桑顿这人太政治化。对了，他确实天赋极高。但是911之后，他有了奇怪的变化，经常一失踪就是几个星期，几个月，谁也找不着他。桑顿办事总像个秘密特工，谁也不知道他究竟在什么地方。而且保尔森最后也认为桑顿是一股邪恶力量，于是就在中国给他安排了一个机会，把他赶走了。"

桑顿一走，似乎对塞恩是个好消息。对手没了，他就可以代替保尔森。但这个消息也很快丧失了意义。一名高管说起塞恩在桑顿走后的想法："一开始，塞恩以为自己稳操胜券。"《纽约时报》第二天报道："约翰·A.塞恩并不是浮华的银行家，也没有成百上千的人脉。但此人低调简朴，了解高盛内部机制，或许在这些时候恰好是高盛所需要的。约翰·L.桑顿突然离职以后，塞恩先生就成了高盛唯一的总裁，也成为小亨利·M.保尔森理论上的继承人。这种情况下，塞恩代表了华尔街数字狂人的快速升迁……两位充满志向的高管，做事风格有着巨大差异，但被很好地掩盖了。塞恩先生有麻省理工电气工程的学位，塞恩的朋友们说，他做事冷静、不动声色，有军人风范。他对公司底线观察敏锐，开会十分简短，周游世界所用的时间也少于大多数他这个级别的银行家。"

桑顿离开之后没多久，保尔森就开始给塞恩的雄心壮志泼冷水。保尔森向塞恩建议，让那颗升起的新星——布兰克费恩担任联合总裁，取代桑顿。这个建议，塞恩完全不接受。保尔森说："塞恩觉得这么安排不公平，也不正当，反对我建议布兰克费恩上位，跟他共享一样的头衔。"保尔森试图跟塞恩理论："我解释说，塞恩在高盛履行职责，做得很出色；但是布兰克费恩的表现也很优秀，把FICC建设得很好。我想，他们可以担任联合主管，一定会十分互补。而且，高盛的唯一总裁责任非常重大，我觉得他们可以联合上台，继承我的位置。我还认为，董事会也觉得高盛应该有不止一名主管候选人。"

后来，形势变成了两条路必须走一条：第一是，两人联合继承保尔森，当上CEO；第二是，两人互相竞争，胜者为王。保尔森说："我让布兰克费恩配合塞恩的时候，其实在想先看看他们两人发展得怎么样，是不是其中一个，或者两个都能当我的继承人。但是塞恩完全不接受，他想当CEO，于是他就离开高盛去别的公司当CEO了。"在这种情况下，圣诞节的时候，塞恩决定休假两周去滑雪，第二年春天又因滑雪离开了两三周。保尔森当然不会高兴。他可能希望这两人直接竞争，让董事会决定谁可以当上继承人。但布兰克费恩当上联合董事长以后，塞恩却完全没有竞争意向了。

无论如何，塞恩坚持不接受保尔森的建议，而且明白地告诉保尔森他不会同意。塞恩评论保尔森："保尔森从来不说假话，他怎么说就怎么想，怎么想就怎么说。他从来不掩饰感情，也不掩饰想法。他也很擅长操控别人，有权力，有权威，也会使用权力和权威。"

还有一个影响因素就是布兰克费恩与塞恩两人合不来。就跟之前的保尔森和科尔津一样，布兰克费恩性格gemütlich[1]，才华横溢，塞恩却内敛谨慎，谋划冷静，两人刚好是两个极端。一名高管如此评论布兰

---

[1] 德语，意为：轻松愉快。

克费恩："他看起来比保尔森更爱自嘲，但其实不是这样。"布兰克费恩与塞恩敌对，而且一篇文章使他们的关系雪上加霜。2003年11月，《纽约时报》发文，写了两个月前的一桩丑闻：纽交所主席理查德·格拉索（Richard Grasso）收到一个薪酬包，金额大得吓人，据说接近1.4亿美元；格拉索因此被开除。《纽约时报》说格拉索覆灭与布兰克费恩这位技术人才在高盛的升迁有关。布兰克费恩之所以升官，是因为出力维持场内经纪商和专业做市商企业的现状。布兰克费恩能够通过高盛交易业务增长利润（就像当年的古斯·利维），使得高盛无法忽视布兰克费恩先生，"允许布兰克费恩先生巩固了自己的权力"。他首先当上了副董事长，然后当上董事。2003年9月，他指定长期副手加里·科恩主管高盛股权部。《纽约时报》报道："多位高管声称，布兰克费恩先生如今最有可能继承保尔森先生。但今年57岁的保尔森先生并没有马上要退休的迹象。"

约翰·里德（John Reed）是纽交所过渡CEO，也是花旗集团前联合CEO。这时候，塞恩已经开始同里德秘密商议，是否可能让他继任里德（与格拉索），当上纽交所CEO，而里德继续担任纽交所主席。里德与塞恩似乎是一路人，而且从担任麻省理工董事的年代就成了好友。《纽约时报》报道："两人都冷静而专业，都十分喜爱探索新技术与金融的交集。"据报道，纽交所遴选委员会列出的永久代替格拉索的候选人名单中，排行第一的就是塞恩。2003年12月18日，消息发布，塞恩决定离开高盛，担任纽交所CEO，2004年1月就职。塞恩告诉《纽约时报》："我在美国中西部一个小镇长大，小时候从没有听说过高盛，也从来没有想到自己会当上高盛总裁，或是纽交所CEO。"他终于实现了一个梦想，当了CEO，但也付出了很大代价。2003年，他在高盛拿到了2000万美元，到纽交所却只有400万美元，虽然他持有的高盛股票当时价值3亿美元。不知为何，塞恩担任纽交所CEO的同时还持有高盛的巨额股票，这么一个明显的矛盾之处，却似乎谁也没有反对过。

既然在高盛，布兰克费恩快速升迁，保尔森又不辞职，那么，对塞恩来说，纽交所CEO的位子就实在无法抵挡了。他告诉记者："我上任有着很多公共政策的原因。当时纽交所面临很多麻烦，急需有人帮助。现在有机会当上纽交所CEO，协助美国金融体系的重要环节实现改进，而且保尔森也不肯离开高盛。三个因素合在一起，就让我决定去主管纽交所。"

消息发布两天之前，塞恩告诉保尔森，他要辞职了。塞恩后来作证说："保尔森目瞪口呆，几小时没有说话。"有几份资料说，保尔森生气地大声说话，指责塞恩在这样的时间点辞职。但保尔森说，他没有大声说话，虽然听到这个消息之后很不快。他说他告诉塞恩，自己认为他不应该找这份工作，想说服他放弃。但也有人觉得，是保尔森暗中安排了塞恩的新工作，就像九个月之前他安排桑顿的工作一样。保尔森说："我告诉他，我认为纽交所管理起来非常困难，目前的情况是，他让自己面临了不可解决的难题。但我错了。他说他辞职的理由是，我一点也没有要辞职的表示，也没有显示要钦定他做我的继承人。他想要去学点别的东西。最后他走了，我想，他辞职，应该不只是因为没法继承我，还有更重要的原因。"

塞恩宣布辞职的同一天，高盛也发布消息，布兰克费恩会成为高盛唯一总裁兼CEO。高盛还说，斯蒂尔也会离开高盛，去哈佛的肯尼迪政府学院教书。保尔森说："这些决定都对我造成了很大压力，但我作为一家上市公司CEO，深感责任重大。我也希望我的情况能让我不至于永远继续这份工作。"保尔森又回顾[1]他之前与史蒂夫·弗里德曼的一次午餐会，当时他在考虑应该拿桑顿、塞恩这两人怎么办。弗里德曼曾担任布什政府的最高经济顾问之一，2005年，两年任期结束，他又回到高盛，重新加入董事会，与保尔森见面。餐桌上，弗里德曼问保尔森，如果保尔森自己控制了高盛，全部净资产都与高盛绑定了，那么他会选择谁当

---

[1] 前面这段话出自作者科汉对保尔森的专访。虽然没有写明具体日期，但应该距离本书英文版出版时间（2011年）不久，因此保尔森把2005年的事情称为"回顾"。

继承人？保尔森回忆道："我毫不迟疑地回答：布兰克费恩！"

只要保尔森会在某个时间退休，布兰克费恩当上一把手的前景就很清楚。《纽约时报》报道："但如果布兰克费恩先生想要继任保尔森先生，他就可能必须比塞恩先生更加耐心一些。只要保尔森先生还继续担任董事长和CEO，而他可以在这些岗位上停留五年或更长时间，那么高盛就不会发生剧变。今年，在保尔森先生的领导下，高盛在强力复苏，而且所有消息来源都说明，全体高盛董事都支持保尔森先生。"《纽约时报》还引用高盛薪酬委员会主管吉姆·约翰逊（Jim Johnson）的话，约翰逊说他希望保尔森继续工作很久："董事会认为，亨利·保尔森工作十分出色，是全世界最杰出的CEO之一。"

有些人可能担心，高盛才刚刚成功上市没几年，亨利·保尔森这位卓越的投行家会让上市的高盛降低风险，但他们多虑了。保尔森使高盛在几乎所有业务方面都欣然接纳了风险。他说："我们成功从私人合伙企业转变为上市企业，完全没有打乱步伐。我们没有失去人才。我们从中型企业发展成大型企业，而且保留了文化的精髓。原先，我们在摩根士丹利之后，跟美林平起平坐，但如今显然成了世界领袖。"布兰克费恩当上保尔森继承人的时候，高盛显然已经发展成一家做投机业务的巨型公司，各种逸闻都是这么说的，业绩表现也是这么写的。塞恩离职的时候，摩根士丹利分析师亨利·麦克维（Henry McVey）对《纽约时报》说："人们想到高盛，就会想到一家一流的专营投行。布兰克费恩的上任，提醒投资者以及客户，这家公司的传统特色，有些依然在资本市场，在交易方面。"麦克维还说，布兰克费恩顶替塞恩只是个"小变动"，不算重大变化，因为"交易和投机业务规模已经很大"。2002年高盛净收入为21.1亿美元，2003年升到了30亿美元。跟塞恩一样，2003年，保尔森、布兰克费恩两人也各自拿到2000万美元。

但一名高盛银行家又说，布兰克费恩升职，明白地（而不是仅仅隐晦地）显示，高盛可以通过压榨客户，攫取利益。银行家说："布兰克费恩想要'把客户关系变成摇钱树'的时候，就发生了这场巨变。我认为，这是一种委婉说法，实际情况是利用公司的关系型银行业务为各种内部基金，还有高盛其他业务产生投资机会。于是，我们就进入了这样一种局面：不是偶然，也不是某个客户突然产生的这种条件，而是一种固定办法，一种按部就班的计划了。我们的方法是，迫使某客户追求IPO，或者促进二次发行，或者我们领到咨询任务后就应该说：'啊，顺便说，我们可以把钱放进一个PIPE[1]，或者看看高盛有没有哪只私募股权基金可以参与进来。'他是想要自己卖掉呢，还是被我们的私人投资集团私有化呢？这个建议就微妙地改变了强调的方面，创造了一种'关系型紧张'，可以让银行家操控了。"这算是冲突吗？银行家回答："不，我们倾向于把它叫作'关系型紧张'。"

高盛这时候变成了全球活动的"蜂巢"，参与了金融界所有能想到的产品业务。只有一项除外，就是直接吸收储户存款。不过，高盛与其他很多华尔街公司一样，也在犹他州有一所小型商业银行。如今，高盛对很多不同的人，意味着很多不同的事物。自然，公司也面临着前所未有的利益冲突的风险。尽管它依然自信满满，相信可以控制增长的数字，可以控制复杂的冲突。2005年初给股东的年度信中，保尔森和布兰克费恩写道："业务冲突依然是我司特别关注的重要领域。我们如何鉴别、揭露、管理那些明显的真正冲突，会成为长期业务成功的关键。我们运作公司的同时也很清楚，昨天很多人认为是正当的行为，明天就会遭遇严厉审查。我们必须审时度势，确保我们全面而深思熟虑地分析所有业务重心。与此同时，如果认为我们的运作能够避免冲突，那就未免幼稚了。我们是有价值的中介者，冲突是我们的内在组成部分，存在于资本的供应者和使用者之间，存在于想要摆脱风险的人和想要取得风险的人

---

[1] a private investment in a public company 的缩写，即私人股权投资已上市公司股份。

之间。"

为了尽量控制冲突，保尔森做了很多努力，试图对主管们灌输良好行为的教条。他创立了一个覆盖全公司的项目，叫作"合规与声誉判断训练班（Compliance and Reputational Judgment）"，用于"强化高盛的合规文化"（保尔森语）。2005年，保尔森还发起了一个"主席论坛"，与20多个小班的董事总经理详细讨论"业务实践、名誉判断、合规领导力"。保尔森说："我们会对所有的董事总经理强调，我们的第一优先是强化高盛在所有业务方面的诚信声誉！"

保尔森还想要尽量使公司的优秀文化制度化，于是在2000年创建了松树街领导力学院（Pine Street Leadership Institute）。松树街是高盛总部的最早所在地。这个项目是模仿纽约州克劳顿村通用电气公司的著名学院——约翰·F.韦尔奇领导力中心（John F. Welch Leadership Center）而建立的，该中心简称为GE克劳顿管理学院（GE Crotonville）。保尔森还从克劳顿学院招了一位叫史蒂文·克尔（Steven Kerr）的高管运营松树街学院，并担任高盛的"首席学习官"。高盛官网介绍道："松树街学院致力于强化企业文化，促进高盛与其客户的成功，并培养世界级的领导力与管理人才。教职员工有知名商界人士、著名学者，还有高盛主管。松树街把课堂学习与广泛的辅导、培训结合，在全公司建立起一种拥有共同语言和技巧的领导体系。"一名高盛银行家评论高盛文化，言简意赅："就是企业、企业、企业、企业、企业、企业，为了企业，全是企业！"

一名高管在松树街工作过，他说保尔森非常担心高盛在上市以后会失去某些东西。高管回忆道："公司要上市了，但公司的文化完全是学徒制，让领导教领导。然后突然这个文化要变了。所以公司在上市以后，就不能再为这种体制辩护，说什么'我们还是学徒制，还是领导教领导'。高盛最重要的就是企业文化。我们要怎么才能确保这文化继续让高盛发挥竞争优势呢？怎么才能确保自己不失去秘密武器？"高盛顾问约翰·罗杰斯（John Rogers）也说明了文化对高盛持续生存的重要性，响应了企业惯常宣扬的信条之一："我们的银行家和公司竞争对手坐同一架飞机，住同一家酒店。很多情况下，我们与竞争对手还拥有同样的客户。[1]因此，到头来，就是执行力和文化让我们与其他公司有所不同。行为是文化塑造的。有些人觉得文化没有意义，只不过是酸奶里的细菌。这些人的观念，一定会让公司丧失价值。因此我们的文化十分必要，像胶水把我们粘在一起。我们坚持自己的价值观、象征、仪式，这些东西多年来一直在引导我们，而我们给文化添加的新元素，也一直会支持旧元素。"

布兰克费恩说，松树街学院是疑神疑鬼的产物。"因为高盛是自信和卓越承诺的混合体，天生就带着不安全感，促使员工坚持工作，出生产力；即使已经完成了必要的工作，也还会继续努力。我们十分害怕客户的反感。高盛人就算离开公司很久了，到其他金融单位工作，也还是会经常认同自己是前高盛人。在高盛待过的人，都对自己的工作经历十分自豪。"

一位前员工介绍，公司也会选一些未来领导人参加培训，让这次体验"充满激励"。选中的高管也会得到明确报偿，比同行的升迁更快："从一开始，松树街学院就对我显示，他们的目的是让这里的高管觉得自己很特别，能够与其他高管建立联系。之后他们会继续升迁，主管企业的各个部门，还会领导业务范围之内的具体项目。我发现学院有执行办公室的全力支持，这就给项目提供了可信度，让我信任。"

松树街学院的天才之处在于，培训项目的一半是为高盛的客户打造的，而不是专为高盛将来的领袖。高盛那些明星银行家会给客户创造机遇，让客户参加一期特别培训班，或是课程，或是讨论会，让客户同银行家度过一段有意义的时间，而不仅仅是看银行家按着幻灯片做无聊乏味的演讲。一名高盛银行家说："我们会创造一些世界级的小项目，使

---

[1] 参见第十五章前半部分，温克尔曼辞职的时候也说过类似的话。

人员之间变得十分亲密。在这些项目当中，作为公关经理，作为银行家，想要做的就是跟客户相处一段时间，了解客户公司的情况。而这些项目又是最好的机会，可以交换得来的资讯。"又说："他们（客户）会来，是因为项目都安排在他们的假日期间或者他们的会议期间，我们同客户相处，与他们讨论他们面临的各种变化、公司的各种挑战，这样我们就会在白天得到更多情报，这好过晚上带客户吃饭或者去看'纽约游骑兵队'（Rangers）的冰球比赛。"2006年11月，哈佛商学院教授鲍里斯·格鲁斯伯格（Boris Groysberg）发表了一篇38页的松树街学院案例"A"的分析，表示赞赏。文章写了学院的建立过程，以及理想中要达到的目标。教授还写了一篇案例"B"的稿子作为后续，写的是松树街学院的实践多么有效。他检查了文中引用的一些人的话，但最后没有发表。因为高盛决定，关于松树街学院的公开文章，有案例A这一篇就足够了。

为了确保董事总经理们清楚保持企业文化的重要性，高盛还建立了一个声誉风险部，位于宽街85号的地下室，成员是前任CIA工作人员和私人侦探，这一组合颇有点英国作家乔治·奥威尔[1]的风格。一名高管介绍，声誉风险部的工作是"保护高盛的企业声誉"。这说明新员工经过了面试的层层考验，但还没有签下合同的时候，就会让声誉风险部的人查个底朝天。一名高盛银行家回忆道："他们把我的生活从里到外翻了个遍，一点都不放过，还给我就读的中学打电话。"

一名高盛交易员（也是高管）介绍："我要加入高盛，走流程的时候，必须经过法律调查和背景调查。这相当于把我当水果榨一遍，当包子蒸一遍，当衣服干洗一遍。他们会调查我生活的方方面面。这只是一个借口，凭这个借口，他们问一切人，问一切问题。他们跟我说，我要是有一句假话，就把给我的offer撤回。我基本相信，他们这么做是为了给我建立一份档案。这样，我只要稍微给他们造成一点麻烦，他们就可以用

---

[1] 奥威尔代表作《一九八四》描写一个虚拟社会对人的全方位监视。

这件事来反对我。"他回忆说，高盛资产管理部有一位前主管被开除后，去了新的公司。后来在新公司想同高盛交易，高盛法务部告诉他，他必须首先向声誉风险部提交请求，让风险部彻底清除高盛与这位前合伙人的关系。交易员回忆道："有个大块头，像是当过警察，跟我说，他们的职责就是调查一切人、一切事物，保护高盛合伙人的利益。他跟我说起一件事，有个合伙人搞婚外情，就让声誉风险部给处理了。我的印象是，这就等于是个内部警察机构，而且负责处理高盛外部对高盛的一切威胁。简直像个黑帮。他们的气氛特别恐怖。"

这位交易员已经离开高盛十多年了，但高盛的触手和势力范围还是让他不寒而栗："不是说他们会闯进我家，把我揍得半死，把我的孩子杀掉。但他们肯定会把我送上法庭，或是做点什么别的，毁掉我的一辈子。我要是在任何方面得罪了公司，就不用想了，一切都完了。上帝知道，我看见他们把顾客怎么样了。已经够可怕了！公司会偷顾客的钱，会蹂躏顾客，想干什么干什么。"

已经有很多高盛客户发现了高盛在损害他们的利益，对此大为不满。这并不是最新的趋势，而是历史上的老传统。比如，20世纪80年代后期，芝加哥投资人山姆（塞缪尔）·泽尔（Samuel Zell）就洛克菲勒中心（Rockefeller Center）的出售问题，与高盛和开发商徐杰儒（Jerry Speyer）发生了激战，最后失败。泽尔同高盛高管大吵了一架。泽尔回忆，鲁宾和弗里德曼曾经访问他在芝加哥的办公室，想要说服泽尔同高盛有更多往来。泽尔对两人说："我很乐意跟你们做生意，但是你们得说清楚，你们究竟是我的代理人，还是我的竞争对手？我哪一个都可以接受，就是不能同时接受两个身份！"最后，鲁宾和弗里德曼向泽尔保证，高盛有"中国墙"（China Wall）[1]，可以避免一切混淆。然而真相却是，高盛一直在模糊界限，惹恼的客户也越来越多。尽管这些客户十分生气，但还是不愿意疏远高盛，因为大家都知道，高盛的营业流是最强大的，也能获得最好的投资机会。只要惹火了高盛，到头来对自己的业务肯定有害。

虽然布兰克费恩不想让高盛客户对高盛不满，但高盛有时候却让客户别无选择。比如，1999年2月就出了一件惊人的事：法国兴业银行（Société Générale）宣布已经与法国巴黎银行（Banque Paribas）达成初步协议，收购巴黎银行。巴黎银行同兴业一样，也有庞大的投行业务。收购金额巨大，超过了170亿美元。舆论哗然，因为这件事先前一直在两个企业的主管之间秘密进行：兴业银行的丹尼尔·布通（Daniel Bouton）和巴黎银行的安德鲁·拉维－朗（André Lévy-Lang）。两家银行发现各自的董事长做的事，就要求聘用一些法律顾问和并购顾问，确保一切事情圆满完成。自然，华尔街公司全都想要参加，包括高盛。高盛当时正在为兴业银行执行三个业务：第一，评估兴业银行的投行业务，并调查各个潜在的收购目标；第二，评估兴业银行的投资管理业务；第三，在全球范围内评估银行各个战略方案的高层管理。兴业银行一位消息人士说："高盛掌握了我们能想象的所有内部信息，在他们眼里，我们一丝不挂。"

兴业要收购巴黎银行的消息一出，高盛也和其他公司一样吃惊，自然也要当上并购顾问。高盛传递给兴业的信息很简单："你不聘我们，别人也会聘我们。"（华尔街公司经常发出这种隐晦的威胁。）最后，兴业聘了摩根士丹利当并购顾问，苏利文律所当法律顾问。高盛有些不满，找了另外一家客户——法国国家巴黎银行（Banque Nationale de Paris，

---

[1] 又称"中国城""信息长城"或"长城机制"，是美英等国证券术语。指多功能服务证券商把内部可能发生利益冲突的各项职能相互隔开，防止敏感信息在这些职能部门之间相互流动。它本身与中国毫不相干，最初是美国总统罗斯福用来形容旧中国的闭关锁国政策，后来被金融界沿用。

简称BNP），同时拼命阻挠兴业收购巴黎银行的计划。第二年，冲突全面爆发，BNP甚至一度对兴业和巴黎银行都发出恶意收购要约（关于禁止发布恶意收购要约的政策就只有这些，虽然实际上不光发布了，而且还一下发布了两个）。2000年5月，BNP获胜，达成协议收购巴黎银行；兴业保持了独立。

高盛的行为让兴业银行一些高管目瞪口呆。一名内部人士说："我实在难以相信，高盛掌握了所有这些内部信息，竟敢这么不顾一切跳出来，发出竞争的收购要约，与此同时还掌握了我们所有的策略情报。他们下手的方式也是老样子，说什么他们有专门的团队，有什么中国墙可以防御，这个那个。我实在是气坏了，拼命想要把他们告上法庭。我和其他人都觉得我们应该胜诉。就算我们没法胜诉，这件事也能给他们一记重创，让他们罪有应得。我是想这么干的，因为我知道，我们很有希望拿到初步禁令阻止他们。哪怕做不到这一步，也会给他们点颜色看看，让他们受到阻碍，让我们发现他们是怎样利用信息的，那个什么中国墙又是怎么运作的，因为他们太无法无天了。我在业界真的就没见过这么无法无天的事。"

兴业开始讨论对高盛提起诉讼。苏利文律所显然要求回避了，因为高盛是它的重要客户。最后，兴业董事长丹尼尔·布通决定不起诉。那名内部人士说："高盛在自身利益方面一直非常激进，特别是能收取一大笔费用时，而且会因此违背客户利益。这也是我所知道的最典型的例子——风险极高，而且闹得又很大。你就可以想象，在纽约联邦法庭起诉，看看接下来怎样，一定是很有意思的事。只要一起诉，就会让高盛的整个班子内部都颤抖起来，会让我们发现，那个中国墙到底会不会在法律上足够抵抗我们。"

就连其他与高盛合作收购企业的那些金融家，也经常被高盛的所作所为惊呆。一名曾与高盛多次合作过的私募股权高管评论道："他们其实非常平庸，他们做的事情，跟大多数企业一模一样：说一套，做一套。

他们嘴上说要勤劳，要有纪律，要奉献，但最后总是追求自己的经济利益。就像一家法律事务所，或者银行，先投标，拿到业务，然后采用'诱导转向法'，先引人上钩，再把服务调包。先要说一句，这里只说高盛的私募股权投资业务，不说别的。这方面，高盛从骨子里说，并不想全心投入。他们的金融工程师粗糙得很，但是办事很快。明明玩的是一夜情，还要假装成认真谈恋爱。他们只在意搞钱，但也在意保持伪装。"

这位高管说，高盛的做法不算稀奇。的确，这种做法很常见，他也很欣赏高盛有着不顾一切的欲望，想要拼命争取胜利。然而稀奇的是，高盛团队却想表现出比常人更高的道德标准和行为。他感叹，高盛团队究竟是怎么一直坚信那些关于企业文化的鬼话的？"他们已经被反复灌输这样的观念，一定要把自己说成与众不同，灌输了很久很久。他们之所以能持续这么久，一部分原因是他们并没有把那些企业的象征人物给拿掉。这一点，他们聪明透了。比如约翰·温伯格，他就没有被拿掉（指温伯格依然在董事会保留虚衔），总体而言，鲁宾也没有被高盛拿掉，哪怕他一直遭遇各种伤害。西德尼·温伯格还是那个西德尼·温伯格，古斯·利维也还是那个伟大的古斯·利维。他们跟纽约扬基棒球队的办法一样，就是在中外场建立一座纪念碑公园，举行各种仪式崇拜它；[1] 而且一定程度上也可以说高盛因为这种做法遭人恨，因为高盛人现在依然会穿上扬基队的条纹队服，来到市场上吓唬别人。"

这位高管之前也当过银行家，但他还是不明白，高盛这些专家怎么会有如此的坚定信念？ 他又说："他们比其他公司更善于睁眼说瞎话，而且乐在其中。高盛人说谎的时候连眼睛都不眨一下。别人都会说'我们总是把客户利益放在第一位'，就有点像那些电视节目，你（说完话）

---

[1] 指1923—2009年的扬基队前主场，洋基体育场（Yanckett Stadium），有一座纪念碑公园（Monument Park），位于球场中外野区域的外部，陈列球队的各种事迹，2009年，主场迁到对街的新洋基体育场（Yanckett Stadium），纪念碑公园也随之迁出。扬基队是全球最优秀的棒球队伍之一，因此他们的队服也具有威慑力。

会转过头看看身后，说：'呸，才怪呢！'高盛却会把手按在心口上接着说：'这就是我们的意义，这就是我们的文化。我们专注服务客户。我们的文化就是永远做符合长期利益的事。'别的公司这会儿就差不多该说：'好，我那一通傻话说完了，跟你说实话吧。'但高盛还会接着说什么纪律！"

有时候，这种所谓的"纪律"确实会体现出来，也就是高盛受邀为一家大型上市公司某业务提供咨询，然后进行所谓的内部"冲突"检查，享受这段时光，最后决定是否接受邀请。大多数公司都会尽快做出答复，最多24小时，但高盛曾有过长达一周的案例。这一周，高盛要决定最高的预期价值是多少。特别重要的是，高盛还要决定：是应该服务最早邀请高盛的这家公司，还是用这次谈话得到的知识寻找另一方去服务，只要能赚取更高的咨询费，或者另一方更可能成功。客户们经常让高盛在整个过程中操纵自己，原因之一是很多客户非常尊敬高盛。一名灰白头发的竞争对手说："客户给高盛很多绳子，让高盛控制自己。这么多的绳子，我们大多数人从来没有胆子向客户要求！"

公众所见的范围之内，有一次业务最完美诠释了高盛面对冲突的处理方式的发展过程，也完美诠释了高盛"管理"冲突的能力。那就是2005年4月的一次高调并购，金额高达32亿美元：纽交所与群岛控股公司（Archipelago Holdings）合并。群岛控股公司旗下有群岛交易所（Archipelago Exchange），它是第一家"全面开放"、完全电子化的股本交易中心。金融专业的学生只要研究华尔街的冲突，就必然会学习这个并购案例。这次合并拥有一切元素：高盛为双方都提供咨询，纽交所代号"海军"，群岛代号"陆军"。这次业务极为罕见，堪称并购业务的"圣杯"。纽交所CEO约翰·塞恩先前的职业生涯全部在高盛度过，曾当过高盛总裁，保尔森之下的二把手。在这项合并业务期间，塞恩完全没有回避，尽管他拥有高盛数亿美元的股票。高盛因为自己面临的麻烦而收了群岛350万美元费用，也收了纽交所350万美元。高盛多人还拥有共计730万股群岛股票，占群岛公司股票的15.5%，为群岛第二大股东；第一大股东是泛大西洋投资集团（General Atlantic），也是私募股权公司，拥有群岛公司股票的22%。高盛还是群岛公司2004年IPO的首席承销商之一。2006年3月，两家公司合并完成当天，高盛的股票在合并后上市的纽交所价值接近5亿美元。高盛还在纽交所1366席位中占据21席，每个席位价值大约400万美元。[1]高盛在合并后的公司里最终持股5.7%。

高盛在合并期间担任的职务太多，受到舆论的猛烈抨击。《华尔街日报》报道："近日，因为高盛在合并业务中的作用，华尔街舆论哗然。有些人猜测，高盛是否损害了纽交所席位的拥有者（以及群岛的股东），不让他们获得最好的合并条件，而让合并有利于高盛。纽交所前主席肯尼斯·朗格尼（Kenneth Langone）也想要对纽交所提出投标，他指出，高盛主张这份业务低估了大盘价值，这一角色非常不合时宜。但高盛一如既往，绝不接受批评。高盛发言人卢卡斯·范·普拉格说："有效管理冲突，是投行业的基本要素。"

舆论逼迫群岛公司做了一件不寻常的事：在2005年4月15日公开了高盛的业务约定书。约定书显示：双方不仅知道高盛的很多利益冲突，而且故意限制了高盛组织会议，限制了高盛进行某些金融分析。"我方（高盛）会协助公司（群岛）和纽交所完成将来可能的合并，对这一合并的协助可能包括：促进公司和纽交所之间就合并进行讨论。作为我方服务的一部分，我方会进行某些估值分析，包括这次合并造就的新公司的预估分析。尽管有上述内容，但我方不会进行如下行动：一、代表贵方

---

[1] 纽交所是一家私人公司，人们可以通过"购买席位"成为纽交所的会员，拥有席位意味着可以在大厅买卖证券。1868年，纽交所将席位数固定在533个，1953年最终确定在1366个。2005年4月，纽交所宣布将收购芝加哥群岛（Archipelago）电子交易公司，组成新公司，名为"纽约证交所集团公司"，并准备上市。此后，席位价格猛涨，正文400万美元是席位价格最高时的情况。2005年12月30日，席位交易活动已正式结束，这个数字也是结束之前的情况。

（群岛）同纽交所就合并的财务事宜进行谈判；二、提供有关合并的公平意见。"群岛和高盛很清楚，高盛扮演这种两面角色会引发舆论反对，于是决定聘用拉扎德、花旗集团提供有关合并的公平意见。

这份约定书还明确规定，群岛和纽交所双方都不能因冲突而起诉高盛："（群岛）理解并承认，我方正在同时为公司和纽交所就合并事宜提供服务；公司理解并承认潜在的各种利益冲突，或关于利益冲突的认知，将可能因我方同时为公司和纽交所就合并事宜提供服务而产生。"

回顾这一事件时，塞恩为他决定给双方提供服务而辩护："我们需要一家公司帮助促成这次业务。我们不需要两家公司帮助我们促成，因为聘用两家公司会产生争斗，他们会争论谁的谈判技巧更优秀，这就没意义了。我们确实从另一家企业引入了第三方（拉扎德）来办事。但我认为，其他人批评我们是出于酸葡萄心态；而为了迅速且有效地办成业务，这么做就很有意义。这件事值不值得让大家都生气呢？很可能不值得；但是为了做成业务，就应该这样！"塞恩表扬了高盛银行家在"这个空间"的经验，还说，两边的人他们都认识，这一点也很好。

塞恩还为这笔业务辩护说，这是纽交所存活的最佳手段："我们让纽交所不至于沦为局外人，我们让它的业务模式变得现代化，让它的产品多样化。我们开始工作的时候，纽交所是私营企业，并不盈利，只会交易纽约证券交易所本身的上市股票，而且市场份额也在迅速减少。我们改变了纽交所的管理结构、企业结构，让它有更丰富的产品线，最后还帮助它全球化，让它交易在纽约上市的股票、场外交易的纳斯达克股票、期权、期货、衍生品、债券。从纽约股票扩展到差不多一切都包括了。我开始工作的时候，你只要花100万美元就能在纽交所买来一个席位。当时，纽交所一共有1366个席位，也就是说纽交所的总市值是14亿美元。我结束工作的时候，在泛欧交易所（Euronext）业务之后，合并的新公司市值达到了200亿美元。"[1]

保尔森则声称这种安排是合法的，因为高盛已经公开了各种利益冲突。但他也从公关角度质疑了安排是否明智："纽交所不是一般的公司，是国家的财富，对吧？那些报纸的主笔发现了这个情况，就会造成公关问题了。"他回忆曾经对高盛董事会这么说："这不违反道德，这件事合法，也道德。这笔业务本来可能没办法完成，但是这份秘密协议规定，双方都需要那种了解情况的顾问，双方都非常想聘高盛，高盛也是群岛的股东之一，纽交所、纽交所董事会、约翰·里德、约翰·塞恩也都没觉得有问题。"

此次对话的几个星期之后，保尔森又改变了说法。他进一步思考了这个问题，对高盛扮演的角色感到很不舒服，并借此澄清了这一观点。保尔森回忆说，高盛负责这项业务的银行家彼得·克劳斯曾专门来见他，一是为了警告他"高盛可能会因为双重角色被人攻击"，二是为了夸耀一下自己负责了这次合并。一般情况下，这次合并会被人看作一次伟业。克劳斯的表述让保尔森陷入沉思。克劳斯说："（如果合并完成，）高盛会成为合并公司的大股东，因为塞恩也当过高盛总裁，而他的另一个心腹邓肯·尼德奥尔（Duncan Niederauer）也当过高盛合伙人。顺便说，本书英文版出版时，邓肯·尼德奥尔担任纽交所CEO。[2]"保尔森回忆他对克劳斯说："我现在质疑，我们是否应该代表双方？因为我觉得这对公司形象有影响，也会导致公司遭到抨击。虽然代表双方不算不道德，也不算错，但我还是认为会使公司受到攻击。我现在决定高盛不应该代表

---

[1] 这是泛欧交易所在本书内唯一一次出现。它的英文全称European New Exchange Technology，由荷兰、法国、比利时、葡萄牙、英国、意大利六家证交所合并组成，是欧洲最大的证券交易所。2007年4月，泛欧和纽交所合并成立纽约泛欧证券交易所，即文中塞恩提到的事件。2013年，洲际交易所集团（Intercontinental Exchange, Inc.）收购纽约泛欧。2014年，泛欧脱离洲际交易所集团，重新独立上市。2021年4月，泛欧完成对意大利证交所的收购，进一步扩大了规模。作者对引文缺乏精心剪裁，全书又不加注解，给不了解背景的中国读者造成了一定困难。

[2] 尼德奥尔1985—2007年担任高盛合伙人，2007—2014年担任纽交所CEO。

双方。既因为它会影响公司形象，也因为纽交所和约翰·塞恩做事更加成熟，我们觉得高盛应该代表群岛。你去打电话告诉塞恩吧。"

克劳斯给塞恩打电话说了，塞恩很不高兴。保尔森回忆道："克劳斯来了我的办公室，说塞恩很生气，态度很坚决。"之前，克劳斯带了一帮银行家来保尔森的办公室讨论高盛代表两边会有哪些利弊，最后一致决定，高盛应该代表两边继续工作。保尔森又说："历史上有很多同规模并购或者其他并购，都是这么做的（保尔森没说错）。不算最常见，但是有先例。"

保尔森继续说："这不是说我们做了什么错事，不道德的事。这是高盛众人的决定：努力完成了业务，然后说：'哎呀，这业务太棒了，意义重大，没治了！'这说明高盛了解市场，了解应该怎么让两家公司走到一块儿，了解应该怎么管理技术整合，以及这一类相关的问题。再说，高盛也不是缠着客户不放，非要收费不可。高盛既满足客户愿望，也满足董事会愿望。确实有冲突，这个冲突，媒体、银行家和公众也全都看见了，因为背离商业原则太远，完全无法解释。我说过我还忽视了一个方面，这是纽交所的生意，所有重要的投行家都说：'我在纽交所有既得利益，我很重视。'从很多方面来说，纽交所都是公共机构，它的态度很傲慢，而且扩张过度。可是没有任何冲突是我们在坑顾客，或是我们做的事违反顾客利益。高盛想出了一个主意，完成了一次精彩的业务，而且符合道德；但是我们只见树木不见森林，显得很傲慢，看起来好像我们八面玲珑。其实完全不是这么回事。"

2006年4月，一向严谨的杂志《经济学人》将高盛作为封面故事，想要描绘公司"在金融界长期居于不败之地的魔法"。当然，华尔街所有公司都嫉妒高盛，不只因为高盛年复一年让合伙人（以及全体员工）日进斗金，还因为不论公司做了什么有争议的事（这种事太多了），公司优秀而专业的名声似乎完全没有受到过损害。其他公司会丑闻缠身，一旦丑闻爆发，客户就像黑屋子开灯后的蟑螂，纷纷逃散。可是高盛似乎永远蒙着一层特氟龙涂料一样的屏障。美国商界有一句格言："没有人会因为购买IBM产品而被开除。"意思是跟行业领袖合作总不会错。[1]这句话也同样适用于高盛，而且实际情况往往也是这样。单独这一点就让高盛被其他华尔街公司妒忌得要死。很多人，至少很多银行家常说的一句话是，高盛虽然对自己的名誉百般夸耀，但只要涉及并购细节，他们其实并不怎么优秀。银行家们全都穿着法式叠袖，打着爱马仕领带，那么高盛是如何做到与众不同的呢？

答案是：高盛无论过去还是现在，企业文化都与其他公司有重要差异。《经济学人》2006年4月的封面故事，想要锁定企业文化的这些独特方面。杂志评论道："高盛成功的秘诀在于持续投机的能力超过了一切投行业竞争对手。高盛能把优秀表现持续很久，这一点把这些对手都远远抛在了后面。1999年高盛上市以前，舆论带着某种敬畏对它高看一眼，认为高盛是秘密的私人合伙企业，美国金融业最后一家真正的大型私企，总是财源滚滚，却什么也不透露。到了2006年，尽管高盛公开申报的文件太多，以至于用重量统计比用页数统计更合适，但高盛依然保持着1999年的状态，只是有了进一步发展。如今的高盛依然利润超高，今年一季度股本回报率接近40%，虽然高盛给员工的酬金会让旧日的合伙人都感到嫉妒，但高盛依然相当于一个谜。而且随着时间推移，神秘程度不减反增。虽然有些人预言，上市以后，透明度提高了，高盛会向全世界展示自己的秘密武器，但预言落空了。某种程度上，这也是有意为之。高盛的主要利润来源从银行部门转到了交易部门，而且公司对于这些交易的方式，特别是地点、客户的身份，都故意保持模糊。高盛文件中有一句话：'固定收益、货币、大宗交易'（也就是FICC）。这些占据营收的一大部分，至于为什么……只能说，局外人谁也不太清楚。"

---

[1] 早期IT行业风险很大，决策者一旦失败可能会被开除。当时，IBM的规模和质量能够让大多数合作者放心。但这句话当然是相对而言，代表一种普遍趋势，并不完全客观。

杂志还提到了高盛如同斯文加利（Svengali）[1]一般操纵公众形象的能力。文章继续说："高盛处理善与恶的方式，是否与其他华尔街公司真正不同，这一点还有些争议。然而，从20世纪60年代开始，高盛之所以能从二线企业升到一线企业，部分原因在于客户们都认为高盛可以信赖。表现之一就是，多年以来，高盛几乎没有服务过恶意收购。至少从理论上来说，这样的角色已经变得越来越少，因为高盛原先的身份主要是代理商和承销商，服务的主要是交易方，现在却转为交易者和直接投资者。于是，高盛会为一只证券或者一家高盛要买卖的公司定价，这时候高盛照看的就不只是客户的利益了。这是不可避免的。现在，想要区分高盛客户同高盛竞争对手就越来越困难了。"文章又举了几个例子，证明高盛的冲突让自己面临了公共关系修复的问题，文章最后总结道："但总体而言，高盛的声誉给它带来的主要还是好处。"

杂志还提到了高盛暗中逐渐赶走那些老资格的合伙人，为下一代的升迁让路。杂志认为，这种精致的外科手术是保尔森安排的。"经常有某个重要人物被暗中要求辞职。"传言说，保尔森有一次因为小事而突然发作，炒了一名合伙人，后来，保尔森的同事们都决定要反思，但是太迟了，无可挽回。"这就是保尔森最重要的角色之一。他显然精于此道，很少有什么消息泄露。有时候就连被开除的人都不知道自己被赶走了；只有一场简单的讨论，讨论一个更加有趣的未来。一般情况下，那些高级员工会参与几个慈善董事会，总会投资很多个人财富，出让财富，或者在办公室待了一辈子以后用于什么伟大事业。保尔森先生说，高盛很难进，很难升，很难留。读者要是想知道高盛为什么能活到现在，这也许就是最合理的解释吧。"

---

[1] 英国小说家乔治·杜·莫里耶（George du Maurier）于1894年出版的经典小说《特丽尔比》（Trilby）中的音乐家，他使用催眠术控制了女主人公特丽尔比，使其对他唯命是从，成为他牟利的工具。后人用Svengali形容那些对他人具有极大影响力和控制力的人。

《经济学人》文章发表的时候，保尔森正在进行高度机密的谈判，对象是美国总统乔治·W.布什，还有布什的办公室主任乔希·博尔顿（Josh Bolten，也是保尔森前同事）。议题是，保尔森是否要当美国第74任财政部长。先前，博尔顿找到保尔森，建议保尔森继任约翰·斯诺（John Snow），当财政部长。这件事，保尔森对高盛所有人都保密了，只告知了自己在高盛的办公室主任约翰·罗杰斯（John Rogers），罗杰斯长期担任幕后操纵者。保尔森没有告知自己在高盛的搭档和密友肯·威尔逊（Ken Wilson），不过，很快，威尔逊就与保尔森一同去财政部上任，威尔逊当了一名无工资的顾问。保尔森告诉金融杂志《名利场》（Vanity Fair）的记者托德·珀德姆（Todd Purdum）："总体上，当财政部长这个提议，对我诱惑很大，但我一开始想的是，我不应该迈出这一步。"珀德姆写道，保尔森考虑了所有自己最关注的问题——改革社会保障和医疗部（Social Security and Medicare），全面改革税收制度，反思贸易和投资政策，然后认为目前总统正处在任期的最后阶段，政治地位十分糟糕，自己实现计划的可能性微乎其微。珀德姆评论道："后来果然证实保尔森没错。"保尔森推荐了另一个人当财政部长。

但博尔顿却对自己的老上司紧追不放。珀德姆继续说："博尔顿提出的建议在布什班子里几乎从来没有出错过。博尔顿提出让保尔森在决定是否担任财政部长之前，跟总统秘密会谈。"保尔森当然同意跟总统会谈，但他事先想了想："等一下，我是不是昏头了……你懂的，我怎么能占用总统的时间（然后决定不当财政部长）？……我当时没有答应的原因之一是我自问自答了一个问题：最近我看见的那些内阁成员来了华盛顿，可是走的时候，有几个名声变好而不是变坏的？"

保尔森这个设问句当然有个答案："极少。"最近只有一个例外——鲍勃·鲁宾，他确实树立了财政部长的名望，很受尊敬，但也有很多人抱怨说，鲁宾协助创造的局面导致了大衰退，因为他支持金融界把监管措施放宽，然后从花旗集团拿了1.15亿美元的酬金，与此同时还催促花旗的交易员们提高自己承担的风险。保尔森最后决定不去见布什。但过了一个月左右，他又改了主意。有个朋友告诉他："生活中是没有彩排的。"保尔森决定见布什，当财政部长。布什把高盛CEO撬到华盛顿，为了补偿，给保尔森让渡了前所未有的实权，让他按照自己满意的方式主管经济和财政部。实际上，这根本不算什么补偿措施，而是毫无意义。因为布什本人对经济和资本市场的运行实在是太不了解，虽然他是哈佛商学院毕业的，还是肯·威尔逊的校友，此外，他在艰难的总统任期的最后四分之一时间里，拥有的政界支持已经很少了。

2006年5月下旬的一天[1]，天气晴朗，风和日丽，布什在白宫玫瑰园宣布了保尔森的财政部长提名，提名仪式全长11分钟。布什说："当前的这个岗位，给美国的商业和工人带来了希望。我国经济形势稳健，生产势头良好，也十分繁荣。我盼望与亨利·保尔森共事，而且希望这种合作一直继续。保尔森作为财政部长，会成为我在国内外经济各方面的首席顾问，处理各种影响美国民生的经济问题。保尔森与我的哲学观一致，我们都认为，只要相信美国人民会以自己满意的方式储蓄、消费、投资，经济就会繁荣。"布什当时完全不知道这番话将来会变得怎样荒唐。布什还说，保尔森作为活跃的共和党人，对财政紧缩也了解一些，还打算做一些具体说明。"保尔森也明白，政府只要花纳税人的钱，就应该花得明智，否则就不应该花一分钱。他要同国会密切合作，协助限制政府消费的愿望，并且帮助我们把握方向，完成到2009年削减一半赤字的目标。"

保尔森告诉记者托德·珀德姆，他改变主意决定走马上任之后，给布兰克费恩打了电话告知了消息。当时布兰克费恩是高盛总裁、COO，也是保尔森显而易见的继任者。保尔森说："我觉得我让他十分惊喜。"布兰克费恩很有幽默感，保尔森还说，布兰克费恩"认为这样对国家很

---

[1] 白宫官网显示，具体开始时间是5月30日上午9：14。

好，对他也很好"。

6月27日，举行了保尔森的审议听证会。参议院财政委员会，特别是委员会主席、艾奥瓦州参议员查尔斯·格莱斯利（Charles Grassley）对保尔森提出了一系列问题，其中有些最为急迫，比如财政委员会想要拿到国税局（位于财政部内部）与美国自然保护协会（Nature Conservancy）的一份和解协议的副本。自然保护协会是一个非营利组织，保尔森曾给它捐过几千万美元（目前，保尔森的家庭基金会也专门拨出1亿美元用于环保事业捐赠）。格莱斯利担心，免税机构员工"有太多人"可能钻免税政策的空子，谋取私利。格莱斯利说："你已经亲眼看到了自然保护协会的情况。哪怕有最好的目的，也能出现坏事。"这说的是一系列指控，说协会在"保护地役权"[1]捐赠工作中违反了国税局规章。然后，格莱斯利又问了他关心的主要问题："我们委员会已经反复请求，但仍然没有收到自然保护协会与国税局达成的最终协议，这个协议是根据国税局对协会的审计而达成的。媒体和财政委员会就对自然保护协会评估而提出的问题，究竟是怎样解决的，公众必须知道，这一点意义重大。"保尔森回答，他只是协会董事会主席，并不是CEO[2008年7月，保尔森把高盛董事总经理马克·特瑟克（Mark Tercek）安插到了目前CEO的位置上]。不过，他希望格莱斯利参议员能够向国税局索要文件，而不是向自然保护协会索要，"这样就能保密了"。

这时候，保尔森最为紧张的阶段就过去了。参议员特伦特·洛特（Trent Lott）又插话道："你同意接受安排，我很激动。财政部长的岗位十分重要。你非常了解我们目前面临的问题和困难，但你的背景，多年管理工作的经验，还有高盛的经验，以及你受的教育，让你拥有了一

---

[1] 保护地即保护区，保护地役权制度起源于美国，指作为人类受托人的政府或环保组织，为了生态环境资源保护，经约定而利用某人土地的一种限定物权。1981年美国通过了《统一保护地役权法案》，主要应用于保护自然、保护环境和历史文化遗迹，以及提高水质、空气质量等方面。

切这个重要岗位所需的能力。我祝贺你的提名，也一定会投票赞成你上任。"

参议院一致通过保尔森担任美国第74任财政部长。紧接着，6月30日，保尔森提交一项"暂搁注册"[1]，卖掉了323万股高盛股票，价值约5亿美元。但他在当时至少还保留了7500万美元受限股，还有接近70万股既得股票期权。按照政府的利益冲突规则，保尔森别无选择，只能卖掉高盛股票，但政府也有一些规矩，只有投行家才会真心拥护；这些规矩使保尔森因被迫卖出高盛股票而得到了补偿，即不必为了在卖出低价入手的高盛股票而立刻支付资本利得税（capital gains taxes）。保尔森能够推迟自己的资本利得（与此同时锁定高盛股票的高价），然后将所得再投资到国库证券，或投资到某只被批准的共同基金。他如果想卖掉国库证券或是共同基金，届时就必须支付资本利得税了。《经济学人》估计，这个推迟政策当时让保尔森少付了2亿美元。因为保尔森在年中离开高盛，还得到了另一个不寻常的好处：奖金1870万美元，2006年六个月的总报酬1920万美元。毫无疑问，他积累的财富帮他承担了夫妻俩买下的7500英亩（约30.35平方千米）土地，售价3265万美元；这片土地位于佐治亚州海岸之外的小圣西蒙斯岛，只有坐船才能抵达。此外，他们还买下了华盛顿的一所宅子，花了430万美元。

布兰克费恩升迁到金融界顶层的艰难程度，几乎与当年的西德尼·温伯格有一拼。温伯格的父亲是布鲁克林一名私酒贩子，温伯格是11个孩子中的一个，1907年小学辍学之后几年，开始在高盛当一个擦痰盂的小杂役。布兰克费恩1954年生于纽约南布朗克斯，三岁那年，一家人搬到了布鲁克林市东纽约住宅区科尔津赞大道295号，"想要改善生活

---

[1] 原文shelf registration，指公司将其近期发行证券的意向登记注册，向SEC提供相关的并在需要筹资时可以迅速更新的财务数据。一旦公司产生实际的筹资需求，只要及时更新现有资料，便可取消"暂搁"，立即进行证券发行。

条件"（布兰克费恩语）。

一家人住在林登小区，这是19栋房子的建筑群，公共住宅项目，1957年完工，一共有1590套公寓，当时的主要目标用户是白种犹太人。布兰克费恩的父亲西摩尔（Seymour）在面包店开卡车，后来丢了工作，重新找了一份夜班工作，在邮局分拣邮件。布兰克费恩说："这份工作在我们那个地区算是非常好的，因为不可能失业。"夜班工资比白班高10%。他说："爸爸生命的最后几年，我确信哪怕一台机器干他的工作也会干得更好，而且更快。"布兰克费恩的母亲在一家防盗报警器公司担任前台，"这是我住的那一块地方少数几个朝阳产业之一"。他跟奶奶住在一间卧室，有个离婚的姐姐，带着孩子住在另一间卧室。

布兰克费恩有个好友叫理查德·卡尔布（Richard Kalb），两人从小一起长大，关系一直很好。卡尔布说，自己的父亲也在那所邮局工作，"可布兰克费恩总是逗我，说我爸爸是经理，他爸爸是工人"。卡尔布和布兰克费恩两人一起上了本地公立学校，又上了林登小区附近的布莱以色列区（B'nai Israel）的希伯来学校。两人在初中参加了一个项目，可以跳过八年级，三年缩短到两年读完。卡尔布说，初中的布兰克费恩"被选为最可能成功的孩子"。

两人同一年满13岁，参加了受诫礼[1]。布兰克费恩在纽约皇后区的阿斯托利亚酒店（Astorian Manor）参加仪式，酒店在正面的霓虹招牌上宣传："包办宴席，包您满意。"仪式请了乐队、舞蹈队，还准备了自助餐。犹太拉比（牧师）——艾伯纳·日耳曼（Abner German）回忆道："作为12岁的小男孩，布兰克费恩很聪明。他的计划能力很强。"布兰克费恩的高中在布鲁克林自己的社区学校就读，名叫托马斯·杰斐逊中学（Thomas Jefferson High School）。他有肥胖的毛病，想要减肥，挣扎了几年。后来，他当了一名游泳救生员，身材好了起来。高中时，他想挣零花钱，于是

---

[1] 犹太男孩成年的仪式。

定期到布朗克斯区的扬基体育馆卖热狗和汽水。布兰克费恩还请卡尔布跟他一块去，但卡尔布总是拒绝。卡尔布说："于是我现在给政府干活，在国土安全部，而他当上了高盛CEO。"

两人上中学的时候正是20世纪70年代早期，两人所在的社区的经济开始衰退。学校出现了两股势力，一股是黑豹党[1]，一股是青年主人党。布兰克费恩早上坐公交去上学，"只要看见楼门口有人在闹，或者场面很混乱，有警察，我就在车上不下来，再坐一圈回家"。他适应了周围的环境，也学会了小心谨慎，但不被人孤立。他说："就算在廉租房住宅区，我身边也一直有其他孩子。"他们还经常打街头橄榄球赛。"橄榄球比赛真正的问题在于，我不论在哪一边，队友都有16个人。"[2]他学习刻苦，卡尔布说老师们也都喜欢他："布兰克费恩很有亲和力，聪明，脑子灵，所以就能跟老师在老师的层面上互动，水平比我们大多数学生都高得多。"

布兰克费恩自己也说，他在学校混得不错，并不因为自己"聪明绝顶"，而是他想要成功，而班上大多数同学却对成功全不在意："让自己脱颖而出的行为很好做到，但让自己脱颖而出的愿望却很难拥有。"他本来可以15岁毕业，但还是又待了一年。他在1971级毕业典礼上作为学生代表致辞。罗伯特·斯蒂尔是布兰克费恩在高盛的前合伙人之一，他回忆说，布兰克费恩曾跟他说起过杰斐逊中学的事："学生凭着两种能力中的一种就能在那儿活下来：第一是体育厉害，第二是当个开心果。我决定当开心果。"哈佛大学来到杰斐逊中学招人，相中了布兰克费恩，给了助学金和奖学金，好让他能进哈佛。他到曼哈顿区哈佛俱乐部面试，第一次看见有人穿西装上衣、打领带却不穿西装裤。

---

[1] 黑豹党是美国在20世纪60年代种族歧视的大环境下出现的黑人民权组织，有一定暴力因素，最后失败。美国也有一个更有名的政治组织叫"黑豹党"，两者不是一回事。

[2] 正规的美式橄榄球一边只有11个人，母语顾问猜测，这里是说街头比赛不规范，因为孩子们太多而不得不增加场上队员人数，让比赛更加混乱。

进了哈佛，布兰克费恩发现周围是一群人的大杂烩，有校友后代、富二代、运动特长生。哈佛有一些本科社交俱乐部，人称"终极俱乐部"，很多人似乎都知道应该加入哪些俱乐部，怎样培养一辈子的人脉。布兰克费恩却完全不知道。他是凭奖学金来哈佛的，不得不在咖啡馆打工，所有社交俱乐部也都排斥他。他说："我是最典型的乡下人，只不过来自名叫布鲁克林的乡村而已。"他记得看小说《麦田里的守望者》（*The Catcher in the Rye*）时，因主角霍尔顿·考尔菲德（Holden Caulfield）总是把自己的学校叫"预科"学校，而没有看出其实是一所中学："我一直以为预科学校是中学毕业之后的过渡学校，在这里做好上大学的准备。"

布兰克费恩年纪轻轻，但很清楚自己的现状。他和一群出身寒微的朋友混到了一起。直到今天，布兰克费恩很多密友都是年轻时候的老友。他对周围的各种社交手腕视而不见："我说我在工作，而且并没有用这个情况给自己辩护。我总是觉得，只有那些继承遗产的孩子才需要这么给自己辩护。"布兰克费恩住在哈佛大学的温思罗普公寓，有个舍友叫大卫·德里泽（David Drizzle），是亚特兰大砖厂工人的儿子。如今，德里泽当上了美国联邦航空管理局（the Federal Aviation Administration）的总顾问，提起他与布兰克费恩的关系，他说："我们进入了新世界，还完全没有准备好。并不是钱的问题。因为那时候的社会，炫富是很被人看不起的。可是，大部分学生都很世故，这种世故我俩一点也没有。我们来哈佛的时候，对社交技巧一无所知，我觉得这就是让我们很亲近的原因之一。"布兰克费恩还有一个哈佛的朋友叫罗伊·杰罗尼莫斯（Roy Geronemus），是皮肤科医生，现任激光与皮肤外科中心（Laser & Skin Surgery Center of New York）[1]主任。杰罗尼莫斯说："很多人如今求着见他，可是在当时都完全不想跟他有任何往来。"

布兰克费恩在中学加入过校游泳队，进了哈佛也打算试试加入哈佛

---

[1] 世界著名医美中心之一，主要提供皮肤外科治疗与整形美容服务。本书中文版2021年截稿时，杰罗尼莫斯依然在任。

游泳队。他说，当时不知道那些有望夺冠的选手，多年一直跟教练有联系，这个教练之前指导过1972年奥运会游泳队："哈佛校队有奥运会选手，还有奥运会上拿奖牌的人。这些人的模样都像另外一个物种。"布兰克费恩参加了选拔，完成了一次长距离游泳。"你肯定已经注意到了（意思是别人一看就知道他块头很大，体格厚重），我速度不行，但耐力很强。"还有个人跟他一起游，布兰克费恩还没游完赛程，那人已经上来穿好衣服了。"我上来，拿毛巾擦干身体，在泳裤外面套上牛仔裤，就走到赛艇仓库去了。"他想在赛艇队试一试，结果又遇上了一群顶尖高手。但他还是尽力尝试，结果成功了，与德里泽一起加入了大一新生组。

学业方面，布兰克费恩似乎也没有一点头绪。他是政府管理专业，其他很多学生都写了论文，他却没有写。布兰克费恩说："就我的发展而言，我算是发展得很晚的一个。"德里泽说，他和布兰克费恩拖延症都很严重，每晚都看电视剧《星际迷航》（*Star Trek*），再吃饭吃很久，最后才会复习。德里泽回忆道："快要考试的时候，我们才会恐慌起来，集中注意力，开几天的夜车，发誓下学期好好学习，然后再把这种经验主义拖延症给重复一遍。"同学们提起最多的，好像是布兰克费恩的幽默感和记忆力。德里泽说："他在一些我实在想象不出谁能发现幽默感的地方都能发现幽默。"布兰克费恩还会凭着记忆唱出20世纪70年代几乎所有情景喜剧的主题歌。

布兰克费恩记得，上小学的时候，有人叫他"费城律师"，后来"这外号就一直跟定了我"。布兰克费恩自然开始想着要做律师，申请了哈佛法学院的研究生，通过了，但他认为这不是因为自己优秀，而是因为哈佛法学院偏爱录取哈佛本科学生："假如法学院录取的哈佛本科生减少一半，我大概就上不了法学院了。"德里泽说，在哈佛法学院，布兰克费恩开始认真学习，"更勤奋了"，但依然不能让他在法律评论期刊发表论文[1]，也不能让他拿到奖学金。布兰克费恩自己也承认，在哈佛，"一定程度上我没办法说自己的背景不利（意思是他和周围的人比起来并不算很贫穷）。过了一阵子，我就等于发展成一个背景有利的人了"。

1978年，布兰克费恩从哈佛法学院毕业，在多诺万和雷热律师事务所（Donovan, Leisure）当了一名合伙人律师[2]。这家律所是小型的"老牌"企业，于1929年成立，创始人是外号"狂野比尔"的威廉·J.多诺万（William J. "Wild Bill" Donovan），后来在二战期间成立了战略情报局（Office of Strategic Services），被人称作CIA之父。就是他策划了二战期间西德尼·温伯格对苏联的渗透行动。[3]多诺万和雷热律师事务所的作风非常古板，每天下午都有一些"茶水女招待"推着手推车发放茶水和饼干。布兰克费恩在律所待了四年，有一次代表影视业同国税局进行税收谈判，总是在洛杉矶和纽约之间飞来飞去。但他对于法律并没有太大热情。1980年，他参加哈佛同学聚会，写了一篇回忆文章，说："我的空闲时间，会做税收律师的工作，这是真正的实干家唯一的事业。"2000年，他又回忆，他在律所的职责是"保护某些大企业，不让这些大企业交出应该交的那部分税款。"

布兰克费恩还染上了一些坏习惯，一度每天要抽掉两三包烟。他的父母都抽烟，他也从十几岁就开始抽。但是在法学院期间，这习惯失控了，"你要是也有我这样强迫性的性格，就会灭了一支又点上第二支。"他也开始发胖，"（毕业之后）我的体重一直稳步上升，每年十磅（约4.5千克），持续了五到十年"。他开始秃顶，为弥补掉了的头发而留起了胡子，"我

---

[1] 美国法学院有一类法学期刊，完全让学生自主运行，名为Journal，Journal中的主刊称为Law Review，上面的文章通常表达某个法律领域的学者在特定法律问题上的观点，对美国法律发展有很大影响，因此编辑人员的选拔标准非常严格，布兰克费恩没有通过。

[2] 美国大律所正式岗位一般有三种，由低到高：associate（律师）、counsel（顾问）、partner（合伙人）。顾问可能是不升为合伙人的资深律师，也可能是当上合伙人之前的过渡。律师要当合伙人需要一定时间，也需要能力的大幅提升。

[3] 这段情节参见第三章。

的胡子变白了，我照镜子一看，还以为是我爷爷"。他穿衣服也经常很奇怪，很炫耀。

他还喜欢到拉斯维加斯赌博，只是为了娱乐。有一阵，他在好莱坞当律师，有时还会和另外一名合伙人律师格里格·何（Greg Ho）在周五晚上乘一辆租来的车去海滩，或者上山，或者去"罪恶之城"[1]玩一个周末的21点或者双骰子。有一次，出去赌博前，他们给上司留了一张条："周一我们要是不回来，就是赢了大钱。"

到1981年，布兰克费恩有望成为多诺万律所合伙人，但接着遇上了一场"前世危机"（他自己说的）[2]，决定尽力"摆脱法律界"，转向投行业务，他认为投行比法律"更有意思"。他投了摩根士丹利、添惠[3]、高盛，都没有通过："这也不算他们不明智，因为我是律师，没有金融经验。我负责的都是大企业的税务诉讼。"没过多久，有个猎头给布兰克费恩打电话，问他是否愿意去一家还不出名的大宗商品交易公司"杰润"，高盛已经在1981年11月收购了杰润。[4]布兰克费恩说："我不知道杰润是什么公司，按理说，他们完全没有理由专门来找我。"布兰克费恩告诉他当时的未婚妻劳拉·雅各布斯（Laura Jacobs），要离开法律界去杰润。劳拉哭了，担心自己的优裕生活面临风险。讽刺的是，十年之前，多诺万律所倒闭了。[5]1982年底，布兰克费恩来到杰润的金块销售柜台"交易大宗商品"。

当时，高盛严重冷落杰润。被收购之前，一连数年，杰润都有很多

[1] 拉斯维加斯的别名。

[2] 原文晦涩。母语顾问猜测，这是他在法律界转变了看法，不愿意当律师了。因为他现在在金融界，所以说法律界的经历是"前世"。

[3] 1997年摩根士丹利才收购添惠，这时候两者是两家独立公司。

[4] 收购的经过参见第九章。

[5] 多诺万律所1929年成立，80年代开始走下坡路，1998年4月因经营困难倒闭。这说明作者写下这段话的时间是2008年。倒闭发生在1998年，因为高级合伙人小马伦·珀金斯（Malen Perkins Jr）隐匿重要文件，发生丑闻。

盈利，但高盛接管第一年就亏了钱。杰润员工在宽街85号高盛总部只能乘坐一部专门的电梯。一次，布兰克费恩加入一群杰润员工，他们都穿了红色背带裤，讽刺那些"上流社会"的企业兄弟。2008年，杰润前合伙人丹尼斯·萨斯金德（Dennis Suskind）告诉《财富》杂志记者："我们当时是一群街头霸王，我们不穿背带裤（穿上是出于讽刺的目的）。"对于杰润的业务、自己的职责，布兰克费恩也基本不清楚："我对这公司的行话、速度、节奏都很不习惯。我记得，很早的时候有篇文章说，有人想知道我怎么从来不说话。你们要是了解我，就知道，如今这已经不是我最大的问题了。我觉得，当时我受到冲击，好像让炮弹震傻了一样，只是因为这是一个交易部门的环境。我原来的公司是一家律所，秘书都在办公室外面。企业文化有点不同。"

不过，布兰克费恩与高盛很快都开始注意杰润的问题，特别是高盛让马克·温克尔曼主管杰润之后。[1]温克尔曼裁掉了表现不佳的员工，接着又在鲍勃·鲁宾的指导下，为杰润设立了雄心壮志的营收与利润目标。一开始，温克尔曼怀疑杰润能否每年挣到1000万美元，但这个保守目标很快就超过了。没几年，杰润就产生了每年10亿美元以上的业务，在高盛总体账本底线里占据了重要一部分。温克尔曼发现了布兰克费恩的惊人智慧，他后来告诉作家查尔斯·埃利斯："他显然非常聪明、精力充沛，充满活力与热情。"

作为销售员，劳埃德·布兰克费恩是杰润的功臣。报道说，他早先设计了一笔价值1亿美元的交易，利润丰厚，是这一类交易业务中高盛处理的金额最高的。对方是一名伊斯兰教客户，伊斯兰教有禁令不让收取利息，布兰克费恩就专门采取措施规避了这个禁令。他强烈捍卫高盛的信条"始终把顾客利益放在公司利益之前"。温克尔曼回忆，有一次，他看见布兰克费恩把电话从一个交易员同事的手中抢了过来，因为有笔

---

[1] 温克尔曼的措施参见第九章中部和十二章后半。第九章提到温克尔曼第一个目标是让杰润年盈利1千万美元。

交易出现损失，交易员与客户发生了言语冲突。布兰克费恩认为，激怒客户就违反了高盛的另一个信条："要有长远的贪婪意识。"1984年，温克尔曼任命布兰克费恩主管六名外汇交易员，后来又主管了外汇交易业务。鲁宾反对温克尔曼提拔布兰克费恩："可能不该提拔他，高盛的其他部门可从来没有让销售员主管交易部门的成功例子。你对自己的分析很确定吗？"温克尔曼还是坚持了决定。布兰克费恩说，他很尊敬温克尔曼："他非常支持我，我对他十分感激。"

布兰克费恩在交易员经理的岗位上迅速成长起来。他好像具有一种第六感，知道什么时候应该让交易员冒更多风险，什么时候应该禁止他们集体踩油门。布兰克费恩告诉《财富》杂志："重要的不是坚持单独一种倾向。其实，最好的交易员，犯错的时候也跟正确的时候一样多，只是会调整得非常快。他们犯了错，会更擅长改正。"布兰克费恩自己也在加快调整速度，不光适应杰润，还调整了自己的能力，具有了升到高盛顶层的水平。他尽管不是真正的交易员（他说人们经常以为他是交易员，这让他觉得很好玩），但确实管理着一个小额交易账户，账户可以被公司监控。布兰克费恩原来的搭档、交易员雅各布·戈德菲尔德回忆道："他并不是按了哪个魔法按钮，就突然变成聪明的交易员了，就被人信任了。为了让交易员信任他，他冒了一种会让他失去信任的风险（管理交易账户）。不过他也可能意识到了，就算他的账户亏了钱，也会得到信任，因为重要的不是赚钱。知道交易员亏钱是一种什么体验，这种信任可能更有价值。所以他可能发现，他只要证实自己在学习进步，不论挣钱亏钱，都是好事。"

1988年，高盛提名了36位普通合伙人，布兰克费恩是其中之一，此外还有罗伯特·斯蒂尔和其他几位领导人：前联合总裁约翰·桑顿、约翰·塞恩，亿万富翁投资者克里斯·弗劳尔斯，对冲基金经理弗兰克·布洛森、加里·詹思乐（Gary Gensler），现在（本书英文版出版的2011年）主管"美国商品期货交易委员会"。36人全是男的。布兰克费恩的手腕有时候非常厉害。戈德菲尔德回忆道："在争夺地盘方面,他精力很充沛,但他在重大(业务)问题上水平又很高。人们一般觉得,一个人要是业务不好,才会有精力争地盘,但他这两方面都很厉害,这就有意思了。"他说,有时候布兰克费恩会让一些心腹为自己争地盘,并不亲自上阵,这可能会招人反感,让人觉得他懦弱。

戈德菲尔德又回忆说,布兰克费恩既谦虚又很有自知之明,而这两个品质是那些很成功的华尔街高管一般不具备的。他记得,有一次他问布兰克费恩有没有女人引诱过他,布兰克费恩回答："我确实被引诱了,也明白这种引诱,但我不想让我的婚姻解体。这是个权衡的问题。"布兰克费恩的父母早早就去世了,戈德菲尔德又有一次跟布兰克费恩讨论,他会不会也早早去世。"布兰克费恩觉得如果会这样是很悲哀的,因为他看不到自己抚养孩子的实验结果了。"

于是,布兰克费恩决定同时改善自己的身体和事业。他用阿特金斯(Atkins)健康饮食法[1]成功减肥,也开始踩椭圆机,打软式壁球,打高尔夫,还一有机会就去游泳。他说："有一天,我认定自己的生活失控了,所以就下决心把体重减下来。"他穿衣服的风格也变了,以前像个叛逆者,现在像个银行家。妻子劳拉反复催促他戒烟,他也终于戒了。"我要是不戒烟,情况就会非常糟糕。让我成功戒烟的人就是劳拉。"

1994年,温克尔曼想要当一把手却失败了,结果科尔津上位,于是他就辞职了。而后,布兰克费恩被任命为杰润主管。1995年,他责备其他合伙人太偏向风险规避的政策。当时他们在商量用高盛的钱下一项数百万美元的赌注,打赌美元对日元会升值。布兰克费恩表示不满,离开了房间。这一招见效了,布兰克费恩赌赢了,还让合伙人非常佩服,认为他愿意承担风险,而且做事谨慎。1997年,高盛任命布兰克费恩为杰润并购业务联合主管兼高盛现有固定收益业务主管,当时固定收益业

---

[1] 美国医生罗伯特·阿特金斯(Robert Atkins)提出的减肥饮食方法,要求完全不吃碳水化合物。这种方法存在很大争议,也没有医学实验的足够证据。

务总称FICC。1998—1999年，布兰克费恩从伦敦远程遥控这个部门。1999年，高盛上市，引发内斗，很多布兰克费恩的潜在对手离职了。简而言之，布兰克费恩在正确的时机负责了高盛最赚钱的部门，让企业发展到越来越高的水平，也让自己当上了一把手。

奇怪的是，布兰克费恩自己无法确定，他的事业究竟是在哪一刻开始起飞的，他也想不出是哪个时刻"是我的玫瑰花蕾时刻，是我心爱的雪橇被人抢走的时候"[1]。他说，他在高盛成功的关键只有一个：他善于适应新环境、新条件、新同事；但这种适应并不是像电影《变色龙西力》（Zelig）里的主角那样可以随意变化成任何人，是无形中完成的，而是以一种强烈而老练的风格完成的："我一直对一种能力很自信，那就是能够评估环境和人，试图理解这些人，他们在说什么，所在的背景怎么样。我一直没有受思维定式的困扰，我很快就可以放弃偏见，拥有开放思维……我认为，某种做法要是管用了一个时代，就不会是纯粹偶然的，而是有现实根据的。现在，背景变了，做法可能错了，你也必须做出改变，但我从来不会把所有人都当成傻瓜（而是要向他们学习）。"

他还有赚钱的天分，他把这种天分叫作"商业性"。在华尔街这种极端弱肉强食、利益驱动的环境，特别是在高盛，他的这个品质自然被顶层注意到了。但是布兰克费恩不愿意过度沉迷于自己赚钱的能力，尽管和他共事过的不少合伙人都相信，他对自己的报酬和赚到的钱的痴迷程度无人能出其右。这痴迷的原因之一就是他父母日子一直很艰难。

布兰克费恩的生活当然十分奢华。2008年，他付了2600万美元现金，在中央公园西街15号罗伯特·斯特恩（Robert A. M. Stern）的豪华大楼里买下了一所复式住宅，面朝中央公园。这幢大楼的主人之一就是高盛的一只投资基金。《纽约时报》称，斯特恩大楼是"华尔街新权贵的所

---

[1] 典出著名电影《公民凯恩》（Citizen Kane），报业大亨凯恩小时候被迫与母亲分别，自己玩的雪橇也被人抢走。第二块滑雪板上有"玫瑰花蕾"这句话，让他铭记了一生。西方用"玫瑰花蕾时刻"（Rosebud moment）指代一个人丢掉童真，最后一次无忧无虑的快乐。

在地"。布兰克费恩试图卖掉自己在公园大道941号的老复式，这所老房子有五个卧室，但他还没有卖掉，就买下了新房子。最后，老房子在2010年8月卖了1215万美元（公开档案显示）。2007年，他还同意拿出4100万美元在纽约州沿海的南安普顿买下一幢拥有13个卧室的"农舍"，名叫老树山庄（Old Trees）。但是买卖的消息泄露给了媒体，布兰克费恩就取消了计划，因为实在太有炫富之嫌。他和家人决定继续住在纽约长岛萨加波纳克镇的住宅，这所住宅在2007年挂牌出售，售价略低于1400万美元。2009年夏天，布兰克费恩一家被媒体关注，搞得很头疼。这是因为布兰克费恩有一天向高盛员工群发了一封语音邮件，警告他们要"避免高调购买昂贵物品"。《纽约邮报》说，布兰克费恩的妻子和另一名高盛高管的妻子给汉普顿的一次奢侈品义卖会"引起了巨大骚动"。

这时候，布兰克费恩已经凭着自己的坚忍不拔、雄心壮志，以及亲身实践的管理工作，让高盛董事会刮目相看了，特别是保尔森。一名高盛前合伙人说："保尔森越来越担心桑顿或塞恩究竟能不能担起责任，管理各部门，证实自己能够当个领导。而布兰克费恩显示他愿意承担责任。"保尔森和布兰克费恩组成了有力的团队：保尔森忙着满世界跑，跟客户谈判；布兰克费恩就越来越多地负起了高盛的运营责任。高盛每年盈利数十亿美元，年复一年。这位前任合伙人说："布兰克费恩让一切都运转了起来。"

首都华盛顿的霍普金斯大学（Johns Hopkins School）的高级国际研究学院（Advanced International Studies），有一间办公室里摆满了书，这就是保尔森在卸任财政部长之后的办公室。在这里，他讲述了为什么会选择布兰克费恩继任："我看到他的形象，是他把业务和市场当成了饮食和睡眠这样必不可少的东西。对此，我十分敬佩。他实在是太喜欢业务和市场了。他思维很活跃，也很聪明。但这些标准可能会评价过高，因为有太多聪明人，品行却不好，或者会给你带来麻烦，或者判断力不行。他让我最为欣赏的是，他拥有一种积极意义上的不安全感。他从不觉得什么东西是天经地义的，也从来不傲慢。他总能意识到自己的缺点，想要变得更好。我身边有一些工作了15年、20年的人，他们地位升高的时候缺点也更加明显了，要么因为他们变得顽固不化，要么因为他们接触更高的领导更多了。这样，人们就需要为他们的缺点而做出补偿。好的领导人需要有自我意识，需要认识到自己的弱点，还要有成长的能力。我亲眼看着布兰克费恩变得越来越好。"

他再一次回忆起高盛IPO之后前高级合伙人史蒂夫·弗里德曼问他的假设问题：将来高盛的领导层会怎样。保尔森转述弗里德曼当时的话："你要是拥有了高盛的一切，而且高盛没上市，都是你的，你所有的钱都在里面，你会让谁主管高盛呢？"保尔森又叙述道："我回答：'史蒂夫，我要是所有的钱都在里面，我就不止会担心这一个问题了。'他说：'对，可如果真是这样呢？'"当时，桑顿和塞恩还担任高盛的联合总裁，也是钦定的继承人，布兰克费恩是桑顿和塞恩的下级，公司之外没多少人知道他。保尔森彻底弄明白弗里德曼的问题之后，马上回答："我不用想，肯定是劳埃德·布兰克费恩。"

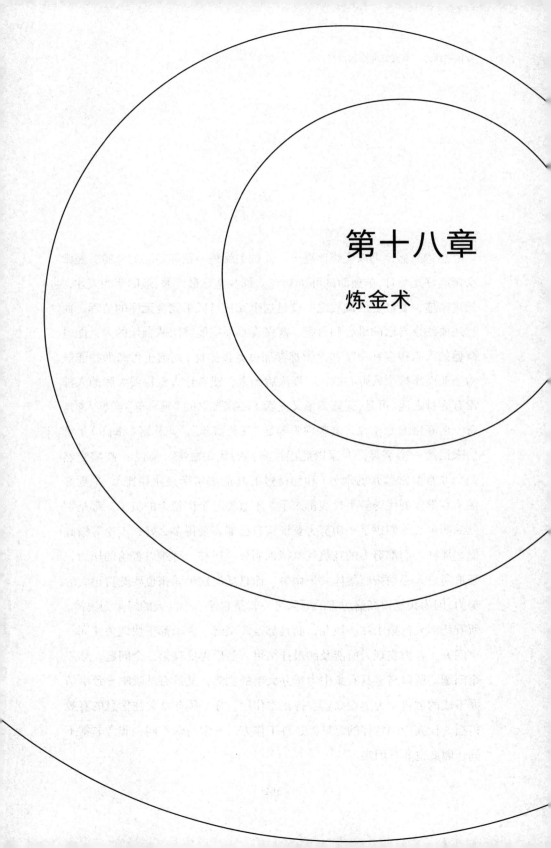

第十八章

炼金术

想进高盛，可以说难比登天。面试关就是一系列残酷的考验，经常会延续好几个月，单独面试可达30轮。那些全球最优秀、最聪明的人才，想进高盛，要经受的挑战之一就是这个冗长且似乎完全无序的流程，而且还要约束自己的雄心和自我。高盛喜欢那些能够团队合作的人，能进高盛的人有很多在中学和大学都参加过竞技体育；高盛也青睐那些能够为企业而压抑个人野心的人。要大牌的人，或者让人觉得要大牌的人都没有容身之地。可是，高盛偏偏又充满了心高气傲的"领头羊"类型人物。有一名高盛前专家说，这些领头羊是"艾礼富羊"，艾礼富（aleph）是希伯来语第一个字母，专家以此代指高盛的犹太血统。他说："高盛当然是个非常非常紧张的地方（和他待过的其他华尔街企业相比），感觉好像所有学校的优秀学生代表都来了。不管哪一个岗位上的员工，都是别处的明星。他们拼了一切努力要证实自己能表现得多么好，不论等级高低。那种人们都努力的狂热气氛特别明显，还有一种难以置信的压力，强迫所有人必须按照集体共识做事。而且适应这种紧张也要花费很大的努力，因为我觉得高盛厉害的原因之一就是它像一个巨大的蜂巢型集体，所有聪明人都集中在一块儿，而且都彼此交流。大家都很快地关注同一个问题，合力实现力所能及的最佳结果，然后再处理第二个问题、第三个问题。所以高盛具有集中力量办大事的优势，又没有乱哄哄导致事情办不成的劣势。为了在高盛发挥正常作用，你必须非常关注信息的有效传播，让人们同意你的意见。这种工作方式非常与众不同，非常非常不同，因此也非常困难。"

　　高盛与大多数华尔街公司还有一个差异，就是"血统"似乎不太重要。当然，高盛每年都会从全美最好的学院、大学、研究生院挑选最聪明的毕业生；但是企业招人的流程却主要关注这人的长处，而不是背景。其他公司，像拉扎德、摩根士丹利，看重那些著名政治家、大公司CEO的子孙，会专门聘用他们；但高盛似乎并不在意你姓什么，更在意你有多聪明。高盛对各处搜罗聪明人才的迷恋，就连微软老总比尔·盖茨（Bill Gates）都注意到了。有一次，他评论道，微软最大的竞争对手不是其他软件公司，而是高盛："一切都在于智商，凭着智商就能取胜。我们唯一的智商竞争对手就是那些顶级的投行。"

　　高盛曾经聘用了乔希·伯恩鲍姆，并培养他，提拔他。对高盛而言，这是一大幸事。2007年开始，金融市场发生巨变，继而崩溃。高盛就像美国魔术师胡迪尼（Houdini）一样，奇妙地脱身了，伯恩鲍姆功不可没。伯恩鲍姆生于巴黎，和两个姐妹在巴黎住了一段时间后，搬到了美国加利福尼亚州奥克兰市，他们的父亲在这里给一家电脑公司写软件。伯恩鲍姆上了奥克兰一家私立走读学校——海德罗伊斯学校（Head-Royce School），1990年毕业。他很尊敬一位叔叔，这位叔叔激发了他对金融的兴趣。有一天，叔叔给他看了《华尔街日报》的期权表。从那个时候开始，他就迷上了期权，成天想着用这些期权能挣多少钱。当时他只有12岁，在嘉信理财（Charles Schwab）开了自己的交易账户。尽管他还不知道账户的毛回报率是什么，但"从很小的年纪开始就非常热爱金融"。

　　中学毕业之后，为了继续追求金融梦，他去了宾州大学（University of Pennsylvania）沃顿商学院金融专业；他的老同学大都也在这个专业。他梦想着在华尔街找一份工作。沃顿第二年，他想找一份金融实习，但知道自己才上大二，再过两年才能全职工作，对华尔街的吸引力非常有限。但伯恩鲍姆很狡猾，他已经修够了学分，可以宣称自己大三。于是他来到学院的就业办公室，把华尔街高管来学校面试的时候留下的一堆名片扫描进了一台电脑，然后发出了几百封求职信，每一封都努力传达

"一直想去贵公司"的愿望。

伯恩鲍姆收到了很多回信，其中两封他最为看重：一封来自J.P.摩根，一封来自高盛。高盛的信是抵押贷款部发来的，当时主管是迈克尔·莫尔塔拉，来自所罗门兄弟公司。莫尔塔拉曾与华尔街证券业务的教父、传奇人物刘易斯·拉涅里（Lew Ranieri）共事，将抵押贷款和其他现金流（比如信用卡应收账、汽车贷款应收账）打包成证券卖给投资者。伯恩鲍姆在高盛第一次面试时见的是加里·詹思乐，当时詹思乐是合伙人、抵押贷款部交易员，负责交易担保抵押贷款证券，华尔街简称为CMO。一份内部"抵押贷款入门"文件说，CMO的创建方法是"将各种家庭或商业抵押贷款集中起来，并将其现金流分割成多个分支"。

伯恩鲍姆想要在暑期当一个CMO分析师。他还没有19岁，但已经知道CMO是什么了。他在高盛如愿以偿，原因之一是他很聪明，人们都能发现；原因之二是他模样俊秀，体格结实，宽领衬衫穿着相当合身，简直是教科书上的高盛员工模样。

20世纪90年代早期，最优秀、最聪明的金融专业学生经常展开辩论：是当银行家好，还是当交易员好？所谓"好"就是"利润高"。这是华尔街整整一代人争论不休的问题。有些年，华尔街是银行家的天下，银行家拿到的报酬最高，最有特权，上杂志封面；另外有些年，交易员是公认的大佬，领回家的工资单数额最大。但是伯恩鲍姆却没有进行这种选择："我喜欢的始终是交易，因为交易更偏数学，而我一直喜欢数学。"

1992年夏天，华尔街经过1987年崩盘的厄运，已经开始从深深的信贷紧缩中走出来了。各家投行在疯狂竞争，抢着承销CMO，尽管这种业务不能带来太多收益。迈克尔·莫尔塔拉与高盛公司都忙着对抗基德公司，还有基德公司的明星交易员迈克尔·弗兰诺斯（Michael Vranos）。1993年，基德公司付给弗兰诺斯1500万美元，当时是一个极大的数字，放到现在也不可小视。弗兰诺斯经常被人称作"华尔街最有权势的人"，因为基德公司承销的CMO金额排第一，还是第二名的两倍。

伯恩鲍姆说："为了排名表，出现了一场疯狂圈地的运动。"说的是华尔街一直在给某个产品领域的业务量打分。

在那年夏天的实习工作中，伯恩鲍姆当上了CMO交易员，负责债务证券的结构化。这次体验很不寻常，因为它的意义不在于发展人际关系，或是"买酒一日游"[1]，或是整个夏天一直从一个产品领域跳到另一个产品领域。他说："这是一场严峻的考验，他们强烈要求我进入工作状态，必须帮他们结构化产品。完全没有方向或者计划，对我而言，这就是一次现象级的体验，参与了一个非常热门的领域。"高盛请伯恩鲍姆第二年夏天再回来。第二年，伯恩鲍姆继续CMO结构化。他说："1993年是结构化的好时机。收益率曲线（yield curve）非常陡峭[2]，于是从智力角度看，这问题就很有意思了。"1993年12月，他从沃顿研究生项目毕业，所有科目成绩都是A。他毕业早了一个学期，而且连续两个夏天都在高盛工作，于是很多公司纷纷来请他就职，但他决定回到高盛。很多大学生毕业之前去高盛打暑期工，最后绝大部分也回到了高盛。他说："我已经获得了高盛的很多善意，而且高盛这公司很棒。我喜欢那里的金融产品，也喜欢那里的人。至于别的方面，我没有太多考虑。"

伯恩鲍姆跟前两年夏天一样，继续结构化CMO。在不知内情的人眼里，伯恩鲍姆的工作是从抵押贷款制作者那里买入抵押贷款，对其进行"打包"。当然，2007年金融危机之前，几乎人人都是"不知内情的人"。当时所谓结构化抵押贷款者，就是华尔街其他代理商或是抵押贷款银行家，例如美国国家金融服务公司（Countrywide）、新世纪金融公司（New Century Financial Corporation）。他们再请求两家半官方的抵押贷款机构——房利美（Fannie Mae）或房地美（Freddie Mac）"打包"抵押贷款。房利美和房地美承诺及时支付抵押贷款的本金和利息，同时为这个承诺而收取服务费。当时抵押贷款分成小块出售，伯恩鲍姆和同事

---

[1] 原文 booze cruises，一般指坐船到外国购买便宜酒和香烟。

[2] 意为一笔债务，债务人偿还需要的时间越久，债务成本就越高。

们就负责买下一大批抵押贷款，这样就可以总体打包成证券，卖给投资者。这就是华尔街"工厂车间"运行的方式。伯恩鲍姆介绍道："负责交易抵押贷款的交易员会坐成一排，后面还有一排，是抵押贷款银行业销售团队；他们面前都有两部电话，他们会说：'国家金融服务公司有200万的房利美6%（抵押贷款）出售，你出价多少？'那边的人就喊：'我出价99⅞。'当时还没有电子化，所以人们就总是大喊，那个工作环境很激动人心，特别是我当时还很年轻，很容易受感染。"伯恩鲍姆坐在附近，负责用Lotus 1-2-3电子表格软件[1]计算内部回报率，就会"一直听到这些叽叽喳喳的话语"。当时，抵押贷款再融资非常流行。

业务的关键是找到不同方式构建CMO证券，吸引不同种类投资者。高盛宣传手册说："CMO能够满足各类投资者对现金流的需求，这些现金流拥有不同等级的平均寿命、息票与稳定性。"又说："这一结构的主要目的是创建寿命长短不一的抵押贷款担保证券，并对提前偿还风险进行重新分配。"比如，抵押贷款偿还的稳定资金流，作为短期投资，对商业银行有吸引力；与价格更高（但风险更小）的美国财政部证券相关的证券价格，也对商业银行有吸引力。银行的问题在于，借方如果开始给自己的抵押贷款再融资（这种情况一般在利率下降的时候发生），他们以为的一份长期固定利率资产，就可能会突然消失了。乔希·伯恩鲍姆这样的人在业务中会把抵押贷款偿还资金流分为不同的现金流，华尔街的行话是"分档"（tranches），因此投资者如果需要固定利率长期回报，就可以拿到这种分档，而那些愿意承担更高风险（比如一次再融资风险）的投资者就能因承担风险而享受更高利率。伯恩鲍姆说明："CMO背后的全部意义，就是能够让那些风险规避型的投资者拿到的部分具有较低风险，或是在现金流中的可变性比较小。然后，你如果愿意，次级债券的投资者，也叫'支持分档'，会承受更多可变性……CMO就是这样。"

---

[1] 1983年的早期电子表格统计软件，后来被Excel取代。

这种业务也有销售员的因素。伯恩鲍姆继续说："套利的艺术是什么呢？有一些数学技巧、销售技巧、交易技巧的组合。一般不会整体出售，所以这艺术就是这些东西的组合。你知道自己必须把销售团队给推销出去，这样他们才能推销客户。但你同时也需要了解如何给风险定价，因为你在为企业承担风险，你在往企业的资产负债表上堆东西，你需要理解这些结构的数学基础，因为这些结构很复杂。大多数人脑子里都不会计算，一个结构里面的安全部分和风险部分，要怎么配置才能最优。一般那些柜台的高级人员，数学都很好。"

业务一开始只是个简单的主意，比如为某些种类投资者制定现金流的优先级，但到了伯恩鲍姆入职高盛抵押贷款柜台的时候，已经很复杂了。他说："这些CMO，在某些情况下，分成了超过一百个等级，而且这么分不是为了玩游戏。咱们这么说，假设交易价格是105美分，但有一个买家最多只愿意付100美分，那么你就可以拿了那个分档或者那个抵押品，把它分成两部分：第一部分是一张息票，利息比这个100美分的交易要低；第二部分是特别高的息票，某些情况下只有更加投机的投资者才愿意买。或者某个投资者可能说：'我不想要固定利率风险，我是浮动利率投资者，我想要浮动利率证券（floaters）。'因此你就创造一只浮动利率证券。浮动利率证券的反面，就是逆向浮动利率证券（Inverse floater）。所以就完成了这个现金流的留存，也相当于满足了人们的需求。"这个思路很像买下糕饼店里做蛋糕的所有单独原料，然后卖掉成品蛋糕，售价要高于原料成本。

华尔街这种"炼金术"代表的是一种抵押贷款买卖方式的重大变化。过去，本地银行的银行家会向邻居提供抵押贷款，这样邻居就可以买下房子，分享一点"美国梦"。银行家发放贷款之前，首先要了解这个邻居的所有情况：声誉、社会地位、收入、净资产，还有偿还贷款的可能性大小。然后，这笔抵押贷款会留在本地银行的资产负债表上30年，除非提前偿还；而银行的利润（以钱生钱的能力）主要由借方最后表现的信贷风险决定。如果借方能够按时对这笔抵押贷款还本付息，这笔贷款就很可能使得银行盈利。所谓好生意，就是了解顾客。

这种久经考验的办法，在1977年开始发生变化了。这一年，生于布鲁克林的刘易斯·拉涅里想出一个聪明点子，让大家全都获得实惠：借方、银行，当然还有自己的老板所罗门兄弟公司。方法就是，从各家本地银行把抵押贷款全都买下来，放到一起，这样就能够让原先一个借方的风险分摊到一组借方身上；然后把由这些抵押贷款进行担保的证券小块卖给全世界投资者，并根据某一投资者对风险的接受程度，提供不同的利率。拉涅里是在所罗门公司的收发室起家的，他发现抵押贷款"只是数学公式"和投资者可能有意购买的现金流，于是组织了一群博士后，负责打包、切割、出售抵押贷款。这个了不起的创意，名叫"证券化"，就成了所谓几十年一遇的发明，让金融有了革命性的发展。拉涅里这个创意变得十分流行，有人说，这个办法减轻了全国抵押贷款借方的成本负担，因为抵押贷款市场的流动性，远远大于抵押贷款留在一家银行资产负债表上与资本绑定30年的流动性。

拉涅里把类似的魔法也用在了汽车、信用卡应收账的付款资金流上，让这些贷款也实现了证券化，卖给了全世界的投资者。所罗门兄弟公司和拉涅里因此而财源滚滚。2004年，《商业周刊》（*Business Week*）称拉涅里是"75年以来最伟大的发明家之一"。但是拉涅里和他的发明最大的影响是永远改变了华尔街的伦理规则：原先，买卖双方都互相了解；如今，买什么东西的决定，与传统的市场力量分开了。买家决定买什么东西，但他并不知道卖方是谁，而是买下一个资金包里的一小块；资金包被打扮得漂漂亮亮，宣传得很好，让顾客觉得物有所值，可实际并不是这样。外号"桑迪"的萨利姆·刘易斯当过华尔街套利者，他介绍说："证券化到来的时候，那个抵押贷款结构化过程中的'我买'时刻就没有了。[1] '问责制'也清空了。责任让费用取代了，责任被送到了海外，让一些听命于他人、居心叵测的顾问负责。这属于纵容犯罪，可他们都是这么干的。"

华尔街有过很多创新：20世纪80年代，德崇的迈克尔·米尔肯引入垃圾债券；80年代，当时在第一波士顿的布鲁斯·沃瑟斯坦（Bruce Wasserstein）引入过桥贷款；90年代后期，当时在摩根士丹利的法兰克·奎特隆（Frank Quattrone）引入网络股IPO，而这些IPO的基础却只有一个初创网站的点击率。这些办法一出现就很快被竞争对手大量复制、改进，因为有钱可赚，而且是大钱。这一次的证券化也不例外。巴菲特曾把这一现象总结成"新市场的三个I"：Innovators（创新者）、Imitators（模仿者）、Idiots（傻子），最终把好的创意推到发疯的边缘。巴菲特说："对于贪婪这种本能的东西，人们是不会变聪明的；看着自己的邻居发财，你绝对是坐不住的。你知道你比他聪明，可是他做了那么多（疯狂的）事，却发了财……于是你马上开始模仿。"

拉涅里的发明——抵押贷款担保证券，就是这样的生命周期。随着时间推移，拉涅里的副手们（其中就包括迈克尔·莫尔塔拉）先后被其他公司挖走，开始为所罗门公司的竞争对手（如高盛、美林）发展抵押贷款业务。

高盛的地位惹得华尔街的同行们十分嫉妒，也十分崇敬。在金融创新方面，高盛更加类似微软，而不是苹果（迈克·施瓦茨在即将到来的阿罗伍德酒店合伙人年会上如此说道），因为产品创新并不是微软的强项，但微软非常灵活，能够意识到别人的创新和盈利的潜力，也能很快对别人的技术进行分解复制。

莫尔塔拉是证券化最早的发明者之一。在销售、交易抵押贷款担保证券方面，他帮助高盛赶上了所罗门公司和基德公司。伯恩鲍姆介绍道：

---

[1] 指投资者经过调查，决定买入。

"莫尔塔拉是我的上司中最灵活的一个。他名望很高，平时开玩笑地拿着一根棒球棍到处走，开会也拿着。他非常懂得怎么让人畏惧，而不是让人喜欢，这才是优秀领导的风格。"1992—1993年，伯恩鲍姆在高盛暑期实习的时候，CMO市场非常火爆，高盛把证券变成了"签饼工厂"。

然而，到了1994年，伯恩鲍姆在高盛全职工作第一年，高盛就遇上了周期性的灾难，CMO市场急速萎缩，抵押贷款柜台的工作节奏也显著放缓。伯恩鲍姆说："做CMO风险要高得多，或者至少别人觉得这么做风险高得多，所以除非莫尔塔拉批准，否则员工禁止在抵押贷款部打印出一份CMO业务，这种流程跟常规流程的差异很大。"这一年，他的大部分时间都用于重新设计高盛制作抵押贷款担保证券的金融模型，确保自动化、自营化程度更高，而这是高盛的骄傲与竞争优势的来源之一。伯恩鲍姆还参与创建了一个数据库，记载所有在二级市场上有定价的抵押贷款相关业务，而且完成了数据库的自动化，这样交易柜台就能够得到最全面的信息。大部分时间，伯恩鲍姆都加班到晚上11点。"可是整个1994年几乎没有新的发行，于是我们就说：天哪，我制作了贷款包，质量好极了，可是我都不知道我们还要不要继续CMO业务！"

在这个沮丧的时候，伯恩鲍姆采取了行动，请求从产品设计柜台调到交易柜台。高盛批准了。他说："他们想要努力让我快乐，让我着迷。这次调动对我很重要。"他开始配合更加高级的交易员买卖期末整付贷款、15年期抵押贷款、30年期抵押贷款。他为高盛客户开拓市场，为高盛进行自营交易，与其他大型机构，以及房利美、房地美交易。这些机构已经开始为自己的投资组合买入抵押贷款。他也开始投入自己喜欢的期权、期权交易，还开始关注买卖抵押贷款的期权，向柜台上级交易员请教一些晦涩的问题，比如："你要是在抵押贷款上有一份看涨期权，而抵押贷款本身做空了这个看涨期权，最后你拥有的是什么呢？"上司回答："很复杂，不值得专门研究。"换句话说就是，上司也不知道怎么回答。

伯恩鲍姆全心投入了交易抵押贷款的工作。他说："这份业务当中，我差不多同所有业内人都交易了。这让我十分了解全球的账户与销售团队的流量交易（flow trading）[1]，整个业务是一套独特的技巧。我记得参加这份工作不久，柜台有个人说起交易：'我想到的最好的比喻是飞行员查尔斯·耶格尔（Chuck Yeager）[2]的一句话：你突击越多，水平就越高，经验的价值是无穷的。'我的情况也是这样。我做的交易越多，在战场火线上的时间就越长，就会比新手水平高得多。"伯恩鲍姆还开始接触高盛的最高层，特别是乔·科尔津。科尔津会定期来交易部门跟抵押贷款交易员聊天，其中就有伯恩鲍姆。他回忆道："科尔津会到这儿来，跟抵押贷款交易员聊上很久。我觉得高盛老总重视我们这个部门，真是很光荣。"

伯恩鲍姆在大学毕业之后当了两年分析师。接着，高盛就让他升到了副经理。1998年，据他自己的说法，他迷上了抵押贷款市场和所谓"掉期市场"（swaps market）的交集，当时这交集正变得越来越大。传统上，掉期市场是针对那些拥有固定利率债权证券的投资者，他们出于某种原因，想要一种浮动利率债权证券。在掉期市场中，投资者付出一笔费用，就能把固定调换成浮动，皆大欢喜。伯恩鲍姆介绍道："几乎一切都可以掉期，张三要这个东西，李四要那个东西。"抵押贷款界有一个永恒的问题，就是抵押贷款的提前偿付率最后会变成多少，因为人们全都会努力为住房贷款进行再融资。"于是就有人想：哎，基于某种特定的抵押贷款已经实现的提前偿付经验，咱们可以创建一些掉期，怎么样？这就是第一次有人想到把掉期概念应用到抵押贷款；最终，咱们把时间快进到CDS（信用违约掉期）市场，这个市场是基于信用的，也是最后让AIG和其他公司垮台的因素。不过，掉期第一次出现在抵押贷款，是

---

[1] 交易传统上分为代理交易（agency trading）和自营交易（prop trading）代理交易是客户掌控全局，自营交易是交易员掌控全局。二者合称流量交易，也叫流量盘，指双方都有一定自由度。

[2] 昵称查克，美国二战王牌飞行员，1923年生，1947年成为第一个突破音障的人。

在人们对提前偿付下的赌注上。我觉得这是一个非常有意思的行业。"

　　一开始，伯恩鲍姆做的业务是在两个对手方之间，一方愿意打赌提前偿付率较低，另一方愿意打赌提前偿付率较高。这业务很不错。但是，伯恩鲍姆开始做出一些有趣的新产品，让形势更加妙趣横生，利润也提高了。有一种产品，伯恩鲍姆称之为"合成CMO"，因为某些投资者需要一只CMO的某一部分，却不需要另一部分。有些投资者发现，这只CMO某些部分比其他部分便宜，因为根据的抵押品不同。伯恩鲍姆最大限度地利用了这些不同："我们是这么想的，可以把CMO业务中我们认为价格比较高的那部分孤立出来，也可以促进这部分的承销过程，承担风险，而不是卖掉CMO的所有部分。"不管伯恩鲍姆的创意究竟是怎么样的，总之高盛赚了很多钱，而伯恩鲍姆的事业也开始腾飞。

　　伯恩鲍姆很快升到了高盛的掉期业务主管。他当主管当得非常好，又升到了高盛抵押贷款衍生品业务主管。他在高盛的第四个年头已经当上了副总裁，简称VP；在高盛，只要不出问题，员工干了四年总能升到这个职位。他说："VP制度基本上是完全机械的：表现好，不会提早获得；表现差，也不会更晚获得。总之四年基本都能获得。"在伯恩鲍姆看来，高盛试图把他的报酬跟他同等的群体报酬区分开："他们在履行职责，给我足够的工资，让我不至于跳槽。"

　　2001年，伯恩鲍姆又出了一个新点子，他称之为"固定期限抵押贷款"（constant maturity mortgage），英文简称CMM。这是一种利率产品，绑定的是抵押贷款利率，而不是伦敦银行间拆放款利率（London Inter-Bank Offer Rate，简称LIBOR）。CMM是为了"简化抵押贷款价格风险，方法是将抵押贷款市场流动性最强的部分，转化为基于利率的市场，并可以用于对冲那些对抵押贷款利率变化敏感的抵押贷款产品"。不管人们是否理解这种新产品，伯恩鲍姆的目的在于"这是又一种新产品，表现很好，业务可以挣大钱"，大概每年1亿美元。2002年7月，伯恩鲍姆与高盛同事阿斯温·拉奥（Ashwin Rao）发表了一篇短文《短期CMM

的远期合约简单算法》(*A Simple Algorithm to Compute Short Dated CMM Forwards*)，当然一丁点儿也不"简单"，全文充斥着各种复杂概念，如"$P_C(x) = P_C(E[x]) + Dur_C(E[x]) * \Delta x + 1/2 * Conv_C(E[x]) * (\Delta x)^2$"；总结下来，伯恩鲍姆对抵押贷款价格的计算是"掉期利率水平的完全二次函数"。这些内容一定吸引了高盛的客户。

伯恩鲍姆在高盛一共待了13年，这期间，高盛与华尔街都发生了很大变化。宽街85号的总部，原先是投行家说了算，后来转变为交易员、交易业务占据首位。1999年IPO加速了这一转变，因为筹到的资金让高盛具有了更多用于交易的资本。另外，其他人的钱，因为承担风险而带来的超额收益，每年高达数十亿美元，大多数也都让高盛员工拿走了。至于损失，只要一出问题，就都属于企业股东和债权人。

伯恩鲍姆在高盛任职期间，华尔街其他方面也发生了转变。1992年，华尔街的杠杆收购企业还非常少，除了KKR、福斯特曼·利特尔（Forstmann Little）等知名企业，屈指可数。而到了2005年，"收购企业"已经遍地开花，也就是如今的私募股权企业。1992年高盛有一只10亿美元基金，2005年已经拥有了第五只基金，有85亿美元用于投资。如今（2011年）高盛拥有第六只基金，203亿美元用于投资。这只是高盛很多类似基金中的一只，另外还有一只科技基金、一只基础设施基金、一只房地产基金、一只夹层基金（mezzanine fund）[1]，还有一只合伙人投资组成的不为人知的基金，曾经投资韩国酒业公司——真露公司（Jinro Ltd.），真露公司之前一直在破产管理，高盛因此大赚一笔。一名对冲基金经理对此佩服有加，回忆道："他们这个业务赚得太多了，那是多少倍，多少倍，多少倍啊！"

在伯恩鲍姆看来，更重要的是，先前离开高盛的银行家和交易员当中，有极多的人建立了自己的对冲基金，每年赚得数千万美元，有些

---

[1] 杠杆收购中的一种融资来源，提供的资金介于股权与债权之间。

人甚至赚了数亿、数十亿。其中有托马斯·斯泰尔（Thomas Steyer）、丹尼尔·欧（Daniel Och）、理查德·佩里（Richard Perry）、乔纳森·萨维茨（Jonathan Savitz）、埃里克·明迪奇（Eric Mindich）、爱德华·米尔（Edward Mule）、大卫·泰珀（David Tepper）、大卫·埃因霍恩（David Einhorn）、爱德华·兰伯特（Edward Lampert）、麦高域（Mark McGoldrick）。麦高域曾主管高盛的"特殊情况集团"（Special Situations Group）。伯恩鲍姆比这些人大多数都小几岁，但当他发现自己也可能赚到这些金山银山，或是作为主要负责人去管理另一家对冲基金的时候，就越来越经不住诱惑了。

很显然，高盛意识到了伯恩鲍姆的天才，尽可能不让他跳槽。伯恩鲍姆说："当时我留在了高盛，还在听他们（高盛主管）说话。他们说得不错。但他们说话的动机并不只是理智的希望，想要让我充分发挥实力（另一个动机是他们自己的贪婪）。"2005年末，伯恩鲍姆又探查到一次更加有魅力的机会，那就是CDS使用的增加。CDS是一种保险，购买是为了打赌（抵押贷款或其他债券市场的）一笔债务是否在现实中可以偿还。各大保险公司，如AIG或其他华尔街企业，都越来越倾向于销售这种保护措施，确保那些进入抵押贷款担保证券的抵押贷款将会偿还。买家为了拿到保险，必须向发放者支付溢价，这规矩和购买其他保险一样。一般种类的保险，如寿险、火险、汽车险是为了防范损失；但购买CDS保险，是为了让投资者打赌，赌那些抵押贷款借方最后会不会还钱。

抵押贷款市场和CDS市场在2005年夏天有了交集。这一事件有多重原因。原因之一是抵押贷款担保证券市场规模太大了。到2004年一季度，抵押贷款担保证券市场规模为6.9万亿美元，比美国企业证券市场的5万亿美元、美国国债市场的4.9万亿美元都高出约40%。十年之内，抵押贷款市场增长了一倍还多。于是，单单出于体量的原因，要求避免违约的需求就很可能上升了；特别是一些预测人士，如美林首席北美经济学家大卫·罗森伯格（David Rosenberg），在2004年8月开始发表研究报告，质疑房地产市场是否在自找麻烦。罗森伯格发表了一篇文章《即使不是泡沫，也是超大号的肥皂泡》（If Not a Bubble Then an Oversized Sud），写道："我们评估了住房市场已经进入泡沫阶段的可能性。泡沫阶段是渐进的过程，但我们检查了泡沫各类典型特征：估值膨胀、房屋所有权比例过度上升、过度使用杠杆、自鸣得意（这一点有人拒绝承认？），还有投机行为，所有特征一概符合。至少，住房市场扩张过度了，就连美联储都承认这一点。下一个问题是：如果有泡沫，又是什么会把它戳破呢？"

2005年2月，美联储前主席保罗·沃尔克（Paul Volcker）在斯坦福大学演讲，谈到了这个话题。他表示，对房地产市场可能形成的泡沫越来越担忧："过去几年，有很多好消息。"话锋一转，"但我必须告诉大家，我的血管里还流着当年中央银行的血液（我重视监管）。至少我认为，在平静的表面下，有各种不祥的趋势：严重失衡、失调、多种风险——你们怎么称呼都可以。总体来说，当前的形势跟我记忆中的很多形势一样危险、棘手。我最担忧的是，人们几乎没有意愿，也没有能力来真正处理这样的形势。"沃尔克演讲的四个月前，时任美联储主席的艾伦·格林斯潘（Alan Greenspan）也在华盛顿演讲，声称：尽管"住房部门内部面临着严峻的资金压力……这依然令人担忧……依然值得关注"，但是"房价泡沫"发生的可能性似乎很小。到2006年1月，就连高盛自己也宣称"经常被人预言而且过度预期的次贷崩盘是可能发生的"，而且时间就在2006年，但又把话往回说了一点，说"崩盘比逐渐衰退的可能性更小"。高盛的经济学家还是认为，美国房价可能"估值超过了实际的15%"。

到2005年底，抵押贷款市场中CDS使用增多的第二个原因更偏向技术方面。2005年6月，华尔街企业聚到一起，对那些用于给抵押贷款市场风险上保险的CDS合同进行了"标准化"。

信用保险合同的标准化，抵押贷款发行的急速增长（特别是借方信贷质量不断下降），以及随之而来的舆论担忧，这些原因合在一起，让针对抵押贷款的CDS销量明显增长。伯恩鲍姆回忆道："特别是2005年秋天，开始出现了很多早期的对冲基金交易，大规模的对冲基金交易……这时候，对冲基金经理约翰·鲍尔森（John Paulson）最早开始关注，开展了一些交易。"[1]高盛表示，2005年底，大概有1500亿美元针对"结构性产品"的CDS处于未决状态，比2004年的20亿美元有了极大的增长。高盛宣传文档写道："（用CDS避免抵押贷款证券违约的业务）比我们预料中增长得更快。"

与此同时，伯恩鲍姆也注意到，购买针对抵押贷款偿付的保险的溢价成本急速上升，增长到原来三倍，原先相当于被保险的总金额的1%，如今上升到了3%。所有市场的成本都被供需影响，保险成本也不例外。对某一笔特定债务的保险的需求越大，相关成本就越可能增加。当时的市场中，因为原本的交易量很小，所以需求突然上升，对价格的影响就尤其大。他说："华尔街面对这种现象，措手不及，纷纷说：到底出了什么事？"当时伯恩鲍姆自己并没有在交易抵押贷款CDS，但他非常肯定，约翰·鲍尔森，还可能有另外一名对冲基金经理，都开始创建自己的CDS投资组合。他们在购买信贷保护措施，避免抵押贷款担保证券在个人分档出现违约。他说："我只知道，这个市场规模非常小，所以这么多人突然咨询保护的事，会带来很大变化。"伯恩鲍姆对这个小市场的巨变很感兴趣，就决定在自己的交易柜台买入一些CDS，探探市场的深浅；然后比较快地脱手，挣的钱足够向同事炫耀（虽然只有一次交易）。同事之一告诉伯恩鲍姆："你干得不错啊！这可以提醒很多从来没注意市场的人，让他们觉得这里有些东西很有意思。"

CDS合同标准化，约翰·鲍尔森买入的CDS数量越来越多的同时，

---

[1] 此人的英文姓氏与高盛主管亨利·保尔森相同，为了表示区别，汉语翻译成"鲍尔森"。

华尔街也聚在一起，创造了一个指数，由一组证券组成；这组证券的担保措施是住房贷款，贷给一些信用较弱的借方。这个指数第一次允许投资者为次级抵押贷款市场表现打赌，名叫ABX.HE，简称ABX。提出该创意的人包括高盛的拉吉夫·卡米拉（Rajiv Kamilla），当时他才三十出头，之前是核物理学家。伯恩鲍姆说："这个指数作为一种投资组合，让所有人都能够承认，它能代表次贷市场；之后就不必单独交易某只证券，而可以交易这个投资组合，它的流动性也会提高；你兴许也可以把它作为对冲工具或者投机工具交易。"

有一家不为人知的合伙公司，名字很古怪，叫作CDS指数有限责任公司（CDS Index Co LLC），由16家投行共同出资拥有，高盛是其中之一，高盛的一名合伙人布拉德·利维（Brad Levy）还担任了该公司董事长。这家公司在2006年1月第一次创造了CDS指数，让投资者能够打赌次级抵押贷款市场的表现。另外一家企业Markit.com位于伦敦，高盛也是它的股东之一；Markit每天收集发表华尔街公司有关ABX指数内各个证券的信息，有效对指数进行管理。后来到了2009年，美国司法部调查了Markit。《福布斯》杂志报道："司法部想要知道各大企业（如高盛、J.P.摩根）是否以任何方式通过Markit.com网站上发表的信贷指数价格而谋利。这些价格来自交易者自身报价的平均数，只能在每天下午通过这一网站获悉。除了这个途径，投资界完全无法了解信贷衍生品的买卖情况。"

2006年1月，ABX指数创造之前，如果抵押贷款担保证券市场整个儿卖光了，谁也不会知道确切的卖价是多少。但是ABX指数创立之后，就公开发表，人人都可以观察；更重要的是，人人都可以放空以对冲他们发现的抵押贷款市场中的一切风险。

伯恩鲍姆对ABX指数了解越多，对它的交易可能性就越感兴趣。他想，这可能就是新的机遇，也是他留在高盛的方法之一。2006年1月，高盛银行家们给一名抵押贷款客户展示，说1月19日发布的ABX指数就是上半年"最大市场事件"。伯恩鲍姆在高盛的经理迈克尔·斯文森和丹·斯帕克斯同意让他交易指数，于是他决定留下来交易指数："当时他们想的是，我有一切的资金流经验，但我也非常了解抵押贷款现金流的本质，这两点都了解，就非常有用。"他回忆说，斯文森尤其支持这个想法。斯文森在威廉姆斯学院（Williams College）当过曲棍球选手，有四个孩子，一副私立学校学生的派头，有狡黠的幽默感，2000年加入高盛。伯恩鲍姆说："他嗅觉很灵敏，能够发现别人将来的长处。"伯恩鲍姆说，斯文森"给交易柜台输送了不少合适的人才，他们有着彼此互补的技巧，而不用担心派系斗争、骄傲自满、办公室政治"。他的理念是，打造一支最强的队伍，在智力和表现上都超过竞争对手。

2006年1月初，伯恩鲍姆调回了交易ABX指数的柜台，距离他先前一直所在的柜台大概有四五排桌子。这次调动有点不寻常，但各方都认为是个好主意。第一笔ABX指数交易发生在1月19日。他说："当时还没有人意识到，ABX指数、CDS、抵押贷款会发展成最后那种样子。完全没有意识到。但它还是个非常有意思的产品。我认为，高盛和我自己都非常看好这个指数对交易流起的作用，看好指数交易业务的前景。高盛在各大银行里是最看好的。"

第一天，伯恩鲍姆完成了大概30笔ABX指数交易，盈利1万美元。交易量第二位的银行只完成了五笔。伯恩鲍姆说："我们认为这种业务是个重要机遇。我们打从第一天开始就提供流动性，完成很多交易。其他银行都很恐惧，都说：这指数是个什么东西？它怎么影响我们的业务？怎么影响传统的长仓资产担保业务？而我们就表示：这是一个新的管理体制，从现在开始，要成为一种双向的抵押贷款信贷业务，会有一种潜在的资金流产品，从各种市场参与者身上获得很多利益。从第一天开始，这个理念就有我们的净利润100万美元支持，而且我们的交易数量也大大超过了竞争对手。所以，最开始我们就非常高兴。"一开始，伯恩鲍姆为自己的客户交易指数，通过买卖而赚钱，这跟一切"资金流产品"

是一样的。当时，无论是他还是高盛，都完全不确定抵押贷款市场发展的方向，于是他和同事们也就满足于为客户开拓市场、收费。他说："实际上，我们没有形成固定看法，第一天，我们以一种不可知论的方式，为客户进行交易。这时候，我们只觉得这是一大商机，并不觉得我们需要买进、卖出，大量持仓。只是觉得有了这个产品能交易，机会非常好。"

伯恩鲍姆的同事，除了斯文森，还有迪布·塞勒姆（Deeb Salem）与杰里米·普莱默（Jeremy Primer）等人。这些人就在高盛结构性产品柜台拼命交易ABX指数，同时猜测是否能够看清楚未来六个月抵押贷款市场的方向，以及什么时候能够看清楚。与此同时，高盛其他部门（当时有22500名员工）也在继续推进自己的事业。有一个这样的团队依然在忙着从抵押贷款制作者（比如美国国家金融服务公司、新世纪金融公司）那里收集贷款，准备好把贷款打包，以抵押贷款担保证券的形式，卖给饥饿的投资者。

其中一只抵押贷款担保证券名字很怪异，叫作GSAMP Trust 2006-S2。GSAMP意为"高盛可选式抵押产品"。这笔业务金额差不多有7亿美元，由高盛负责承销，时间正是2006年春天，市场最热的时候。这笔业务的招股章程，洋洋洒洒200多页，却丝毫无法从中推断出高盛赚了多少钱。这可谓是计划不周的最佳范例！高盛长期的CFO大卫·维尼亚说，高盛存在就是为了"以钱生钱"。因此这种根本上的不透明是企业成功的关键，不应该让人们疑虑。

GSAMP Trust 2006-S2文档中还隐藏着很多秘密，揭露了一个贪婪成性、胆大妄为的世界，包裹在几乎无法明白的语言当中，好像昆虫保存在琥珀当中，只有证券律师才能真的感兴趣。这个文档目的就是迷惑所有的投资者，只有最成熟的投资者才能看清楚。2006年3月，即将到来的金融危机已经开始展现各种迹象，高盛自己虽然差不多没有承担风险，却赌上了它137年历史的威望和信用，让投资者购买一个12460笔住房次级贷款的贷款池的小部分，而这些贷款涉及了美国全境。

那么这一群借方和房产，又是什么样的借方和房产呢？不光初次抵押贷款属于另一个贷方（这意味着一切与其相关的偿还都有优先债权），而且还有数量上的29%、金额上的43%抵押贷款，贷给了加利福尼亚州的房主。约有6.5%的贷款来自佛罗里达，5.6%来自纽约。加利福尼亚州借方的平均信用分数是672，满分850；平均欠了贷方87915美元的二级抵押贷款。这些贷款只有32%来自"手续齐全"的贷款，也就是贷方充分了解了借方偿还能力之后贷出的贷款。余下的68%，其承销措施非常马虎，借方大量事实与情况也未经核实。自然，考虑到涉及的风险，加利福尼亚州二次贷款的平均利率为10.269%，比较健康。

此外，加利福尼亚州居民贷款池中99.82%的贷款，其贷款价值比（loan-to-value ratio）超过了80%。这些住房的杠杆加到了极限，只要价值稍微下降一丁点，就会立刻危及基础的第二贷款，从而危及高盛承销的抵押贷款担保证券价值。走运的是，根据必要的信息公开法规，高盛愿意在招股章程中承认这一点。受雇的律师在高盛章程中写道："那些原始贷款价值比更高的抵押贷款，较之那些原始贷款价值比为80%或以下的抵押贷款，可能代表更大的损失风险。"

招股章程还有其他很多警告，比如：高盛一开始就宣布了让人警醒的风险，说第一担保抵押的承销标准极有可能很糟糕。章程写道："为这些出售的证券进行担保的信托资产，可能包括一些这样的住房抵押贷款，它们一部分是为了无法或不愿从传统来源筹资的借方而制作的；所以这些抵押贷款可能会被认为本质上比那些传统筹资方式制作的抵押贷款具有更高风险，而这些证券的持有人，也可能会比为其他类型借方制作的贷款的接受人承担更高风险。"

高盛按照华尔街惯常的方式，并没有自己制作这类房贷。高盛不知道借方都是谁，也不知道借方是否能够还贷。高盛了解一些关于信贷分数的情况，但也就只有这些了。高盛依赖两样东西：一是持续的住房泡沫能够让房价保持膨胀状态；二是一种多样化的投资组合，把风险分散到全国各地，为了最小化单一的借方或者借方群体造成的风险。当然，高盛无意自己持有这些贷款，而是愿意买进，打包，收费卖给投资者，而收费的金额就是买进和卖出的差价。换句话说，这也是华尔街典型的做事方法。

到2006年春天，高盛已经被公认为抵押贷款担保证券的主要承销商之一。2005年，所谓"结构性金融业务"的承销方面，也就是资产担保证券（ABS）、住房及商业抵押贷款担保证券、担保债务凭证方面，高盛全球排名第12，价值1028亿美元。2006年，高盛在排行榜上又升到了第10位，全球承销204笔业务，价值1307亿美元。但还是远远落后于雷曼兄弟、德意志银行、花旗集团、美林、贝尔斯登。这些公司承销抵押贷款担保证券，大发横财，几乎成了印钞机，而且非常关注用于打包的抵押贷款供货来源。为了确保来源稳定，竟然每一家公司都收购了其他抵押贷款制作企业。贝尔斯登买下了EMC抵押贷款公司（EMC Mortgage），美林2006年12月从国家城市银行（National City Bank）手中买下了第一富兰克林金融公司（First Franklin Financial Corp.），当时第一富兰克林是整个市场头号的制作者，此次收购花费了17亿美元。高盛在这项业务方面处于中间地位，已经很满足了，也从来没有专门收购一家抵押贷款制作企业，虽然高盛有很多机会收购。大卫·维尼亚说："这正是我们完全不想做的事。"尽管如此，高盛还是在2007年2月买下了一家南卡州小型次贷贷方——森德拉融资公司（Senderra Funding）；又在2007年12月花费13.4亿美元（这只算很小的开支）买下了利顿贷款服务公司（Litton Loan Servicing），经营抵押贷款服务业；很快又收购了英国抵押贷款贷方——金钱合伙人有限合伙公司（Money Partners LP）。

但是，除了这个特定的企业偏见（不愿收购一家重要的抵押贷款制作公司，更愿意为贷款提供服务），高盛的业务方式与其他华尔街公司没什么两样。2009年9月，GSAMP Trust 2006-S2一群愤怒的投资者提起诉讼，起诉书写道："随着证券化的出现和激增，传统模式让位于'发起并分销模式'。这一新模式下，银行销售抵押贷款，并将信贷风险通过抵押贷款担保证券转嫁给投资者。证券化意味着，那些制作抵押贷款的人已经不需要持有这些抵押贷款至到期了。通过把抵押贷款卖给投资者，制作者获取了资金，从而让制作者能够发行更多贷款，产生交易费用。这又使得制作者进一步关心处理抵押贷款转账的过程，而不关心确保抵押贷款信贷质量。华尔街各大银行，包括高盛在内，都参与了这一高利润行业，将抵押贷款打包，作为抵押贷款担保证券卖给投资者，包括抵押贷款的转手凭证。现在，证据清楚显示，这段时间内的贷款行为，既不负责，也不谨慎，更不符合公开宣布的承销做法。"

GSAMP Trust 2006-S2 以及前后多次，都是这样的做法：高盛从第三方贷款制作者那里买下想要证券化的贷款，然后卖出。GSAMP 的情况下，高盛是从新世纪金融公司的分支 NC 资本（NC Capital）买下了所有抵押贷款。其他承销中，高盛还从另外一些公司买进抵押贷款，例如：弗里蒙特通用公司（Fremont General Corporation）的间接分支——弗里蒙特投资与贷款公司（Fremont Investment & Loan），长滩抵押贷款公司（Long Beach Mortgage Company），银色抵押贷款公司（Argent Mortgage Company），国家金融，内华达州第一国民银行（First National Bank of Nevada），绿点抵押贷款融资公司（GreenPoint Mortgage Funding, Inc.），等等。通过从其他公司买入抵押贷款，高盛实际上放弃了抵押贷款承销过程的所有角色，而完全依赖他人判断。这也是华尔街惯用的方法，特别是在后期承销标准恶化、贪婪压倒一切的时候。

新世纪公司 1995 年由三名企业家成立，1996 年开业一整年时，有300 名员工，贷款制作金额达到 3.5 亿美元。1997 年上市。到 2003 年，员工达到 3700 人，总共制作了 270 亿美元抵押贷款。到 2005 年，新世纪全职员工达到 7200 人，制作了 310389 笔贷款，面值 561 亿美元。

GSAMP Trust 2006-S2 招股章程中有很多页都在解释新世纪的承销

标准，试图安抚投资者，告诉他们这家公司很严谨；也是为了万一出了事，能够推卸责任。高盛表示："新世纪的承销标准首先是为了评估借方偿还相关抵押贷款的能力，评估抵押贷款资产价值，衡量资产作为抵押贷款抵押品是否足够。一切抵押贷款，在承销时，也都关注了二级市场上抵押贷款的重新销售。新世纪在承销抵押贷款时，首先考虑的是抵押资产的价值；但也会有其他考虑因素，其中就包括抵押人的信用历史、偿还能力、金融承受能力，以及抵押贷款资产的类型和用处。"

抵押贷款发行者的上述承销标准，是防止借方还不上钱的第一道防线。第二道防线应该是评级机构，首先是标准普尔、穆迪这样的机构，这些机构必须给发行的证券评级，并从高盛、雷曼兄弟这些承销者那里收取费用。评级机构会小心地警告投资者，机构的评级只不过是参考意见，是关于本金和利息有多大可能偿还的，而绝不保证一定可以偿还。高盛招股章程说："抵押贷款担保证券的评级，是关于证券持有者对一切第一抵押贷款或其他资产的发行的可能接受程度。这些评级，是关于与这些证券相关的结构性、法律性，以及那些关乎发行的方面；关于第一抵押贷款或其他资产，以及担保人（如有）的信贷质量。"但是，金融危机当中有很多人发表意见，其中就有朱尔斯·克罗尔（Jules Kroll），他成立了同名的克罗尔金融调查公司。2009年10月，克罗尔告诉《纽约客》记者，评级机构发表的意见有严重问题："信用评级实际上是一个泥塑木雕的假偶像（但克罗尔也承认，他曾想过开始这种评级业务，与其他机构竞争）。人们全都依赖这种评级。如今，那些机构说：'啊，我们评级很高，但这只是我们的个人意见（你不能依赖）。'这就是胡说八道。这些结构性产品，我们作为投资人，为什么不能依赖这些评级呢？"

这个特殊案例，销售的证券产品有十个分档：前三个是A1到A3，属于高档；然后是M1到M7，属于次档，每一个都有不同的风险画像，因此利率也都不同。华尔街公司经常被迫自己保留那些比这个十分档风险更高的分档，因为太难出手了。三个A档都被标准普尔、穆迪评为了AAA级，意味着违约可能性极小。在危机过后的2009年，全美只有六家公司被评为AAA级：强生公司（Johnson & Johnson）、埃克森美孚国际公司（ExxonMobil）、伯克希尔·哈撒韦公司、美国自动数据处理公司（Automatic Data Processing）、微软、辉瑞（Pfizer）。而在危机之前的2006年4月，两家评级机构给高盛销售的6.984亿美元抵押贷款担保证券中的5.056亿美元，也就是72.4%评了AAA级。毫无疑问，这给投资者传递了一种虚假的安全感，特别是这些投资者并没有自己对第一抵押贷款进行尽职调查，而只是依赖高盛与评级机构的认可就做出了投资决定。高盛与评级机构类似的表现，让人想起了当年宾州中铁破产的丑闻。用扬基棒球队的球星约吉·贝拉（Yogi Berra）的话说：全都是似曾相识的幻觉重演！

2006年春天，标准普尔、穆迪的分析师私下里对他们评级的抵押贷款担保证券感到越来越不安，但投资者很可能还不知道这种不安。比如，2005年4月，佛罗里达州阿米莉亚岛（Amelia Island）上举行了一场房地产业界会议，持续一周。会上，两名标准普尔信贷分析师表示，房地产市场开始有泡沫出现，而房地产业随着房价的飞涨、房贷标准降低，金融风险也正在攀升。标准普尔住房抵押贷款担保证券（RMBS）监控业务主管欧内斯廷·华纳（Ernestine Warner）介绍："虽然有这些风险，不过目前一切产品还没有在现实中表现出来，因为这些产品才刚刚投放市场。因为RMBS贷款池的违约和亏损有一种时间差，也因为这些危机的本质，所以这些产品的表现结果展示出来，还需要几年的时间。"这次房地产会议之前，保罗·沃尔克2月在斯坦福大学演讲，说他已经观察到，住房市场的风险越来越大，让他觉得"我们在滑冰，而冰层越来越薄"。

2006年1月19日，标准普尔声明："存在越来越大的风险，可能使得美国RMBS交易的信贷质量下降；这些风险极有可能在2006年变成现实。"过了四个月，到了2006年4月，高盛刚刚推出GSAMP Trust 2006-S2,标准普尔就宣称要升级自己的"抵押贷款分析模型"。2006年6月1日，公司又发表研究报告说，基于新模型一项研究的结果，"美国信用评分（FICO）[1]分数较低的借方（也就是信用不好的借方）违约的倾向可能比我们先前预估的更高"。这个结论倒不算多么惊人，却至少承认了信用与住房环境正在恶化，而当时发觉恶化的人并不多。

2006年四季度，随着次贷和所谓Alt-A抵押贷款（宣传上说信用高于次贷）坏账和违约的增加，标准普尔自己的结构性金融专家也开始恐慌了。标准普尔全球CDO团队副总监E.克里斯托弗·迈耶（E. Christopher Meyer）12月15日给一位同事写了一封电邮，说："这些评级机构还在继续创造一头更庞大的怪物，就是CDO市场！这个'纸牌屋'倒下来的时候，希望咱们都已经赚够了钱，退休了！"然后用了一个颜文字（相当于挤眼睛，笑脸）。迈耶的同事妮可·比利克（Nicole Billick）回了信，其中一部分说，如果迈耶没错，这就是"一场更大的噩梦，我现在不愿细想"。

标准普尔在给各种很快就要崩溃的证券硬加上投资评级的时候，它的主要竞争对手穆迪的CEO小雷蒙德·麦克丹尼尔（Raymond McDaniel Jr.）召集穆迪专家开了几次职工大会。一次会上，麦克丹尼尔告诉手下的各位董事总经理，他对于目前抵押贷款市场越来越严峻的局势有什么看法："今天开这个职工大会，是为了让大家都尽可能坦诚地讨论次贷市场的形势。这市场就像一个滑溜的斜坡，很危险。2004—2005年次级分档方面，我们的竞争对手，惠誉（Fitch）、标准普尔全都发疯了！他们把一切都评了'投资级'（最佳级别）。这倒没什么，我们已经试图警告市场了。我说过，我们不给这些东西评级。这东西不是投资级。可谁也不在意，因为大家都忙着开动赚钱机器！"

与此同时，标准普尔也像一所疯人院，员工都不正常了。2007年4月5日，两名分析师拉胡尔·迪利普·沙阿先生（Rahul Dilip Shah）和香

---

[1] 全称Fair Isaac Corporation，即费埃哲公司，创立了这一项评分，作为美国消费信贷风险测量标准。

农·穆尼女士（Shannon Mooney）互发了一组邮件。沙阿对穆尼说："对了，那笔交易可真荒唐。"说的是两人评级的抵押贷款证券。

穆尼回答："我知道，那个模型显示的风险，连实际风险的一半都不到。"

沙阿："我们不该给它评级的。"

穆尼："每一笔交易，我们都会评级。就算是牛做的交易，我们也评级。"

沙阿："可是关联的风险太大了。我个人觉得，作为委员会的成员签字保证，很不舒服。"

2008年10月，抵押贷款教父刘易斯·拉涅里在哈佛大学讲课，这次课程很少有人知道。他说，他在2005年下半年就开始意识到，抵押贷款担保证券市场已经进入"疯狂"阶段，人们眼里的住房不再是遮风挡雨的地方，而是"一种新型取款机"，房主为了买房，借的钱越来越多；与此同时还希望住房价值能够一直上升。拉涅里的演讲针对的又是哈佛设计研究生院（Graduate School of Design）的学生。[1]他提醒学生们，不仅房价会偶尔下跌，而且利率达到历史最低点之后，也经常会上升。这是一种祸不单行。当然，金融危机时发生的，就是这种祸不单行，这种局面也加速了危机的发生。拉涅里之前想当意大利菜厨师，但他有哮喘，厨房烟雾太大，他没法工作。他感叹自己的金融成绩："我想做一道意大利千层面（lasagna），却做成了什锦海鲜汤（bouillabaisse）。"[2]

高盛在2006年3月销售GSAMP证券之后的几个月，德国第一大银行——德意志银行的一家美国分部，作为持有抵押贷款的信托受托人，发表了几份月度报告，是关于第一抵押贷款的表现的。这些报告列举了利息和本金的偿还情况，是否按期偿还以及是否偿还。一开始，当然一

---

[1] 前文并未提到哈佛设计研究生院，怀疑作者笔误。这里保持不变。

[2] 这两种菜肴从质地和材料方面都非常不同，拉涅里是说自己所想和所做背道而驰。

切顺利；2006年4月，第二抵押贷款有282笔得到了自愿的预付，留下一个12176笔抵押贷款的贷款池，贷款金额高达7.219亿美元。到这时候为止，还没有抵押品赎回权取消的现象发生，但有一个不祥之兆：仅仅过了一个月，就有362笔抵押贷款拖欠了至少31天。

然后，恶化加速了。到2006年10月底，至少拖欠31天的贷款上升到799笔，占总数的7.62%；价值5008万美元，占总金额的8.3%。到2006年12月底，拖欠至少31天的贷款上升到927笔；价值50910万美元，占总金额的10.2%。又有26处房产发生了抵押品赎回权取消，又有75名借方在走破产程序。高盛打包销售抵押贷款之后又过了七个月，1029笔贷款（占11.2%）或拖欠，或取消赎回权，或开始了破产程序。拖欠三个月以上的抵押贷款数目图表，看起来就像一个曲棍球杆（先平缓然后突然上升），代表总数的10.3%。到2009年5月，一名投资者因GSAMP Trust 2006-S2而起诉高盛与其他公司，诉状写道，这组信托产品当中，第一抵押贷款约有12.25%拖欠。S2之后才几周，高盛又发布了S3，表现更糟：过了大约九个月，就有18%出了问题，尽管各大评级机构把73%都评为AAA级。12月的几个星期中，德意志银行向监管部门提交一份通知，说"提交报告责任暂停"，之后不再发表月报。

到2006年12月，高盛已经卖掉GSAMP证券，赚了大约1000万美元，很可能还会更高。这是自己遇到了麻烦之后才实现的，而这就是所谓的"糕饼店里蛋糕的售价，高于所有成分的成本"——也就是盈利了。而且，高盛还做出了一个重要决定：因为抵押贷款证券市场中的各种危险，高盛决定，从现在起，退出抵押贷款市场。

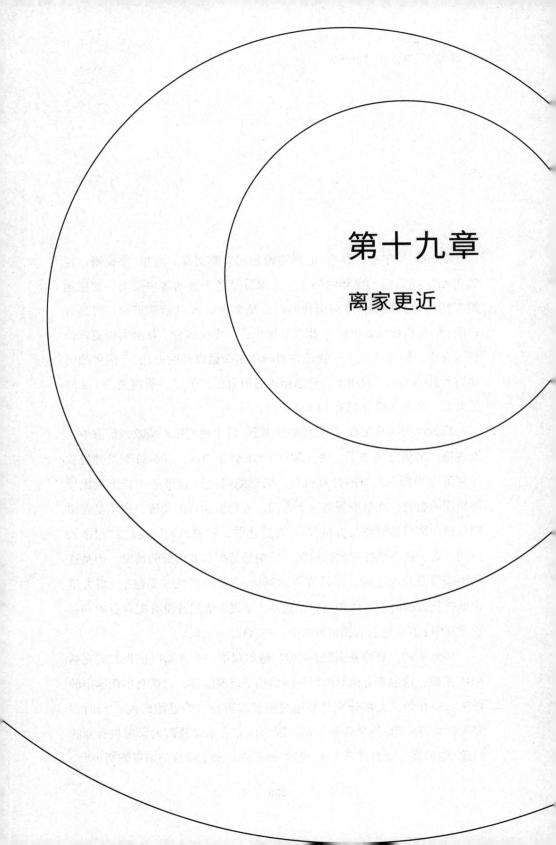

第十九章

离家更近

　　到2006年年中，乔希·伯恩鲍姆和同事斯文森、迪布·塞勒姆已经买卖ABX指数大约半年时间了，大部分是为企业的客户买卖。伯恩鲍姆概括："客户问我：你买指数的出价是多少？ 我就给他报价。要是客户问：你卖指数什么价格？ 我也给他报价。卖出多少，就努力以更低价买入多少。换句话说，这就是典型的华尔街做市商的办法。"伯恩鲍姆他们所做的也似乎成功了。伯恩鲍姆的柜台在2007年一季度就挣了2.88亿美元，2006年全年只有1.63亿美元。

　　到2006年6月左右，伯恩鲍姆注意到，借走他们抵押贷款的借方中，发生拖欠的借方增加了，而这多亏了GSAMP Trust 2006-S2等抵押贷款担保证券受托人发布的每月报告。伯恩鲍姆说："这就是次贷市场比较早出现的裂缝。在早期裂缝这个方面，人们看问题的角度，还不是要出现亏损，而只是觉得贷方拖欠。"在这之前，伯恩鲍姆还说过："很多人感到不安，担心抵押贷款的情况，特别是抵押贷款信贷的情况。但是这些不安只是理论上的，还没有得到确证。"这些担忧主要包括：借方借走抵押贷款的时候，就知道自己还不上；或者他们并没有把自身的利益投进其中；或者他们的预付款太少，FICO评分太低。

　　2006年初，对冲基金经理约翰·鲍尔森第一个开始以扩张方式交易ABX指数，这也符合他对美国住房市场下巨额赌注，打赌会出现熊市的做法。一开始，大部分交易是通过德意志银行。伯恩鲍姆说："当时很多人都觉得约翰·鲍尔森是个谜，因为他完全不像我们大家现在所知的约翰·鲍尔森。"2月或者3月，约翰·鲍尔森联系了高盛的伯恩鲍姆柜台，咨询与高盛交易ABX指数的事。伯恩鲍姆回忆道："我们的柜台有一些业务，别人会给我们打电话；这就是业务之一。我一听，是约翰·鲍尔森打来的。大家都在议论：这是谁？什么身份？为什么打电话？大部分人从来没有见过他，连银行的高管都没见过他。我们不知道这人要干什么。"

刚开始，伯恩鲍姆与鲍尔森进行ABX指数交易的时候，并没有给鲍尔森什么带有强烈倾向的意见。但是过了一年，伯恩鲍姆也开始寻思鲍尔森打算做什么，他要做空抵押贷款市场的计划有多严肃。伯恩鲍姆请求与鲍尔森团队见面，要进一步了解这个客户。高盛一名高管说："这算是一次尽职调查会议，也算是要给这人做一个测试。高盛有些担心这人到底知不知道自己在做什么。这场会议几乎有个适合性的问题（也就是鲍尔森团队和伯恩鲍姆是否兼容），因为我们在讨论关于住房市场的一种非常不同的观点，在谈论新出现的指数；我们现在回顾的时候，情况已经跟那时候完全不一样了。可是当时就有个适合性的问题需要检查，因为他的交易规模比很多人都大。"当时鲍尔森请求高盛承销一些数亿美元的单笔交易。高管又说："当时这些交易，每一笔的风险经济价值都很大，所以这种请求很不寻常，特别是如今回顾起来就更不寻常。"换句话说，鲍尔森开始跟伯恩鲍姆做的交易，也就是那些最后对鲍尔森和他的公司大为有利的交易，让他变成了财富数以十亿计的富翁。高盛决定，首先确认鲍尔森的行为是否合法，也就是能够满足那些地下办公室里的人），再继续跟他做生意。[1]

会上，伯恩鲍姆决定问鲍尔森团队一些试探性的问题，看看他们对这次赌注有多大信心，从而判断鲍尔森的适度性。这场会议类似一场日本歌舞伎演出，大佬们都在使用障眼法。伯恩鲍姆说："开会的目的之一是，测试鲍尔森是否明白他在干什么；之二是，说白了，这家伙在

---

[1] 原文晦涩。母语顾问推测，这个情况下的"合法"并非本意，而是确认鲍尔森果真有本事，不只是走运。"地下办公室"意为所有下层职员，依靠上级才能赚钱。

做一些非常大的交易，我们作为做市商，必须判断这家伙要发展到什么规模；但他不可能直接告诉我们他要发展到什么规模，不会说：'啊，没错，我还有三笔交易要做，规模会这么大（手势）。'因为他一旦说了，我们就可能以某种方式给市场定价。他要把一手牌放在这儿（把手贴近胸口），绝不透露自己的项目打算做到什么规模。但我还是尽量确定他项目的规模、他理论的可靠程度。这样，我们简直就像是故意唱反调了。"

伯恩鲍姆想要确认鲍尔森是否要继续给交易下一些数亿美元规模的赌注，是否打算把赌注金额升到数十亿美元，这样他就成了潜在的重要客户："这种产品还很新，我们进入了全新的领域，想要明白他怎么猜想，想要给他的猜想戳个洞，看看他怎么回答。"这就相当于一场高风险的心理战争。"只要戳了洞，看见他们在犹豫，就能说明问题。他们的猜想要是站不住脚，我们就可能更了解他们的项目会怎么样。另外，要是戳了洞之后他们会非常激烈地反驳，那么我们就知道他们的项目可能是另外一个样子。关键在于这些人在遇到测试的时候怎么想的，他们说这是一笔世纪大交易，我们就要考验他们的理论，看看这理论是否站得住脚。"

交易 ABX 指数、买入大量 CDS，都需要钢铁般的神经。这是金融领域的赌博，赌的是无法预测的未来。伯恩鲍姆说："这不像交易 IBM 的股票，它们比 IBM 风险大多了。它们相当于大宗交易转账，还加上一层运气的因素；又好比下国际象棋，必须推断对方接下来三步怎么走，因为对方的行动会影响我们给下一次行动定价。这种交易的形态（跟 IBM）非常不一样，就算在当时也会这么感觉。现在回顾起来，看到那些产品涨到了那样的高价，会感叹华尔街真是从来没有这样高风险、高频的交易。"

伯恩鲍姆说，他采取密集的探查战术，动摇了鲍尔森团队一些年轻人的军心，让他们开始怀疑自己是否明智："有一个人[1]是高盛的主要交易员，高盛又是大公司，名声很好，等等，有很多优势，然后他坐在对面问各种尖锐问题,引发疑虑,测试鲍尔森团队的神经。于是团队有些人，倒不是约翰·鲍尔森，但是有些人可能也会质疑团队自己的猜想，因为我质疑的程度非常高。"作家格里高利·祖克曼（Gregory Zuckerman）出了一本畅销书《史上最伟大的交易》（The Greatest Trade Ever），写的就是约翰·鲍尔森如何赚到数以十亿计的美元。书里说，伯恩鲍姆一直给鲍尔森手下的交易员布拉德·罗森博格（Brad Rosenberg）打电话，想要了解鲍尔森打算买入多少保护措施。鲍尔森有个一起打赌做空抵押贷款市场的合伙人，名叫保罗·佩莱格里尼（Paolo Pellegrini）。书里说："鲍尔森和保罗·佩莱格里尼听到了伯恩鲍姆询问的风声，就告诉罗森博格千万别把情况透露出去。他们担心，如果伯恩鲍姆看到还有这么大笔生意要做，定然会提升CDS保护措施的价格。"

作家祖克曼说，伯恩鲍姆仍不死心，坚持询问罗森博格，还要求面见鲍尔森。伯恩鲍姆对罗森博格、鲍尔森、佩莱格里尼三人说："您要是一直卖，我就一直买。我们有几个客户跟您持对立的立场，我也会加入他们。"伯恩鲍姆想要让这些人打退堂鼓，不要再打赌熊市，还"想要告诉鲍尔森，他大错特错"。伯恩鲍姆走后，罗森博格似乎很是动摇，走进鲍尔森的办公室问，他们是不是应该变一下立场。但鲍尔森很坚决："罗森博格，你要继续买入！"（后来，本书作者科汉反复要求采访约翰·鲍尔森，都被拒绝了。）有了鲍尔森撑腰，罗森博格在伯恩鲍姆刚回到高盛的交易柜台后，就拨通了他的电话，要求卖空更多的ABX指数。伯恩鲍姆大吃一惊："真的？"

伯恩鲍姆回忆说，这本书描述的见面场景"太过英雄主义了，就好像全世界包括高盛都在反对约翰·鲍尔森，而他们却坚信自己是正确的。

---

[1] 指伯恩鲍姆。这是伯恩鲍姆设想对方的思维。

这是戏剧桥段！编故事的话，要想让哪家公司代表全世界反对鲍尔森，那肯定就是高盛最合适了，对吧？"伯恩鲍姆又说，作家祖克曼写的这场会议，有一个方面是准确的，那就是他确实想要威胁鲍尔森团队："他们愤世嫉俗，所以不确定我是要打他们个措手不及，还是想要让他们改变做法，为了让高盛谋利。"

伯恩鲍姆说，这场会议让他学到很多，特别是他离开的时候已经确信，"这些人一定会继续保持活跃，继续购买次贷保护措施。打那以后，我们跟他们打交道的方式就变了"。高盛大力增加了对鲍尔森公司的资本供应，让公司下注做空 ABX 指数。还有一件事同样重要，那就是开完会后，伯恩鲍姆决定进一步思考鲍尔森的交易和交易的影响：高盛是否也要跟进？伯恩鲍姆和结构性产品柜台的同事们，是否应该确认抵押贷款市场的危险情况，从而用高盛资本直接打赌，改变企业方向？鲍尔森是否可能……正确？伯恩鲍姆与鲍尔森的商议，不管哪一份资料写得更准确，都具有重大意义，至少打那以后高盛很快就开始模仿鲍尔森的赌注了。伯恩鲍姆介绍道："当时这么做不一定是对的，可是2006年那件事之后不久，我们就改变了态度，从不可知论改成总体做空了。"

高盛从不可知论改成大规模做空抵押贷款市场之后，高盛与鲍尔森的关系变得更加敌对，更具竞争性。几乎在一夜之间，鲍尔森公司从高盛的优秀客户变成了竞争对手。这让高盛很多客户都十分恐慌，然而这种事在高盛却不算少见，特别是1999年上市以后。高盛大规模扩展了自营交易业务、对冲基金业务、私募股权业务，还与这些领域的一些客户开始竞争。伯恩鲍姆介绍道："显然，我如果要做空市场，你是约翰·鲍尔森，你也要做空市场，给我打电话，那这个电话我肯定就不可能欢迎了。我们会给你开拓一个市场，但我们卖给你保护措施的价格肯定不是最优惠的价格，三个月或者六个月以前还可能是最优惠的价格。所以情况就变了。"但高盛毕竟是高盛，华尔街也毕竟是华尔街。鲍尔森与高盛很快就找到了其他合作方式，哪怕它们在抵押贷款市场的CDS购买业务或做空 ABX 指数方面还在竞争。

2006 年三季度刚开始的时候，伯恩鲍姆与同事们已经打算做空，高度做空，大规模做空。伯恩鲍姆想不起来他做出决定的具体时间，也想不起来他真正发自内心的改变有什么特定理由，更像是多种因素的综合。第一，MBS 拖欠率升高，一个接一个发生拖欠。GSAMP2006 业务的问题与拖欠率升高的情况是这种负面统计数据的典型，没有逃过伯恩鲍姆的眼睛："在这以前，保罗·沃尔克还有梅雷迪思·惠特尼他们对市场的（消极）看法，只是一种前瞻性的看法，觉得'这种事可能发生'；而当我们实际看到发生的时候，也就是最近次贷发展到顶点的时候，出现了一些拖欠现象，而且拖欠开始加速了，速率至少跟先前 2000、2001 年那些糟糕的年份一样快，而且每个月都在加速。基本面一点都没有改善。住房市场开始缺乏动力。"

伯恩鲍姆还利用了一个自营计算机模型，这个模型是同事杰里米·普莱默设计建造的，能够让伯恩鲍姆与同事们分析，一旦违约增多到人们想不到的程度，抵押贷款证券会发生各种怎样的结果。伯恩鲍姆说："想要了解一只 CDO 价值多少是很复杂的，但我们凭着常识明白，一定不是每一美元合 100 美分，对吧？可是真正的价值是多少呢？有没有 70 美分、50 美分什么的？"这个方面，杰里米·普莱默和他的建模经验，让伯恩鲍姆的团队具有了无价的竞争优势。普莱默是典型的高盛专家，童年在新泽西州枫林镇（Maplewood）度过，父母都是罗格斯大学（Rutgers University）的英语教授。普莱默从小就是数学奇才。1981 年，16 岁的时候，他参加美国国际数学奥林匹克竞赛（USA International Mathematical Olympiad team），拿了金牌。他做的典型题目是："三个等圆有一公共点 O，这三个等圆都位于一个已知三角形内，每一圆形均与三角形的两条边相切。求证三角形的内切圆心、外接圆心及 O 点在一直线上。"普莱默觉得这题目容易得让人脸红。比赛之后，他告诉《时代周刊》："这比赛就是个笑话。"他以次优等荣誉从普林斯顿毕业，被选为优等生联谊会会员，然后又去哈佛读数学硕士。

1993年，普莱默加入高盛，进入抵押贷款衍生品业务的预付款建模工作组。到2000年，他已经当上抵押贷款建模组的主管，也成了预付款分析师。普莱默的模型可以分析所有种类的第一抵押贷款与现金流的价值，分析如果利率变化，如果预付款到位，如果抵押贷款实现再融资，会有什么结果。一旦违约突然暴增，这个模型还可以输出一份估值。

普莱默的自营模型告诉伯恩鲍姆，先前看起来十分健康的MBS的各个分档，其价值想要彻底蒸发并不怎么困难。而先前评级机构将这些MBS评为"投资级"，是因为评级机构拿了华尔街的钱。比如，假设某投资者拥有了GSAMP-S2的BBB级部分，就意味着还有其他投资者可能承担了BBB级部分之下的更多风险，也有其他投资者承担了更少风险；因为他们持有AAA级部分，所以在即将到来的现金流付款时具有优先求偿权。一只典型的MBS当中，8%评级在BBB之下，2%是BBB，余下90%高于BBB。伯恩鲍姆和普莱默发现，尽管BBB的评级是"投资级"，但只要抵押贷款违约数量略有上升，BBB投资者就无法得到偿还。伯恩鲍姆说："只要违约低于8%，你债券里的钱就还好（就会1美元合100美分），你就没事。要是违约上升到9%，你的2%分档就亏了一半。要是违约10%，你就全亏了。因此，只要违约数从8%上升到10%，你就从安全变成完蛋。我现在的问题在于，我们想要预测这些抵押贷款会怎么亏损，特别是在房价下跌的情况下。但实际上我们完全是在样本外进行预测，我们没有可用数据。好吧？所以不管哪个模型，只要假装知道将来会怎么样，就是完全把手举到空中，胡乱估计而已！"

伯恩鲍姆发现，第一抵押贷款亏损只要发生极小的变动，就会导致投资者在证券BBB分档亏损金额的巨大不同。很多赌注已经下在了这一分档。他说："只要把这两个情况放在一起，谁都可以轻易看出，目前第一抵押贷款只要出现任何问题，各个市场就会给未来的损失加上一种不确定性风险溢价。而且，因为有了这个不确定性风险溢价，人们对这一分档的价值就可能产生严重分歧。"伯恩鲍姆总结，随着BBB分档亏损增加，典型的危机投资者，也就是那些企业债券下跌的时候买入的投资者，将不会再买入，因为他赔光的风险太高了。伯恩鲍姆说："这就是要熄灯了，一片漆黑。"普莱默的模型，在那些越来越可能的事件的猜测上略微改进，就显示抵押贷款相关证券的价值在急速下降。"他的各个模型显示，就算你不相信房价会跌，就算我们应用了一些可能性很低的预测，这东西的价值，1美元也肯定远远到不了100美分！"而现实中，很多债券就是以这个价格交易的。普莱默的模型把价值定在了30～70美分之间，这种估值，简直就是强迫人们做空。

2006年10月19日，高盛抵押贷款证券组一些成员彼此发了一组邮件，提到了伯恩鲍姆、普莱默二人正在评估市场中越来越大的风险，说他们必然得出悲观结论。高盛MBS销售主管米切尔·雷斯尼克（Mitchell Resnick）一直在面临投资者的阻力，这些投资者越来越担心，做多新一批住房抵押贷款担保证券（RMBS）的风险有多大。雷斯尼克致信结构性产品柜台交易员乔纳森·伊戈尔（Jonathan Egol）："关于RMBS的BBB分档目前的情况，咱们有什么要说的吗？我听说公司现在做的两笔交易让人担心，因为涉及房贷市场和BBB分档。咱们得让销售团队掌握更多信息，还有信息吗？"

另外一名抵押贷款交易专家大卫·罗森布拉姆（David Rosenblum）回信说："你问这个问题真是太好了。我们昨晚商议了一小时，艾伦·布拉兹尔（Alan Brazil）、迈克尔·马尔斯乔恩（Michael Marschoun）、普莱默都参加了。我们正好在谈这个！你赶快过来救援吧！"过了五天，另一名抵押贷款交易员杰弗里·威廉姆斯（Geoffrey Williams）致信乔纳森·伊戈尔，也说了另一个不祥之兆："我觉得咱们需要另一个杠杆财团，把开放条件下风险从我们的定制交易转移走，因为这些交易大部分都没有经过一开始的财团化过程。估计销售团队认为，那种我们以前用过的财团斧子（也就是高盛想要快速卖掉的证券）邮件，就是一种手段，为了出售垃圾，那种谁也不会蠢到买进的垃圾。"乔纳森·伊戈尔回信："面谈。"这是高盛交易员的办法，避免邮件里留下什么污点，日后难堪。

证券化市场还有另外一个动向吸引了伯恩鲍姆，也让他更有信心做空，坚信做空的人可以大赚。那就是创建CDO本身这个过程。华尔街公司制作CDO需要原材料，也就是把抵押贷款和其他债务证券塞进CDO当中，然后才能把它变为证券，卖给投资者。英语有一句老话：想做蛋卷，必须打碎几个鸡蛋。意思是"干大事必须有牺牲"，CDO也是如此。比如，高盛的S2产品，高盛就必须首先从新世纪公司买入抵押贷款。一旦买入了足够的抵押贷款，就可以打包成证券，再打包出售。大约要花费六个月，才能买到足够的抵押贷款，制作这只证券。在抵押贷款做成证券而卖给投资者之前的这段时间里，高盛这样的各家投行会把抵押贷款存放在"仓库"，从贷款方那里收取本息。出售给投资者以后，投资者就变成了受益方，能够拿到钱（只要借方拿得出钱）。与此同时，伯恩鲍姆说："我有一宗正面的套利交易，因为我从这些债券拿的利息，高于我给债券融资的源头的利息。只要整个金融界不垮，这笔交易就能拿到不错的P&L[1]。于是华尔街就非常喜欢这种业务，高级经理都喜欢。他们就会让仓库存在很长的时间。"

伯恩鲍姆在准备大规模做空抵押贷款的时候，意识到仓库里的抵押贷款价值开始流失，各大公司的高管想要尽快摆脱掉这些贷款，造成了经典的供求不平衡局面，而这局面对买家非常有利、对卖家不利。这种资产，原先能在业务中提供高额利息，但很快就变成了企业的负担，变成了他们在仓库里的巨额敞口，他们拼命想要摆脱这类有毒废料。此外，这些仓库有很多甚至压根不在公司的资产负债表上，这又给了伯恩鲍姆一个启发："这就是说，我要是有巨额的资产负债表外项目，就会给各

---

[1] 原为Profit and Loss，直译为利润与亏损，通称为"损益"，但这里单表利润。

家银行带来无法估量的风险。如果市场一崩，这种废料一扩散，波及CDO的债务，也就是开发、销售CDO所用的那些原料债券，那这些债券我就再也卖不出去了。然后银行仓库就会充满这些多余的东西，无论如何也没办法定量。银行的人一觉醒来会说：'天哪，这些库存我们该怎么处理啊？'"伯恩鲍姆发觉，在这个设想的时刻，销售压力会达到最高水平。他推测各大银行会总结说："我们必须给这些库存赋予流动性，然后这些仓库就都同时穿过一道小门出去。"

还有一个让问题恶化的因素：买家很少，分布很稀疏，这进一步增加了销售压力。伯恩鲍姆说："将会发生一次重大解体事件，会有很大的消极势头。"美国在1983年上映了一部金融电影《颠倒乾坤》（*Trading Places*），演员丹·艾克罗伊德（Dan Aykroyd）与艾迪·墨菲（Eddie Murphy）演的角色一个是投资者，一个是流浪汉，在公爵兄弟公司互换了身份。最后一幕，两人强迫公爵兄弟公司破产清算。伯恩鲍姆认为，其他人如果要卖，高盛就非常愿意买，因为做空行为本身就已经把证券以更高价格卖出了。通过以低价买回，高卖低买的差额就是纯利润。华尔街行话叫"空头平仓"，是一种赚大钱的方式。伯恩鲍姆说："这最后一点非常有用，因为你要是打算进行有方向的交易或者其他种类交易，就一定要把事情做对；而你的交易万一不能赚钱，就没有退出策略。这不光是让市场衰退的方式，也是退出的策略，因为在CDO经理们清算仓库、让市场衰退的同时，你会坐在那儿寻思：'我要不要从他们那儿买进债务？'但这种情况下你至少还有一个供货来源，可以用来平掉你的空头。所以这种做法就很重要，也是策略的一部分。"

但是，伯恩鲍姆与同事们还不能直接打赌抵押贷款市场会崩盘，他们必须等到开始减少原先做多市场的赌注才行。他说："我们的业务很大一部分就是做多市场，必须先减少到零才能开始做空。因此，我们的第一批业务就是取消做多交易，让交易减少，也就是所谓的离家更近，一直减少到零。"

与此同时，高盛的风控官僚们也在密切监视伯恩鲍姆和公司的所作所为。一名官僚（当然要求匿名）为努力减少风险的举措辩护说，这样最符合高盛利益，也是让企业成功的必要手段："不管你做多还是做空，风险管理的核心是让自己承担的风险尽量少。如果你能够零风险获得无限利润，公司就会对你十分青睐。"又说："我把这种减少风险的做法叫作（公司内部）横向纵向的无缝交流，而且不光是业务方面，风控方面也是这样。不论是业务方面，还是风控方面，我们都有很多制约平衡工作，而且重视信息共享。高盛每天都严格执行'按市价核算'的原则，始终在不断评估，不断检测，不断倾听市场的声音。人们一般都觉得我们比市场更聪明，其实我们绝对不比市场更聪明。我们是市场的参与者。但是坚持每日按市价核算，而且横向纵向都能顺畅交流，我们就能脱颖而出。我以前在德意志、摩根士丹利待过，我要说一句，高盛给需要信息的人提供信息的方式，还有高盛共享信息的学院派风格，与其他公司都非常不同。在高盛，不管是业务还是风险，都不是以'孤岛式'风格处理的。"[1]

2006年10月26日，为了降低高盛对抵押贷款市场的敞口，迈克尔·斯文森决定卖出价值10亿美元的ABX指数，再使用针对BBB级抵押贷款证券的CDS买入另外10亿美元保护措施。一封内部邮件说："这估计会减少90mm[2]的情境风险。"之后，伯恩鲍姆团队见了CFO大卫·维尼亚，分析伯恩鲍姆团队的风险仓位。敞口降低了，维尼亚肯定会感到满意的。2006年，维尼亚始终在传递一个信息：减少公司承担的风险，并通过减少风险多挣钱。

作为高盛CFO，维尼亚的主要责任之一是密切监控高盛某一特定

---

[1] 原文siloed，指公司内部各个部门互不沟通、各自为政的状态。

[2] 即9000万美元。

日子的风险总量。维尼亚每天都会检查高盛大约45项业务的损益表
（P&L）。他还有一个特殊的习惯，就是直接联系公司各位风险经理和首
席交易员，以确定他们在任一时刻交易的美元数量。不光维尼亚把这些
措施变成了每天的例行公事，而且劳埃德·布兰克费恩与高盛总裁加里·
科恩也这么做。维尼亚说："我可以制定100条不重样的风控原则，但'他
们情况怎么样？'这一句话就是一个非常重要的早期预警信号。"高盛
基层（交易员）到顶层（CEO、总裁、CFO）有一些直接沟通渠道，这就
让高盛在华尔街上独树一帜。

2006年12月，高盛与华尔街其他公司一样，也是主要做多抵押贷
款，也就是说，高盛交易员认为贷款价值还会上涨。为此，高盛已经投
入7000多亿美元企业资本。维尼亚说："世界一片繁荣，没错吧？因为
一切都在升值，所以要做多一切。我们做多还不是很极端，但还是做多。
另外一件事，就是我们的一切仓位每天都按市价核算。我们这方面很是
尽职尽责。"

2006年12月中旬的一天，维尼亚发现交易出现了异常："我每天都
拿到损益表，发现连着十天左右，抵押贷款柜台都在亏钱。亏得不多，
但是连续十天都在亏。"所谓"不多"是按照高盛标准的"不多"，大约
500万—3000万美元。但是每天都这么亏，维尼亚就感到不对劲了。

维尼亚还一直定期听取丹尼尔·斯帕克斯（即上文丹·斯帕克斯）的
报告。斯帕克斯是高盛合伙人，正在400人的抵押贷款交易部一路升官。
2006年12月，他刚被提名为交易部主管，也是高盛风控委员会的成员，
掌握大权。委员会一周开一次会，评估、讨论企业各种金融风险。他常
常与维尼亚、科恩、布兰克费恩直接谈话，讨论抵押贷款部的形势。12
月5日，他给三名固定收益部的高级同事群发了一封电邮，这三人是托
马斯·蒙塔格（Thomas Montag）、威廉·麦克马洪（William McMahon）、
理查德·鲁兹卡（Richard Ruzika）。电邮写道："次贷市场要有大麻烦了。
所有对冲基金都要崩了。今天我们就亏了2000万美元。"然后又补充了

一句，呼应伯恩鲍姆刚开始提出的更快做空的策略："为了降低风险，需要进行结构性的退出。我们先前的结构类交易在今天结束。目前要关注各种方式，以更快速度实现再次的结构类交易。"

有时候，这些讨论说起在这一领域企业承担的风险，非常直白坦率。斯帕克斯回忆道："我当时的责任之一就是确保加里·科恩、大卫·维尼亚、劳埃德·布兰克费恩能够理解形势。他们不想突然发现什么情况大吃一惊，因此不管出了好事还是坏事，都要及时了解。我认为他们做经理是合格的，因为只要了解形势，就能处理。"斯帕克斯对高盛的抵押贷款投资组合越来越紧张，担心高盛对抵押贷款制作者贷出的贷款（比如贷给新世纪公司的贷款就数以百万计）无法及时收回。他还担心，高盛买下存在仓库里还没有打包成证券的贷款违约率越来越高。抵押贷款制作者有义务从高盛回购那些不良贷款，而实际上他们也没有回购。斯帕克斯说："整个部门的迹象都非常令人不安。公司存在敞口。维尼亚让我把整个部门各种不同风险做一个总评估，结果各种风险非常高。"伯恩鲍姆说，斯帕克斯发现了很多抵押贷款制作者（特别是新世纪公司）债务到期的时候不还债，决定禁止这些制作者继续从高盛获得信贷。斯帕克斯说："这等于是第一个信号，而且还有一重潜在含义，表示还会发生很多别的坏事。"

斯帕克斯几次三番向维尼亚报告自己的忧虑。终于，到了12月14日，维尼亚叫来一群人开会，其中有FICC（固收、货币、大宗交易）部门的五个主管，还有这部门各个分支的主管、审计员、风险经理，一共20来人。维尼亚在宽街85号总部30层的办公室主持会议，这是华尔街历史上最重要的会议之一。

抵押贷款交易员们带了一份2英寸（约5厘米）厚的报告来参会，报告详细列出了高盛在抵押贷款相关交易和信贷方面的各种仓位。维尼亚说，高盛还没有大力做多或者做空，但已经下了一系列赌注，有打赌价值上升的，有打赌下降的。这时候，高盛倾向于认为交易价值和抵押贷款价值还会上升，但就算如此，针对高盛同一些交易伙伴交易的抵押贷款证券价值，还是有些人提出了异议。

会议开了将近三小时，每一个仓位都反复研究过。维尼亚说，高盛之所以连续十天亏损，是因为高盛打赌MBS会升值，而实际上"市场正在衰退"。众人还讨论了对冲基金经理约翰·鲍尔森下的打赌抵押贷款市场会崩盘的巨额赌注。会议快开完的时候，维尼亚总结："感觉像是先变坏，后变好。"后来维尼亚回顾的时候又说："当时谁也不知道会有多么糟糕。我们根本不知道市场会崩。"参会的人基本都赞同维尼亚的总结是有可能的。一名参与者说："基本达成共识，高盛需要降低风险。"

参会的有一名董事总经理，叫凯文·加斯沃达（Kevin Gasvoda），他马上开始拼命减少高盛多头抵押贷款仓位，就算买家不多，卖了要亏钱，也照做不误。高盛对内广播了新的方针。加斯沃达说："接下来几个星期，流动性会很低，但还是请大家再次关注新发行的债券仓位，将这些仓位平掉。未来几个月会有很大机遇，我们不能被旧库存制约而放过这些机遇。要转变努力方向，把东西拿出来，哪怕要承受比较小的损失。大家如果谁担心什么，或者有问题，都可以来找我。现在我们需要转嫁风险，让自己处于有利地位。"

同一天，斯帕克斯又给蒙塔格、鲁兹卡发电邮，总结了这场会议。斯帕克斯的总结显示，会上讨论了次级抵押贷款相关的六个风险领域，其中有ABX指数、CDS、CDO库存。斯帕克斯说，会议决定采取七项行动，第一项是"降低敞口，立刻卖出更多的ABX指数"。其他行动包括"尽可能多地分配由新贷款证券化创造出的债券，平掉先前仓位"，也就是尽快卖出做多的抵押贷款仓位。会议还决定"继续关注我们买入贷款，并贷给他们款项的那些抵押贷款制作者（比如新世纪公司）的信用"，因为这些制作者很可能倒闭。总之，会议结论是"为将来的新机遇做好准备，采取足够措施，密切关注市场"。开完会，到了凌晨一点左右，蒙塔格把斯帕克斯的电邮转发给了维尼亚，还问维尼亚："这总结写得怎么样？"催促维尼亚回答。早上，维尼亚回信说，写得不错。维尼亚说："丹尼尔·斯帕克斯和团队评估风险做得非常好。ABX 指数方面，我们的仓位比较明智，但是金额太大了。可能必须花掉一点，调整金额。"

维尼亚又说："其他方面，我的基本方针是采取激进的分配措施（卖掉多头头寸），因为市场极有可能陷入更大的麻烦，我们必须让自己处在有利位置，利用这种市场形势。"

维尼亚和同事们就这样迅速决定，尽快把高盛在这个领域的风险减少到零，越接近越好。维尼亚说："我们是这么说的：离家越近越好！"他估计，抵押贷款市场还会继续衰退（只是依然不知道速度有多快，会衰退到什么地步），但是 2006 年 12 月和接下来的一段时间，高盛降低了敞口，因此在其他人被迫卖出的时候，高盛可以买入，从而谋利。

第二天，伯恩鲍姆又给一个同事发电邮："我们已经有效地将业务诸多方面的风险转移出去了。"但是，团队的速度可不一定足够快。比如，12 月 15 日，斯文森报告，所罗门兄弟公司以 1 美元合 65 美分的价格，把 GSAMP 的一部分卖给了高盛，卖掉的具体金额保密。这部分正好是高盛 2006 年早些时候 1 美元合 100 美分的价格卖出去的。斯文森电邮里没有透露高盛是否相信 1 美元合 65 美分的价格值得买，也没有透露高盛是否觉得自己必须为一家对手方开拓市场。无论如何，伯恩鲍姆的同事迪布·塞勒姆回复斯文森，说起这笔交易："这个值 10 美分。"意思是 GSAMP 1 美元价值 10 美分，而不是 65 美分。塞勒姆又说："这是毒药！千万别留在咱们账上！"斯文森回答："没那么糟糕。"但是，塞勒姆还是觉得同事斯文森太乐观了，而他自己一点点也不愿意乐观："CDS市场认为这笔业务是今年最糟糕的之一，真希望他们想错了！"

斯帕克斯也几乎马上开始执行新命令。12 月 17 日，星期日，斯帕克斯向维尼亚、蒙塔格、鲁兹卡、麦克马洪报告，并引用了加里·科恩的话："我们上周取得了成绩。"指的是，减少了高盛对抵押贷款市场在BBB 级证券方面的多头敞口。"但是还有更多工作要做。"这一周最后三天，斯帕克斯又向各位领导汇报，他的团队已经成功缩减了高盛在BBB级、BBB-级证券的多头敞口，而这些证券是2005—2006年制作的。但如果要进一步减少多头敞口到平仓，高盛依然需要"再取消大约10亿美元概念性赌注"。不过，斯帕克斯担心的是他在2006年最后两周期间还能够卖出多少，既因为"某些对冲基金为了要照顾年末表现，往任何一个方向操纵市场的能力/动机都有限"，也是因为抵押贷款制作市场中的"噪声"。斯帕克斯说："在更多抵押贷款变坏的时候（一定会变坏，只是时间问题），交易柜台就希望买入几名抵押贷款制作者的看跌期权，打赌这些公司会倒闭。"

12月20日，合伙人兼固定收益销售部联合主管斯塔西·巴什-波利女士（Stacy Bash-Polley）提到，高盛一直能够找到买家，卖出自己的CDO中的最高级分档和股权分档，但要卖出中间各个分档依然困难。斯塔西认为，中间各分档应该打包，作为其他CDO的一部分出售。2011年1月，金融危机调查委员会公开了斯塔西写的一封电邮，说："作为一个团队，我们一直在集体思考，怎样转移某些风险。我们确实已经转移了很多尾端风险，也就是最高级分档和股权分档CDO，但我们认为应当关注中间分档的风险，过去几个月这类风险一直在上升……考虑到目前一些投资者给我们的反馈，看来CDO或许是转移风险的最好目标，但规模有限，目前的时机也不算最好。"

维尼亚说："高盛很早就降低了抵押贷款敞口，自那以后，大部分人才意识到世界出了问题。"为了实现"离家更近"，高盛减少敞口的手段之一是卖掉自己持有的抵押贷款，不论在恶化的市场中能够卖到什么价格。但是这一策略也只能让高盛发展到这一步了，因为如果卖出太多，就会强迫证券价格越来越低，就无法以较高的价格卖出。而且有些买家已经开始犹豫了。比如，2006年10月，高盛的两名高管互发了一组电邮，说的是想要卖掉一只CDO各个部分的事。高管石川哲也（Tetsuya Ishikawa）致信同事达瑞尔·赫里克（Darryl Herrick），说第三名同事认为一位高盛客户"太聪明，不会买入这种垃圾"，接着客户就失联了。赫里克回答："有意思。"2006年12月底，一名高盛副总裁想要说服一名同事不要试图把越来越诡异的证券卖给成熟的投资者，副总裁认为这些投资者很精明，不会上当。副总裁说："这个潜在买家列表上的人，可能更偏向于成熟对冲基金，我们预期，用这些成熟对冲基金不能赚到很多钱。原因之一是，他们大多数时间只会充当交易的单一一方，就跟我们一样；原因之二是，他们完全了解金融模式，也不会让我们拿到太多报酬，相对那些买入并持有基于评级的买家。我们应该关注这些买家，明年再继续逐渐增加利润。"

高盛还有另一种自保手段，就是购买CDS，也就是保险政策，即在其他公司债券贬值的时候带来收益；这些债券包括单个公司的债务，也包括单个的MBS，比如高盛的S2。第三种对冲掉抵押贷款敞口的自保手段是，高盛让交易员做空ABX指数——正是伯恩鲍姆与鲍尔森见面之后宣传的交易。

然后，"员工们就公司应该赌上多少钱，打赌次贷市场衰退而发生激烈辩论；斯帕克斯支持自己的团队"。关于企业在某一天的某个机会当中应该拿多少资本冒风险，始终存在争议，这也理所当然。结构性产品部门不光为高盛客户的证券充当做市商，而且还有权力"在发现机遇时，用高盛自身资本进行交易而盈利"（《华尔街日报》报道）。交易员掌握大权，就算上级想要禁止他们打赌从而降低风险也十分困难，因为他们已经做好了全部准备打赌，不可能前功尽弃。

2006年12月，维尼亚在30层会议室开会之后，高盛做出重要决定："离家更近"政策意味着找到一种方法，对冲掉企业对次贷市场的多头敞口。这敞口是因为高盛一直承销MBS而导致的。当然，在制造、销售这些证券方面，目标一直是让公司资产负债表上的证券越少越好。但是，2006年末2007年初，市场开始有了裂纹，高盛与其他华尔街公司一样，被套的风险最高的证券分档越来越多。一名高盛合伙人透露，整个华尔街，MBS风险背后的定量分析都有严重问题。不能继续依赖那些数学神童相信的风险、违约估量法，而是需要一种新的直接办法。合伙人说："我们需要的是让人们亲身实践，然后说：一旦出事，我们的风险是这么这么高（而不是依赖计算机模拟）。"

但高盛与其他公司不一样，拥有能够对冲掉敞口的必要条件。对冲就意味着要选一个成本相对较低的时候做空ABX指数，因为别人大都还想要做多抵押贷款证券；这种情况下，空头交易不受欢迎，价钱也低。然而，市场实际上并不健康。因此，过了一段时间（大概两个月），高盛才积累了足够多的CDS和其他对冲措施，确信足够覆盖多头敞口。伯恩鲍姆回忆道："给很多产品定价的压力越来越大，我们当时还没有清楚表达空头策略，因为当时很不巧，我们还有一些业务涉及抵押信贷。2006年下半年，我们在这些业务上减小了风险。直到12月和1月，我们才真正有机会彻底开始做空。"伯恩鲍姆说，维尼亚愿意做出这个决定（实际上这等于是支持了伯恩鲍姆和斯文森的论点），是因为高盛企业文化的功劳，企业文化支持谨慎的风险战略，允许逆向投资者发声。伯恩鲍姆说："高盛能够安然度过这场危机的原因之一是，高盛管理层，包括维尼亚，能够坦然接受公司交易员的观点和期望。当然，其他华尔街公司交易员可能也有类似的观点，但高层没有给他们权限，让他们按照我们这种方式交易。只要有聪明的人才，你给他们一个主意，他们就会做出回应。高盛能够迅速转向，做出一些重大交易，而其他银行却不会给交易员权限这么做。"

高盛减记了抵押贷款相关产品价值，在其他华尔街公司还在赚钱的时候割了肉。但是，这期间也有一些时刻充满了恐惧和紧张。高盛把一些业务（比如给抵押贷款制作者融资）整体取消了，也激怒了一些客户。斯帕克斯回忆道："有些高管来找我，问：'你在干什么？美林那些人已经把自己的风险对冲掉了！'那段时间非常困难，所有亏损我们都承受了，我们坚持做自己认为没错的事。我们认为自己没错，但不能确定。割了肉，取消了生意，得罪了客户，然后又减仓。"

斯帕克斯与团队承受的压力增加了。整整六个月，高盛风险委员会只有他一个人在说抵押贷款部潜藏的各种风险。斯帕克斯说："实在很艰难，我是说真的！大家沟通都很顺畅，可是高盛对员工太严苛，真是难以想象，特别是出问题的时候，让人担心、恐慌的时候。我上到30楼，告诉他们：'你们看，我有个问题。'这话我大概朝他们说了五次，'咱们有个问题，是这样这样的。情况是这样这样，我不明白这个这个，我担心这个这个'。只要一说，他们就让风控的人、让各部门的人都来商议，这一点他们做得很好。各部门可能不太了解我是干什么的，但还是全都动起来了。我觉得这么做生意是应该的，必须这样，但还是很困难。员工里总是有些小人，并不了解全部情况，只是想拿钱。我的团队在困难局面下表现非常好，沉着冷静，我对此十分自豪。基本上，人们都保持了冷静。他们都全力以赴，把事情做对。公司也参与了，做了应该做的事。大家当时都觉得困惑，因为我说的担心的事情，在其他市场中并没有出现。有些人觉得我完全错了，觉得我是在胡思乱想，觉得我太保守，或者干脆觉得我是个外人。当时真的很困难，因为谁也不知道正确答案是什么。"

2006年12月到2007年1月，伯恩鲍姆开始采取了"大空头"战略。2007年7月，维尼亚给加里·科恩的邮件里提到了伯恩鲍姆的打赌，用了"大空头"这个说法，并由此得名。伯恩鲍姆手下团队的多头仓位在2006年底2007年初的时候已经基本取消，做空开始有了真正的金融意义。伯恩鲍姆说："说起历史性的时刻，这就是一个历史性的时刻。我认为这一刻把高盛的方向彻底改变了。"这次打赌充满英雄气概，风险极大，因为其他所有从业者，除了约翰·鲍尔森等几个不多的人，全都没有转变思维，还非常愿意跟高盛反着下注。伯恩鲍姆说："关于抵押贷款信贷市场的前景，假如我跟其他投资者观点完全不一样，就有两个月的时间；另外一方面，价格确实在下跌，比如ABX指数，原先交易价格一直在100左右，现在只有91、92了。一群CDO经理都在看这个指数，认为它只不过是一个技术运载工具，方便对冲基金交易；认为它在技术层面上很萧条。而且，他们认为自己的业务确实能赚钱，这个抵押贷款信贷市场里的劣势实际上是买入的好机会。"

实际上，这些CDO经理仍在打包CDO卖给投资者。经理们确实认为机会在自己手上。伯恩鲍姆说："CDO圈子在2006年12月到2007年1月买入了很多风险，他们觉得这是个买入的好机会，因为他们预测2007年一季度就会好转，就能以昨天的利差卖出债务，赚大钱。"换句话说，别的华尔街交易员打赌抵押贷款证券市场很快就会恢复，他们制作的CDO将回升到原来的水平，会让他们大赚一笔。当然，伯恩鲍姆则认为情况完全相反，而且下了巨额赌注。

两个月之间，这些想要制作、销售新的CDO的银行家，忙着收集了大约200亿美元抵押品（其他债券，包括抵押贷款）当作CDO原料。华尔街上，这种做法的行话叫"炒高"（ramping）。同其他时间段比起来，200亿美元的金额是很大的数目，说明华尔街很多人都相信CDO市场很快就会恢复，想先准备好产品届时卖出。伯恩鲍姆下了相反的赌注。他说："那段时间，我们尽可能多地买入针对次贷的保护措施（持有空头仓位），只要买下的条件合理。因此我们一直在试图给这种保护措施报出最高的价格。市面上有价能出售的保护措施，我们差不多买下了一半。这就是说，高盛在两个月之内买入了大约100亿美元的保护措施。这个数字太大了，太大了。"高盛买入之后，就能够"扭转风险，在2007年1月底有效做空市场。我很难想象有哪家银行会针对一项200亿美元买入计划，拥有接近50%的市场份额，而且时间还这么短"。

自然，伯恩鲍姆与同事们面临着一个问题：约翰·鲍尔森大规模做空抵押贷款市场的行为（2006年底，高盛已经非常熟悉这一行为），对高盛决定跟进起了多大影响？伯恩鲍姆认为，影响并不大："我认为他对我们的影响主要在于：'啊，原来我们的市场中有个大猩猩（意为大佬）在做交易！'"伯恩鲍姆说，他认为鲍尔森假如在当上对冲基金经理之前参与了一些抵押贷款证券业务，而不只是在贝尔斯登做一个平庸的并购银行家，鲍尔森应该可以更多地影响他的想法。但伯恩鲍姆也承认，鲍尔森是个局外人，对抵押贷款的直接经验非常少，这确实是鲍尔森大获全胜的关键。伯恩鲍姆说："不过，他的厉害之处在于，他并没有因为市场以前的各种分析而先入为主，因此能够不带偏见地看市场，得出结论说，这么办是行不通的。而那些真正的抵押贷款专家，能做到这一点的少之又少。"

第二十章

神奇的法布

高盛副总裁法布里斯·图尔的主要任务之一是制作、销售所谓"合成型CDO"，也就是一类特殊的担保债务凭证，其中不含抵押贷款或其他债务凭证，而只有跟这些贷款、凭证相关的风险。这种概念堪称惊世骇俗。2007年，图尔只有28岁，是伯恩鲍姆团队的副总裁。他是法国最有名的学校——亨利四世公立中学（Lycée Henri Ⅳ）的尖子生。这所中学坐落在巴黎一所六世纪的修道院里。中学毕业之后，图尔又去了法国顶尖大学之一的巴黎中央理工学院（École Centrale Paris），后来又在斯坦福拿了管理学科学与工程学硕士学位。图尔和高盛会收费制作这些证券，客户的目的是吸收基础债务偿还的风险，还有其他一些客户想要打赌这些债务不会偿还。图尔发了一些电邮，其中一封电邮将这些证券称作"巨大妖怪"，他希望这些证券能够"让各个资本市场提高效率"。如今，这些电邮被公布，声名狼藉。

合成型CDO的天才之处在于，高盛不必像以前一样把抵押贷款先存到仓库里，攒够了再制作销售CDO；如今，高盛可以在一夜之间使用CDS创建CDO，那些针对"一只债券是否会违约"的保险合同对持有者构成了保护。先前有个比喻——"蛋糕售价高于所有成分之和"，现在，买原料、做蛋糕、买蛋糕这些步骤统统不用，只需要买卖"销售蛋糕的主意"就行了。

沃伦·巴菲特把衍生品和CDS称为"金融大杀器"，他可能会把合成CDO的诞生看作"金融大杀器"发明的关键点之一。斯帕克斯说："基本上，这就是交易。CDO就是针对CDS的保护措施，是合成CDO的基础。"

大多数购买保护措施的客户都是对冲基金，然后我们或者其他人就可能参与这笔交易。有一段时间，各家对冲基金为华尔街一些单笔RMBS交易买了保护措施，然后，华尔街又从各个CDO买了保护措施，大家都知道自己参与的是什么交易。CDO买家知道，自己会有多头信贷风险；对冲基金知道，自己会有空头信贷风险；华尔街各大公司就充当交易者。想到实际发生的情况，这么做简直是发疯，可是，有那么一段时间，你的很多客户能够给他们风险，从他们那里购买保护措施却很重要。"

在伯恩鲍姆、图尔看来，这一招更像是天才做法，让高盛又多了一项产品可以销售。12月10日，图尔致信伯恩鲍姆团队联合主管之一大卫·雷曼："我信任那些受到管理的合成型CDO。"他说，高盛只要给这些合成型CDO找到投资者，可以收费，那就是2007年的"一个机遇"。此外图尔还有一个主意，就是把高盛名叫ABACUS的合成CDO平台，租给"那些专注于想要在这一部门中进行超大规模空头交易的对手方"。无论在高盛还是在其他华尔街公司，都似乎并没有人质疑高盛是否应该做这种业务，也没有人思考这距离高盛的传统角色（为客户筹资，提供并购咨询）已经有多么远。有些人甚至还觉得合成CDO具有一种讽刺性的好处，也就是既能降低借方不还钱的风险，又不至于制造更多有风险的抵押贷款。伯恩鲍姆说："这就从根本上改变了将CDO业务做抵押这种行为的本质。你只需要到华尔街去，问他们：'你对接下来这个名单上的产品给的保护措施的出价是多少？'然后根据他们的出价，承保这些交易，你就有了合成抵押品，可以放进你的CDO业务。太神奇了！……这样比那种传统的积累一堆抵押品，积累到临界质量[1]要节省不少时间。如果抵押品是证券，你就只能一个一个买，而且一般来说，这些证券金额都很小，甚至是概念上的。你要是把合成因素放进去，或者凭空创造一个合成因素，就只需要对手方希望促成这笔生意，就足够了！"

---

[1] 核物理中引发链式反应的关键质量指标，这里比喻"量变引起质变"的条件。

后来，伯恩鲍姆发现约翰·鲍尔森就是这么一个有用的对手方，而且他愿意且渴望促成这笔生意。2006年12月，鲍尔森请求高盛同自己公司合作，创造20亿美元合成CDO，命名为ABACUS 2007-AC1。他愿意在这里购买很多抵押贷款证券的保护措施（也就是打赌这些证券会灭亡），而其他成熟投资者却会反向持仓。鲍尔森下了很多赌注，赌抵押贷款市场会崩盘，这只是其中一个。不过，当时这些赌注还几乎没有一个给这位对冲基金经理带来回报。

高盛任命图尔负责制作、宣传、出售这项业务。这业务更像是私募而不像是纯交易，因此让交易员而不是银行家制作并销售，本身就有点奇怪。（实际上，后来到2011年初，高盛也停止了这项业务。）鲍尔森团队已经确定了100多只BBB级住房MBS可能出问题，因此想要让ABACUS涉及这些有毒债券，或是给它们提供保险。12月最后的几周，图尔团队拼命想找到一名"投资组合经理"，负责筛选这些让ABACUS涉及的债券。这就引发了一些内部争议，争论哪一家企业愿意跟鲍尔森接洽。比如，12月18日，图尔推荐了一家公司，但接着又否定了，他给同事们写信说："他们永远不会认同鲍尔森想要使用的那种名称。我觉得某某公司不会愿意冒这样的名誉风险，为了蝇头小利而负责这么一种低劣的投资组合，而且这组合的债券还发行到全世界。"杰弗里·威廉姆斯当时在参与图尔的工作，他回信说："我这么看，那些最容易打交道的经理应该用于我们自己的削减工作。"这就是说，那些经理要用于出售那些高盛本身或其他公司想要快速卖掉的证券，而且希望卖家出价可以接受。威廉姆斯又说："那些不太容易打交道的经理，就应该用于鲍尔森这样的业务，因为鲍尔森持有的斧子已经很多了（而且拼命想要达成交易）。也就是说，我打赌他们可以赞成某些条款，以及总体的投资组合的增加。"

鲍尔森有个副手叫保罗·佩莱格里尼，先前是拉扎德银行家，后来变成对冲基金分析师。高盛与鲍尔森还有佩莱格里尼反复联系，商谈创建鲍尔森ABACUS的业务。鲍尔森团队也表示，对整个华尔街的财务可行性越来越担心。高盛团队之前并没有太清楚局势的严重性，通过这些联系，才开始明白。1月6日下午晚些时候，图尔给斯帕克斯、斯文森、大卫·雷曼群发邮件说，鲍尔森关于这笔潜在业务有一个未偿付问题："这问题与这样的情况有关：鲍尔森担心高盛对手方在这次非流动CDO业务中的风险。即使高盛与鲍尔森双方有信贷支持协议（CSA，credit support agreement）约束。"信贷支持协议负责在两个对手方之间提供抵押品偿付。极为惊人的是，鲍尔森因为让高盛作为对手方带来的风险而忧虑到了极点，竟然需要一种防护措施保护他完全不受高盛自身信贷风险的影响。图尔又说："这个信息供你们参考：对于那些单名CDS交易，比如鲍尔森目前正与高盛（还有另外两家匿名公司）进行的交易，他们正在买入大量的企业CDS保护措施（针对那些经纪商—交易者参考实体），用来对冲他们的对手方信贷风险！！！"所谓保护措施，也就是保险，预防贝尔斯登、雷曼兄弟、高盛等公司债务违约。

鲍尔森竟然在2007年初就已经开始担心华尔街各大公司可能会陷入金融危机而想要隔绝这种危机了！高盛高管们收到邮件，都目瞪口呆。斯文森回信道："我实在没法相信！！！太厉害了！"过了一小时，图尔又发来更多消息，这一次是说鲍尔森预测如果同贝尔斯登做生意会带来什么风险。鲍尔森曾在贝尔斯登上班。图尔说："这次见面简直不可思议。我听说鲍尔森买了20亿美元（某公司的）CDS保护措施，将企业CDS市场所有流动性全部抢走了。而且，某某还告诉我，从很多来源得知，ABX市场12月交易减少那么多，同某某大规模做空，而且从市场买入大量ABX保护措施有关。"那家鲍尔森一直在买保险防范的神秘公司，两分钟后就被斯文森揭露了身份。斯文森说："我很奇怪，是谁给了贝尔斯登流动性？"换句话说，斯文森想知道谁已经把针对贝尔斯登债务的CDS卖给了鲍尔森。

图尔没有回答，至少没有写邮件回答。但是鲍尔森极有可能又下了巨额赌注，打赌他的老东家会倒闭。2006年12月底，购买贝尔斯登债务违约的保险成本是每1美元0.18美分，鲍尔森已经买了价值20亿美元的保护措施，因此他的买价应该是360万美元。2008年3月16日，摩根大通收购贝尔斯登，避免它债务违约之前的一周，买下这种保险的价格已经飙升到每1美元7.5美分。假设鲍尔森在摩根大通收购贝尔斯登以前卖出了自己的保护措施（而且保护措施在收购之后已经无效，因为收购合同一签，违约风险就不存在了），鲍尔森就盈利了数千万美元。没过几个月，高盛就照葫芦画瓢，也下注贝尔斯登会倒闭。

图尔找了一家公司，也就是ACA管理有限责任公司（ACA Management, LLC），还有公司高级董事总经理劳拉·施瓦茨（Laura Schwartz），帮助选择那些可以作为ABACUS参考债券的债券，用于审查鲍尔森的提议，也作为这笔业务的"投资组合筛选代理商"。当时，ACA已经在管理22只CDO，代表大约157亿美元资产。ABACUS业务将成为ACA赞助的第23只CDO，也是第五只"合成CDO"，使用住房MBS。ACA的主要业务向来是给市政债券提供保险，但是2004年9月贝尔斯登商业银行部1.15亿美元买了ACA的28%股份，于是ACA就放弃了长期以来的管理业务，开始参与风险高得多的CDO资产管理业务，其中包括以主要交易商的身份为CDO的风险提供保险，最后酿成了灾难。后来到了2008年4月，ACA倒闭。ACA的残余人员至今还在为这项ABACUS业务起诉高盛。[1]

2007年1月8日，图尔来到鲍尔森办公室开会，与会的有鲍尔森团队，也有ACA团队，商议推进ABACUS业务的事。第二天，高盛发给ACA一张表，列的是鲍尔森想要打赌价格不会下跌的123只2006年开始投资的抵押贷款证券。同一天，ACA进行了一项"重叠分析"，看看自己和

---

[1] 据路透社报道，2016年11月，ACA与高盛在纽约州法院达成和解，具体条件保密。

鲍尔森买的证券有哪些重复的。结论是自身已经买下了鲍尔森123只证券里的62只。图尔告诉ACA，自己"对于最初的投资组合反馈感到非常兴奋"，因为看起来这笔交易可以完成。高盛制造ABACUS收了1500万美元费用。1月10日，图尔又给ACA发邮件，证实ACA将会参与这次鲍尔森"赞助"的业务，而且"开始的投资组合将会是鲍尔森表格上的证券，这也是理想状态；但是各个具体证券的取舍有着灵活性"。过了四天，ACA的劳拉·施瓦茨担心自己可能打电话得罪了图尔，ACA可能因此丢掉这笔生意，于是给图尔写信说："我希望我没有显得太过敌对，但是从债券投资者角度看，这产品确实很难理解……我可以明白鲍尔森的股权的前景，但是我们一旦参与什么工作，就必须确定这份工作对我们的名声是否有利。"图尔的一名高盛同事回答道："您完全没有显得敌对。图尔和团队都十分敬重您，也非常希望您参与这项业务，但前提是您对此满意。"1月18日，图尔向同事们证实："ACA会同意担任投资组合筛选代理商，收取的投资组合咨询费每年至少100万美元。"

1月22日，ACA发给图尔一个列表，含86只"次级抵押贷款仓位，我们建议承担合成资产风险"，其中55只也在鲍尔森原先的123只证券列表上。三天后（25日），高盛发给劳拉·施瓦茨一份业务约定书草稿。劳拉·施瓦茨回信问了几个问题，关于ACA给这项业务各种费用要收多少，还有一家ACA想要聘用的法律顾问公司。劳拉·施瓦茨还依然担心，ACA可能拿不到这笔业务："你们确信我们可以拿到这笔业务吗？在这之前，我们是否需要修改一下约定书？"30分钟后，图尔回信："保罗·佩莱格里尼现在不在办公室，下周三上班（当时，佩莱格里尼与家人在怀俄明州杰克逊霍尔镇滑雪）。就您关注的目标投资组合以及我们双方一直在讨论的酬金体系，我们正努力获取他的回信。只要保罗对这两个方面没有异议，我们应该就很可能合作。"

有个奇怪的巧合：劳拉·施瓦茨本人这时候也正好在杰克逊霍尔镇，偶遇了佩莱格里尼。两人约定1月27日下午在酒吧见面，讨论ABACUS

业务将要包括的这个投资组合。两人如约而至，都带上了笔记本电脑。施瓦茨说："他把笔记本电脑带来了，看来他跟我一样是个技术宅。而且他还从德意志银行以及另外一个经理人那儿带来了一张进度表。"两人商议ABACUS业务应该参考什么抵押品，施瓦茨发现，佩莱格里尼好像对于交易可能涉及的每一笔MBS掌握的数据都很全面。佩莱格里尼想知道为什么这笔业务要包括这么多证券。后来，施瓦茨向图尔做了书面汇报："我当时对他说，高盛需要100种证券，帮助把债务销售出去。我们最后决定，我们这一星期都会各自处理各自的业务约定书。我的印象是，他绝对想要跟我们继续这笔业务。"图尔回答："这就证实了我最早的印象，只要你们在投资组合与酬金体系上能达成一致，保罗·佩莱格里尼就会继续行动。"两人同意，2月5日见面，开展进一步工作。

佩莱格里尼与施瓦茨在杰克逊霍尔镇见面的几天之前，1月18日，《金融时报》专栏作家吉莉安·泰德（Gillian Tett）写了一个专栏，透露了不少她见到的不祥之兆，说的都是房贷泡沫可能会有什么下场。泰德引用了一名通讯员的来信："吉莉安：你好，我在杠杆信贷和不良债权部门工作了20年，目前这个形势我从来没见过。市场参与者已经完全不记得风险是什么了，而且他们的表现就像所谓的流动性的墙壁会永远持续，不稳定现象已经是过去的事了。我觉得历史上从来没有过这么脆弱的机构拥有过这么大比例的最高风险信贷资产，而且这些机构抵抗不良信贷事件、市场衰退的能力又极差。一群人觉得'这次肯定跟以前不一样'，另一群人比较老成，暗中相信泡沫即将破灭。我不知道跟哪一群人说话会更糟。我只是希望等到游戏的下一个奖励关（也就是参与者绝对安全）的时候，危机才出现！"泰德还叙述，她曾联系过J.P.摩根的一名分析师。这名分析师曾推动了"CDO繁荣"，还说"必须强调，CDO市场一直是最近十年经济动荡和市场动荡的主要原因"。泰德最后预言："我的收件箱里的内容，要是能总结出什么道德意义，那就是：今天的金融美丽新世界中，巨大的不安正在酝酿，而大部分的不安是人们看不见的。"

在高盛，由伯恩鲍姆主管的结构类金融部门也看到了泰德的专栏文章。1 月 23 日，图尔把文章发给了在伦敦的法国女友马琳·塞尔（Marine Serres），一位"优雅聪慧"的女士，建议她看看，因为"这篇文章很有见地"。图尔对马琳说了很多话，有的表示担心，有的自嘲，有的传达情意。马琳当时也在高盛工作，是结构类产品销售部的副经理。图尔致信马琳："体系的杠杆越来越高了。"后面写了一段法语，翻译过来意思就是"整个体系随时可能崩溃，只有一个人可能活下来，那就是神奇的法布"。接着又换成英语写道："神奇的法布，是米切尔·雷斯尼克（Mitch Resnick）对我的昵称，虽然我没有什么神奇的地方，只有对你的善良、无私、深爱！"当时，米切尔·雷斯尼克担任高盛 MBS 销售员。图尔继续写道："他[1] 站在他创造的一切复杂的、高杠杆的交易中间，却未必明白这些巨大幺怪[2] 的所有影响！无论如何，我并不感觉多么罪恶。我工作的真正目的是提高资本市场的效率，最终为美国消费者提供更有效的杠杆方式，同时也给自己融资。所以，我的工作有着谦逊、高贵、道德的理由……我说服自己的能力真是太厉害了！！！亲爱的，我现在努力试着逃开 ABX，逃开其他的伦理问题，马上一头扎进《魔鬼经济学》（Freakonomics，马琳先前给图尔推荐的畅销书）中。我特别喜欢你给我推荐书。"[3] 接着又是各种情话。

图尔似乎因 ABACUS 任务而感到越来越紧张。1 月 29 日开始，图尔用法语写了一组邮件，收件人是法蒂赫·布赫图什（Fatiha Boukhtouche）女士，延续的时间很久。布赫图什是哥伦比亚大学博士后，研究自闭症的病因。图尔跟布赫图什似乎是性伴侣的关系，虽然他前几天才跟远在伦敦的马琳·赛尔表过忠心。图尔对布赫图什说："对，工作还跟往常一

---

[1] 此处是图尔用第三人称称呼自己。

[2] 原文 monstruosities，为 monstrosities（巨怪）拼写之误。这里用错别字表示。

[3] 该书已有中文版，全名为《魔鬼经济学：揭示隐藏在表象之下的真实世界》，刘祥亚译本，广东经济出版社，2006。

样累人。很怪异，感觉每天去上班，都再次经历一样的痛苦，有点像反反复复做同一场噩梦。简单说来，我在交易的一个产品，一个月之前还价值100美元，现在只有93美元，平均每天价值降低25美分……看上去不太多，可是考虑到我们买卖的这些东西，名义上的价值有几十亿美元，加起来就是很多钱了。"

图尔接着说："我认为我对这个产品的创造还是出了力的。顺便说一下，这产品完全是智力的意淫产物，我发明的时候还会跟自己说：我们要是创建了一个'怪东西'，没有目的，完全概念化，高度理论化，谁也不知道怎么定价，会怎么样呢？结果这东西起飞了，但飞到一半却被打了下来，不禁让我感到反胃，就好像发明家创造科学怪人弗兰肯斯坦（Frankenstein）[1]却伤害了自己一般（一个挤眼睛微笑的表情）。无论如何，我不想再用我那些故事烦你啦！我要查一下电话本黄页，找找那个ABX市场电话，发给你。因为我相信，想要让我法布活下去，必须得有柔软而性感的女人的干预！吻你，法布。"布赫图什的回信写了更多的"吻"[2]，还寻思她怎么才能用"柔软而性感"的方式帮他。

图尔虽然担心他制造的"科学怪人"会反噬自己，却依然在推广自己的各种恐怖发明。就在同一天，图尔又通知高盛同事，说他接到了GSC公司的新业务咨询。先前，GSC拒绝了ABACUS业务，后来让ACA拿去了。图尔写道："他们对鲍尔森选择的信贷产品，大多数都有负面看法，因此想要看到我们做的这样一笔交易：采用跟ABACUS交易同样的结构，但是证券的投资组合不同。这笔交易，我们就要给IKB银行（这是一家德国大银行，似乎拼命在做多这些交易）看看，用于我

---

[1] 英国作家玛丽·雪莱1818年发表的科幻小说《弗兰肯斯坦》中制造科学怪人的科学家，但民间常常误会成怪人的名字。这里指图尔认为自己创造的产品损害了自己。

[2] 原文为法语bizoux。

们一直在对他们进行的反向调查项目。"[1]接着，图尔回答了同事的一个问题，解释了"这个主意的几个好处"。他总结道："简单说，我们从风险管理的角度有了很大灵活性，与此同时承担的风险又很小。"这个念头可能是高盛140年商业目标中，比较重要的一个目标的最佳概括。但是，乔纳森·伊戈尔收信之后，并不赞成图尔："你要把这业务引到哪儿去呢？"图尔回信，也是典型的高盛风格："面谈。"

1月31日，图尔跟地下女友布赫图什商量周末吃饭加约会。图尔写信说："我不知道你对ABX市场做了什么，但你肯定带来了影响，今天相对平静。（然后抱怨一通在高盛的痛苦生活）虽然我在晚上十点还不得不接着干活，可是我处理这该死的日程都已经六年了，所以谁在意！！！更糟糕的是，我不光这么惨，还得在这个问题上教育别人。而我如今已经被人们看成"恐龙"那样的三朝元老——高盛雇员平均的寿命是2~3年！！！[2]结果这一行（金融业）的人们又问我对职业规划有什么建议。我才28岁，可是觉得已经要发疯了！好，我决定了，再干两年我就退休！"同日，高盛给另一只CDO业务"Camber 7"定了价，赚了1000万美元。丹尼尔·斯帕克斯连夜坐飞机赶往伦敦，将好消息报告给了领导托马斯·蒙塔格。斯帕克斯写道："急需你发信告诉他们，他们完成了怎样的优秀工作！他们发疯一样制造产品，满世界到处跑，大干快上，从几个大号的老柠檬里硬是榨出了柠檬汁！"

也是1月31日，ABACUS业务团队向ACA的劳拉·施瓦茨通报了新情况，建议从100多只证券的组合中删除两只，因为这两只在穆迪评级表上都是"负面展望"级别。高盛表示，鲍尔森想要用两笔GSAMP业务代替这两只原来的证券："我们还会继续同保罗·佩莱格里尼商议，证实

---

[1] 债券销售主要有两种形式，第一种是调查（inquiry），投行有投资想法，向潜在客户推荐，征求价格意见，然后根据客户意见发行债券。第二种是反向调查（reverse inquiry），客户有投资想法并主动向投行询价。

[2] 意思是这以后他们就被炒了或者辞职了。

他确实同意继续照原计划合作，并盼望与贵公司讨论这笔生意，还有业务约定书的起草。"

2月2日，图尔与ACA再次拜访鲍尔森的办公室，讨论ABACUS应该包含怎样的组合。图尔给一名高盛同事写信，只提了一句："我在参与ACA、鲍尔森的会议，简直太神奇了！"没有进一步解释。这天晚些时候，ACA把一个列表发了出去，表上是鲍尔森与ACA商定包括进ABACUS的82只MBS证券，还有另外一个列表，是21只"替换用"的债券，让鲍尔森批准。ACA写道："这样是否可以？请回复。"过了三天，鲍尔森最终选定了72只债券，得到了图尔赞成，并把列表发给了ACA。同日，ACA初步批准了ABACUS包括的证券组合。2月8日，图尔致信斯帕克斯说，他正在完成ABACUS业务的约定书，"这会帮助鲍尔森做空ACA选定的次级RMBS风险的优先级投资组合证券。"图尔又问，交易是否需要抵押贷款资本委员会（Mortgage Capital Committee）批准？这个委员会是高盛的一个内部集团，设立的目的就是批准这些交易。虽然图尔自己认为"我们没有义务降低任何风险"，但他还是这么问了。大卫·罗森布拉姆回信："还是有名誉上的风险，因此我估计需要资本委员会批准。"2月20日，图尔向高盛同事汇报了他对ABACUS的最新看法，还说，他认为高盛的收费很可能从1500万美元上升到1900万美元。团队联合主管大卫·雷曼回答图尔："你知道，我愿意同他们或为他们做这笔业务，但要确定我们的收费金额配得上我们拿钱充当主要交易方所冒的风险。"大卫·雷曼担心高盛的收费是否足够，因为高盛也想卖掉一些类似的证券做空，而担任ABACUS的承销者可能会导致高盛在总体想要做空的情况下却做多了一些抵押贷款相关的风险。后来，他不幸言中了：高盛确实无法卖掉这个整体，从而做多了一些业务，被套了。大卫·雷曼建议图尔去找伯恩鲍姆和斯文森面谈，"作为一次胆量的考验，而且要让他们明白这个情况"。

图尔回答："我认为团队将会赞同这一点"，但也承认他需要跟伯恩鲍姆商议。2月21日，图尔致信大卫·雷曼："我确实需要跟伯恩鲍姆小心翼翼地解释自己的想法。目前，斯帕克斯就指望我们了。他主要关注的是要平掉我们的怪异空头交易，为了得到更好的可观察性。"所谓"怪异空头交易"就是团队一直以来努力创造的"大空头"。大卫·雷曼又回答："重要的是让伯恩鲍姆明白钱的事，要是他明白了，咱们就干！"大卫·雷曼还说，他忘了ABACUS最早是谁的主意，图尔能不能提醒他。图尔回答："是我要安排做空，是鲍尔森提出要有一个经理。我提出要和ACA讨论。"最后，2月26日，进一步讨论之后，鲍尔森与ACA达成协议，ABACUS的参考投资组合包括90只债券。同日，高盛与ACA预备了一个65页的"卡通相册"，也就是PPT，用于对那些可能愿意做多的投资者宣传ABACUS。与此同时，鲍尔森却在做空。

2007年的前几个月，ABX指数下跌，高盛抵押贷款部财源滚滚，《华尔街日报》说赚了"几亿美元"。但是，高盛下的赌注是有限的，特别是全世界好像都在做多，反对高盛和其他几个大胆的对冲基金经理。而且，高盛把资产负债表上的多头头寸减少了，还会面临各种损失。高盛明白，损失会造成很大痛苦，而且很久之后才会实现空头的利益。2月2日，斯帕克斯给维尼亚、蒙塔格、鲁兹卡群发邮件说："董事总经理凯文·加斯沃达昨晚提醒我，我们下周要减记一些多头仓位，因为我们刚刚收到一些交易数据（每月收到一次），有关几笔第二留置权次贷业务的表现，这表现太可怕了！团队还在检查具体数字，但是亏损总额可能会高达2000万美元！"斯帕克斯报告几位领导，团队也在努力把出问题的抵押贷款归还给制作者，比如新世纪公司、华盛顿互惠银行（Washington Mutual）、弗里蒙特公司。这是合同允许的。但归还变得更难了，因为这些公司遇上的金融困境更大了。斯帕克斯说："目前这些贷款似乎存在各种问题，可能存在制作的时候就有造假。想要解决，需要几个月时间，而且会引起纷争。"斯帕克斯总结道："我目前主要负责清理那些评过级的债券仓位，以及归还的流程。又报告了坏消息，真对不起。"蒙塔格问斯帕克斯"制作时造假"是怎么回事，斯帕克斯回答："我们会检查所有可能的违反保证条款的情况，'制作时造假'，也就是估价、收入、居住证明存在造假的可能，这种情况比较容易发生。而造假一般是借方、估价方或经纪人造假，不一定是把贷款卖给我们的人造假。但是，一旦有造假情况，贷款卖方就相当于违反了保证条款，需要负责。这样，想要把贷款归还给卖方，就要打一架。"

2月8日，斯帕克斯向各位领导又汇报了一个消息，还报告给了高盛两位联合总裁，一个是加里·科恩，一个是乔恩·温克尔瑞德（Jon Winkelried）。大致的意思是说，坏消息更多了。斯帕克斯说："次贷环境目前很糟，还会更糟。每一天，业务的某个方面都要大打一架，这个方面打完了，那个方面再打，就像打地鼠游戏一样。交易仓位基本平了（也就是多头风险终于降低了），正计划从空头角度进入。贷款业务天生就是多头，我们的目标是降低风险。各个业务的信贷问题都在恶化，人们普遍觉得痛苦，包括某些高盛发行的业务的投资人（实在可怕！）。有很大概率发生灾难，但还不是近在眼前。"斯帕克斯还回答了乔恩·温克尔瑞德的一个问题，关于高盛是要重新设定交易价格，还是要"追着价格不放"（跟其他交易者有样学样）。斯帕克斯说："目前为止，我们一直根据最新的贷款表现数据而追着价格不放。"同一天晚上，科恩找斯帕克斯要进展。斯帕克斯与交易员、风控专家评估了整整一个白天，晚上11点刚过不久给科恩写信说，双方同意，高盛的证券亏损应该是2840万美元，高于原先估计的2200万美元。

午夜之前，图尔又给伦敦的女友马琳·塞尔写邮件，并发了一份高盛抵押贷款信贷交易业务副总裁的内部分析，写的是次级MBS证券越来越悲观的前景。其中写道："次贷市场的早期拖欠和违约现象一直在增加，特别是2005年中期到后期，以及2006年制作的抵押品所担保的业务。我们在2006年次贷业务中已经看到了这个趋势。"2006年的业务就包括GSAMP Trust 2006-S2。悲观的分析又持续了几页。图尔跟马琳说：
"你应该看一下这份文件。"

第二天，继续有压力迫使高盛卖掉抵押贷款证券的多头仓位。高盛
内部发了一个列表，大概有30只多头仓位是高盛目前拥有而且想要尽
快卖出的。备忘录说："以下是我们最新的RMBS 斧子（axes）（行业黑
话，指的是交易员想要平掉的仓位。），目前关注点依然是除掉信贷仓位。
这些又是本季度结束之前大家应该优先关注的仓位……各相关部门都要
了解，我们可以做出什么贡献，除掉这些债券。"到了晚上，一名叫沃
尔特·斯科特（Walter Scott）[1]的高管告知抵押贷款团队："本周卖出的斧
子仓位共计1.69亿美元以上，但显然我们还需要继续把信贷仓位推过次
贷和第二留置权。我们正与柜台员工和战略专家密切合作，达成目的。"
凯文·加斯沃达回复道："承销团工作和销售都很不错，感谢你们的认真
工作。"

过了几小时，午夜之前，凯文·加斯沃达发给蒙塔格一份详细的说
明，叙述了高盛抵押贷款组合的各种金融风险。凯文·加斯沃达解释说，
2007年最初的五个星期，高盛已经在整体抵押贷款组合上减记了大约
7000万美元，还可能继续减记7000万美元。他说，亏损全都是因为那
些对房屋价格升值（home price appreciation，简称HPA）敏感的领域的证
券："HPA减缓，那些杠杆最高的借方首先崩溃了。"凯文·加斯沃达告
诉蒙塔格，为了"减轻"损失，高盛已经在2006年夏天停止购买次贷第
二留置权，转而关注优质抵押贷款，还有人称Alt-A的抵押贷款，介于
优质和次级之间。高盛也已经在努力卖出新的MBS，不管证券的清算
数量多少，或者说不论市场出什么价格，都要摆脱掉，而且还授权伯恩
鲍姆等交易员，可以卖出任何余下的"留存债券"。

过了三天，周日，蒙塔格给温克尔瑞德、布兰克费恩转发了凯文·

---

[1] 这个人名在本书只有这一次出现。网上查找，高盛资产担保证券（ABS）部门有一名高管名
　　叫斯科特·沃尔特（Scott Walter），不知作者是否有误。译文保持不变。

加斯沃达的分析，还说：“这文章非常详细，说明了每个部门的仓位，我们目前有的对冲措施，还有未来半年的减记可能性。”过了14分钟，布兰克费恩问："我们的风险能简要概括吗？将来的减记会怎么样？"蒙塔格给布兰克费恩回了一份凯文·加斯沃达分析的总结，但这份总结读起来很困难。蒙塔格最后说：“如果形势不再继续恶化，柜台就会感觉他们还有我们没有显示的收益，可能这是一厢情愿。他们在减记之外，在周五还赚了2100万美元。”布兰克费恩很快回答："蒙塔格，你提到了那些因为旧业务的残值仓位而发生的亏损。当时，我们是否可以（或应该）把这些仓位平掉？我们现在这么大规模地卖掉整个部门的其他仓位，做得足够吗？"这个问题让蒙塔格陷入沉思，然后针对“当时是否应该平仓”的问题给出了一个慎重的回答：“极有可能应该。”然后解释了高盛目前已经采取的各个步骤，但又补充说道，他认为平仓行动已经“持续了好几年”，而且声称是自己有功，把住房贷款拿出了制作部门，放进了交易部门，让交易员卖掉。

但是，2007年2月，抵押贷款市场出现了很多逆流，造成了冲击，让很多人反对高盛做空市场的决定。比如，贝尔斯登有一位名叫吉安·辛哈（Gyan Sinha）的高级董事总经理，负责资产担保证券（ABS）和担保债务凭证（CDO）的市场研究。2月12日，就在上面那次对话的第二天，吉安·辛哈召开了投资者电话会议，与会者有900人左右。他在会上阐述了自己的想法，认为对抵押贷款贷方——新世纪金融公司——发生困难的消息市场反应过度了。直到那个时候，吉安·辛哈的人气都非常高，还曾在国会就次贷市场问题作证。[1]吉安·辛哈说：“现在正是买入ABX指数的时候。”他还说，按照他的模型，“市场反应过度了”，公众对所谓抵押贷款市场问题加剧的各种预言，应当“十分怀疑”。很多投资者都赞同辛哈的意见。

---

[1] 这里暗示辛哈之后的声望就下降了。

又过了两天，2月14日情人节，新世纪公司宣布了两个消息：一、众多股东已经对公司提起诉讼；二、高盛有一笔贷给新世纪公司的信用额度本应于2月15日到期，但经过两周的艰苦谈判，高盛同意将这笔信用额度延期三个月。但高盛坚持，"一旦有风险的苗头"，就终止协议，因此高盛等于是从新世纪公司胸口挖出了一磅肉，就像莎翁笔下的残忍商人夏洛克一样。这天早上6：33，斯帕克斯一直很担心这种问题，给自己发了一封邮件，标题是"风险"，给最近越来越不稳定的形势做个记录。他写道："次贷市场这一周很黑暗。"又说：那些制作者（比如新世纪公司）目前处境非常糟糕。资本化太弱，杠杆太高，面临大量贷款拖欠问题……如今，新世纪有麻烦了，只要制作成本是两个点，就无法超过票面价值卖掉贷款。他们必须大幅收紧信贷标准，这就会让金额显著下降。斯帕克斯自问自答：下一场"瘟疫"会在哪儿爆发？回答是CDO。"过去一整年，大多数的单名中间分档的次贷风险，都被CDO买进了。"斯帕克斯写道，高盛正在采取四个措施降低风险：第一，为仓库找到"风险合伙人"；第二，给二级交易柜台（也就是伯恩鲍姆团队）一个最终授权，"让交易员承担并管理全部风险"；第三，购买CDO的保护措施；第四，"完成各项交易"。

当然，这一切都没有对高盛客户提起一个字。

上午晚些时候，斯帕克斯又给蒙塔格、维尼亚、鲁兹卡、加里·科恩这几位领导群发邮件，总结了高盛的"风险降低项目"。在备忘录里，斯帕克斯照抄了温克尔瑞德的话。他写道，这一策略包括：卖掉ABX指数；买入针对MBS个人分级的CDS（保险）；买入针对BBB/BBB指数的最高级部分的CDS，价值约30亿美元，规模很大。斯帕克斯说："这对我们的仓位有好处，但是会损害那些卖给我们保护措施的，也就是摩根士丹利自营交易柜台、佩洛通（Peleton）对冲基金、ACA、哈佛，也会损害我们的CDO生产线仓位，因为这样CDO就难做了。"科恩把蒙塔格的邮件转发给了布兰克费恩，没有加评论。

2月17日，《华尔街日报》发表了采访刘易斯·拉涅里的文章。报道说："这位满脸皱纹的60岁老人说，他十分担心不良抵押贷款的激增，担心那些为贷款融资的晦涩方法。不明白风险的投资人太多了……拉涅里说，问题在于，过去几年，业务发生了巨大变化，导致美国住房市场若是再出现一次突然衰退，参与者就会全都尸骨无存。他在最近一个研讨会上说：'我不知道应该怎样才能理解，目前整个体系这种牵一发而动全身的效应。'"有一个越来越严重的问题：瑞士信贷集团统计，2006年，次级贷款的借款人有40%无须支付会计存根或其他资产净值的凭证，而且贷方越来越依赖计算机模型为住房估值。拉涅里说："我们并不真正确定借方收入是多少……我们也不确定住房价值是多少。因此，我们有些人会紧张一点，也就天经地义了。"拉涅里还进一步担心，有太多抵押贷款被华尔街公司打包成CDO，又分成小块出售给全世界的投资者。这种情况下，美国住房抵押贷款的风险就扩散到了一个"远不那么成熟的社会"当中。对此，《华尔街日报》明确宣称："拉涅里先生并不是在预言世界末日。抵押贷款当中有一些比较新的种类，风险较高，在违约方面可能会表现'极差'，给一些投资者造成损失。但是，拉涅里先生也说，未偿还抵押贷款的'绝大部分'有更坚实的贷款原则作为基础，不会引发问题。"

大多数华尔街投资者和高管还是不确定应该怎么办。ABX衰落表示抵押贷款市场出现裂缝，贝尔斯登的吉安·辛哈说这是买入的好机会。果真如此吗，还是这些裂缝预示了抵押贷款和MBS市场将有大规模的崩溃呢？有些重要的支持者十分乐观，就好像杯子装了一半的水，他们会认为"有了一半"而不是"空了一半"。这些人就是贝尔斯登的两名对冲基金经理：拉尔夫·乔菲（Ralph Cioffi）和马修·丹宁（Matthew Tannin）。显然，很多投资者认为乔菲、丹宁投资了风险较低的证券，但实际上，这两只贝尔斯登对冲基金，裹挟了15亿美元投资的庞然大物，却大量投资了MBS，包括高盛一直在出售的合成CDO。乔菲和丹宁也跟贝尔斯登同事辛哈一样，总体认为ABX指数下跌是买入的机会。

2月21日，丹宁给贝尔斯登员工群发邮件。对于市面次级贷款的死亡与肃杀气氛，丹宁依然显得很乐观。他引用了一家对手对冲基金经理的报告，说："这份报告大部分内容没什么帮助，而且非常误导人，危言耸听。我一般看到这种东西就会大光其火，然而现在我看到却很高兴。我们需要市场中存在一点谨慎，存在几个唱反调的人，这样会把差距拉大。所以，这份报告发布出来，我非常欣慰。"2月28日，乔菲致信团队说，他在考虑"在当前的价位上，非常有选择性地买入，因为这一行为自身就能稳定市场"。丹宁回信说，他认为这主意不错："恐惧+流动性缺乏+CDO整装待发＝良好的交易。"也是在2月28日，美联储主席伯南克在美国国会山作证说，他相信，"住房市场由盛转衰"并不是"金融界需要广泛关注的问题"，也不是"评估经济形势的主要因素"。

同时，在高盛，斯帕克斯向领导们汇报说，高盛的空头赌注还在继续带来回报。斯帕克斯的一封邮件说，公司当天赚了6900万美元，因为"市场发生显著抛售"。斯帕克斯还汇报说，高盛已经完成4亿多美元针对抵押贷款证券赌注单一品级的补仓，并实现盈利，"但还有不少工作要做"。才过了一分钟，温克尔瑞德就在黑莓手机上问道："又下跌了？"斯帕克斯答："非常严重，一团糟。"温克尔瑞德询问是否能发来细节，"因为我这周都跟客户在殴洲[1]跑，不了解情况"。深夜，斯帕克斯回复说"到处都是坏消息"，包括：新星公司（NovaStar）（一家次贷制作者）宣布收入状况糟糕，一天内市值损失三分之一；富国银行（Wells Fargo）已经从次贷制作部门解聘300多人。但斯帕克斯也有一个好消息："高盛已经实现净空头，但大部分是单名CDS，还有一些分层级指数，以及同样的指数多头。我们正在继续补仓，但因为流动性问题而很困难。形势不稳定，

---

[1] 原文为euirope，为Europe拼写错误，译文做相应处理。

导致我们的风险价值（VAR）大幅上升。"这种情况很快就让高盛领导层十分担心，公司有多少资本卷入了这些交易。

在这些智力和金钱的博弈当中，高盛领导层也会偶尔偏离了2006年12月维尼亚传递的明确信息的立场。这一点不足为奇。在问题的规模还没有尽人皆知的时候，一次，维尼亚认为高盛太倾向于熊市，坚持让交易员们把方向调转一下。这件事发生在2月21日前后，维尼亚指示关闭一些伯恩鲍姆的空头交易。当天，斯帕克斯发送了一封邮件，想要通报维尼亚指示发下之后的工作进度。这个指示在伯恩鲍姆柜台引发了很大争议，因为伯恩鲍姆认为刚刚开始赚钱，当然不愿意自断财路。关闭这些交易，就意味着放弃数以十亿计的利润，而且可能更糟，会把这些利润送给其他对冲基金，比如金融家菲利普·法尔科内（Philip Falcone）的基金——先驱资本伙伴（Harbinger Capital Partners）——就会因为伯恩鲍姆的决定而大赚特赚。但维尼亚坚持说，团队风险太高了。结构类产品柜台交易员乔纳森·伊戈尔确认，如果"想要关闭一些空头交易"，有四笔可以关闭。2月22日，斯帕克斯把伊戈尔列出的四笔交易发给了伯恩鲍姆、斯文森、大卫·雷曼，还给他们写了一个说明，催促让一些空头交易解体："我们需要买回10亿美元单名交易，20亿美元更低等级的交易，今天必须完成。我知道这些数额很大，但是你们能够做到：花掉投标或者出价的价格，给市场上所有目标送钱，不管什么手段都行！"斯帕克斯知道这些人看到上级的这个命令一定会很失望，因此试图鼓励他们两句："现在这么做，时机非常好，因为HPA领域有坏消息：抵押贷款制作者正在撤出，最近失业率上升，制作者很不好过……一定要抓紧时机做到，要重视风险，拿出你们的水平，认真领会、执行企业方针。你们的交易做得很好，现在要努力赚钱了。你们表现很优秀。"

伯恩鲍姆非常不高兴。他知道自己一定能赌对，而且能够赚到数以十亿计的钱，可是却一直在被那些无能的领导掣肘。伯恩鲍姆说："关于团队应该做空的程度高低，企业内部有些争议。因为整个华尔街只有我们一家是全公司都在做空。那我们做空应该到什么程度呢？要是作为独立的企业，那我们做空的程度已经很高了。要是放在其他仓位的环境下考虑，那我们有些人就感觉做空还不够，其他柜台的量化做得也不够。我们柜台的量化已经彻底完成了。"要是伯恩鲍姆也像鲍尔森或者凯尔·巴斯（Kyle Bass）[1]一样，拥有自己的对冲基金，他潜在的报酬就几乎无限了，《华尔街日报》说："有一名级别比他高的债券交易员给他打电话，坚持取消他的一些交易，降低风险。伯恩鲍姆一时激动，摔下了电话听筒。"伯恩鲍姆把高盛风控办公室一些顽固的审计员叫作"风险价值警察"，因为审计员总是缠着他，让他降低风险。伯恩鲍姆说："高盛会计部门最有魅力的工作就是关注结构类产品团队，因为损益情况的'摆动'很大，大部分情况下是正向摆动；你要是在会计部门，这就是会计领域的超级碗大赛[2]。"

伯恩鲍姆认为，这些"风险价值警察"对于高盛从他的空头赌注赚到的钱的态度非常讽刺。抵押贷款市场会衰落，伯恩鲍姆的赌注会更有价值，高盛也会赚到更多钱。可这也意味着市场已经变得更加不稳定了——稳定程度是风险价值计算机模型的一个重要变量。伯恩鲍姆团队在2007年一个月内赚了10亿美元，而且依然拥有自己上一个月持有的仓位，但接着就被人告知，风险增加了。伯恩鲍姆说："我们一个月赚了10亿美元之后，同样的仓位被认为风险翻了一番。然后就有人来敲门，嚷嚷：'喂，你现在风险太大了！需要降低！'"

乔希·伯恩鲍姆觉得自己被孤立了，非常恼火。他转而催促那些风险经理采取一种更加统一的研究法，检查高盛各种赌注（包括空头和多头）的风险价值，而不仅仅研究他赚钱的空头交易的风险。另外，伯恩鲍姆要求，如果他空头赌注要时不时地受到限制，并且与多头赌注的情况相对照，那就必须让他也管理多头赌注，对多头赌注负责。某人熟悉

---

[1] 著名对冲基金经理。

[2] 美国顶级的橄榄球赛事。这里是比喻这种会计工作的重要性。

这场争端，他介绍道："领导的态度不是'我们要全面看问题，你的空头程度很高。其他人在做多。我们对总体现状很满意'，而是'你别管其他人的业务！这是我们的问题！你的空头程度太高了！你的风险价值要完蛋了！马上降低风险！'"

于是，伯恩鲍姆团队尽管十分不满，但还是照办了。2月25日，星期天，斯帕克斯又致信蒙塔格，通报交易柜台降低风险的进度。斯帕克斯说，柜台已经购买了CDS，对22亿美元空头进行了补仓，但也卖空了4亿美元BBB级的ABX指数。斯帕克斯说："柜台依然是净空头状态，但空头程度降低了。目前空头主要是卖掉的优先级指数和单名CDS。我们打算继续在空头方面交易，对更多单名进行补仓，并彻底卖掉BBB级指数。"斯帕克斯还对蒙塔格汇报说，高盛先前存起来的价值5.3亿美元的用于制作CDO的抵押贷款、抵押贷款证券已经清算，还有8.2亿美元的"库存"已经开始清算。斯帕克斯说，这一波清算浪潮之后，高盛的管道还要卖掉价值20亿美元的"高等级业务"，还有另外20亿美元BB级"CDO平方"，也就是用CDO制成的CDO，风险高得一塌糊涂。蒙塔格问："这种CDO平方有多大？有多危险？"斯帕克斯回答："规模大概是20亿美元，这些交易确实值得担心。"高盛有一笔CDO交易，本来计划于2月26日定价，但因为斯帕克斯的命令，就没有定价，而是清算了。2月25日，一名高盛银行家致信同事："明天会宣布交易，可是我们宣布是为了清算。这没道理嘛！"

2月27日，斯帕克斯又给伯恩鲍姆、斯文森、公司施压，要求降低柜台风险。斯帕克斯说，他的业务的风险价值提高了，因为市场不稳定，不过"这项业务正在努力降低敞口，而且很多空头已经完成补仓"，其中包括针对单名MBS的40亿美元空头。斯帕克斯说："业务还在继续清理贷款。"

另一方面，制造贷款的业务还在发展，这周还要开始包括高盛有史以来最大的商业MBS证券业务。斯帕克斯说："产品供不应求。"他还提到了一笔价值110亿美元的商业房地产贷款："这笔业务也很受欢迎。"斯帕克斯没有对同事们提到，20亿美元的ABACUS业务也在推进。不过，就在同一天，公司又传开了一份内部备忘录，简述了这笔业务的"各种宣传点"，其中一个是："高盛这一市场领先的ABACUS项目，目前在未偿还贷款中有51亿美元，并得到第二交易柜台大力支持。"备忘录说，ABACUS业务将于3月5日定价并出售。

3月3日，星期六，斯帕克斯又给自己写了一封电邮，总结了"目前我们的任务"，其中包括关注高盛对那些陷入困境的抵押贷款制作者的敞口，也包括"与销售团队、客户沟通我们的业务"。在"大空头"开始很长时间之后，与客户沟通这件事竟然还没有做——尽管怀特黑德戒律第一条就是"客户利益至上"。斯帕克斯在考虑：市场出现这样的混乱，那些初出茅庐的人受得住吗？他要确保自己手下的交易员不会"增加风险"，不会"从空头到平仓，交易一切"，不会"摆脱掉一切"，不会"讨论对冲基金的清算"。斯帕克斯这种慎重考虑的结果之一是，公司开始认真商议结束ABACUS业务，当时这笔业务已经马上要定价、出售了。星期日，乔纳森·伊戈尔按照斯帕克斯的命令，给大部分抵押贷款交易团队成员发电邮："考虑到风险优先度、次贷形势、市场条件，我们需要讨论把这笔业务放在一边，在短期内将另一笔业务放在优先位置。"又告诉那些准备组合ABACUS的员工："咱们讨论一下怎样能够在内部和外部传达这个信息。"伊戈尔又给图尔发邮件："咱们要让鲍尔森关注那些我们现在可以认为适合的交易。"图尔知道自己付出那么多心血的工作就要变得一钱不值，非常不高兴。他回信给伊戈尔，表达了愤怒："咱们是不是本来可以见面谈一谈，你再把这个发出去？"但伊戈尔不为所动："这是斯帕克斯的指示！"

图尔知道这个消息后，顿时消沉了。3月7日，他跟女友马琳互发邮件，消极的语气很清楚。图尔说："美国次贷市场业务的形势，总而言之一句话：不太妙。斯帕克斯说，业务已经彻底完蛋，那些可怜的渺小的次贷借款人不会撑得太久了！！！ 这一切都让我想到我人生中期的未来，我可不想等着一整个行业完全爆炸，不良资产开始交易。我认为，在欧洲应该还有一些更有意思的事可做。"图尔又说，自己一直在联系伦敦的董事总经理迈克尔·纳尔泰（Michael Nartey）。"纳尔泰自然明确地说，我要在伦敦工作，他会很高兴，这样会大大方便伦敦和纽约的联系，也会让欧洲销售团队集中注意力，管控结构类金融的风险。"图尔告诉马琳，他4月份会去伦敦，"进一步了解这个机会，但我越来越感到确定了"。末了又是一堆情话，加了一句："我不想给你虚假的希望，但我感觉这份新工作我是可以得到的。"

听说图尔可能很快搬回伦敦，马琳高兴坏了："哎呀，亲爱的，你光是暗示可能来这儿，我就是天底下最幸福的女人了！！！"她说，自己这一天上午刚刚锻炼完毕，累得够呛，"可是一看你的邮件，知道我能盼着这么并不遥远的一天，然后每天早上都在你怀里醒过来，从你眼中看见全世界的爱意，再还给你一百倍的爱意，每天都是这样……这简直是最新的安非他命了！ 法布啊，我爱死你了，我真是等不及了，我要对着你的耳朵说上几小时的情话！"图尔回信："如今，我最盼着窝在你的怀里，感受你温暖的肌肤，留在那里待上几小时，再加上无数温柔的亲吻！ 我的爱人，你要慢慢醒来啊！"图尔还有更多的好消息：ABACUS终于能继续进行，不被取消了。

第二十一章

卖给孤儿寡母

毫无疑问，斯帕克斯降低公司抵押贷款敞口的举动，被高盛领导层密切监视。3月5日，领导层又传开一封电邮，看的人包括布兰克费恩、科恩、温克尔瑞德、维尼亚、约翰·罗杰斯、J.迈克尔·埃文斯（总公司的副董事长，也负责高盛亚洲业务）。电邮报告，世界多处市场出现了一些改善迹象。埃文斯在到处转发邮件的时候特别提到了这一点。科恩给埃文斯回复："这下感觉好些了。可是不管什么东西，只要有'a+'等级，就会感觉更好。"埃文斯写道："同意。加成越高越好。"科恩回答，可能不是这样："加成太高，会损害抵押贷款业务，但是交易员会认为他又有了一笔大型交易，可以明天早上做。这笔交易会让我们摆脱很多空头风险。"

3月8日，00:50，斯帕克斯又给各位领导（不包括布兰克费恩）发邮件，总结高盛的抵押贷款风险。斯帕克斯介绍，高盛目前在抵押市场上还有大量多头敞口，其中包括40多亿美元CDO在资产表上，公司正在努力摆脱："我们有各种风险共担的安排，但是让业务解体还是非常痛苦的。"斯帕克斯说，大概有43亿美元Alt-A住房抵押贷款还要转化为证券，外加13亿美元次贷、7亿美元第二抵押贷款："这个市场非常难以操作。"另外，还有16.5亿美元是其他抵押贷款相关证券。"如果信贷环境显著恶化，这些仓位就会因亏损、流动性进一步丧失、价格进一步降低而受到伤害。"然后提到他为伯恩鲍姆做空赌注进行补仓的工作一直在继续。"我们有多头用于补仓，但目前依然是净空头状态。""单名次贷"有价值40亿美元空头，还有另外90亿美元空头，是做空ABX指数的。"空头目前提供了显著的保护措施,会在极端险恶的情况下有所助益。"但是又加了一句,回应企业领导层的担心:"目前的确存在这样的风险,即我们可能在中期行动时在三块业务同时受损:多头CDO、其他抵押贷款相关证券、空头仓位。因此,我们努力关闭一切业务,只做空头。但是流动性状况很差,这样做需要时间。我们也很可能会做些其他业务,比如购买针对那些有抵押贷款敞口的公司的看空期权。"

最后一点,其实就是打赌那些有抵押贷款敞口的公司会倒闭。这是高盛第一次承认正在对冲自己,而且很快会打赌其他公司(其中甚至还有高盛一些竞争对手)会垮台。这时高盛已经名义上购买了6000万美元"针对次贷贷方"的股本看空期权,作为"针对总体次贷业务的风险纾解措施"。很快,高盛还会打赌竞争对手将要倒闭。

高盛总部30层虽然做出决定,将要全力对冲自己2006年12月针对抵押贷款市场数以十亿计美元的敞口(也就是风险),但公司仍在打包、承销、出售各种类型和规模的抵押贷款相关证券:次贷、Alt-A、住房贷款,以及更加复杂的各种CDO、合成CDO。2007年上半年,这一行动始终没有停过,直到2007年夏初贝尔斯登两只对冲基金倒闭,高盛再也做不下去了才罢手。高盛继续通过承销、出售抵押贷款相关证券而收费,与此同时高层又决定对冲赌注,实现"离家更近"。2007年9月,高盛董事会观看了一个PPT,上面说,高盛已经承销了44亿美元次贷,在华尔街排行第七,贝尔斯登紧随其后。CDO方面,高盛在2007年完成12笔业务,总共84亿美元,在华尔街排行第四,但比美林还是差得远。美林在2007年承销了725亿美元CDO。看来,这显然是利益冲突:既作为主要交易方而做空抵押贷款市场,又作为代理商而继续承销抵押贷款证券。

斯帕克斯认为,维尼亚说的"离家更近"的那些决定,与另一个决定的界限,并不那么分明。后一个决定就是继续将高盛已经买下的抵押贷款打包，作为MBS出售。斯帕克斯说："我并不认为这个概念有多么确定。公司想要便宜卖掉抵押贷款证券，而且还有很多投资者愿意买。这就是计划的一部分，而且我觉得当时也没有人会想到世界末日。公司只是想要降低风险而已。"确实，高盛当时还有不少员工专门负责买入抵押贷款、打包、出售。斯帕克斯说："可以说这业务本来就是这么回事。"又补充说，为了摆脱已经入库的抵押贷款，高盛把抵押贷款证券便宜卖给了投资者，而这些投资者都愿意用这个价钱买下。另外，高盛最后保留了那些风险最高的分档，而这些分档无法出售。斯帕克斯说："这些业务让我们亏了一大笔。我们损失惨重。很多别的公司都决定不卖，因为他们不想承受损失。我们说：'好吧，我们要卖，我们要承受损失。'"高盛抵押贷款柜台因这些损失在2007年二季度亏了钱，斯帕克斯说这是"2007年二季度华尔街唯一亏钱的抵押贷款部门"。但高盛对即将到来的灾难做好了准备。每季度一次的内部职工大会上，提到了二季度抵押贷款部的损失。一名贷款部的交易员说，他感觉自己是个废物："我觉得自己是华尔街最差的交易员，风控最差的商人。不过，其实我们只是做了自己认为正确的事情而已。"

2007年还在继续，那些购买高盛承销的抵押贷款证券的投资者倒了霉。2007年12月，麻省总检察长开始调查高盛参与承销MBS是否促进了制作并销售"不公平"住房抵押贷款给700名麻省借方的行为。"不公平"是按照麻省的法律定义。总检察长要求查清楚的事情之一是"证券制作人是否向潜在投资者隐瞒了某些关乎疑似不公平贷款或问题贷款的信息，其中包括在贷款尽职调查期间、证券化准备工作期间获得的信息，以及制作人在做出回购声明（回购是针对证券化范围内外的各种贷款）时的各种行为的相关信息"。

2009年5月，高盛在完全不认罪的情况下与马萨诸塞联邦政府达成和解，高盛只付了一点小钱。和解条款如下：第一，高盛同意向麻省支付1000万美元。第二，高盛同意对麻省政府资产负债表上仍然存在的多笔贷款进行调整。如果这些贷款已经打包卖掉了，那么高盛就负责以局外人的身份促进这些抵押贷款通过高盛的服务公司——利顿贷款服务公司[1]，或通过其他抵押贷款服务公司而实现调整。高盛调整这些贷款的成本目前估计是5000万美元。于是高盛和解的费用仅仅是6000万美元，而高盛2009年税前利润高达199亿美元，费用还不到利润的百分之一。麻省总检察长玛莎·科克利（Martha Coakley）介绍："自从我当上总检察长以来，本部门一直在各种层面上寻求次贷危机的责任人。我们很高兴，高盛在调查中配合了我们，而且努力与本部门合作，援助那些借贷人，他们因无法持续的次贷而深陷痛苦。"

高盛GSAMP Trust 2006-S2的投资者比麻省投资者更惨，至少当时更惨。S2抵押贷款包的制作者新世纪公司于2007年4月申请破产保护。另外，密西西比州公务员退休基金（Public Employees Retirement System of Mississippi）为本州大概30万人提供目前和未来的福利，也投了高盛GSAMP证券。2009年9月，退休基金提起民事诉讼，被告是高盛及其分支，还有丹·斯帕克斯和乔纳森·伊戈尔两名个人，外加三所最主要的评级机构：标准普尔、穆迪、惠誉。退休基金称，高盛的招股章程"继续对关键事实做出虚假陈述，隐瞒按照法规需要陈述的事实，或避免陈述那些对做出非误导陈述所必需的关键事实"。退休基金指控高盛招股章程向投资者隐瞒了这样的情况——新世纪公司并没有遵循自己的承销标准，指控高盛对用于抵押的资产的估价工作夸大了资产价值，指控高盛对证券的评级有缺陷，评级的根据是过期而且不相关的模型。诉状总结说，因为以上原因，高盛卖给投资者的证券"比宣称的风险高得多"，而且"并不等同于其他同等评级的投资"。

密西西比诉状经常援引一名华盛顿律师的调查报告。这份报告长达581页，主要内容是新世纪公司的问题。报告说，新世纪早在2004年就

---

[1] 2007年12月,高盛买下利顿贷款服务公司,经营抵押贷款服务。此事参见第十八章后半部分。

已经出现"贷款质量的多种严重问题"，而且"新世纪的高级管理部门和董事会未能采取任何措施处理，最后已经来不及防止在恶化的市场中长期存在的贷款质量问题产生的后果"。报告还讨论了新世纪公司"厚颜无耻地进一步增加抵押贷款制作，沉迷于这一制作"。并得出结论：公司"参与了大量不适当、不谨慎的重大活动"。诉状提出针对高盛的三项诉讼因由，并要求陪审团进行审理。

对承销S2一事，高盛于2007年10月11日发表了最新意见（至少，提交给证券交易委员会的最新公开文件是这一天发布的）。当天，高盛为2006年3月28日的原始招股章程向证券交易委员会提交了最后一份补充说明。文档充满了各种无法无天的细节，令人发指。就是这些举动最后导致了新世纪公司按照破产法第11章申请破产。文档还说明了破产为什么极有可能影响新世纪公司的两种能力——"在出现'代表'和'授权'行为的实质违约情况下，回购或替代存在实质违约的陈述和担保抵押贷款，或购买已发生早期付款违约的抵押贷款。"（高盛先前对证券投资者承诺，这两种能力一定会被影响。）奇怪的是，这份专门解释新世纪为何破产的说明却没有提到，2007年情人节当天新世纪公司的股东纷纷对公司提起诉讼；也没有提到，高盛曾与新世纪谈判，要充当该公司的安全阀。

不过，文档确实讲述了三大评级机构在2007年10月如何下调了先前评为AAA的MBS证券，包括一些2006-S2里面打包出售的证券。但补充说明却没有说，高盛提供销售的原始证券几乎无一例外被降级了。当然，投资者投资的证券被降级（很多证券还降到了垃圾状态），投资者本人也无可奈何，只能自认倒霉，割肉（假如还能找到买家）。当然，到2007年秋天，也就是大约在贝尔斯登两只对冲基金清算三个月之后，这份补充说明已经没法回避MBS市场持续崩溃的话题了。

高盛和律师团装得十分勇敢，要直面这场灾难；可是发布的那些声明，在法律上大事化小却纯熟得很。高盛说："近年来，越来越多的借方用新出现的抵押贷款产品购买住房。很多情况下，这些产品使得借方买到了其他场合下无力承担的住房。"这是高盛一开始想要给灾难唱唱高调。然后接着说："最近，次级抵押贷款市场拖欠、违约、亏损现象增加，我们也无法向大家保证这种情况不会继续发生。此外，最近几个月，美国很多州的房价与估值在长期显著增值后，已停止增值或下跌。如果继续出现下跌或持平状态，则有可能导致住房抵押贷款的总体拖欠、违约、亏损继续增加，特别是对于第二套住宅和投资者财产，以及所有符合以下特征的住房抵押贷款：其总价值（包括所有次级留置权）接近或超过相关的财产价值。"

2009年7月，《滚石》杂志特约编辑马特·泰比发表了一篇著名长文抨击高盛。泰比说："换句话说，高盛卖出的抵押贷款针对的都是白痴买家。真正的赚钱途径来自那些做空这些抵押贷款的赌注！"泰比问了一位匿名对冲基金经理，如何看待高盛这种疑似两面派的行为。经理回答道："这些混蛋就是这么胆大妄为！至少其他银行出了这种事的时候，人们可以说他们只是蠢，他们真的相信自己卖的产品，然后产品把他们炸死了。可高盛却很清楚自己在干什么！"泰比不相信，接着问，高盛怎么能够充当两面派还逍遥法外呢？这不算是证券欺诈吗？经理回答："就是证券欺诈，如假包换的证券欺诈！"真相还有待进一步揭露，但很多人已经从直觉上感到这种做法似乎有些违背道德。纽约R&R顾问公司结构类产品专家西尔万·R.雷恩斯（Sylvain R. Raynes，又译希尔文·雷尼斯）是高盛的前雇员，评论道："高盛一边把证券卖给投资者，一边做空证券，因为高盛相信证券会发生违约。这是我见过的最阴险的利用信贷资讯的方式。买家买下针对一个事件的保险措施，而又插手这个事件，就好比有人为别人的房子买火险，然后一把火烧了别人的房子。"

高盛打包抵押贷款然后作为证券卖给市场，同时又让伯恩鲍姆、斯文森实现"大空头"，这种行径产生了很多问题，其中一个就是高盛给市场传递的信息有时候变得混乱。解释高盛对抵押贷款市场的看法为什么自相矛盾的重任就甩给了斯帕克斯。这个重任可真是太难了！斯帕克斯说："2007年上半年，我们开始在认为有市场的地方搜寻客户。华尔街其他公司认为我们大错特错。我们的客户也到处拼命抱怨。我们因为坚持自己认为正确的事情而遇到了很大麻烦。我们说：'我们觉得这只债券价值80美分。'另一个经纪商或从业者就说：'这个值99美分。'客户就对我们很不高兴。可是我们说：'好吧，那我们就80美分卖给你一些。'"这个策略有时候管用，有时候不管用。

市场大惑不解。3月8日，高盛资本市场业务主管哈维·施瓦茨（Harvey Schwartz）致信斯帕克斯："当前我们最大的问题之一是如何向市场传递我们的看法，而且让这看法符合柜台想要做的事情。斯帕克斯，你要明白，柜台已经陷入泥潭，可是，很显然，宣发和销售领导没办法在真空里干活，所以需要一个人代表交易部门与宣发部门有效沟通。这一点哪怕在过去市场相对平静、对我们柜台也不太关注的时候，也并不容易。如今，我们怎么做到这一点呢？最好还是面谈，这样就没有记录，不用担心会有麻烦。"

虽然哈维·施瓦茨提议面谈，但斯帕克斯马上就给哈维·施瓦茨和其他人回了电邮。可能因为是给公司承销业务合伙人写信，所以斯帕克斯强调优先任务是继续销售高盛的库存抵押贷款，而最重要的理由就是从高盛资产负债表上清除这些隐患，越快越好。斯帕克斯说："当前公司最紧迫的就是制作、卖掉我们新发行的产品CDO和RMBS，也要卖掉我们其他的现金交易仓位。市场存在这样一种理解，我今天从发行人、经理那儿听说两次了，那就是认为我们难以卖掉现金证券了，导致我们对市场有了总体悲观的看法，也导致销售行动变得更糟糕了。我倾向于认为，我们只是面对现实而已，而其他人对市场还有不切实际的幻想；但我们有显著的仓位，必须平掉，而且我认为我们出的卖价应该看起来很便宜（本书作者科汉评论：把价格定得便宜就是为了抛售），比竞争对手的要听起来更便宜。卖掉这些仓位和新发行的产品,这业务太重要了,怎么强调也不为过。"

那些为高盛制作抵押贷款,让高盛忙着打包作为证券卖出的公司,已经一家家倒闭了,变成了一具具尸体。高盛还利用自己鱿鱼般的触手,在尸体中间寻找商机。2007年3月,新世纪公司破产之后,又有一些公司步了后尘,部分原因在于高盛不给钱了。其中包括公信住宅贷款公司(Accredited Home Lenders, Inc.)、弗里蒙特通用公司(Fremont General),双双申请破产保护。3月9日,斯帕克斯又给科恩、温克尔瑞德、维尼亚三位领导发邮件,报告企业正在如何利用这些抵押贷款制作者的困境而谋利。斯帕克斯汇报,高盛目前正与对冲基金公司——泽普世公司(Cerberus)及高盛本身的私募股权银行业和抵押贷款集团一起合作,帮助公信住宅贷款公司避免契约违约(covenant default);而著名投资者、亿万富翁杰拉尔德·福特(Gerald Ford)有意投资弗里蒙特通用公司。他跟历史上的美国总统杰拉尔德·福特刚好同名。斯帕克斯说:"我们试图跟进,让泽普世也进入我们的业务范围。"关于新世纪公司,斯帕克斯说:"泽普世正在试图介入,我们可能也有机会,但机会应该不大。"此外,"新世纪目前糟透了"。高盛也是新世纪的无担保债权人,正在考虑买入新世纪的资产,以补偿新世纪对高盛的欠款。科恩把斯帕克斯的邮件转给了布兰克费恩。

但有一点不容置疑:伯恩鲍姆做空抵押市场的策略,正在为高盛赚取实打实的利润。3月9日,高盛副总裁席拉·弗雷德曼(Sheara Fredman)给维尼亚写了一份备忘录,为的是准备高盛一季度收入的电话会。备忘录强调了伯恩鲍姆策略的成效。席拉写道,一季度,抵押团队营收2.66亿美元,创了季度营收的纪录,主要原因就是伯恩鲍姆的"合成空头仓位"。抵押投资组合的多头一端发生亏损,减少了空头营收的成绩,"亏损最严重的地方就是我们把那些要证券化的、与CDO有关的金融资产存起来的地方"。3月董事会开会,斯帕克斯做了一次演讲,介绍抵押业务形势。斯帕克斯认为，关于"本季度我们为了实现大空头而做过的各种事情"，还要补充一些新的资讯。斯帕克斯的列表上有一张字母表，都是"做空RMBS和CDO的CDS；做空超高级BBB与BBB指数；做空AAA指数，作为总体的保护措施"。然后说到了新策略，也就是购买那些要倒闭的抵押制作者的看空期权。斯帕克斯说："看空期权也一直很不错。"最后，斯帕克斯介绍：高盛本季度开始的时候，名义上在ABX指数方面依然有大约60亿美元账面多头，但本季度结束的时候成了大约100亿美元净空头。

也是在3月，全企业风险委员会（Firmwide Risk Committee）开会。会上，斯帕克斯明确解释了，公司为什么给伯恩鲍姆开了绿灯，让他执行"大空头"。伯恩鲍姆说，这对于次贷贷方来说是"彻底玩完"，"加速崩盘"，比如新世纪、弗里蒙特通用公司。另外，同样是在3月，伯恩鲍姆还告诉同事："华尔街非常脆弱，美林和雷曼对抵押贷款的敞口可能极大。"他说，高盛抵押部门"目前正在消除一切可能的次贷敞口"，而且"当前各种策略都是为了平仓或者将贷款库存还给贷款制作者"。伯恩鲍姆还认为，"次贷悲剧"造成了商业房地产的隐患。最后，伯恩鲍姆总结，各个对冲基金正在挣钱，但"很难查明其他公司正在亏多少钱，因为很多含有次贷资产的CDO并没有按市价核算"。

新世纪公司和弗里蒙特通用公司的困境很快影响了整个市场。3月12日，ABACUS团队（包括伊戈尔和图尔）按照先前指示，向高盛的抵押贷款资本委员会（Mortgage Capital Committee）展示了ABACUS，希望委员会批准。相关备忘录显示，高盛作为鲍尔森与ACA之间的中介，收取了1500万～2000万美元的酬金。业务的结果之一是，公司名誉可能受损。然而，有关名誉风险的话题几乎没有人提起过，因此图尔才得到授意，去申请委员会批准，虽然高盛开始表现得并不打算投资。伊戈尔和图尔表示，ABACUS本身不缺什么，不需要高盛投资。"这笔业务对于高盛和CDO市场都是全新的开创性业务。"然后说，业务在技术上创造了很多个"第一"。接着又说："这笔业务实现了公司多名客户的目标：帮助ACA增加其管理的资产和收费；使鲍尔森能够实施对RMBS市场的大型对冲措施；向CDO投资者提供相对有吸引力的结构类信贷产品。我们有能力组织并执行各种复杂业务，满足各种客户需求，实现各种目标，这是我们建立声名的关键。"委员会批准了。

德国杜塞尔多夫市的大银行——IKB信贷资产管理银行——正在做多ABACUS。3月12日下午，IKB副总裁约尔格·齐默曼（Jörg Zimmerman）致信高盛驻伦敦银行家迈克尔·纳尔泰，要求从ABACUS业务的参考列表上删除弗里蒙特、新世纪的债券，当然是因为这两家公司持续陷入困境。邮件也抄送给了高盛的图尔、伊戈尔。齐默曼说："我要回到IKB的顾问尾猿会[1]拿到许可，才能将这些证券从ABACUS业务中删去。"邮件抄送给了图尔、伊戈尔。这消息可不太妙。图尔致信伊戈尔："鲍尔森基本不可能同意，除非我们告诉他，要是不这么干，这些债券就没人买。"伊戈尔回信问："我们对约二哥[2]该怎么说？"图尔回答："跟迈克尔·纳尔泰商量过了，我们要考虑他的意见。一旦我们从资本结构的各个账户获得了更多反馈，我们就能确定最佳方案。"图尔这是搞了一个假动作。银行家只要想制造假象，让客户以为有竞争者但实际没有，就会这样做。抵押市场已经出现很多不祥之兆，全球只有不多几家投资者依然想要做多，IKB是其中之一。关于高盛是否同意删除新世纪和弗里蒙特的债券，没有其他文献记载，但最终，ABACUS业务的参考组合依然包括这两家公司的抵押贷款。笔者试图采访齐默曼，发了一个请求，齐默曼没有回应。

荷兰的一家大银行荷兰合作银行（Rabobank）考虑投资安德森中层基金（Anderson Mezzanine Funding），这是高盛制作的一只3.05亿美元

---

[1] 齐默曼把committee写成了comitee，译文做相应处理。

[2] 即约尔格·齐默曼，原文Joerg，为Jörg之误，译文做相应处理。

CDO，也要在3月面市。荷兰合作银行发现新世纪公司有各种问题，犹豫了。与ABACUS不同，高盛承销了安德森业务的股权部分，而且计划保留一半，作为主要投资方投资。高盛一名1998年从哈佛毕业的副总裁奥利维亚·哈（Olivia Ha）因此而致信安德森团队，问团队如何觉得新世纪公司抵押品没有问题。她这么问是因为她在荷兰合作银行的客户温迪·罗森菲尔德（Wendy Rosenfeld）表达了对抵押品的担忧。罗森菲尔德曾问她："你们对新世纪抵押品的情况怎么会这么心安理得，尤其是那些让新世纪完成的业务？股权是你们持有，而他们可能又没办法服务？你们就一点也不觉得担心吗？"又说："我需要更多保障，因为我在新世纪的贷款集中度问题上遇到了信贷阻力。"最后，高盛的安德森业务团队有几个人打电话给罗森菲尔德，"请她放心，不必担心新世纪公司……这将是我们的机会，能助她一臂之力，让她的信贷委员会不至于因为新世纪敞口/服务集中化而太过焦虑"。

高盛给罗森菲尔德的电话没有达到目的，罗森菲尔德决定不再合作。3月13日，她写信给奥利维亚·哈说："目前我们无法参与安德森的业务，因为新世纪制作并服务的抵押品有很多隐患。"过了几天，另外几名表示兴趣的投资者也退出了，也是因为"新世纪公司的问题"。有一家跨国资产管理公司——史密斯·布雷登联合公司（Smith Breeden Associates），担心将来现金流不够，无法支付利息，因而业务会被降级，也退出了。高盛负责业务的银行家是斯科特·维森贝克（Scott Wisenbaker），他同意跟史密斯·布雷登接洽，"这是为了确保他们准确理解这笔业务。但无论如何，他们参与的可能性降低了。"他的上级，高盛CDO团队主管彼得·厄斯特勒姆（Peter Ostrem）听到这消息，十分光火："什么？你给我把沟通做好，把可能性给提上去！"

公司上上下下一片恐慌。抵押市场各种问题越来越可能造成金融危机，呼吁采取措施的声音也越来越高。3月14日，公司内部分发了一份经济研究报告，其中的一个想法吸引了领导层的注意，也让领导层变得更加紧张。报告说："美国抵押贷款银行协会（MBA）最新数据显示，抵押信贷质量问题范围远远超出了次贷部门。证据是那些优质可调利率抵押贷款的拖欠现象在迅速增加，比次级固定利率贷款拖欠增加得更快。"温克尔瑞德看见这一段，开始担心了，他给布兰克费恩、科恩、维尼亚，以及抵押部门的两位主管鲁兹卡、斯帕克斯群发了一封邮件："带有引诱利率[1]的优质可调利率贷款的拖欠现象正在迅速增长，我认为这可能是大问题，我们还没有想到会这么严重。我认为，不同制作者的贷款标准差异很大，华尔街的服务商和交易者的质控也有一段时间没有到位了，斯帕克斯，咱们开始预备优质贷款市场出问题了吗？"

斯帕克斯很快对这些庄重的高管群发的邮件做了回答："正在试图减小规模，针对那些对总体抵押市场有敞口的公司，买入了看空期权。此外，我们也做空了很多次贷AAA指数。"虽说如此，高盛的精神分裂仍在继续。斯帕克斯给温克尔瑞德、科恩和布兰克费恩群发邮件，说正在做空ABX指数，买入看空期权的同一天，他竟然又给蒙塔格发了一封电邮，题目是"卡克图斯把空头卖出去了"（"Cactus Delivers"），说的是曾在《滚石》杂志当广告销售员的高盛债券销售员梅赫拉·卡克图斯·拉齐（Mehra Cactus Raazi）。高盛之前有一笔12亿美元针对A级抵押证券的空头仓位，拉齐把仓位卖给了纽约CDO管理公司——斯坦菲尔德资本合伙公司（Stanfield Capital Partners）。斯帕克斯催促蒙塔格赶快向拉齐表示祝贺。斯帕克斯对蒙塔格说："拉齐用斧子真是一流！"[2]蒙塔格又把斯帕克斯的电邮全文转给了布兰克费恩，并加上了自己的一句评论："又平掉了12亿抵押贷款空头，基本平了（'平了'是指对抵押市场不算多头也不算空头）。现在要降低风险了。"3月20日，布兰克费恩收到了每日发到全公司的"净营收"估计值，公司当日营收为1.11亿美元，税前利润为3700万美元。然而，抵押贷款部门却亏了2140万美元。布

---

[1] 即为了吸引客户，利率一开始设得低，之后逐渐增长。

[2] 原文为filling our ax, ax或axe直译为斧子，比喻高盛卖出或引诱客户投资的不良产品。

兰克费恩一看，马上发邮件给科恩询问："抵押贷款的亏损有什么重要情况吗？"科恩答："没有。市场回升一点，还是做空状态。"

第二天，高管的这次谈话就逐步传到了下级中间。

蒙塔格问斯帕克斯，也问高管比尔·麦克马洪（Bill McMahon）："乔希·伯恩鲍姆摆脱指数交易了吗？"指的是伯恩鲍姆做空的ABX，这个ABX开始朝着伯恩鲍姆打赌的反方向发展了，虽然时间很短。蒙塔格又说："我听说伯恩鲍姆昨天清算了标准普尔，还把股本看空仓位砍到了一半。""清算了标准普尔"指的是给标普500股票指数（S&P 500 stock index）下的赌注。然后，蒙塔格介绍说，团队关注的战略性问题，显然使得风险价值警察非常满意，但也让伯恩鲍姆非常失望。斯帕克斯回答蒙塔格："目前作为一项业务，我们在卖掉多头仓位，给空头仓位补仓。这就是本季度的主要工作。此外的工作就是降低我们的对手方危机，为新的住房抵押世界做准备，努力当一个机会主义者。我们的空头需要总体保护，防止情况继续恶化；这些空头一直在损害我们。"

斯帕克斯的逻辑可谓无懈可击，但蒙塔格似乎已经没有耐心容忍这笔赌注了（赌注能带来长期回报，但短期内会伤害高盛），特别是在布兰克费恩也发问之后。蒙塔格承认："流动性好转了，但实际表现肯定还会很糟糕。"然后蒙塔格严厉指责伯恩鲍姆："遗憾的是，交易员伯恩鲍姆的成绩并未实现对自身仓位的控制……他只是做了一些拙劣的对冲，而没有直接平仓。"斯帕克斯想替伯恩鲍姆说两句话："他的这项业务表现一直很好。"斯帕克斯对蒙塔格保证，伯恩鲍姆很快就会"制订计划"，推进事务，让蒙塔格批准。

3月26日，高盛管理层给董事会展示了次贷市场的情况，用了一份24页的文档，其中有一页标题是"次贷崩溃"，回顾了新世纪公司的股票是怎么崩盘的，次级抵押贷款制作者是怎么血流成河的，其中有15家公司已经被清算，或者申请了破产。文档还讲了高盛扮演的精神分裂阴阳人：一面买入、打包、销售抵押贷款和抵押贷款相关证券，收费卖给投资者（原文说："高盛用结构化处理和承销证券化的手段，以及分销那些抵押贷款担保的证券的手段，并以主要交易方和代理方两种身份，摆脱贷款购买"）；另一面又交易抵押贷款和抵押衍生品"用于对冲我司多头信贷敞口"，打赌抵押市场会崩盘。这是典型的"芭蕾双人舞"[1]。

高盛管理层还给公司对恶化的次贷市场形势的反应制作了一份大事记。比如，2006年下半年至2007年一季度，高盛"减少了CDO制作活动，并调低剩余资产估值以反映市场的恶化"。然后，管理层告知董事会："高盛通过买入单名CDS（信用违约掉期的保险措施）、减少ABX而逆转了多头仓位。"高盛抵押业务的总营收也反映了形势变化。2005年，高盛抵押业务营收8.85亿美元，主要来自住房和商业房地产证券。2006年，高盛承销了293亿美元次级抵押证券，在华尔街名列第六；还承销了将近160亿美元CDO，名列第五。同年，抵押相关营收增长16%，制作业务基本没有进展，但伯恩鲍姆团队产生了4.01亿美元营收，前一年只有2.45亿美元，同比增长64%。营收在2007财年前四个半月增速加快，这段时间，伯恩鲍姆团队营收2.01亿美元，已经相当于2006年全年的一半。同时，住宅抵押证券制作业务在2007年早些时候跳水，总营收减少1900万美元。高盛董事会还得知，公司在多种抵押证券方面依然有129亿美元多头，但是被72亿美元ABX空头赌注和另外55亿美元抵押贷款空头赌注（通过购买CDS而获得）所抵销了。2007年3月15日，高盛净敞口为2亿美元多头，等于基本没有。2007年3月一季度财报发布之后，维尼亚说："次贷市场目前面临压力，似乎一直过热，显然将会有重组发生。重组后的市场将会比最近几个月的市场小一些，规模更加合理。"维尼亚又说到公司在抵押市场中一直扮演的角色："我们延长信贷期限，就应该能有证券和其他条款保护我们。我们采取一切手段减轻损失，实现自保。"

---

[1] 原文为拉丁语 *pas de deux*。

不可思议的是，高盛和约翰·鲍尔森看见的抵押市场问题，很多别的大人物如美联储主席本·伯南克、财政部长亨利·保尔森却没有看见。3月28日，伯南克在国会两党联合经济委员会上作证道："目前看来，次贷市场的各种问题对宏观经济和金融市场造成的冲击，已经得到了遏制。"同日，财政部长亨利·保尔森告知众议院拨款委员会下属的一个小组委员会："在总体经济形势方面，我的底线就是我们一定要密切监控，但是问题看来已经控制住了。"

面对抵押市场的各种机遇，贝尔斯登的展望也同高盛的展望很不一样。3月29日，贝尔斯登固定收益部联合主管杰弗里·迈尔（Jeffrey Mayer）和托马斯·马拉诺（Thomas Marano）举办"投资者日"演讲，吹嘘贝尔斯登"在抵押领域作为一家领军企业，名声持续增长"。喜讯一个接一个：2002年到2006年，贝尔斯登的净营收翻了一番，2006年达到42亿美元；MBS与ABS承销业务方面"名列前茅"。此外，贝尔斯登买下了安可信用公司（Encore Credit Corporation），增强了抵押贷款制作能力。安可信用公司是一家次贷批发制作商，贝尔斯登收购安可信用公司是为了补足其下属机构贝尔斯登住房抵押贷款公司和EMC抵押贷款公司的能力。贝尔斯登总公司的CDO承销业务规模在美国排行第五，2006年金额达到230亿美元，"同比几乎增长一倍"。两人还夸耀："公司已在次贷市场中做好准备，能够处理不稳定局面。"

2007年3月董事会开会之后，高盛抵押部门开始逐个结束了那些困难的CDO承销任务，其中包括森林狼公司业务、安德森中层基金业务；没多久，到4月26日，又取消了ABACUS业务。这业务对于法布里斯·图尔来说，一直像过山车那样大起大落。高盛内部备忘录显示，森林狼公司业务之所以能结束，原因之一是，贝尔斯登资产管理公司两名对冲基金经理乔菲、丹宁买入了6亿美元证券中价值4亿美元的部分，这是迄今为止最大的一次买入，价格从比票面价值略低（票面的99.7%）到票面价值不等。

华尔街人人都知道，乔菲和丹宁专爱买入各种奇异证券，比如CDO、CDO的CDO（即CDO平方），还有合成CDO。2006年10月，高盛曾制造了9亿美元合成CDO，名为ABACUS 2006 HGS1（跟之前图尔负责的那个著名ABACUS业务不一样[1]），专门为了让贝尔斯登那两个对冲经理买入，而证券参考了一组针对A级债券与合成ABS的信用违约掉期。2006年12月，一名交易员告诉《衍生品周刊》（*Derivatives Week*）记者："这些信用违约掉期就是当前市场的宠儿。"2007年3月27日，乔菲、丹宁买入了森林狼公司业务，其中时任高盛副总裁安德鲁·戴维尔曼（Andrew Davilman）的销售技巧十分关键。大约半年之后，森林狼的价值跌到了1美元合15美分。高盛交易员马修·比伯提起3月27日，称为"永久钉在耻辱柱上的日子"。与此同时，有一个投资了贝尔斯登对冲基金的人赔光了所有投资款，强忍着愤怒，讽刺道："乔菲，你干得不错呀！"（《大空头》（*The Big Short*）作者迈克尔·刘易斯（Michael Lewis）说，安德鲁·戴维尔曼把森林狼公司业务基本按照面值卖给乔菲的时候，还从AIG公司用CDS的方式买入保险。[2]交易当中，戴维尔曼代表高盛，而高盛的身份是主要交易方。戴维尔曼打赌，类似的CDO证券将要垮台。不过按照2007年11月一份AIG公司备忘录，戴维尔曼倒是没有打赌森林狼本身会垮台。）确实，斯帕克斯在3月9日的备忘录中写道："最优先的任务是卖掉新发行的证券。"斯帕克斯还特别表扬戴维尔曼："安德鲁·戴维尔曼对卖掉正在交易的柜台证券有着突出贡献。"乔菲买入这些森林狼高级分档证券之后几天，高盛交易员梅赫拉·卡克图斯·拉齐成功卖出了1600万美元评级更低的森林狼证券。一份内部备

---

[1] 图尔负责的业务名为ABACUS 2007-AC1。

[2] 见《大空头》第三章："美国国际集团金融产品部现在以每年0.12%的价格出售对三A评级次级债券的信用违约掉期产品。……高盛从200亿美元的三B评级次级抵押贷款债券中，开发了几十亿美元的交易，将未来亏损的所有风险转嫁给了AIG.的确令人难以置信：为了换取每年的几百万美元，这家保险公司将承担200亿美元灰飞烟灭的风险。"

忘录简直欣喜若狂："卡克图斯·拉齐立功啦！把我们整个的单名A级仓位都卖出去了！"

这时候，图尔仍在拼命想要卖掉ABACUS业务。3月30日，图尔向斯帕克斯汇报，他最近几周一直在跟"一些选定的账户"接洽，其中有些人已经决定不再投资森林狼和安德森。不过，IKB、ACA倒是发来了2亿美元订单。IKB显然已经不再担心产品包括新世纪公司在内的抵押贷款了，而ACA是投资组合选择代理商，因此都向高盛订货。图尔说，他计划下周末结束这些分档的销售，然后努力把更低分档的证券也处理掉。图尔催促同事们，这些分档一卖光，就把目标转向ABACUS"那些能够处理的分档，因为我们的收入需要成比例"。

4月3日，图尔请求批准卖掉鲍尔森公司针对ABACUS业务的1.92亿美元保护措施，如此高盛就能因提供保险而稳拿440万美元费用。图尔请求高盛信贷团队确定交易员们同意。但是到了4月11日，可能是因为信贷团队有一些反对意见，所以图尔也开始担心高盛能不能充分利用自身与鲍尔森公司的交易关系而盈利，特别是在ABACUS交易关闭之后。图尔致信卡克图斯·拉齐，说他必须请求高盛信贷团队给鲍尔森公司进行"最新评估，以确保我们能够与这些人实现更多交易"。因为自2007年初，鲍尔森好像就通过高盛做空了20亿美元住房MBS（名义上），"这20亿美元已经用光了我们给鲍尔森的大部分信贷额度"。图尔还说："对这些交易的利润和ABACUS利润的对比，我们需要十分敏感，我们应当优先执行与鲍尔森进行的更高利润的业务。"第二天，图尔似乎拿到了信贷团队的批准，可以同鲍尔森交易了。卡克图斯·拉齐非常沮丧地订购了这些交易，因为他怀疑高盛会赌输，被套。卡克图斯·拉齐给高盛同事丹尼尔·陈（Daniel Chan）发邮件说："我们可能不得不订购这些极为糟糕的交易了。"

5月8日，图尔又向斯帕克斯报告了持续不断的ABACUS传奇。图尔把ABACUS叫作"我们为鲍尔森提供的空头经纪服务"。他说：业务的超高级分档可能会同ACA一起执行，但还有另一家大型银行——荷兰银行（ABN AMRO），也会作为中介对手方参与。高盛计划先买入10亿美元证券的保护措施，然后让鲍尔森做空其中大部分。（这些主意究竟怎么想出来的？）但图尔担心鲍尔森可能会中途变卦。现在高盛有两个选择：一是无风险业务，可以挣得1400万美元；二是出现1亿美元敞口的做多风险，但可以挣得1800万美元（虽然图尔说他相信这部分风险可以抛掉赚钱）。过了一周，ABX指数回升。图尔报告，ACA和荷兰银行有"九成可能"会把业务做到底，但他也越来越担心鲍尔森会胆怯，不敢将自己那部分业务做到底，因为ABX指数回升了。图尔请求斯帕克斯批准高盛"拿掉"或承担交易的空头一方，避免丢掉ACA/荷兰银行订单。

又过了两周，图尔再次报告新消息：鲍尔森已经同意执行10亿美元证券的保护措施，ACA/荷兰银行也已经同意买入9.09亿美元，让高盛余下9100万美元无法卖出。虽然图尔报告："正在将这一分档展示给几名客户。"最后，第二天，业务终于完成，情况与图尔前一天讲述的一样。高盛抵押贷款交易团队一名副总裁梅兰妮·希拉德–格兰奥夫（Melanie Herald-Granoff）致信图尔和结构类产品交易团队主管大卫·格斯特（David Gerst）："图尔、格斯特：感谢你们的辛勤劳作和坚持不懈！干得漂亮！"到6月5日，大卫·格斯特询问贝尔斯登资产管理公司是否有意购买高盛那9100万美元的残余证券，价格是票面价格，1美元合100美分，附带0.75%的伦敦银行间拆放利率优惠。贝尔斯登资产管理公司当时自身已经陷入泥潭，拒绝买入，把ABACUS这一部分的风险又踢给了高盛。图尔在ABACUS业务忙了六个月，然后飞到比利时，再到伦敦，任务之一是跟女友见面。6月13日，图尔致信马琳："刚刚到了比利时，你最喜欢的客户们的国家。我想法子把几只ABACUS债券卖给了我在机场偶然遇见的孤儿寡母。显然，这些比利时人太喜欢合成ABS（CDO）的平方了！我现在状态很好，准备今晚搂你进怀！"

　　大约这时候，伯恩鲍姆的空头赌注正在产生巨额回报，公司又做出一个决定，授权伯恩鲍姆的柜台负责那些越来越多的卖不出去的CDO，名为"残值证券"。伯恩鲍姆和斯文森开始认真考虑，公司为了把这些残值证券卖给投资者，需要付出什么代价。伯恩鲍姆主要考虑了两个因素：一是交易员对市场的观察，二是杰里米·普莱默的计算机模型算出的残值证券价值越来越低了。伯恩鲍姆考虑后认为，现在可以正式为公司CDO的价值做出减记，这样才能将它们送出门去。伯恩鲍姆介绍道："这次行动，一部分只是遵守了我们的一般原则，就是我们持有滞销仓位，而且说实在话，我们又讨厌这些仓位。我们柜台这些滞销仓位占的比例还越来越大。我们四下里看看，就说：一定要把这些垃圾弄走。你要是认为一只证券价值就是面值，那有人出95美分，你卖给他，你就感觉亏了。可你要是认为价值70美分，那有人出95美分，你卖给他，这就是大赚了，哪怕比面值低了5美分，对吧？所以首先就是要把高盛的文化绕过这个概念。这些空头交易中，需要这个缓慢向上的过程；这个过程，也同样发生在我们给CDO估值的时候。"

　　然而，知易行难。一名高盛交易员回忆说，公司曾开过不少重要会议，会上吵得很厉害，因为公司里一些不同的代理人会提交他们对于残值证券价值的看法。交易员说："我记得看了这些单子里的一张，是关于估值的，人们分歧特别大，态度很凶。不少高管后来改了说法，说自己没那么凶，可当时他们嚷嚷：'什么？胡说八道！这东西不可能只值这个价（你们估计得太低了）！你们脑子有病！'我们团队有些人比较悲观，更偏向熊市，这些人总体上就拼命赞成空头。有些高管认为我们确实有点神经病了（说到这里，交易员拒绝透露哪些高管这么想）。最后，研究团队的人说：'这个价值在50以下。'可是当时的市价还是100。"

　　这场辩论导致了一次重大妥协。高盛交易员回忆最后做决定的场面："啥都别管了，就定70！"到了4月，伯恩鲍姆赢了这场内战。斯帕克斯不仅同意了伯恩鲍姆的做法，还越来越担忧。高盛价值100亿美元的MBS组合价值跳水了，因为越来越多的买家开始发生住房抵押贷款违约，与抵押贷款相关的证券市场也开始降温。斯帕克斯费了很大力气说服高盛高管，必须采取行动。斯帕克斯告诉维尼亚、科恩："我们有大麻烦了！"最后决定尽快卖掉100亿美元组合中尽可能多的部分，哪怕需要大减价。4月上半月，高盛内部函电交驰，拼命催着交易员卖掉企业的新"斧子"，也就是残值CDO库存。

4月5日，高盛抵押贷款销售部门主管托马斯·科纳恰（Thomas Cornacchia）分发了一个列表，包括30个仓位，总额4.5亿美元，要求马上卖掉。托马斯·科纳恰命令道："务必完成！"又加了一点竞争的煽情："你们谁才是最好的销售员？"不到一小时，王牌销售员卡克图斯·拉齐就把邮件转给了鲍尔森公司交易员布拉德·罗森伯格，催罗森伯格马上看看。拉齐说："这些都是2006年制作的垃圾，我们要整体卖出去！除了你之外，还有其他客户也明白了这个情况，时间不等人！以后再讨论定价的事，现在你要弄清楚的不是定价，而是这个组合是否满足你的目标！"这天晚些时候，内部又传开另一份"斧子"列表。另一名抵押贷款交易员安东尼·金（Anthony Kim）致信抵押贷款团队高层："最近几个星期，我们在继续清除几只CDO和次贷仓位。"接着总结说，高盛已经卖出了库存里价值8.594亿美元的证券。他还群发了第二封邮件祝贺团队，表扬交易员同事罗伯特·佳迪（Robert Gaddi）"表现出色，让我们摆脱了600万美元的BBB级、弗里蒙特、次贷风险"。接着提了个要求："你们要继续卖出附加列表上的债券。"4月11日，又发了第三份内部列表："请继续集中处理下面的斧子，这些斧子依然是柜台的优先处理对象。"列表后面告诫销售团队："我们急需卖出依然滞销的森林狼CDO的几个分档。"邮件报告说，柜台已经无法以先前的价格卖出证券，然而这也无所谓了："我们需要那些能够转移风险的客户，我们计划每只债券20美元也要卖出去！"这说明，只要能卖出去，高盛愿意把折扣打得足够低。

4月19日，斯帕克斯开足马力准备干活。他向结构类产品综合柜台同事V.班迪·波哈拉（V. Bunty Bohra）发了一封邮件，附了一份高盛急需卖出的证券列表，说："这些超大规模的信贷，我们应该一个一个处理，比如，把目前森林狼信贷的出货量提高一倍，看起来更有吸引力，更能找到买家，如何？"过了几分钟，波哈拉回信："森林狼已经这么处理了。目前不要再推进其他重要斧子，除非我们能够拥有一些动力。但是与此同时也要继续给客户展示库存。"伯恩鲍姆回忆说，当时残值证券库存在逐渐调低价值的情况，在这种情况下卖出去，全公司都很沮丧。最后人们才发现，必须采取的行动比这还要可怕。

4月，高盛面临的问题是要卖掉斧子，而市场已经不愿意买了。5月中旬，这问题发展到了紧要关头。5月11日，高盛首席风险官克雷格·布罗德里克给团队发了一封著名邮件："斯帕克斯和抵押贷款小组正在考虑，显著调低他们的抵押贷款投资组合的估值，特别是CDO和CDO平方。"又说："这一举措可能对我们的损益带来巨大影响，也会影响我们的客户，因为相关的回购产品、衍生品、其他产品的估值和相关的追加保证金都发生了变化。我们需要调查自己的客户，接受打击，并决定哪些客户最容易受损，探究可能的结果，等等。目前，30楼[1]非常关注这件事。"伯恩鲍姆回忆道："于是我们就给仓位估值，并把估值告诉了全世界。"

---

[1] 指高盛之前位于宽街85号总部的30层，是高管所在的楼层。

第二十二章

大崩溃

高盛一系列重大决定都是为了严厉限制自己针对抵押贷款市场的敞口。高盛越来越坚信，这个市场就要全面崩溃了。在华尔街所有投行当中，高盛的这些决定几乎是独一无二的。其中一个最重要的决定是，2007年春天，高盛决定大幅减记自身的残值抵押贷款相关组合，这一决定将会在华尔街的"峡谷"之间长久回荡，在接下来18个月当中引发一场接一场的大火，让华尔街在2008年9—10月几近毁灭。

高盛很清楚，自己的估值会使得客户、对手方都大惊失色，高盛也做好了迎接他们怒火的准备，因为其他投了类似证券的公司也迟早不得不让自己的定价符合高盛的估值。伯恩鲍姆不是销售员，他并不直接给客户打电话，但他知道这些定价正在报出，传遍全世界。他说："有些人肯定吓坏了，还有些人说：'阴谋论！高盛，你们做空了，你们要搞坏市场！'不过，实际上，那时候我们做空的事还不是尽人皆知。我觉得，直到3月，华尔街还都认为高盛在做多。我们的保密工作非常出色。"

影响几乎马上就表现了出来。高盛对自己的MBS投资组合的价值突然彻底"变心"，伤害最大的正是贝尔斯登那两只由乔菲、丹宁主管的对冲基金。整整40个月，两只基金都在为投资者赚钱，表现毫无瑕疵。然而到了2007年2月，问题出现了。那只比较新的基金——强化杠杆基金（Enhanced Leverage Fund）第一次出现0.08%月度亏损，这是乔菲于2003年成立第一只贝尔斯登基金以来，两只基金首次亏钱。3月，另外一只基金——高级基金（High-Grade Fund）也出现3.71%月度亏损，而强化杠杆基金亏了5.41%。4月，两只基金开始自由落体，主要原因就是高盛的想法变了。

过去，一组松散的投资决策如果出了问题，基本上不会影响别处。可是在历史上的某个时期，各个金融服务企业就像一组登山者，用绳子连在一起了。只要有一名登山者坠入裂缝，就可能很快把他身后的所有人拖下去，除非能够马上大力补救。2007年春天，华尔街与华尔街上的各只对冲基金，就好像用绳子串起来的登山者在乔戈里峰（K2）遭遇山难一样。[1]

证券交易委员会要求各只对冲基金（比如乔菲、丹宁运营的那两只）为自己证券估价的方式相当晦涩难解。估价的基本理念在于，将其他华尔街公司的价格、其他交易员在市场上发现的类似证券价格取一个平均数，但这其中大部分证券很少在不同企业之间交易，很少被散户交易，也很少在交易所买卖，这一点和股票大不相同。这些证券流动性很差，于是对冲基金经理也就只能等到每个月月底从其他经纪商、业者那里拿到估值，算出平均数，然后向投资者报告资产净值（NAV）。

乔菲在贝尔斯登任对冲基金经理的前40个月，市场估值和两只基金的NAV都上升了。贝尔斯登的一名高管说："2007年，市场更不确定了，更难从商家那里拿到估值。大家并不想给产品估值，因为担心自己的估值。但我们的估值显示，从1美元合100美分降到了大概98美分，确实往下降了，但是只降了一点。"然而，这些资产带有的杠杆还是把亏损放大了。

这名贝尔斯登高管还介绍说："等到快进入5月份、我们在等待4月次贷产品买卖价格的时候，现金交易全都可怕得没法看了。这个情况就告诉我们：'哟，这市场恶化得好像石头落地那么快！'可是，我们在等待4月估值的时候，拉尔夫·乔菲和马修·丹宁就说：'不，咱们看看他们

---

[1] 乔戈里峰是喀喇昆仑山脉的主峰，又称K2峰，海拔8611米，"K"指喀喇昆仑山，"2"表示当时它是喀喇昆仑山脉第二座有人类考察的山峰。因雪崩频繁，攀登难度很大。2008年8月2日，25名登山者在下撤时遭遇雪崩，11人遇难。

最后怎么样。我们觉得是会下降的，但是应该不会暴跌。'结果，那些价格我们全都遭遇了。数值是99、98、97，没有出乎意料。连续第二个月亏损，已经够了。下跌了大概6%，但还不是灾难。局面不好，但还不是灾难。"乔飞发布了4月强化杠杆基金的NAV：负6.5%。

贝尔斯登高管说，过了一个星期，"在高盛完全明白我们已经发布了NAV的情况下"，高盛把4月证券估值用电邮发给了乔菲（高盛是两只基金的交易对手方，有义务每月汇报自己对于两只基金内部证券价值的看法）。高管继续说："证券交易委员会有个奇怪的小规矩：哪怕我们得到一个在时间上非常靠后（也就是特别新）的估值，也必须考虑在最后的资产估值内。突然间我们就收到了这些非常靠后的估值。只不过，这些估值并不是从98到97，而是从98突然到了50、60。你懂我意思吧？他们给了我们这些50、60的价钱。我们从其他对手方那里得到的是98。证券交易委员会规定，在这种情况下，我们有两种选择：第一，取平均值，但（委员会规定在一般情况）平均的是97和98，不是50和98；第二，去问问这些数值是不是错了。但是，不能问低数值，去了只能问高数值。大家都知道流程。所以我们也只能问高数值。我们去问了那个98的，也是另外一家华尔街大公司，你猜他怎么说？别忘了，他知道现在他的出价太高了。他说：'你说得没错，我们错了。应该是95。'换句话说，他给了自己一个误差幅度，还说：'我要大幅度调低。'仔细审查了一番，说是95。这下，我们什么办法都没有，只能取50、95，再算出平均数。必须重新对外公布我们公司的NAV。现在呢？我们从负6到负19，准确点说，是负18.97，于是彻底玩完。对了，那个将我们手中的每单位资产估值为50美分的公司（高盛），2007年竟然玩阴的，做空了市场，结果这些混蛋赚翻了！"

高盛给乔菲两只基金制定的新的估值，马上带来了灾难性后果。高管继续说："我看看能不能给你说清楚：这一周宣布的是负6%，哎哟，下一周是负19%。首先，19%这个数字实在太大了。我们宣布了负

19%，发生了什么事呢？主要是两件事：第一，自由落体，跌了19%。第二，这些人全是弱智——这周负6%，下一周是负19%。怎么会这样？"高管还说，更难以理解的是，高盛对贝尔斯登手中次贷产品的估值在上一个月还是98美分。高管十分怀疑地问："98一下子跌到50？怎么可能！上个月还是98。没有任何现金交易暗示会有这种情况，没有，绝对没有！你猜怎么样？在流程上我们无话可说，只能一个劲地表达自己的惊讶和愤怒。"乔菲决定发出这个大幅降低的NAV之后，致信贝尔斯登同事约翰·吉辛格（John Geissinger）："没有市场了。这一次我实在说不出别的话。反正全都是冷冰冰的数字。约翰，负19%就是末日了。负18%也一样是末日，不管其他情况怎么样。我们可以保持在65美分，或者50美分，或者一文不值。"新的估值立即化成灾难。联邦投资者公司（Federated Investors）是贝尔斯登最大的短期贷方之一，6月21日，联邦投资者公司高管比尔·贾米森（Bill Jamison）写邮件说："贝尔斯登这次成了煤矿里用来探查毒气的金丝雀。"

后来高盛总裁加里·科恩对记者说，当时市场发生巨变，高盛只是做出了反应而已。"我们尊重市场，并将自己的证券定价到一个我们认为可以交易的水平，因为这些东西有一部分没法交易；或者定价到一个我们实际上已经完成交易的水平。我们不愿意误导自己，也不愿意误导我们的投资者。另外，我们这么做，受到了批评。我们并没有误导那些在当月1日从我们这里98买入证券的人，我们也没有觉得：'啊，天哪，我们98美分卖给这些投资者了！我们怎么能让定价低于93呢？'我们98卖掉了，一个月之后把估值调到了55，人们很不高兴。我们的客户也很不高兴，他们气坏了。"

但有些高盛客户却委托高盛帮他们购买CDO保险，客户们正在担心这些CDO。比如5月25日，可转换债券部门副总裁阿维纳什·巴夫萨尔（Avanish Bhavsar）致信迪布·塞勒姆说，公司有了一家新客户，想要购买2006年下半年到2007年上半年卖出的CDO的CDS保险；此外，还要买入2006年下半年以来的住房MBS。巴夫萨尔说："他们很着急，一定要买入保护措施。"斯文森和别人发了几封邮件，商议高盛可以为哪些证券提供保护措施。然后他写信给塞勒姆说，高盛应该利用市场反应，"向华尔街的一级产品提供高级保护，造成尽可能大的损害"。两天后，还是那个新客户，又想买入更多的保护措施。斯文森再次相信，高盛应该抓住人们越来越恐慌的机会挣钱。5月29日，斯文森对塞勒姆说："我们应该动手做空高级产品了。咱们挑一些人们觉得更看好的高级货，提供严密的保护措施。这样他们就会彻底绝望。"

2007年末，塞勒姆写了一份自我评估，提到了高盛怎样利用了市场的恐惧心理："5月，我们依然坚持对次贷的形成基础持有悲观看法，市场交易情况非常偏向做空，而且对外部打击非常敏感。我们就开始煽动这种打击，并计划在打击使得这些空头出现投降式抛售之后，再次高度做空。这主意应该可行，也很聪明。但是，一旦次贷的形成基础负面信息开始大量流传，我们就不再等着空头出现投降式抛售，而是自己马上重新开始做空。"

其他人似乎对总体上的定价迷惑不解。比如，有一次，高盛提议把证券卖给KKR金融控股公司，该公司是KKR旗下一所专门从事公司收购的金融公司，创始人之一是尼诺·凡洛（Nino Fanlo）。科恩给尼诺·凡洛打电话留言，提议用1美元合55美分的价格出售高盛全部的100亿美元组合，这个价钱远低于当时的证券交易价格。凡洛回电说："你跟市场有点脱节了。别人全都是80、85美分。"科恩回答，如果是这样，那么KKR就等于拿了一笔意外之财，能够55买进，80卖出。证券面值100亿美元，1美元赚25美分，总共能赚25亿美元之多。科恩说："你可以卖给所有这些交易者，卖80、卖77、卖76、卖75，想卖多少钱都行，哪怕60美分也行。我卖给你的价格，就是我的估值，55美分。"科恩说他迫切想要从高盛资产表上清空这些证券。科恩回忆说，他是这么告诉凡洛的："你要是能这么做，马上就能赚50亿美元！"（其实只有50亿美元的一半）科恩想用55美分卖掉这些证券已经有一段时间了，但别人一听这个提议就挂了电话。几天之后，尼诺·凡洛给科恩回了电话。科恩转述道："尼诺·凡洛回了电话，说：'你的估值可能是对的。现在市场对次贷证券的估值已经跌到30美分。'"

一名高盛高管说，当时整个华尔街的交易者、对手方全都非常不老实，说市场对这些垃圾证券的估值还是接近面值（1美元合100美分）。然而，高盛已经打了这么低的折扣，这些交易者却还是一点都不买。他说："我觉得人们忽略了什么东西。大家都污蔑我们，我认为这实在不应该，因为我们的估值显示的都是我们愿意买卖的水平。假如说这是个机会，我们把价格定在60，另一家公司定在80，那他们就可以按60从我们这儿买入，可实际上大家都等于……我不愿意说他们都活在一个谎言当中，可是他们都在做白日梦，自己还不愿意承认。"高管回忆，有一次，高盛和AIG讨论一只证券的价值，这只证券是AIG负责保险的，高盛认为证券价值下降了，因此跟AIG要更多抵押品。这次讨论的内容泄露了。高管说："高盛和AIG员工打了几次电话，AIG那边有录音。大致的意思是，高盛问：'你觉得市场价格会怎么样？'AIG说：'不知道，90？可能是80，我实在不知道。'然后AIG还说过一句：'我可能会买入更多，可是天底下随便哪个会计都会让我调低估值。'这答案绝对是真的，那么有些公司会怎么做呢？那些公司并不交易，所以也不是非要调低估值。在高盛，我们不会做这样的事。"

差不多两年半以后，2010年11月1日，高盛董事总经理兼投资经理总顾问珍妮特·布勒克尔（Janet Broeckel）给金融危机调查委员会与她对接的人员写了一封信。委员会名义上是美国两党联立的机构，调查2007年开始的金融危机的成因。委员会指责高盛在2007年决定调低证券估值，加重了贝尔斯登两只对冲基金的危机。珍妮特·布勒克尔写这封信是为了反驳委员会。她说，她认为高盛调低估值导致其中一只基金损失了12.5％的NAV，"在某种程度上对贝尔斯登两只基金崩溃负有责任"的这个想法完全错误："实际上，基金NAV估值的调整，与贝尔斯登资产管理公司两只基金的崩溃，都要归因于整个市场这一段时间MBS价值的下跌，还有基金本身杠杆过高，以及大量持有这些资产。"她说，调查委员会得到要求高盛提供的新资讯以后，"就会得出结论，高盛在2007年4月末的估值不可能导致基金NAV的调整，也不可能导致BSAM两只基金的最后崩溃"。

珍妮特·布勒克尔及高盛的主要论点包括：第一，贝尔斯登两只基金在2007年3月已经"陷入困境"。第二，4月对两只基金估值的修改，可能最多导致2630万美元的价值下调，还很可能更少。以及，"无论如何都不可能导致NAV价值下降12.5％"。第三，BSAM也并没有"让自己的仓位估值同高盛保持一致"。第四，2007年6月7日，基金经理乔菲与高盛召开电话会议时告诉高盛员工："不包括高盛在内的三家匿名的交易者，已经大幅修改了2007年4月末的估值。"据说，乔菲对高盛说，"某些仓位估值大幅下调"，"这就导致了BSAM两只基金重新发布了4月的NAV"。

奇怪的是，这三家企业始终匿名，而且在高盛处理CDO组合这段时间，当时的华尔街也没有可靠证据显示哪一家公司像高盛一般，有一点这样的激进（也就是正确）措施，这就让高盛的否认更加使人不解了。正常情况下，高盛会大肆宣扬自己"按市价核算"的能力，宣扬自己如何在华尔街独树一帜，只有自己老老实实地承认自己的组合的价值（那些当时的电邮随便哪一封都可以证实）。可是，危机过后的政治局面却迫使高盛必须否认自己的手腕，才能避免别人抨击。

高盛还有一个论点就是"本公司并无动机使两只基金倒闭"，因为高盛就是两只基金的短期贷方。珍妮特·布勒克尔写道：2007年4月底，高盛给两只基金的4.53亿美元回购贷款做了延期，这些贷款由两只基金的MBS证券做担保。因此，"简而言之，高盛如使两只基金倒闭，则损害了高盛的自身利益。高盛并未使两只基金倒闭"。她还说，假如基金无法偿还回购贷款，高盛就会没收抵押品（MBS证券），卖到市场中，而"这一举措将为高盛带来严重损失，因为这些证券在这一时间段内始终在贬值"。可是，她说的这件事其实并不相干，因为高盛这个贷方是有担保的，而且她也没有提到另一件事，那就是两只基金确实在回购贷款方面违约了，高盛确实没收了抵押品，还威胁要卖到市场中；而且贝尔斯登又出手援救了各个回购贷方，有高盛，还有很多别的公司，贝尔斯登用1美元合100美分的价格救了这些公司。这个决定，最后导致贝尔斯登于2008年3月垮台。

珍妮特·布勒克尔也没有讲到首席风险官克雷格·布罗德里克在5月11日发表的决定性的邮件：决定调低估值，把信息传递给市场。不仅没有讲，一个字都没有提。相反，高盛的文档想要显示公司在2007年3—5月几乎没有调低两只基金组合中任何垃圾证券的估值，尽管高盛自己也面临严峻情况。比如，ABACUS 2006 HGS1的一个分档在3月价值65美分，5月价值还是65美分。同一只证券另外一个分档，4月价值55美分，5月价值还是55美分。高盛仿佛宁愿显得跟其他公司一样，而不愿意显得有了先见之明，看到了其他公司没看见也看不见的情况，采取了行动。

虽然调低估值的时间点显然是在5月，但其实在什么时间点调低已经无所谓了。这些证券的买卖差价一旦扩大到竟然需要这么一场令人生厌的、有关价值的争论，贝尔斯登的末日就要开始了。金融危机调查委员会总结："关于高盛估值对客户及对手方的影响，克雷格·布罗德里克的说法正确。"调查委员会下面的报告内容，完全不符合高盛律师珍妮特·布勒克尔的希望："危机展开的同时，高盛将MBS证券估值调低，其水平远低于其他公司水平。高盛明知这些低估值会损害其他公司，也会损害一些客户，因为这些公司与客户能够要求调低这些资产与其他类似资产的估值。此外，高盛的估值也会被各个竞争对手在经销商调查中查到。于是，高盛的估值就会继续导致其他'按市价核算'公司的损失，也就是其资产的表面价值会下降，营收也将减少。"

2007年2月，ABX指数急速下跌，在折线图上出现一个向下的陡峭斜坡，跌到了60左右。2007年4月中旬，又恢复到70—80之间，然后再次跳水。高盛继续对冲自身风险，防范次贷指数下跌，这一措施的成本增加了，整体市场也越来越不安。但是，虽然保险成本上升，高盛还是批准斯文森和伯恩鲍姆继续对冲抵押贷款市场。4月5日上午，迪布·塞勒姆致信斯文森，说打算针对ABX指数卖出2亿美元保护措施。7分钟过后，斯文森回信："要卖掉5亿美元。"但是过了一个星期左右，市场再次朝伯恩鲍姆针对ABX指数的空头仓位反向发展，呈现出亏损事态。

伯恩鲍姆和同事们接着坐了几个月的"过山车"。有些日子，做空的前景不错；有些日子，做空就让人非常痛苦；还有些日子，前景不确定。比如5月17日，高盛做多的一只CDO表现很差，迪布·塞勒姆就写信给斯文森告知了"坏消息"，公司因为承销多头仓位而损失了250万美元；但还有一个好消息，公司给同样一批证券中的一只买了保险，"可以挣到500万美元"。

伯恩鲍姆知道，如果得到批准，坚持做空，将来一定会证明他没错。但他也知道，高盛拼命想卖掉的残值CDO仓位确实如他所说在贬值。这意味着，这些估值的另一边，那些对手方会发出更多绝望的悲鸣。伯恩鲍姆说："每个月都出现越来越多的降值，但是这一切的原始动机非常简单，那就是：我们持有这些产品，而且遵守一个规矩——我要是估值70美分，我就比没有估值70美分的时候，更愿意95美分卖出去。我们会说：'把这垃圾处理掉，因为这东西一钱不值。将来会有一个机会窗口，把这东西卖掉。一定要抓住这个窗口，承受损失，继续前进。'"伯恩鲍姆、斯文森、塞勒姆、普莱默拼命想要灌输给公司高管的就是这个道理。但是，有些时候正确与否并不重要。伯恩鲍姆说："从我坐的位置看市场，就好像一场滑稽的僵局：市场坚持说那些垃圾产品的价值依然是面值，可是一直又不肯接受这些产品，而我们感觉这些产品的价值远远低于面值。就像很多人坚持睁着眼睛不眨眼，但总有人坚持不住，先眨眼。"

6月初，贝尔斯登两只基金终于被迫将每月表现的数字下调了；此时，高盛的新估值刚刚发表不久。6月7日，两只基金给投资者的信，不仅承认了强化杠杆基金在4月下跌了18.97%（就在三周以前，5月15日一封信还说，下跌只有6.5%），还承认这只总额6.42亿美元的基金发生了大约2.5亿美元的赎回请求，而这些赎回请求将会暂停，理由是"投资经理相信，公司的流动资产将不足以支付投资者"。第二天召开了一次投资者电话会议，讨论基金的糟糕业绩。会上，乔菲和丹宁拒绝回答投资者的问题。一名投资者说："他们什么也不想说。"投资者越来越愤怒，终于不可避免地将这一局面公开了。6月12日，《华尔街日报》经过大量研究之后，报道说：强化杠杆基金1—4月已经下跌了23%，而且基金阻止了投资者赎回。《华尔街日报》说："目前，基金发生了显著下跌，很难确定实际损失会有多少，因为如果发生几次很好的交易就会把基金拉回到纯利润状态（意思是，市场回暖，基金就有救）。但是，抵押贷款市场有一角正在恶化，在这里，人们正拼命挣扎，偿还住房贷款。而基金对这一部分市场的敞口太大，因此这并不是好消息。"《华尔街日报》认为，虽然强化杠杆基金的损失将会给乔菲和丹宁造成严重打击，但"基金的损失给贝尔斯登母公司的影响则较为有限"，因为贝尔斯登在基金只投了4500万美元。

讽刺的是，也是在6月12日，BSAM的交易员们开始出售乔菲两只基金中一些质量最高的抵押贷款证券，面值约为38.6亿美元，用以筹集现金。但销售情况很差。过了一周，乔菲和BSAM与各个对冲基金贷方（包括高盛）谈判双边协议。协议规定高盛有权拿回抵押品，试图卖给市场。贝尔斯登同很多贷方达成的协议都规定，贷方拿走的要么是现金，要么是证券，高盛也是如此。高盛拿回的抵押品当中，有先前3

月乔菲从高盛以面值买下的4亿美元森林狼证券中的3亿美元。高盛一份6月22日内部备忘录写道，高盛抵押贷款交易柜台放出话来，说自己现在必须卖掉森林狼2亿美元滞销证券，价值1美元合98.5美分；还有一笔1亿美元证券，价值1美元合95美分。高盛拼命想要卖掉森林狼证券，把它们宣传为"高级CDO斧子""超级AAA级发售（Super AAA Offering）"。交易柜台说，森林狼证券在资本结构上处于高层，是其他Aaa/AAA债券的40%~50%。[1]蒙塔格收到备忘录之后，发邮件问斯帕克斯："有没有一份我们从贝尔斯登买下的所有产品概述？我们还剩下什么没有卖出？"斯帕克斯说："我可以发你一份完整详细的产品总结，但主要剩下的是3亿美元森林狼，还有一些小规模住房抵押贷款担保证券仓位。"余下的都卖了。几分钟后，蒙塔格回信："天哪，森林狼这业务真是太垃圾了！"这就给了参议员列文一根大棒，让他在2010年4月底抨击了高盛11小时。蒙塔格回信之后一周，森林狼证券还是没有卖出。

7月30日，贝尔斯登两只基金正式清算，投资者损失了大约15亿美元。因为之前在6月22日，贝尔斯登代替高盛与其他公司成为两只基金的短期贷方，所以在两只基金清算的时候，贝尔斯登拿走了13亿美元基础抵押品。到2007年四季度，贝尔斯登减记了这13亿美元，导致贝尔斯登85年历史上第一次出现季度亏损。2008年3月，贝尔斯登倒闭，被摩根大通以每股10美元收购，而它在2007年1月的股价最高达到了172.69美元。贝尔斯登有290亿美元有毒证券，摩根大通不想要。为了让摩根大通收购贝尔斯登，美国纳税人同意承受这290亿美元损失。到2010年9月30日，美联储发布消息说，这些证券价值270亿美元。

伯恩鲍姆认为，贝尔斯登两只基金的麻烦相当于一部动听的交响乐：

[1] 原文如此。网上查找，穆迪事务所的全球级长期评级，从高到低分为Aaa、Aa、A、Baa、Ba、B、Caa、Ca、C九级，其中Aa到Caa级别之后可以加上进一步细分的修正数字1、2、3。译者暂未发现Aaa与AAA的大小写不同有什么意义，怀疑是作者笔误。这里不加改动。

"我们一听说乔菲的消息，柜台就真有几个交易员说：'啊，这可真是救世主降临的时刻！这会成为按市价核算的重要事件！我们要再次行动（做空市场）！'我们已经给许多空头补仓，因为那些风险价值警察找上门来，发现了我们在3月做的事情。我们补仓的意思就是我们把很多仓位交给了对冲基金经理，把空头仓位交给了他们，他们因此而受益。意大利有很多家庭已经买光了这些空头。"尽管伯恩鲍姆的柜台被迫卖掉了赚钱的空头赌注，但在2007年三季度依然大赚。高盛档案显示，三季度团队盈利4.57亿美元，而一季度只有2.88亿美元。结构类产品交易团队似乎完全在补偿整个抵押贷款部，抵押贷款部二季度虽然有了伯恩鲍姆的盈利，但总体仍然亏损1.74亿美元，主要是因为高盛减记了抵押贷款多头仓位，以图卖给市场。

7月初，伯恩鲍姆很快采取行动，打赌ABX指数会在乔菲对冲基金溃败之后下跌。他打赌的原因之一是团队的风险价值已经在二季度显著减少。打赌并不需要高管批准。伯恩鲍姆介绍道："我们拿到了一组定量参数，这就相当于一只与世隔绝的盒子，我们要从风险角度在盒子里采取行动。只要我们遵守这些参数，就可以为所欲为。我们在盒子里安全得很。于是，我们又开始做空市场了。"伯恩鲍姆像发疯一样销售ABX指数，到7月12日，赌注已经产生回报。后来，美国参议院下属委员会大幅修改了伯恩鲍姆当天写的一封邮件，并发布了这封邮件。人们从正文就可以看到这种回报。伯恩鲍姆给一些高管群发了ABX指数的交易成果，但委员会没有透露收件人是谁。五分钟后，伯恩鲍姆收到一封回信："乔希·伯恩鲍姆，做市商就应该这么干！你这小伙子干得漂亮！"伯恩鲍姆回复："最近看到了大量现金流。很多账户都甘拜下风。任何人只要觉得价格已经探底，都已经死翘翘了。"对方回道："我们今天的损益（收益）已经达到了10亿美元，但我不是约翰·鲍尔森，没有他那么大的成就。"伯恩鲍姆赶紧回答："鲍尔森还是最牛的，这一行他赚了20亿~30亿美元。我们成为他的对手已经有一阵了，但现在还肯定不如他。"

到7月20日，伯恩鲍姆带来的巨额利润引起了布兰克费恩的注意。布兰克费恩问维尼亚、科恩：金额怎么这么大？双方用极难理解的内部行话讨论了一阵各地的对冲基金，然后科恩对布兰克费恩解释说：高盛针对抵押贷款市场有"净空头"，净空头带来了收益。布兰克费恩则回道："我打赌营地的那些孩子的父亲（意为非常普通的平民，张三李四）也在说这件事。"7月24日，每日损益表显示，伯恩鲍姆第二交易组在当日完成了7200万美元交易，高盛总体税前利润900万美元。布兰克费恩致信维尼亚、科恩："我见过更糟糕的情况。"这句话是反语，表示当天情况很好，有点轻描淡写。维尼亚回答："是合并业务、隔夜亚洲业务，特别是做空抵押贷款拯救了这一天。"

第二天情况更好。伯恩鲍姆的交易赌注上升了3.73亿美元。然后，高盛利用伯恩鲍姆的超额利润的补仓进一步减记了高盛卖不出去的CDO价值，也减记了其他抵押贷款相关的残值证券价值。减记这些多头仓位，总共耗费了高盛3.22亿美元，但因伯恩鲍姆的空头仓位，抵押贷款团队当日依然盈利4870万美元。当天，维尼亚致信科恩："这种情况就告诉你，那些没有大空头的人可能会遭遇什么！"7月26日，蒙塔格致信布兰克费恩与科恩："今天抵押贷款应该位于1.35亿美元左右。"布兰克费恩说："这个数值准确吗？"然后蒙塔格又把估值提升到了1.7亿美元："希望如此。"布兰克费恩有疑问："我们是在正常地调低多头估值吗？"蒙塔格回答："我们昨天已经调低了1亿美元估值。今天可能再调低1500万美元，还不确定。另外，调低估值的空间已经不大了。"布兰克费恩觉得情况很好："空头要是今天涨了，多头不是应该跌吗？除非已经跌到了零。"

伯恩鲍姆明白公司为什么要让抵押贷款的亏损抵销自己带来的利润，但依然耿耿于怀："在正确估值不会有坏处的时候，头脑清楚、不偏不倚地看待问题是很容易的。这个理念给公司带来的好处可不小啊，没错吧？因为我们的柜台已经尽可能做空了，我们也一直在挣钱，所

以我们在损益方面已经有足够的现金可以进行投资了。"另一名交易员
也有同感："我们柜台如果一天之内赚了5000万美元，就会很自然地表
示：'我们有5000万美元可以玩了。咱们把那些CDO估值再调低一点！'
这样就会让我们发疯，因为我们会互相击掌，大喊：'我们今天挣了一
亿大洋！'我是说，一天挣1亿美元，是从来没有过的事；然后损益表
一登记，你就会说：'啊，整个部门增长了2000万美元。'"

这就使得高盛与其他公司的做法完全不一样了。其他公司拒绝按照
市场真实情况给自己的产品估值，还因此恨透了高盛，因为只要按市价
核算就必须承担巨额损失。伯恩鲍姆说："别的公司没有这个特权，他
们不能调低估值，因为垃圾证券实在太多，没法调低，也拒绝调低。他
们要是跟我们一样调低，就会先于我们破产。别的公司都在拖延时间。
交易员只要亏了钱，一定会拼命拖延时间。"

伯恩鲍姆还有另一个对冲策略，与抵押贷款、ABX指数、CDS都
无关，而是一个简单的赌注，打赌高盛在抵押贷款领域来往最密切的那
些公司的股本会降值。打赌的方法是购买看空期权，向愿意担任对手方
的第三方支付一笔溢价。伯恩鲍姆打赌，这些公司的股票会在某一特定
日期下跌，而看空期权的卖家则打赌股票会上涨。7月24日，伯恩鲍姆
发出一封电邮，说他的看空期权自购买以来已经赚了4900万美元。伯
恩鲍姆打赌股票会跌的公司主要包括：贝尔斯登、穆迪、华盛顿互惠、
第一资本金融公司（Capital One Financial）、国家城市银行。

伯恩鲍姆是从什么时候开始买入看空期权的，目前还不清楚，但显
然在6月21日之前就已经开始了，因为他在21日写道："团队已经暂停
了股本交易，与此同时，我们在同管理部门、市场风险部门合作，要算
出这些仓位的量化极限。"还说，他认为快要达成针对极限的共识了，
但还需要得到批准，用机会主义方式买入这些对抵押市场有敞口的公司
的看空期权。他特别列出了13家他想买入看空期权的公司，包括贝尔
斯登、雷曼兄弟、美林、摩根士丹利、美国国家金融服务公司。时任高

盛美国信贷销售交易部门主管的唐纳德·马伦（Donald Mullen），是2001年从贝尔斯登跳槽到高盛的。21日当天，马伦收到了伯恩鲍姆的备忘录，然后给斯帕克斯写了一封邮件驳斥，言辞尖刻："伯恩鲍姆实在是太（此处有删节）。布鲁斯·彼得森（Bruce Petersen）[1]今天会跟他商议。"

8月9日，美国次贷危机的国际影响在巴黎表现出来了。法国最大的银行法国国家巴黎银行停止了旗下三只投资基金的提款。到8月7日，三只基金资产总共达到20亿美元。停止提款是因为银行已经无法适当估值了，因为"美国证券化市场某些领域的流动性完全蒸发了"。几天之前，8月3日，德国第三大共同基金管理者——德国联合投资管理公司（Union Investment Management）——发布消息，停止了旗下一只基金的提款，当时投资者已经提出了基金的10%。也是在9日，欧洲央行向隔夜贷款市场注资950亿美元。彭博社报道："次贷危机让很多银行陷入混乱，急需现金。欧洲央行对此做出了前所未有的反应。"这个数额超过了"9·11"事件之后欧洲央行贷出的资金总额。

这时候，亨利·保尔森已经担任财政部长一年了。上任以来，他一直很担心这类"金融市场危机"。他每周定期跟美联储主席本·伯南克举行早餐会，就着平日习惯的燕麦粥、橙汁、冰水、健怡可乐商议问题。这次开会之后，他把情况写进了回忆录《峭壁边缘》（On the Brink）："本·伯南克也跟我一样担心欧洲局势。"

保尔森回到办公室后，又与华尔街各大公司CEO商议，其中有高盛的布兰克费恩、雷曼的理查德·福尔德（Richard Fuld）、黑石集团的苏世民（Stephen Schwarzman）、美林的斯坦利·奥尼尔（Stanley O'Neal）。保尔森写道："那些CEO全都处在发疯的边缘。"斯坦利·奥尼尔回忆那次电话会议时说，他是这么告诉保尔森的："你要是早两天给我打电话，

---

[1] 高盛另一名董事总经理。

我那时候肯定更有信心。可是现在我再也没信心了！"保尔森问："为什么？"奥尼尔说："因为一夜之间，评级很高的银行之间的担保贷款全都崩溃了！"又说："还有别的情况，也就是，除了我们表面上看见的问题，还有金融体系的深层问题！"奥尼尔还知道，美林有数百亿美元CDO估值还接近面值，这是一颗定时炸弹！

　　8月17日，美联储第一次采取行动，想要给伤口止血。央行把利率调低了50个基点，因为发现"金融市场形势已经恶化，信贷情况更为紧缩，不确定性上升，有可能妨碍经济继续发展"。美联储承诺"采取必要措施减轻金融市场扰动对经济造成的不利影响"。还宣称各大银行将可以从贴现窗口借钱，"期限可长达30日，而且可以延期"。这是为了让各大银行"对融资成本及现实性有更坚实的信心"。新的计划将会持续有效，"直到美联储确定市场流动性已经显著提升为止。"这次是双管齐下：一是降息，二是用美联储的资产表替换美国各大金融机构的资产表（意为美联储控制了这些机构的贷款行为），不论这些机构是否陷入麻烦。双管齐下的策略总归是从一个美联储的异地办公室开始实施了，地点是怀俄明州的杰克逊霍尔山谷，时间是2007年8月第三个星期。美联储纽约分行行长蒂姆·盖特纳将这次针对愈演愈烈的危机的新措施叫作"伯南克主义"。

　　显露端倪的信贷危机四处蔓延，2007年晚夏的时候，全球都开始感觉到了。与此同时，高盛却因着伯恩鲍姆的对冲措施而继续财源滚滚。7月29日，斯帕克斯致信蒙塔格："这一周，整个部门利润3.75亿美元，其中交易业务利润2.34亿美元。CMBS、CDO、RMBS/ABX空头均有贡献。"两天后，蒙塔格报告布兰克费恩，写的邮件晦涩至极，好像天书。他说了利润情况、市场情况，还有高盛一直在努力，给空头头寸补仓，减少同伯恩鲍姆对冲措施相关的VAR。8月6日，斯文森、伯恩鲍姆二人来到管委会演讲，说"本周为指数空头补仓的成就是现象级的"，还说"一个柜台就买入了33亿美元的ABX指数，各种发行年份、各种评级都包括了，以及15亿美元用于给空头补仓"。

然而到了第二周，风险价值警察就又开始暗中行动了。其中一个风险价值警察写了一封内部邮件，流传很广，里面说伯恩鲍姆的交易团队VAR大约在1亿美元，远远超出了3500万美元的限度。8月9日，伯恩鲍姆致信迪布·塞勒姆："你有没有受到更多压力，让你削减风险，或是给风险补仓？"他还说，他之前打听过风险价值警察的事，只是因为"我看见了通知，说抵押贷款又降到3500万美元的永久限度，这个限度，我们已经超过了一些。这就说明他们最近政策发生了变化，要增加我们的限制。这就让我有些紧张，他们可能会命令我们做一些蠢事"。塞勒姆很快明白了伯恩鲍姆的点，回答："我也觉得这让人担心。你花多少时间才能让风险价值警察将VAR调整到比较现实的数字？"伯恩鲍姆回答，他在周二已经跟他们开过会了，可以让1.1亿美元VAR限额的有效期延长到8月21日。可是，8月13日，VAR总体交易额已经从1.5亿美元上升到1.59亿美元，维尼亚坐不住了，下令："不用多说，把数值降下来！"过了两天，交易中的VAR已经上升到1.65亿美元，加里·科恩也响应维尼亚的看法："没有争议空间了，必须降低！"

对抵押贷款交易柜台VAR上升的关注，揭示了一场更大的辩论，遍及整个公司：抵押市场开始崩溃的时候，要怎样充分利用其他人感到的痛苦呢？问题在于，伯恩鲍姆和高盛都继续认为，其他公司被迫卖出的时候，我们买入就是巨大的盈利机会。但买入需要让更多资本面临风险，会抬高VAR，会惹恼风险价值警察、维尼亚、科恩。虽然科恩说"没有争议空间了"，可争议还是到处发生。

斯帕克斯给蒙塔格、维尼亚、科恩等高管群发了电邮，想要把这个机会解释给上面一级一级的领导："抵押贷款CDO市场持续遭受重创，原因之一是次贷RMBS证券大幅下挫，二是评级机构的行动，三是没有流动性。"然后用高盛自己的森林狼业务举例。在5月底的时候，森林狼业务的估值为1美元合80美分，但到8月14日，已经跌到1美元合20

美分。斯帕克斯说："不只是流动性问题，基本的现金流也出了问题。"
他接着说："近期大赚的最好机会就是买入AAA级ABX指数，还有其他
RMBS证券。"斯帕克斯认为，市场似乎反应过度了，抵押贷款柜台也
在为空头进行补仓，而且获利丰厚，"但我们很快就会拜访你们，表示
我们想要做多几十亿美元，同时在抵押市场风险更高的那一部分保持做
空"。科恩回复道："你做空之前先来跟我谈一次。"表示不会这么容易
做出决定。

到8月20日，斯帕克斯开始进一步制定交易的具体计划。斯帕克斯
给科恩、温克尔瑞德、维尼亚、蒙塔格以及唐纳德·马伦群发了一封电邮，
标题为《重大机遇》（Big Opportunity），详细评估了目前市场的崩溃："我
们看到了很多大规模清算变现，这是因为市场对流动性有需求，这种需
求有恐惧的原因，也有技术原因。"斯帕克斯提到，大型商业贷方CIT
集团（即"商业投资信托公司"，Commercial Investment and Trust Group）
打来电话，想让高盛买下价值100亿美元的CIT贷款。斯帕克斯说："我
们认为现在应该开始利用资产负债表了，这是一个独特的机会，可以带
来真正的好处。如果长期持有，可能会给我们带来5到10个点（利润）。"
温克尔瑞德的回信中有一句："显然是个机会。"

第二天，伯恩鲍姆又给这些高管发电邮，也说了斯帕克斯前一天介
绍的事，只不过是伯恩鲍姆自己的版本："抵押部门认为，目前对于那
些有现金[1]的人来说，是一个非凡的机会，可以用现金或者合成的形式
添加AAA级次贷风险。"伯恩鲍姆主张，交易将会减少抵押部门7500万
美元的VAR，而且交易隐含的套利机会可能会带来高额利润。他还认为，
会有很多陷入困境的卖家会供货，"我打算同一些筛选过的风险合伙人
暗中分享这个交易"。

这个提议十分大胆。而且，如果伯恩鲍姆与高盛猜得没错，也确实

---

[1] 原文为dry powder，直译为"干火药"，即可用于投资的现金总额。

能带来高额利润。不过，公司最高层也有些担心，抵押部门最近的成功是否冲昏了他们的头脑？马伦致信温克尔瑞德、科恩："你们要是不回复这些家伙（抵押部门的人），只是把皮球踢回给蒙塔格和我，就有助于约束他们。"科恩答："收到。我不回复。"但紧接着，科恩也不得不承认，做这交易确实有好处："我觉得这主意不错，但是应该由你决定。"然后蒙塔格也参与讨论："我要说清楚一件事，这是买入持有策略，不是传统的低买高卖策略。"意思是，企业的资本将会投入业务一段时间，不能自由使用。科恩明白了。最后，斯帕克斯、伯恩鲍姆得到批准，能够"以机会主义方式买入资产"，与此同时又让抵押交易团队"对空头头寸进行显著补仓"。2007年9月，高盛高层向董事会进行了一次演示，幻灯片就是这么写的。

到8月底，也正是高盛财年的第三季度。毫无疑问，此时伯恩鲍姆已经成为不可阻碍的力量。他领导的结构类产品交易团队，使得抵押业务飞速发展，而且持续盈利；与此同时，高盛的其他华尔街竞争对手却在拼命挣扎。9月17日，财年三季度期间，团队为高盛董事会说明情况：抵押贷款制造部门亏损约2亿美元，大部分来自不良贷款价值的减记，而伯恩鲍姆和公司总体营收却飞速增长，增幅7.31亿美元，几乎是纯利润。2007年三季度，高盛抵押业务总营收7.35亿美元，其中7.31亿美元也就是99.5%来自伯恩鲍姆团队！此外，2007年1—9月抵押业务总营收10.17亿美元，其中9.55亿美元——接近伯恩鲍姆的bilsky[1]——来自伯恩鲍姆团队。

一片混乱中，高盛依然财源滚滚。2007年三季度，高盛营收为123亿美元，是公司史上营收第二高的季度，净收入为29亿美元。股本回报率31.6%，对于上市公司来说，几乎闻所未闻。公司召开收入电话会议，维尼亚特别提到了高盛在抵押贷款方面的表现："抵押部门一直面临挑

---

[1] 这个词不见于词典，怀疑是伯恩鲍姆对某个工作计划或者目标的称呼，具体不详。

战，三季度的抵押库存价值也出现了广泛滑坡。因此我们三季度也大幅调低了多头库存仓位估值，跟我们在一季度、二季度做的一样。我们尽管调整了估值，但我们的风险偏好依然是做空，认为净空头仓位可以盈利。我还要说，你们都听见我表示了，我对年初以来的抵押市场形势总体表示悲观，因此你们能够猜到，我们一直在大幅降低多头抵押贷款敞口，并以保守立场，调低多头抵押贷款仓位估值。"

《财富》杂志作者彼得·艾维斯（Peter Eavis）第一个报道了高盛的"惊人策略"，也就是在"信贷市场陷入危机的时候，押下一笔巨大而精明的赌注，似乎已经大捞一票"。艾维斯不确定高盛是怎么做到的，但他在9月20日发表的这篇文章里十分狡猾地评论道："今年夏天，各个信贷市场都崩溃了，导致抵押贷款担保债券价格出现数千亿美元的跳水。可高盛却已做好准备，将会因这些贬值的证券而大赚特赚。"艾维斯说："高盛三季度的收入大大超出了预料，这种井喷式增长的主要因素就是那些从MBS证券贬值当中获利的交易。"艾维斯想要估计一下高盛因为空头赌注而赚了多少。当时他不知道究竟是高盛内部的什么人策划的交易。他记载，维尼亚在三季度电话会议中"拒绝透露高盛做空抵押贷款市场而盈利的具体数额"。

自然，艾维斯并不知道（也不可能知道）伯恩鲍姆和高盛过去九个月左右一直在做空抵押贷款市场。但艾维斯猜对了一件事，那就是高盛的决策要花费时间才能批准并执行："如果要积累巨额的抵押空头仓位，就必须有高层的策划与指导。维尼亚在电话会议上说，赌注在整个抵押贷款业务方面都实行了，说明绝不是某个交易员的冒险，也不是一个交易柜台的单独行动。当然，空头销售的预知能力，似乎证实了高盛是整条华尔街最灵活（可能也是最聪明）的经纪商。"艾维斯还说："贝尔斯登的抵押贷款业务本季度严重下挫，摩根士丹利也没有采取足够对冲措施，防止债券亏损。"实际上，迈克尔·刘易斯的《大空头》记载，摩根士丹利因为打赌出错，在抵押市场崩盘的时候损失了大约90亿美元。[1]

卢卡斯·范·普拉格长期主管着高盛公关部。普拉格把《财富》杂志文章分发给了企业高管。温克尔瑞德（还有其他一些人）很不高兴，给执行团队写信："他们又一次完全忽视了企业信誉的威力而完全归功于仓位和赌注。"布兰克费恩又把温克尔瑞德的观点进一步发挥："而且，空头仓位并不是打赌，而是对冲，也就是避免打赌。因此，部分来说，这是从VAR减去，而不是加上。"这个观点十分微妙，把两种现象做了一个精细的划分。之后，布兰克费恩一再重复这个观点，虽然很少有人明白他的逻辑。实际上，高盛的确打赌抵押贷款市场会崩盘，而且赌赢了。长期担任高盛合伙人的彼得·克劳斯（Peter Krause），当时是高盛投资管理部门的联合主管。布兰克费恩发言之后，过了几分钟，克劳斯用黑莓手机给布兰克费恩发了一封邮件，为布兰克费恩提供了一个非常特别，可以称为"目光短浅"的论点。克劳斯说，自高盛发布三季度财报以来，他见了十多个客户与潜在客户。他给布兰克费恩写信："这些机构并没有表示'你们高盛擅长为自己赚钱，而不擅长为我们赚钱'，我认为他们也不会有这样的表示。个人客户也许有时候会这么说，但是，虽然这要求我们必须把自己放得最谦卑才能回答，但是我非常强烈地感觉这种事会让客户与我们联系更加紧密，因为另一种观点'把钱送给二流企业，而不要送给一流企业'完全站不住脚。最终，客户会意识到，从长远看，同一流企业保持联系才是最好的选择。"[2]不用说，布兰克费恩一个字也没有回答。

---

[1] 参见《大空头》第九章。摩根士丹利交易员豪伊·休伯勒（Howie Hubler）买入信用违约掉期（CDS）而做空房地产市场，为了应付CDS的保证金，休伯勒同时进行了CDO的交易，最后赌输，让公司损失90亿美元多一点，休伯勒在2007年10月引咎辞职。这是华尔街历史上最大的单笔交易亏损。

[2] 克劳斯这段话拐弯抹角，其实想表达的就是："我们最棒，所以哪怕我们盘剥客户，客户也只能忍着，不会去找别的公司。"这段话表面说"谦卑"，其实非常厚颜无耻。因此布兰克费恩不想引起话题，直接无视了。

10月11日，三大债券评级机构之一的穆迪，把原先在2006年发行的320亿美元上市抵押债券降级了，这是穆迪六个星期之内的第二次大规模降级。斯文森把消息发给了蒙塔格、马伦，说："最终这肯定会引起CDO降级。"还说，消息公开后，他们还"以1个百分点的差价"卖出了一只ABX指数，表示高盛赚到了更多的钱。斯文森最后补充道："ABS柜台的损益，今天会增加3000万~3500万美元。"马伦回答："这一天不错！"关于穆迪降级的事，还有另外一场讨论，商议会产生什么技术上的后果。斯文森认为，降级会导致某些债券的利息无法支付，也就会大幅降低证券价值，而那些打赌证券会下跌的公司（比如高盛）就会大赚。马伦回答："看来，我们有很多钱可以赚了。"斯文森总结："对，我们的局面非常好。"实际上，当天的盈利情况比斯文森预料的还更好。抵押交易柜台的盈利不仅仅是斯文森设想的3000万~3500万美元，而是1.1亿美元，其中6500万美元来自"昨天的降级，降级导致'AA-'级别到'BBB-'级别的债券抛售成功"。这是斯文森给马伦写的邮件，是一种个人能力的炫耀，相当于体育比赛中，冠军绕场一周的"胜利大环游"，华尔街人十分精于此道。高盛虽然最强调团队合作，但也会有这种个人炫耀。马伦又回答："真是个伟大的日子！"

但是，交易毕竟是零和游戏，有一个赢家则必有一个输家。因此，高盛大赚特赚的同时，有些客户（交易柜台称客户为"对手方"）就注定要倒霉了。更糟糕的是，高盛在欧洲的一些交易员，2007年早些时候帮助销售过高盛的"斧子"（不良产品），觉得自己帮助企业摆脱了不良业务，却并没有得到应有的荣誉，心怀不满。高盛的欧洲固定收益销售总部位于伦敦，主管是尤素福·阿里瑞达（Yusuf Aliredha）。10月17日，阿里瑞达致信丹尼尔·斯帕克斯："丹尼尔，欧洲销售部的员工普遍对我们同客户的一些交易感到十分不满。这种行动对企业声誉造成了严重损害。只是五笔交易就给客户造成了超过10亿美元的损失。此外，团队也感到自己做了贡献，但比起赚钱和拯救企业的规模来说，团队得到的荣誉（包括销售业绩和其他方面）却严重不对等。"

接着，阿里瑞达介绍，高盛在2007年创建并销售给投资者的五笔CDO业务，如今客户们非常不满，回来缠着高盛不放。这五笔业务的其中一笔就是ABACUS业务，几个月之前刚刚由法布里斯·图尔和乔纳森·伊戈尔完成。阿里瑞达似乎十分担心荷兰银行，这家银行与ACA共享了大约10亿美元的抵押贷款相关风险，为此十分恼火。阿里瑞达告诉斯帕克斯："当时，这就是伊戈尔和图尔最大的斧子，ACA选择的投资组合中大部分是次级BBB贷款。荷兰银行只是中介，他们愿意接受ACA敞口……我不确定抵押品总体金额，但这笔业务本身就至少达到了2亿～3亿美元。"也就是说，高盛在清理犯罪现场，而高盛那些客户，那些相当成熟的投资者却丢了性命。

10月29日，高盛的首席风险官克雷格·布罗德里克在高盛税务部门发表内部演讲，题目是"传染病和拥挤的交易"（"Contagion and Crowded Trades"）。布罗德里克介绍，高盛在信贷市场的惊涛骇浪中砥砺前行，已经安全进入港口。演讲一开始，他就说："今年1月以来，特别是夏季，市场发生了一系列戏剧性的有趣变化，我在这个行业待了25年多，第一次看见这种变化。我说'有趣'只是因为我们已经熬过了最难的阶段，敞口已经不是最大。但在很长一段时间里，这些变化还是很吓人的。"

布罗德里克承认，高盛愿意降低自己多头头寸的估值，"导致人们开始各种议论，说我们怎样怎样调低自己产品的估值，要阴谋，而且也开始质问我们和竞争对手在对待估值方面的各种明显不同，此外，我们同客户也存在很多争议"。但他认为，高盛按市价核算的非凡技能，是一项极大的成就："最大的成功在于我们的估值和抵押品看涨期权。我们拥有先发制人的优势，拥有更加切合实际的估值，我们的竞争对手因为自身的交易仓位而不愿意改变估值。"第二天，布兰克费恩问维尼亚、科恩："对抵押贷款和CDO账目的评估怎么样了？"维尼亚回答："非常好。您会十分满意的。"

"非常好"的原因越来越清楚了。高盛有一份内部档案，是关于抵押贷款团队季度表现的。里面写到，伯恩鲍姆依然财源滚滚，尽管他赚钱的速度在四季度放慢了，这也情有可原。尽管如此，利润的金额还是令人瞠目，特别是与华尔街其他公司血流成河的情况相比。10月26日全天，伯恩鲍姆的团队盈利37亿美元，而抵押贷款部门其他业务亏损24亿美元。盈亏相抵，还是赚了很多。

《纽约时报》承接了几个月前《财富》杂志的话题，继续探索高盛奇迹背后的原因。记者詹妮·安德森（Jenny Anderson）和小兰登·托马斯（Landon Thomas Jr.）评论道："三个多月的时间里，华尔街信贷市场发生剧烈动荡，一家又一家大型投行陷入严重困境，蒙受了数以十亿美元计的损失，几乎被夷为平地。然而，高盛极为罕见地一枝独秀。在巨额资金往来穿梭的华尔街，极少有一家公司表现极好，其他公司却表现极差的情况。到目前为止，已经有三名银行业高管在亏损之后被迫辞职，而所有仍然在岗的高管也将大幅减薪。"与此同时，《纽约时报》预测，布兰克费恩2007年的收入将会轻易超过2006年的5400万美元，可能最多会有7500万美元。最后，他拿到手的是接近7000万美元。

然后，《纽约时报》文章介绍，2006年12月，"紧张得出了名的"维尼亚，在自己"一尘不染的"30层会议室召开了"抵押贷款风险会议"："维尼亚同其他高管研究过完整的资产负债表，然后明确表示：高盛应当减少抵押贷款和抵押贷款相关证券的库存，买入昂贵的保险，从而避免将来的损失。"《纽约时报》评论："高盛这样做是虚张声势和逆向思维的混合。这相当于一种赌注，很符合高盛长期以来一意孤行、绝不回头的风格。"文章继续说，到了7月，抵押贷款市场崩盘的时候，高盛已经摆脱了大部分抵押相关的风险。文章引用美林公司负责研究投行的分析师盖伊·莫什科夫斯基的评论："信贷、抵押市场的严重混乱持续了一个时期，我们如果密切观察高盛的盈利情况，就会发现，必然给高盛一个'A+'级别。"然后，两位记者又介绍："这种企业表现的强烈对比，让各大竞争对手非常难以接受。高盛似乎在很多业务、产品、区域方面都有涉及，赚得盆满钵满；而且至少迄今为止，还成功实现了通过萧条而赚钱。高管、分析家、历史学家都说，高盛的秘密武器就是极度的敏锐，辅以多疑的性情，还有全公司都在鼓励（虽然人们不是总能观察到）的另一种品质：谦卑。"

《纽约时报》文章还提到："高盛的扁平层级鼓励管理人员互相挑战，使得优秀的创意能够达到高层。"以及，公司的风险部门地位很高，权限很大，酬金很多，与公司的主要盈利部门一样重要。其他的华尔街企业，没有一家能这么宣传。文章继续说："在高盛，负责给公司巨额仓位估值的团队，也就是财务总管办公室，有1100名员工，包括20名博士后。一旦出现争议，财务总管总是对的，除非交易柜台能够提供足够证据，证明与总管不同的估值有效。"然后又引用盖伊·莫什科夫斯基的话："风险控制员工说话很有分量。他们的权限和权力大体相当于现金出纳员工。这种事可不是每家公司都存在的。"

安德森和托马斯竟然还把2007年底的高盛比作1895—1930年的J.P.摩根，说二者有同样的权势和影响。曼哈顿学院（Manhattan College）一位研究华尔街的历史学家查尔斯·盖斯特（Charles Geisst）告诉记者："但是，高盛就像摩根一样，也可能因为自己的成功而受害。"文章总结说："高盛的布兰克费恩先生似乎完全明白这一切。一次会议上，有人问他，他希望如何利用各个竞争对手被削弱的地位。他回答，高盛只是专注于减少自己的错误。但是他也很精明地评论道：高盛显然有时也会承受失败。他说：'人人都会经历转折。'"

理所当然，高盛公关主管卢卡斯·范·普拉格也花了大量时间"与

《纽约时报》记者合作"，确保《纽约时报》这篇头版文章尽可能多地反映公司的投资展望（perspectives，公司发布给投资者的报告，这种情况下也就是高盛的自吹）。每一份负责任的报刊都会有这类与采访对象互相妥协的情况。文章要登出来之前的周日下午，普拉格致信布兰克费恩，汇报了即将发表的文章内容。信里非常少见地透露，华尔街高管怎么试图操纵记者。普拉格在邮件开头写道："我们同安德森商议了很长时间，我们强调文化对于企业不同表现的重要性。安德森女士非常愿意接受。"但是，何等遗憾啊，普拉格又说："明天的报道肯定会有那些'平衡要素'，也就是我们不喜欢的那些东西。这种情况下，我们也花了很长时间讨论冲突话题。我认为我们有了一些进展，安德森女士承认，她文章的大多数来源来自报纸的各个赞助商（因此文章必然站在赞助商一边）。这一客观情况，除非让编辑删除，否则必然会包括进去，并且给出语境。"最后，这篇报道确实提到了一些私募股权企业担心高盛旗下的巨额私募股权基金已经变成令人忧心的竞争对手。

普拉格还警告布兰克费恩，舆论出现了针对高盛的阴谋论，而《纽约时报》文章可能会说起这种阴谋论："文章提到了曾在高盛任职的那些人物的不寻常的影响力，最容易成为话题的就是约翰·塞恩。"塞恩是高盛前总裁、联合COO、纽交所前CEO，就在文章发表的前一周，他同意了担任美林CEO。几周以前，美林刚刚撵走了CEO斯坦利·奥尼尔。[1]普拉格继续说道："但是，鲍勃·鲁宾、亨利·保尔森、邓肯·尼德奥尔[2]等人也都有这种陷入阴谋论的危险。安德森女士在《纽约邮报》的前同事认为阴谋论是可信的，而安德森女士没这么过分，但她也证实的确有一种感觉，认为高盛好像在操控一切。"

"高盛在操控一切"和"阴谋论是可信的"这两个并列的想法，很快

---

[1] 美林因对抵押贷款证券的敞口而蒙受了数十亿美元损失，投资者和金融媒体也开始形成持续压力，指责美林CEO斯坦利·奥尼尔。10月26日，斯坦利·奥尼尔退休，拿了1.61亿美元。

[2] 接替塞恩担任纽交所CEO。

就成了高盛的公关噩梦。不过，起码在当时，布兰克费恩更担心的是这样一种说法流传起来：高盛在避免抵押市场崩盘的同时大赚特赚。布兰克费恩致信普拉格："当然，我们并没有躲开抵押市场的崩溃。我们亏了钱，然后又因为做空而赚了比亏损额更多的钱。"这时候，他承认高盛确实赚了钱，而且把先前叫作"对冲"的措施改成了"做空"！布兰克费恩下一句的总结才最最重要："而且，事情还没有完，谁知道最后会怎么样呢？"这些来往邮件都抄送给了加里·科恩，于是科恩也禁不住想凑热闹，说他认为高盛"只是在有毒产品的规模上比较小而已"。

不过，投资者与媒体还是越来越感兴趣，高盛如何把对手们甩在后面。尤其是，其他人都失败了，只有高盛一家成功，这是怎么做到的？为了回答这个问题，也是为了准备12月18日要发表的四季度财报，维尼亚制作了一个单页的PPT，大标题是"高盛怎样避免了抵押危机？"（"How Did Goldman Sachs Avoid the Mortgage Crisis？"），小标题是"我们的回应"（"Our Response"）。维尼亚跟在他之前发表讲话的布罗德里克一样，也讲述了一些类似的主题，重新确认了高盛的不少实际情况。维尼亚写道："2006年全年，我们都在积极管控抵押敞口。2006年底，我们越来越担忧次贷市场，因此从当时到2007年初，采取了很多行动降低风险。2007年一季度，我们停止了住房抵押贷款仓储工作，关闭了CDO仓库，大量减少了库存的仓位，减少了对手方敞口，增加了我们对灾难状况的保护措施。"

然后，维尼亚开始了一番特别清晰的分析，说正是高盛诚实对待了资产负债表上抵押贷款证券的价值，才造就了一切的不同。其他华尔街公司的CFO都说不出类似的话。维尼亚继续说："我们能力的关键在于，我们'按市价核算'的文化非常健全。倘若不知道自己仓位的价值，当然也就没办法有效管控风险。每天进行准确的估值，就使得各种艰难的决定变得容易多了，因为你有了真实的感觉，随着市场一天天衰退，你会感觉到每天不作为的代价有多么高。我们的估值工作很充分，也有充分的估值资源，而且相信一切金融工具都可以确定价值。因此，我们知道自身资产的价值，并以此为基础来管控风险。我们行业的各类风险十分复杂而多样，使得我们相信，必须为我们各个团队提供信心和必要的支持，才能够尽快确定问题、处理问题，并且将企业利益放在一切个人利益之前。此外，我们也认为，高级领导层应当积极参加业务流程和决策过程，不论是在正常情况下，还是在危机情况下。"

第二十三章

高盛苦尽甘来

　　高盛大幅调低交易账户的估值，受影响的不只有贝尔斯登，还有国际保险巨头AIG。这倒不是说高盛的估值错了，恰恰相反，估值非常正确，只是对那些位于资本主义"归零地"（被高盛直接影响）的其他人来说，这些估值给金融、社会方面都带来了严重后果。全球金融海啸期间，政府做出历史性决定，援救贝尔斯登、AIG。海啸之后，政府给出了援救的多种理由，其中一个理由就是这些机构"彼此联系太过紧密"。这是高盛前合伙人罗伯特·斯蒂尔的说法，斯蒂尔之前加入财政部，在保尔森手下担任副部长，负责国内金融事务。高盛的估值，就是这些公司相互联系的手段之一。贝尔斯登两只对冲基金一垮台（当然很可能早晚都要垮的），带来了灾难性的后果；而高盛调低估值，又进一步加重了这些后果。AIG受高盛估值影响也同样严重，特别是，这以前还从来没有哪家投行或者保险公司，曾经被政府救援而免遭破产。

　　长期以来，AIG的总裁兼CEO都是汉克·格林伯格（Hank Greenberg），精明强干，冷酷无情。AIG原来只负责火险和人身伤害险，是格林伯格实现了AIG业务多样化，把公司发展成世界第一的商业险、工业险承销企业。他也十分善于创新，为企业董事、高管设计了保险，以防他们犯下大错。他设计的险种针对环保事业，还针对那些受到绑架威胁的人。格林伯格经常说："AIG打造了一支训练有素的承销团队，能够评估风险，给风险定价。"他还知道，AIG拥有的AAA信贷评级让公司具有了一种宝贵而独特的优势，能够用低息借钱，然后投资，赚取更高回报，还可以通过价差赚钱。要是这种事情能够避开繁杂的本州保险法规，那就更好了。

为此，在1987年，格林伯格创立了AIG金融产品公司（AIG Financial Products，简称AIGFP）。他从德崇挖来了一队交易员，为首的是霍华德·邵信（Howard Sosin）。据说，邵信有一套"更好的模型"，用于交易、给利率掉期估值，还能总体上买入、管控其他金融企业想要卖出的风险。当时，金融衍生品市场刚刚起步，正在发展；格林伯格坚信，AIG能够成为衍生品的领军企业。格林伯格说，AIGFP的首要战略就是规避自身为客户承担的大多数风险，从而在市场出现那些不可建模、预测的重大事件时，不至于受到金融方面的损害。格林伯格还说，在他警觉的目光注视下，这一方案成效显著：从1987年到2004年，AIGFP"为AIG税前收入贡献了超过50亿美元"，还帮助公司市值从110亿美元增长到1810亿美元。

邵信和手下团队创造的业务，其实也就是一个保险巨头内部的一只对冲基金，优势在于他们可以使用的资本似乎无穷无尽，而且没有成本。此外，美国对冲基金业务的收费结构一般是2/20，即2％管理费+20％额外收益费，AIGFP却不然，交易员产生的利润，交易员自己可以拿到30％~35％。这种获利丰厚的体制就使得AIGFP的四百名左右的员工非常精于用别人的钱承担风险，使自己致富。

1993年，邵信与格林伯格大吵一架之后离职，报道说，邵信拿了1.82亿美元补偿金。然而，AIGFP形势一片大好，虽然邵信走人了，业务在继承人托马斯·萨维奇（Thomas Savage）的领导下，依然按部就班地前进。萨维奇是个数学家，鼓励手下的交易员在"团队承担风险的效用"方面提出异议。2001年，萨维奇退休，约瑟夫·卡萨诺（Joseph Cassano）上任。卡萨诺之前在德崇、AIGFP管理后勤办公室业务，后来当上AIGFP的CFO，现在又当上了一把手。这时候，AIGFP已经开始为各大公司发行的债务提供保险，预防公司在债务上违约（这时候，这种业务看起来还没有什么恶意）。公司把这种叫作"信用违约掉期"（CDS）

的保险卖给那些惴惴不安的投资者。AIG卖出保险，就等于承诺以1美元合100美分的价格支付违约债款。AIG拿到保险费，客户安心，属于双赢。这就是格林伯格梦想的金融创新，特别是因为AIG拥有AAA评级，借贷成本极低，拥有巨大的竞争优势。AIGFP保险的最大一部分金额约为4000亿美元，客户是欧洲一些银行，这些银行希望从资产表上拿掉风险，这样不用筹集附加资本，也能安抚欧洲金融监管部门。一名前AIG高管介绍道："这实在是一个大笑话。欧洲银行站出来为自己的资产购买信用违约保险，这样就不必持有那么多资本了！然后，卖出保险的这家美国保险公司（指AIG），实际上没有一丁点流动性，没有股本，也没有储备金可以为欧洲那些保险公司提供股本救济！这才叫终极的'纸牌屋'骗局！"

2009年8月，作家迈克尔·刘易斯在《名利场》杂志发表AIGFP专题文章，进行了深度探索。文章写道，卡萨诺这个一把手并不多么亲切和蔼。一名伦敦交易员告诉刘易斯："AIGFP变成了独裁体制。约瑟夫·卡萨诺到处虐待员工，会公开侮辱他们，然后又送给他们很多钱，想要和解。"不用说，萨维奇时代的同志情谊、开诚布公，在卡萨诺执政时期很快丧失了。"华尔街恶棍的性格缺陷一向被人夸大，这样就显得性格跟他们的罪行相称了（其实他们个人的性格可能没那么恶劣）。然而，哪怕用华尔街恶棍的标准来看，卡萨诺也称得上动画片里的暴君。"不过，只要格林伯格担任AIG一把手，这一切就都无所谓了，因为格林伯格的残忍丝毫不亚于卡萨诺，只不过格林伯格做生意更为精明，也更加狡猾。

2005年情人节，金融界的多米诺骨牌开始一张张倒下，而倒下的方式却与格林伯格设想的不太一样。[1]五天前的2月9日，公司发布2004年财报：盈利110.4亿美元，同比增长19.1%。就在发布财报的同一天，公司透露，自己先前还接到了两张传票。一张来自纽约州检察官埃略

---

[1] 综合译者和母语顾问的猜测，格林伯格知道自己的公司属于"纸牌屋"，无论什么情况都一定会倒闭，只是可能存在多种具体方式。

特·斯皮策，一张来自证券交易委员会。斯皮策与证券交易委员会都在对 AIG 的会计业务展开多项调查，而调查的具体目标似乎很不清楚。这业务涉及多种"非传统保险产品"和"推定的再保险交易"[1]。AIG 说，会配合"对传票做出回应"。过了一个月，3 月 14 日，AIG 宣布，格林伯格将辞去 CEO，成为董事会非执行主席，继任者是马丁·沙利文（Martin Sullivan）。自 2002 年以来，沙利文担任 AIG 副总裁与联合 COO，也是公司董事。公司的说法是，"本公司已经执行管理层更替计划"，选的继承人就是沙利文。当时格林伯格已经 79 岁，这种说法似乎也合情合理。

然而，实际情况是：斯皮策与证券交易委员会都在用威胁提起公诉的手段向 AIG 董事会施压，逼迫董事会赶走格林伯格；历史上任何一家金融公司只要被提起公诉就必死无疑。后来人们发现，监管部门在调查一家 AIG 下属公司与通用再保险公司（General Re Corporation）的两笔再保险交易，两笔各为 2.5 亿美元，时间分别是 2000 年 12 月和 2001 年 3 月。通用再保险公司也是保险业巨头，是伯克希尔·哈撒韦公司（Berkshire Hathaway）的下属公司。斯皮策后来写了民事欺诈诉状，起诉 AIG、格林伯格与另一名 AIG 高管："AIG 与通用再保险的整笔交易都是欺诈行为，一开始即由格林伯格设计好，确保双方都无风险；AIG 甚至从未针对这笔业务创建承销文件。"

2005 年 5 月 25 日，斯皮策在纽约州最高法院提起民事诉讼，后来又全面撤回了。2006 年 3 月，AIG 同证券交易委员会达成和解，支付了 8 亿美元，并将 2004 年公司股东持有的股本重估为 22.6 亿美元。AIG 还另外付给纽约州政府 8 亿美元，和解了政府对公司的各项指控。

格林伯格退位、斯皮策调查、财务报表可能面临修改[2]——这是一连串打击。在这些打击中间，三大评级机构之一的标准普尔又在 3 月 30

---

[1] 指一家保险公司向其他公司购买保险以减少索赔损失。

[2] 2005 年 4 月，AIG 爆出假账丑闻，涉嫌在一系列交易中操纵业绩，使集团账目金额虚增 17 亿美元。2005 年 5 月，AIG 重新发布四年以上的财务报表，公司净值减少达 27 亿美元。

日下午决定 "先斩后奏"[1]，把AIG渴求的AAA债务评级降到了AA+，这个评级针对的是AIG的长期对手方信贷，也针对优先债务。标准普尔信贷分析师格蕾丝·奥斯本（Grace Osborne）在降级方面引用了AIG提交给证券交易委员会名叫 "10-K" 的年度财报（这份财报提交的时间比规定时间晚了一些），还引用了最近发现的 "五年多以来很多可疑的交易"，可能导致AIG报告的股东股本减少17亿美元。4月4日，新任CEO马丁·沙利文给股东们发了一封公开信，没有提到降级的事，但承认公司确实面临各种调查，而且AIG也正在全力支持监管部门解决所有问题或担忧。

奇怪的是，沙利文的公开信、标准普尔的降级分析、AIG关于格林伯格离职的声明，乃至各种监管部门调查、公司内部调查，所有这些文件和行动，竟然一次都没有提到AIGFP的名字。AIG全球总部位于曼哈顿下城松树街70号。估计在2005年4月之前，听说过AIGFP的人，很可能仅限于AIG这个总部、康州威尔顿市分部、伦敦分部以及CEO约瑟夫·卡萨诺本人。自然，也没有几个人听说过AIGFP怎样给母公司AIG带来了越来越多的利润。卡萨诺承担的各种风险前所未有，而这件事，AIG当然也没有对投资者透露多少，甚至可能一点都没有透露。

格林伯格表示，沙利文对AIGFP、对卡萨诺的监管，在自己被开除以后就逐渐消失了。2008年10月，格林伯格在国会作证："多份报告显示，在我退休之后，我和团队建立的风控措施被削弱或清除了。比如，我认为，先前公司每星期召开例会，是为了评估AIG的投资和风险，这个制度就被取消了。而CEO凭着这个例会才能把握AIGFP信贷敞口的最新动向！"卡萨诺似乎不受管理层节制，这问题很严重。而且后来还爆出一个更严重的问题，那就是AIG的AAA信贷评级被降级了，这就导致那些之前支付了保险费，从AIG购买了信贷保护措施的对手方，如今可以要求AIG提供担保品（以现金或证券形式），只要被保险的债务发生

---

[1] 原文shoot first and ask questions later，直译 "先开枪再问问题"，也就是先采取行动保证安全，然后再研究形势。

贬值。当然，被保险人肯定想要确信保险公司运行良好，对得起自己的保费。在"代管账户"（escrow account）[1]中提供担保品，会让被保险人感到踏实，但这样就需要保险人有周转现金，能够放进这个账户；此外还要求保险人和被保险人达成一致，应当提供多少抵押品，弥补被保险证券价值的损失。

格林伯格表示，沙利文此时应该基本停止AIGFP的CDS业务："2005年春天，AAA信贷评级没有了，因此按照常理，AIG新的管理层也就应当停止或者减少CDS承销业务。"格林伯格没费什么力气就连珠炮似的列举了一连串沙利文、卡萨诺、AIG公司犯下的错误：AIGFP并没有减少CDS的销售，反而成倍增加了发行数额；而且，CDS针对目标不仅包括企业债，还包括大大扩展的各种各样的风险。整个华尔街正在发疯一样承担这些风险，手段是发行那些风险越来越高的MBS证券，证券与所谓的次贷和Alt-A抵押贷款相关。然后还有针对CDO的CDS，而CDO对次级抵押贷款有巨大敞口；还有用于对冲CDO平方风险的CDS、用于对冲合成CDO风险的CDS，这些CDO中买卖的只有风险，而不存在标的证券。另外，AIGFP还承销了针对所谓"多部门CDO（multisector CDO，又译跨行业CDO）"的保险，这是一类100多种债券的组合，债券范围很广，有让住房抵押贷款作担保的，也有让信用卡应收账、汽车贷款应收账作担保的。

到2007年12月31日，AIGFP的CDS组合总计5270亿美元，其中780亿美元针对多部门CDO，而这些多部门CDO大部分有一些次级抵押贷款的敞口。市场普遍认为，如果没有约瑟夫·卡萨诺和AIGFP负责为风险提供担保，华尔街就不会在承销那些风险越来越高的证券的同时大规模买进这些保险，而债务泡沫也就可能会逐渐缩小，也就不会在2007年、2008年突然爆炸。AIG在多个场合为自己声辩，2009年8月，威嘉

---

[1] 也叫托管账户，用于把金钱、财物或金融工具交由第三方托管，待满足了特定条件后才转交给指定人士。

律所（Weil, Gotshal & Manges）为一起股东诉讼而提交了一份法庭文件，其中就出现了AIG的声辩。AIG先是说只承销了多部门CDO"超高级部分"的CDS。这个说法惊世骇俗，因为这表示AIGFP相信自己真正的敞口极小，"因为超高级分档的优先偿付权甚至超过了AAA级分档，市场也就认为超高级分档比AAA级分档更为优质"。此外，AIG与威嘉律所还主张，2005年12月，AIGFP已停止承销针对多部门CDO（其中包括次贷）的CDS，"因为担心次级抵押贷款的承销标准越来越低"。尽管AIGFP实际上继续为优质抵押贷款和Alt-A抵押贷款提供保险。威嘉律所接着说："于是，AIGFP对多部门CDO（包括2006年、2007年制作的风险更高的次贷、抵押贷款担保债券）的敞口就很有限，这一事实后来提供了附加担保，确保其他市场参与者蒙受的损失不会波及AIG。"

这最后一点法律上的花言巧语，显然是有争议的。然而，很快就发生了不争的事实，也是AIG的大麻烦，那就是AIG在2006年之前保险的"有毒证券"价值降低了，而随着有毒证券价值降低，还有AIG丧失AAA企业信贷评级，它的各个对手方也开始要求追加抵押品。

这些强烈要求追加抵押品的对手方里面，一马当先的不是别人，正是高盛。高盛通过AIGFP为大约750亿美元证券提供了保险，而在2007年全年，AIG对高盛的不满在AIG内部越来越广为人知。高盛调低估值，强迫AIG极不情愿地调整了自身的保险投资组合，因为这些保险跟高盛不断调低估值的证券是连在一起的。沙利文在国会作证："信贷市场冻结的同时，我们就和其他很多金融机构一样，被迫把我们掉期的仓位用超低价抛售，就好像我们持有标的债券一样；尽管我们相信，我们掉期仓位如果持有至到期是会拥有价值的！"

多年以来，那几家大型评级机构一直是问题的一部分，因为这些机构患了一种慢性病，虽然给一大堆MBS证券实现了评级，但这些评级却没有一次是独立判断！7月10日，各个评级机构似乎有点良心发现了，于是（在远远落后于事实的情况下）调低了千百只RMBS证券的评级。降级行动引发了人们的连锁恐慌，特别是AIGFP一些高管的恐慌。第二天，AIGFP信贷交易部门主管安德鲁·福尔斯特（Andrew Forster）跟同事艾伦·弗罗斯特（Alan Frost）通电话，对降级大发牢骚。后来，金融危机调查委员会（FCIC）公布了通话录音的转写文本，福尔斯特说："该死，我们联系的所有评级机构，他们的降级一家比一家多了！我一个月之前简直要自杀。我们要面对的问题是，我们持有的那些东西，降级真是往死里降啊……所有人都跟我说，这是交易，说跌了两个点，别的部分也都跌了，你怎么不能调低估值呢？所以降级肯定会让人们重新关注这些产品。我是说，我们实在没办法……必须调低估值。我们……（模糊不清）实在让人害惨了！"

到2007年7月下旬，因为评级机构纷纷降级，也是因为市场的交易形势，高盛开始强迫AIG拿出更多抵押品，弥补AIG保险的那些抵押证券缩水的价值。7月26日，高盛高管安德鲁·戴维尔曼致信艾伦·弗罗斯特，说高盛第一次要求追加抵押品了。这时弗罗斯特刚好在度假。戴维尔曼说："抱歉打扰你度假了，我们已经发出追加保证金的要求，通知你一下。"

18分钟后，弗罗斯特回信："针对什么的追加保证金？"

过了一分钟，戴维尔曼回答："针对超高级，200亿美元。"弗罗斯特再也没有回复这封电邮。AIGFP决定，由安德鲁·福尔斯特代替弗罗斯特对接高盛，应付抵押品需求。

高盛调低估值，以及后来因为调低估值而向AIGFP要求更多抵押品，让AIGFP大为不安。但是，高盛内部也因为估值而起了一些争议。高盛发出抵押品要求的前一天，高管尼古拉斯·弗里德曼（Nicholas Friedman）写了一封内部邮件："这20亿美元[1]追加保证金的要求，背后

---

[1] 原文如此，前文说200亿美元，这里说20亿美元。按照语境，20亿美元的说法正确。

动力来自高盛对于标的抵押证券的重新估值，在有些交易中，估值调低了6%，再到20%，再到25%；这一行动，先于华尔街上所有的交易者。"高盛还有一名董事总经理叫拉姆·森德拉姆（Ram Sundaram），负责自营交易业务。他也很关注高盛的估值。11月26日深夜11：09，他给同事写信："过去两天我一直追着交易者、内部柜台，管他们要最新的估值。结果一直说明，我们需要向多个对手方要求大量追加抵押品。这让人非常忧虑，因为那些陈旧估值也由高盛发给了客户，为了客户自己的估值目的。比如，针对西海岸债券（West Coast bonds），高盛交易柜台昨天报价是99，我们[1]要求最新报价之后，他们今天就报了77.5。一夜之间产生的追加抵押品的要求，让高盛非常难堪。光是针对AIGFP就需要追加19亿美元！"森德拉姆警告同事要十分小心，并提出由他采取行动来确保客户与其他人都明白高盛估值的方法。高盛在东京的一家客户——爱和谊保险公司（AIOI Insurance），通知高盛交易员说，爱和谊公司对高盛调低估值以及随之而来的追加保证金要求非常不满。高盛副总裁赤松繁（Shigeru Akamatsu）说，"爱和谊保险公司的铃木先生（Suzuki-san）认为高盛的估值比其他公司的估值恶劣一倍还多，追加保证金的要求完全无法接受！铃木先生警告，他会对我们提出严重抗议！"

高盛已经打响了破坏AIG的第一炮。第二天（7月27日），高盛要求AIGFP支付18.1亿美元抵押品。高盛还通过买入CDS，购买了1亿美元的保险，防止AIG可能违约。最终，高盛购买的防止AIG违约的CDS达到了32亿美元，这是后话。7月30日，AIG一名交易员告诉福尔斯特："高盛相当于把AIG揪住了。假如高盛不让AIG把脑袋探出来（被人打），AIG就不至于出事（然而这件事确实发生了）。"福尔斯特后来说："7月27日的追加要求是晴天霹雳，而且这要命的数额远远超出我们预想。"又说："各个地方都有人提出很多估值，而且因为交易并不频繁，所以

---

[1] 此处"我们"代指不详，估计是拉姆·森德拉姆负责的自营交易柜台。

可能从80—95不等。"又说："高盛的估值太荒唐了！"

卡萨诺第一次听说高盛要求抵押品时，也惊得目瞪口呆。后来，2010年，卡萨诺接受调查委员会采访，谈了五小时，说当时觉得完全是"祸从天降"。他说："我在思考，昨天和今天的世界到底有什么不同呢？"这是为了引出"高盛追加抵押品的弥天大谎"。他说，高盛的估值总是低于其他公司，高盛自己也承认了，因此他十分怀疑这些估值是否准确："我不相信那些数字，那些数字不真实。市场已经冻结了，不可能有切合实际的估值。"2011年1月，调查委员会发布一份报告："AIG当时的模型显示，AIG的掉期所承保的债券不会出现任何偿付违约。"但报告也说："高盛高管认为AIG模型与实际并不相关，因为合同明确规定，只要市值减少，就必须要求追加抵押品。"

不用说，两家公司对于这些证券的价值看法差异巨大，使得谈判非常困难。另一个困难因素是，2007年夏天，高盛显然会从这些抵押证券下跌中获益，而且有充分动机让市场相信证券已经下跌；而AIGFP则有更充分的动机声称这些证券价值坚挺。这是两大金融巨头之间的一场零和游戏。

高盛与AIGFP高管在8月初开始交锋。AIGFP高管托马斯·艾森（Thomas Athan）8月2日发给安德鲁·福尔斯特一封电邮，说他当天与高盛抵押部门高管拉姆·森德拉姆进行了极为艰难的对话："跟高盛开过了电话会议，非常困难。他们完全不让步，简直像发了疯。坚持要有'可诉的确定出价和确定要约'，拿出一个'中期市场报价'，用来确定AIG需要拿出多少抵押品。"

艾森不想写出他和森德拉姆电话的细节，只是告诉福尔斯特，AIGFP内部需要更加重视这个问题，而且他第二天中午必须答复高盛："我觉得约瑟夫·卡萨诺必须彻底明白这个情况，让他决定怎么处理。我手里的牌差不多全都打出去了。讲法律、市场惯例、CSA[1]的意义，抠字眼。我还强调，这么做可能损害两家公司的关系。高盛说，这件事已经提交他们公司最高层讨论了，最高层觉得CSA必须起作用，否则他们全公司就没办法用这些种类的工具进行合成交易了。他们在电话里反复说，这是一个'测试案例'，关于AIG必须拿出多少抵押品。森德拉姆好像让自己陷入了困境，高盛正在盯着他，看他最后成绩怎么样；只有拿到接近清算水平的抵押品才算成功，别的都算失败。可能必须找到卡萨诺或者类似的人，让他说服哪个AIG母公司的高管，让高管相信还有另外一种看问题的角度（也就是可以妥协，拿出抵押品）。"艾森建议，第二天早上大家都围在一起，开一个"光环大会"，说的是惠普公司（Hewlett-Packard）的一种远程实时协作会议系统。[2]艾森最后说："顺便说，我干这份工作可不是为了这个。你们承诺的那些大宗交易在哪儿？击掌庆祝在哪儿？庆功宴又在哪儿？"

接下来的两个星期，AIGFP和高盛一直为高盛的估值和衍生品要求争吵不休。卡萨诺说："同高盛有争议是很不寻常的事。高盛是我们的业务伙伴，而且关系很重要。"

8月9日，卡萨诺召开投资者电话会议，向投资者报告了AIGFP的CDS组合，夸下海口："我们可以很严肃地表示，我们实在看不出有什么可能的情况会让我们在这些业务当中亏掉一分钱……我们完全看不到什么隐患。我们看不到业务哪一部分能够发生亏损。"8月13日，《华尔街日报》对卡萨诺的海口做出回应，发了一篇头版文章，标题为《AIG可能在衍生品风险上自欺欺人》（"AIG Might Be Deceiving Itself on Derivative Risks"）。作者大卫·莱利（David Reilly）说："AIG正在穿越

---

[1] CSA是Credit Support Annex的缩写，即"信用支持附件"。这是《国际掉期与衍生品协会主协议》的一个附加条款，规定CDS交易中的追加抵押品行为。——作者注

[2] 母语顾问认为这并不是公司从惠普买的一套硬件，而只是一种会议模式。

次贷的坟地，可能不愿把口哨吹得太响。"[1]对此，卡萨诺不屑一顾，写信给福尔斯特："但愿不会有人搭理他们。这故事真是一派胡言。"

这故事当然不是一派胡言。相反，舆论开始密切关注AIGFP有没有现金满足各个对手方的抵押品请求了。评级机构和AIG在审计公司普华永道（Pricewaterhouse Coopers）的外部审计员、AIG在松树街70号总部的内部审计员，也全都想要知道AIGFP有没有足够现金。其中一个审计员叫伊莱亚斯·哈巴耶布（Elias Habayeb），是AIG金融服务部门的CFO，顶头上司就是AIG总部的CFO。卡萨诺觉得哈巴耶布特别烦人，因为哈巴耶布几个月来一直逼着卡萨诺透露更多信息，告知AIGFP承销的掉期的价值，告知还有多少抵押品能用。8月31日，卡萨诺致信哈巴耶布，抱怨总部最近突然问了他一大堆问题："松树街70号肯定有人放了毒气，或者在咖啡里下药了（导致总部高管都发疯了）！"然后详细介绍了AIGFP各种流动性资源，又让哈巴耶布停止询问福尔斯特和其他人："我们已经采取很多步骤,确保公司在市场动荡时期一直保持流动性。当初在2005年，在公司修改财务报表的丑闻期间，我们经历了资本市场的关闭。现在，老一套又重演了。我们一直小心翼翼培养着流动性资源，我们也能够熬过危机，作为机会主义的价值买家，从危机另一边走出来。我对此十分满意。你要是还有其他问题就直接问我。你可以想象，福尔斯特和他手下的团队正在进行重要工作，密切注意市场动向，培养流动性，管理业务。这种时期，我希望他们能全心投入工作。现金流才是王道！"（以及，哈巴耶布虽然非常忧虑，但他也一直担任AIG的首席发言人。他在记者会上回应《华尔街日报》8月13日的文章，说公司一切正常。）

舆论还关注AIGFP是否有能力为AIGFP内部提供必要的抵押品。AIGFP有一名副总裁叫约瑟夫·W.圣丹尼斯（Joseph W. St. Denis），主管

---

[1] 英谚whistle past the graveyard，直译"过坟地吹口哨"，表示在自己害怕的情况下故意表现得轻松自在，类似"打肿脸充胖子"。这是讽刺AIG表面上装得没有问题，实际上非常害怕。

会计政策，2006年6月上任，之前在证券交易委员会执法部担任副总会计师。2007年9月初，圣丹尼斯度假归来，听说了AIG对手方针对AIG一些超高级CDS发出了以百万美元计的追加保证金请求，十分忧虑。他说："我极为担忧这种情况，因为我所体验的AIGFP的信条一直说，超高级CDS绝对不可能亏损。"后来，圣丹尼斯告诉调查委员会，他第一次听说高盛要求追加抵押品时，心烦意乱，"都站不住了，只能坐下"。圣丹尼斯害怕抵押品请求这么增加下去，AIGFP就会"陷入潜在的严重负债局面"。9月底之前，卡萨诺发了几封邮件大骂圣丹尼斯，最后告诉他："我专门禁止你参与超高级的估值，因为我担心你可能扰乱工作！"所谓"扰乱"，也就是密切询问掉期的会计工作情况。后来，卡萨诺告诉调查委员会，他没有对圣丹尼斯这么说过。10月1日，圣丹尼斯离职，通知AIGFP总顾问："我已经对AIGFP最高管理层失去信心。还有，AIG和我被孤立在企业会计政策之外，这样风险太大，我不能接受，特别是在目前的超高级CDS情况之下。"

让卡萨诺更加恐慌的是，高盛依然紧咬不放。调查委员会报告："从2007年7月开始的14个月里，高盛一直继续要求抵押品，每个工作日都发给AIG一封正式公函，要求抵押品，从没有间断。高盛对抵押品的无情要求，是基于原本已经比其他公司低很多的估值；与此同时，AIG和管理层正在拼命应对快速生长的危机。"不出所料，AIG无法兑现自己承保的抵押证券保险，而且拒绝承认自己无法兑现，让高盛越来越失望。一名高盛交易员回忆道："我们没办法让AIG发来证券的详细价格。AIG也拒绝在一段合理时间之内回复电话，甚至连讨论都不讨论。"虽然8月初高盛的森德拉姆和AIG的福尔斯特谈得很艰难，但高盛还是让步了，把抵押品要求降到了16亿美元，后来又降到12亿美元，最后是6亿美元。卡萨诺回忆道："这就是说，他们的数字有问题。这个市场太糟糕，其他各个市场用最好的话说也是一片混乱。就连光景不错的高盛也拿不到那么多了。"8月下旬，卡萨诺要去德国、奥地利骑行度假。出发之前，他建议公司支付3亿美元保证金，"表示诚意"。对此，高盛提出加到4.5亿美元。8月10日，卡萨诺答应了。同日，AIGFP与高盛又达成一份补充协议，明确规定，这4.5亿美元并没有解决两家公司的抵押品争议。弗罗斯特告诉福尔斯特："（付钱给高盛）是为了让大家先冷静一下，但是我们也开始考虑，怎样永久性地解决这个问题。"很快，卡萨诺就去欧洲度假了。

8月15日，艾伦·弗罗斯特去了宽街85号，与高盛高层会晤，"显示诚意"。第二天，弗罗斯特又致信安德鲁·福尔斯特："至少开始了对话。谈得很顺利，大家都愿意解决问题。但是首先应该关注的是，我们要是再次面临这种问题，是否能建立更好的解决方案？"弗罗斯特最关心的是，对于AIGFP承保的证券标的价值，两家公司能否达成协议。双方诉求相差太大，人们十分不安。

卡萨诺去欧洲度假之前，同高盛一名高管通过电话。此人就是外号"伍迪"的迈克尔·舍伍德（Michael "Woody" Sherwood），担任高盛国际（GM Sachs International）联合CEO。其他高盛高管似乎认为，卡萨诺与舍伍德商定的是，要解决估值的问题，最好是能去市场上拿到一笔MBS证券价值1000万美元的报价。弗罗斯特担心那些高管误会了，卡萨诺与舍伍德商定的其实不是这件事，特别是因为"市场认为我们面临的风险有多大是看高盛的主意，而不是看我们的主意"。弗罗斯特还担心："我们如果到今年劳动节[1]还没有进展，高盛就会很不高兴；这是我去跟他们面谈的原因之一。"又说："我同高盛讲得很明白，我肯定不会在卡萨诺度假的时候因为这件事去打扰他。"最后说："我们应该考虑要怎么处理这个问题。相信我，公司有争议的追加保证金请求，这绝对不会是最后一个！"

福尔斯特给弗罗斯特回信说，他虽然对卡萨诺、舍伍德二人的商议

---

[1] 这一年美国的劳动节是9月3日。

"没有看法"，而且"大家都认为要先搁置几个星期，推到劳动节之后"，但"我听说了几个谣言，说高盛正在拼命调低各类他们并不持有的资产估值，最大限度打击对手。这一招很卑劣，但高盛向来就是这么干的"。

之后，市场平静了一段时间，高盛和 AIGFP 也没有吵，直到 9 月 11 日。这一天，高盛根据自己的估值，又向 AIGFP 索取另外 15 亿美元。这时候，AIGFP 领导层也已经确认，高盛的估值在影响其他银行的估值，也在影响抵押品请求。卡萨诺告诉同事们，有一项抵押品请求来自法国兴业银行，"这请求就是高盛怂恿的！"后来，卡萨诺在调查委员会作证说，2007 年 8 月，舍伍德在电话里曾告诉他，高盛的估值可能一开始太低了，"不过，市场也开始降低估值，接近我们高盛的估值了。"但卡萨诺又表示，舍伍德说："高盛在这个阶段并没有充满光荣（而是也犯了错误）。"

尽管如此，高盛还是大幅增加了买入保险的金额，预防 AIG 本身会不还钱。9 月 13 日，高盛又买了新的 7 亿美元针对 AIG 的 CDS，让针对 AIG 的保险总额达到了 14.49 亿美元。

11 月 1 日，卡萨诺致信哈巴耶布说，AIGFP 和高盛"确实存在争议"，还说"哪怕在市场最好、流动性正常的情况下，对抵押品请求存在争议也是常有的事"。又说，AIGFP 迄今为止接到的抵押品请求，只有一宗来自高盛之外的公司，就是法国兴业银行："因为高盛给兴业打电话，怂恿他们提出请求。这种情况下，我们也对这个请求持有异议，而且兴业银行至今没有就这个从高盛打给兴业的电话跟我们进一步联系，专门作出解释。"

11 月 2 日，卡萨诺说，舍伍德提醒他，高盛又提高了抵押品请求金额，在已经收到 4.5 亿美元的基础上增加到了 28 亿美元。卡萨诺转述，他告诉舍伍德："这么多钱，我们绝对不可能付！"舍伍德回答："是啊，我也没觉得你们可能付。"11 月 9 日，福尔斯特致信卡萨诺，比较了一下高盛和美林对同样证券的估值：对某一只证券，美林是 1 美元合 95 美分，高盛却是 60~80 美分。到 11 月 14 日，法国兴业银行和美林也都向

AIGFP要求抵押品，法国兴业银行要求17亿美元，美林要求6.1亿美元。调查委员会说，这些要求基本都是学的高盛。

到2007年11月底，福尔斯特把AIGFP同九家银行、华尔街企业的争议总结成了一份八页的备忘录。他说，因为"市场极其缺乏流动性"（这一点，所有对手方都承认），所以这些讨论都是友好的，并没有充满分歧；只是，AIGFP一直和高盛剑拔弩张，所以福尔斯特这种说法似乎也不太符合现实。福尔斯特说："交易者都感到市场极度紧张，因此价格可能应该降低，但他们谁也不知道，倘若真的如此，应该怎样才能准确计算价格。市场流动性太过缺乏，目前根本没有人愿意承担风险，所以估值也就只能尽量猜测，也没有任何意义上的双向市场了。"

虽然有这种含糊其辞的说法，但福尔斯特对AIGFP各个交易的分析还是相当明确，相关证券的价值也写得很清楚。他写道：AIGFP对美林有接近100亿美元的敞口，分属20笔不同的交易。他说，"在对手方要求追加抵押品之前，有一个8%的价格限度"，意思是价格必须下跌到1美元合92美分。这里指的是标的债券价格，不是CDS价值。到11月底，美林要求的抵押品价值6.1亿美元，但福尔斯特指出："我们和他们就抵押品价值存在争议，他们也同意价格流动性太低，无法依赖这种价格做出判断。"

AIGFP对高盛有230亿美元敞口，因此高盛是AIGFP当之无愧的"超级大佬"。高盛担任AIG对手方的头寸一共51笔，分属33笔不同的交易。高盛还与AIG约定了比高盛其他竞争对手更优惠的条件，主要条件是，当标的证券跌到1美元合96美分时，AIGFP就必须提供抵押品。福尔斯特写道："高盛发出的追加抵押品请求总额达到30亿美元，涉及38笔头寸，分属23笔交易。"然后列出了38笔头寸的情况，还有高盛针对这些头寸的折扣价。他没有提到高盛（之前也没有提到美林）有什么异议或者潜在的纠纷，[1]但是提到了一只名为"独立 V"的 CDO 存在价格争议，美林在2004年承销了这只CDO。截至2007年11月，美林对"独立 V"的估值为1美元合90美分，高盛估值1美元合67.5美分。卡萨诺把福尔斯特的分析转给了 AIG 总部负责运营 AIGFP 的部门主管威廉·杜利（William Dooley），又加了一段说明：尽管存在这些争议，但那些对接 AIGFP 的交易者还是"在积极框架内寻求解决方案"。

AIG 老总汉克·格林伯格说："就我目前听到的所有消息，高盛在华尔街上的估值最低。根本就没有交易，他们是怎么发现价钱的？ 所谓'美是个主观问题'，他们看着觉得价钱是多少，就是多少了呗。"AIG 董事和高管也十分怀疑高盛的抵押品请求。有些人觉得，高盛这么做只是想要"从 AIG 拿到免费贷款"（一名 AIG 高管的话）。高盛会首先宣称，把 AIG 持有的掉期账簿调低 50 亿美元，然后坚持要求 AIG "给我们发一张 50 亿美元支票！"卡萨诺、沙利文就会向 AIG 董事会解释：公司所有对手方当中，只有高盛一家这么拼命地索要抵押品。两人说："高盛在对我们趁火打劫！"一名 AIG 前董事评论高盛："是他们最先索要抵押品，而且他们降低估值的幅度总是比其他公司都大得多。高盛这么做是独一份！ 就因为这个你也不得不佩服他们。"

很快，卡萨诺的纸牌屋就倒了。2007 年 11 月 7 日，AIG 公布三季度净收入略高于 30 亿美元，但也在财报很靠后的部分透露 AIGFP 的超高级互换投资组合遭遇"3.52 亿美元未实现的市值损失"；此外，超高级互换投资组合在 10 月一个月的亏损就达到了税前 5.5 亿美元。第二天 11 月 8 日，卡萨诺通知投资者，"市场存在不透明现象"，作为互换标的资产的证券估值差异严重，最低 1 美元合 55 美分（很可能是高盛的估值），最高 1 美元合 95 美分。倘若其他人的估值也都像高盛这样，而且他们纷纷要求抵押品，AIG 对掉期的减记就会远远超过 5.5 亿美元。卡萨诺安

---

[1] 原文晦涩，可以理解为"没有提到高盛但一直在提美林"也可以理解为"没有提到高盛也一直没有提到美林"。考虑语境，暂时译为后者。

抚说："各位请放心，我们还有足够的资源，可以满足未来的一切抵押品请求。"10月23日，高盛又向AIGFP索要30亿美元现金抵押品。调查委员会记载，AIG"表示抗议"，但依然支付了15.5亿美元，这就让AIG付给高盛的抵押品总额达到了20亿美元。卡萨诺告诉调查委员会，他决定付款，是因为"我的领导要避免把这些关于纠纷的丑事宣扬到市场中"。过了一周，按照AIGFP自己的计算和其他来自市场的信息，卡萨诺给舍伍德电话，要求把钱从高盛拿回来。后来卡萨诺写了一封电邮，总结了他与舍伍德的通话。电邮写道，舍伍德后来"从病床上"给卡萨诺回电，"坦然面对，没有回避问题。他的声音听起来很沮丧。他问：'咱们要谈什么呢？'我说：'你应该把我的现金还给我。'他说：'我们要知道你们公司现在的情况。'我说：'行啊，我们可以找个机会跟你们解释。'然后他说：'唉！要不，咱们下周再细谈。'我们就友好地挂上了电话。"然而，高盛并没有把钱还给AIGFP，而且索要了更多的抵押品。

快到11月底的时候，AIG宣布，12月5日将会召开投资者电话会议，评估AIGFP的组合以及组合中的风险。11月29日，AIG、AIGFP高管都在AIG的审计公司普华永道会面，讨论AIG与高盛持续的抵押品之争。会上，卡萨诺曾告知沙利文："AIGFP并没有数据驳斥高盛的估值。"但是，与高盛的纠纷却可能导致AIG在2008年一季度收益"减少50亿美元"。卡萨诺回忆沙利文当时的回答："我的天哪！这个季度不就完了吗？我要犯心脏病了！"（后来，沙利文告诉调查委员会，他不记得会议有这一段。）普华永道合伙人蒂莫西·瑞恩（Timothy Ryan）在会上告知沙利文，"因为AIG打算在12月5日召开投资者电话会议"（而不是马上召开），所以普华永道认为，AIGFP的CDS组合越来越可能发生"实质性疲软"，这可能导致未来严重亏损。按照证券交易委员会的法规，这种警告必须对投资者公开，然而AIG硬是拖了几个月没有公开。12月5日电话会议的前几天，卡萨诺到处奔走，一边准备，一边思考：是否能够（或者应该）把AIGFP的黑匣子展示给投资者？11月28日，卡萨诺写信给同事罗伯特·刘易斯（Robert Lewis）："你知道，我们在这些交易中的敞口属于按市价核算，是潜在的重置成本。我们这些有金融掉期产品，评级都很高，主要是三A级；而且，如果发生违约或者拒付，我们会逐渐变得跟债券持有者一样，拥有同等的有限偿付权。违约也是一种可以忽视的风险，并没有什么真正的敞口。我们的同类公司（交易者、银行等等），目前哪一家也没有详细解释过这些敞口。我们同那些评级很高的对手方做生意，这种不解释是很正常的。假如想要简单解释这种业务，我担心只会让听众们更加糊涂，因为他们会把这类敞口同超高级敞口混为一谈，而他们已经很难处理超高级敞口了。这个话题说下去就到了新的领域，我们可以花上很多时间探讨，但是想要澄清信息，就会有一段时间很动荡（所以干脆不要解释了）。"

12月5日，马丁·沙利文和约瑟夫·卡萨诺召开投资者电话会议，还是拒绝承认AIGFP的CDS组合有麻烦。两人的表演堪称奥斯卡影帝的水平。两人也没有提到普华永道的评论。沙利文在会议上说："AIG已经准确地识别了针对美国住房市场的所有领域的敞口。我们对市场充满信心，对我们估值方法的可靠性也充满信心。"卡萨诺还说了一句话，轻描淡写到了无耻的地步："实在难以看出这些投资组合怎么才可能发生亏损！"卡萨诺没有提到AIGFP与高盛（可能还有其他一些对手方）关于追加抵押品的纠纷。会议的文字记录记载，卡萨诺说道："我们时不时会从一些人那里接到抵押品请求，然后我们回答：'你们这数字我们可不同意啊！'他们说了一个'哦'，就走了。"

过了一个星期，法国东方汇理银行（Calyon）又发来抵押品请求。托马斯·艾森致信同事："我们公司已经来到了完全陌生的海面。我注意到了。我在华尔街干了17年，大部分时间都在新衍生品部门，我知道这个领域怎么运作。我们都会慢慢好起来，不幸的是，这需要时间。"

12月14日，福尔斯特又想把AIGFP的钱从高盛手里要回来。他给高盛国际的高管尼尔·赖特（Neil Wright）写信："高盛目前持有的有纠纷的抵押品数额巨大，因此我们希望你们要么按照我们的要求归还这些抵押品，要么下一周继续同我们积极讨论解决争端的事。就目前的情况，再推迟讨论不合适。"然而，因为假期，讨论还是进一步推迟了。圣诞节之前，卡萨诺致信舍伍德与高盛CFO维尼亚，说他很感谢高盛发来了多只证券的价格信息，但只是稍微一看就看出高盛的价格太低，比其他华尔街公司低得多。卡萨诺说："很显然，你们的敞口计算比你们提供给我们的第三方计算高出很多。"又加上一句："目前你们持有这些头寸的20亿美元抵押品，也大大超出了合同规定。"卡萨诺告诉高盛，想要在1月初解决这个问题。

普华永道合伙人蒂莫西·瑞恩也一直给卡萨诺施压，瑞恩想要彻底明白高盛的估值为什么总是比其他交易者更低。卡萨诺告知调查委员会："瑞恩就像一条拿到了骨头的狗！我实在不知道他怎么这么崇拜高盛！"12月18日，瑞恩拜访了卡萨诺在伦敦的办公室。卡萨诺后来转述，瑞恩说他想要去高盛讨论估值，这样就会知道高盛是怎么得出来的。卡萨诺不敢相信，因为普华永道也是高盛的审计公司（会造成潜在的利益冲突），而且卡萨诺实在没法想象，AIG聘请的审计员竟然会跑到高盛，坚信客户（高盛）的估值准确，还要看看高盛是怎么算的！卡萨诺回忆，他告诉瑞恩："你不能这样！这样会损害我和高盛的谈判！"卡萨诺说，他建议瑞恩如果实在好奇，就跟普华永道负责审计高盛账户的那个合伙人联系，这样就能满足瑞恩的好奇心。但瑞恩坚持要直接找高盛谈。卡萨诺问为什么，瑞恩只回答了一句话："审计的标准程序。"最后，卡萨诺好说歹说，终于说服了瑞恩不要去找高盛。

2008年初，普华永道对AIGFP越来越担心。AIGFP管理层正在拼命努力给出答复。2008年1月15日，审计委员会开会，集中讨论AIGFP组合估值的过程是否得到了适当的监控。会议记录写道："哈巴耶布先生确信，他的能力有限，无法造成什么影响，而且，目前超高级估值过程也没有预想的顺利。瑞恩先生说，估值过程并不包括控制功能，而且控制人员也无法参与对问题的历次讨论。瑞恩补充说，大家的角色、责任需要澄清，还指出抵押品问题本来能早些上报给AIG总部。"

第二天，卡萨诺又给高盛的舍伍德、维尼亚写信："我们相信，你们目前把敞口计算得太高了。"他会这么写也是天经地义。

2月4日，普华永道审计员和AIG高管们开会，卡萨诺也来了。普华永道再次提出了AIGFP可能有"实质性疲软"的情况出现。后来，卡萨诺告诉调查委员会，沙利文和其他AIG高管"听到消息后，完全傻了"，尽管这个问题显然并不是第一次讨论。2月6日，蒂莫西·瑞恩告知审计委员会，可能存在的"实质性疲软"这一"情况"，导致卡萨诺告知AIGFP同事，可能有潜在性问题。卡萨诺给AIGFP团队写信道："AIG总部团队正在确定，总部是否收到了正式通知，要求总部提交一份8K报表。"这意思是说，证券交易委员会要求AIG提交的一种文件，在每季度财报的间隙披露公司的重大新闻。卡萨诺说："显然，如果发现了实质性疲软，就有必要马上提交8K报表。"他似乎一点也不记得最早的警告在去年11月29日就发出了。接着，他又写了监控发现的其他隐患，最后总结道："真是一团糟！"过了五天，AIG宣布：截止到2007年12月31日，普华永道相信AIG"存在实质性疲软，涉及公司对内部金融汇报的控制，也涉及对AIGFP超高级CDS组合的公允价值的评估"。公告一出来，各个对手方自然加大了对AIG的压力。卡萨诺说："这也使得本公司对手方的新的抵押品请求变得正当化了，对手方声称，已经不能再接受我们的定价方法……这削弱了我们就抵押品请求进行谈判的立场。"

2月28日，AIG发布2007年全年财报，还说这些财报数字包括了114.7亿美元未实现的亏损，同AIGFP掉期组合相关。3月1日，沙利文宣布："本公司商议，决定让卡萨诺离职。"美国众议员亨利·韦克斯曼（Henry Waxman）说，最近8年，卡萨诺拿的酬金超过2.8亿美元，而且离职后依然获准保留了"多达3400万美元非既得红利"。之后六个月，卡萨诺依然担任AIG顾问，每月工资100万美元。

8月18日，AIG宣布盈利情况更糟之后的一个星期左右，高盛著名研究分析师、负责研究AIG的托马斯·乔尔诺基（Thomas Cholnoky）发表了一份报告，建议是："不要买入AIG！"报告介绍了股东的各种风险：评级机构可能进一步下调评级，筹资活动也可能稀释股东的股权。乔尔诺基还说，这个建议的主要原因之一是，抵押品请求可能进一步增加。他没有提到高盛本身就在拼命要求抵押品，而且已经要了一年左右。后来接受采访时，他竟然说当时完全不知道高盛一直在向AIG索要抵押品。

最后，沙利文团队又做出一个有争议的决定，给AIG的棺材盖敲上了最后一根钉子：有些机构投资者想要卖空证券。因为他们从AIG的8000亿美元投资组合中借来的股票，投资到了抵押贷款证券里，可后来才发现这些证券风险极高。AIG决定从这些投资中赚取现金。一名AIG前高管说："把证券贷给其他交易者没有意义，除非你打算拿走现金投资到别的地方，赚取差价。这就是AAA评级的意义所在。"

然而，这些投资本来应该针对流动性很强的低风险证券，比如国债，结果却投到了没有流动性的抵押市场。AIG一度把其他交易者送来的600亿美元现金投进了抵押贷款相关证券。一名AIG高管说："我吓得魂都没了。我的第一反应是，这些人要是都回来说：'你该还钱了！ 这就是你那该死的证券，给你！ 把现金还给我！' 那该怎么办呢？ 这时候，先前投入证券的现金已经有25%～30%到了'水下'[1]，这些要是政府的证券，我们可以明天就卖掉，重振资本，再把钱还给投资者。可是现在我们持有的证券根本就卖不出去。"到2008年夏末秋初，借入股票果然潮水一般涌向AIG，投资者果然要求还钱，让AIG的现金危机更加严重了。高盛分析师托马斯·乔尔诺基于2008年8月发表的报告的最后一页就是关于他对AIG证券借贷业务的担忧："因为AIG扩张性的投资战略

---

[1] 原文为under water，指这些抵押贷款针对的房屋市场价跌到了贷款金额之下，成了不良贷款。

而向风险较高的领域投资，所以目前企业资产市值为595亿美元，而债务达到了751亿美元。"乔尔诺基说，AIG已经同意提供抵押品，补偿这些损失。

乔尔诺基这么一分析，就成了压垮骆驼的最后一根稻草。2008年9月16日，危机爆发期间，联邦政府向AIG提供了高达850亿美元的纳税人资金，让AIG免于破产。雷曼兄弟在几小时以前刚刚破产。AIG等于是被联邦政府接管了。AIG最后脱困，向16家对手方提供了621亿美元抵押品，履行AIGFP之前卖出的CDS抵押品义务。2009年11月17日，联邦政府的问题资产救助计划（TRAP）总监尼尔·巴罗夫斯基（Neil Barofsky）发表报告，分析了AIG的各个对手方。这份报告说，联邦政府第二个援助的AIG对手方就是高盛。高盛拿到了140亿美元，相当于AIG欠高盛的全款，1美元合100美分。（《纽约时报》报道，政府第一个援助的AIG对手方是法国的兴业银行，给了兴业165亿美元。这些钱的一部分后来又给了高盛。）关于这些钱为什么付给了各个对手方，一直没有清楚的解释。另外，假如AIG申请破产，这些AIG对手方拿到的一定就远没有这么多了，甚至可能一分钱也拿不到。联邦政府为什么付了全款呢？这个问题，也同样没有答案。美联储纽约分行曾与对手方谈判，问能不能有估值折扣，行话叫"剃头"，被拒绝了。巴罗夫斯基2009年11月的报告说："八家对手方有七家告知美联储纽约分行，不会自愿同意剃头。而第八家对手方瑞银（UBS）则表示，只要其他对手方都向美联储让步，接受2%的剃头，瑞银也会接受。"卡萨诺告诉调查委员会，如果各个对手方都拿不到一分钱，或者如果美联储只是持有最初的CDS，纳税人的负担就会轻得多。2010年，卡萨诺又作证说："我关注的是表现怎样，以及是否有任何突破。我们已经度过了历史上最可怕的金融危机之一。危机当中，我唯一能做的就是观察现有的投资组合，判定组合依然在运转，而且能达到我们设定的标准。我认为，我们的评价非常谨慎。我认为投资组合在极为艰难的条件下经受了时间的考验。"

此外，2009年9月，美国联邦审计总署也发表了一份报告。报告言明，即使在9月16日政府援救之后，"AIG的证券信贷项目，流动性依然一直最为缺乏"。于是，美联储建立了一个援助项目，名叫"梅登巷二号（Maiden Lane II）"。梅登巷二号项目有240亿美元资金，用来买下AIG当初买入的毒性最大的RMBS证券。这些证券是用证券信贷项目赚的钱买入的。到2010年6月，AIG欠了这一信贷机构160亿美元。卡萨诺认为，这至少说明AIGFP的承销标准靠得住。但其他人并非都同意卡萨诺的这种自吹自擂。2010年3月，美联储主席本·伯南克来到电视节目《60分》（60 Minutes），说道："我们在过去18个月当中经历的所有事件、完成的所有任务当中，让我最气愤也最痛苦的就是干预AIG。这家公司把一切没良心的赌注全都下完了！结果他们一赌输，我们又发现，他们一倒，整个金融体系也就必死无疑。"

有一份高盛内部报告显示，2007财年四季度，伯恩鲍姆柜台盈利9.47亿美元，2007财年盈利37.38亿美元。伯恩鲍姆说，他的交易让高盛赚了40亿美元，如果没有他，高盛就赚不到这些钱。伯恩鲍姆又说，要是风险价值警察不那么步步紧逼，他的盈利还会提高1~2倍，也就是80亿~120亿美元："就更像约翰·鲍尔森那样。鲍尔森完全没有保留，全力往前冲。"伯恩鲍姆说，2007年，高盛因对多头抵押仓位减记而亏损了超过10亿美元，但亏损还是比他的柜台赚的40亿美元少得多。"2007年抵押部门的净利润创了纪录。你们想想这句话：这一年，别人赔得精光，我们的盈利却是前所未有！"高盛也完全可以吹嘘自己的交易、风控能力（确实吹嘘了），而且2008年9月还吸引了沃伦·巴菲特50亿美元的优先股投资。

过了几个月，AIG对手方偿付纠纷之后，舆论开始聚焦高盛了。这时候，高盛的"高级军官"们打算用另一种方法解读伯恩鲍姆的成功。

维尼亚说，2007年公司决定偶尔减持伯恩鲍姆的空头仓位，让公司只付出了2亿美元左右，而不是伯恩鲍姆预计的数十亿美元。但维尼亚也承认："伯恩鲍姆团队完全正确，我完全错误。"高盛的看法是，公司为伯恩鲍姆提供了必要的资本，让他实现了"大空头"，而伯恩鲍姆很好地执行了命令。但伯恩鲍姆之所以能够在高盛抓住机会，主要原因之一是公司强调按市价核算，二是高盛在那些想要卖出或者对冲的MBS方面拥有多头仓位。没有这些前提条件，高盛管理层就不可能有人听信伯恩鲍姆的话。

有几名高管不相信公司的这个说法。其中一名高管说："回头看一下，在年末回顾，在这个周期的末尾回顾，看看情况应该怎么判断，就会判定，公司的宣传完全不符合当时的真实情况。如今，高盛宣称自己在对冲客户仓位，说我们在这里做多，在那里做空，这是一个整体分析。"高管说，实际情况是公司最高层在"我们（即伯恩鲍姆团队）对他们反复强调之后"，终于发觉多头仓位有内在风险，例如"我们"说服了高层，让他们相信CDO库存的风险同市场上交易的CDO风险一样大。高管说："我的交易团队很失望。因为我们并不希望出现这么一种情况：到了年底，领导层拍拍我们后背说：'哎呀，你们部门干得不错！虽然有各种亏损，但你们部门最后还是挣了40亿美元。'[1]我们想说的是：'你要是说我能控制全公司的一切因素，那倒没问题，但我不能控制一切啊！因此可不要因为这种局面而付给我们酬金（我只接受公司为了我自己的实际表现而付给我酬金）！'"但高管还是承认，布兰克费恩需要更开阔的眼界，不要只盯着伯恩鲍姆柜台，而布兰克费恩也确实有更开阔的眼界。"他在那个等级上的观点就是，他在这个柜台拿到了40亿美元，但其他柜台的其他仓位估值正在调低。这依然是一种以十亿美元计的现象，不过他是从企业全局考虑的，视角不一样。"

---

[1] 母语顾问猜测，虽然这个部门盈利，但总体还是亏损，所以高管不希望这种情况出现。

华尔街发放年终奖的时候，向来伴随着自吹自擂和重复计算。2007年，伯恩鲍姆在年度个人评估表上降低了自己的评分，说自己本来能做得更好。"作为ABS和SPG交易部门主管，我在2007年的业绩用所有客观标准衡量都是个人最佳。"他说这一年的个人盈利总计75亿美元，而不是40亿美元，包括合成业务25亿、ABS业务20亿、自己交易30亿；"这几个方面在华尔街都是第一，大大领先第二名，而在全球交易次级风险方面名列第二"。

伯恩鲍姆承认："交易策略的执行是一次了不起的团队成就，每个成员都起到了关键作用。"但也说："我认为我是驱动交易策略的先头力量，或是主要力量。"

斯文森稍微比伯恩鲍姆谦虚一点，但也吹嘘了自己2007年的成就。他在业绩评估报告中写道："2007年是我迄今为止最骄傲的一年，这一点，所有人都不应该吃惊。我的功劳在于两年前就发现了ABS合成业务的巨大商机。我发现了，公司有必要成立一支交易员的精英队伍，而我能够带领队伍，打造最优秀的业务，实现不寻常的利润（迄今为止将近30亿美元），也因此，我建立了无与伦比的声誉。"

斯文森又评论自己的领导技巧，举例："抵押市场的紧张开始泄露的时候，我花了很多时间同客户召开电话会议，讨论为MBS估值的方法。"例如高盛承销、卖出的GSAMP-S2。他说，S2投资者损失惨重，都来指责他，而他顶住了投资者的进攻，厥功至伟："客户们要求高盛支持GSAMP项目（不让投资者亏钱），对我们施加影响。我拒绝了客户的要求。"这种言辞，与高盛标榜的"客户利益永远至上"可谓相去甚远！

斯帕克斯则显得更为低调（至少纸面上写下来的言语更为低调），没有太过吹嘘自己为团队做出的贡献，但他表达的意思完全一样："今年，我在职业生涯中为公司献出了最佳表现。我带领卓越团队在极不稳定、极为困难的市场中开辟了一条路。我们必须大幅度调整业务模式，而且要时刻调整。我们尽量争取了公司的支持，不光活了下来，还活得很精彩。"

图尔则是2007年个人职业评估里最低调的一个，大概是因为他负责的ABACUS业务大多数表现不佳。实际上，他也从来没有提到2007年他花了半年工夫运作的ABACUS业务，只是说："在艰难的市场环境中，我坚持不懈，耐心地执行了复杂的交易。这些交易涉及了几种金融产品，有企业CDS，有单分档合成ABS CDO，有CDO管理技术。"2010年，高盛花了5.5亿美元和解ABACUS一案，但本书截稿时，图尔依然在等待证券交易委员会针对ABACUS诉讼案的裁决。2011年2月，图尔的律师想要让法院驳回起诉，理由是证券交易委员会对此没有司法权，但法院拒绝驳回。[1]

到2007年12月中旬，继《财富》杂志、《纽约时报》之后，《华尔街日报》也开始想要探索，高盛如何避免了其他证券公司在2007年犯下的错误。12月14日，《华尔街日报》记者凯特·凯利（Kate Kelly）发表头版文章，重点关注了斯文森、伯恩鲍姆、斯帕克斯，详述他们那些贪婪的交易为高盛赚到了数以十亿计的利润，还专门提到，三人在2007财年估计都会拿到500万～1500万美元不等的报酬。凯特·凯利写道："结构类产品交易员每天的工作时间很长。每天早上，斯文森先生离开北新泽西[2]的住处去健身，七点半准时坐到工位上。伯恩鲍姆从曼哈顿公寓来上班，然后就开始为客户进行多笔大宗交易，没有休息的时间。早饭和午饭都在工位上吃，斯文森先生每天都从附近的熟食店买一份鸡肉蔬菜沙拉。伯恩鲍姆先生的早饭是一个鸡蛋三明治，午饭是一个鸡肉/火鸡三明治。抵押主管斯帕克斯先生每天早上五点半就开车从康涅狄格州新

---

[1] 2013年初，图尔离开高盛。2013年8月2日，纽约联邦法院九人陪审团裁决，在该欺诈案中，图尔对7项指控中的6项负有法律责任。图尔被迫缴纳巨额罚款。2014年，图尔来到芝加哥大学担任讲师，目前仍就职于芝加哥大学经济学系。

[2] 泛指新泽西州北部，不是精确的地理区域。

迦南市出发来公司。为了放松，他会到高盛位于市区的办公楼健身房跳跳绳、举举重。有时候，他会一直工作到午夜之后，最后筋疲力尽地回家。有一次，他为了工作，取消了一家人去怀俄明州的滑雪之旅。虽然他喜欢观看得克萨斯州 A&M 大学的橄榄球比赛[1]，在大学附近还有第二套房子，但只跟妻子和两个孩子去了一次，之后他自己就再也不去了。"

《华尔街日报》这篇文章发表之后几天，一名高盛的"消息人士"告诉英国报纸《独立报》："消息发出来之后，他们（文中提到的高管）非常难堪。在这之前，没有人听说过他们，就连他们所在楼层的其他同事也很少有人听说。"不论有意无意，凯利的报道将三名高盛的"生化人"写成了有血有肉的活人，但这显然违反了高盛一条重要的潜规则：高盛那些级别不够高的普通员工，不管成绩多大，都不准接受媒体采访。

2007年，几乎所有华尔街公司的抵押业务全部亏损，高盛却没有亏损，这使得高盛和高盛顶层人士大捞了一票。2007年，公司税前利润176亿美元，创了纪录，同比增长约30亿美元。公司最高层的五人瓜分了将近4亿美元，布兰克费恩拿了7030万美元，科恩7250万美元，维尼亚5850万美元。这些天文数字，在有史以来的华尔街高管年薪当中数一数二。但加里·科恩在记者面前还是想假装高盛这一年远没有挣到这么多钱。他在一次采访中说："我们不会公布每个部门的详细财报。不过，市场要是真正看到了我们去年抵押业务的成绩，会十分失望，因为市场以为我们赚了很多钱。"斯帕克斯就实事求是得多："我们能做到的好事是，只要犯了错误就承认，然后想办法弥补，而不是只坐在那儿闭上眼睛祷告。"

向高管发放这些巨额酬金之后，过了几个月，41岁的斯帕克斯和35岁的伯恩鲍姆都离职了。斯帕克斯自2002年11月以来一直担任合伙

---

[1] A&M大学即得州农业机械大学，是全球著名的公立研究型大学，其橄榄球校队水平很高。

人，而伯恩鲍姆则是副总裁，希望在2008年当上合伙人。2009年10月，笔者给斯帕克斯家里打了电话。斯帕克斯曾有18个月担任高盛400人的抵押贷款部主管。他在这个简短的电话里说，他一直不愿对记者说起在高盛的经历，也不愿意透露为什么突然离职。他先前对同事们说："我非常喜欢高盛，可现在我该继续往前走了。"他说，近六年来，他经常考虑要离开高盛，而当时刚好是离职的好时机，因为他的业务形势在金融危机过后变化很快，被迫裁掉了手下一半的员工。他说，自己和公司关系依然很好，公司也一直在支持自己。目前[1]，斯帕克斯就职于阿坎抵押贷款有限责任公司（Archon Mortgage LLC），这是一家得克萨斯州欧文市的房地产管理公司，隶属于高盛。斯帕克斯拥有的其他一些公司好像与高盛也是隶属关系。《华尔街日报》透露了斯帕克斯没有说的一个情况：2008年1月前后，证券交易委员会询问了斯帕克斯在森林狼CDO销售业务中的作用。先前，一家澳洲对冲基金——基础收益阿尔法基金——曾买下1亿美元的森林狼CDO，后来业务崩溃，亏了钱。证券交易委员会盘问斯帕克斯之后没多久，基金的一名代表告诉一位证券交易委员会律师："我们相信，高盛用欺诈的方式宣传了这笔交易。"2008年3月，斯帕克斯离开高盛的前一个月，证券交易委员会又进一步询问了基金高管关于森林狼的事情。

斯帕克斯走人之后，伯恩鲍姆也很快走人了。目前，他是提尔顿公园资本管理公司（Tilden Park Capital Management）的创立者兼首席投资官，这是一家管理着10亿美元资金的对冲基金，总部在纽约，主要业务是"寻找结构类产品的机遇"。[2]高盛抵押贷款建模的精英杰里米·普

---

[1] 即本书英文版推出的时间2011年，下同。斯帕克斯后来与上文提到的凯文·加斯沃达（Kevin Gasvoda）等人创立了Shelter Growth Capital Partners公司（参考译名：保护增长资本合伙人公司），目前仍在运营。

[2] 公司名字源于加州奥克兰附近的提尔登地方公园（Tilden Regional Park），伯恩鲍姆小时候住在公园附近。截至2021年7月，公司仍在正常运营。

莱默也同伯恩鲍姆一起在这家基金工作。很自然地，伯恩鲍姆公开谈起了他在高盛2008年的三个目标："第一，交易营收超过10亿美元；第二，继续增强高盛的名誉；第三：当上合伙人。"

然而，事与愿违。伯恩鲍姆离开高盛的动机之一好像是酬金谈不拢。他拒绝透露2007年的酬金数目，但应该在1000万美元左右，显然没有达到他的预期。他说："我猜，这取决于你认为多少才算公平，对吧？假如你是个炼钢的工人，你就会觉得我这收入不错了。但你要是个对冲基金经理，大概就不这么觉得。"

关于两位明星交易员为什么离职，高盛闭口不谈，只是一名发言人说："我们很遗憾斯帕克斯离职，我们会想念他的。"这当然是企业的场面话，表明某人突然离职的真正原因十分不堪，根本不能公开讨论。比如，如果斯帕克斯突然离职是为了当上财政部长，高盛可能就会更加愿意透露一点原因。高盛对伯恩鲍姆的离职什么也没说。舆论猜测，两人可能是被撵走的，尽管他们帮助完成了一系列交易，尽管他们很可能拯救了高盛。2010年4月，参议员列文猛烈抨击高盛，发言中提到了斯帕克斯，也提到了伯恩鲍姆。[1]

---

[1] 此事参见序章。

第二十四章

上帝的工作

最近，高盛经历了一系列公关噩梦。噩梦爆发的时间是在2009年3月。当时，美国政府继2008年1820亿美元救助AIG之后，又开始了第二阶段的救市行动，其中有一项是通过AIG向各个对手方输送数以十亿计的资金。在这些对手方的列表上，位列第一的就是高盛。这个对手方的列表还保密了几个月，只是舆论多次强烈要求之后才发布了。很快出现了一个传言，主要内容是，高盛通过某种办法在拿到140亿美元救助金之外，又捞到了一项特别好处，而这是因为高盛在首都华盛顿有很多人脉：首先是亨利·保尔森；还有史蒂夫·弗里德曼，高盛董事，时任美联储纽约分行董事会主席兼布什政府的国家经济委员会前主任；还有乔希·博尔顿，高盛前合伙人、布什办公室主任。[1]2011年1月，布兰克费恩对高盛470位合伙人发表演说，也承认了以上内容："我们在危机期间的良好表现历史，变成了一种责任。因为舆论猜测我们是怎样取得了这种成绩，而且怀疑我们因为人脉关系而获得了特别优待。这种处境不仅很糟糕，而且很危险。"

AIG各个对手方的列表发布之后不久，高盛就在业务取胜的同时遭遇了一次又一次的公关失败。布兰克费恩说："我认为，作为一家公司，我们把很多事办得非常好。但就我们目前的状况来说，也有其他一些事我们显然可以办得比现状更好。我认为，我们在解释高盛的行动方面，做得还不够好。"舆论对高盛发动的战争旷日持久，而打响第一枪的是

---

[1] 参见十七章后半部分，博尔顿曾与保尔森商议保尔森担任财政部长一事。

在列表发布之后几天的3月20日。当天，维尼亚组织了一次（用高盛标准衡量）前所未有的记者电话会，持续了45分钟，"为了澄清媒体关于高盛与AIG交易关系的某些误会"。维尼亚的发言核心是：高盛已经做好了自己的对冲措施，预防AIG垮台，也预防高盛先前请求AIG承保的证券变成废纸。他说："因此，我们可以这么说，不论AIG倒闭与否，都不会对高盛造成实质性的直接影响。"

虽然这次电话会议是为了安抚那些代表美国人民而参加的记者，但是在记者中间引发的疑问似乎比解答的疑问还要多。记者们的沮丧与不解，一开始在2009年7月《滚石》杂志上表现了出来，也就是记者马特·泰比写的一篇"现代经典式"阴谋论的文章："关于高盛，你们首先要知道的就是高盛无处不在。全世界最有势力的投行，像巨大的吸血鱿鱼，盯紧了人性的一切弱点，无论闻到什么东西散发出金钱的气息，就把吸血漏斗无情地扎进去。"泰比怒斥高盛犯下了无数金融罪行，其中包括大萧条、网络泡沫、住房泡沫、油价飞涨，而且还"操纵救市方案"，从中获利。

"巨大的吸血鱿鱼"这个比方不胫而走，很快，就连布兰克费恩也没办法无视了。2009年8月，他对记者说："很奇怪，《滚石》杂志做了一些荒唐的所谓调查。我认为这种做法太过分了，我自己也看过文章，真是一派胡言乱语，有些人会觉得很可笑。我就是这么看的。不过，接着就又有别人胡说八道，好像高盛烧毁了德国议会大厦，朝着萨姆特堡开炮，刺杀了斐迪南大公[1]，什么荒唐说什么。"

似乎就在一夜之间，高盛那镀金的形象就暗淡了。过了几周，《纽约》

---

[1] 布兰克费恩说的都是一些历史上的著名阴谋与破坏事件。1933年2月27日，德国纳粹党策划了"国会纵火案"，焚烧柏林国会大厦，借以打击德国共产党和其他反法西斯力量。1861年4月12日，美国南军炮击北军控制的南卡罗来纳州查尔斯顿港萨姆特堡，南北战争爆发。1914年6月28日，奥地利王储弗朗茨·斐迪南在塞尔维亚首都萨拉热窝遇刺，引发了第一次世界大战。这里布兰克费恩故意说了一些巨大灾难的标志事件，目的是讽刺那些指控高盛要阴谋的人。

杂志作者乔·哈根（Joe Hagan）继泰比的长篇大论之后，又发表了一篇更为冷静的分析，评论强大的高盛是怎样把事情搞砸的，以及背后的原因。纪录片《资本主义：一个爱情故事》（*In Capitalism: A Love Story*）导演迈克尔·摩尔（Michael Moore）是个充满活力、擅长讽刺的人，他专门开了一辆美国保安公司布林克（Brinks）的装甲运钞车，开到宽街85号，跳下车大喊："我们要为美国人民把钱拿回来！"保安一拥而上，把摩尔赶跑了，摩尔没能进入高盛大楼。

事后看起来，这场混乱似乎在2009年11月初就达到了假的"高峰"。当时，威严的伦敦报纸《星期日泰晤士报》加入战团，发表长篇专文，说高盛"已然成为全球资本主义有史以来制造的最强的赚钱机器。有些人还认为，高盛也变成了比各国政府更加有势力的政治力量"。这篇文章提出了有关高盛的一些常见比喻，例如把高盛比作一群街区里[1]最勤奋、最聪明、最富有的孩子，但也提出了很多问题，关于高盛发生的太多冲突，以及高盛管理冲突的能力。接着是一个问题，是提给布兰克费恩的：高盛的野心，或者说高盛员工的野心，将来是否可能存在任何限度，以及是否应当存在任何限度？布兰克费恩回答："我不想让员工们觉得他们尽力为自己完成任务后就可以去度假。我作为股东利益的守护者，也为了各种社会目的，希望员工们能够继续手头工作。我不想给他们的野心设定任何限度。"这一年是奥巴马政权的第一年，政府一直在用各种措施缩小美国越来越大的贫富差距。布兰克费恩的评论似乎就专门针对这些措施。

布兰克费恩的评论，大多数读者可能一直很难理解。他在离开的时候还即兴来了一句："我在做上帝的工作。"这句大言不惭的话又招来了一阵猛烈炮轰。高盛又不得不进行防御，努力把这句话说成布兰克费恩自嘲的幽默，只是时机非常不对，而且也完全没有达到幽默的效

---

[1] "街区里"原文 on the block，可能和前文一样也指大宗交易。

果。十天后，《管理者》(*Directorship*)杂志CEO杰弗里·坎宁安(Jeffrey Cunningham)采访布兰克费恩，问他"上帝的工作"那句话是怎么回事。后来，杂志很快将布兰克费恩评为2009年的"年度CEO"。布兰克费恩打趣说："比赛才开始你就把我困住了，这可真不错。不，那句话明显是个笑话。你要问我现在是不是后悔说了那句话，我当然不后悔。我离开(办公室去接受采访)的时候，那些智囊顾问总是警告我：'劳埃德，你不管做什么，可不要做你自己(说话不要肆无忌惮)！'于是我就走出办公室，跟记者谈话。各种问题交织在诸如'你领带多少钱买的''你知道一夸脱牛奶多少钱吗？'这种问题之间。我知道这么问下去会怎么样。我出门的时候，又你来我往地说了一阵子他提出的话题。当时我要走，就扔下一句话：'我要走了，去做上帝的工作。'我说这句话是为了调侃，不是认真的。他笑了，我也笑了，可是结果怎么样呢？是他笑到了最后。[1] 于是，我现在就说，假如有人过敏，打喷嚏，我却没有按照惯例说'上帝保佑你'[2]，你就应该理解成，我已经接受教训了。"

虽然有这次失态，但其他领域的人依然盛赞布兰克费恩。高盛2009年再次实现了巨额利润，这种奇事有谁能视而不见呢？《名利场》杂志将布兰克费恩称为年度百强人物第一号最有权势、最有影响力的人。《金融时报》也将他列入了年度人物，但还附了一篇文章，说报纸并不愿意授予他这个头衔。《金融时报》专栏作家约翰·加普(John Gapper)写道："这个年度人物头衔并不代表本报毫无保留地支持布兰克费恩先生或是高盛。《金融时报》在去年曾多次批评二者。这个头衔的意义在于，布兰克费恩先生与他的银行在其他人倒毙路边的时候，已经来到了金融世界的领先位置。"

---

[1] 意思是记者成功了，人们相信布兰克费恩是大言不惭了。

[2] 这是英语国家的风俗。民间认为魔鬼会在人打喷嚏的时候侵入人体，因此说这句话来驱邪。布兰克费恩是开玩笑说，他不再说一些正常的礼貌话，虽然这看似不讲礼节，但其实是他的教训，因为他在失言之后，再也不敢提上帝这两个字了。

美国职业棒球的波士顿红袜队曾在2004年从不良状态中恢复，夺得冠军。与之相似，2010年一季度，其他华尔街原先处于濒死状态的银行，也开始重现生机。原因之一是，美联储几乎是给他们免费送钱，这对于银行业部门来说，相当于火箭的燃料；原因之二是，总体经济形势也从崩溃的边缘恢复了。2008年危机爆发以来，高盛之外的其他公司头一遭再次大幅盈利。就算深陷困境的花旗集团在多年亏损之后也盈利44亿美元。高盛一季度盈利33亿美元。

终于，舆论的聚光灯似乎从高盛身上移开了。华尔街忽然扭亏为盈，似乎说明TARP计划的设计师展望的经济前景开始出现了，而对此最为欣喜的莫过于劳埃德·布兰克费恩。无论如何，2010年应该是布兰克费恩的胜利之年，但他并不能休息。

证券交易委员会诉讼、列文参议员听证会的余波未平，又有一大波新的民事官司摆在了高盛面前。据报道，证券交易委员会研究了另一只高盛在2006年秋天完成推广和出售的合成CDO，即"哈德孙中层基金2006-1"，价值20亿美元。高盛的宣传材料说，基金的利益完全符合买家的利益。一份内部宣传文本说："高盛已投入一部分股本，将公司的激励措施调整到符合哈德孙项目的情况。"可是参议员列文与高盛多份档案都宣称，高盛是这一项目唯一的做空投资者，下了20亿美元赌注，打赌证券会垮台。2007年9月，证券果然垮台了，高盛因此赚了10亿美元。列文说："高盛卖出的每一只CDO证券，高盛都因为证券贬值而获利！"据说，司法部也在调查高盛的犯罪证据，如果真的起诉，高盛的丧钟也就响了。只要司法部提起犯罪指控，所有金融公司都必死无疑。

但是，出现了一个很讽刺的情况，布兰克费恩肯定会注意到。那就是，证券交易委员会的诉讼和参议员的听证会竟然同时鼓励了两个水火不容的群体：一是高盛的支持者，他们认为，高盛本来没有罪，却被专门挑出来迫害了（而这些迫害行为公开之后，就显示了有多么站不住脚）。二是高盛的那些最严厉的批评者，他们相信，华尔街本身与华尔街目前的各种习惯罪孽深重，高盛就是这种罪孽的具体表现。

高盛、布兰克费恩的支持者当中，沃伦·巴菲特是最热心的之一，而他也是高盛头号个人股东。巴菲特说："我百分之百支持高盛。"还说，要是布兰克费恩要辞职或被人顶替，"假如劳埃德（布兰克费恩）有个双胞胎兄弟，我一定选他当新任CEO！"一些华尔街资深人士说"巴菲特说的只代表他自己的利益"，因为巴菲特在高盛的股本很多。另一方面，亿万富翁苏世民曾创立黑石集团，黑石集团是高盛多种业务的竞争对手（而非在高盛有股本），列文听证会之后，过了几天，苏世民告诉《金融时报》，黑石集团开业的25年来，"从来没有任何人质疑过黑石的伦理品质或者行为"。他的发言得到了更多重视。苏世民接着说："我们是高盛的主要客户，将来也会继续当高盛的主要客户。"

最近，苏世民在俯瞰公园大道的31层办公室的会议室接受了采访。他说他认为奥巴马发表了一些民粹主义的花言巧语，反对商业。而且华尔街自己作孽，政府竟然被迫拯救华尔街。美国舆论又看着银行家和交易员（特别是高盛的那些人）在很多经济部门依然颓势的时候再次日进斗金。对此，舆论也非常愤怒。这些奥巴马言论和公众情绪的枪口刚好瞄准了高盛，对高盛不公平。苏世民说："高盛在一个没有繁荣的时代变成了繁荣的象征。奥巴马试图运营一个平台，减小那些富人和中产阶级之间的差距。这就好像检验他业绩的试金石。高盛因为挣钱比别人都多，于是就成了象征的象征，对吧？我替奥巴马想一想，这情况就好比一根钉子，距离木板很远，但他却非要把钉子敲进木板。他们拼命想要敲钉子。事态发展期间，我跟布兰克费恩谈过几次，还不清楚到底什么才能让这头怪物（美国政府）满意。"苏世民说，不论有意无意，高盛已经变成奥巴马政府"想要改变、修正或是毁灭的社会的一种象征"。另一方面，苏世民的竞争对手、KKR老总亨利·克拉维斯曾经想要在高盛的套利部门工作，还当过高盛的暑期实习生。35年来，克拉维斯一直在观察高盛的发展。他观察到，高盛从一家全心全意帮助客户的收费企业，变成了几乎每天都会找出新办法与客户竞争的企业。一名前高盛银行家说："作为主体交易方的KKR，同作为主体交易方的高盛，关系一直高度紧张。你要是还没有跟克拉维斯聊过高盛，那就应该聊一聊。他对高盛的看法特别好。我当初在高盛的时候，我们的关系就特别好。现在两家公司的关系依然非常好，只是有一些起伏。"可惜，笔者多次提出采访克拉维斯，都被拒了。

其他人对高盛和高盛业务的看法，远没有巴菲特、苏世民表现得那么乐观，也远没有他们那么宽容。他们希望高盛已经作茧自缚。华尔街上一直有各种传言，说高盛进行非法预先交易，也就是公司获悉了客户的秘密交易或者兴趣所在，用这种信息谋利。有些人甚至觉得高盛在2007年初进行"大空头"就是非法预先交易，同约翰·鲍尔森的交易风格一样私密，但这只是很多例子中的一个。一名高盛对手介绍说："他们觉得，从客户业务中收集的信息完全可以直接用来交易。他们不会觉得：'哎，这是我客户的信息，我在自己交易的时候不应该知道这种信息！'就这么简单。"对手打了个比方：假设有一家医疗用品公司可能IPO，或者这家公司可能要出售给别家，就雇了高盛。高盛尽职调查后发现这家医疗用品公司的服务每天都在减少，就会把这一信息转发给交易员，然后交易员就会做空这家公司的证券，或者做空业内其他公司的证券。"

对手继续说道："作为顾问，他们了解客户的内幕消息，然后用这种内幕消息在市场中交易，还把这种行为叫作'管控风险'。真是一派胡言！这就是内幕交易！他们会说：'这个嘛，这是管控我们自己的风险。'太扯了！什么叫管控你们自己的风险？这是一种商业模型，利用客户、利用客户关系产生有用的信息，交易这些信息。他们跟不少国家这么干，历来都这么干。在我看来，高盛有三块业务，一是咨询，二是证券承销，三是交易。他们把证券承销业务、咨询业务拿走，不再是独立的主要业务单元，而变成了交易的信息来源。我实在不明白这怎么不叫犯法呢？"

　　纽约州州长、总检察官埃略特·斯皮策一次接受采访时说，很多年来，他就一直听说针对高盛的这些指控。他说："预先交易是非法的，是对客户的欺诈，这一点毫无疑问。公司只要接了客户，为客户进行的研究工作就必须尽心，不能当着客户交易，不能破坏客户的出价。这都是非常基本的原则。"但他也说，他和其他检察官一直没有因此起诉高盛，主要是因为要在法庭上证实这一点太难了："假如世上所有声称高盛最近20年一直在搞预先交易的人，一人给我一分钱，我肯定就是世界首富了！"[1]作为总检察官，斯皮策一点也不避讳与华尔街的斗争。2003年4月，他与十家华尔街公司组成的财团达成和解，让他们支付了14亿美元，其中高盛付了1.1亿美元。此前，斯皮策出示了决定性的证据，显示华尔街发布的股本研究报告受到了这些公司的投行家不正当的影响，以图获取更多业务。

　　但不论证据有没有法律效力，高盛冷酷无情的各种传闻已经传开了。一名对冲基金经理回忆说，他有个朋友在另一家对冲基金，危机期间，高盛是第二家基金的主经纪商，负责执行、结算交易，承担与基金相关的管理职责。这名对冲基金经理说："高盛担任我朋友基金的一家主交易商，高盛建立了所有的仓位。我朋友对接的高盛员工对我朋友拥有的产品一清二楚。高盛员工等于是在交易柜台上配合主经纪商业务，想要榨取我朋友的价值，自己获利。就像那些预先交易的情况，高盛知道我朋友要降低风险，因为那些主经纪商都告诉他，他必须降低风险。高盛拼命想要把我朋友搞掉，因为高盛觉得，在这个紧要关头，基金一倒，基金的价值就上去了。只要卖家出现紧张局面，或者急于抛售，高盛就可以收拾残局，挑选出其中的很多便宜资产。卖家死了，高盛能多挣2000万美元。他们对这种客观决定，毫无良心上的不安。这只是走1号门还是走2号门的问题。谁也不想走那个赚钱少的门。"

---

[1] 斯皮策的意思是说，很多人声称高盛在这样做，但说话和办事不同，这么说很容易，从法律意义上证实这一点从而打击高盛却很困难，而且高盛在为很多大人物赚钱，所以尤其困难。

此外还有高盛应对利益冲突的方式，这也是引发参议员列文强烈反感的核心问题。《纽约时报》报道，高盛的业务潜规则之一就是"拥抱冲突"。报道说："高盛主张，有冲突才证明企业同客户之间有着健康的紧张关系。高盛主张，倘若不拥抱冲突，那么公司在产生业务方面就不够努力！"要是这么说，那其他公司可就远不如高盛努力了。比如，A公司同意代表一家寻求出售的B公司，那么出于显而易见的原因，A公司当然就不会也代表买方C公司，尽管很多公司也会为自己卖出的企业的买方提供融资，但绝不会直接代表买方。而高盛却更加愿意想办法实现两头代表。虽然高盛真正两头代表的情况很少，但确实存在，而且还被视为投行业的胜利，因为这样就可能收取两笔费用了！

这种情况的顶点可能发生在2005年。这一年，纽交所与群岛控股公司合并，金额高达90亿美元。[1] 当时纽交所还是私企，主管是高盛前总裁兼COO约翰·塞恩，而群岛公司属于上市的电子交易所，高盛是群岛第二大投资者。这次合并，高盛就是两头代表。纽交所通过复杂的合并过程，既实现了上市，又完成了关键步骤，在技术方面赶上了其他交易所：当时，其他交易所已经没有场内经纪商，而是换成了距离场内很远的计算机。这次合并将会决定华尔街的未来，以及华尔街龙头老大的地位。换句话说，这就是大家都认为高盛会主导的那一类业务。但使人们震惊的是，高盛两头代表，而且参与者对结果似乎都十分满意。最后，高盛拿到了1亿美元的意外之财，包括咨询费、群岛公司股本的升值，以及高盛在纽交所席位增加的价值。一名私募股权投资者说："高盛会完全无视交易规则，也无视那些始终存在的利益冲突。而他们应对冲突的办法只是一句话：'大家，我们不会关注这些小事！'这种作风一直让我叹为观止。"又说："你看看他们跟纽交所的那些业务，他们每一边都代表。有人会站出来说：'高盛，你们不能这样。'可是高盛却认为这种

---

[1] 这一合并案参见第十七章后半部分。

事就好像公共服务部门一样，是强制的，非这么做不可。然后高盛又主张，他们最厉害，谁都没有他们厉害，要不是他们应对冲突，他们就完不成让资本市场安宁稳定的任务！"这位投资者哀叹，高盛的态度总是一句陈腐的老话："相信我们，我们很诚实！"

某私募股权公司A曾经邀请高盛参加一笔自营业务，高盛拒绝了，之后却又跟另一家私募股权公司B合作，出现在公司A的拍卖会上。某银行CEO讲述，有一次，美国联邦存款保险公司（Federal Deposit Insurance Corporation，简称FDIC）出售一家倒闭的金融机构，他投标了，而高盛竟然威胁他说，如果不让高盛参与收购业务，高盛就投标与他竞争。他说，高盛这种赤膊上阵的做法，"只要有机会赚一块钱，就会使出来……这种伦理观念，跟我实在不兼容！"还有一名已离职的高盛前银行家，目前在一家对冲基金工作，与高盛有交易关系。该银行家至今仍在感叹高盛上市以后发生了怎样的巨变："我们同高盛交易很多，我觉得他们的所有业务都普及了一种观念，那就是，只有对高盛有利的事情才重要！ 不管他们在哪儿说什么客户至上，可能投行领域确实还在这么做，但是交易领域肯定不是这样。就好像他们会把你的午饭抢走，再把你彻底搞死，他们完全干得出来！"

另一位私募股权投资者更加直白："我的基本意思就是，他们很多的基础业务模式就不合法。"他经历过这么一件事，他请求高盛代表他收购一家公司，过了一周，高盛通知他："高盛有利益冲突，不能参加。"然后高盛就跟他竞标收购这家公司了。"我认为，现在那些精明的客户已经预期高盛会这么做了。"但他更加担心另外一件事：当今的高盛，交易范围几乎囊括了一切——大宗商品、抵押贷款、贷款，无所不包。而内幕交易的法律目前只涵盖了股权交易。应当修改法律，涵盖这些新的交易领域。这种非法交易，它的基础就是高盛内部流传的自营保密信息，高盛把信息用于交易了。高盛有一个自营计算机风险监控系统，名叫SecDB[1]，有了它，高盛考虑风险的方式就与其他公司不同。银行家和交易员会找到潜在客户，讨论风险的买卖，但有时这一步做得太过分了。这位投资者说："高盛认为，从客户业务那里获得的信息可以免费拿来用于交易，就这么简单！他们与客户打交道，把业务的一切信息都拿到了，普及到全公司，然后用这个信息展开交易竞争，对付这个客户，也对付其他客户，等等。不过，按照《1940年投资公司法》（Investment Company Act of 1940，简称Forty Act）规定，这可能不算内幕交易，因为他们可能并不交易这家公司的证券，但这么做依然无法无天！这就是一个绝对无法无天的业务模式！假设我是高盛，我当了某公司的顾问，我碰巧比其他人都清楚他们的业务有多少需求，然后我就用这个信息去跟他们的对手展开交易竞争，这种模式，难道不是无法无天吗？假设我是一家装饰品公司，我聘了高盛，他们分析了我们的业务信息，预备将来可能出售我们，或者给我们做IPO，或者随便什么别的，然后他们看见我们每天的订单在减少，这个消息还没有在季度财报里发出来。结果他们就会拿了信息说：'糟了！咱们赶快做空装饰品行业吧！'这就是他们的商业模式！利用客户，利用客户的关系，拿到信息，利用这个信息交易……我实在不明白，这怎么不叫犯法呢？"

这位投资者决定，虽然高盛依然强大，但他肯定不会再同高盛打交道了。他发现，长远看来，会有越来越多的客户憎恶高盛用内幕信息交易的行径，从而让高盛非常容易受到打击："他们总是这么干。未来20年，人们就能够发现他们的恶行，不再请他们当顾问。可是，你不要忘了，大多数公司请他们当顾问真的是事出有因。这些公司想要进入资本市场，想要承销证券。我认为，大多数大公司的管理层都是临时性的，银行业的关系也是临时性的。领导层只要认为高盛会带来高收益的业务，或者认为与高盛合作最有利，就会接近高盛，将来再去担心可能的损害，甚

---

[1] 全称为Security Database，直译为安全数据库。

至压根不会担心，因为他们到时候可能已经离职了。总之，高盛的模式利用了如今华尔街客户关系的短期性质。我觉得人们还不太清楚这一点。人们只要认为高盛会让他们成为'圈内人'，就会聘用高盛。这些关系网，只要利用时间足够长，就可能在短期内让他们成为'圈内人'。只要能在短期内达到这个目的，他们就会聘高盛。而要是公司领导层听到风声，说高盛不靠谱，这时候领导层可能已经是另一拨人了。"

古斯·利维的密友赛伊·刘易斯是贝尔斯登高级合伙人，而赛伊的儿子桑迪·刘易斯也在华尔街待了多年，曾是一位并购套利者，与高盛做了很多生意。对于以上这些评价，桑迪·刘易斯一点儿也不吃惊。他说："我认为，整个公司把业务不同方面整合起来，这一步非常了不起。但是你要是仔细研究法规就会发现，这些方面不应该整合进业务，真的不应该！他们可以说起那个什么'中国墙'，可能中国才有那样的墙。我不太肯定这些公司哪一家真会有这种墙，高盛也不太可能！"

一名高盛前合伙人说，高盛确实已经变了，而且只要存在就会一直变下去。他说高盛最大的优势之一在于乐意适应不断变化的环境，而且依然能够赚钱。"高盛如今和上市以前已经不一样了。其实，高盛和两三年前相比就已经不一样了，一直在变化。高盛之所以成功是因为它极为擅长测算外部世界的情况，而且闪电般做出反应。这种能力，加上凶猛的竞争能力，就等于确保了高盛的存活与卓越。他们的竞争意识太厉害，你只要看见那些人的状态，他们多么想要成功，就会十分吃惊。我从来没见过那样的人。"

合伙人又说："尽管高盛有着各种恶名（有些恶名他认为是罪有应得，有些则不是），但高盛还是因为成功而受到了批评。美国所有投行的做法要是都和高盛一样，那金融危机就不会发生。劳埃德·布兰克费恩当初应该在参议院这么说。你要问我对劳埃德有什么意见，那就是高盛用防御姿态参加了听证会。他应该这么说：'听我讲，你们在批评我们，因为我们做了所有正确的决定！要是大家都学了我们，我们今天就不会坐在这儿了，不会有万亿美元的崩盘了！'"

　　合伙人又自问自答："劳埃德是最适合应对公众的人吗？可能不是。他也很可能知道自己不是。他不是高盛天生的发言人。不过，他目前是一把手的最佳人选吗？我觉得可能是，因为他最了解企业的风险预测，这才是最重要的。"

　　布兰克费恩对这种批评也未能免疫。他告诉记者："危机当中，要应对的不光是怎么克服危机本身，还必须应对过去的遗留问题。所以，我们显然必须克服多种多样的困难——证券交易委员会官司、听证会、媒体审视，而且不得不承认，很多人对我们的看法跟我们对自己的看法之间，至少还是有些偏差的。"列文听证会之后，布兰克费恩成立了一个15人内部委员会，主管有两个：一是爱德华·杰拉德·克利根（E.Gerald Corrigan），美联储纽约分行前总裁；二是J.迈克尔·埃文斯，高盛副总裁，传说可能是布兰克费恩的继承人。委员会负责评估企业的业务实践，特别是客户关系、利益冲突、奇异证券[1]开发方面。

　　2011年1月第二周，内部委员会发表报告，一共63页，内容令人叹为观止，属于"无所顾忌"和"奥维尔式蜂巢结构"的综合。所谓无所顾忌，就是这份报告本身竟然能够发出来，别的华尔街公司显然没有执行过这种项目，将来也不会执行。所谓奥维尔式蜂巢结构，就是高盛成立了（而且未来还会继续成立）一个又一个委员会，确保高盛继续坚持当年怀特黑德制定的戒律，哪怕高盛的DNA已经离这些戒律十分遥远。报告第一页就把这一组戒律完整列了一遍。报告说，高盛总部搬到了接近世贸中心遗址"归零地"的西街200号，新总部造价20亿美元（包括

---

[1] 也叫异型证券，比常规期权（标准的欧式或美式期权）更复杂的衍生证券，这些产品通常是场外交易或嵌入结构债券。比如执行价格不是一个确定的数，而是一段时间内的平均资产价格的期权，或是在期权有效期内如果资产价格超过一定界限，期权就作废。

税收减免）。在新总部很快会成立大概30个相互独立的团体和委员会，起的都是"全公司新活动委员会""全公司适用性委员会"这样的名字；布兰克费恩与科恩会用这些团体来运行企业。报告说："高盛高度依赖各种委员会，在全公司协调并应用持续一贯的业务标准、实践、政策、步骤。高盛的委员会管理结构应当致力于增强公司声望、业务实践、客户服务，由此使得委员会实现核心控制功能。"报告由高盛的"业务标准委员会"发布，而"业务标准委员会"又推荐让"全公司客户与业务标准委员会"在将来取代自己，而且担负"客户利益和名誉风险的首要责任"。新的委员会主席由加里·科恩担任，委员会将负责"以高层委员会身份运作，评估各种业务实践、名誉风险管理、客户关系，并做出决定"。

科恩这个新委员会倘若真的能够负起责任，就肯定会忙个不停。报告只有很少几处自我批评，其中一处说，其他机构对高盛进行了一项独立调查，发现高盛的客户们最近对公司一直略有不满："客户们怀疑高盛是否坚持企业的传统价值观和业务原则，因为高盛在规模、业务结构、对于自营交易角色的理解上都发生了变化。客户认为，某些情况下，高盛太过重视自身利益和短期的激励措施。"因此，业务标准委员会呼吁开展全公司学习运动，坚持怀特黑德核心戒律，还"需要强化公司与客户的关系，这就会反过来强化信任"，"需要更加明确地传递我们的核心价值观"，"需要更加明确地传递我们在某些特定交易中的角色与责任"。高盛真正的问题在于，多年以前就似乎已经扔掉的一套戒律和做法，如今怎么又大肆宣传要捡起来呢？高盛相信自身比其他华尔街公司更优秀，然而到头来，高盛真的和其他华尔街公司不同吗？

摩根大通前投行主管克莱登·罗斯（Clayton Rose），如今是哈佛商学院管理实践教授。罗斯预测，不论法律程序的结果怎么样，目前的金融危机一定会使得高盛做出改变："我认为高盛最大的挑战是内部的，文化上的。几代人以来，他们一直习惯了跟客户打交道却不受客户怀疑的情况，习惯了跟监管部门、政府官员打交道却基本不受怀疑的情况，而且始终与政府勾结在一起，就像一个旋转门，这边是政府，另外一边是公司。这样的体制，商业伦理、商业文化、商业模式在核心层面受到了挑战，而且付出了惨重代价。这种体制就会让很多高盛员工思考，不论高盛将来变成什么样子，他们是否还要继续留在高盛？"

这一点就是布兰克费恩应该最为担心的。他也问："高盛会伟大吗？很可能。但它会变化吗？肯定会变，而且根据我们对市场、对资本主义的了解，高盛并不能永远留在伟大企业的名誉榜上。我认为高盛面临的最大危险在内而不在外。"

有位律师名叫查尔斯·埃尔森（Charles Elson），是美国特拉华大学（University of Delaware）约翰·L.温伯格公司治理中心（John L. Weinberg Center for Corporate Governance）主任。埃尔森手下的智囊团，就以高盛最受尊敬的前高级合伙人之一命名，因此埃尔森对高盛最近的一系列事件非常关注。他说："布兰克费恩与高盛的基本问题在于，他们挣了很多钱，而其他人都没有挣钱，对吧？人们都很生气，而且说白了，高盛的竞争对手都不见了，只有高盛是最后的幸存者。既然高盛是最后的幸存者，那它分的蛋糕比例就大了。虽然蛋糕本身变小了，可是分蛋糕的人少了，所以高盛分的比例大了。另外，高盛所处的环境非常恶劣，政府放任其他公司倒闭，却允许高盛取得成功。布兰克费恩所处的位置，高盛所处的位置，都是几乎不可能存在的。换了任何其他的人，也都会这么做（救援高盛）。话虽如此，但是高盛目前的回应，效果显然不佳。"

高盛前高管吉姆·克莱默也认为高盛的回应很不合适。不过，他也说，高盛目前还来得及承认各种错误并道歉，承认美国人在危机时刻对高盛抛出了超乎寻常的"救生索"[1]，并把2009年所有利润（162亿美元）捐给有用的事业，比如海地民众[2]。克莱默说："你（泛指所有金融企业）同证

---

[1] 即资金援助。

[2] 加勒比岛国海地在2010年1月12日（北京时间13日）发生里氏7.0级大地震，死亡人数超过22万人。

券交易委员会和解必须不惜一切代价，不惜一切代价也要和解（2010年夏天，高盛与证券交易委员会和解）。你还会说：'瞧，我们一直在认真思考这个领域的情况，而且我们努力为自己声辩，因为我们确实觉得把事情做对了。我们还认为，人们可能觉得我们挣钱是因为我们聪明，可是我们评估了这个时代，评估了危机，这才发现我们犯了一些错误。我们明确表示，就是我们犯了错误，而不是"有人犯了错误"。[1]我们要采取的行动就是，评估我们的所作所为，而且要放弃这些利润，尽管我们已经为这些利润交了税，一旦放弃，就要承受巨大损失。但我们不会要求退税。美国人民对我们的议论我们都听见了，我们的业务是长期业务，我们爱自己的国家，也为国家让我们挣了这么多钱而十分感激，因此我们要做出改变，实现对错误的补救。而且，说实在的，你们认为（我们做的事情总体上）对不对，我们是不在意的，完全不在意。我们在心底清楚，我们是对的。我们每天都照镜子自我审视，这就是我们当初应该做到的事情。做正确的事情，永远不晚。你们可能会觉得这种态度（不考虑世人的看法）过于自私冷漠，但我们知道这么做是对的。'说完这些，高盛就可以继续前进了。"（笔者对此的看法是：2009年的利润早就成了过去式，不过，高盛还是可以听从克莱默的建议，这么处理2010年的利润——154亿美元。）

其他人，特别是那些银行业的高盛前合伙人（与交易部门相对），他们到现在也同意埃尔森、克莱默对高盛回应的看法，还猜测布兰克费恩是否适合领导公司渡过目前的困境。他们认为，高盛目前需要一个战时顾问，而布兰克费恩并不是这样的人。一名前合伙人说："布兰克费恩不擅长战时顾问这个角色。就好像让影星罗素·克劳（Russell Crowe）[2]

---

[1] 原文 mistakes were made 用被动语态，直译"错误被犯了"。被动语态的作用之一是回避动作的发出者，因此这句话会显得含糊其辞，不说是谁犯的错误。克莱默的意思是要高盛坦率地承认错误。

[2] 澳大利亚男演员，塑造了很多"硬汉"形象，2000年凭《角斗士》获得奥斯卡最佳男主角。

出演浪漫喜剧。"他还说，他担心布兰克费恩"周围的人为他服务得不好，但说到底他周围都有谁还是他说了算"。此外，有些人甚至觉得奇怪，高盛的业务标准委员会为什么不让高盛前合伙人（比如怀特黑德、弗里德曼、鲁宾）进来，因为他们可能会向目前领导层传达，"以前的好日子"情况是怎么样的。

舆论反复对布兰克费恩的批评之一是，他周围的高管都是跟他想法差不多的交易员，结构太单一了。批评者还说，企业高层的高级合伙人，如果背景更加多样，看问题的角度多了，就会受益良多。另一名前合伙人评论道："布兰克费恩和科恩都是很有价值的人，但公司高层也需要其他做事原则不同的人。这样就能商讨各种决定，达到一种平衡。高盛以前有过这种局面，现在却失去了。"又说："这个行业，能够成功的人都说：'我在意公司的名誉，我在意自己的名誉，在意把事情做对，我在意让公司伟大，我在意能够吸引顶级人才，留住顶级人才。要是这些我都能做到，业务也做得很好，那我最终就会不错。'可是，这些最重要的五项原则，却没有一项说的是挣钱。那些认为挣钱是最重要的三项原则之一的人，差不多总是麻烦不断。这就是高盛蜕变的核心（变得只认钱了）。"

对于这些观点，布兰克费恩嗤之以鼻，特别是这些观点还是来自一群匿名的前合伙人，那就更不重要了。他似乎打算接着对抗这些批评。他认为，高盛最高层已经足够多样化，然后列举了一连串都是从非交易部门来到41层的高管。他说，在别人看来，他的做事风格更像"律师、银行家的类型"，而且他不论什么时候都几乎没有从事过交易业务。另外，他还对一个情况十分不满：高盛抵押业务产生的营收实际上从来没有超过企业营收的2%，而且比其他公司的抵押业务规模还小得多。然而，正是抵押业务使得高盛成了舆论抨击的靶子。他哀叹道："这种局面，至少是很荒唐的，而且（高盛要负的责任和舆论批评高盛的力度）可以说也不成比例。"但他话锋一转："我在法律学校学到了一件事，为人父之后也学到了这件事，那就是：别人批评我的行为，我想为自己辩护，就不该说'别人也是这么干的'为自己脱罪。这么做并不能开脱责任，不是法律意义上的辩护，你的孩子们也不能用这个为他们自己辩护。"

布兰克费恩与高盛长命百岁的最终考验，在于高盛的客户是否在高盛陷入困境时站在它一边。布兰克费恩说，目前情况还算不错。"你看，客户给了我们极大的支持。"这个事实，所有人都不得不承认，哪怕他们对高盛的看法差异极大，像苏世民与克莱默的差异那么大。[1]

但是，布兰克费恩说，他的紧张焦虑却没有丝毫减少。说到企业的客户："我需要他们，对此我感觉很不好。按说应该是我们支持客户，而不是客户支持我们。"又说："我这份工作是自愿的，没有人用枪指着我的脑袋逼我做。这份工作的新任务之一，就是如何对待舆论对企业的审查。我当上CEO的时候，审查的情况跟我料到的有些差异。我想让新加入的员工都非常喜欢这份工作，为公司感到骄傲，我也认为这些员工确实喜欢工作，确实为公司骄傲。但是，他们这种心态如果太过强烈，以至于成为负担，那就是我的责任了。我想让客户为选择高盛而骄傲，而不是为选择高盛而向别人解释。我也感觉到这局面对我的压力，确实感觉到了。我对这些事情有一种使命感，因此我要搏一搏。"

拼死一搏吗？

布兰克费恩最后总结道："我真的必须一搏。"

说完这句话，布兰克费恩穿上了西服外套，在一名结实的保安护送下，他穿过了一段隐藏的楼梯，去往上面一层楼。那里是高盛的私人就餐区，他要见一名身份保密的大员。他说："这次会面我可不能迟到。"于是他走了，密室的门也在他身后关上了。

---

[1] 从前文看，苏世民强烈支持高盛，亨利·克莱默认为高盛一些做法很不合适，但仍然支持高盛，并没有激烈抨击。怀疑是作者笔误或者考虑不周。

致谢

　　这本关于高盛的书，如果没有高盛高管的协助，必然与如今的样子大为不同。我能够访问的高盛资料，一开始的机会几乎等于零，之后因为时机而有了一些改观。我成功采访到了高盛六名现任与前任合伙人，为此，我首先应当感谢劳埃德·布兰克费恩，高盛董事长兼CEO。布兰克费恩先生虽然担负着要事，却依然有好几次专门安排时间接受了我的采访。此外还有高盛总顾问约翰·F.W.罗杰斯、卢卡斯·范·普拉格。普拉格也许是天底下韧性最强的人才之一。虽然可能永远不会确定，但也是多亏了罗杰斯和普拉格，我才能有机会采访约翰·怀特黑德、史蒂夫·弗里德曼、鲍勃·鲁宾、乔·科尔津、亨利·保尔森，劳埃德·布兰克费恩（当然！），以及高盛总裁加里·科恩、CFO大卫·维尼亚。这些人士对高盛的深刻见解是无价之宝。

　　我还要感谢其他前任或现任高盛高管，包括克里夫·阿斯尼斯（Cliff Asness）、乔希·伯恩鲍姆、杰弗里·博伊斯、弗兰克·布洛森、迈克尔·卡尔、吉姆·克莱默、乔治·多蒂、威廉·杜德利、克里斯托弗·弗劳尔斯、鲍勃·FF（Bob FF）、雅各布·戈德菲尔德、吉姆·戈特、贝蒂·利维·赫斯、鲍勃·赫斯特、鲍勃·伦兹纳、彼得·利维、布鲁斯·梅耶斯、蒂姆·蒙塔格、大卫·施瓦茨、罗伯特·斯蒂尔、艾伦·斯坦、已故的L.杰伊·特南鲍姆[1]、约翰·塞恩、拜伦·特洛特、彼得·温伯格、肯·威尔逊、乔恩·温克尔曼（Jon Winkelman）。

---

[1] 特南鲍姆于2011年1月16日在加州家中去世，享年88岁。

739

当然，我还与数不清的其他人士交流过，但是最好还是不要提到他们的名字。他们的思想和智慧极大地补充了我对高盛这一非常复杂的企业的认识。其他人不论对高盛有什么看法，都不得不对企业高层领导以及公司纪律严明的部队的天才、智慧、一心专注的热情表示惊叹。这些高盛人，以及他们的前辈，在高盛历史乃至整条华尔街的历史上，都留下了不可磨灭的印记。

还有其他一些与高盛无关的人士提供了大力支持：马丁·阿姆斯特朗（Martin Armstrong）、弗雷德·R.康拉德（Fred R. Conrad）、米歇尔·戴维斯（Michele Davis）、查克·埃尔森（Chuck Elson）、格里格·弗莱明（Greg Fleming）、尼古拉斯·勒曼（Nicholas Lemman）、桑迪·刘易斯、尼古拉斯·迈耶（Nicholas Maier）、费雷斯·诺亚姆（Fares Noujaim）、斯坦利·奥尼尔、拉里·佩德维兹（Larry Pedowitz）、丹·波拉克（Dan Pollack）、克莱登·罗斯（Clayton Rose）、威尔伯·罗斯（Wilbur Ross）、苏世民、艾略特·斯皮策、约瑟夫·施蒂格利茨（Joseph Stiglitz）、拉里·萨默斯（Larry Summers）、马特·沃格尔（Matt Vogel）、塔克·沃伦（Tucker Warren）、保罗·韦策尔（Paul Wetzel）。还有其他我打算致谢的人，不过，不论是为了他们还是为了我，这些名字还是不提为好。

也必须提到美国国会与金融危机调查委员会公开的关于高盛与其他华尔街公司的海量数据。多亏有了参议员永久调查委员会和委员会主席，民主党密歇根州参议员卡尔·列文公开的这些资讯，我们大众才能够清楚"大衰退"的具体情况，还有危机前中后的整个过程，否则我们对信息的掌握程度就会低很多，我们的国家也就会遭到更大的灾难。我同参议员列文在一些问题上看法相左，但他确实因为公开这些文件而值得我衷心地感谢。向参议员先生致敬！

本书写作期间，不时因《信息自由法案》（*Freedom of Information Act*）[1]

---

[1] 美国国会1966年通过的法律，规定公民有权获得政府掌握的信息。

而受益。我在向美联储请求资料时，多次按照该法案规定而获得了资料。感谢珍妮·麦克劳克林（Jeanne McLaughlin），她帮助我获得了公开信息。与之相反，美国证券交易委员会的信息自由法案办公室（FOIA office）[1]可谓把云山雾罩的艺术发挥到了极致，我多次按照法案向其索取信息，但时至今日（已经过去六年之久），他们还没有回复我。等到办公室全都回复了，我估计也就要进棺材了。对了，证券交易委员会的信息自由法案办公室实在破烂，该修一修了！[2]

我还要感谢《财富》杂志、《名利场》杂志、《纽约时报》、《大西洋月刊》、《机构投资者》杂志、《金融时报》、《艺术新闻》、彭博社、CNN、微软全国广播公司（MSNBC）、美国消费者新闻与商业频道（CNBC）、BBC、美国国家公共电台（National Public Radio），它们在过去18个月当中给了我充分机会，让我在写书的过程中得以转移注意力。我无比感激你们大家使我能劳逸结合。其中我特别感谢的一些人有：玛丽琳·阿达莫（Marilyn Adamo）、迪尔德丽·博尔顿（Deirdre Bolton）、格雷顿·卡特（Graydon Carter）、罗宾·塞姆巴勒斯特（Robin Cembalest）、劳拉·查普曼（Laura Chapman）、马克·康普顿（Mark Crumpton）、弥尔顿·艾斯特罗（Milton Esterow）、皮姆·福克斯（Pimm Foxx）、李·加拉格尔（Leigh Gallagher）、约翰·甘布林（John Gambling）、托比·哈肖（Toby Harshaw）、西尔维亚·霍奇菲尔德（Sylvia Hochfield）、艾尔·亨特（Al Hunt）、朱莉·海曼（Julie Hyman）、威廉·英曼（William Inman）、鲍勃·伊夫里（Bob Ivry）、艾玛·雅各布斯（Emma Jacobs）、汤姆·基恩（Tom Keane）、安迪·拉特（Andy Lack）、杰米·拉林德（Jaime Lalinde）、蒂姆·拉文（Tim Lavin）、布莱恩·莱勒（Brian Lehrer）、贝蒂·刘（Betty Liu）、莱昂纳德·洛佩特（Leonard Lopate）、伊恩·马斯特斯（Ian Masters）、马特·米勒（有两位同名人士）（Matt Miller）、凯瑟琳·帕克（Kathleen

[1] 即信息公开办公室。

[2] 此处是比喻义，讽刺他们没有办法正常运转。

Parker）、诺姆·珀尔斯坦（Norm Pearlstine）、唐·佩克（Don Peck）、肯·普鲁伊特（Ken Prewitt）、大卫·罗德斯（David Rhodes）、查理·罗斯（Charlie Rose）、安德鲁·罗森塔尔（Andrew Rosenthal）、埃里克·夏茨克（Erik Schatzker）、安迪·瑟沃尔（Andy Serwer）、玛丽亚姆·谢哈比（Maryam Shahabi）、大卫·希普利（David Shipley）、艾略特·斯皮策（这里再次感谢）、道格·施通普夫（Doug Stumpf）、约翰·塔克（John Tucker）、尼古拉斯·瓦查维尔（Nicholas Varchaver），还有奇特拉·瓦德瓦尼（Chitra Wadhwani）。特别感谢彭博社记者马克·皮特曼（Mark Pittman）给了我很大的激励。但遗憾的是，他过早地从这个世界离开，前往下一次冒险了。[1]

还有一些长期的好友，他们为人热诚，充满魅力，是他们陪伴我走完了这18个月崎岖的孤旅。他们总是很清楚何时献上剂量适当的批评或者鼓励。按照姓氏英文字母顺序，他们当中有：彼得·戴维森（Peter Davidson）与德鲁·麦吉（Drew McGhee）（两位希望他们的名字放在最前面，我欣然从命）；简·巴尼特（Jane Barnet）与保罗·戈特塞根（Paul Gottsegen）、查理·贝尔和苏·贝尔夫妇（Charlie and Sue Bell）、赛斯和托尼·伯恩斯坦夫妇（Seth and Toni Bernstein）、克拉拉·宾汉（Clara Bingham）、乔安·宾汉（Joan Bingham）、布莱斯·伯索尔（Bryce Birdsall）与马尔科姆·柯克（Malcolm Kirk）、格拉汉·鲍利（Graham Bowley）与方慧兰（Chrystia Freeland）、迈克尔·布罗德（Michael Brod）、约翰·布罗迪（John Brodie）、玛丽和布拉德·伯纳姆夫妇（Mary and Brad Burnham）、杰罗姆与M.D.布特里克夫妇（Jerome and M. D. Buttrick）、约翰·布特里克（John Buttrick）、迈克与伊丽莎白·康奈尔（Mike and Elisabeth Cannell）、艾伦与帕特·坎托夫妇（Alan and Pat Cantor）、杰伊·科斯特里（Jay Costley）、马克·丹尼尔及苏珊妮·赫尔茨（Marc Daniel

---

[1] 皮特曼于2009年11月25日去世。

and Suzanne Herz）、罗伯特·道格拉斯（Robert Douglass）、汤姆·德加与苏珊娜·格卢克（Tom Dyja and Suzanne Gluck）、唐与安妮·爱德华兹夫妇（Don and Anne Edwards）、斯图尔特与兰迪·爱泼斯坦夫妇（Stuart and Randi Epstein）、费尔德曼斯一家（the Feldmans）、约翰与特蕾西·弗兰纳里夫妇（John and Tracy Flannery）、查尔斯与帕特丽霞·福勒夫妇（Charles and Patricia Fuller）、艾尔·加纳（Al Garner）、伊娜与杰夫·加滕夫妇（Ina and Jeff Garten）、约翰·吉莱斯皮（John Gillespie）与苏珊·奥尔良（Susan Orlean）、艾伦与阿曼达·古德施塔特夫妇（Alan and Amanda Goodstadt）、杰西卡与德鲁·高夫夫妇（Jessica and Drew Guff）、克莉丝汀·哈珀（Christine Harper）、斯图与巴布·琼斯夫妇（Stu and Barb Jones）、苏·卡普兰和大卫·卡诺夫斯基（Sue Kaplan and David Karnovsky）、迈克尔与弗兰·凯茨夫妇（Michael and Fran Kates）、杰米与辛西娅·肯普纳夫妇（Jamie and Cynthia Kempner）、彼得·拉特曼与伊莎贝尔·吉利斯（Peter Lattman and Isabel Gillies）、杰弗里·利兹（Jeffrey Leeds）、雷·利瓦伊（Les Levi）、汤姆与阿曼达·李斯特夫妇（Tom and Amanda Lister）、帕迪·马尔克斯与保罗·罗辛（Patty Marx and Paul Roosin）、丹·麦克马纳斯（Dan McManus）、斯蒂夫与里奥拉·梅凯尼克夫妇（Steve and Leora Mechanic）、汉密尔顿·梅尔曼（Hamilton Mehlman）、克里斯与艾米·梅林格尔夫妇（Chris and Amy Meininger）、大卫·米凯利斯和南希·斯坦纳（David Michaelis and Nancy Steiner）、约翰·莫里斯与玛西娅·桑托尼（John Morris and Marcia Santoni）、玛丽·默菲与邦妮·洪特特（Mary Murfitt and Bonnie Hundt）、以斯帖·纽伯格（Esther Newberg）、琼·奥索夫斯基（Joan Osofsky）、埃里克·奥瑟曼（Eric Osserman）、杰与马萨·潘罗夫斯基夫妇（Jay and Massa Pelofsky）、罗恩·皮勒（Ron Pillar）、迈克尔·鲍威尔（Michael Powell）、丽兹·拉帕波特（Liz Rappaport）、亚当·里德（Adam Reed）、斯图尔特·里德（Stuart Reid）、大卫·雷斯尼克与凯茜·克莱玛（David Resnick and Cathy Klema）、斯科特·罗斯坦（Scott

Rostan）、史蒂夫·鲁宾（Steve Rubin）、安迪与寇妮·萨文夫妇（Andy and Courtney Savin）、查理·舒乐（Charlie Schueler）、潘·斯科特与菲尔·巴尔施（Pam Scott and Phil Balshi）、吉尔·席沃（Gil Sewall）、罗伯特与弗朗辛·珊菲尔德夫妇（Robert and Francine Shanfield）、琳恩·雪尔（Lynn Sherr）、吉姆与苏·辛普森夫妇（Jim and Sue Simpson）、安德鲁和罗斯·索尔金（Andrew and Ross Sorkin）、乔西·斯坦纳（Josh Steiner）、杰夫与克里·斯特朗夫妇（Jeff and Kerry Strong）、大卫·苏普诺与琳达·珀斯·苏普诺（David Supino and Linda Pohs Supino）、大卫与佩吉·坦纳夫妇（David and Peggy Tanner）、莎拉·托姆布雷（Sarah Twombly）、里克·范·宰尔（Rick Van Zijl）、西尔达·沃尔（Silda Wall）、大卫·韦伯（David Webb）、安迪与劳伦·威森菲尔德夫妇（Andy and Lauren Weisenfeld）、基特·怀特和安德莉亚·巴尼特（Kit White and Andrea Barnet）、杰伊与路易莎·温思罗普夫妇（Jay and Louisa Winthrop）、蒂姆与妮娜·查格（Tim and Nina Zagat）；当然，最后也是最重要的，杰玛·奈亚（Gemma Nyack）。

我还要衷心感谢亲家、亲戚——富特一家（the Futters）、舒特金一家（the Shutkins），以及科汉家族（the Cohans）、希耶肯斯家族（the Hiekens）的其他成员。我的父亲保罗（Paul），母亲苏珊妮（Suzanne），兄弟彼得（Peter）、杰米（Jamie）及两人的爱人和家人，他们一直给予我很大支持。我每天都对他们千恩万谢。

我的挚友，文学代理人乔·哈里斯（Joy Harris）一直在与我全力合作，迄今出版了三本书，希望之后还有更多。我为她献上无尽的感恩与热爱。

还有滋养我、支持我的杰出而有爱的家人：黛布·富特（Deb Futter）、泰迪·科汉（Teddy Cohan）与昆汀·科汉（Quentin Cohan）。我非常非常爱你们。

不消说，一切的事实错误、遗漏错误、各种失误，我要负起百分百的责任。

图书在版编目（CIP）数据

金钱和权力：高盛如何统治世界/（美）威廉·D.科汉著；
刘巍译. —上海：上海三联书店，2023.1（2024.12重印）

ISBN 978-7-5426-7850-8

Ⅰ.①金… Ⅱ.①威… ②刘… Ⅲ.①投资银行—银行史—美
国 Ⅳ.①F837.123

中国版本图书馆CIP数据核字（2022）第169581号

Money and Power by WILLIAM D. COHAN
Copyright: © 2011 by William D. Cohan
This edition arranged with THE JOY HARRIS LITERARY AGENCY, INC.
Through BIG APPLE AGENCY, INC., LABUAN, MALAYSIA.
Simplified Chinese edition copyright: 2022 Portico Publishing Company
Published by Shanghai Joint Publishing Company.
All rights reserved.
版权合同登记号 图字：09-2021-0649号

金钱和权力
高盛如何统治世界

著　者 / [美]威廉·D.科汉
译　者 / 刘　巍
审　校 / 陈安安

责任编辑 / 匡志宏　李　英
封面设计 / One → One
装帧设计 / 千橡文化
监　制 / 姚　军
责任校对 / 张大伟　王凌霄

出版发行 / 上海三联书店
　　　　　（200041）中国上海市静安区威海路 755 号 30 楼
邮　箱 / sdxsanlian@sina.com
联系电话 / 编辑部：021-22895517
　　　　　发行部：021-22895559
印　刷 / 固安兰星球彩色印刷有限公司

版　次 / 2023 年 1 月第 1 版
印　次 / 2024 年 12 月第 3 次印刷
开　本 / 787mm×1092mm　1/16
字　数 / 630 千字
印　张 / 47
书　号 / ISBN 978-7-5426-7850-8/F·874
定　价 / 158.00 元

敬启读者，如发现本书有印装质量问题，请与印刷厂联系 0316-5925887